라이트 매3비를 내면서…

국어를 잘하고 싶어요.
비문학이 어려워요.
시간이 부족해요.
등급이 들쑥날쑥해요.
하는 학생들에게

– 비문학(독서)은 꾸준히 훈련해야 한다!
– 매일 3개 지문씩 비문학 제재로 훈련하면 문학도 잡힌다!
– '꾸준히, 매일'과 함께 '제대로' 공부법을 지키며 공부해야 한다!
고 강조했다. 무작정 '열심히'가 아니라, '제대로' 열심히 공부해야 안정적으로 1등급을 받을 수 있기 때문이다.

대체로 중3이 되면서부터
 국어가 어렵다는데,
 고등학교 가서 시작하면 제일 극복이 안 되는 과목이 국어라는데,
 어렸을 때부터 독서를 많이 해야 국어를 잘할 수 있다는데…
하며 고민을 시작한다. 이내 국어 공부를 제계적으로 하고 싶은 학생들이 선택하는 교재가 『예비 매3비』이고, 『예비 매3비』로 공부한 학생들은 "국어 공부, 이렇게 해야 하는군." 하게 되고, 『예비 매3비』를 끝낸 다음에는 매3에서 강조하는 '제대로' 공부법을 지키며 계속 비문학 훈련을 하고 싶어 『매3비』로 이어서 공부하는 학생들이 많다. 문제는, 『매3비』는 고3 수준이어서 어렵다며, 예비 매3비보다는 어렵고 매3비보다 쉬운 교재는 없는지를 질문하는 학생들이 많았다는 점이다. 이 학생들을 위한, 예비 매3비보다는 어렵고 매3비보다는 쉬운 비문학 교재를 만들어야겠다고 생각하면서 가장 많이 고민한 것은 난이도와 문제 구성이었다. 그래서 내린 결론은,
– 난이도는, 예비 매3비와 매3비 사이의 수준으로!
– 문제 구성은, 수능 시험과 수능 시험 다음으로 문제의 질이 좋은 모의평가 수준으로!
– 예비 매3비와 매3비에 실린 문제와 겹치지 않게!
였다. 그래서 만든 교재가 『라이트 매3비』이고, 『라이트 매3비』는 예비 매3비와 매3비 사이의 난이도인 수능 시험과 모의평가로 구성하고, 최근 유형인 '주제 통합'은 고2 전국연합학력평가에 출제된 것으로 선택하였다.

절대 잊지 말자!
'무작정 기출'이 아니라, '제공(제대로 공부법으로) 기출'이다.

『라이트 매3비』의 구성과 특징

1 『예비 매3비』와 『매3비』 사이의 난이도

예비 매3비보다는 어렵고 매3비보다는 쉬운,
고2 수준의 지문과 문제로 구성된 비문학 훈련!

• 『예비 매3비』와 『매3비』에 실린 지문과 문제와는 중복되지 않게,
• 수능 출제 기관에서 출제한, 잘 다듬어진 지문과 좋은 문제 중심으로,
• 수능 때까지 매일 3개 지문씩 비문학을 꾸준히 훈련할 수 있게 구성함.

2 제대로 채점법과 복습법을 결합한 매3공부법 적용

'제대로' 공부법을 지키며 공부하여 문제 풀이 시간까지 단축!

• 정답을 모르는 상태에서 문제를 다시 푸는 데 도움을 주는 제대로 채점법과,
  – 모바일 자동 채점 프로그램(문제편 표지 QR 코드) 적용
• 문제 유형에 따라 다른 공부법을 과외 선생님처럼 알려 주는 분석쌤 강의와,
• 문단 요약 및 주제 파악 훈련으로 지문 이해력을 높이는 지문 복습법,
• 매일 복습 확인 문제, 매3 주간 복습, 라이트 매3비 어휘 노트, 매3 오답 노트를 활용하여
• 문제 풀이 시간 부족 문제까지 해결할 수 있는 시스템을 적용함.

3 클리닉 해설과 저자쌤께 직접 질문하는 시스템

정답과 오답의 근거를 정확하게 짚어 주는 클리닉 해설과,
질문하면 저자쌤이 직접 답변해 주는 채널까지!

• 정답과 오답인 이유를 지문에 근거하여 설명하고,
• 학생들이 많이 헷갈렸다고 하는 답지와 그 이유에 대해 명쾌하게 알려 주고,
• 설명 속 어휘 중 모르고 지나칠 수 있는 어휘는 '매3어휘 풀이'로 익힐 수 있게 하고,
  ⇨ 어휘력 향상을 위한 특허받은 국어 어휘 공부법 결합 (특허 번호: 제 10−1652160호)
• 궁금한 점이 있으면 언제든지 저자쌤께 직접 질문하고 과외받듯 답변을 받을 수 있는 채널을 활용할 수 있게 함.

차례

고2 수준의 비문학 훈련 프로그램

좋은 문제 기출과 궁금증을 시원하게 해결해 주는 클리닉 해설로 수능 등급 up!

『라이트 매3비』는 '매3'에서 강조하는 제대로 채점법과 복습법, 국어 영역 '제대로' 공부법을 지키며 공부해야 효과가 높습니다.
공부를 시작하기 전, 8쪽에 있는 『라이트 매3비』 공부 계획표를 먼저 확인하세요.

『라이트 매3비』를 효과적으로 공부하기 위한
십계명

1 '라이트 매3비 공부 계획표'(p.8)를 참고해 공부 순서를 정한다.
☞『예비 매3비』로 공부한 학생은 교재 또는 오답 노트에 체크하고 메모해 둔
내용을 살펴본 다음, '라이트 매3비 공부 계획표'를 참고해 공부 순서를 정한다.

2 매일 아침 시간을 정해 놓고 3개 지문씩 풀되, 바로바로 채점한다.
☞ '제대로 채점법' 꼭 지키기!('모바일 자동 채점 프로그램'을 활용해도 됨.)

3 1차 채점 후, 맞혔지만 헷갈렸던 문제는 체크(★)해 둔 다음, 정답을 모르는 상태에
서 틀린 문제를 다시 푼다.

4 2차 채점을 한 후, 또 틀린 문제(✗ 문항)는 물론 2차에서 맞힌 문제(△ 문항)도
1차에서 틀린 이유를 알고, 헷갈렸던 문제(★ 문항)도 다시 본다.

5 문제 옆 '범례'와 '분석쌤 강의'를 통해 국어 영역 시험은 패턴이 있고, 그에 따른
공부법이 있음을 안다.

6 내가 틀린 문제의 해설은 당연히 보고, 내가 맞힌 문항도 '가장 많이 질문한 오답
은?'과 'Q&A', 그리고 '수능 빈출 어휘 풀이 및 개념 설명'을 반드시 챙겨 본다.

7 지문 복습까지 한 후 '매일 복습 확인 문제'로 빈틈없이 복습하되, 지문 복습 시
〈클리닉 해설〉에 있는 '문단 요약'을 십분 활용한다.

8 한 주가 끝나면 일주일 동안 공부한 내용과 채점 결과, '매3 오답 노트'를 반드시
챙겨 보고 '나의 취약점'을 돌아본 다음, 앞으로 공부할 때 반영한다.

9 4주 만에『라이트 매3비』를 끝낸 후, '복습을 위한 어휘 노트'와 스스로 직접 메모한
'매3 오답 노트', '자율 학습 체크리스트'를 활용해 나의 취약점을 한 번 더 체크한다.

10 특정 제재(과학, 기술, 경제 등)가 약할 경우, '취약한 제재 효과적인 공략법'(p.6)을
참고해『예비 매3비』와『라이트 매3비』에서 해당 제재의 지문과 문제를 다시 복습한
후 앞으로의 공부 방향을 정한다.

• 채점법, 모바일 자동 채점 프로그램 ➡ p.5, 표지 QR 코드 • 매3 오답 노트 작성법 ➡〈클리닉 해설〉p.2
• 취약한 제재 효과적인 공략법 ➡ p.6~7 • 복습을 위한 어휘 노트 ➡〈클리닉 해설〉p.123
• 독해력이 향상되는 비문학 복습 방법 ➡〈클리닉 해설〉p.4 • 자율 학습 체크리스트 ➡〈클리닉 해설〉p.127

학습 효과를 높여 주는 제대로 채점법

① 공부를 시작하면서
날짜와 시작 시각을 적습니다.

첫날

오늘은   월   일입니다.   ⏱ 시작 시각   시   분   초

② 시험장에서 문제를 푸는 것처럼
교재에 체크하며 풉니다.

- 복습을 위해 체크를 하지 않고 풀거나, 체크하고 푼 다음 지우는 것은 좋지 않습니다.
- 시험 칠 때와 똑같이 체크하며 문제를 풀어야 제대로 훈련할 수 있습니다.

③ 종료 시각을 적고 채점한 다음,
초과 시간을 계산합니다.

✓ 채점표 작성 방법 및 활용법

1 문제를 다 풀면 바로 채점표 **①**에 종료 시각을 적습니다.

2 문제에 체크한 '내가 쓴 답'을 **②**에 옮겨 적습니다.

3 채점란(**③**)에 채점을 합니다. 틀린 문제에만 / 표시를 합니다.

4 **④**에 총 소요 시간을 적고, 초과 시간을 계산해 적습니다.
- 제시된 목표 시간보다 약간 시간이 남아야 실제 모의고사를 풀 때 시간이 딱 맞게 됩니다.
- 왜냐하면 3개의 지문을 풀 때보다 7~8개의 지문을 연속으로 풀 때가 시간이 좀 더 걸리기 때문입니다.

5 '1차 채점란(**⑤**)'에 틀린 문항 수를 적습니다.

6 틀린 문제로 가서 틀린 문항 번호 위에 / 표시를 합니다.

7 / 표시한 틀린 문제를 다시 풉니다.
- **3**에서 채점한 다음 바로 틀린 문제를 다시 풀지 않고, 초과 시간을 계산하고 틀린 문항 수를 적는 등 **4**~**6**의 순서로 진행하는 것은, 정답을 모르는 상태에서 다시 풀기 위함입니다.
- 문제를 풀면서 체크한 것은 지우지 않아도 됩니다. 아니, 지우지 않아야 학습 효과가 높습니다.

8 채점(/)된 문항 번호 위에 아래와 같이 2차 채점을 합니다.
- 맞힌 것은 문항 번호 위에 표시(/)된 곳에 ⟍ 표시를 덧붙여 △로, 또 틀린 것은 ⟍를 덧붙여 ✕로 채점합니다.
- 맞힌 문항의 경우에도 헷갈려 하며 자신이 없는 상태에서 맞혔다면 ★로 표시합니다.

9 △ 문항 수와 ✕ 문항 수를 채점표의 '2차 채점란(**⑥**)'에 적습니다.
- △ 문항은 1차 때 틀린 이유를 따져 보고,
- ✕ 문항은 〈클리닉 해설〉을 참조하여 정답과 오답인 이유를 확실하게 알고,
- ★ 문항도 반드시 다시 보면서 헷갈린 이유를 체크하고 넘어갑니다.

10 ✕ 문항보다 △ 문항을 꼼꼼히 다시 봐야 성적이 오른다는 것을 기억합니다.
- 한 번 틀린 문제는 또 틀릴 수 있습니다.
- 특히 2차 풀이 때 맞힌 △ 문항은 1차 풀이 때 틀린 이유를 따져 알면 같은 실수를 반복하지 않게 됩니다.
- 따라서 ✕ 문항보다 △ 문항을 더 꼼꼼히 챙겨 보고, 1차 때 틀린 이유를 아는 것이 중요합니다.

☞ 최대한 정답을 모르는 상태에서 2차 풀이를 하기 위한 방법으로, '모바일 자동 채점 프로그램'(문제편 표지 QR 코드)을 이용해도 됩니다. 이때 위 **1**~**10** 중 **2**를 제외한 나머지는 모두 교재의 채점표를 활용합니다.

취약한 제재 효과적인 공략법

아래 표는 라이트 매3비와 예비 매3비에 실린 지문 내용을 제재별로 분류한 것입니다.
라이트 매3비 공부 계획표(p.8)를 참고하여 공부하되, 특히 약한 제재가 있다면 아래 표를 참고하여
『라이트 매3비』보다 쉬운 지문인 『예비 매3비』에 실린 지문을 복습하면 좋습니다.

인문

구분	세부 영역	지문 내용	매3 출처	기출 출처
1	철학	장자의 '물아일체' 사상	라이트 매3비	2016 6월 모평(B형)
2	철학	맹자의 '의' 사상	라이트 매3비	2015 9월 모평(B형)
3	철학	정합설	라이트 매3비	2015 6월 모평(B형)
4	철학	심신 이원론과 심신 일원론	라이트 매3비	2014 수능(B형)
5	철학	『대학』에 대한 주희와 정약용의 해석	라이트 매3비	2014 9월 모평(B형)
6	철학	실재론적 세계관에 대한 반실재론의 도전	라이트 매3비	2014 9월 모평(A형)
7	철학	사물의 본질에 대한 두 가지 입장	라이트 매3비	2014 6월 모평(B형)
8	철학	진리 판단 기준에 대한 이론들	라이트 매3비	2012 9월 모평
9	철학	추론의 유형과 개념	라이트 매3비	2011 6월 모평
10	철학	관중과 율곡의 군주론	예비 매3비	2022 11월 고1 전국
11	철학	홍대용의 사상	예비 매3비	2022 6월 고1 전국
12	철학	플라톤과 아리스토텔레스의 예술관	예비 매3비	2022 3월 고1 전국
13	철학	구조주의	예비 매3비	2021 9월 고1 전국
14	철학	인간의 본성	예비 매3비	2021 6월 고1 전국
15	철학	민본 사상	예비 매3비	2021 3월 고1 전국
16	철학	한나 아렌트의 정치 철학	예비 매3비	2020 9월 고1 전국
17	철학	명제의 표준 형식	예비 매3비	2020 6월 고1 전국
18	철학	비트겐슈타인의 철학적 관점	예비 매3비	2019 11월 고1 전국
19	철학	인성론에 대한 사상가들의 견해	예비 매3비	2019 6월 고1 전국
20	철학	정서의 본질에 대한 두 이론	예비 매3비	2018 11월 고1 전국
21	철학	하늘에 대한 순자의 주장	예비 매3비	2018 6월 고1 전국
22	철학	흄의 경험론	예비 매3비	2018 3월 고1 전국
23	역사	고고학의 연구 방법	라이트 매3비	2015 6월 모평(A형)
24	역사	아놀드 토인비의 역사 연구	라이트 매3비	2014 수능(A형)
25	역사	냉전의 기원 및 책임 소재	라이트 매3비	2014 6월 모평(A형)
26	역사	역사 서술 방식	라이트 매3비	2013 6월 모평
27	역사	정나라 자산이 추진한 개혁	라이트 매3비	2011 수능
28	윤리	공자가 강조한 군자의 덕목	라이트 매3비	2013 9월 모평
29	윤리	공리주의자들	라이트 매3비	2011 9월 모평
30	윤리	공감 형성 방법에 대한 이론들	예비 매3비	2017 11월 고1 전국
31	윤리	도덕적 딜레마의 상황	예비 매3비	2016 6월 고1 전국
32	심리	프로이트의 정신 분석	예비 매3비	2023 3월 고1 전국
33	심리	인간의 판단을 돕는 휴리스틱	예비 매3비	2017 3월 고1 전국

사회

구분	세부 영역	지문 내용	매3 출처	기출 출처
1	법률	자연법 사상	라이트 매3비	2015 9월 모평(A형)
2	법률	공동·집단·단체 소송	라이트 매3비	2014 9월 모평(AB형)
3	법률	저작물 공정 이용과 저작물 공유 캠페인	라이트 매3비	2014 6월 모평(B형)
4	법률	손해보험 계약	예비 매3비	2021 11월 고1 전국
5	법률	손실 보상 청구권	예비 매3비	2021 3월 고1 전국
6	법률	민법과 형법	예비 매3비	2018 6월 고1 전국
7	경제	공적 연금 제도	라이트 매3비	2013 수능
8	경제	자원의 효율적 배분	라이트 매3비	2012 9월 모평
9	경제	환율	라이트 매3비	2011 9월 모평
10	경제	경제 성장의 요인	라이트 매3비	2010 9월 모평
11	경제	국가의 통화 정책	예비 매3비	2023 3월 고1 전국
12	경제	양면시장	예비 매3비	2022 11월 고1 전국
13	경제	은행의 기능	예비 매3비	2020 9월 고1 전국
14	경제	공급 사슬망의 채찍 효과	예비 매3비	2020 6월 고1 전국
15	경제	거래비용이론	예비 매3비	2019 11월 고1 전국
16	경제	구독경제	예비 매3비	2019 9월 고1 전국
17	경제	경매 방식에 따른 경매의 종류	예비 매3비	2017 6월 고1 전국
18	경제	국가 간의 무역	예비 매3비	2017 3월 고1 전국
19	경영	지식 경영	라이트 매3비	2016 수능(B형)
20	경영	인센티브 계약	라이트 매3비	2015 6월 모평(A형)
21	경영	가설 검정과 오류	예비 매3비	2022 6월 고1 전국
22	경영	소비자 관여도를 활용한 판매 전략	예비 매3비	2018 11월 고1 전국
23	경영	정보재	예비 매3비	2017 11월 고1 전국
24	광고	광고 규제	라이트 매3비	2015 6월 모평(B형)
25	광고	간접 광고	라이트 매3비	2014 수능(AB형)
26	광고	유명인의 광고 중복 출연	라이트 매3비	2011 6월 모평
27	문화	기술의 발달과 인간의 삶	라이트 매3비	2016 9월 모평(B형)
28	문화	현대의 개체화 현상	라이트 매3비	2016 6월 모평(B형)
29	문화	놀이의 성격 및 방식	라이트 매3비	2013 9월 모평
30	문화	혁신의 확산	라이트 매3비	2012 6월 모평
31	문화	보드리야르의 이론	예비 매3비	2022 3월 고1 전국
32	문화	소비 형태	예비 매3비	2016 6월 고1 전국
33	정치행정	공공 서비스에서의 민간 위탁 제도 도입	라이트 매3비	2015 수능(A형)
34	정치	지방 자치 단체의 정책 결정	라이트 매3비	2015 9월 모평(B형)
35	정치	입법안에 대한 국가의 의사 결정 방식	라이트 매3비	2013 6월 모평

예비 매3비를 아직 공부하지 않은 학생은,

① 예비 매3비부터 공부한 후 라이트 매3비를 공부하면 좋고
② 라이트 매3비로 공부를 시작한 경우에는 공부한 내용을 복습하면서 특히 어려운 제재가 있었다면 예비 매3비에서 관련 제재를 공부합니다.
③ 이때, 시간 훈련보다 정확성에 초점을 두고 매3공부법을 지키며 훈련합니다.

예비 매3비로 이미 공부한 학생은,

① 예비 매3비에서 특히 약한 제재는 해당 제재의 지문을 호흡이 끊기지 않게 읽고,
② 지문을 읽은 다음, 글 전체의 흐름을 떠올려 보고,
③ 〈클리닉 해설〉의 '문단 요약'을 읽으면서 지문 내용을 한 번 더 익힌 후 라이트 매3비로 훈련합니다.

과학 / 기술

※ 제재별 – 세부 영역별 – 최신 순으로 정리하였고, 라이트 매3비와 예비 매3비는 색 글씨로 구분하여 취약한 제재를 세부 영역별로 찾아 공부할 수 있도록 하였습니다.

구분	세부 영역	지문 내용	매3 출처	기출 출처
1	과학	인간의 후각	라이트 매3비	2015 9월 모평(A형)
2	과학	별의 밝기	라이트 매3비	2015 6월 모평(B형)
3	과학	분광 분석법	라이트 매3비	2014 수능(A형)
4	과학	동물의 길찾기 방법	라이트 매3비	2014 9월 모평(A형)
5	과학	산란 현상	라이트 매3비	2014 6월 모평(A형)
6	과학	단안 단서를 통한 입체 지각	라이트 매3비	2014 6월 모평(B형)
7	과학	반데르발스 상태 방정식	라이트 매3비	2013 수능
8	과학	기체의 속력 분포 이론	라이트 매3비	2013 9월 모평
9	과학	식물에서의 물 이동 원리	라이트 매3비	2013 6월 모평
10	과학	양자 역학의 불확정성 원리	라이트 매3비	2012 수능
11	과학	데카르트 좌표계	라이트 매3비	2012 9월 모평
12	과학	운동생리학적 원리	라이트 매3비	2012 6월 모평
13	과학	미생물의 종 구분	라이트 매3비	2010 수능
14	과학	생물기원퇴적물 연니	라이트 매3비	2010 9월 모평
15	과학	청각의 원리	예비 매3비	2022 6월 고1 전국
16	과학	PET(양전자 단층 촬영)	예비 매3비	2021 11월 고1 전국
17	과학	식욕의 작용 원리	예비 매3비	2021 6월 고1 전국
18	과학	핵분열과 핵융합의 원리	예비 매3비	2021 3월 고1 전국
19	과학	열의 전도	예비 매3비	2020 11월 고1 전국
20	과학	반감기를 이용한 암석의 연대 추정	예비 매3비	2020 6월 고1 전국
21	과학	오토파지의 작동 원리와 과정	예비 매3비	2019 9월 고1 전국
22	과학	GPS의 위치 파악 원리	예비 매3비	2019 3월 고1 전국
23	과학	겉보기 운동	예비 매3비	2018 11월 고1 전국
24	과학	간의 구조와 기능	예비 매3비	2018 9월 고1 전국
25	과학	해빙의 수명이 냉수 속 얼음보다 긴 이유	예비 매3비	2018 6월 고1 전국
26	과학	심장의 구조와 특성	예비 매3비	2017 11월 고1 전국
27	과학	신장의 기능	예비 매3비	2017 6월 고1 전국
28	과학	우주의 한 부분인 '계'의 에너지	예비 매3비	2017 3월 고1 전국
29	과학	염증 반응	예비 매3비	2016 11월 고1 전국
30	과학	박테리오파지(세균성 바이러스)	예비 매3비	2016 3월 고1 전국
31	기술	조명 기구	라이트 매3비	2015 6월 모평(A형)
32	기술	원유의 열처리	라이트 매3비	2015 6월 모평(A형)
33	기술	플래시 메모리	라이트 매3비	2014 6월 모평(A형)
34	기술	음성 인식 기술	라이트 매3비	2013 수능
35	기술	포토리소그래피의 공정 과정	라이트 매3비	2013 9월 모평
36	기술	디지털 피아노	라이트 매3비	2012 9월 모평
37	기술	진공관과 트랜지스터	라이트 매3비	2012 6월 모평
38	기술	컴퓨터의 자료 관리를 위한 구조들	라이트 매3비	2011 수능
39	기술	자동차 연비	라이트 매3비	2011 6월 모평
40	기술	OLED 스마트폰	예비 매3비	2023 3월 고1 전국
41	기술	석빙고의 얼음 보관 방법	예비 매3비	2022 9월 고1 전국
42	기술	데이터 통신의 오류 검출	예비 매3비	2022 3월 고1 전국
43	기술	수소전기차	예비 매3비	2021 9월 고1 전국
44	기술	CPU의 캐시 기억장치	예비 매3비	2020 9월 고1 전국
45	기술	전기레인지	예비 매3비	2019 9월 고1 전국
46	기술	초고층 건물의 건축 기법	예비 매3비	2018 3월 고1 전국
47	기술	제책 기술	예비 매3비	2017 9월 고1 전국
48	기술	컴퓨터의 구성 요소인 SSD	예비 매3비	2016 6월 고1 전국

독서 이론

구분	세부 영역	지문 내용	매3 출처	기출 출처
1	독서 이론	독서 일지	라이트 매3비	2022 9월 모평
2	독서 이론	옛 선인들의 독서 방법	라이트 매3비	2014 수능(B형)
3	독서 이론	독서의 전략	라이트 매3비	2014 예비(A형)
4	독서 이론	독서 방식의 변화	라이트 매3비	2011 9월 모평

예술

구분	세부 영역	지문 내용	매3 출처	기출 출처
1	미술	김정희의 묵란화	라이트 매3비	2015 9월 모평(AB형)
2	미술	미래주의 회화	예비 매3비	2020 3월 고1 전국
3	음악	베토벤의 교향곡	라이트 매3비	2014 수능(B형)
4	음악	국악의 장단	예비 매3비	2021 9월 고1 전국
5	음악	인상파 화가들 그림의 특징	예비 매3비	2018 3월 고1 전국
6	영화	영화와 만화 이미지	라이트 매3비	2013 수능
7	비평	작가주의 비평 이론	라이트 매3비	2015 6월 모평(AB형)

주제 통합 / 융합

구분	세부 영역	지문 내용	매3 출처	기출 출처
1	[주제 통합] 인문	기술철학	라이트 매3비	2023 11월 고2 전국
2	[주제 통합] 인문	철학자들의 예술관	라이트 매3비	2022 11월 고2 전국
3	[주제 통합] 인문	의식에 대한 두 철학자의 견해	라이트 매3비	2022 9월 고2 전국
4	[주제 통합] 사회	언론 매체	라이트 매3비	2023 9월 고2 전국
5	[주제 통합] 사회	독점 기업과 공정 거래법	라이트 매3비	2023 6월 고2 전국
6	[주제 통합] 사회	헌법	라이트 매3비	2021 9월 고2 전국
7	[융합] 경제 + 정치행정	관세 정책	예비 매3비	2020 3월 고1 전국
8	[융합] 과학 + 인문	인간의 언어 처리 과정에 대한 이론	예비 매3비	2020 3월 고1 전국
9	[융합] 과학 + 기술	지역난방의 원리	예비 매3비	2019 11월 고1 전국
10	[융합] 인문 + 예술	니체의 예술 철학과 표현주의	예비 매3비	2019 9월 고1 전국
11	[융합] 경제 + 심리	심리학을 접목한 행동 경제학	예비 매3비	2019 3월 고1 전국
12	[융합] 경제 + 정치행정	조세	예비 매3비	2018 3월 고1 전국
13	[융합] 인문 + 사회	조선 전기 사회의 신분	예비 매3비	2017 6월 고1 전국
14	[융합] 예술 + 기술	가우디의 건축물	예비 매3비	2016 6월 고1 전국

라이트 매3비 공부 계획표

국어 영역은 수능 때까지 제대로 공부법을 지키며 비문학 훈련을 꾸준히 하는 것이 중요합니다.

이때 난이도 순서로, 쉬운 지문부터 공부하면 공부 효과를 더 높일 수 있는데,
고1 수준의 『예비 매3비』로 공부했을 때
– 특히 약한 제재가 있었다면 쉬운 제재 또는 특히 약한 제재부터 공부합니다.
   ☞ '제재별'로 난이도 순서로 공부할 경우
– 매일 다양한 제재로 훈련하기를 원한다면 쉬운 지문부터 공부합니다.
   ☞ '1일 단위 공부 내용'을 난이도 순서로 공부할 경우

☑ 난이도를 고려한 라이트 매3비 공부 계획표

공부할 날	❶ '제재별'로 난이도 순서로 공부할 경우			❷ '1일 단위 공부 내용'을 난이도 순서로 공부할 경우		
	공부할 내용	찾아가기	제재	공부할 내용	찾아가기	제재
1주차 첫날	첫날	p.10	독서 이론	첫날	p.10	독서 이론
2일째	5일째	p.32	인 문	11일째	p.68	사 회
3일째	4일째	p.26	인 문	9일째	p.56	사 회
4일째	2일째	p.14	인 문	16일째	p.98	과 학
5일째	3일째	p.20	인 문	5일째	p.32	인 문
6일째	6일째	p.38	주제 통합	4일째	p.26	인 문
7일째	매3 주간 복습 ☞ p.48					
2주차 8일째	11일째	p.68	사 회	10일째	p.62	사 회
9일째	9일째	p.56	사 회	26일째	p.154	인문·사회·과학
10일째	10일째	p.62	사 회	22일째	p.130	예술·인문·기술
11일째	8일째	p.50	사 회	8일째	p.50	사 회
12일째	12일째	p.74	사 회	2일째	p.14	인 문
13일째	13일째	p.80	주제 통합	24일째	p.142	예술·독서 이론·기술
14일째	매3 주간 복습 ☞ p.90					
3주차 15일째	16일째	p.98	과 학	20일째	p.122	기 술
16일째	20일째	p.122	기 술	25일째	p.148	사회·예술·인문
17일째	19일째	p.116	기 술	12일째	p.74	사 회
18일째	15일째	p.92	과 학	19일째	p.116	기 술
19일째	18일째	p.110	과 학	23일째	p.136	예술·사회·기술
20일째	17일째	p.104	과 학	3일째	p.20	인 문
21일째	매3 주간 복습 ☞ p.128					
4주차 22일째	26일째	p.154	인문·사회·과학	15일째	p.92	과 학
23일째	22일째	p.130	예술·인문·기술	27일째	p.160	과학·인문·사회
24일째	24일째	p.142	예술·독서 이론·기술	18일째	p.110	과 학
25일째	25일째	p.148	사회·예술·인문	6일째	p.38	주제 통합
26일째	23일째	p.136	예술·사회·기술	17일째	p.104	과 학
27일째	27일째	p.160	과학·인문·사회	13일째	p.80	주제 통합
28일째	매3 주간 복습 → 최종 마무리 복습 ☞ p.166, 167					

1 주차

독서 이론 / 인문 / 주제 통합

1~2 다음은 읽기 과제를 수행하는 두 학생의 사고 과정을 보여 주는 자료이다. 물음에 답하시오. 2014학년도 예비 시행(A형) 【29~30】 독서 이론

예지 : 『신비한 뇌』, 『화학의 힘』, 『떠나자, 여행』. 이 중 한 권을 후배들에게 소개하는 과제인데, 어떻게 할까? 처음 접하는 책들이니까 일단 훑어보자. (세 권의 목차와 내용을 살펴본 후) 뇌나 화학에 대한 책은 후배들이 읽기 힘든 수준이니, 여행에 대한 책으로 해야겠다. 그럼 어떻게 읽을까? 책을 소개해야 하니까 다루고 있는 여행지와 제공하는 정보에 주목해야겠고, 책을 소개하는 이유도 메모하면서 읽어야겠다. (잠시 책을 읽은 후) 모든 여행지가 같은 양식으로 소개되고 있네. 여행지가 100곳인데 정보량도 많아. 시간 문제나 과제의 성격을 생각해도 이 책을 다 읽을 필요는 없겠다. 지금부터는 후배들이 관심을 가질 여행지를 선별해서 읽어야겠다. (한동안 책을 읽은 후) 이제 잘 진행되니, 책 소개 방법을 고민해 봐야겠다.

승수 : 선생님께서 말씀하신 세 권 중 하나를 읽고 독후감을 쓰는 과제였지. 보자. 첫 번째 책 제목이 『위험한 사회』. 재밌어 보이네. 이 책으로 결정. (첫 장을 읽으며) '전자 판옵티콘'이 여러 번 나오네. 무슨 말이지? 이외에도 모르는 단어가 많군. 선생님께서 모르는 단어는 글에서 그 의미를 생각해 보라고 하셨으니까, 더 읽어 보자. (잠시 책을 읽은 후) "판옵티콘의 통제는 '비대칭적인 시선'을 가능케 한 건축 구조에 체화되었던 것이다." '판옵티콘'이 또 나왔네. 뜻은 아직 모르겠고, '비대칭적 시선'은 뭘까? '체화'도 모르겠고, 갑자기 건축 이야기네. 이 부분도 이해가 안 되니 문제네. 왜 이렇게 안 읽히지? 이대로는 안 되겠다. ㉠어떻게 해야 이 책의 내용을 이해할 수 있을까? 내 문제에 맞는 해결 방법을 찾아야겠다.

다시보기　▶ 다시 볼 문제 체크하고 틀린 이유 메모하기

『분석쌤 강의』는 2차 채점 후 반드시 챙겨 본다!

01 '예지'와 '승수'의 독서 방법에 대한 설명으로 적절하지 않은 것은?

① '예지'는 후배들의 읽기 수준과 책의 난이도를 고려하여 읽을 책을 선택하였다.

② '승수'는 책을 읽어 나가면서 자신이 책의 내용을 이해하고 있는지 점검하였다.

③ '예지'와 '승수'는 모두 책을 읽어 나가면서 읽은 내용을 재구성하였다.

④ '예지'는 '승수'와 달리 책을 읽어 나가면서 자신의 읽기 방법을 조정하였다.

⑤ '예지'는 '승수'와 달리 책을 읽기 전에 과제를 분석하고 읽기 계획을 세웠다.

지문근거 둘중헷 Q&A 어휘/개념 부정질문

분석쌤 강의

● **분 석** 특정 오답지에 답한 학생들이 많았던 문제

● **해결案** 지문 위에서 '읽기 과제를 수행하는 두 학생의 사고 과정을 보여 주는 자료'라고 한 것을 염두에 두고 지문을 읽어야 하고, 답지에 제시된 정보를 일부분만 보고 판단하거나 두 사람의 독서 방법을 반대로 설명한 것을 놓쳐서는 안 된다.

다시보기　▶ 다시 볼 문제 체크하고 틀린 이유 메모하기

02 ㉠에 대한 조언으로 가장 적절한 것은?

① 추론으로 글의 의미를 구성하는 데 한계가 있으면 어휘나 배경지식을 보완할 필요가 있어.

② 읽기는 저자와 독자의 의사소통 활동이니까 저자의 의도를 파악해서 비판해 볼 필요가 있어.

③ 책에 제시된 세부 정보들 간의 관계를 파악해 보면 글의 주제를 이해하는 데 도움이 될 거야.

④ 책의 뒷부분에 어떤 내용이 있을지 예측해 보면 지금까지 읽은 내용을 쉽게 이해할 수 있을 거야.

⑤ 읽은 내용을 내면화하면 의미를 정교화하는 데 도움이 되니까 자신만의 생각을 정리해 볼 필요가 있어.

지문근거 둘중헷 Q&A 어휘/개념 부정질문

분석쌤 강의

● **분 석** 독서의 원리를 몰라도, 배경지식이 없어도 지문의 내용과 질문의 핵심만 이해하면 쉽게 정답을 고를 수 있다는 것을 알려 주는 문제

● **해결案** '조언'은 도움을 주는 말이다. '승수'가 왜 ㉠과 같은 고민을 하는지, 이와 같은 고민을 하는 '승수'에게 어떤 말을 해 주어야 도움이 될지를 판단하면 된다.

3~4 다음 글을 읽고 물음에 답하시오.

2014학년도 수능(B형) 【17~18】 독서 이론

1주차

2주차

3주차

4주차

『대학』, 『논어』, 『맹자』, 『중용』 등의 사서(四書)는 배움을 위한 첫 단계에서 읽어야 할 책이다. 그 뒤를 이어 읽을 책은 『격몽요결』, 『소학』, 『근사록』, 『성학집요』로 그 체제와 내용이 정밀하여 얕은 데서 깊은 데로 들어가는 것이니 내가 일찍이 이를 후사서(後四書)라고 불렀다. 이를 반복하여 읽어 모두 이해하고 환히 알게 되면 자연히 효과가 있을 것이니 매양 동료들에게 배움의 규범으로 삼기를 권하였다.

사서 육경(四書六經)과 송나라 시대의 성리학 책은 사람이 평생토록 익히기를, 마치 농부가 오곡을 심고 가꾸듯 해야 한다. 하나의 경서를 읽고 익힐 때마다 반드시 자신의 능력을 다하여 철저하게 해야 한다. 첫째, 경서의 글을 익숙하도록 반복하여 읽어야 한다. 둘째, 여러 사람의 의견을 모두 참고하여 같은 점과 다른 점을 분별하고 장점과 단점을 비교하며 읽어야 한다. 셋째, 정밀히 생각하여 의심나는 것을 풀어 가며 읽되 감히 자신해서는 안 된다. 넷째, 명확하게 분별하여 그릇된 것을 버리면서 읽되 감히 스스로 옳다고 여기지 말아야 한다. 하나의 경서에서 그 문을 찾아 방으로 들어간다면, 방을 같이 하면서도 들어가는 문이 다른 여러 책들을 유추하여 통할 수 있을 것이다. 옛날 학업을 이루어 세상에 이름난 사람은 반드시 이와 같이 했다. 이상은 용촌(榕村) 이광지(李光地)의 독서법이니 배우는 사람이 본받을 만하다.

– 이덕무, 『사소절(士小節)』 –

다시보기 ▶ 다시 볼 문제 체크하고 틀린 이유 메모하기

[분석쌤 강의]는 2차 채점 후 반드시 챙겨 본다!

03 윗글을 읽고 자신의 독서에 도움을 얻고자 하는 학생의 반응으로 적절하지 않은 것은?

① 독서 수준과 단계를 고려해서 만들어진 권장 도서 목록을 참고하여 책을 읽어야겠어.

② 책을 읽어 가는 과정에서 떠오르는 의문들을 능동적으로 해결해 가며 책을 읽어야겠어.

③ 책의 내용을 수동적으로 받아들이기보다는 그 옳고 그름을 생각하면서 책을 읽어야겠어.

④ 다양한 분야의 지식을 습득하기 위해서 정독의 방법보다는 다독의 방법으로 책을 읽어야겠어.

⑤ 내가 알고 있는 사실이나 생각이 항상 옳은 것은 아니라는 겸허한 자세를 가지고 책을 읽어야겠어.

지문 근거 둘중헷 Q&A 어휘/개념 부정 질문

분석쌤 강의
● **분 석** 독서의 방법을 설명한 지문에서 출제함. 2014학년도 수능 문제
● **해결案** 독자의 반응을 묻는 질문이지만, 세부 내용을 확인하여 내용 일치 여부를 따지며 풀어야 하는 문제로, 지문에서 근거를 찾아 ○, ✕, △ 표시를 하며 푼다. 쉽게 정답을 찾아 맞힌 경우에도 지문을 한번 더 읽어 두면 좋다.

다시보기 ▶ 다시 볼 문제 체크하고 틀린 이유 메모하기

04 윗글과 〈보기〉에서 공통적으로 강조하는 독서 방법으로 가장 적절한 것은?

—— 보기 ——

현대 사회에서는 방대한 정보 속에서 필요한 정보를 탐색하고 선별하기 위한 독서가 필요한데, 이를 위한 방법은 다음과 같다. 첫째, 책의 차례나 서문 등을 살핀 뒤에 필요한 정보를 포함하고 있는 책을 선정하여 읽는다. 둘째, 필요한 정보의 유무를 파악하며 빠르게 훑어 읽는다. 셋째, 책의 내용을 있는 그대로 받아들이기보다 그 책의 내용과 관련한 여러 관점들을 비교·대조해 가며 책을 읽는다.

① 책의 내용을 요약해 가면서 읽는다.

② 글의 구조와 전개 방식을 파악해 가면서 책을 읽는다.

③ 많은 양의 책을 읽기 위해 전체 내용을 빠르게 훑어 읽는다.

④ 책의 내용에 대한 여러 관점들을 함께 견주어 가며 책을 읽는다.

⑤ 차례나 서문을 통해 필요한 정보가 있다고 판단한 책을 골라 읽는다.

지문 근거 둘중헷 Q&A 어휘/개념 부정 질문

분석쌤 강의
● **분 석** 쉽게 정답에 답한 경우에도 복습해야 하고, 복습할 때 지문의 길이가 짧아도 꼼꼼하게 다시 읽은 다음, 〈보기〉가 있는 문제의 풀이방법도 새기고 넘어가야 하는 문제
● **해결案** 발문(문두)에서 요구한 질문(공통적으로 강조하는 독서 방법)을 붙잡고 〈보기〉를 읽는다. 그런 다음 답지 ①부터 지문에서 읽은 내용과 일치하는 것을 체크한 다음, 지문과 〈보기〉를 비교·대조하며 공통점이 아닌 것에 '지(지문) ✕', '보(보기) ✕'와 같이 표시하면서 오답을 제외해 나간다.

미술사를 다루고 있는 좋은 책이 많지만 학술적인 지식이 부족하면 이해하기 어려운 경우가 많다고 한다. 이런 점에서 미술에 대해 막 알아 가기 시작한 나와 같은 독자도 이해할 수 있다고 알려진, 곰브리치의『서양 미술사』를 택해 서양 미술의 흐름을 살펴본 것은 좋은 결정이었다.

이 책을 통해 저자는 미술사를 어떻게 이해할 것인가를 설명한다. 저자는 서론에서 '미술이라는 것은 사실상 존재하지 않는다. 다만 미술가들이 있을 뿐이다.'라고 밝히며, 미술가와 미술 작품에 주목하여 미술사를 이해하려는 자신의 관점을 설명한다. 저자는 27장에서도 해당 구절을 들어 자신의 관점을 다시 설명하고 있었기 때문에, 27장의 내용을 서론의 내용과 비교하여 읽으면서 저자의 관점을 더 잘 이해할 수 있었다.

책의 제목을 처음 접했을 때는, 이 책이 유럽만을 대상으로 삼고 있을 거라고 생각했다. 하지만 책의 본문을 읽기 전에 목차를 살펴보니, 총 28장으로 구성된 이 책이 유럽 외의 지역도 포함하고 있음을 알 수 있었다. 1~7장에서는 아메리카, 이집트, 중국 등의 미술도 설명하고 있었고, 8~28장에서는 6세기 이후 유럽 미술에서부터 20세기 미국의 실험적 미술까지 다루고 있었다. 이처럼 책이 다룬 내용이 방대하기 때문에, 이전부터 관심을 두고 있었던 유럽의 르네상스에 대한 부분을 먼저 읽은 후 나머지 부분을 읽는 방식으로 이 책을 읽어 나갔다.

㉠『서양 미술사』는 자료가 풍부하고 해설을 이해하기 어렵지 않아서, 저자가 해설한 내용을 저자의 관점에 따라 받아들이는 것만으로도 충분히 만족스러웠다. 물론 분량이 700여 쪽에 달하는 점은 부담스러웠지만, 하루하루 적당한 분량을 읽도록 계획을 세워서 꾸준히 실천하다 보니 어느새 다 읽었을 만큼 책의 내용은 흥미로웠다.

다시보기 ▶ 다시 볼 문제 체크하고 틀린 이유 메모하기

[분석쌤 강의]는 2차 채점 후 반드시 챙겨 본다!

05 윗글을 쓴 학생이 책을 선정할 때 고려한 사항 중, 윗글에서 확인할 수 있는 것은?

① 자신의 지식수준에 비추어 적절한 책인가?
② 다수의 저자들이 참여하여 집필한 책인가?
③ 다양한 연령대의 독자에게서 추천받은 책인가?
④ 이전에 읽은 책과 연관된 내용을 담고 있는 책인가?
⑤ 최신의 학술 자료를 활용하여 믿을 만한 내용을 담고 있는 책인가?

지문근거 둘중헷 Q&A 어휘/개념 부정질문

분석쌤 강의
● **분 석** 발문(문두)에서 요구하는 핵심만 정확하게 이해하면 빠르고 쉽게 정답을 찾을 수 있는 문제
● **해결案** '책을 선정할 때 고려한 사항'인지 아닌지를 체크해야 하지만, '윗글에서 확인할 수 있는 것'을 질문했고, 지문의 길이도 길지 않으므로, 윗글에서 확인할 수 없는 내용에 ✕로 표시하며 풀면 정답을 빠르게 압축할 수 있다.

다시보기 ▶ 다시 볼 문제 체크하고 틀린 이유 메모하기

06 윗글에 나타난 독서 방법으로 적절하지 <u>않은</u> 것은?

① 책에서 내용상 관련된 부분을 비교하며 읽는다.
② 책의 목차를 통해 책의 구성을 파악하고 읽는다.
③ 자신의 경험과 저자의 경험을 연관 지으며 읽는다.
④ 책의 분량을 고려하여 독서 계획을 세워서 읽는다.
⑤ 자신의 관심에 따라서 읽을 순서를 정하여 읽는다.

지문근거 둘중헷 Q&A 어휘/개념 부정질문

분석쌤 강의
● **분 석** 2014학년도 수능에서 출제되었던 독서 이론 지문이, 통합형 수능 체제로 바뀐 2022학년도 수능부터 다시 출제되었는데, '독서 이론 관련 지문과 문제는 쉬워.'라는 생각이 들어도 문제 풀이 시간을 단축하고 실수를 하지 않도록 점검하는 도구로 활용해야 하는 문제
● **해결案** 독서 방법을 질문하고 있지만, 발문(문두)의 '윗글에 나타난'에 집중하여, 답지를 검토할 때 '윗글에 나타나 있으면' ○, '나타나 있지 않으면' ✕로 표시하며 풀면 빠르게 오답을 제외할 수 있다.

07 윗글을 쓴 학생에게 ㉠과 관련하여 〈보기〉를 바탕으로 조언할 때, 그 내용으로 가장 적절한 것은? [3점]

— 보기 —

　　예술 분야의 책을 읽을 때, 책에 담긴 저자의 해설 외에도 다양한 해설이 있다는 점을 염두에 두어야 한다. 저자의 해설에도 저자가 속한 시대의 사회·문화적 환경에서 비롯된 영향이 반영되기 마련이다. 이러한 점을 고려하여, 독자는 책의 내용을 무비판적으로 수용하기보다는 자신의 주관을 가지고 책의 내용에 대해 판단할 필요가 있다.

① 책의 자료를 자의적 기준에 의해 정리하기보다는 저자의 관점에 따라 정리하는 게 좋겠어.

② 책이 유발한 사회·문화적 영향을 파악하기보다는 책에 대한 다양한 해설을 찾아보는 게 좋겠어.

③ 다양한 분야를 균형 있게 다룬 책보다는 하나의 분야를 집중적으로 다루고 있는 책을 읽는 게 좋겠어.

④ 책의 내용을 자신의 취향에 따라 골라 읽기보다는 전문가인 저자가 책을 구성한 방식대로 읽는 게 좋겠어.

⑤ 책의 내용을 그대로 받아들이려 하기보다는 자신의 관점을 바탕으로 저자의 관점을 판단하며 읽는 게 좋겠어.

지문근거 둘중헷 Q&A 어휘/개념 부정질문

분석쌤 강의

● **분 석** 쉽게 정답에 답한 경우에도 복습할 때 〈클리닉 해설〉을 참조하여 오답지들이 오답인 이유를 꼼꼼히 따져 알면, 수능 시험에서 오답지를 만드는 원리를 파악할 수 있는 문제

● **해결案** 발문(문두)에 집중하여, ㉠과 관련이 없으면 ✗, 〈보기〉를 바탕으로 조언한 것이 아니면 ✗로 표시하며 푼다. 쉽게 판단이 서지 않는 부분이 있더라도 확실하게 ✗인 부분이 포함되어 있는 답지는 바로바로 정답에서 제외하고 다음 답지를 검토하면 문제 풀이 시간을 단축할 수 있다.

1주차 2주차 3주차 4주차

▶ 정답을 모르는 상태에서 2차 풀이를 하기 위한 방법으로, 아래 채점표 대신 '모바일 자동 채점 프로그램'(문제편 표지 QR 코드)을 이용해도 된다.

🕐 **종료 시각**　　시　　분　　초

1 종료 시각을 적은 후, 문제에 체크한 '내가 쓴 답'을 ❶에 옮겨 적는다.
2 ❷에 채점을 하되, 틀린 문제에만 '／' 표시를 한다.
　(문제에 직접 채점하지 않는 이유는 다시 풀 때 정답을 모르는 상태에서 풀어야 제대로 훈련이 되기 때문)

문항 번호	1	2	3	4	5	6	7
❶ 내가 쓴 답							
❷ 채 점							

☞ 정답은 〈클리닉 해설〉 p.128(해설은 p.6)

3 틀렸거나 찍어서 맞힌 문제는 다시 푼다.
4 2차 채점을 할 때 다시 풀어서 맞힌 문항은 △, 또 틀린 문항은 ✗ 표시를 한다.
5 △와 ✗ 문항은 반드시 다시 보고 틀린 이유를 알고 넘어간다.

총 소요 시간	종료 시각 −시작 시각	분	초
목표 시간		14분	5초
초과 시간	총 소요 시간 −목표 시간	분	초

채점 결과_ 첫날
반드시 체크해서 복습 때 활용할 것

	1차채점		2차채점	
총 문항 수	7개	△ 문항 수		개
틀린 문항 수	개	✗ 문항 수		개

1~4 다음 글을 읽고 물음에 답하시오.

2016학년도 6월 모의평가(B형)【17~20】인문

나비가 되어 자신조차 잊을 만큼 즐겁게 날아다니는 꿈을 꾸다 깨어난 장자(莊子)는 자신이 나비가 되는 꿈을 꾼 것인지 나비가 자신이 된 꿈을 꾸고 있는 것인지 의아해한다. 이 호접몽 이야기는 나를 잊은 상태를 묘사함으로써 '물아일체(物我一體)' 사상을 그 결론으로 제시하고 있다. 이 이야기 외에도 『장자』에는 '나를 잊는다'는 구절이 나오는 일화 두 편이 있다.

하나는 장자가 타인의 정원에 넘어 들어갔다는 것도 모른 채, 기이한 새의 뒤를 ⊙홀린 듯 쫓는 이야기이다. 여기서 장자는 바깥 사물에 마음을 통째로 빼앗겨 자신조차 잊어버리는 고도의 몰입을 대상에 사로잡혀 끌려 다니는 꼴에 불과한 것으로 보았다. 이때 마음은 자신이 원하는 하나의 대상에만 과도하게 집착하여 그 어떤 것도 돌아보지 못한다. 이런 마음은 맹목적 욕망일 뿐이어서 감각적 체험을 있는 그대로 받아들이지 못하고 자신에게 이롭다거나 좋다고 생각하는 것만을 과장하거나 왜곡해서 ⓛ받아들이고 그렇지 않은 것들은 배격하게 된다.

다른 하나는 "스승님의 마음은 불 꺼진 재와 같습니다."라는 말을 제자에게 들은 남곽자기(南郭子綦)라는 사람이 "나는 나 자신을 잊었다."라고 대답한 이야기이다. 여기서 '나 자신'은 마음을 가리키며, 마음을 잊었다는 것은 불꽃처럼 마음속에 치솟던 분별 작용이 사라졌음을 뜻한다. 달리 말해, 이는 텅 빈 마음이 되었다는 말이며 흔히 명경지수(明鏡止水)의 비유로 표현되는 정적(靜寂)의 상태를 뜻한다. 이런 고요한 마음을 유지해야 천지만물을 있는 그대로 받아들일 수 있다.

그렇다면 첫째 이야기에서는 온전하게 회복해야 할 '참된 자아'를 잊은 것이고 둘째 이야기에서는 세상을 기웃거리면서 시비를 따지려 드는 '편협한 자아'를 잊은 것이라고 볼 수 있다. 참된 자아를 잊은 채 대상에 탐닉하는 식으로 자아와 세계가 관계를 맺게 되면 그 대상에 꼼짝없이 종속되어 괴로움이 증폭된다고 장자는 생각한다. 한편 편협한 자아를 잊었다는 것은 편견과 아집의 상태에서 ⓒ벗어나 세계와 자유롭게 소통하는 합일의 경지에 도달할 수 있음을 의미한다.

장자는 이 경지를 만물의 상호 의존성으로 설명한다. 자아와 타자는 서로의 존재를 온전히 전제할 때 자신들의 존재가 ⓔ드러날 수 있다고 그는 말한다. 예컨대, 내가 편견 없는 눈의 감각으로 꽃을 응시하면 그 꽃으로 인해 나의 존재가 성립되고 나로 인해 그 꽃 또한 존재의 의미를 획득하게 된다는 것이다. 이런 관계가 성립되기 위해서는 끊임없이 타자를 위해 마음의 공간을 비워 두는 수행이 필요하다. 장자는 이런 수행을 통해서 개체로서의 자아를 ⓜ뛰어넘어 세계의 모든 존재와 일체를 이루는 자아에 도달할 수 있다고 주장한다. 장자가 나비가 되어 자신조차 잊은 채 자유롭게 날 수 있었던 것은 나비를 있는 그대로 온전하게 받아들일 수 있었기 때문에 가능했다. 만물과 조화롭게 합일한다는 '물아일체'로 호접몽 이야기를 끝맺는 까닭이 여기에 있다.

다시보기 ▶ 다시 볼 문제 체크하고 틀린 이유 메모하기

[분석쌤 강의]는 2차 채점 후 반드시 챙겨 본다!

01 윗글의 중심 화제로 가장 적절한 것은?

① 고도의 몰입을 통한 소통과 합일의 의의
② 장자의 호접몽 이야기에 담긴 물아일체의 진정한 의미
③ 정신과 육체의 조화를 위해 장자가 제시한 수행의 방법
④ 자아와 세계의 상호 의존적 관계를 위한 정적 상태의 극복
⑤ 마음의 두 가지 상태와 그 상보적 관계에 대한 장자의 견해

지문 근거   둘중헷   Q&A   어휘/개념 부정질문

분석쌤 강의

● **분석** 발문(문두)에 집중해 답지를 체크해야 하는 문제
● **해결案** '중심 화제'를 묻는 문제는 윗글의 내용과 일치하면서 동시에 윗글을 통해 말하고자 하는 핵심 내용을 정답으로 골라야 한다. 따라서 지문 내용과 일치하지 않거나, 지문에서 글쓴이가 말하고자 하는 핵심 내용이 아닌 것부터 제외해 나가면서 정답을 압축한다.

02 윗글을 읽고 추론한 내용으로 적절하지 <u>않은</u> 것은?

지문근거 둘중헷 Q&A 어휘/개념 부정질문

① 불 꺼진 재와 같은 마음의 소유자라면 만물과 자유롭게 소통하겠군.

② 참된 자아가 세계와 관계를 맺으려면 감각적 체험을 배제해야 하겠군.

③ 마음을 바깥 사물에 빼앗긴다는 것은 참된 자아를 잊는다는 것과 같겠군.

④ 편협한 자아를 잊는 것은 타자와의 상호 의존적 관계 형성을 위한 바탕이 되겠군.

⑤ 장자가 꿈속에서 나비가 되어 자신조차 잊었다는 것은 마음이 명경지수와 같은 상태였다는 말이군.

분석쌤 강의

● **분 석** '추론'도 지문에서 정답과 오답의 근거를 찾아야 한다는 것을 일러 준 문제

● **해결案** 답지에서 핵심이 되는 키워드가 쓰인 문단을 찾아 해당 부분의 내용과 답지를 비교·대조한다. 이때 어휘 하나라도 놓치면 오답에 답할 수 있으므로 답지의 설명을 꼼꼼하게 체크하도록 한다.

03 〈보기〉에 나타난 순자의 입장에서 윗글의 장자 사상을 비판한 내용으로 적절하지 <u>않은</u> 것은? [3점]

지문근거 둘중헷 Q&A 어휘/개념 부정질문

―― 보기 ――

　　순자는 자연과 인간을 구별하면서 인간 우위의 문명 건설에 중점을 둔다. 그는 인간의 질서와 혼란이 자연 세계가 아니라 인간 세상의 문제로부터 비롯된다고 본다. 인간의 현실 문제를 해결하기 위해 그는 인간과 인간을 둘러싼 세계에 대한 지속적인 학습을 강조한다. 또한 인간은 만물의 변화에 주도적으로 참여하여 만물을 이끌고 길러 주어야 한다고 주장한다. 장자의 말처럼 자연 세계와 온전하게 합일하는 것으로는 인간 사회의 제도적 질서를 세울 수 없다고 본다.

① 마음의 공간을 비우는 수행은 현실 문제 해결에 도움이 되지 않는다.

② 자아를 잊고 만물과 소통하는 것으로는 인간 사회의 제도를 세울 수 없다.

③ 만물과 상호 의존적 관계를 맺는 것은 만물을 이끌고 길러 주는 바탕이 된다.

④ 만물에 대한 분별 작용이 사라지는 것은 인간 우위의 문명 건설에 도움이 되지 않는다.

⑤ 세계의 존재와 일체를 이루는 자아에 도달하는 것으로는 만물의 변화에 주도적으로 참여할 수 없다.

분석쌤 강의

● **분 석** 국어 문제를 풀 때에는,
1. 배점이 표기된 것에 선입견을 가지지 말아야 하고,
2. 발문(문두)을 꼼꼼히 읽어야 하고,
3. 지문과 〈보기〉에서 정답의 근거를 찾아야 한다는 것을 새기게 해 준 문제
● **해결案** 발문에서 요구하는 바('순자'의 입장에서 '장자 사상'을 비판)를 정확하게 이해한 후 답지의 내용을 검토하되, 정답과 오답의 근거는 〈보기〉와 지문에서 찾아야 한다.

04 문맥상 ㉠~㉤과 바꿔 쓰기에 적절하지 <u>않은</u> 것은?

지문근거 둘중헷 Q&A 어휘/개념 부정질문

① ㉠: 미혹(迷惑)된

② ㉡: 수용(受容)하고

③ ㉢: 탈피(脫皮)하여

④ ㉣: 출현(出現)할

⑤ ㉤: 초월(超越)하여

분석쌤 강의

● **분 석** 발문(문두)에 '문맥상'이 없어도 문맥 속에서 그 의미를 따져 적절한지를 살펴야 하는 어휘 문제

● **해결案** '바꿔 쓰기에 적절'한 것을 묻는 어휘 문제도 『매3비』에서 강조하는 '어휘 문제 3단계 풀이법'을 적용해 푼다.
・1단계: 문장에서 핵심 간추리기
・2단계: 답지의 말 대입하기
・3단계: '매3어휘 풀이' 떠올리기

　　전국 시대(戰國時代)의 사상계가 양주(楊朱)와 묵적(墨翟)의 사상에 ⓐ경도되어 유학의 영향력이 약화되고 있다고 판단한 맹자(孟子)는 유학의 수호자를 자임하면서 공자(孔子)의 사상을 계승하는 한편, 다른 학파의 사상적 도전에 맞서 유학 사상의 이론화 작업을 전개하였다. 그는 공자의 춘추 시대(春秋時代)에 비해 사회 혼란이 ⓑ가중되는 시대적 환경 속에서 사회 안정을 위해 특히 '의(義)'의 중요성을 강조하였다.

　　맹자가 강조한 '의'는 공자가 제시한 '의'에 대한 견해를 강화한 것이었다. 공자는 사회 혼란을 치유하는 방법을 '인(仁)'의 실천에서 찾고, '인'의 실현에 필요한 객관 규범으로서 '의'를 제시하였다. 공자가 '인'을 강조한 이유는 자연스러운 도덕 감정인 '인'을 사회 전체로 확산했을 때 비로소 사회가 안정될 것이라고 보았기 때문이다. 이때 공자는 '의'를 '인'의 실천에 필요한 합리적 기준으로서 '정당함'을 의미한다고 보았다.

　　맹자는 공자와 마찬가지로 혈연관계에서 자연스럽게 드러나는 도덕 감정인 '인'의 확산이 필요함을 강조하면서도, '의'의 의미를 확장하여 '의'를 '인'과 대등한 지위로 격상하였다. 그는 부모에게 효도하는 것은 '인'이고, 형을 공경하는 것은 '의'라고 하여 '의'를 가족 성원 간에도 지켜야 할 규범이라고 규정하였다. 그리고 나의 형을 공경하는 것에서 시작하여 남의 어른을 공경하는 것으로 나아가는 유비적 확장을 통해 '의'를 사회 일반의 행위 규범으로 정립하였다. 나아가 그는 '의'를 개인의 완성 및 개인과 사회의 조화를 위해 필수적인 행위 규범으로 설정하였고, 사회 구성원으로서 개인은 '의'를 실천하여 사회 질서 수립과 안정에 기여해야 한다고 주장하였다.

　　또한 맹자는 '의'가 이익의 추구와 구분되어야 한다고 주장하였다. 이러한 입장에서 그는 사적인 욕망으로부터 비롯된 이익의 추구는 개인적으로는 '의'의 실천을 가로막고, 사회적으로는 혼란을 야기한다고 보았다. 특히 작은 이익이건 천하의 큰 이익이건 '의'에 앞서 이익을 내세우면 천하는 필연적으로 상하 질서의 문란이 초래될 것이라고 역설하였다. 그래서 그는 사회 안정을 위해 사적인 욕망에 ⓒ결부된 이익의 추구는 '의'에서 ⓓ배제되어야 한다고 주장하였다.

　　맹자는 '의'의 실현을 위해 인간에게 도덕적 행위를 할 수 있는 근거와 능력이 있음을 밝히는 데에도 관심을 기울였다. 그는 인간이라면 누구나 도덕 행위를 할 수 있는 선한 마음이 선천적으로 내면에 갖춰져 있다는 일종의 ㉠도덕 내재주의를 주장하였다. 그는, 인간은 자기의 행동이 옳지 못함을 부끄러워하고 남이 착하지 못함을 미워하는 마음을 본래 가지고 있는데, 이러한 마음이 의롭지 못한 행위를 하지 않도록 막아 주는 동기로 작용한다고 보았다. 아울러 그는 어떤 것이 옳고 그른 것인지 판단할 수 있는 능력도 모든 인간의 마음에 갖춰져 있다고 하여 '의'를 실천할 수 있는 도덕적 역량이 내재화되어 있음을 제시하였다.

　　맹자는 '의'의 실천을 위한 근거와 능력이 인간에게 갖추어져 있음을 제시한 바탕 위에서, 이 도덕적 마음을 현실에서 실천하는 노력이 필요하다고 ⓔ역설하였다. 그는 본래 갖추고 있는 선한 마음의 확충과 더불어 욕망의 절제가 필요하다고 보았으며, 특히 생활에서 마주하는 사소한 일에서도 '의'를 실천해야 함을 강조하였다. 나아가 그는 목숨과 '의'를 함께 얻을 수 없다면 "목숨을 버리고 의를 취한다."라고 주장하여 '의'를 목숨을 버리더라도 실천해야 할 가치로 부각하였다.

다시보기 ▶ 다시 볼 문제 체크하고 틀린 이유 메모하기

05 ㉠에 해당하는 것으로 가장 적절한 것은?

① 세상의 올바른 이치가 모두 나의 마음속에 갖추어져 있으니, 수양을 통해 이것을 깨달으면 이보다 큰 즐거움은 없다.

② 바른 도리를 행하려면 분별이 있어야 하니, 분별에는 직분이 중요하고, 직분에는 사회에서 통용되는 예의가 중요하다.

③ 인간이 지켜야 할 도덕은 지혜와 덕이 매우 뛰어난 성인들이 만든 것이지 인간의 성품으로부터 생겨난 것이 아니다.

④ 군자에게 용기만 있고 의로움이 없으면 어지러움을 일으키게 되고, 소인에게 용기만 있고 의로움이 없으면 남의 것을 훔치게 된다.

⑤ 저 사람이 어른이기 때문에 내가 그를 어른으로 대우하는 것이지, 나에게 어른으로 대우하고자 하는 마음이 원래부터 있어서 그런 것이 아니다.

지문근거　둘중헷　Q&A　어휘/개념　부정질문

분석쌤 강의

● **분 석** 지문에 ㉠의 의미를 이해할 수 있는 단서가 있고, ㉠만 이해하면 쉽게 오답지들을 걸러 낼 수 있어 대부분의 학생들이 정답에 답한 문제

● **해결案** ㉠의 앞뒤 내용을 통해 ㉠의 의미를 이해한다. 그런 다음, 답지에서 강조하는 내용이 ㉠의 의미를 담고 있는지를 판단하면 된다.

06 윗글에 대한 설명으로 가장 적절한 것은?

① 맹자의 '의' 사상에 대한 사회적 통념을 비판하고 있다.

② 맹자의 '의' 사상이 가지는 한계에 대해 분석하고 있다.

③ 맹자의 '의' 사상에 대한 상반된 관점들을 비교하고 있다.

④ 맹자의 '의' 사상이 가지는 현대적 의의를 재조명하고 있다.

⑤ 맹자의 '의' 사상의 형성 배경과 내용에 대해 설명하고 있다.

| 지문근거 | 둘중헷 | Q&A | 어휘/개념 | 부정질문 |

분석쌤 강의

● **분 석** 오답지들이 지문 내용과 거리가 멀어 대부분의 학생들이 정답에 답한 문제

● **해결案** 답지를 검토할 때, '사회적 통념, 한계, 상반된 관점, 현대 의의, '의' 사상의 형성 배경과 내용' 등이 지문에 언급되어 있는지도 체크해야 하지만, 그것을 '비판, 분석, 비교, 재조명, 설명'하고 있는지도 따져야 한다.

07 윗글의 '맹자'에 대한 이해로 적절하지 않은 것은?

① 일상생활에서 '의'를 실천하는 것이 중요하다고 보았다.

② '의'의 실천은 목숨을 바칠 만큼 가치가 있다고 보았다.

③ 가정 내에서 '인'과 더불어 '의'도 실천해야 한다고 보았다.

④ '의'의 의미 확장보다는 '인'의 확산이 더 필요하다고 보았다.

⑤ 사회 규범으로서 '의'는 '인'과 대등한 지위를 지닌다고 보았다.

| 지문근거 | 둘중헷 | Q&A | 어휘/개념 | 부정질문 |

분석쌤 강의

● **분 석** 지문에서 근거를 쉽게 찾을 수 있어 대부분의 학생들이 정답에 답한 문제

● **해결案** 답지의 설명을 읽을 때 키워드가 언급된 지문으로 찾아가 답지와 지문의 해당 부분을 비교한다. 예를 들면, ①과 ②에서는 '의'의 실천을, ③~⑤에서는 '인'과 '의'를 함께 설명한 부분을 지문에서 찾아 비교한다.

08 윗글의 '맹자'와 〈보기〉의 '묵적'을 이해한 내용으로 적절하지 않은 것은? [3점]

> **── 보기 ──**
>
> '묵적'은 인간이 이기적인 존재이기 때문에 자기 자신과 자기 집단만의 이익을 추구하여 개인 간의 갈등과 사회의 혼란이 생긴다고 보았다. 그는 '의'를 개인과 사회 전체의 이익을 충족하는 것으로 보아, '의'를 통해 이러한 개인과 사회의 혼란을 해결할 수 있다고 하였다. 모든 사람을 차별 없이 똑같이 서로 사랑하면 '의'가 실현되어 사회의 혼란이 해소될 것이라고 본 것이다. 아울러 그는 이러한 '의'의 실현이 만물을 주재하는 하늘의 뜻이라고 하여 '의'를 실천해야 할 당위성을 강조하였다.

① '맹자'와 '묵적'은 모두 '의'라는 개념을 사용하지만, 그 의미를 다르게 보았다.

② '맹자'는 '의'와 이익이 밀접하게 관련된다고 보았고, '묵적'은 '의'와 이익을 명확히 구분되는 것으로 보았다.

③ '맹자'는 이익의 추구를 사회 혼란의 원인이라고 보았고, '묵적'은 이익의 충족을 통해 사회 혼란을 해결할 수 있다고 보았다.

④ '맹자'는 인간의 잘못에 대한 수치심을 '의'를 실천하게 하는 동기로 보았고, '묵적'은 '의'의 실천을 하늘의 뜻에 따르는 것으로 보았다.

⑤ '맹자'는 '의'의 실천이 개인과 사회의 조화를 위해 필요하다고 보았고, '묵적'은 '의'의 실천이 개인과 사회의 이익을 충족하는 데 필요하다고 보았다.

| 지문근거 | 둘중헷 | Q&A | 어휘/개념 | 부정질문 |

분석쌤 강의

● **분 석** 두 대상의 생각을 비교하는 문제는 둘의 생각을 반대로 진술함으로써 오답으로 만들어 버리는 경우가 많다는 것을 일러 주는 문제

● **해결案** 지문과 〈보기〉를 읽은 후 답지를 검토할 때, '맹자'의 생각은 지문에서, '묵적'의 생각은 〈보기〉에서 근거를 찾는다.

한편, 이 시험(2015학년도 9월 모의평가(B형))에서는 1등급 컷이 100점이었다. 즉, 1문제만 틀려도 2등급이 되었는데, 쉬운 문제일수록 실수를 줄이는 게 중요하고, 실수를 줄이는 방법은 확실하게 이해하고 맞힌 문제라고 해도 복습을 해야 한다는 것, 복습을 할 때에는 정답인 이유와 오답인 근거를 찾는 것이 중요하다는 것, 정답과 오답의 근거를 찾는 과정에서 실수도 줄이고 국어에 대한 자신감도 갖게 된다는 것을 기억하자.

09 ⓐ~ⓔ의 사전적 의미로 적절하지 않은 것은?

① ⓐ: 잘못 보거나 잘못 생각함.

② ⓑ: 책임이나 부담 등을 더 무겁게 함.

③ ⓒ: 일정한 사물이나 현상을 서로 연관시킴.

④ ⓓ: 받아들이지 아니하고 물리쳐 제외함.

⑤ ⓔ: 자기의 뜻을 힘주어 말함.

| 지문근거 | 둘중헷 | Q&A | 어휘/개념 | 부정질문 |

분석쌤 강의

● **분 석** 「매3비」에서 강조하는 '어휘 문제 3단계 풀이법'을 적용해 풀어야 하는 문제

● **해결案** 1. 앞뒤 문맥 속에서 핵심 간추리기
2. 밑줄 친 말에 답지의 풀이를 대입하기
3. 어휘의 의미를 살리는 '매3어휘 풀이' 떠올리기

정신적 사건과 물질적 사건은 구분된다고 생각하는 것이 우리의 상식이다. 이러한 상식에 따르면 인간의 정신적 사건과 육체적 사건도 구분되는 것으로 보게 된다. 하지만 정신적 사건과 육체적 사건이 서로 긴밀히 연결되어 있다고 보는 것 또한 우리의 상식이다. 위가 텅 비어 있으면 정신적인 고통을 느끼는 현상, 두려움을 느끼면 가슴이 더 빨리 뛰는 현상 등이 그런 예이다. 문제는 정신적 사건과 육체적 사건의 이질성과 관련성이라는 두 가지 상식을 조화시키기가 쉽지 않다는 것이다. 정신적 사건과 육체적 사건이 서로 다른 종류의 것이라고 주장하는 이론, 곧 심신 이원론은 그 두 종류의 사건이 관련되어 있음을 설명하기 위해 다양한 방법을 시도한다.

먼저 정신적 사건과 육체적 사건이 서로에게 인과적으로 영향을 주고받는다는 상호 작용론이 있다. 이는 위가 텅 비었다는 육체적 사건이 원인이 되어 고통을 느낀다는 정신적 사건이 결과로 일어나고, 두려움이라는 정신적 사건이 원인이 되어 가슴이 더 빨리 뛰는 육체적 사건이 결과로 일어난다고 설명한다. 그러나 서양 근세 철학의 관점에서 보면 공간을 차지하고 있지 않은 정신이 어떻게 공간을 차지하고 있는 육체에 영향을 미칠 수 있느냐 하는 문제가 생긴다.

이에 비해 평행론은 정신적 사건과 육체적 사건 사이에는 어떤 인과 관계도 성립하지 않으며, 정신적 사건은 정신적 사건대로, 육체적 사건은 육체적 사건대로 인과 관계가 성립한다고 주장하는 이원론이다. 이 이론에 따르면 정신적 사건과 육체적 사건이 상호 작용하는 것처럼 보이는 것은 어떤 정신적 사건이 일어날 때 거기에 해당하는 육체적 사건도 평행하게 항상 일어나기 때문이다. 물질로 이루어진 세계의 모든 사건은 다른 물질적 사건이 원인이 되어 일어난다는 생각, 즉 물질적 사건의 원인을 설명하기 위해서 물질세계 밖으로 나갈 필요가 없다는 생각은 근대 과학의 기본 전제이다. 평행론은 이 전제와 충돌하지 않는다는 장점이 있다. 그러나 서로 다른 종류의 사건들이 동시에 일어난다는 사실은 이해하기 힘들다.

부수 현상론은 모든 정신적 사건은 육체적 사건에 의해서 일어나지만 그 역은 성립하지 않는다고 주장하여 두 가지 상식 사이의 조화를 설명하려는 이원론이다. 이에 따르면 ㉠육체적 사건은 ㉡정신적 사건을 일으키고 또 다른 육체적 사건의 원인도 된다. 하지만 정신적 사건은 육체적 사건에 동반되는 부수 현상일 뿐, 정신적 사건이든 육체적 사건이든 어떠한 사건에도 아무런 영향을 미치지 못한다. 그러나 정신적 사건이 아무 일도 못하면서 따라 나올 뿐이라는 주장은, 아무 일도 하지 못한다면 도대체 정신적 사건이 왜 존재해야 하는가 하는 의문을 불러일으킨다.

정신적 사건과 육체적 사건을 구분하면서 그 둘이 관련 있음을 설명하려는 이론들은 모두 각자의 문제점에 봉착한다. 그래서 정신적 사건과 육체적 사건은 별개의 사건이 아니라 두 사건이 문자 그대로 동일한 사건이라는 동일론, 곧 심신 일원론이 제기된다. 과학의 발달로 그동안 정신적 사건이라고 알려졌던 것이 사실은 육체적 사건에 불과하다는 것이 밝혀짐에 따라, 인과 관계는 오로지 물질적 사건들 사이에서만 존재한다고 보게 된 것이다.

다시보기 ▶ 다시 볼 문제 체크하고 틀린 이유 메모하기

《분석쌤 강의》는 2차 채점 후 반드시 챙겨 본다!

10 윗글을 통해 알 수 있는 내용으로 적절하지 <u>않은</u> 것은?

① '심신 이원론'에서는 정신적 사건과 육체적 사건이 구분된다는 상식을 포기하지 않는다.

② '상호 작용론'에서는 정신적 사건이 육체적 사건의 원인이 되기도 하고 결과가 되기도 한다고 생각한다.

③ '평행론'에서는 정신적 사건이 육체적 사건의 원인이 되지 않으면서도 함께 일어날 수 있다고 주장한다.

④ '부수 현상론'에서는 육체적 사건이 정신적 사건을 일으킬 수 있다고 본다.

⑤ '동일론'은 정신적 사건과 육체적 사건에 대한 두 가지 상식이 모두 성립함을 보여 준다.

지문 근거   둘중헷   Q&A   어휘/개념 부정 질문

분석쌤 강의

● **분 석** 이 시험(2014학년도 수능 (B형))에서만 3문제나 출제된, 국어 영역 단골 문제인 '알 수 있는 내용'을 질문한 문제('추론한 내용, 윗글을 바탕으로 이해한 내용'까지 합치면 45문항 중 10문제가 넘었음.)

● **해결案** 발문(문두)에서 '알 수 있는 내용'을 질문한 것은 지문에서 정답의 근거를 찾으라는 것을 직접적으로 제시해 준 것이다. 게다가 ①~⑤는 모두 지문에서 설명하는 개념을 따옴표로 묶어 부각하고 있다. 그러므로 따옴표 안의 개념이 설명된 문단으로 찾아가 답지와 지문의 내용을 비교·대조하여 오답을 제외해 나가도록 한다.

11 '평행론'과 '동일론'에서 모두 동의할 수 있는 진술로 적절한 것은?

① 정신적 사건들 사이에는 인과 관계가 존재하지 않는다.

② 육체적 사건과 정신적 사건은 서로 대응되며 별개의 세계에 존재한다.

③ 물질적 사건의 원인을 설명하기 위해서 물질세계 밖으로 나갈 필요가 없다.

④ 공간을 차지하고 있지 않은 정신이 공간을 차지하고 있는 육체에 영향을 미칠 수 있다.

⑤ 정신적 사건이든 육체적 사건이든 어떠한 사건에도 영향을 미치지 못하는 정신적 사건이 존재한다.

지문 근거 ┃ 둘중햇 ┃ Q&A ┃ 어휘/개념 ┃ 부정질문

분석쌤 강의

● **분 석** 국어 영역에서 중시되는, 서로 다른 두 개념(이론)에서 공통점을 찾는 문제

● **해결案** '평행론'을 설명하고 있는 3문단과 '동일론'을 설명하고 있는 5문단에서 '평행론'과 '동일론'의 입장을 확인한 다음, 답지 ①부터 읽으면서 '평○동○', '평○동✕' 등으로 표시하며 문제를 푼다.

서로 다른 개념들 간의 공통점을 찾는 문제는 문제 풀이 시간이 많이 걸린다. 그러므로 1차 채점 때 맞혔다고 해도 시간 단축 훈련을 위해 반드시 복습을 하도록 한다. 그리고 복습할 때 꼭 다시 봐야 할 내용은 체크하고 메모해 둔 다음 재복습한다.

12 〈보기〉는 '부수 현상론'을 설명하기 위한 비유이다. ⊙과 ⓒ에 대응하는 것을 ⓐ∼ⓒ에서 골라 바르게 짝지은 것은? [3점]

— 보기 —

ⓐ지구, 달, 태양의 상대적인 위치에 의해 ⓑ조수 간만이 나타나기도 하고 보름달, 초승달과 같이 ⓒ달의 모양이 달리 보이기도 한다. 이때 조수 간만은 다시 개펄의 형성 등과 같은 또 다른 일의 원인이 된다. 반면에 달의 모양은 세 천체의 상대적인 위치로 인해서 생겨난 결과일 뿐, 어떠한 인과적 역할도 하지 않는다.

	⊙ '육체적 사건'	ⓒ '정신적 사건'
①	ⓐ	ⓑ
②	ⓐ	ⓒ
③	ⓑ	ⓐ
④	ⓒ	ⓐ
⑤	ⓒ	ⓑ

지문 근거 ┃ 둘중햇 ┃ Q&A ┃ 어휘/개념 ┃ 부정질문

분석쌤 강의

● **분 석** 인문 제재에 과학을 접목시켰지만, 핵심은 언어적 사고력을 측정하는 것이고, 정답을 고르는 핵심은 언어적 내용을 이해하고 문장 구조를 꼼꼼하게 비교·대조하는 데 있는 문제

● **해결案** '부수 현상론'을 설명하고 있는 4문단에서 ⊙과 ⓒ의 관계를 먼저 파악한다. 〈보기〉는 '부수 현상론'을 설명하기 위한 비유라고 했으므로 4문단의 ⊙과 ⓒ에 대응하는 것이 ⓐ, ⓑ, ⓒ 중 어느 것인지를 따지고, 확실히 대응되는 것을 먼저 체크한 다음, 나머지에서 정답을 고르는 데 필요한 근거를 다시 따진다. 핵심은 4문단의 문장과 〈보기〉의 문장을 놓고 짝을 짓는 것이다.

▶ 정답을 모르는 상태에서 2차 풀이를 하기 위한 방법으로, 아래 채점표 대신 '모바일 자동 채점 프로그램'(문제편 표지 QR 코드)을 이용해도 된다.

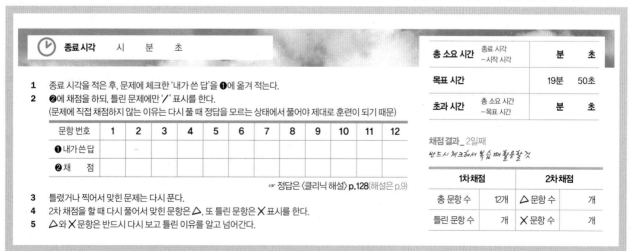

🕐 **종료 시각** 시 분 초											

1 종료 시각을 적은 후, 문제에 체크한 '내가 쓴 답'을 ❶에 옮겨 적는다.
2 ❷에 채점을 하되, 틀린 문제에만 '╱' 표시를 한다.
(문제에 직접 채점하지 않는 이유는 다시 풀 때 정답을 모르는 상태에서 풀어야 제대로 훈련이 되기 때문)

문항 번호	1	2	3	4	5	6	7	8	9	10	11	12
❶내가 쓴 답												
❷채 점												

☞ 정답은 〈클리닉 해설〉 p.128(해설은 p.9)

3 틀렸거나 찍어서 맞힌 문제는 다시 푼다.
4 2차 채점을 할 때 다시 풀어서 맞힌 문항은 △, 또 틀린 문항은 ✕ 표시를 한다.
5 △와 ✕ 문항은 반드시 다시 보고 틀린 이유를 알고 넘어간다.

총 소요 시간	종료 시각 −시작 시각	분	초
목표 시간		19분	50초
초과 시간	총 소요 시간 −목표 시간	분	초

채점 결과_ 2일째
반드시 체크해서 복습 때 활용할 것

	1차채점		2차채점
총 문항 수	12개	△ 문항 수	개
틀린 문항 수	개	✕ 문항 수	개

19

1~4 **다음 글을 읽고 물음에 답하시오.**   2014학년도 6월 모의평가(B형)【17~20】인문

흔히 어떤 대상이 반드시 가져야만 하고 그것을 다른 대상과 구분해 주는 속성을 ⓐ본질이라고 한다. X의 본질이 무엇인지 알고 싶으면 X에 대한 필요 충분한 속성을 찾으면 된다. 다시 말해서 모든 X에 대해 그리고 오직 X에 대해서만 해당되는 것을 찾으면 된다. ⓑ예컨대 모든 까투리가 그리고 오직 까투리만이 꿩이면서 동시에 암컷이므로, '암컷인 꿩'은 까투리의 본질이라고 생각된다. 그러나 암컷인 꿩은 애초부터 까투리의 정의라고 우리가 규정한 것이므로 그것을 본질이라고 말하기에는 허망하다. 다시 말해서 본질은 따로 존재하여 우리가 발견한 것이 아니라 까투리라는 낱말을 만들면서 사후적으로 구성된 것이다.

서로 다른 개체를 동일한 종류의 것이라고 판단하고 의사소통에 성공하기 위해서는 개체들이 공유하는 무엇인가가 필요하다. 본질주의는 ⓒ그것이 우리와 무관하게 개체 내에 본질로서 존재한다고 주장한다. ⓓ반면에 반(反)본질주의는 그런 본질이란 없으며, 인간이 정한 언어 약정이 본질주의에서 말하는 본질의 역할을 충분히 달성할 수 있다고 주장한다. ⓔ이른바 본질은 우리가 관습적으로 부여하는 의미를 표현한 것에 불과하다는 것이다.

'본질'이 존재론적 개념이라면 거기에 언어적으로 상관하는 것은 '정의'이다. 그런데 어떤 대상에 대해서 약정적이지 않으면서 완벽하고 정확한 정의를 내리기 어렵다는 사실은 반본질주의의 주장에 힘을 실어 준다. 사람을 예로 들어 보자. 이성적 동물은 사람에 대한 정의로 널리 알려져 있다. 그러면 이성적이지 않은 갓난아이를 사람의 본질에 반례로 제시할 수 있다. 이번에는 ⑤'사람은 사회적 동물이다.'라고 정의를 제시할 수도 있다. 그러나 사회를 이루고 산다고 해서 모두 사람인 것은 아니다. ⑥개미나 벌도 사회를 이루고 살지만 사람은 아니다.

서양의 철학사는 본질을 찾는 과정이라고 말할 수 있다. 본질주의는 사람뿐만 아니라 자유나 지식 등의 본질을 찾는 시도를 계속해 왔지만, 대부분의 경우 아직까지 본질적인 것을 명확히 찾는 데 성공하지 못했다. 그래서 숨겨진 본질을 밝히려는 철학적 탐구는 실제로는 부질없는 일이라고 반본질주의로부터 비판을 받는다. 우리가 본질을 명확히 찾지 못하는 까닭은 우리의 무지 때문이 아니라 그런 본질이 있다는 잘못된 가정에서 출발했기 때문이라는 것이다. 사물의 본질이라는 것은 단지 인간의 가치가 투영된 것에 지나지 않는다는 것이 반본질주의의 주장이다.

다시보기 ▶ 다시 볼 문제 체크하고 틀린 이유 메모하기   《분석쌤 강의》는 2차 채점 후 반드시 챙겨 본다!

01 **'반본질주의'의 견해로 볼 수 있는 것은?**

① 어떤 대상이라도 그 개념을 언어로 약정할 수 없다.
② 개체의 본질은 인식 여부와 상관없이 개체에 내재하고 있다.
③ 어떤 대상이든지 다른 대상과 구분되는 불변의 고유성이 있다.
④ 어떤 대상에 의미가 부여됨으로써 그 대상은 다른 대상과 구분된다.
⑤ 같은 종류에 속하는 개체들이 공유하는 속성은 객관적으로 실재한다.

지문 근거   둘중헷   Q&A   어휘/개념   부정 질문

분석쌤 강의
● **분석** 지문 전체 내용의 흐름, 즉 본질주의와 반본질주의의 주장에 대해 명확하게 이해하지 못한 채, 답지의 설명과 연결되는 지문의 특정 부분만 비교한 경우 오답에 답하게 되는 문제 ☞ 〈클리닉 해설〉 참조
● **해결案** 글 전체의 흐름 속에서 본질주의와 반본질주의의 주장을 명확하게 이해한 후 답지를 읽고, 답지에서 설명하는 내용이 지문에서 강조한 반본질주의의 견해에 해당하는지를 따진다.
정답에 답한 학생들도 〈클리닉 해설〉에서 특정 오답에 답한 학생들이 낚인 이유를 살펴보도록 한다.

02 문맥상 ㉠과 ㉡의 관계와 같은 것은?

	㉠	㉡
①	가위는 자를 수 있는 도구이다.	칼
②	노인은 65세 이상인 사람이다.	64세인 사람
③	이모는 어머니의 여자 형제이다.	어머니의 여동생
④	고래는 헤엄칠 수 있는 포유동물이다.	헤엄칠 수 없는 고래
⑤	연필은 흑연을 나무로 둘러싼 필기 도구이다.	흑연 심

지문 근거 둘 중 헷 Q&A 어휘/개념 부정 질문

분석쌤 강의
● 분 석 답지 2개를 놓고 고민한 학생들이 많
았던 문제   ☞ 〈클리닉 해설〉 참조
● 해결案 지문에서 '㉠−㉡'의 관계부터 파악
한 다음, 같은 방법으로 답지의 '㉠−㉡'을 관계
지어 본다.

---

03 윗글을 바탕으로 〈보기〉에 대해 추론한 내용으로 적절하지 <u>않은</u> 것은? [3점]

> —— 보기 ——
>
> (가) 금은 오랫동안 색깔이나 밀도처럼 쉽게 확인할 수 있는 특성으로 정의되어
> 왔지만 이제는 현대 화학에 입각해 정의되고 있다.
>
> (나) 누군가가 사자와 바위와 컴퓨터를 묶어 '사바컴'으로 정의했지만 그 정의는
> 널리 쓰이지 않았다.

① 본질주의자는 (가)를 숨겨져 있는 정확하고 엄격한 본질을 찾아가는 과정으로
해석하겠네.

② 본질주의자는 (나)를 근거로 들어 본질은 사후적으로 구성되는 것이 아니라고
하겠네.

③ 반본질주의자는 (가)에서처럼 널리 믿어지던 정의가 바뀌는 것을 보고 약정적
이지 않은 정의는 없다고 주장하겠네.

④ 반본질주의자는 (나)에 대해 그 세 가지가 지니는 근원적 속성이 발견되지 않
아서 일어나는 현상이라고 하겠네.

⑤ 본질주의자와 반본질주의자는 모두 (가)를 들어 의사소통을 위해서는 개체들
을 동일한 종류의 것으로 판단할 수 있는 무엇인가가 필요하다고 생각하겠네.

지문 근거 둘 중 헷 Q&A 어휘/개념 부정 질문

분석쌤 강의
● 분 석 '윗글을 바탕으로~'라는 발문(문두)
이 중요하고, 답지를 검토할 때 〈보기〉와 윗글을
연결해 해석해야 하므로 지문의 내용과 지문에
서 설명하는 개념을 완벽하게 이해해야 풀 수
있는 문제
● 해결案 윗글에서 설명하는 본질주의와 반본
질주의의 주장에 대해 먼저 이해한다. 그런 다
음, 〈보기〉의 사례가 지문에서 설명하는 어떤 개
념과 연결되는지를 체크한다.
 이와 같이 '지문−〈보기〉−답지'를 일일이 체
크하며 풀어야 하는 문제는 시간이 많이 소요되
는데, 복습할 때 다른 학생들이 많이 질문한 오
답들까지 살피며 공부하면 유사한 유형의 문
제를 접했을 때 쉽게 접근할 수 있는 내공이 길
러진다는 것을 염두에 두자.

---

04 글의 특성과 문맥을 고려할 때, ⓐ~ⓔ를 활용한 독서 방안으로 적절하지 <u>않은</u> 것은?

① 개념의 정확한 이해가 중요하므로 핵심어인 ⓐ가 글에서 어떤 의미로 쓰이는
지 확인해야겠어.

② 글에서 다루는 내용이 추상적이므로 ⓑ에 이어진 사례를 통해 앞의 설명에서
이해가 부족했던 부분을 보완해야겠어.

③ 내용 간의 논리적인 관계를 따지는 것이 중요하므로 ⓒ가 지시하는 내용이 무
엇인지 확인해야겠어.

④ 상반된 두 입장이 제시되어 있으므로 ⓓ로 이어진 앞뒤의 내용이 어떤 점에서
다른지 살펴보아야겠어.

⑤ 사실과 글쓴이의 의견을 구별하는 것이 중요하므로 ⓔ를 통해 강조되는 글쓴
이의 주장이 타당한지 따져 보아야겠어.

지문 근거 둘 중 헷 Q&A 어휘/개념 부정 질문

분석쌤 강의
● 분 석 2023학년도 수능과 2014학년도 수
능에서 강조된 '독서 원리'가 적용된 문제로, 복
습할 때 발문(문두)에서 요구하는 것과 답지에
서 설명하는 내용을 따져 가며 출제 원리를 이해
하고 넘어가야 하는 문제
● 해결案 ⓐ~ⓔ를 '어떻게' 활용해 '읽을 것'
인지에 대한 '독서 원리·방안'을 묻고 있으므로
ⓐ~ⓔ가 문장 속에서 어떤 역할을 하는지, 또
그것을 읽을 때 어떻게 읽어야 하는지를 체크하
도록 한다.

어떤 명제가 참이라는 것은 무슨 뜻인가? 이 질문에 대한 답변 중 하나가 정합설이다. 정합설에 따르면, 어떤 명제가 참인 것은 그 명제가 다른 명제와 정합적이기 때문이다. 그러면 '정합적이다'는 무슨 의미인가? 정합적이라는 것은 명제들 간의 특별한 관계인데, 이 특별한 관계가 무엇인지에 대해 전통적으로는 '모순 없음'과 '함축', 그리고 최근에는 '설명적 연관' 등으로 정의해 왔다.

먼저 '정합적이다'를 모순 없음으로 정의하는 경우, 추가되는 명제가 이미 참이라고 ⊙인정한 명제와 모순이 없으면 정합적이고, 모순이 있으면 정합적이지 않다. 여기서 모순이란 "은주는 민수의 누나이다."와 "은주는 민수의 누나가 아니다."처럼 ㉮동시에 참이 될 수도 없고 또 동시에 거짓이 될 수도 없는 명제들 간의 관계를 말한다. '정합적이다'를 모순 없음으로 정의하는 입장에 따르면, "은주는 민수의 누나이다."가 참일 때 추가되는 명제 "은주는 학생이다."는 앞의 명제와 모순이 되지 않기 때문에 정합적이고, 정합적이기 때문에 참이다. 그런데 '정합적이다'를 모순 없음으로 이해하면, 앞의 예에서처럼 전혀 관계가 없는 명제들도 모순이 ⓒ발생하지 않는다는 이유 하나만으로 모두 정합적이고 참이 될 수 있다는 문제가 생긴다.

이 문제를 ⓒ해결하기 위해서 '정합적이다'를 함축으로 정의하기도 한다. 함축은 "은주는 민수의 누나이다."가 참일 때 "은주는 여자이다."는 반드시 참이 되는 것과 같은 관계를 이른다. 명제 A가 명제 B를 함축한다는 것은 'A가 참일 때 B가 반드시 참'이라는 의미이다. '정합적이다'를 함축으로 이해하면, 명제 "은주는 민수의 누나이다."가 참일 때 이와 무관한 명제 "은주는 학생이다."는 모순이 없다고 해도 정합적이지 않다. 왜냐하면 "은주는 학생이다."는 "은주는 민수의 누나이다."에 의해 함축되지 않기 때문이다.

그런데 '정합적이다'를 함축으로 정의할 경우에는 참이 될 수 있는 명제가 ⓔ과도하게 제한된다. 그래서 '정합적이다'를 설명적 연관으로 정의하기도 한다. 명제 "민수는 운동 신경이 좋다."는 "민수는 농구를 잘한다."는 명제를 함축하지는 않지만, 민수가 농구를 잘하는 이유를 그럴듯하게 설명해 준다. 그 역의 관계도 마찬가지이다. 두 경우 각각 설명의 대상이 되는 명제와 설명해 주는 명제 사이에는 서로 설명적 연관이 있다고 말한다. 설명적 연관이 있는 두 명제는 서로 정합적이기 때문에 그중 하나가 참이면 추가되는 다른 하나도 참이다. 설명적 연관으로 '정합적이다'를 정의하게 되면 함축 관계를 이루는 명제들까지도 ⓜ포괄할 수 있는 장점이 있다. 함축 관계를 이루는 명제들은 필연적으로 설명적 연관이 있기 때문이다. '정합적이다'를 설명적 연관으로 정의하면, 함축으로 이해하는 것보다는 많은 수의 명제를 참으로 추가할 수 있다.

그러나 설명적 연관이 정확하게 어떤 의미인지, 그리고 그 연관의 긴밀도가 어떻게 측정될 수 있는지는 아직 완전히 해결되지 않은 문제이다. 이 문제와 관련된 최근 연구는 확률 이론을 활용하여 정합설을 발전시키고 있다.

다시보기 ▶ 다시 볼 문제 체크하고 틀린 이유 메모하기   *분석쌤 강의는 2차 채점 후 반드시 챙겨 본다!*

05 윗글의 내용과 일치하지 않는 것은?

① 정합설에서 참 또는 거짓을 판단하는 기준은 명제들 간의 관계이다.

② 정합설에서 이미 참이라고 인정한 명제와 어떤 새로운 명제가 정합적이면, 그 새로운 명제도 참이다.

③ '정합적이다'를 모순 없음으로 이해했을 때 참이 아닌 명제는 함축으로 이해했을 때에도 참이 아니다.

④ 함축 관계에 있는 명제들은 설명적 연관이 있는 명제들일 수는 있지만 모순 없는 명제들일 수는 없다.

⑤ '정합적이다'를 설명적 연관으로 이해한다고 해도 연관의 긴밀도 문제 때문에 정합설은 아직 한계가 있다.

지문근거 둘중헷 Q&A 어휘/개념 부정질문

분석쌤 강의

● **분 석** '정합설'은 2012학년도 9월 모의평가에서도 다룬 내용으로, 기출 문제로 '제대로' 공부법을 지키며 공부하면, 지문의 빠른 독해, 문제 풀이 시간 단축의 효과를 거둘 수 있다는 것을 입증한 문제

● **해결案** 지문을 끝까지 읽은 다음, 답지의 내용이 언급된 지문으로 찾아가 지문의 해당 부분과 답지의 내용을 비교 검토한다. 검토하는 과정에서 답지에 ○, ✕, △로 표시하며 정답을 압축해 나간다.

06 ㉮의 사례로 적절한 것은?

① 민수는 은주보다 키가 크다. ─ 민수는 은주보다 키가 크지 않다.

② 민수는 농구를 좋아한다. ─ 민수는 농구보다 축구를 좋아한다.

③ 그것은 민수에게 이익이다. ─ 그것은 민수에게 손해이다.

④ 오늘은 화요일이 아니다. ─ 오늘은 수요일이 아니다.

⑤ 민수의 말이 옳다. ─ 은주의 말이 틀리다.

지문근거 둘중헷 Q&A 어휘/개념 부정질문

분석쌤 강의

● **분 석** 정답에 이의 제기한 내용에 대해 출제 기관(한국교육과정평가원)에서 타당성 심사 결과 답변을 공지한 문제 ☞ 〈클리닉 해설〉 참조
● **해결案** ㉮의 사례로 적절하려면 답지에 제시된 두 명제가 동시에 참이 될 수도 없고, '또' 동시에 거짓이 될 수도 없어야 한다. '또'에 유의하여 답지의 옳고 그름을 꼼꼼히 따지도록 한다.

07 〈보기〉의 명제를 참이라고 할 때, 윗글을 바탕으로 추론한 내용으로 적절하지 않은 것은? [3점]

─ 보기 ─

○ 우리 동네 전체가 정전되었다.

① '정합적이다'를 모순 없음으로 이해하면, "우리 동네에는 솔숲이 있다."를 참인 명제로 추가할 수 있다.

② '정합적이다'를 함축으로 이해하면, "우리 집이 정전되었다."를 참인 명제로 추가할 수 있다.

③ '정합적이다'를 설명적 연관으로 이해하면, "예비 전력의 부족으로 전력 공급이 중단됐다."를 참인 명제로 추가할 수 있다.

④ '정합적이다'를 함축으로 이해하면, "우리 동네에는 솔숲이 있다."를 참인 명제로 추가할 수 없다.

⑤ '정합적이다'를 설명적 연관으로 이해하면, "우리 집이 정전되었다."를 참인 명제로 추가할 수 없다.

지문근거 둘중헷 Q&A 어휘/개념 부정질문

분석쌤 강의

● **분 석** 2차 채점 후 다시 보면 쉬운 문제인데, 특정 오답지에 답한 학생들이 많았던 문제
● **해결案** '〈보기〉의 명제를 참이라고 할 때'라는 전제를 놓치면 안 된다. 발문(문두)에 제시한 전제를 머릿속에 담고 답지를 검토한다.
　이 문제를 맞혔어도 다른 학생들이 특정 오답지에 많이 답한 이유를 챙겨 보자. 〈클리닉 해설〉을 참고해 '나도 실수할 수 있겠다.'는 생각을 하게 되면 동일한 실수를 범하지 않게 뭔다.

08 문맥상 ㉠~㉢을 바꿔 쓰기에 적절하지 않은 것은?

① ㉠: 받아들인　　　② ㉡: 일어나지

③ ㉢: 밝혀내기　　　④ ㉣: 지나치게

⑤ ㉤: 아우를

지문근거 둘중헷 Q&A 어휘/개념 부정질문

분석쌤 강의

● **분 석** 쉽게 정답에 답했어도 '어휘 문제 3단계 풀이법'을 적용해 복습해야 하는 문제
● **해결案** 답지의 어휘를 ㉠~㉤의 자리에 대입한 다음, 앞뒤 문맥이 자연스러운지를 따진다. 복습할 때 어휘 문제에 자신감을 갖기 위해 틈틈이 〈매3漢(부록)〉 공부를 하도록 하자.

세계관은 세계의 존재와 본성, 가치 등에 관한 신념들의 체계이다. 세계를 해석하고 평가하는 준거인 세계관은 곧 우리 사고와 행동의 토대가 되므로, 우리는 최대한 정합성과 근거를 갖추도록 노력해야 한다. 모순되거나 일관되지 못한 신념은 우리의 사고와 행동을 혼란시킬 것이므로 세계관에 대한 관심과 검토는 중요하다. 세계관을 이루는 여러 신념 가운데 가장 근본적인 수준의 신념은 '세계는 존재한다.'이다. 이 신념이 성립해야만 세계에 관한 다른 신념, 이를테면 세계가 항상 변화한다든가 불변한다든가 하는 등의 신념이 성립하기 때문이다.

실재론은 이 근본적 신념에 덧붙여 세계가 '우리 정신과 독립적으로' 존재함을 주장한다. 내가 만들어 날린 종이비행기는 멀리 날아가, 볼 수 없게 되었다 해도 여전히 존재한다. 이는 명확해서 논란의 여지가 없어 보이지만, 반실재론자는 이 상식에 도전한다. 유명한 반실재론자인 버클리 는 세계의 독립적 존재를 부정한다. 그에 따르면, 우리가 감각 경험에 의존하지 않고는 세계를 인식할 수 없다고 한다. 그는 이를 바탕으로 세계에 관한 주장을 편다. 그에 의하면 '주관적' 성질인 색깔, 소리, 냄새, 맛 등은 물론, '객관적'으로 성립한다고 여겨지는 형태, 공간을 차지함, 딱딱함, 운동 등의 성질도 오로지 우리가 감각할 수 있을 때만 존재하는 주관적 속성이다. 세계 속의 대상과 현상이란 이런 속성으로 구성되므로 세계는 감각으로 인식될 때만 존재한다는 것이다.

버클리의 주장은 우리의 통념과 충돌한다. 당시 어떤 사람이 돌을 차면서 "나는 이렇게 버클리를 반박한다!"라고 외쳤다고 한다. 그는 날아간 돌이 엄연히 존재한다는 점을 근거로 버클리의 주장을 반박하고자 한 것이다. 그러나 버클리를 비롯한 반실재론자들이 부정한 것은 세계가 정신과 독립하여 그 자체로 존재한다는 신념이다. 따라서 돌을 찬 사람은 그들을 제대로 반박하지 못했다고 볼 수 있다.

최근까지도 새로운 형태의 반실재론이 제기되어 활발한 논의가 진행 중이다. 논증의 성패를 떠나 반실재론자는 타성에 젖은 실재론적 세계관의 토대에 대해 성찰할 기회를 제공한다. 또한 세계관에 대한 도전과 응전의 반복은 그 자체로 인간 지성이 상호 소통하면서 발전해 가는 과정을 보여 준다.

다시 보기 ▶ 다시 볼 문제 체크하고 틀린 이유 메모하기

〈분석쌤 강의〉는 2차 채점 후 반드시 챙겨 본다!

09 윗글에 대한 이해로 적절하지 않은 것은?

① 실재론과 반실재론 사이의 논쟁은 현재에도 지속되고 있다.

② 세계관은 우리의 사고나 행동의 토대가 되는 신념 체계이다.

③ 실재론과 달리 반실재론은 세계가 존재하지 않는다고 주장한다.

④ 세계가 존재한다는 신념은 세계가 불변한다는 신념보다 더 근본적이다.

⑤ 실재론은 세계가 존재하며 그것의 존재는 정신과 독립적이라고 주장한다.

지문 근거   물중헷   Q&A   어휘/개념 부정질문

분석쌤 강의

● **분 석** 지문의 길이가 짧은 데다 답지들의 근거도 지문에 명확하게 제시되어 있어 쉽게 정답에 답한 문제

● **해결案** 지문을 끝까지 읽은 다음, 답지 ①부터 O, X, △ 표시를 하되, 그 근거를 지문에서 반드시 확인하도록 한다. 이 문제를 틀렸다면, 왜 틀렸는지를 '내가 답한 오답'의 근거까지 확인하고 넘어가자. ☞〈클리닉 해설〉 참조

한편, 이 지문은 '세계관의 관점'을 다루고 있다는 점에서 EBS 교재와 연계된 지문으로 분류되었지만, 실제 시험장에서는 연계된 지문으로 느낀 학생이 드물었다. 그뿐만 아니라, 연계 교재의 지문 이해로 독해가 수월했다고 해도 연계 지문의 공부 효과로 정답에 답했다고 보기 어렵다. 결국 EBS 연계 교재의 공부는 지문 내용의 익숙함에 도움을 받을 수 있을 뿐 그보다 더 중요한 것은 문제 풀이 역량을 기르는 훈련이고, 이 훈련에 가장 적합한 도구는 '기출 문제'이다.

10 버클리 의 견해와 부합하는 것을 〈보기〉에서 고른 것은? [3점]

─ 보기 ─

ㄱ. 번개가 치는 현상은 감각 경험으로 구성된 것이다.

ㄴ. '비둘기가 존재한다.'는 '비둘기가 지각된다.'와 같은 뜻이다.

ㄷ. 우리에게 지각되는 책상은 우리의 인식 이전에 그 자체로 존재한다.

ㄹ. 사과의 단맛은 주관적인 속성이며, 둥근 모양은 객관적 속성이다.

① ㄱ, ㄴ　　　　　　② ㄱ, ㄷ

③ ㄴ, ㄷ　　　　　　④ ㄴ, ㄹ

⑤ ㄷ, ㄹ

지문 근거　둘중헷　Q&A　어휘/개념　부정 질문

분석쌤 강의

● **분 석** 〈보기〉와 지문의 내용을 꼼꼼하게 비교하며 따져 O, X, △ 표시를 하면서 문제를 푼 학생은 정답에 답했지만, 그렇지 않은 학생은 특정 오답지와 헷갈려 한 문제로, 특히 하나의 문장에 두 가지 이상의 정보가 담긴 경우 둘을 구분해 O, X, △ 표시를 하는 것이 중요하다는 것을 일깨워 준 문제

● **해결案** 버클리의 견해가 제시된 부분을 지문에서 확인한 다음, ㄱ부터 지문의 내용과 비교한다. 이때, ㄹ과 같이 2가지 이상의 정보가 담긴 경우에는 둘 다 부합하는지를 각각 나누어 따져 봐야 한다.　☞〈클리닉 해설〉 참조

▶ 정답을 모르는 상태에서 2차 풀이를 하기 위한 방법으로, 아래 채점표 대신 '모바일 자동 채점 프로그램'(문제편 표지 QR 코드)을 이용해도 된다.

🕐 **종료 시각**　　시　　분　　초

총 소요 시간	종료 시각 −시작 시각	분	초
목표 시간		17분	35초
초과 시간	총 소요 시간 −목표 시간	분	초

1　종료 시각을 적은 후, 문제에 체크한 '내가 쓴 답'을 ❶에 옮겨 적는다.
2　❷에 채점을 하되, 틀린 문제에만 '／' 표시를 한다.
　　(문제에 직접 채점하지 않는 이유는 다시 풀 때 정답을 모르는 상태에서 풀어야 제대로 훈련이 되기 때문)

문항 번호	1	2	3	4	5	6	7	8	9	10
❶ 내가쓴답										
❷ 채 점										

☞ 정답은 〈클리닉 해설〉 **p.128**(해설은 p.14)

3　틀렸거나 찍어서 맞힌 문제는 다시 푼다.
4　2차 채점을 할 때 다시 풀어서 맞힌 문항은 △, 또 틀린 문항은 ✗ 표시를 한다.
5　△와 ✗ 문항은 반드시 다시 보고 틀린 이유를 알고 넘어간다.

채점 결과_ 3일째
반드시 체크해서 복습 때 활용할 것

	1차채점	2차채점	
총 문항 수	10개	△ 문항 수	개
틀린 문항 수	개	✗ 문항 수	개

기원전 5세기, 헤로도토스는 페르시아 전쟁에 대한 책을 쓰면서 『역사(*Historiai*)』라는 제목을 붙였다. 이 제목의 어원이 되는 'histor'는 원래 '목격자', '증인'이라는 뜻의 법정 용어였다. 이처럼 어원상 '역사'는 본래 '목격자의 증언'을 뜻했지만, 헤로도토스의 『역사』가 나타난 이후 '진실의 탐구' 혹은 '탐구한 결과의 이야기'라는 의미로 바뀌었다.

헤로도토스 이전에는 사실과 허구가 뒤섞인 신화와 전설, 혹은 종교를 통해 과거에 대한 지식이 전수되었다. 특히 고대 그리스 인들이 주로 과거에 대한 지식의 원천으로 삼은 것은 『일리아스』였다. 『일리아스』는 기원전 9세기의 시인 호메로스가 오래전부터 구전되어 온 트로이 전쟁에 대해 읊은 서사시이다. 이 서사시에서는 전쟁을 통해 신들, 특히 제우스 신의 뜻이 이루어진다고 보았다. 헤로도토스는 바로 이런 신화적 세계관에 입각한 서사시와 구별되는 새로운 이야기 양식을 만들어 내고자 했다. 즉, 헤로도토스는 가까운 과거에 일어난 사건의 중요성을 인식하고, 이를 직접 확인·탐구하여 인과적 형식으로 서술함으로써 역사라는 새로운 분야를 개척한 것이다.

『역사』가 등장한 이후, 사람들은 역사 서술의 효용성이 과거를 통해 미래를 예측하게 하여 후세인(後世人)에게 교훈을 주는 데 있다고 인식하게 되었다. 이러한 인식에는 한 번 일어났던 일이 마치 계절처럼 되풀이하여 다시 나타난다는 순환 사관이 바탕에 깔려 있다. 그리하여 오랫동안 역사는 사람을 올바르고 지혜롭게 가르치는 '삶의 학교'로 인식되었다. 이렇게 교훈을 주기 위해서는 과거에 대한 서술이 정확하고 객관적이어야 했다.

물론 모든 역사가들이 정확성과 객관성을 역사 서술의 우선적 원칙으로 ⓐ앞세운 것은 아니다. 오히려 헬레니즘과 로마 시대의 역사가들 중 상당수는 수사학적인 표현으로 독자의 마음을 움직이는 것을 목표로 하는 역사 서술에 몰두하였고, 이런 경향은 중세 시대에도 어느 정도 지속되었다. 이들은 이야기를 감동적이고 설득력 있게 쓰는 것이 사실을 객관적으로 기록하는 것보다 더 중요하다고 보았다. 이런 점에서 그들은 역사를 수사학의 테두리 안에 집어넣은 셈이 된다.

하지만 이 시기에도 역사의 본령은 과거의 중요한 사건을 가감 없이 전달하는 데 있다고 보는 역사가들이 여전히 존재하여, 그들에 대해 날카로운 비판을 가하기도 했다. 더욱이 15세기 이후부터는 수사학적 역사 서술이 역사 서술의 장에서 퇴출되고, ㉠과거를 정확히 탐구하려는 의식과 과거 사실에 대한 객관적 서술 태도가 역사의 척도로 다시금 중시되었다.

다시보기 ▶ 다시 볼 문제 체크하고 틀린 이유 메모하기

01 ㉠의 입장에서 호메로스의 『일리아스』를 비판한 내용으로 적절하지 **않은** 것은?

① 직접 확인하지 않고 구전에만 의거해 서술했으므로 내용이 정확하지 않을 수 있다.

② 신화와 전설 등의 정보를 후대에 전달하면서 객관적 서술 태도를 배제하지 못했다.

③ 트로이 전쟁의 중요성은 인식하였으나 실제 사실을 확인하는 데까지는 이르지 못했다.

④ 신화적 세계관에 따른 서술로 인해 과거에 대해 정확한 정보를 추출해 내기 어렵다.

⑤ 과거의 지식을 습득하는 수단으로 사용되기도 했지만 과거를 정확히 탐구하려는 의식은 찾을 수 없다.

지문근거 둘중헷 Q&A 어휘/개념 부정질문

분석쌤 강의

● 분석 ㉠의 입장에서 『일리아스』를 비판한 내용이 아닌 것을 골라야 하는, 비판하는 주체와 비판의 대상이 되는 것을 헷갈리면 안 되는 문제
● 해결案 지문에서 ㉠의 입장과 『일리아스』의 특징부터 파악한 다음, 답지의 내용이 ㉠의 입장에서 『일리아스』를 비판한 것인지를 따진다. 2차 채점 후 〈클리닉 해설〉에서 'Q&A'도 챙겨 본다.

02 윗글의 내용과 일치하지 <u>않는</u> 것은?

① 오늘날에 이르기까지 역사는 수사학의 범위 안에서 점차 발전되어 왔다.

② 헤로도토스는 『역사』에서 페르시아 전쟁의 원인과 결과를 서술하였다.

③ 역사의 어원이 되는 'histor'라는 단어는 재판 과정에서 증인을 지칭할 때 쓰였다.

④ 사람들이 역사를 '삶의 학교'라고 인식한 것은 역사에서 교훈을 얻고자 기대했기 때문이다.

⑤ 『역사』의 등장 이후 사람들은 역사 서술의 효용성을 과거를 통해 미래를 예측하는 데에서 찾았다.

지문근거 둘중헷 Q&A 어휘/개념 부정질문

분석쌤 강의

● **분 석** 수능 국어 영역에서 큰 비중을 차지하는 세부 내용을 확인하는 문제

● **해결案** 답지의 옳고 그름을 따지는 과정에서 답지의 내용이 언급된 지문과 비교한다. 근거가 명확하지 않다고 판단될 때는 △ 표시를 하고 넘긴 다음, 완전한 ○를 제외한 후 △ 표시된 답지는 다시 지문 내용과 비교한다.

---

03 윗글을 바탕으로 〈보기〉에 대해 반응한 내용으로 적절하지 <u>않은</u> 것은?

> ─ 보기 ─
>
> **(가)** 필라르코스는 자신이 쓴 역사서에서 독자들의 동정심을 일으키고 주의를 끌 만한 장면들을 세세히 묘사하고 있다. 역사가는 그런 과장된 묘사로 독자를 감동시키려고 애쓰면 안 된다. 또 비극 작가들처럼 등장인물들이 했을 법한 말을 상상하여 서술해서도 안 된다. ─ 폴리비오스, 『세계사』 ─
>
> **(나)** 역사가는 무엇보다 거울 같은 마음을 지녀야 한다. 거울은 맑고 밝게 빛나며 왜곡이나 채색함이 없이 사물의 형상을 있는 그대로 보여 준다. 역사가가 말하는 것, 즉 사실은 스스로 말한다. 그것은 이미 일어난 일인 까닭이다. ─ 루키아노스, 『역사에 대하여』 ─
>
> **(다)** 과거사에 대해, 그리고 인간의 본성에 따라 언젠가는 비슷한 형태로 다시 나타날 미래의 일에 대해 진실을 알고자 하는 사람이라면 내 책을 유용하게 여길 것이다. ─ 투키디데스, 『펠로폰네소스 전쟁사』 ─

① (가)의 '필라르코스'는 수사학적 역사 서술을 했다고 보아야겠군.

② (나)는 역사가의 덕목인 정확성과 객관성을 '거울'로 표상하고 있군.

③ (다)의 투키디데스는 순환 사관에 입각하여 자신의 저작의 효용성을 내세우고 있군.

④ (가), (나)는 모두 과거사를 가감 없이 전달하는 것을 중요시하고 있군.

⑤ (가), (다)는 모두 역사 서술에서 교훈성보다 설득력을 중시하고 있군.

지문근거 둘중헷 Q&A 어휘/개념 부정질문

분석쌤 강의

● **분 석** '윗글을 바탕으로~'에 주목해야 하고, 지문의 내용과 〈보기〉를 연결하여 이해하는 것이 중요한 문제로, 부정 질문이라는 점도 놓쳐서는 안 되는 문제

이 지문에서 출제된 4문제 중 3문제가 부정 질문이었음에 주목! 국어 영역의 문제는 50% 내외가 부정 질문이란 점을 감안할 때 발문(문두)에 '않은'이라고 나오면 반드시 별도 표시(○ 또는 △)를 하며 풀 것!

● **해결案** 〈보기〉의 반응이 윗글의 어떤 내용과 연결되는지를 체크한 다음, 답지의 옳고 그름을 판단한다.

---

04 〈보기〉를 바탕으로 할 때, 합성어의 구성 방식이 ⓐ와 같은 것은?

> ─ 보기 ─
>
> 합성어는 어근과 어근이 결합하여 만들어진 단어이다. 용언의 경우, 합성어 내부의 구성 방식에 따라 '주어+서술어'로 해석되는 것, '목적어+서술어'로 해석되는 것, '부사어+서술어'로 해석되는 것 등으로 나눌 수 있다.

① 멍들다   ② 빛내다   ③ 힘쓰다

④ 그늘지다   ⑤ 남다르다

지문근거 둘중헷 Q&A 어휘/개념 부정질문

분석쌤 강의

● **분 석** '합성어'의 구성 방식을 묻고 있지만, '합성어'에 대한 지식이 없어도 〈보기〉에 제시된 정보만으로도 풀 수 있는 문제로, 문법 문제(언어와 매체)로도 출제될 수 있는 문제 유형

● **해결案** 〈보기〉에서 설명한 합성어 내부의 구성 방식 3가지 중 ⓐ가 어디에 해당하는지 어근과 어근 사이에 조사를 넣어 말을 만들어 본다. 같은 방식으로 답지들도 말을 만들어 보면 정답을 쉽게 찾을 수 있다.

고고학자들이 발굴을 통해 얻은 유물 자료에는 과거 인간의 삶에 관한 극히 단편적인 정보가 남아 있다. 고고학은 이 자료를 통해 과거 인간의 삶을 복원하고자 여러 분야의 이론을 활용한다.

예를 들어, 진화고고학에서는 인간의 삶은 자연환경에 더욱 잘 적응하기 위한 선택이라고 보는 진화론에 초점을 맞추어 과거를 설명한다. 진화론이 적용된 사례를 토기의 변화에 대한 연구를 통해 구체적으로 살펴보자. 이 연구에서는 ⑦서기 1세기부터 약 1천 년 동안 어느 한 지역에서 출토된 조리용 토기들의 두께와, 토기에 탄화된 채로 남아 있던 식재료에 사용된 곡물의 전분 함량을 조사했다. 그 결과 후대로 갈수록 토기 두께가 상당히 얇아지고 곡물의 전분 함량은 ⓐ증가한다는 사실을 발견했다. 진화고고학은 이렇게 토기 두께가 얇아진 이유를 전분이 좀 더 많은 씨앗의 출현이라는 외부 환경의 변화에 적응하였기 때문이라고 설명한다. ⑥이 설명은 두께가 얇은 토기는 상대적으로 열을 더 잘 전달하기 때문에 기능적으로 우수하다는 사실과 전분이 많은 씨앗들은 높은 온도에서 장시간 끓일 때 음식으로서의 가치가 크게 높아진다는 사실에 근거한다. 즉, 자연환경이 변화하여 껍질이 두껍고 전분 함량이 높은 씨앗이 많아짐으로써 씨앗의 채집량이 늘어날 수 있었고, 이 씨앗은 그 특성상 오래 가열해야 하므로 열전도가 빠른 토기가 사용되었다고 해석하는 것이다.

그러나 이후에 더욱 세밀한 연대 측정을 통해 토기 두께의 변화를 세밀하게 비교해 본 결과, 토기의 두께가 점진적으로 변화한 것이 아니라 4세기경 급작스럽게 변화하였으며, 그 이후에는 거의 변화가 없었다는 사실을 발견했다. 또한 전분 함량이 높은 음식이 보편화된 것은 5세기 이후부터였다는 사실도 알게 되었다. 이로 인해 토기의 두께 변화에 대한 자연 선택적 설명은 그 설득력이 약화되었다.

한편, 두께가 얇은 토기가 사용된 의미를 파악하기 위해서는 토기 두께의 변화를 ⓑ초래한 원인을 찾는 것도 중요하지만 두께가 얇아진 토기가 장기간 사용된 이유에도 주목할 필요가 있다. 예컨대 전분 함량이 높은 곡물을 아기들의 이유식으로 이용한다면 여성들의 수유기가 ⓒ단축됨에 따라 출산율을 높이는 데 도움이 되었을 것이라고 볼 수도 있다. 이러한 시각에서 본다면 두께가 얇은 토기가 오랫동안 사용된 원인을 자연환경에 잘 적응하기 위한 선택이 아니라 이유식을 만들기 위한 인간의 능동적 선택에서 찾는 생태학적 이론에 입각한 설명도 가능하다. 생태학적 설명은 진화론적 관점에 근거하지만 인간의 이성적 사유 능력에 따른 선택 과정에 좀 더 주목한 것이다.

진화고고학과는 달리 유물의 의미를 해석할 때 기능적 요인보다는 개개의 유물이 사용된 맥락을 찾는 것이 더 중요하다고 보고, 그 유물을 사용한 사람의 사회적 위치와 기호 변화 등 사회문화적 요인으로 유물의 의미를 설명하려는 관점도 있다. 이 관점에서는 4세기경에 토기의 두께가 급격히 얇아지는 이유를 다음과 같이 설명한다. (ⓒ   )

이처럼 고고학에서는 발굴을 통해 유물 자료가 빠르게 ⓓ축적되고, 주변 과학의 발달에 힘입어 새로운 측정 방법이 개발됨에 따라 다양한 해석이 제시된다. 따라서 특정한 이론에 ⓔ집착하는 것보다는 새로운 자료와 방법을 적극적으로 이용하여 다양한 해석을 하고자 하는 열린 자세가 필요하다.

[분석쌤 강의]는 2차 채점 후 반드시 참고한다!

05 윗글의 설명과 부합하지 않는 것은?

① 고고학은 유물로부터 얻은 정보를 축적하여 다양한 해석을 시도한다.

② 발굴로 얻어지는 유물은 과거 인간의 삶에 대한 단편적인 정보를 담고 있다.

③ 유물에 대한 연대 측정 기술이 발달할수록 그에 비례하여 발굴되는 유물의 양이 늘어난다.

④ 개선된 측정 방법으로 유물의 정보를 세밀하게 분석하면 새로운 고고학적 해석이 가능해진다.

⑤ 고고학은 부분적인 정보가 들어 있는 유물들을 연구하는 과정에서 여러 분야의 이론을 활용한다.

지문근거 둘중헷 Q&A 어휘/개념 부정질문

분석쌤 강의

● **분 석** 대부분의 학생들이 정답에 답했지만, 문제 풀이 시간이 부족한 학생은 쉬운 문제여도 틀릴 수 있는, 세부 내용을 확인하는 문제

● **해결案** 지문 내용을 끝까지 읽은 다음, 답지 내용이 언급된 부분을 지문에서 찾아 비교·대조한다.

06 ⓛ의 입장에서 ⓐ을 분석한 내용으로 적절하지 않은 것은?

① 토기의 두께가 얇을수록 열전도율은 더 높아진다.

② 곡물의 전분 함량 변화는 토기의 두께 변화에 영향을 미쳤다.

③ 토기 두께의 변화는 자연환경에 적응하기 위한 노력의 결과이다.

④ 토기로 조리한 음식의 종류는 당시의 자연환경을 추측하여 알아냈다.

⑤ 전분이 많은 씨앗을 조리하는 데에는 토기의 두께가 얇을수록 유리하다.

지문근거 둘중헷 Q&A 어휘/개념 부정질문

분석쌤 강의

● **분 석** 비문학(독서)의 정답과 오답의 근거는 모두 지문 안에 있다는 것을 확인시켜 준 문제

● **해결案** 발문(문두)에서 요구하는 것(ⓛ의 입장에서 ⓐ을 분석한 내용)을 정확하게 이해한 다음, ⓐ과 ⓛ의 앞뒤 내용에서 답지의 근거를 찾는다.

07 ⓒ에 들어갈 내용으로 가장 적절한 것은? [3점]

① 자연환경의 변화로 말미암아 두께가 얇은 토기가 생존에 유리해졌기 때문이다.

② 거주 지역을 옮기면서 주위 환경이 바뀌어 토기를 만드는 재료가 달라졌기 때문이다.

③ 식량을 채취하는 여건이 악화되면서 토기 제작에 쏟을 시간적 여유가 줄어들었기 때문이다.

④ 기후의 변화로 주요 식재료가 바뀌면서 음식을 조리하기에 편리한 토기를 만들었기 때문이다.

⑤ 집단 간의 활발한 교류로 새로운 토기가 유입되었고 사람들이 그것을 선호하게 되었기 때문이다.

지문근거 둘중헷 Q&A 어휘/개념 부정질문

분석쌤 강의

● **분 석** 앞뒤 문맥의 흐름을 통해 생략된 내용을 추론하는 문제로, 3점짜리 고배점 문항이었지만, 고배점 문항이라고 해서 모두 어려운 것은 아님을 입증해 준 문제

● **해결案** 글 전체의 흐름을 머릿속에 담은 상태에서 ⓒ 앞의 내용에 근거해 답지를 검토한다.
   2차 채점 후 특정 어휘의 의미를 놓쳐 정답을 찾는 데 시간이 걸렸던 것은 아닌지도 체크하도록 한다.

08 문맥상 ⓐ~ⓔ와 바꿔 쓰기에 적절하지 않은 것은?

① ⓐ: 늘어난다는

② ⓑ: 일으킨

③ ⓒ: 짧아짐에

④ ⓓ: 나타나고

⑤ ⓔ: 얽매이는

지문근거 둘중헷 Q&A 어휘/개념 부정질문

분석쌤 강의

● **분 석** '어휘 문제 3단계 풀이법'을 적용해 풀면 더 쉬운, 바꿔 쓰기에 적절한 어휘를 묻는 문제

● **해결案** • 1단계: 핵심 간추리기
• 2단계: 대입하기
• 3단계: '매3어휘 풀이' 떠올리기

영국의 역사가 아놀드 토인비는 『역사의 연구』를 펴내며 역사 연구의 기본 단위를 국가가 아닌 문명으로 설정했다. 그는 예를 들어 영국이 대륙과 떨어져 있을지라도 유럽의 다른 나라들과 서로 영향을 미치며 발전해 왔으므로, 영국의 역사는 그 자체만으로는 제대로 이해할 수 없고 서유럽 문명이라는 틀 안에서 바라보아야 한다고 하였다. 그는 문명 중심의 역사를 이해하기 위한 몇 가지 가설들을 세웠다. 그리고 방대한 사료(史料)를 바탕으로 그 가설들을 검증하여 문명의 발생과 성장 그리고 쇠퇴 요인들을 규명하려 하였다.

토인비가 세운 가설들의 중심축은 '도전과 응전' 및 '창조적 소수와 대중의 모방' 개념이다. 그에 의하면 환경의 도전에 대해 성공적으로 응전하는 인간 집단이 문명을 발생시키고 성장시킨다. 여기서 중요한 것은 그 환경이 역경이라는 점이다. 인간의 창의적 행동은 역경을 당해 이를 이겨 내려는 분투 과정에서 발생하기 때문이다.

토인비는 이 가설이 단순하게 도전이 강력할수록 그 도전이 주는 자극의 강도가 커지고 응전의 효력도 이에 비례한다는 식으로 해석되는 것을 막기 위해, 소위 '세 가지 상호 관계의 비교'를 제시하여 이 가설을 보완하고 있다. 즉 도전의 강도가 지나치게 크면 응전이 성공적일 수 없게 되며, 반대로 너무 작을 경우에는 전혀 반응이 나타나지 않고, 최적의 도전에서만 성공적인 응전이 나타난다는 것이다.

이렇게 성공적인 응전을 통해 나타난 문명이 성장하기 위해서는 그 후에도 지속적으로 나타나는 문제, 즉 새로운 도전들을 해결해야만 한다. 토인비에 따르면 이를 해결하기 위해서는 그 사회의 창조적 인물들이 역량을 발휘해야 한다. 그러나 이들은 소수이기 때문에 응전을 성공적으로 이끌기 위해서는 다수의 대중까지 힘을 결집해야 한다. 이때 대중은 일종의 사회적 훈련인 '모방'을 통해 그들의 역할을 수행한다.

물론 모방은 모든 사회의 일반적인 특징으로서 문명을 발생시키지 못한 원시 사회에서도 찾아볼 수 있다. 여기에 대해 토인비는 모방의 유무가 중요한 것이 아니라 모방의 작용 방향이 중요하다고 설명한다. 문명을 발생시키지 못한 원시 사회에서 모방은 선조들과 구세대를 향한다. 그리고 죽은 선조들은 살아 있는 연장자의 배후에서 눈에 보이지 않게 그 권위를 강화해 준다. 그리하여 이 사회는 인습이 지배하게 되고 발전적 변화가 나타나지 않는다. 반대로 모방이 창조적 소수에게로 향하는 사회에서는 인습의 권위를 인정하지 않으므로 문명이 지속적으로 성장한다.

다시보기 ▶ 다시볼 문제 체크하고 틀린 이유 메모하기

[분석쌤 강의]는 2차 채점 후 반드시 챙겨 본다!

09 윗글에 나타난 '토인비의 견해'에 대한 이해로 적절한 것은?

① 문명은 최적의 도전에 대한 성공적 응전에서 나타난다.
② 모방의 존재 여부는 문명의 발생과 성장의 기준이 된다.
③ 역사는 국가를 기본 단위로 연구해야 제대로 이해할 수 있다.
④ 환경의 도전이 강력할수록 그에 대한 응전은 더 효과적으로 나타난다.
⑤ 선조에 기대어 기성세대의 권위가 강화되는 사회는 발전적 변화를 겪는다.

지문 근거 둘중헷 Q&A 어휘/개념 부정질문

분석쌤 강의

● **분 석** 지문에서 근거를 찾아 옳고 그름을 판단해야 하는, 전형적인 국어 영역 문제이지만 발문(문두)도 꼼꼼히 읽고 답지를 검토해야 하는 문제

● **해결案** 답지 ①부터 읽으면서 지문에서 이에 대해 언급한 부분을 찾는다. 답지와 지문 내용을 비교·대조해 ○, ✕, △ 표시를 하면서 풀면 정답을 쉽게 확정 지을 수 있다. 단, 질문의 핵심은 '토인비의 견해'로 적절한 것을 고르는 것임을 염두에 두고 답지를 검토해야 한다.

10 윗글을 바탕으로 〈보기〉를 이해한 내용으로 적절하지 <u>않은</u> 것은?

| 지문 근거 | 둘중헷 | Q&A | 어휘/개념 | 부정질문 |

─── 보기 ───

　빙하기가 끝나고 나서 세계 여러 지역의 기후는 크게 달라졌다. 서남아시아 일부 초원 지역의 경우는 급속히 사막화가 진행되었다. 이 지역에서 수렵 생활을 하던 이들은 세 가지 서로 다른 길을 걸었다. 첫째 집단은 그대로 머물러 생활양식을 유지하며 겨우 생존만 하다가 멸망의 길로 들어섰다. 둘째 집단은 생활양식만을 변경하여 그 지역에서 유목 생활을 하였다. 이들은 문명 단계에는 들어갔으나 더 이상의 발전이 없이 정체되고 말았다. 셋째 집단은 다른 지역인 티그리스, 유프라테스 강 유역으로 이주한 다음, 농경 생활을 선택하여 새로운 고대 문명을 일구고 이어지는 문제들도 성공적으로 해결해 나갔다.

① 사막화는 서남아시아 일부 초원 지역 사람들이 당면했던 역경에 해당한다고 보아야겠군.

② 첫째 집단에서는 모방이 작용하는 방향이 선조들과 구세대를 향했다고 보아야겠군.

③ 둘째 집단이 문명을 발생시킨 후 이 집단의 창조적 소수들이 계속된 새로운 도전들을 해결했다고 보아야겠군.

④ 셋째 집단에서는 창조적 소수가 나타났고, 대중의 모방이 그들을 향했다고 보아야겠군.

⑤ 셋째 집단은 생활 터전과 생활양식을 모두 바꾸는 방식으로 환경의 변화에 응전하여 문명을 발생시켰다고 보아야겠군.

▶ 정답을 모르는 상태에서 2차 풀이를 하기 위한 방법으로, 아래 채점표 대신 '모바일 자동 채점 프로그램'(문제편 표지 QR 코드)을 이용해도 된다.

🕐 **종료 시각**　　시　　분　　초

총 소요 시간	종료 시각 －시작 시각	분	초
목표 시간		17분	10초
초과 시간	총 소요 시간 －목표 시간	분	초

1　종료 시각을 적은 후, 문제에 체크한 '내가 쓴 답'을 ❶에 옮겨 적는다.
2　❷에 채점을 하되, 틀린 문제에만 ╱ 표시를 한다.
　(문제에 직접 채점하지 않는 이유는 다시 풀 때 정답을 모르는 상태에서 풀어야 제대로 훈련이 되기 때문)

문항 번호	1	2	3	4	5	6	7	8	9	10
❶ 내가 쓴 답										
❷ 채　점										

☞ 정답은 〈클리닉 해설〉 p.128 (해설은 p.19)

3　틀렸거나 찍어서 맞힌 문제는 다시 푼다.
4　2차 채점을 할 때 다시 풀어서 맞힌 문항은 △, 또 틀린 문항은 ✕ 표시를 한다.
5　△와 ✕ 문항은 반드시 다시 보고 틀린 이유를 알고 넘어간다.

채점 결과_ 4일째
반드시 체크해서 복습 때 활용할 것

	1차채점		2차채점
총 문항 수	10개	△ 문항 수	개
틀린 문항 수	개	✕ 문항 수	개

1~4 다음 글을 읽고 물음에 답하시오.

2012학년도 9월 모의평가【17~20】인문

우리는 일상생활이나 학문 활동에서 '진리' 또는 '참'이라는 말을 자주 사용한다. 예를 들어 '그 이론은 진리이다'라고 말하거나 '그 주장은 참이다'라고 말한다. 그렇다면 우리는 무엇을 '진리'라고 하는가? 이 문제에 대한 대표적인 이론에는 대응설, 정합설, 실용설이 있다.

대응설은 어떤 판단이 사실과 일치할 때 그 판단을 진리라고 본다. '내 말을 믿지 못하겠거든 가서 보라'라는 말에는 이러한 대응설의 관점이 잘 나타나 있다. 감각을 사용하여 확인했을 때 그 말이 사실과 일치하면 참이고, 그렇지 않으면 거짓이라는 것이다. 대응설은 일상생활에서 참과 거짓을 구분할 때 흔히 취하고 있는 관점으로 ㉠우리가 판단과 사실의 일치 여부를 알 수 있다고 여긴다. 우리는 특별한 장애가 없는 한 대상을 있는 그대로 정확하게 지각한다고 생각한다. 예를 들어 책상이 네모 모양이라고 할 때 감각을 통해 지각된 '네모 모양'이라는 표상은 책상이 지니고 있는 객관적 성질을 그대로 반영한 것이라고 생각한다. 그래서 '그 책상은 네모이다'라는 판단이 지각 내용과 일치하면 그 판단은 참이 되고, 그렇지 않으면 거짓이 된다는 것이다. 이러한 대응설은 새로운 주장의 진위를 판별할 때 관찰이나 경험을 통한 사실의 확인을 중시한다.

정합설은 어떤 판단이 기존의 지식 체계에 부합할 때 그 판단을 진리라고 본다. 진리로 간주하는 지식 체계가 이미 존재하며, 그것에 판단이나 주장이 들어맞으면 참이고 그렇지 않으면 거짓이라는 것이다. 예를 들어 어떤 사람이 '물체의 운동에 관한 그 주장은 뉴턴의 역학의 법칙에 어긋나니까 거짓이다'라고 말했다면, 그 사람은 뉴턴의 역학의 법칙을 진리로 받아들여 그것을 기준으로 삼아 진위를 판별한 것이다. 이러한 정합설은 새로운 주장의 진위를 판별할 때 기존의 이론 체계와의 정합성을 중시한다.

실용설은 어떤 판단이 유용한 결과를 낳을 때 그 판단을 진리라고 본다. 어떤 판단을 실제 행동으로 옮겨 보고 그 결과가 만족스럽거나 유용하다면 그 판단은 참이고 그렇지 않다면 거짓이라는 것이다. 예를 들어 어떤 사람이 '자기 주도적 학습 방법은 창의력을 기른다'라고 판단하여 그러한 학습 방법을 실제로 적용해 보았다고 하자. 만약 그러한 학습 방법이 실제로 창의력을 기르는 등 만족스러운 결과를 낳았다면 그 판단은 참이 되고, 그렇지 않다면 거짓이 된다. 이러한 실용설은 새로운 주장의 진위를 판별할 때 결과의 유용성을 중시한다.

다시보기 ▶ 다시 볼 문제 체크하고 틀린 이유 메모하기

【분석쌤 강의】는 2차 채점 후 반드시 챙겨 본다!

01 윗글의 전개 방식으로 가장 적절한 것은? [1점]

① 구체적인 예를 들어 추상적인 개념을 설명하고 있다.
② 기존 이론의 문제점을 밝히고 새로운 이론을 제시하고 있다.
③ 현상의 원인을 다양한 측면에서 심층적으로 분석하고 있다.
④ 시대적 흐름에 따른 핵심 개념의 변천 과정을 규명하고 있다.
⑤ 다양한 관점들을 소개하면서 이를 변증법적으로 절충하고 있다.

지문 근거   물중 헷   Q&A   어휘/개념   부정 질문

분석쌤 강의

● **분석** 쉬운 문제였지만, 틀린 학생들은 오답지 내용의 앞부분이 맞는 진술이어서(답지 전체도) 맞는 줄 알았다는 반응을 보인 문제

● **해결案** 지문을 끝까지 읽은 다음, 답지 ①부터 지문에서 내용을 전개해 나가는 방식과 일치하는지를 체크한다.

02 ㉠의 전제로 가장 적절한 것은?

① 우리의 지식이나 판단은 항상 참이다.

② 우리의 감각은 대상을 있는 그대로 반영한다.

③ 우리는 사물의 전체를 알면 부분을 알 수 있다.

④ 우리의 주관은 서로 다른 인식 구조를 갖고 있다.

⑤ 우리의 감각적 지각 능력은 대상을 변화시킬 수 있다.

지문근거 둘중헷 Q&A 어휘/개념 부정질문

분석쌤 강의

● **분 석** '전제'를 몰라서 틀린 학생보다 상식으로 풀어서 틀린 학생이 더 많았던 문제

● **해결案** 국어 영역의 정답은 철저하게 지문 속에 있다는 것을 염두에 둔다. 그리고 '전제'를 찾는 문제는 '까닭, 이유'를 묻는 문제라고 생각하면 쉽게 정답을 찾을 수 있다는 것도 알아 두자. '매3 오답 노트'에 메모하고 다시 보면 '전제' 문제를 자신 있게 풀 수 있다.

03 윗글에서 〈보기〉의 ⓐ와 ⓑ에 각각 관련되는 것은?

─ 보기 ─

• 17세기에 스테노는 관찰을 통해 상어의 이빨과 설석(舌石)이라는 화석이 구조적으로 매우 유사하다는 점을 확인했다. 이 사실을 근거로 그는 화석이 유기체에서 기원했다고 보는 것이 옳다는 ⓐ 판단을 내렸다.

• 20세기 초에 베게너는 지질학적 조사 결과를 근거로 아프리카와 남아메리카가 과거에 한 대륙이었다가 나중에 분리되었다는 주장을 했다. 하지만 당시의 지질학자들은 대륙은 이동하지 않는다는 통설을 근거로 그의 주장이 틀렸다는 ⓑ 판단을 내렸다.

	ⓐ	ⓑ		ⓐ	ⓑ
①	대응설	정합설	②	대응설	실용설
③	정합설	대응설	④	정합설	실용설
⑤	실용설	정합설			

지문근거 둘중헷 Q&A 어휘/개념 부정질문

분석쌤 강의

● **분 석** 이 시험(2012학년도 9월 모의평가)의 1등급 컷이 98점이게 한, 거의 대부분의 학생들이 맞힌 문제 중 하나

● **해결案** ⓐ, ⓑ와 같이 판단한 근거가 무엇인지를 〈보기〉에서 찾고, 그 근거가 지문의 어떤 이론과 관계 깊은지를 파악한다.

04 윗글에서 언급한 여러 진리론에 대한 비판으로 적절하지 <u>않은</u> 것은? [3점]

① 수학이나 논리학에는 경험적으로 확인하기 어렵지만 참인 명제도 있는데, 그 명제가 진리임을 입증하기 힘들다는 문제가 대응설에서는 발생한다.

② 판단의 근거가 될 수 있는 이론 체계가 아직 존재하지 않을 경우에 그 판단의 진위를 판별하기 어렵다는 문제가 정합설에서는 발생한다.

③ 새로운 주장의 진리 여부를 기존의 이론 체계를 기준으로 판단한다면, 기존 이론 체계의 진리 여부는 어떻게 판단할 수 있는지의 문제가 정합설에서는 발생한다.

④ 감각으로 검증할 수 없는 존재에 대한 관념은 그것의 실체를 확인할 수 없기 때문에 거짓으로 보아야 하는 문제가 실용설에서는 발생한다.

⑤ 실제 생활에서의 유용성은 사람이나 상황에 따라 다르기 때문에 어떤 지식의 진리 여부가 사람이나 상황에 따라 달라지는 문제가 실용설에서는 발생한다.

지문근거 둘중헷 Q&A 어휘/개념 부정질문

분석쌤 강의

● **분 석** 이 지문은 이 시험(2012학년도 9월 모의평가)을 아주 쉽게 만든 1등 공신이었는데, 평이한 지문에 문제 또한 정답이 딱 떨어져 만점자가 12,457명(1.96%), 1등급 컷이 98점이게 한 문제 중 하나

● **해결案** 지문에서 언급한 세 이론에 대해 명확하게 이해한 다음, 그것에 대해 비판한 답지를 살펴야 하는데, 비판의 근거는 지문에서 설명하고 있는 내용에서 찾아야 한다.

고대 중국에서 '대학'은 교육 기관을 가리키는 말이었다. 이 '대학'에서 가르쳐야 할 내용을 전하고 있는 책이 『대학』이다. 유학자들은 『대학』의 '명명덕(明明德)'과 '친민(親民)'을 공자의 말로 여기지만, 그 해석에 있어서는 차이가 있다. 경문 해석의 차이는 글자와 문장의 정확성을 따지는 훈고(訓詁)가 다르기 때문이기도 하지만 해석자의 사상적 관심이 다르기 때문이기도 하다.

주희와 정약용은 ⓐ'명명덕'과 '친민'에 대해 서로 다르게 해석한다. 주희는 '명덕(明德)'을 인간이 본래 지니고 있는 마음의 밝은 능력으로 해석한다. 인간이 올바른 행동을 할 수 있는 것은 명덕을 지니고 있어서인데 기질에 가려 명덕이 발휘되지 못하게 되면 잘못된 행동을 하게 된다. 따라서 도덕 실천을 위해서는 명덕이 발휘되도록 기질을 교정하는 공부가 필요하다. '명명덕'은 바로 명덕이 발휘되도록 공부한다는 뜻이다. 반면, 정약용은 명덕을 '효(孝)', '제(弟)', '자(慈)'의 덕목으로 해석한다. 명덕은 마음이 지닌 능력이 아니라 행위를 통해 실천해야 하는 구체적 덕목이다. 어떤 사람을 효자라고 부르는 것은 그가 효를 실천할 수 있는 마음의 능력을 가지고 있어서가 아니라 실제로 효를 실천했기 때문이다. '명명덕'은 구체적으로 효, 제, 자를 실천하도록 한다는 뜻이다.

유학자들은 자신이 먼저 인격자가 될 것을 강조하지만 궁극적으로는 자신뿐 아니라 백성 또한 올바른 행동을 할 수 있도록 ㉠이끌어야 한다는 생각을 원칙으로 삼는다. 주희도 자신이 명덕을 밝힌 후에는 백성들도 그들이 지닌 명덕을 밝혀 새로운 사람이 될 수 있도록 ㉡가르쳐야 한다고 본다. 백성을 가르쳐 그들을 새롭게 만드는 것이 바로 ⓑ'신민(新民)'이다. 주희는 『대학』을 새로 편찬하면서 고본(古本)『대학』의 '친민'을 '신민'으로 ㉢고쳤다. '친(親)'보다는 '신(新)'이 '백성을 새로운 사람으로 만든다'는 취지를 더 잘 표현한다고 보았던 것이다. 반면, 정약용은 친민을 신민으로 고치는 것은 옳지 않다고 본다. 정약용은 '친민'을 백성들이 효, 제, 자의 덕목을 실천하도록 이끄는 것이라 해석한다. 즉 백성들로 하여금 자식이 어버이를 사랑하여 효도하고 어버이가 자식을 사랑하여 자애의 덕행을 실천하도록 이끄는 것이 친민이다. 백성들이 이전과 달리 효, 제, 자를 실천하게 되었다는 점에서 새롭다는 뜻은 있지만 본래 글자를 고쳐서는 안 된다고 보았다.

주희와 정약용 모두 개인의 인격 완성과 인륜 공동체의 실현을 이상으로 하였다. 하지만 그 이상의 실현 방법에 있어서는 생각이 달랐다. 주희는 개인이 마음을 어떻게 수양하여 도덕적 완성에 ㉣이를 것인가에 관심을 둔 반면, 정약용은 당대의 학자들이 마음 수양에 치우쳐 개인과 사회를 위한 구체적인 덕행의 실천에는 한 걸음도 나아가지 못하는 문제를 ㉤바로잡고자 하는 데 관심이 있었다.

다시보기 ▶ 다시볼 문제 체크하고 틀린 이유 메모하기   *[분석쌤 강의]는 2차 채점 후 반드시 챙겨 볼 대!*

05 윗글을 읽고 추론한 내용으로 가장 적절한 것은?

① '대학'은 백성을 가르치기 위해 공자가 건립한 교육 기관이다.

② 주희는 사람들이 명덕을 교정하지 못하여 잘못된 행위를 한다고 보았다.

③ 주희와 정약용의 경전 해석에서 글자의 훈고에 대해서는 언급되지 않았다.

④ 주희와 정약용 모두 도덕 실천이 공동체 차원으로 확장되어야 한다고 보았다.

⑤ 정약용의 『대학』 해석에는 마음 수양의 중요성에 대한 그의 관심이 반영되었다.

지문 근거   둘중헷   Q&A   어휘/개념 부정질문

분석쌤 강의

● **분 석** 내용 일치 여부를 묻는 문제와 달리 내용 추론 문제는 지문에 나온 정보의 사실 확인 수준을 넘어 지문을 근거로 내용을 미루어 짐작할 수 있어야 한다는 것을 일러 주는 문제

● **해결案** 답지에서 추론한 내용들을 미루어 짐작할 수 있는 부분을 지문에서 찾아 비교·대조하며 따져 본다. 추론 문제는 지문에 그대로 제시되어 있지 않아도 지문 내용을 바탕으로 알 수 있는 내용이고, 적절한 내용이면 된다.

정답을 맞힌 학생들도 지문 내용에서 어떻게 추론했는지를 다시 체크해 보도록 한다.

06 ⓐ, ⓑ에 대한 설명으로 적절한 것은?

① ⓐ에 대한 주희와 정약용의 해석은 일치한다.

② 주희와 정약용 모두 ⓐ를 이루기 위한 수단으로 ⓑ를 강조하였다.

③ 주희는 ⓐ를 '효', '제', '자'라는 구체적 덕목을 실천하는 것으로 보았다.

④ ⓑ에는 백성 또한 도덕적 존재가 될 수 있다는 주희의 생각이 반영되어 있다.

⑤ 정약용은 ⓑ가 고본 『대학』의 '친민'의 본래 의미를 잘 나타내었다고 보았다.

지문 근거 둘중헷 Q&A 어휘/개념 부정 질문

분석쌤 강의

● **분 석** 지문에 그대로 제시되어 있는 것과 미루어 알 수 있는 것이 답지에 섞여 있는 문제

● **해결案** 지문에서 근거를 찾아 옳고 그름을 판단하되, 문제 풀이 시간을 단축하고 실수를 줄이기 위해서는 답지를 세부적으로 나누어 각각에 대해 O, X로 표시하며 풀어야 한다.

07 윗글과 〈보기〉를 근거로 판단한 내용으로 적절한 것은? [3점]

─── 보기 ───

왕양명은 당시에 통용되던 『대학』의 '신민'을 고본 『대학』에 따라 '친민'으로 고쳤다. 그는 백성이 가르쳐야 할 대상인 동시에 사랑해야 할 대상이라는 점에서 가르침에 치중한 '신'보다는 '친'이 적합하다고 보았다. 그러나 정약용은 왕양명이 '명덕'을 마음의 밝은 능력으로 해석한 점을 지적하면서, 왕양명이 '명덕'을 바르게 이해하지 못해 '친민' 또한 바르게 해석하지 못했다고 하였다.

① 왕양명과 정약용은 '명덕'을 동일한 의미로 해석하였다.

② 정약용은 왕양명의 '명덕' 해석이 주희와 다르다고 보았다.

③ 왕양명의 '친민' 해석은 주희가 아닌 정약용의 해석과 일치한다.

④ 왕양명과 정약용은 고본 『대학』의 '친민'을 수정해야 한다고 보았다.

⑤ 왕양명은 '친민'을 '신민'으로 고친 주희의 해석이 백성을 가르침의 대상으로 한정한 문제가 있다고 보았다.

지문 근거 둘중헷 Q&A 어휘/개념 부정 질문

분석쌤 강의

● **분 석** 〈보기〉와 지문을 비교·대조하는 문제는 어려운 문제'라고 생각하는 학생들이 많은데, 난이도는 문제 유형보다는 지문의 내용 이해 여부에 달려 있음을 일러 주는 문제

● **해결案** 〈보기〉를 읽은 다음, 답지에서 설명하고 있는 내용이 언급된 지문과 〈보기〉를 비교하며 옳고 그름을 O, X, △로 표시해 나간다.

답지 옆에 O, X, △ 표시를 하며 문제를 푸는 습관이 배며, 2번 이상 읽어 시간을 많이 뺏기는 것을 줄일 수 있을 뿐만 아니라 부정 질문에 낚이는 일도 막아 준다. 단, 수능 시험을 얼마 남겨 두지 않은 고3의 경우는 평소 이와 같은 방법으로 문제를 풀지 않았다면 재고해 보아야 한다.

08 문맥상 ㉠~㉤을 바꿔 쓰기에 가장 적절한 것은?

① ㉠: 인도(引導)해야

② ㉡: 지시(指示)해야

③ ㉢: 개편(改編)했다

④ ㉣: 도착(到着)할

⑤ ㉤: 쇄신(刷新)하고자

지문 근거 둘중헷 Q&A 어휘/개념 부정 질문

분석쌤 강의

● **분 석** 수능 출제 기관인 한국교육과정평가원에서 출제하는 6월과 9월 모의평가가 실제 수능 시험의 바이블임을 입증한 문제(2014학년도 9월 모의평가인 이 문제의 정답지 어휘가 2개월 뒤 치러진 2014학년도 수능 고전 소설 지문에서도 출제됨.)

● **해결案** '매3'에서 강조하는 '어휘 문제 3단계 풀이법'을 적용해 푼다.

제2차 세계대전이 끝나고 나서 미국과 소련 및 그 동맹국들 사이에서 공공연하게 전개된 제한적 대결 상태를 냉전이라고 한다. 냉전의 기원에 관한 논의는 냉전이 시작된 직후부터 최근까지 계속 진행되었다. 이는 단순히 냉전의 발발 시기와 이유에 대한 논의만이 아니라, 그 책임 소재를 묻는 것이기도 하다. 그 연구의 결과를 편의상 세 가지로 나누어 볼 수 있다.

가장 먼저 나타난 ⊙전통주의는 냉전을 유발한 근본적 책임이 소련의 팽창주의에 있다고 보았다. 소련은 세계를 공산화하기 위한 계획을 수립했고, 이 계획을 실행하기 위해 특히 동유럽 지역을 시작으로 적극적인 팽창 정책을 수행하였다. 그리고 미국이 자유 민주주의 세계를 지켜야 한다는 도덕적 책임감에 기초하여 그에 대한 봉쇄 정책을 추구하는 와중에 냉전이 발생했다고 본다. 그리고 미국의 봉쇄 정책이 성공적으로 수행된 결과 냉전이 종식되었다는 것이 이들의 입장이다.

여기에 비판을 가한 ⓒ수정주의는 기본적으로 냉전의 책임이 미국 쪽에 있고, 미국의 정책은 경제적 동기에서 비롯했다고 주장했다. 즉, 미국은 전후 세계를 자신들이 주도해 나가야 한다고 생각했고, 전쟁 중에 급증한 생산력을 유지할 수 있는 시장을 얻기 위해 세계를 개방 경제 체제로 만들고자 했다. 그러므로 미국 정책 수립의 기저에 깔린 것은 이념이 아니라는 것이다. 무엇보다 소련은 미국에 비해 국력이 미약했으므로 적극적 팽창 정책을 수행할 능력이 없었다는 것이 수정주의의 기본적 입장이었다. 오히려 미국이 유럽에서 공격적인 정책을 수행했고, 소련은 이에 대응했다는 것이다.

냉전의 기원에 관한 또 다른 주장인 ⓒ탈수정주의는 위의 두 가지 주장에 대한 절충적 시도로서 냉전의 책임을 일방적으로 어느 한 쪽에 부과해서는 안 된다고 보았다. 즉, 냉전은 양국이 추진한 정책의 '상호 작용'에 의해 발생했다는 것이다. 또 경제를 중심으로만 냉전을 보아서는 안 되며 안보 문제 등도 같이 고려하여 파악해야 한다고 보았다. 소련의 목적은 주로 안보 면에서 제한적으로 추구되었는데, 미국은 소련의 행동에 과잉 반응했고, 이것이 상황을 악화시켰다는 것이다. 이로 인해 냉전 책임론은 크게 후퇴하고 구체적인 정책 형성에 대한 연구가 부각되었다.

그러나 이와 같은 절충적 시각의 연구 성과는 일견 무난해 보이지만, 잠정적일 수밖에 없었다. 역사적 현상은 복합적인 요인들로 구성되지만, 중심적 경향성은 존재하고 이를 파악하여 설명하는 것이 역사 연구의 본령 중 하나이기 때문이다.

다시보기 ▶ 다시 볼 문제 체크하고 틀린 이유 메모하기

〔분석쌤 강의〕는 2차 채점 후 반드시 챙겨 본다!

09 윗글을 통해 알 수 있는 내용으로 적절하지 않은 것은?

① 전통주의에 따르면 소련의 팽창 정책은 공산주의 이념에 입각하여 수행된 것이었다.

② 수정주의에 따르면 미국의 경제적 동기가 냉전을 만들어 낸 가장 중요한 요인이었다.

③ 수정주의에 따르면 미국의 봉쇄 정책은 소련의 공격적 팽창 정책에 대한 대응이었다.

④ 탈수정주의 출현 이후 냉전의 책임 소재에 대한 연구보다 구체적 정책 연구가 강조되었다.

⑤ 탈수정주의는 절충적 성향을 가져 역사적 현상의 중심적 경향성을 포착하는 데 한계를 보였다.

지문 근거 둘중 헷 Q&A 어휘/개념 부정 질문

분석쌤 강의

● **분 석** 정답과 오답의 근거가 명확하게 지문에 제시되어 있어 대부분의 학생들이 정답에 답한 문제로, 발문(문두)에 집중하여 답지를 검토하면 정답을 빠르게 확정 지을 수 있는 문제 유형

● **해결案** 발문에서 '알 수 있는 내용'을 질문한 것에서 '지문에서 근거를 찾아야겠군.' 하고, '적절하지 않은 것'을 질문한 것에서 '부정 질문에 조심해야겠군.' 하며 답지를 검토한다. 이때 각 답지의 앞에 제시된 핵심어(전통주의, 수정주의, 탈수정주의)를 체크해 지문에서 근거를 찾으면 문제 풀이 시간을 단축할 수 있다.

10 〈보기〉의 (가)~(다)와 부합하는 것을 ㉠~㉢ 중에서 골라 바르게 짝지은 것은?

지문 근거 둘중헷 Q&A 어휘/개념 부정 질문

보기

> (가) 이 시기 미국과 소련은 각기 자국의 방어를 위한 조치를 취했다. 그러자 양국은 상대방의 조치를 위협적인 행동으로 받아들여 대응 조치를 더욱 강화함으로써 자국의 안보가 더 위태롭게 되는 이른바 안보 딜레마 상황에 빠져 있었던 것으로 보인다.
>
> (나) 미국의 대응이 미약하거나 부재한 곳에서는 소련이 분쟁을 일으켰다. 따라서 미국이 좀 더 일찍 그리고 적극적으로 봉쇄 정책을 추구했다면, 동유럽이 소련의 영향 아래 들어가는 것을 막을 수 있었을 것이다.
>
> (다) 제2차 세계대전 직후인 1947년 미국은 세계 철강 총생산량의 54%, 소련은 12%를 차지했으며, 에너지 소비량의 경우는 미국이 49%, 소련이 12%였다. 이런 예들은 국력 면에서 미국이 소련보다 압도적 힘의 우위를 지녔다는 것을 알려 준다.

	(가)	(나)	(다)			(가)	(나)	(다)
①	㉠	㉢	㉡		②	㉡	㉠	㉢
③	㉡	㉢	㉠		④	㉢	㉠	㉡
⑤	㉢	㉡	㉠					

분석쌤 강의

● **분 석** 지문의 내용과 문제 유형은 이 시험(2014학년도 6월 모의평가(A형))에 연계된 EBS 교재와 유사했지만, 연계 교재를 공부하지 않아도 쉽게 정답에 답할 수 있어. EBS 연계 교재 위주의 공부보다 수능식 사고와 훈련이 수능 고득점을 얻는 데 더 중요하다는 것을 일깨워 준 문제

● **해결案** 〈보기〉의 (가)~(다)의 견해를 먼저 이해한 다음, 지문에서 (가)~(다)의 견해와 부합되는 연구 결과를 찾는다. 이때 중요한 것은 〈보기〉의 견해와 부합되는 근거를 지문에서 찾아 연결하는 것이다.

▶ 정답을 모르는 상태에서 2차 풀이를 하기 위한 방법으로, 아래 채점표 대신 '모바일 자동 채점 프로그램'(문제편 표지 QR 코드)을 이용해도 된다.

🕐 **종료 시각** 시 분 초

총 소요 시간	종료 시각 −시작 시각	분	초
목표 시간		17분	10초
초과 시간	총 소요 시간 −목표 시간	분	초

1 종료 시각을 적은 후, 문제에 체크한 '내가 쓴 답'을 ❶에 옮겨 적는다.
2 ❷에 채점을 하되, 틀린 문제에만 '╱' 표시를 한다.
(문제에 직접 채점하지 않는 이유는 다시 풀 때 정답을 모르는 상태에서 풀어야 제대로 훈련이 되기 때문)

문항 번호	1	2	3	4	5	6	7	8	9	10
❶내가 쓴 답										
❷채 점										

☞ 정답은 〈클리닉 해설〉 **p.128**(해설은 p.23)

3 틀렸거나 찍어서 맞힌 문제는 다시 푼다.
4 2차 채점을 할 때 다시 풀어서 맞힌 문항은 △, 또 틀린 문항은 ✕ 표시를 한다.
5 △와 ✕ 문항은 반드시 다시 보고 틀린 이유를 알고 넘어간다.

채점 결과_ 5일째
반드시 체크해서 복습 때 활용할 것

	1차채점		2차채점
총 문항 수	10개	△ 문항 수	개
틀린 문항 수	개	✕ 문항 수	개

1~5 다음 글을 읽고 물음에 답하시오.

2022학년도 9월 고2 전국연합학력평가【33~37】인문(주제 통합)

(가)

　우리는 친구들과 같은 사진을 보고도 서로 다르게 인식하는 경우가 있다. 또한 배고플 때와 달리 배부를 때는 빵 가게를 인식하지 못할 때도 있다. 이처럼 동일한 대상에 대해서도 사람이나 상황에 따라 인식이 다를 수 있는데, '후설'은 우리가 대상의 의미를 파악하는 과정을 통해 이러한 현상을 설명하고 있다. 후설은 우리의 의식은 대상과 독립적으로 존재하는 것이 아니라, 어떤 대상을 구체적으로 지향하며, 이를 통해 대상과의 관계에서 어떤 의미를 형성하는 성질을 지니고 있다고 말한다. 이 성질을 의식의 '지향성'이라고 하는데, 의식이 대상을 향하지 않으면 우리는 그 대상을 인식하지 못한다는 것이다.

　한편 우리의 의식이 대상을 만나 의미를 형성할 때는 시간과 공간의 영향을 받게 된다. 왜냐하면 의식이 의미를 형성하는 과정은 한 번으로 끝나는 것이 아니라 시간의 흐름에 따라 반복되고, 공간도 대상과 함께 인식되어 의미 형성에 영향을 주기 때문이다. 후설에 따르면 이렇게 의식이 대상을 만나서 의미를 형성하는 과정이 반복되고 그것이 누적되면 자기만의 '지평'을 갖게 된다. ㉠'지평'이란 우리가 인식하는 대상과 그 대상을 둘러싼 배경을 말한다. 우리가 친구의 뒷모습을 보고 단번에 알아볼 수 있는 것은 이전부터 알았던 친구에 대한 다양한 정보를 고려했기 때문이다. 사람은 개인마다 경험이 다르기 때문에 대상에서 형성하는 의미도 달라져 그 결과 서로 다른 지평을 갖게 되고, 지평이 넓어질수록 개인의 인식 범위는 확장된다. 그리고 인식의 주체는 지평을 바탕으로 다양한 상황에서 의미를 파악할 수 있다고 본 것이다.

　전통 철학에서는 의식과 독립적으로 대상이 존재하고, 주체성을 가진 인간, 즉 주체가 대상을 객관적으로 파악함으로써 의미가 얻어진다고 보았다. 하지만 후설은 주체가 지평에 따라 대상에서 형성하는 의미가 달라지므로 대상을 객관적으로 파악하는 것은 불가능하다고 보았다. 이처럼 후설은 의미가 대상으로부터 객관적으로 얻어지는 것이 아니라 의식과 지평을 지닌 주체에서 비롯된다고 본 것이다.

(나)

　ⓐ자전거를 한번 배우고 나면 오랫동안 쉬었다 하더라도 쉽게 다시 탈 수 있다. 마치 몸 자체가 자전거 타기에 관한 지식을 내재한 듯 느껴진다. 이때 자전거 타기를 배운 것은 나의 의식일까? 몸일까? 전통 철학은 의식과 신체는 독립되어 있고 의식이 객관적 세계를 인식한다고 보았는데, '메를로퐁티'는 이를 비판하며 신체를 통해 세계를 지각할 수 있다고 말한다. 그에 의하면 신체, 즉 몸은 의식과 결합하여 있는 '신체화된 의식'이라고 규정한다.

　메를로퐁티는 몸이 세상과 반응하는 것을 '지각'이라고 했는데, 그는 후설의 지향성 개념을 수용하여 몸이 지향성을 지니고 있어 세상을 지각할 수 있다고 보았다. 늘 집에 방치되어 있던 자전거도 우리 몸이 지향함으로써 지각되고 의미가 생긴다는 것이다. 그렇다면 몸에 의한 지각은 어떻게 이루어질까? 그는 몸이 '현실적 몸의 층'과 '습관적 몸의 층'으로 이루어져 있다고 규정하였다. 여기서 현실적 몸의 층이란 몸이 새로운 세상을 지각하는 경험이며, 이런 경험이 우리 몸에 배면 습관적 몸의 층을 형성하게 된다고 보았다. 이렇게 형성된 습관적 몸의 층은 몸에 내재되어 세상과 반응할 때 다시 영향을 미치며, 우리를 다양한 상황에 적응할 수 있게 한다. 이러한 몸의 대응 능력을 ㉡'몸틀'이라 하며, 몸틀은 지각 경험들이 시간이 흐르면서 누적됨으로써 형성된다. 예를 들어 자전거 타기를 배우는 경우, 처음에는 자전거와 반응하며 현실적 몸의 층을 형성하게 되고, 자전거를 타는 연습이 반복되면 새로운 운동 습관을 익히며 몸틀을 재편하게 된다. 이와 같이 메를로퐁티는 몸틀을 통해 몸의 지각 원리를 설명한다.

　한편 메를로퐁티는 몸이 '애매성'을 지니고 있다고 말한다. 예를 들어 나의 오른손과 왼손이 맞잡고 있을 때, 내 몸은 잡고 잡히는 이중적이며 모호한 상황을 경험한다. 이 경우 어떤 것이 지각의 주체인지 혹은 지각의 대상인지 분명하게 말하기 어렵다. 또 내가 언짢은 표정을 한 상태에서 밝은 미소를 띤 상대방의 얼굴을 봤을 때, 나는 상대방의 밝은 모습에 동화되면서 동시에 상대방은 나의 언짢은 모습에 얼굴이 경직되는 듯한 변화를 보이게 된다. 이처럼 구체적 삶에서 우리가 경험하는 몸의 지각은 대부분 주체와 대상이 서로 얽혀 있고 명확하게 구분되지 않는다는 것이다. 즉 메를로퐁티는 몸을 지각의 주체로만 보지 않고 지각의 대상이 될 수도 있다고 보았다.

01 다음은 (가)와 (나)를 읽은 학생이 작성한 학습 활동지의 일부이다. ㄱ~ㅁ에 들어갈 내용으로 적절하지 <u>않은</u> 것은?

학습 항목	학습 내용	
	(가)	(나)
도입 문단의 내용 제시 방식 파악하기	ㄱ	ㄴ
⋮	⋮	⋮
글의 내용 전개 방식 이해하기	ㄷ	ㄹ
두 글을 통합적으로 비교하기	ㅁ	

① ㄱ: '인식'과 연관된 상황을 언급하며 이에 대한 특정 철학자의 주장을 제시하였음.

② ㄴ: 일상의 경험을 바탕으로 의문을 제기하며 특정 철학자가 사용한 개념을 제시하였음.

③ ㄷ: '인식'과 관련하여 특정 철학자가 사용한 개념을 정의한 뒤 그 개념을 바탕으로 대상의 의미를 파악하는 과정을 제시하였음.

④ ㄹ: '지각'의 주체를 상반된 시각으로 바라보는 특정 이론들을 제시하고 각각의 이론이 지닌 한계와 의의를 제시하였음.

⑤ ㅁ: 특정 철학자들의 주장에 나타나는 공통점과 그 주장이 전통 철학과 어떤 차이를 지니고 있는지를 파악할 수 있었음.

지문 근거 둘중헷 Q&A 어휘/개념 부정질문

분석쌤 강의

● **분 석** 이 시험(2022학년도 9월 고2 전국연합학력평가)보다 1년 전에 치른, 수능 출제 기관인 한국교육과정평가원에서 출제한 2022학년도 6월 모의평가에서도 출제된 문제 유형

● **해결案** 발문(문두) 아래의 표를 통해 ㄱ에는 (가)의 '도입 문단의 내용 제시 방식'을 설명한 내용이 들어간다는 것을 파악한 후 답지 ①이 (가)의 도입 문단인 1문단에 대한 설명으로 적절한지를 따진다. ㄴ~ㅁ에 들어갈 내용도 같은 방법으로 체크하되, 각 답지에 제시된 내용을 세부적으로 나누어 판단한다. ②를 예로 들면, '일상의 경험을 바탕으로 의문을 제기'했는지와 '특정 철학자가 사용한 개념을 제시'했는지에 대해 각각 ○, ✕ 표시를 하며 풀어야 한다.

---

02 메를로퐁티의 관점에서 몸 을 이해한 내용으로 적절하지 <u>않은</u> 것은?

① 의식과 결합하여 존재한다.

② 세상과 반응하여 의미를 형성한다.

③ 지향성이 없더라도 세계를 지각할 수 있다.

④ 현실적 몸의 층과 습관적 몸의 층으로 이루어져 있다.

⑤ 지각의 주체가 되는 동시에 지각의 대상이 되기도 한다.

지문 근거 둘중헷 Q&A 어휘/개념 부정질문

분석쌤 강의

● **분 석** 정답과 오답의 근거를 빠르고 쉽게 찾을 수 있어 대부분 정답에 답한 문제

● **해결案** 발문(문두)에서 '메를로퐁티의 관점에서 몸을 이해한 내용'을 질문했으므로, 답지의 키워드를 (나) 전체에서 찾아 옳고 그름을 따지면 된다.

---

03 ㉠, ㉡에 대한 이해로 가장 적절한 것은?

① ㉠은 대상으로부터 의미를 객관적으로 파악할 수 있게 한다.

② ㉡은 시간이 흐르더라도 변하지 않는다.

③ ㉠은 ㉡과 달리 의미를 형성하는 과정에서 의식의 쓰임이 나타나지 않는다.

④ ㉡은 ㉠과 달리 다양한 상황에 대해서도 그 의미를 파악할 수 있게 한다.

⑤ ㉠과 ㉡은 모두 이전의 경험이 쌓이면서 형성된다.

지문 근거 둘중헷 Q&A 어휘/개념 부정질문

분석쌤 강의

● **분 석** ㉠, ㉡의 앞뒤에서 근거를 찾아야 하고, '~과 달리'와 '모두'에도 주의해야 하는 문제

● **해결案** ㉠은 (가)에서, ㉡은 (나)에서 근거를 찾되, 답지 ①부터 키워드가 되는 말(의미, 객관적)을 체크하여, 그것에 대해 언급한 지문 내용과 답지를 비교하여 옳고 그름을 따진다.

04 ⓐ의 이유에 대한 메를로퐁티의 견해로 가장 적절한 것은?

① 몸의 경험은 연습의 양과 상관없이 누적되기 때문이다.

② 몸이 자전거 타기를 통해 습관적 몸의 층을 형성했기 때문이다.

③ 자전거를 배우기 전과 후의 몸틀에 변화가 없었기 때문이다.

④ 몸의 지각은 현실적 몸이 의식과 독립적으로 작용한 결과이기 때문이다.

⑤ 새로운 운동 습관이 내재될 경우 몸틀이 재편되어 자전거를 다시 배워야 하기 때문이다.

지문 근거   둘중헷   Q&A   어휘/개념   부정 질문

분석쌤강의

● **분 석** 'ⓐ의 이유에 대한 메를로퐁티의 견해'를 질문했지만, '메를로퐁티의 견해'와의 일치 여부만 따져도 쉽게 정답을 찾을 수 있는 문제

● **해결案** (나)에서 ⓐ와 관련된 메를로퐁티의 견해를 이해한 다음, ①부터 메를로퐁티의 견해와 부합하는지를 따진다. 메를로퐁티의 견해와 부합하면, ⓐ의 이유로 적절한지도 판단하도록 한다.

05 윗글을 바탕으로 〈보기〉를 이해한 내용으로 적절하지 <u>않은</u> 것은? [3점]

> **보기**
>
> 어느 날 산속에 피어 있는 꽃을 가리키며 제자가 스승에게 물었다. "이 진달래꽃은 깊은 산속에서 저절로 피었다 지곤 하니 그것이 제 마음과 무슨 상관이 있습니까? 사물은 제 마음과 상관없이 존재한다고 생각합니다." 그러자 스승은 "그대가 이 꽃을 보기 전에 이 꽃은 그대의 마음에 없었지만, 그대가 와서 이 꽃을 보는 순간 이 꽃의 모습은 그대의 마음에서 일시에 분명해진 것이네."라고 말하였다.

① 후설은 '제자'가 꽃의 이름이 진달래꽃임을 알고 있는 것에 대해 그의 지평이 작용했다고 생각하겠군.

② 후설은 사물이 마음과 상관없이 존재한다고 말하는 '제자'와 달리 의식과 대상이 서로 독립적으로 존재하는 것은 아니라고 생각하겠군.

③ 메를로퐁티는 '제자'가 꽃을 지각하는 동시에 꽃으로 인해 그에게 변화가 생겼다는 '스승'의 말에 동의하겠군.

④ 메를로퐁티는 꽃을 봄으로써 꽃의 모습이 마음에서 분명해진 것이라고 생각하는 '스승'과 달리 몸의 지각과 상관없이 의식이 독립적으로 세계를 인식한다고 생각하겠군.

⑤ 후설과 메를로퐁티는 모두 꽃을 보기 전까지 꽃은 마음에 없었다고 말한 '스승'과 마찬가지로 주체가 대상을 지향하지 않으면 대상의 의미가 형성되지 않는다고 생각하겠군.

지문 근거   둘중헷   Q&A   어휘/개념   부정 질문

분석쌤강의

● **분 석** 지문의 내용을 〈보기〉의 상황에 적용하는 문제이면서, 문제의 길이가 긴 고배점 문제로, 복습할 때 이와 같은 문제 유형을 빠르게 푸는 방법을 체크하고 넘어가면 유용한 문제

● **해결案** 〈보기〉의 사례를 이해한 다음, 답지 ①이

(1) 〈보기〉의 사례를 제대로 이해했는지,

(2) '후설'의 입장에서 사례를 적절하게 이해한 것인지

를 체크한다. 나머지 답지들도 이와 같은 방식으로 풀되, '후설'의 입장은 (가)에서, '메를로퐁티'의 입장은 (나)에서 근거를 찾으면 된다. 〈보기〉의 사례를 잘못 이해했거나, '후설'이나 '메를로퐁티'의 입장을 잘못 적용한 것이 '적절하지 않은' 정답이 된다.

6~11 다음 글을 읽고 물음에 답하시오.

2023학년도 11월 고2 전국연합학력평가 【16~21】 인문(주제 통합)

(가)

고전적 기술철학은 개별적인 기술 하나하나에 관심을 두기보다는 포괄적인 기술 일반에 주목하면서 현대 기술에 대해 비판적으로 고찰하였다. 고전적 기술철학의 대표적인 철학자로 엘륄과 마르쿠제가 있다.

엘륄은 자율적 기술론의 관점에서 현대 기술의 특징에 주목하여 기술이 사회를 어떻게 지배하고 있는가를 보여 주었다. 자율적 기술론은 도구적 기술론과 대비된다. 도구적 기술론에서 기술은 가치 중립적인 것으로, 인간이 정한 목적을 ⓐ달성 하기 위한 수단으로 취급된다. 이와 달리 엘륄은 기술이 인간의 통제를 벗어나 자율적인 것이 되어 버렸다고 주장한다. 기술은 오직 효율성이라는 기준에 의해서만 움직이므로, 기술의 발달은 인간의 선택이 아니라 기술 자체의 효율성을 바탕 으로 자동적이며 불가역적으로 이루어진다는 것이다. 이는 자율적인 기술 앞에서 인간의 자율성은 존재하지 않게 되며 전 통적 의미에서 주체와 객체의 관계였던 인간과 기술의 관계가 역전되었음을 의미한다. 또한 엘륄은 기술에 대한 인간의 근 거 없는 신뢰가 일반화되고 인간이 기술의 지배에 대한 비판력을 상실하게 되어 사회가 인간 소외에 직면할 것임을 경고하 였다. 엘륄은 이러한 상황에서 인간이 취할 수 있는 태도는 자율성을 상실했다는 사실을 겸허하게 인정하는 것뿐이라고 하 였다.

마르쿠제는 일차원적 사회에 대한 비판을 중심으로 기술의 발달로 인해 발생한 인간과 사회의 위기 상황을 분석하였다. 일차원적 사회란 인간의 비판 능력을 ⓑ제거함으로써 자연스럽게 인간을 억압하여 존속되는 사회를 의미한다. 일차원적 사회에서 기술은 구성원을 효율적으로 통제하기 위한 지배 이데올로기가 된다. 즉, 기술이 산업과 권력의 제도적 주도권을 쥐고 있는 주체들에게 이익을 제공하면서 잘못된 현실을 정당화하는 방법이 되었다는 것이다. 마르쿠제에 따르면 산업 혁 명 초기에 인간은 기술을 개발하여 고통스러운 노동에서 스스로 해방되었다. 그러나 기술이 고도화되고 산업 사회가 성장 하면서 기술은 오히려 개인을 통제하는 방향으로 사용되었고, 그 결과 개별 주체는 내면의 자유를 박탈당했다. 기술의 창 조자였던 인간이 비판적 사유를 하지 못하는 일차원적 인간으로 전락한 것이다. 따라서 그는 기술이 이미 사회를 지배하는 파괴적인 정치의 도구가 되었기 때문에 새로운 기술을 확립하기 위해서는 정치적 변화가 필요하다고 지적하였다.

(나)

기술 일반에 대해 추상적으로 고민할 것이 아니라 실제 기술에 대한 경험적 연구를 수행해야 한다고 믿은 철학자들은 자 신들의 시도를 '경험으로의 전환'이라고 불렀다. 이들은 고전적 기술철학자들이 기술이 초래한 문제들에 집착한 채, 기술을 외부에서만 관찰이 가능한 커다란 ㉠'암흑 상자(black box)'로 취급해 왔다고 비판하였다. 그리고 개별 기술들의 내용과 발전 과정들을 구체적으로 분석하고 그 토대 위에서 철학적 사유가 진행되어야 한다고 보았다.

경험으로의 전환은 기술에 대한 서술적인 접근 방식과 규범적인 접근 방식으로 나누어 볼 수 있다. 우선, 서술적 접근 방 식은 경험적 근거를 바탕으로 기술을 ⓒ세밀하게 관찰하여 기술이 가지는 특징들을 상세하게 분석하는 데 치중하는 것을 의미한다. 특히 돈 아이디는 일상에서 생생하게 감지되는 기술 그 자체, 곧 현상적 차원에서 기술의 역할에 주목하였다. 이 를 통해 인간이 세계를 인식하는 틀에 미치는 기술의 영향을 분석하고 인간과 기술의 관계에 대해 탐구하였다.

그는 인간과 기술의 관계를 체현 관계, 해석 관계, 배경 관계로 설명한다. 먼저 체현 관계란 기술이 인간의 신체적 기능 을 확장하는 역할을 하는 관계이다. 안경처럼 기술이 인간 몸의 일부와 같이 기능하는 것인데, 인간은 이러한 기술을 통해 세계를 경험하게 된다. 해석 관계는 기술이 해석을 필요로 하는 텍스트를 인간에게 제공하는 관계이다. 전자 현미경으로 미시 입자를 탐구하는 경우, 전자 현미경 속에 보이는 것은 세계에 관한 텍스트인 셈이며, 인간은 이를 해석하여 보이지 않 는 세계에 대한 정보를 획득할 수 있다. 마지막으로 배경 관계는 기술이 인간의 삶이 영위되는 환경을 구성하는 것인데, 보 일러와 같이 기술이 인간에게 마치 환경의 일부처럼 여겨지는 관계이다.

규범적 접근 방식은 기술이 야기한 문제에 대한 대안을 ⓓ모색하는 것을 의미한다. 규범적 접근 방식에서는 고전적 기술 철학자들이 기술 사회의 문제와 상황의 심각성을 지적하면서도 구체적인 대안을 제시하지 않았다고 보았다. 핀버그는 사 회구성주의자들의 이론을 토대로 기술의 민주화를 주장하였다. 사회구성주의자들에 따르면 기술의 발달은 효율성과 같은 일정한 법칙에 의해 이루어지는 것이 아니다. 그들은 특정 기술과 관련된 사회 집단의 상호 작용에 의해 여러 가지 변화 가 능한 방향 중 하나가 무의식적이고 우연적으로 선택되어 기술의 발달이 이루어진 것이라고 보았다. 핀버그는 이러한 우연 성이 기술의 변화에 인간이 개입할 여지가 충분하다는 것을 보여 주는 것이며 인간이 기술의 발달 방향을 긍정적으로 바꿀 수 있다고 역설하였다.

사회구성주의자들이 개별 기술의 발달 방식을 파악하는 데 ⓔ주력하여 기술의 발달 과정에 사회적 합의가 있다는 것을 발견하는 데 만족했다면, 핀버그는 기술코드를 민주적으로 바꾸어야 한다고 강조하며 기술 사회의 바람직한 발전 방향을 제안하였다. 여기서 기술코드란 기술이 정의되고 활용되는 방식으로, 디자인이나 그것이 수행하는 역할, 기술이 가지는 사 회적 의미 등을 포괄하는 개념이다. 그는 기술에 대한 사회적 선택의 과정을 의식적 차원에서의 공론의 장으로 끌어내고, 보다 광범위한 집단이 선택권을 나누어 가지면서 기술 발달의 민주화를 위해 노력하는 것이 필요하다고 강조하였다.

06 (가)와 (나)에 대한 설명으로 가장 적절한 것은?

① (가)와 달리 (나)는 기술철학을 유형별로 분석하고 각각의 장단점을 평가하고 있다.

② (가)와 달리 (나)는 특정 기술철학에 대한 상반된 평가를 소개한 후 절충된 견해를 제시하고 있다.

③ (나)와 달리 (가)는 특정 기술철학자의 견해가 지닌 한계를 지적하고 있다.

④ (가)와 (나)는 모두 기술을 바라보는 기술철학자의 논쟁을 소개하며 그 결과를 분석하고 있다.

⑤ (가)와 (나)는 모두 기술철학이 주목하는 측면을 제시하고 대표적인 학자들의 견해를 소개하고 있다.

지문근거 둘중헷 Q&A 어휘/개념 부정질문

분석쌤 강의

● **분 석** (가)와 (나)의 내용 전개 방식의 공통점과 차이점을 질문한 문제로, '~와 달리'와 '모두'에 유의하여 풀어야 하는 문제 유형

● **해결案** (가)와 (나)를 읽은 다음, 답지 ①부터 각 글의 내용 전개 방식을 적절하게 설명하고 있는지를 체크하되, 지문에서 설명하지 않은 내용이 포함된 답지는 ✕로 표시하여 정답에서 제외한다. 이때 '~와 달리'가 들어간 ①~③은 '~와 달리'를 제외한 나머지 내용이 적절한지부터 따지고, 적절하면 '~와 달리'가 맞는지도 체크하도록 한다.

07 (가)에서 알 수 있는 내용으로 적절하지 <u>않은</u> 것은?

① 마르쿠제는 정치적 변화에 의해 기술의 변화가 가능하다고 보았다.

② 도구적 기술론에서는 인간의 의도와 목적이 기술의 사용 방향을 결정한다.

③ 엘륄의 입장에서는 자율적인 기술 앞에서 인간의 자율성은 존재하지 않는다.

④ 일차원적 사회에서는 개별 주체가 억압에서 벗어나 내면적 자유를 보장받는다.

⑤ 엘륄과 마르쿠제 모두 기술에 대한 인간의 비판적 사고가 상실되는 것을 우려하였다.

지문근거 둘중헷 Q&A 어휘/개념 부정질문

분석쌤 강의

● **분 석** (가)를 읽은 후 이 문제부터 풀고, 발문(문두)에 주목하여 '(가)에서' 정답 여부를 판단할 수 있는 근거를 찾아야 빠르게 풀 수 있는 문제

● **해결案** (가) 지문을 읽을 때 주요 개념(도구적 기술론, 일차원적 사회)과 인물(엘륄, 마르쿠제)에 표시해 둔 것을 바탕으로 각 답지의 근거를 지문에서 찾는다. '적절하지 <u>않은</u>' 것을 질문한 것도 놓쳐서는 안 된다.

08 (나)를 읽은 학생이 〈보기〉에 대해 보인 반응으로 적절하지 <u>않은</u> 것은?

— 보기 —

　자전거가 처음 개발되었을 때, 사용자와 기술자들이 자전거의 용도를 각기 다르게 파악하여 다양한 디자인의 자전거가 만들어졌다. 앞바퀴가 큰 자전거는, 자전거를 스포츠용품으로 파악한 사람들이 선호했다. 앞뒤 바퀴의 크기가 같은 자전거는, 자전거를 장보기용이나 교통수단으로 본 사람들이 원했다. 그런데 시간이 지나면서 자전거를 장보기용이나 교통수단으로 더 선호하게 되었다. 결국 자전거의 디자인은 앞뒤 바퀴가 같은 크기로 고정되는 방식으로 발달하였다.

① 돈 아이디는 자전거가 사용자의 신체적 기능을 확장시키는 역할을 한다고 분석하겠군.

② 돈 아이디는 자전거 바퀴의 크기를 보이지 않는 세계를 해석할 수 있는 텍스트라고 보겠군.

③ 사회구성주의자들은 앞뒤 바퀴의 크기가 같은 자전거로 디자인이 고정되어 가는 과정을 설명하는 데 초점을 두겠군.

④ 핀버그는 자전거 앞뒤 바퀴의 크기, 자전거의 용도를 기술코드로 보겠군.

⑤ 핀버그는 자전거의 디자인을 선택하는 과정이 사회적으로 공론화되어야 한다고 보겠군.

지문근거 둘중헷 Q&A 어휘/개념 부정질문

분석쌤 강의

● **분 석** 특정 오답지에 답한 학생들이 제법 많았던 문제로, 2차 채점 후 지문과 〈보기〉를 연결하여 설명한 답지의 반응을 다시 한 번 더 살펴보면 지문에 대한 이해를 높일 수 있는 문제

● **해결案** 〈보기〉를 읽은 다음, 답지들을 각각 돈 아이디, 사회구성주의자, 핀버그의 견해를 설명한 지문 내용과 연결하여 적절한 반응인지를 따진다. 각 인물의 관점을 〈보기〉에 잘 적용하지 못한 답지가 정답이 된다.

09 윗글을 바탕으로 〈보기〉에 대해 이해한 내용으로 적절하지 <u>않은</u> 것은? [3점]

> ─ 보기 ─
>
> ㄱ. 기술을 만드는 것은 인간의 본성이다. 그러나 역설적이게도 인간 본성의 산물인 기술이 인간 의식 내부에까지 변화를 일으킨다.
>
> ㄴ. 기술의 의의는 자연과 맞서는 자유이다. 즉, 인간의 일상생활을 용이하게 하고 인간을 빈곤, 위협 등에서 벗어나게 하는 것이 기술의 의의이다. 기술은 동물처럼 자연에 속박되어 있는 상태로부터 인간을 해방시킨다.
>
> ㄷ. 현대 기술 사회는 기술 통제를 스스로 포기한 '기술 표류'의 상태이다. 그러므로 시민들의 정치적 참여로 기술 발전의 과정 자체를 규제할 필요가 있다. 기술은 만든 이의 의도와 무관하게 사회 구성원들의 삶을 특정한 방향으로 이끌어 가는 정치적 영향력을 갖기 때문이다.

① ㄱ과 돈 아이디 모두, 기술이 인간의 의식에 영향을 미칠 수 있음을 인정하고 있다.

② ㄴ과 마르쿠제 모두, 기술이 인간의 편의를 위해 활용될 수 있다고 본다.

③ ㄴ은 엘륄과 달리, 기술이 초래한 결과를 바탕으로 기술의 의미를 파악하고 있다.

④ ㄷ과 핀버그 모두, 기술이 야기한 문제를 해결해야 할 과제로 인식하고 있다.

⑤ ㄷ은 엘륄과 달리, 인간이 기술의 발전을 정치적으로 제어할 수 있다고 본다.

10 ㉠의 의미로 가장 적절한 것은?

① 기술에 대해 관찰하여 실제 기술에 대한 경험적 연구를 수행한다.

② 기술 간의 상호 작용은 무시한 채 개별 기술의 분석에만 치중한다.

③ 기술을 막연한 것으로 인식하지 않고 실체를 가진 것으로 인식한다.

④ 기술 자체에 대해서 모르는 채 기술로 인해 생기는 상황에만 집착한다.

⑤ 기술의 변화에 대한 두려움에 연연하여 기술에 대해 분석하기를 꺼린다.

11 문맥상 ⓐ~ⓔ와 바꿔 쓰기에 적절하지 <u>않은</u> 것은?

① ⓐ: 이루기   ② ⓑ: 없앰으로써

③ ⓒ: 빠르게   ④ ⓓ: 찾는

⑤ ⓔ: 힘써

(가)

　'예술은 재현의 기술이기 때문에 무가치한 것이다.' 이는 플라톤의 예술관이 드러난 말로, 세계를 ' 가지적 세계 '와 ' 가시적 세계 '로 구분하는 그의 세계관과 밀접한 연관이 있다. 플라톤에게 가지적 세계는 우리의 지성으로만 알 수 있는 세계이며, 결코 변하지 않는 본질, 즉 실재인 '에이도스'가 있는 세계이다. 반면 가시적 세계는 우리 눈으로 지각이 가능한 현실 세계로, 이 세계는 가지적 세계를 모방하여 재현한 환영이자 이미지에 불과하다.

　플라톤은 가시적 세계의 사물들을 '에이돌론'이라 부르며, 에이돌론을 에이도스의 성질을 얼마나 반영했는지에 따라 '에이콘'과 '판타스마'로 구분한다. 에이콘은 사물을 만드는 주체가 건축가나 장인처럼 에이도스에 대한 지식을 가지고 에이도스의 성질을 가능한 정확하게 재현한 좋은 이미지이다. 반면 판타스마는 에이도스에 대한 지식은 없이 눈에 보이는 현상만을 모방하여 재현한 나쁜 이미지이다. 즉 모방한 것을 다시 모방한, 사본의 사본에 불과하다. 플라톤은 판타스마를 에이도스의 성질이 없는 가짜, 사이비라는 의미로 '시뮬라크르'라고 부르며 예술이 시뮬라크르에 해당한다고 말한다. 플라톤은 특히 회화는 화가가 실재에 대해 아무것도 모른 채 사람들이 실재라고 믿도록 기만하는 사이비 기술이며, 이러한 기술로 그려진 작품은 본질에서 멀어진 무가치한 것이라고 주장한다.

　하지만 반플라톤주의 철학자 들뢰즈는 플라톤이 원본의 성질을 재현한 정도에 따라 원본과 사본, 시뮬라크르로 위계적인 질서를 부여한다고 지적하며, 이러한 플라톤식 사유에는 주체가 이성을 통해 대상의 가치를 판단하고 재단하는 폭력성이 내재해 있다고 비판한다. 다시 말해 플라톤은 원본과의 유사성을 근거로 들어 진짜 유사와 가짜 유사를 구분 짓고 시뮬라크르만을 무가치한 것으로 폐기했다는 것이다.

　시뮬라크르가 모방을 거듭하면서 본질에서 멀어진 가짜라고 주장하는 플라톤과 달리 들뢰즈는 사물 그 자체라고 주장한다. 들뢰즈에 의하면 시뮬라크르는 주체의 판단과 상관없이 독립된 존재로서, 원본과 사본의 시뮬라크르에 대한 우위를 부정하는 역동적인 힘이 있다. 그 힘은 반복을 통해 실현되는데, 시뮬라크르를 반복해서 생성할 때 드러나는 모든 차이가 바로 시뮬라크르가 실재로서 지닌 의미 그 자체이다. 이렇듯 시뮬라크르를 긍정하는 들뢰즈에 의하면 예술의 목표는 예술가가 플라톤식 사유에서 벗어나 가장 일상적인 반복에서도 서로 다른 의미를 지닌 예술 작품을 생성해 내는 것이다. 왜냐하면 그것이 예술이 주체의 판단에 의해 가치 없는 것으로 폐기되지 않고 존재 가치를 보존하는 길이기 때문이다. 그래서 들뢰즈는 ㉮ "예술은 모방이 아니라 반복할 뿐이다."라고 선언한다.

(나)

　철학자 장 보드리야르는 현대 사회는 미디어와 광고가 생산하는 복제 이미지들로 만들어진 세계라고 ⓐ말한다. 보드리야르에 의하면 플라톤 이래 원본과 이미지의 경계가 분명했던 서구 근대 사회에서는 복제 이미지가 단순한 복사물에 불과했지만, 현대 사회에서는 실재보다 더 실재적이고 우월한 것이 된다. 그런 의미에서 그는 현대 사회의 이미지를 '초과 실재'라 부른다. 이 초과 실재가 바로 보드리야르가 말하는 시뮬라크르이다. 오늘날 우리가 역사적 사실보다 현실처럼 믿는 영화 속 이미지나, 실재한다고 믿는 상품 광고 속 캐릭터 등을 그 예로 들 수 있다.

　보드리야르는 시뮬라크르가 산출되는 과정을 '시뮬라시옹 현상'이라 부르며, 시뮬라시옹 현상으로 모든 실재가 사라진다고 말한다. 그에 의하면 시뮬라시옹 현상이 끊임없이 일어나는 현대 사회에서 시뮬라크르는 그 자체로서 실재를 대신한다. 우리가 실재보다 시뮬라크르를 더 실재라고 믿고, 그것이 사물의 본질이라고 믿기 때문에 현대 사회의 모든 영역은 '내파'하여 사라진다. 이때 내파란 무한히 증식하여 재생산된 시뮬라크르들이 원래 실재를 지시하던 기능과 가치를 잃어버려 실재와 시뮬라크르 사이의 경계가 붕괴되는 것을 의미한다. 보드리야르는 시뮬라시옹 현상의 예로 쥐를 모델로 하여 만들어진 만화 주인공 미키마우스를 든다. 미키마우스는 다양한 미디어에서 반복되면서 쥐를 지시하던 기능과 가치가 사라졌고 사실상 쥐와 별개의 존재가 되었다. 다시 말해 실제 쥐와 미키마우스 사이의 경계는 붕괴되었고, 미키마우스는 모델이었던 실제 쥐보다 오히려 더 실재적이고 우월한 초과 실재가 되었다.

　이러한 시뮬라시옹 현상은 오늘날 우리 문화 현상이 되었고 예술의 영역까지 확장된다. 보드리야르는 오늘날 예술 작품이 시뮬라시옹 현상에 의해 도처에서 증식하면서 예술이 가지고 있던 미적 가치가 사라지고 있다고 비판한다. 예술이 일상적 사물에 가까워지고, 일상적 사물은 예술에 가까워지면서 미적인 것은 비미적인 것과의 변별성을 잃고 내파되어 사라지고 있기 때문이다. 보드리야르에 의하면 예술가가 전시장에 깃발, 청소기, 식탁 등과 같은 일상적 사물을 두고 예술을 논하는 등 모든 것이 미학적인 것이 될 때, 그 어떤 것도 더 이상 아름답거나 추하지 않게 되며, 동시에 예술은 자신의 한계를 넘어서 그 자체를 부정하고 청산한다. 즉, 예술 그 자체가 내파되어 사라진 상태가 된다. 보드리야르는 이러한 현상을 '초미학'이라 부르며, ㉯ "예술은 너무 많기 때문에 극도로 보잘것없는 것이다."라고 역설했다.

12 (가)와 (나)에 대한 설명으로 가장 적절한 것은?

① (가)와 달리 (나)는 시뮬라크르가 지닌 오류를 증명하는 과정을 사고 실험을 통해 설명하고 있다.

② (나)와 달리 (가)는 특정한 철학적 관점에서 파생된 예술관을 바탕으로 시뮬라크르가 사라지는 현상의 이유를 밝히고 있다.

③ (가)와 (나)는 모두 특정 철학자의 세계관을 바탕으로 해당 철학자의 시뮬라크르에 대한 관점을 소개하고 있다.

④ (가)와 (나)는 모두 특정한 철학적 관점을 바탕으로 현대의 시뮬라크르가 지닌 문제점에 대한 극복 방법을 제시하고 있다.

⑤ (가)와 (나)는 모두 시뮬라크르에 대한 다양한 예술관이 지닌 문제점을 지적하고 이에 맞서는 새로운 예술관을 모색하고 있다.

지문근거 둘중헷 Q&A 어휘/개념 부정질문

분석쌤 강의

● **분 석** 비문학(독서) 지문에 (가)와 (나)가 제시된 경우 출제되는 단골 유형으로, 두 글의 내용 전개 방식의 공통점과 차이점을 질문한 문제

● **해결案** '~와 달리', '모두'에 주의해 (가)와 (나) 각각에 대해 적절한 설명인지를 체크하되, 지문에서 설명하지 않은 내용이 포함된 답지는 바로 X로 표시하고 다음 답지를 검토하는 방식으로 풀면 문제 풀이 시간을 줄일 수 있다.

13 (가)의 가지적 세계 와 가시적 세계 에 대한 이해로 적절하지 않은 것은?

① 가지적 세계는 지성으로만 알 수 있는 세계이다.

② 가시적 세계는 눈으로 지각 가능한 현실 세계이다.

③ 가시적 세계의 사물들은 에이콘과 판타스마로 구분된다.

④ 가시적 세계는 가지적 세계를 모방한 환영에 불과한 세계이다.

⑤ 가지적 세계에 있는 본질은 에이도스와 에이돌론으로 구분된다.

지문근거 둘중헷 Q&A 어휘/개념 부정질문

분석쌤 강의

● **분 석** 지문 근거가 (가)의 일부에 한정되어 있어, 이 지문에서 출제된 6문제 중 가장 먼저 풀어야 하는 문제

● **해결案** 가지적 세계 와 가시적 세계 에 대해 설명한 부분을 지문에서 찾은 다음, 답지의 설명과 비교하여 옳고 그름을 ○, X로 표시하며 푼다.

※ 윗글과 〈보기〉를 바탕으로 14번과 15번의 두 물음에 답하시오.

— 보기 —

【자료 1】

음료 회사로부터 캐릭터 제작을 의뢰받은 A는 실제 상품을 베낀 초안을 그린 후 이를 변형한 첫 캐릭터를 그렸지만, 음료 회사는 첫 캐릭터에서 상품의 특징이 드러나지 않는다고 혹평했다. A는 첫 캐릭터를 의인화한 최종 캐릭터를 다시 그렸고, 음료 회사는 최종 캐릭터를 담은 광고를 반복하여 방영했다. 이후 최종 캐릭터는 설문 조사에서, 가장 영향력 있는 인물로 선정되는 등 실제 상품보다 사랑받는 인기 캐릭터가 되었다.

【자료 2】

가구 장인 B가 자신이 만든 의자를 본떠 직접 그린 '의자 1'은 예술성을 인정받아 미술관에 전시됐다. 화가 C는 '의자 1'을 보고 자신만의 방식으로 '의자 2'를 그린 후, 다시 이를 변형한 '의자 3'을 그려 전시했다. 그러자 B는 '의자 1'의 모델인 실제 의자를 '의자 0'으로 전시했고, 평론가들은 이것이야말로 진정한 원본이라고 극찬했다. 이후 예술가들이 깃발, 책상 등을 그대로 전시하고 예술을 논하는 현상이 각국 미술관에서 일어났다.

14 다음은 윗글을 읽은 학생이 〈보기〉를 이해한 내용을 정리한 것이다. 적절하지 않은 것은?

[자료 1]	들뢰즈와 달리 플라톤은 A가 그린 '첫 캐릭터'를, 모방을 거듭한 가짜로 여길 것이다. ┈┈┈┈┈┈┈┈┈┈┈┈ ㉠
	플라톤과 달리 들뢰즈는 '초안', '첫 캐릭터', '최종 캐릭터' 사이에 드러나는 차이를 실재로서 지닌 의미로 여길 것이다. ┈┈┈┈ ㉡
	들뢰즈와 달리 보드리야르는 가장 영향력 있는 인물로 선정된 '최종 캐릭터'가 실재를 대신한다고 여길 것이다. ┈┈┈┈ ㉢
[자료 2]	보드리야르와 달리 플라톤은 '의자 0'이 실재보다 우월해졌다고 여길 것이다. ┈┈┈┈┈┈┈┈┈┈┈┈ ㉣
	플라톤과 달리 들뢰즈는 '의자 3'이 '의자 1'의 우위를 부정하는 힘이 있다고 여길 것이다. ┈┈┈┈┈┈┈┈┈┈ ㉤

① ㉠   ② ㉡   ③ ㉢
④ ㉣   ⑤ ㉤

지문 근거 둘중헷 Q&A 어휘/개념 부정질문

분석쌤 강의
● 분 석 〈보기〉와 지문, 답지를 비교하며 풀어야 하는 문제여서 문제 풀이 시간도 오래 걸렸고, 오답지들에 답한 학생들도 많았던 문제
● 해결案 플라톤과 들뢰즈의 관점은 (가), 보드리야르의 관점은 (나)에서 찾아 [자료 1], [자료 2]를 답지와 같이 정리하는 것이 적절한지를 판단한다. 이때 지문에서 설명한 철학자들의 관점과 〈보기〉에서 언급한 '초안', '첫 캐릭터', '최종 캐릭터', '의자 0', '의자 1', '의자 2', '의자 3'의 성격을 잘 파악해야 하고, '~와 달리'를 제외한 부분이 맞는지부터 체크한 다음, '~와 달리'가 적절한지를 따지면 문제 풀이 시간을 단축할 수 있다.

15 윗글을 바탕으로 〈보기〉에 대해 보인 반응으로 적절하지 않은 것은? [3점]

① 플라톤은 [자료 2]의 B가 만든 의자와 달리 [자료 1]의 초안은 눈에 보이는 현상만을 모방한 나쁜 이미지라고 보겠군.

② 플라톤은 [자료 1]의 A가 그린 캐릭터들과 [자료 2]의 C가 그린 그림들은 모두 사이비 기술로 그려진 것들이라고 보겠군.

③ 들뢰즈는 [자료 1]에서 첫 캐릭터에 대해 음료 회사가 한 혹평과 [자료 2]에서 '의자 0'에 대해 평론가들이 한 극찬에는 모두 대상의 가치를 재단하는 폭력성이 내재해 있다고 보겠군.

④ 보드리야르는 [자료 1]의 인기 캐릭터가 된 최종 캐릭터는 초과 실재가, [자료 2]의 '의자 1'은 예술성을 인정받은 순간에 초미학 상태가 되었다고 보겠군.

⑤ 보드리야르는 [자료 1]의 설문 조사 결과를 보고 실제 상품과 광고 속 캐릭터 간의 경계가, [자료 2]의 각국 미술관에서는 일상 사물과 예술 작품 간의 경계가 내파된 현상이 일어났다고 보겠군.

지문 근거 둘중헷 Q&A 어휘/개념 부정질문

분석쌤 강의
● 분 석 이 시험(2022학년도 11월 고2 전국연합학력평가)을 어렵게 만든 3인방 중 하나로, 답지들이 모두 '적절한' 것 같아 시간도 많이 걸리고 오답에 답한 경우도 많았던 문제
● 해결案 ①부터 〈보기〉에서 언급한 작품들의 특징을 확인한 다음, 답지의 키워드인 '플라톤, 나쁜 이미지'에 대해 설명한 지문 내용을 근거로 답지의 반응이 적절한지를 따진다. 그리고 오답률이 높았던 문항이므로, 정답에 답한 경우에도 복습할 때 정답과 오답인 이유를 한 번 더 체크하고 넘어가도록 하자.

16 ㉮와 ㉯에 담긴 의미를 추론한 내용으로 가장 적절한 것은?

① ㉮에는 예술 작품이 사물 그 자체로서 존재 가치를 보존하는 방법이, ㉯에는 예술 작품이 예술로서 미적 가치를 선택하는 방법이 담겨 있다.

② ㉮에는 예술 작품을 사본의 사본으로 평가하는 입장에 대한 수용이, ㉯에는 모든 것이 미학적인 것이 되는 현상에 대한 비판이 담겨 있다.

③ ㉮에는 반복이 실현된 예술 작품은 본질에서 멀어진다는 의미가, ㉯에는 미적인 것과 비미적인 것의 변별성이 사라졌다는 의미가 담겨 있다.

④ ㉮에는 예술 작품을 주체의 판단에서 독립된 존재로 만들지 못하는 예술가의 한계가, ㉯에는 예술 자체를 부정하지 못하는 예술가의 한계가 담겨 있다.

⑤ ㉮에는 반복을 통해 위계적 질서에서 벗어난 예술에 대한 긍정적 태도가, ㉯에는 증식을 통해 그 어떤 것도 아름답거나 추하지 않게 된 예술에 대한 부정적 태도가 담겨 있다.

<table>
<tr><td>지문 근거</td><td>둘중헷</td><td>Q&A</td><td>어휘/개념</td><td>부정 질문</td></tr>
</table>

분석쌤 강의

● **분 석** 특정 오답지에 답한 학생들이 많았는데, 밑줄 친 부분의 앞에서 정답과 오답의 근거를 찾아야 하는 문제

● **해결案** 먼저 ㉮를 읽고 그 앞의 내용을 바탕으로 ①~⑤에서 ㉮에 대해 추론한 내용이 맞는지를 판단하여 ○, ✗ 표시를 해 간다. 그런 다음, ○로 표시된 답지들만을 대상으로, ㉯ 앞의 내용을 바탕으로 ㉯에 대해 추론한 내용이 맞는지도 판단하여 ○, ○인 답지를 정답으로 고른다. 이렇게 하면 문제 풀이 시간도 단축하고, 정답도 보다 잘 찾을 수 있다.

17 문맥상 ⓐ의 의미와 가장 가까운 것은?

① 사람들은 흔히 내 글을 관념적이라고 <u>말한다</u>.

② 청중들에게 자신의 감정을 <u>말하는</u> 일은 매우 어렵다.

③ 힘센 걸로 <u>말하면</u> 우리 아버지를 따라갈 사람이 없다.

④ 경비 아저씨에게 아이가 오면 문을 열어 달라고 <u>말해</u> 두었다.

⑤ 동생에게 끼니를 거르지 말라고 아무리 <u>말해도</u> 듣지를 않는다.

<table>
<tr><td>지문 근거</td><td>둘중헷</td><td>Q&A</td><td>어휘/개념</td><td>부정 질문</td></tr>
</table>

분석쌤 강의

● **분 석** 어휘 문제 3단계 풀이법을 적용해 풀어야 하는 문제로, 쉽게 정답에 답했어도 2차 채점 후 〈클리닉 해설〉을 참고하면 유용한 문제

● **해결案** 핵심 간추리기(1단계) – '매3어휘 풀이' 떠올리기(2단계) – 대입하기(3단계)를 적용할 것!

▶ 정답을 모르는 상태에서 2차 풀이를 하기 위한 방법으로, 아래 채점표 대신 '모바일 자동 채점 프로그램'(문제편 표지 QR 코드)을 이용해도 된다.

🕐 **종료 시각** 　 시 　 분 　 초

	총 소요 시간	종료 시각 -시작 시각	**분**	**초**
	목표 시간		26분	55초
	초과 시간	총 소요 시간 -목표 시간	**분**	**초**

1 종료 시각을 적은 후, 문제에 체크한 '내가 쓴 답'을 ❶에 옮겨 적는다.

2 ❷에 채점을 하되, 틀린 문제에만 '／' 표시를 한다.
(문제에 직접 채점하지 않는 이유는 다시 풀 때 정답을 모르는 상태에서 풀어야 제대로 훈련이 되기 때문)

문항 번호	1	2	3	4	5	6	7	8	9	10	11	12	13	14	15	16	17
❶ 내가 쓴 답																	
❷ 채 점																	

☞ 정답은 〈클리닉 해설〉 p.128(해설은 p.27)

3 틀렸거나 찍어서 맞힌 문제는 다시 푼다.

4 2차 채점을 할 때 다시 풀어서 맞힌 문항은 △, 또 틀린 문항은 ✗ 표시를 한다.

5 △와 ✗ 문항은 반드시 다시 보고 틀린 이유를 알고 넘어간다.

채점 결과_ 6일째
반드시 체크해서 복습 때 활용할 것

	1차 채점		2차 채점	
총 문항 수	17개	△ 문항 수		개
틀린 문항 수	개	✗ 문항 수		개

7 *일째*

구분	1 공부한 날		2 초과 시간		총 문항 수	3 틀린 문항 수	4 △ 문항 수	5 × 문항 수
첫날	월	일	분	초	7 개	개	개	개
2일째	월	일	분	초	12 개	개	개	개
3일째	월	일	분	초	10 개	개	개	개
4일째	월	일	분	초	10 개	개	개	개
5일째	월	일	분	초	10 개	개	개	개
6일째	월	일	분	초	17 개	개	개	개

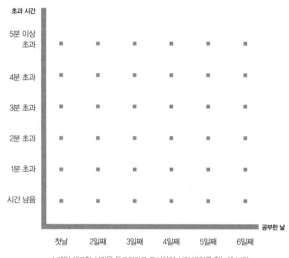

▲ 매일 체크한 시간을 동그라미로 표시하여 시간 변화를 한눈에 보자.

1주일간 공부한 내용을 다시 보니, ……

1　**매일 지문 3개씩 시간에 맞춰 풀었다. *vs.* 내가 한 약속을 못 지켰다.**
　▶시간 부족 문제를 극복하기 위해서는 매일 비문학 독서 지문 3개씩을 꾸준히 공부해야 효과적이다.

2　**시간이 단축되고 있음을 느낀다. *vs.* 문제 푸는 시간이 줄지 않는다.**
　▶시간이 들쑥날쑥하는 원인 중의 하나는 난이도일 수도 있다.
　〈클리닉 해설〉에 있는 '지문별 난이도'(p.6)를 참고해서 내 실력 향상을 체크하자.

3　**틀린 문항 수가 거의 비슷하다.**
　▶특정 제재에서 많이 틀렸는지, 특정 문항 유형에서 많이 틀렸는지를 확인하고
　각 문항 오른쪽에 제시된 '분석쌤 강의'를 통해 문제점 극복 방안을 찾는다.

4　**△ 문항이 × 문항보다 많다면, … △ 문항 수를 줄이는 것이 국어 영역 고득점의 지름길!**
　▶△ 문항을 줄이는 방법은 처음 틀렸을 때 왜 그 답지를 정답으로 생각했는지를 따져 보는 것이다.
　다시 봤을 때 아무리 쉬워도, 틀린 문제는 또 틀릴 수 있다는 것을 명심하자.

5　**× 문항 수가 줄지 않는다면?**
　▶〈클리닉 해설〉을 본다. 많은 학생들이 질문한 문제를 같은 생각에서 틀린 것인지,
　아니면 쉬운 문제임에도 불구하고 틀린 것인지를 체크하여 내가 취약한 유형이 무엇인지를 파악한다.
　〈클리닉 해설〉과 '분석쌤 강의'를 보고 확실하게 알고 넘어가고,
　'매3 오답 노트'에 메모해 두었다가 한 달에 한 번 꼭 다시 복습한다.

！　1주일간 공부한 내용과 '매3 오답 노트'에 메모한 내용까지 다시 보니,

결론적으로,

내가 **취약한 부분**은 ＿＿＿＿＿＿＿＿＿＿이다.

취약점을 보완하기 위해서 나는 ＿＿＿＿＿＿＿＿＿을/를 해야겠다.

한 달 뒤 다시 봐야 할 내용과 지문, 어휘 등이 있는 페이지는 지금 바로 접어 두었다.
어휘는 '매3어휘 풀이'를 떠올리며 익히고, 지문은 '문단 요약'을 참고해 한 번 더 복습해야겠다.

2 주차

사회/주제 통합

1~4 다음 글을 읽고 물음에 답하시오.

2016학년도 수능(B형)【21~24】사회

현대 사회에서 지식의 중요성이 커지면서 기업에서도 지식 경영을 강조하는 목소리가 높다. 지식 경영은 기업 경쟁력의 원천이 조직적인 학습과 혁신 능력, 즉 기업의 지적 역량에 있다고 보아 지식의 활용과 창조를 강조하는 경영 전략이다.

지식 경영론 중에는 마이클 폴라니의 '암묵지' 개념을 활용하는 경우가 많다. 폴라니는 명확하게 표현되지 않고 주체에게 체화된 암묵지 개념을 통해 모든 지식이 지적 활동의 주체인 인간과 분리될 수 없다는 것을 강조했다. 그에 따르면 우리의 일상적 지각뿐만 아니라 고도의 과학적 지식도 지적 활동의 주체가 몸담고 있는 구체적인 현실로부터 유리된 것이 아니다. 어떤 지각 활동이나 관찰, 추론 활동에도 우리의 몸이나 관찰 도구, 지적 수단이 항상 수반되고 그에 의해 이러한 활동이 암묵적으로 영향을 받기 때문이다. 요컨대 모든 지식에는 암묵적 요소들과 이들을 하나로 통합하는 '인간적 행위'가 전제되어 있다는 것이다. "우리는 우리가 말할 수 있는 것보다 훨씬 더 많이 알고 있다."라는 폴라니의 말은 모든 지식이 암묵지에 기초하고 있음을 강조한다.

노나카 이쿠지로는 지식에 대한 폴라니의 탐구를 실용적으로 응용하여 지식 경영론을 펼쳤다. 그는 폴라니의 '암묵지'를 신체 감각, 상상 속 이미지, 지적 관심 등과 같이 객관적으로 표현하기 어려운 주관적 지식으로 파악했다. 또한 '명시지'를 문서나 데이터베이스 등에 담긴 지식과 같이 객관적이고 논리적으로 형식화된 지식으로 파악하고, 이것이 암묵지에 비해 상대적으로 지식의 공유 가능성이 높다고 보았다.

암묵지와 명시지의 분류에 기초하여, 노나카는 개인, 집단, 조직 수준에서 이루어지는 지식 변환 과정을 네 가지로 유형화하였다. 암묵지가 전달되어 타자의 암묵지로 변환되는 것은 대면 접촉을 통한 모방과 개인의 숙련 노력에 의해 이루어지는 것으로서 '공동화'라 한다. 암묵지에서 명시지로의 변환은 암묵적 요소 중 일부가 형식화되어 객관화되는 것으로서 '표출화'라 한다. 또 명시지들을 결합하여 새로운 명시지를 형성하는 것은 '연결화'라 하고, 명시지가 숙련 노력에 의해 암묵지로 전환되는 것은 '내면화'라 한다. 노나카는 이러한 변환 과정이 원활하게 일어나 기업의 지적 역량이 강화되도록 기업의 조직 구조도 혁신되어야 한다고 주장하였다.

이러한 주장대로 지식 경영이 실현되기 위해서는 지식 공유 과정에 대한 구성원들의 참여가 전제되어야 한다. 하지만 인간에게 체화된 무형의 지식을 공유하는 것은 쉬운 일이 아니다. 단순한 정보와 유용한 지식을 구분하기도 쉽지 않고, 이를 계량화하여 평가하는 것도 어렵다. 따라서 지식 경영의 성패는 지식의 성격에 대한 정확한 이해에 기초하여 구성원들이 지식 공유와 확산 과정에 자발적으로 참여하도록 하는 방안을 마련하는 것에 달려 있다고 할 수 있다.

다시보기   ▶ 다시 볼 문제 체크하고 틀린 이유 메모하기

[분석쌤 강의]는 2차 채점 후 반드시 챙겨 본다!

01 윗글의 내용 전개에 대한 설명으로 가장 적절한 것은?

① 지식의 성격이 변화된 원인을 분석하고 지식 경영론의 등장 배경을 탐색하고 있다.

② 지식이 분리되어 가는 과정에 따른 지식 변환의 단계를 설명하고 지식 경영론의 문제점을 살펴보고 있다.

③ 지식에 대한 논의에 기초하여 지식 경영론을 소개하고 지식 경영의 성패를 좌우하는 요건을 검토하고 있다.

④ 지식에 대한 견해의 변화 과정을 순차적으로 살펴보고 그에 대비되는 지식 경영론의 발전 과정을 소개하고 있다.

⑤ 지식에 대한 두 견해의 장단점을 비교하고 이를 바탕으로 지식 경영의 유용성을 새로운 시각에서 조명하고 있다.

지문근거   둘중헷   Q&A   어휘/개념   부정질문

분석쌤 강의

● **분 석** 발문(문두)에서 '내용 전개 방식'을 묻지 않고 '윗글에 대한 설명으로 적절한 것은?'으로 묻기도 하는 비문학 빈출 문제 유형

● **해결案** 글 전체의 흐름을 이해한 다음, 답지를 검토하되 반드시 답지의 서술 내용을 하나하나 따져 가며 옳고 그름을 체크해야 한다. ①을 예로 들면, '지식의 성격이 변화된 원인을 분석'하고 있는지(A), '지식 경영론의 등장 배경을 탐색'하고 있는지(B), 또 A를 먼저 하고 B를 나중에 하고 있는지를 세부적으로 따져야 한다.

02 윗글을 통해 알 수 있는 내용으로 적절하지 <u>않은</u> 것은?

① 폴라니는 고도로 형식화된 과학 지식도 암묵지를 기초로 하여 형성된다고 본다.

② 폴라니는 지적 활동의 주체와 분리되어 독립된 객체로서 존재하는 지식은 없다고 본다.

③ 노나카는 암묵지가 그 속성 때문에 지식의 공유 가능성이 명시지에 비해 상대적으로 높다고 본다.

④ 노나카의 지식 경영론은 지식이 원활하게 변환되도록 기업의 조직 구조가 재설계되어야 한다고 본다.

⑤ 폴라니는 지식에서 암묵지의 중요성을 강조하고, 노나카는 지식들 간의 변환 과정에 주목한다.

지문근거 둘중헷 Q&A 어휘/개념 부정질문

분석쌤 강의

● **분 석** 개념 및 용어를 다루고 있는 비문학 지문에서는 답지에서 개념을 바꾸어 진술함으로써 적절하지 않은 내용으로 만드는 경우가 많은데, 그것을 알려 주고 유의하라는 것을 일러 주는 문제

● **해결案** '알 수 있는 내용'을 질문하였으므로 지문을 통해 알 수 있는지를 체크하면 되는데, 이와 같은 질문의 답지는 '알 수 있는(없는) 내용'도 있지만 '일치하는(일치하지 않는) 내용'도 있다는 것을 염두에 두고 모든 답지를 지문에 근거해 옳고 그름을 판단해야 한다.

03 지식 변환 의 사례에 대한 설명으로 가장 적절한 것은?

① A사의 직원이 자사 오토바이 동호회 회원들과 계속 접촉하여 소비자들의 느낌을 포착해 낸 것은 '연결화'의 사례이다.

② B사가 자동차 부품 관련 특허 기술들을 부문별로 재분류하고 이를 결합하여 신기술을 개발한 것은 '표출화'의 사례이다.

③ C사의 직원이 경쟁 기업의 터치스크린 매뉴얼들을 보고 제품을 실제로 반복 사용하여 감각적 지식을 획득한 것은 '내면화'의 사례이다.

④ D사가 교재로 항공기 조종 교육을 실시하고 직원들이 반복적인 시뮬레이션 학습을 통해 조종술에 능숙하게 된 것은 '연결화'의 사례이다.

⑤ E사의 직원이 성공적인 제품 디자인들에 동물 형상이 반영되었음을 감지하고 장수하늘소의 몸체가 연상되는 청소기 디자인을 완성한 것은 '공동화'의 사례이다.

지문근거 둘중헷 Q&A 어휘/개념 부정질문

분석쌤 강의

● **분 석** 구체적 사례에 적용하는 문제라는 점에서, 쉽게 정답에 답했더라도 이와 같은 유형의 문제를 접했을 때 빠르게 해결하는 방법을 다시 새길 필요가 있는 문제

● **해결案** 발문(문두)에서 '지식 변환의 사례'에 대해 질문하고 있으므로 '지식 변환'에 대해 설명하고 있는 4문단의 내용을 답지의 사례와 연결한다. 이때 답지의 내용을 세부적으로 구분해 어떤 '지식 변환' 과정에 해당하는지를 따진다.

04 윗글을 바탕으로 〈보기〉에 나타난 F사의 문제를 해결하기 위해 제시할 만한 방안으로 적절하지 <u>않은</u> 것은? [3점]

> ── 보기 ──
>
> F사는 회사에 도움이 되는 지식의 산출을 독려하고 이를 체계적인 지식 데이터베이스에 축적하였다. 보고서와 제안서 등의 가시적인 지식의 산출에 대해서는 보상했지만, 경험적 지식이나 창의적 아이디어 같은 무형의 지식에 대한 평가 및 보상 제도는 갖추지 않았다. 그 결과, 유용성이 낮은 제안서가 양산되었고, 가시적인 지식을 산출하지 못하는 직원들의 회사에 대한 애착과 헌신은 감소했으며, 경험 많은 직원들이 퇴직할 때마다 해당 부서의 업무 공백이 발생했다.

① 창의적 아이디어가 문서 형태로 표현되기 어려울 수 있음을 감안하여 다양한 의견 제안 방식을 마련할 필요가 있다.

② 직원들이 회사에서 사용할 논리적이고 형식화된 지식을 제안하도록 권장하고 이를 데이터베이스에 축적할 필요가 있다.

③ 숙련된 직원들의 노하우를 공유할 수 있도록 면대면 훈련 프로그램을 도입하여 집단적 업무 역량을 키울 필요가 있다.

④ 직원들의 체화된 무형의 지식이 보상받을 수 있도록 평가 제도를 개선하여 회사에 대한 직원들의 헌신성을 높일 필요가 있다.

⑤ 직원들 각자가 지닌 업무 경험과 기능을 존중하고 유·무형의 노력과 능력을 평가하기 위한 조직 문화와 동기 부여 시스템을 발전시킬 필요가 있다.

지문근거 둘중헷 Q&A 어휘/개념 부정질문

분석쌤 강의

● **분 석** 쉽게 정답에 답한 학생들도 복습할 때 답지에 있는 어휘를 챙겨 보고, 지문 복습을 통해 '지식 경영'에 대한 배경지식도 익혀 두면 유용한 문제

● **해결案** 〈보기〉에 나타난 F사의 문제부터 파악한 다음, 답지의 내용이 F사의 문제를 해결하기 위한 방안으로 적절한지를 따진다. 이때, 지문에서 설명하고 있는 '명시지'와 '암묵지'를 염두에 두고 체크하도록 한다.

기술이 급속하게 발달함에 따라 인간의 삶은 더욱 여유롭고 의미 있는 것으로 될 것인가, 아니면 더욱 바쁘고 의미 없는 것으로 전락할 것인가? '사색적 삶'과 '활동적 삶'을 대비하여 사회 변화를 이해하는 방식은 이런 물음의 답을 구하는 데 도움이 된다.

최초로 인간의 삶을 사색적 삶과 활동적 삶으로 구분한 사람은 아리스토텔레스이다. 그는 진리, 즐거움, 고귀함을 ⓐ추구하는 사색적 삶의 영역이 생계를 위한 활동적 삶의 영역보다 상위에 있다고 보았다. 이러한 인식은 근대 이전의 오랜 역사 속에서 사회 질서의 기본 원리로 자리 잡아 왔다.

근대에 접어들어 과학 혁명과 청교도 윤리의 등장으로 활동적 삶과 사색적 삶에 대한 인식은 달라지기 시작했다. 16, 17세기 과학 혁명으로 실험 정신과 경험적 지식이 중시되면서 사색적 삶의 영역에 속한 과학적 탐구와 활동적 삶의 영역에 속한 기술 사이의 거리가 좁혀졌다. 또한 직업을 신의 소명으로 이해하고, 근면과 ⓑ검약에 의한 개인의 성공을 구원의 징표로 본 청교도 윤리는 생산 활동과 부의 축적에 대한 부정적 인식을 불식하는 계기가 되었다. 이로써 활동적 삶과 사색적 삶이 대등한 위상을 갖게 된 것이다.

18, 19세기 산업 혁명을 계기로 활동적 삶은 사색적 삶보다 중요성이 더 커지게 되었다. 생산 기술에 과학적 지식이 ⓒ응용되고 기계의 사용이 본격화되면서 기계의 속도에 기초하여 노동 규율이 확립되었고, 인간의 삶은 시간적 규칙성을 따르도록 재조직되었다. 나아가 시간이 관리의 대상으로 부각되면서 시간–동작 연구를 통해 가장 효율적인 작업 동선(動線)을 ⓓ모색했던 테일러의 과학적 관리론은 20세기 초부터 생산 활동을 합리적으로 조직하는 중요한 원리로 자리 잡았다. 이로써 두뇌에 의한 노동과 근육에 의한 노동이 분리되어 인간의 육체노동이 기계화되는 결과가 초래되었다. 또한 과학을 기술 개발에 활용하기 위한 시스템이 요구되어 공학, 경영학 등의 실용 학문과 산업체 연구소들이 출현하였다. 이는 전통적으로 사색적 삶의 영역에 속했던 진리 탐구마저 활동적 삶의 영역에 속하는 생산 활동의 논리에 ⓔ포섭되었음을 단적으로 보여 준다.

이처럼 산업 혁명 이후 기계 문명이 발달하고 그에 힘입어 자본주의 시장 메커니즘이 사회를 전면적으로 지배하게 됨에 따라 근면과 속도가 강조되었다. 활동적 삶이 지나치게 강조된 데 대한 반작용으로, '의미 없는 부지런함'이 만연해진 세태에 대한 ㉠비판의 목소리가 나타나 성찰에 의한 사색적 삶의 중요성을 역설하기도 하였다.

이제 20세기 말 정보화와 세계화를 계기로 시간적·공간적 거리가 압축되어 세계가 동시적 경험이 가능한 공간으로 인식되면서 인간의 삶은 이전과 크게 달라졌다. 기술의 비약적 발달로 의식주 등 생활의 기본 욕구는 충족되었지만, 현대인들은 더욱 다양해진 욕구와 성취 욕망을 충족하기 위해 스스로를 소진하고 있다. 경쟁이 세계로 확대됨에 따라 사람들이 타인과의 경쟁에서 이기는 동시에 자신의 능력을 극한으로 끌어올리기 위해 스스로를 끝없이 몰아세울 수밖에 없는 내면화된 강박증에 시달리고 있는 것이다. 결국 기술의 발달이 인간의 삶을 여유롭고 의미 있는 것으로 만들어 줄 것이라는 기대와 달리, 사색적 삶은 설 자리를 잃고 활동적인 삶이 폭주하게 된 것이다.

05 윗글을 이해한 내용으로 가장 적절한 것은?

① 아리스토텔레스는 생존을 위한 필요에서 비롯된 생산 활동이 사색적 삶보다 더 중요하다고 보았다.

② 과학 혁명의 시대에는 활동적 삶의 위상이 사색적 삶의 위상보다 높았다.

③ 청교도 윤리는 성공과 부를 추구하는 태도에 대한 부정적인 인식을 심화시켰다.

④ 시간–동작 연구는 인간의 노동이 두뇌노동과 근육노동으로 분리되는 데 영향을 주었다.

⑤ 공학, 경영학 등의 실용 학문은 기술을 과학에 활용하기 위해 출현했다.

지문 근거   둘중헷   Q&A   어휘/개념   부정 질문

분석쌤 강의

● 분 석 지문에서 근거를 찾아 오답을 제외하는 훈련을 해야 하는 세부 내용 확인 문제

● 해결案 답지에서 핵심이 되는 키워드를 체크한 다음, 지문에서 그것에 대해 설명하고 있는 부분을 찾아 지문과 답지 내용을 비교·대조한다. 답지마다 O, X, △ 표시를 하며 체크해 나가면, 헷갈리는 답지가 있을 경우 X 답지는 다시 검토하지 않아도 되기 때문에 문제 풀이 시간을 단축할 수 있다.

06 ㉠의 내용과 가장 가까운 것은?

① 기계 기술은 정신 기술처럼 가치 있으며, 산업 현장은 그 자체로 위대하고 만족스럽다.

② 인간은 일하기 위해서 사는 것이며, 더 이상 할 일이 없다면 괴로움과 질곡에 빠지고 말 것이다.

③ 자극에 즉각적으로 반응하지 않고 여유롭게 삶의 의미를 되새기는 사유의 방법을 배워야 한다.

④ 나태는 녹이 스는 것처럼 사람을 쇠퇴하게 만들며 쇠퇴의 속도는 노동함으로써 지치는 것보다 훨씬 빠르다.

⑤ 인간은 기계이므로 인간의 행동, 언어, 사고, 감정, 습관, 신념 등은 모두 외적인 자극과 영향으로부터 생겨났다.

지문근거 둘중혯 Q&A 어휘/개념 부정질문

분석쌤 강의

● **분 석** 앞뒤 문맥을 통해 정답의 근거를 찾을 수 있어 대부분의 학생들이 쉽게 정답에 답한 문제

● **해결案** ㉠의 앞뒤 내용을 통해 비판의 대상부터 찾는다. 무엇을 비판하고 무엇을 중시하는지를 찾아낸 다음 답지를 검토한다. 나머지 넷과 다른 하나를 고르는 것도 방법이다.

채점 후 답지에 쓰인 어휘의 의미를 〈클리닉 해설〉에서 챙겨 보도록 한다.

07 〈보기〉를 바탕으로 윗글을 이해한 내용으로 적절하지 않은 것은?

> ── 보기 ──
>
> 20세기 후반 이후의 '후근대 사회'를 '피로 사회'로 규정하는 견해가 있다. 이에 따르면 근대 사회가 '규율 사회'였음에 비해 후근대 사회는 '성과 사회'이다. 규율 사회가 외적 강제에 따라 인간이 수동적으로 움직이는 사회라면, 성과 사회는 성공을 향한 내적 유혹에 따라 인간이 자발적으로 움직이는 사회이다. 과학 기술의 발달에 따라 결핍이 해소되고 규율 사회의 강제가 약화된다고 해서 인간이 삶의 온전한 주체가 되는 사회가 도래하는 것은 아니다. '더욱 생산적으로 되어야 한다.'는 자본주의 시스템의 근본적인 요구가 규율 사회에서 외적 강제에 의한 타자 착취를 통해 관철되었다면, 성과 사회에서 그 요구는 내적 유혹에 의한 자기 착취를 통해 관철된다. 그 결과 피로는 현대인의 만성 질환이 되었다는 것이다.

① 근대 사회에서 기계의 속도에 기초하여 확립된 노동 규율은 타자 착취를 위한 규율 사회의 외적 강제로 볼 수 있겠군.

② 자신의 능력을 극한으로 끌어올려야 한다는 현대인의 강박증은 피로 사회에서 일어나는 자기 착취의 한 단면으로 볼 수 있겠군.

③ 정보화, 세계화에 따라 세계가 동시적 경험이 가능한 공간이 되면서 성과 사회에서는 자본주의 시스템의 근본적인 요구가 달라지는군.

④ 기술의 발달에 따라 삶이 더 여유롭고 의미 있는 것이 될 것이라는 견해는 현대 사회를 피로 사회로 포착하는 견해에 반하는 것이군.

⑤ 다양해진 욕구와 성취 욕망을 충족하기 위해 자신을 소진하는 현대인의 행동은 성공적인 인간이 되기 위한 내적 유혹에 기인한 것으로 볼 수 있겠군.

지문근거 둘중혯 Q&A 어휘/개념 부정질문

분석쌤 강의

● **분 석** 문제 풀이 시간이 상대적으로 오래 걸리는 〈보기〉 문제로, 복습을 통해 이와 같은 문제를 푸는 방식을 다시 새겨야 하는 문제

● **해결案** 〈보기〉를 바탕으로 윗글을 이해한 내용'을 묻는 질문은 '지문-〈보기〉-답지'를 서로 연결해 옳고 그름을 따져야 한다. 즉, 〈보기〉에서 설명하는 내용을 지문과 연결해 이해해야 하고, 이를 토대로 답지의 해석이 옳은지 그른지 판단해야 한다.

08 ⓐ~ⓔ의 사전적 의미로 적절하지 않은 것은?

① ⓐ: 목적을 이룰 때까지 뒤쫓아 구함.

② ⓑ: 돈이나 물건, 자원 따위를 낭비하지 않고 아껴 씀.

③ ⓒ: 어떤 이론이나 지식을 다른 분야의 일에 적용하여 이용함.

④ ⓓ: 일이나 사건 따위를 해결할 수 있는 방법이나 실마리를 더듬어 찾음.

⑤ ⓔ: 어떤 대상을 너그럽게 감싸 주거나 받아들임.

지문근거 둘중혯 Q&A 어휘/개념 부정질문

분석쌤 강의

● **분 석** 『매3비』에서 강조하는 '3단계 풀이법'을 적용해 풀어야 하는 어휘 문제

● **해결案** '핵심 간추리기, 대입하기, 매3어휘 풀이 떠올리기'를 적용해 푼다.

기업은 근로자에게 제공하는 보상에 비해 근로자가 더 많이 노력하기를 바라는 반면, 근로자는 자신이 노력한 것에 비해 기업으로부터 더 많은 보상을 받기를 바란다. 이처럼 기업과 근로자 간의 이해가 상충되는 문제를 완화하기 위해 근로자가 받는 보상에 근로자의 노력이 반영되도록 하는 약속이 인센티브 계약이다. 인센티브 계약에는 명시적 계약과 암묵적 계약을 이용하는 두 가지 방식이 존재한다.

명시적 계약은 법원과 같은 제3자에 의해 강제되는 약속이므로 객관적으로 확인할 수 있는 조건에 기초해야 한다. 근로자의 노력은 객관적으로 확인할 수 없기 때문에, 노력 대신에 노력의 결과인 성과에 기초하여 근로자에게 보상하는 약속이 명시적인 인센티브 계약이다. 이 계약은 근로자로 하여금 자신의 노력을 증가시키도록 하는 매우 강력한 동기를 부여한다. 가령, 근로자에 대한 보상 체계가 '고정급 + α × 성과'$(0 \leq \alpha \leq 1)$라고 할 때, 인센티브 강도를 나타내는 α가 커질수록 근로자는 고정급에 따른 기본 노력 외에도 성과급에 따른 추가적인 노력을 더하게 될 것이다. 왜냐하면 기본 노력과 달리 추가적인 노력에 따른 성과는 α가 커질수록 더 많은 몫을 자신이 갖게 되기 때문이다. 따라서 α를 늘리면 근로자의 노력 수준이 증가함에 따라 추가적인 성과가 더욱 늘어나, 추가적인 성과 가운데 많은 몫을 근로자에게 주더라도 기업의 이윤은 늘어난다.

그러나 명시적인 인센티브 계약이 갖고 있는 두 가지 문제점으로 인해 α가 커짐에 따라 기업의 이윤이 감소하기도 한다. 첫째, 명시적인 인센티브 계약은 근로자의 소득을 불확실하게 만든다. 왜냐하면 근로자의 성과는 근로자의 노력뿐만 아니라 작업 상황이나 여건, 운 등과 같은 우연적인 요인들에 의해서도 영향을 받기 때문이다. 그런데 소득이 불확실해지는 것을 근로자가 받아들이도록 하기 위해서 기업은 근로자에게 위험 프리미엄* 성격의 추가적인 보상을 지불해야 한다. 따라서 α가 커지면 기업이 근로자에게 지불해야 하는 보상이 늘어나 기업의 이윤이 줄기도 한다. 둘째, 명시적인 인센티브 계약은 근로자들이 보상을 잘 받기 위한 노력에 치중하도록 하는 인센티브 왜곡 문제를 발생시킨다. 성과 가운데에는 측정하기 쉬운 것도 있지만 그렇지 않은 것도 있기 때문이다. 중요하지만 성과 측정이 어려워 충분히 보상받지 못하는 업무를 근로자들이 등한시하게 되면 기업 전체의 성과에 해로운 결과를 초래하게 된다. 따라서 α가 커지면 인센티브를 왜곡하는 문제가 악화되어 기업의 이윤이 줄기도 하는 것이다.

합당한 성과 측정 지표를 찾기 힘들고 인센티브 왜곡의 문제가 중요한 경우에는 암묵적인 인센티브 계약이 더 효과적일 수 있다. 암묵적인 인센티브 계약은 성과와 상관없이 근로자의 노력에 대한 주관적인 평가에 기초하여 보너스, 복지 혜택, 승진 등의 형태로 근로자에게 보상하는 것이다. ㉠암묵적 계약은 법이 보호할 수 있는 계약을 실제로 맺는 것이 아니다. 이에 따르면 상대방과 협력 관계를 계속 유지하는 것이 장기적으로 이익일 경우에 자발적으로 상대방의 기대에 부응하도록 행동하는 것을 계약의 이행으로 본다. 물론 어느 한쪽이 상대방의 기대를 저버림으로써 얻게 되는 단기적 이익이 크다고 생각하여 협력 관계를 끊더라도 법적으로 이를 못하도록 강제할 방법은 없다. 하지만 상대방의 신뢰를 잃게 되면 그때부터 상대방의 자발적인 협력을 기대할 수 없게 된다. 따라서 암묵적인 인센티브 계약에 의존할 때에는 기업의 평가와 보상이 공정하다고 근로자가 신뢰하도록 만드는 것이 중요하다.

* 위험 프리미엄: 소득의 불확실성이 커질 때 근로자는 사실상 소득이 줄어든 것으로 느끼게 되는데, 이를 보전하기 위해 기업이 지불해야 하는 보상.

다시 보기 ▶ 다시 볼 문제 체크하고 틀린 이유 메모하기

[분석쌤 강의]는 2차 채점 후 반드시 챙겨 본다!

09 ㉠에 대한 설명으로 적절하지 않은 것은? [3점]

① 법원과 같은 제3자가 강제할 수 없는 약속이다.

② 객관적으로 확인할 수 있는 조건에 기초한 약속이다.

③ 자신에게 이익이 되기 때문에 자발적으로 이행하는 약속이다.

④ 상대방의 신뢰를 잃음으로써 초래되는 장기적 손실이 클수록 더 잘 지켜지는 약속이다.

⑤ 상대방의 기대를 저버림으로써 얻게 되는 단기적 이익이 작을수록 더 잘 지켜지는 약속이다.

지문 근거   둘 중 헷   Q&A   어휘/개념   부정 질문

분석쌤 강의

● **분 석** 정답의 근거를 지문에서 쉽게 찾을 수 있는데도 불구하고 오답지 중 하나가 △로 체크되어 시간을 많이 뺏긴 문제. 즉, '애매한 답지가 있더라도 확실하게 틀린 게 정답!'이라고 오답 노트에 메모해 두고 다시 새겨야 하는 문제

● **해결案** ㉠의 앞뒤 내용에서 답지의 옳고 그름을 판단할 수 있는 근거를 찾는다.

10 윗글에 대한 이해로 적절하지 <u>않은</u> 것은?

① 기업과 근로자 사이의 이해 상충은 근로자의 노력을 반영하는 보상을 통해 완화할 수 있는 문제이다.

② 법이 보호할 수 있는 인센티브 계약에 의해 근로자의 노력을 늘리려는 것이 오히려 기업에 해가 되는 경우가 있다.

③ 명시적 인센티브 계약에서 노력의 결과인 성과에 기초하는 것은 노력 자체를 객관적으로 확인할 수 없기 때문이다.

④ 합당한 성과 측정 지표를 찾기 힘들 경우에는 객관적 평가보다 주관적 평가에 기초한 보상이 더 효과적일 수 있다.

⑤ 성과를 측정하기 어려운 업무에 종사하는 근로자에 대한 보상에서는 명시적인 인센티브의 강도가 높은 것이 효과적이다.

지문 근거 둘중헷 Q&A 어휘/개념 부정 질문

분석쌤 강의

● **분 석** 정답과 오답의 근거를 지문에서 쉽게 찾을 수 있어 대부분의 학생들이 정답에 답한 문제

● **해결案** 지문에서 읽은 내용과 답지의 내용을 비교해 O, X, △ 표시를 하며 푼다. 적절한 것과 적절하지 않은 것을 O, X로 확실하게 구분하여 체크하되, 명확하게 근거를 찾은 것이 아니어서 △ 표시를 한 경우는 복습할 때 다시 근거를 찾도록 한다.

11 윗글에 근거할 때, 〈보기〉의 ⓐ, ⓑ, ⓒ에 들어갈 내용을 바르게 짝지은 것은?

― 보기 ―

가. 명시적인 인센티브 계약이 성과를 늘리기 위한 근로자의 노력을 더욱 늘어나게 하는 효과만 생각한다면, α가 커질수록 기업의 이윤은 (ⓐ)한다.

나. 명시적인 인센티브 계약이 근로자의 소득을 더욱 불확실해지게 하는 효과만 생각한다면, α가 커질수록 기업의 이윤은 (ⓑ)한다.

다. 명시적인 인센티브 계약이 근로자의 인센티브 왜곡을 더욱 커지게 하는 효과만 생각한다면, α가 커질수록 기업의 이윤은 (ⓒ)한다.

	ⓐ	ⓑ	ⓒ
①	증가	감소	감소
②	증가	증가	감소
③	증가	감소	증가
④	감소	증가	증가
⑤	감소	증가	감소

지문 근거 둘중헷 Q&A 어휘/개념 부정 질문

분석쌤 강의

● **분 석** 2012학년도 수능 30번(아래 이미지 참조)과 유사한 문제 유형으로, 기출 문제로 훈련하는 것의 중요성과 발문(문두)의 중요성을 다시 한번 새기게 해 준 문제

국어 영역의 문제, 특히 비문학(독서) 문제는 항상 지문에 근거해 정답을 찾아야 함에도 불구하고 발문(문두)에 '윗글에 근거할 때'를 강조한 것에 주목할 것!

30. ㉠의 사례를 [A]처럼 설명할 때, 〈보기〉의 ㉮~㉰에 들어갈 말로 옳은 것은?

〈보 기〉

공장의 이윤을 극대화하는 생산량을 Q_0라고 할 때, 생산량을 Q_0보다 (㉮) 공장의 이윤은 줄어든다. 하지만 이로 인한 공장의 이윤 감소보다 주민들의 피해 감소가 더 (㉯), 생산량을 Q_0보다 (㉰) 것이 사회적으로 바람직하다.

	㉮	㉯	㉰
①	줄이면	크다면	줄이는
②	줄이면	크다면	늘리는
③	줄이면	작다면	줄이는
④	늘리면	작다면	줄이는
⑤	늘리면	작다면	늘리는

● **해결案** 〈보기〉 '가'의 내용을 다룬 지문에 근거해 ⓐ에 들어갈 내용을 추론한다. ⓑ와 ⓒ에 들어갈 내용도 지문과 〈보기〉를 비교하면 쉽게 찾을 수 있다.

▶ 정답을 모르는 상태에서 2차 풀이를 하기 위한 방법으로, 아래 채점표 대신 '모바일 자동 채점 프로그램'(문제편 표지 QR 코드)을 이용해도 된다.

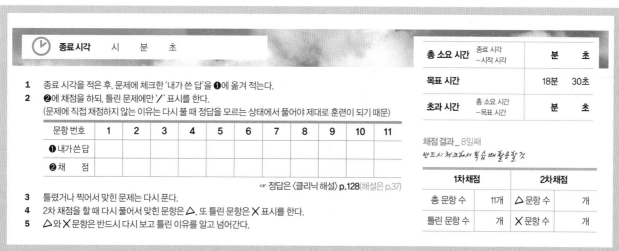

⏱ **종료 시각** 　　시　　분　　초

1 종료 시각을 적은 후, 문제에 체크한 '내가 쓴 답'을 ❶에 옮겨 적는다.
2 ❷에 채점을 하되, 틀린 문제에만 '／' 표시를 한다.
(문제에 직접 채점하지 않는 이유는 다시 풀 때 정답을 모르는 상태에서 풀어야 제대로 훈련이 되기 때문)

문항 번호	1	2	3	4	5	6	7	8	9	10	11
❶ 내가 쓴 답											
❷ 채 점											

☞ 정답은 〈클리닉 해설〉 **p.128**(해설은 p.37)

3 틀렸거나 찍어서 맞힌 문제는 다시 푼다.
4 2차 채점을 할 때 다시 풀어서 맞힌 문항은 △, 또 틀린 문항은 ✗ 표시를 한다.
5 △와 ✗ 문항은 반드시 다시 보고 틀린 이유를 알고 넘어간다.

총 소요 시간	종료 시각 −시작 시각	**분**	**초**
목표 시간		18분	30초
초과 시간	총 소요 시간 −목표 시간	**분**	**초**

채점 결과_ 8일째
반드시 체크해서 복습 때 활용할 것

	1차채점		2차채점	
총 문항 수	11개	△ 문항 수		개
틀린 문항 수	개	✗ 문항 수		개

55

1~4 다음 글을 읽고 물음에 답하시오.

2016학년도 6월 모의평가(B형)【21~24】사회

산업화에 따라 사회가 분화되고 개인이 공동체적 유대로부터 벗어나게 되는 현상을 '개체화'라고 한다. 울리히 벡과 지그문트 바우만은 현대의 개체화 현상 을 사회적 위험 문제와 연관시켜 진단한 대표적인 학자들이다.

사실 사회 분화와 개체화는 자본주의적 산업화 이래로 지속된 현상이다. 그런데 20세기 중반 이후부터는 세계화를 계기로 개체화 현상이 과거와는 질적으로 달라진 양상을 보여 주고 있다. 교통과 통신 수단의 발달에 따라 국경을 넘나드는 자본과 노동의 이동이 가속화되었고, 개인에 대한 국가의 통제력도 현저하게 약화되고 있다. 또한 전 세계적인 노동 시장의 유연화 경향에 따라 정규직과 비정규직, 생산직과 사무직 등 다양한 형태로 분절화된 노동자들이 이제는 계급적 연대 속에서 이해관계를 공유하지 못하게 되었다. 핵가족화 추세에 더하여 일인 가구가 급속도로 늘어나는 등 가족의 해체 현상도 많이 나타나고 있다. 벡과 바우만은 개체화의 이러한 가속화 추세에 대해서 인식의 차이를 보이지 않는다.

그런데 현대의 위기와 관련해서 그들이 개체화를 바라보는 시선은 사뭇 다르다. 먼저 벡은 과학 기술의 의도하지 않은 결과로 나타난 현대의 위기가 개체화와는 별개로 진행된 현상이라고 본다. 벡은 핵무기와 원전 누출 사고, 환경 재난 등 예측 불가능한 위험이 현실화될 가능성이 있는데도 삶의 편의와 풍요를 위해 이를 ⓐ방치(放置)함으로써 위험이 체계적이고도 항시적으로 존재하게 된 현대 사회를 ㉠'위험 사회'라고 규정한 바 있다. 현대의 위험은 과거와 달리 국가와 계급을 가리지 않고 파괴적으로 영향을 미친다는 것이 벡의 관점이다. 그런데 벡은 현대인들이 개체화되어 있다는 바로 그 조건 때문에 오히려 전 지구적 위험에 의한 불안에 대응하기 위해 초계급적, 초국가적으로 ⓑ연대(連帶)할 가능성이 있다고 보았다. 특히 벡은 그들이 과학 기술의 발전뿐 아니라 그 파괴적 결과까지 인식하여 대안을 모색하는 '성찰적 근대화'의 실천 주체로서 일상생활에서의 요구를 모아 정치적으로 ⓒ표출(表出)하는 등 행동에 나서야 한다고 주장한다.

한편 바우만은 개체화된 개인들이 삶의 불확실성 속에서 생존을 모색하게 된 현대를 ㉡'액체 시대'로 정의하였다. 현대인의 삶과 사회 전체가, 형체는 가변적이고 흐르는 방향은 유동적인 액체와 같아졌다고 보았던 것이다. 그런데 그는 액체 시대라는 개념을 통해 핵 확산이나 환경 재앙 등 예측 불가능한 전 지구적 위험 요인의 항시적 존재만이 아니라 삶의 조건을 불확실하게 만드는 개체화 현상 자체를 위험 요인으로 본다는 점에서 벡과 달랐다. 바우만은 우선 세계화의 흐름 속에서 소수의 특권 계급을 제외한 대다수의 사람들이 무한 경쟁에 내몰리고 빈부 격차에 따라 생존 자체를 위협받는 등 잉여 인간으로 ⓓ전락(轉落)하고 있다고 본다. 그러나 그가 더 치명적으로 본 것은 협력의 고리를 찾지 못하게 된 현대인들이 개인 수준에서 위기에 대처해야 하는 상황에 빠져 버렸다는 점이다. 더구나 그는 위험에 대한 공포가 내면화되면 사람들은 극복 의지도 잃고 공포로부터 도피하거나 소극적 자기 방어 행동에 ⓔ몰두(沒頭)하게 된다고 보았다. 그렇기 때문에 바우만은 일상생활에서의 정치적 요구를 담은 실천 행위도 개체화의 흐름에 놓여 있기 때문에 현대의 위기에 대한 해결책이 될 수 없다고 판단하고 있다.

01 윗글의 논지 전개 방식으로 가장 적절한 것은?

① 개체화 현상의 다양한 양상들을 하나의 기준에 따라 분류하였다.
② 개체화 현상에 대한 통념을 비판하며 그 개념을 새롭게 규정하였다.
③ 개체화 현상에 대한 서로 다른 두 견해의 공통점과 차이점을 설명하였다.
④ 개체화 현상의 역사적 기원에 대한 다양한 가설들의 한계와 의의를 평가하였다.
⑤ 개체화 현상에 대한 정의를 바탕으로 이와 유사한 사회적 개념들을 비교하였다.

지문 근거   돌중헷   Q&A   어휘/개념 부정 질문

분석쌤 강의
● **분석** 이 시험(2016학년도 6월 모의평가 (B형))에서는 사회 제재 지문이 2개나 출제되었는데, 수능 시험에서 비문학(독서) 부문의 제재 선정은 고정되어 있지 않음을 보여 준, 첫 번째 사회 제재 지문에서 출제된 문제
● **해결案** '논지 전개 방식'을 묻는 문제로, 답지의 설명 내용을 윗글에서 확인할 수 있는지를 체크하면 빠르게 오답을 제외해 나갈 수 있다.

02 현대의 개체화 현상 에 대해 추론한 내용으로 적절하지 않은 것은? [3점]

① 노동자들이 계급적 동질성을 갖지 못하게 한다.

② 국가의 통제력 강화를 통해 개인의 자율성 약화를 초래한다.

③ 개인의 거주 공간이 가족 공동의 거주 공간에서 분리되는 추세도 포함한다.

④ 벡의 관점에서는 현대인들로 하여금 새로운 방식의 유대를 모색하게 하는 조건이다.

⑤ 바우만의 관점에서는 현대인들로 하여금 서로 연대하기 어렵게 하는 위험 요인이다.

| 지문 근거 | 둘중헷 | Q&A | 어휘/개념 | 부정 질문 |

분석쌤 강의

● **분 석** 답지의 설명이 지문에서 추론 가능한지를 묻는 것이기도 하지만, 더 중요한 것은 '현대의 개체화 현상'에 대한 것이어야 하므로 발문을 꼼꼼히 읽어야 한다는 것을 일러 주는 문제

● **해결案** 지문을 끝까지 읽은 후, 답지의 설명이 '현대의 개체화 현상'에 대한 것으로 적절한지를 판단해야 하고, 판단의 근거는 지문에서 찾아야 한다.

03 ⊙과 ⓒ에 대한 이해로 적절하지 않은 것은?

① ⊙은 위험 요소의 성격이 과거와 달라진 현대 사회의 특성을 드러내기 위한 개념이다.

② ⓒ은 현대 사회의 불확실성을 강조하기 위해 물체의 속성에서 유추하여 사회에 적용한 개념이다.

③ ⊙과 ⓒ은 모두 인간관계의 유연한 확장 가능성을 비관적으로 보는 개념이다.

④ ⊙과 ⓒ은 모두 재난의 현실화 가능성이 일상화되어 있다는 점을 전제로 하는 개념이다.

⑤ ⊙과 ⓒ은 모두 위험의 공간적 범위가 전 지구적으로 확장되어 있음을 내포하는 개념이다.

| 지문 근거 | 둘중헷 | Q&A | 어휘/개념 | 부정 질문 |

분석쌤 강의

● **분 석** ⊙과 ⓒ 각각에 체크해야 하고, '모두'에 유의하여 풀어야 하는 문제

● **해결案** ⊙, ⓒ의 개념부터 이해한 다음, 앞뒤에 전개된 내용을 통해 답지의 설명이 옳은지 그른지를 판단한다. 이때 ⊙과 ⓒ 각각에 대해 ○, ✕, △ 표시를 하며 풀어야 실수도 줄이고 정확성도 높일 뿐만 아니라 문제 풀이 시간도 단축할 수 있다.

04 ⓐ~ⓔ의 사전적 의미로 적절하지 않은 것은?

① ⓐ: 쫓아내거나 몰아냄.

② ⓑ: 여럿이 함께 무슨 일을 하거나 함께 책임을 짐.

③ ⓒ: 겉으로 나타냄.

④ ⓓ: 나쁜 상태나 타락한 상태에 빠짐.

⑤ ⓔ: 어떤 일에 온 정신을 다 기울여 열중함.

| 지문 근거 | 둘중헷 | Q&A | 어휘/개념 | 부정 질문 |

분석쌤 강의

● **분 석** '어휘 문제 3단계 풀이법'을 적용해 풀어야 하는, 사전적 의미를 묻는 문제

● **해결案** '어휘 문제 3단계 풀이법'을 새기자!

1. 어휘가 포함된 문장의 핵심 간추리기

2. 답지의 사전적 의미 대입하기

3. 밑줄 친 어휘의 의미를 살리는 '매3어휘 풀이' 떠올리기

법과 정의의 관계는 법학의 고전적인 과제 가운데 하나이다. 때와 장소에 관계없이 누구에게나 보편적으로 받아들여질 수 있는 정의롭고 도덕적인 법을 떠올리게 되는 것은 자연스러운 일이다. 전통적으로 이런 법을 '자연법'이라 부르며 논의해 왔다. 자연법은 인위적으로 제정되는 것이 아니라 인간의 경험에 앞서 존재하는 본질적인 것으로서 신의 법칙이나 우주의 질서, 또는 인간 본성에 근원을 둔다. 특히 인간의 본성에 깃든 이성, 다시 말해 참과 거짓, 선과 악을 분별할 수 있는 인간만의 자질은 자연법을 발견해 낼 수 있는 수단이 된다.

서구 중세의 신학에서는 자연법을 인간 이성에 새겨진 신의 법이라고 이해하여 종교적 권위를 중시하였다. 이후 근대의 자연법 사상에서는 신학의 의존으로부터 독립하여 자연법을 오직 이성으로써 확인할 수 있다고 보았다. 이런 경향을 열었다고 할 수 있는 그로티우스(1583~1645)는 중세의 전통을 수용하면서도 인간 이성에 따른 자연법의 기초를 확고히 하였다. 그는 이성을 통해 확인되고 인간 본성에 합치하는 법 규범은 자연법이자 신의 의지라고 말하면서, 이 자연법은 신도 변경할 수 없는 본질적인 것이라고 주장하였다. 이성의 올바른 인도를 통해 다다르게 되는 자연법은 국가와 실정법을 초월하는 규범이라고 보았다.

그로티우스가 활약하던 시기는 한편으로 종교 전쟁의 시대였다. 그는 이 소용돌이 속에서 어떤 법도 존중받지 못하는 일들을 보게 되고, 자연법에 기반을 두면 가톨릭, 개신교, 비기독교 할 것 없이 모두가 받아들일 수 있는 규범을 세울 수 있다고 생각했다. 나아가 이렇게 이루어진 법 원칙으로써 각국의 이해를 조절하여 전쟁의 참화를 막고 인류의 평화와 번영을 ㉠실현할 수 있다고 믿었다. 이러한 그의 사상은 1625년 『전쟁과 평화의 법』이란 저서를 낳았다. 이 책에서는 개전의 요건, 전쟁 중에 지켜져야 할 행위 등을 다루었으며, 그에 대한 이론적 근거로서 자연법 개념의 기초를 다지고, 그것을 바탕으로 국가 간의 관계를 규율하는 법 이론을 구성하였다. 이 때문에 그로티우스는 국제법의 아버지로도 불린다.

신의 권위에서 독립한 이성의 법에는 인간의 권리가 그 핵심에 자리 잡았고, 이는 근대 사회의 주요한 사상적 배경이 되었다. 한 예로 1776년 미국의 독립 선언에도 자연법의 영향이 나타난다. 더욱이 프랑스 대혁명기의 인권 선언에서는 자유권, 소유권, 생존권, 저항권을 불가침의 자연법적 권리로 선포하였다. 이처럼 자연법 사상은 근대적 법체계를 세우는 데에 중요한 기반을 제공하였고, 특히 자유와 평등의 가치가 법과 긴밀한 관계를 맺도록 하는 데 이바지하였다.

그러나 19세기에 들어서자 현실적으로 자연법을 명확히 확정하기 어렵다는 비판 속에서 자연법 사상은 퇴조하는 경향을 보였다. 이때 비판의 선봉에 서며 새롭게 등장한 이론이 이른바 '법률실증주의'이다. 법률실증주의는 국가의 입법 기관에서 제정하여 현실적으로 효력을 갖는 법률인 실정법만이 법으로 인정될 수 있다는 입장이다. 이에 따르면 입법자가 합법적인 절차로 제정한 법률은 그 내용이 어떻든 절대적인 법이 되며, 또한 그것은 국가 권위에 근거하여 이루어진 것이기에 국민은 이를 따라야 할 의무가 있다. 하지만 현대에 와서 합법의 외관을 쓴 전체주의로 말미암은 참혹한 세계 대전을 겪게 되자, 자연법에 대한 논의는 부흥기를 맞기도 하였다. 오늘날 자연법은 실정법이 지향해야 할 이상을 제시하는 역할에서 여전히 의의가 인정된다.

다시보기 ▶ 다시 볼 문제 체크하고 틀린 이유 메모하기

[분석쌤 강의]는 2차 채점 후 반드시 참고 된다!

05 윗글의 내용에 부합하는 것은?

① 실정법은 인간의 경험에 앞서 존재하는 규범이다.
② 미국의 독립 선언에 법률실증주의가 영향을 주었다.
③ 서구의 근대적 법체계에는 평등의 이념이 담겨 있다.
④ 중세의 신학에서는 신의 법에 인간의 이성을 관련시키지 않았다.
⑤ 프랑스 대혁명에서 저항권은 인간의 기본적 권리로 인정되지 않았다.

지문 근거 둘중헷 Q&A 어휘/개념 부정 질문

분석쌤 강의

● **분 석** 지문에 정답의 근거가 제시되어 있어, 문제 풀이 시간에 쫓기는 경우가 아니라면 대부분의 학생들이 정답에 답하는 내용 일치 여부를 묻는 문제

● **해결案** 이와 같은 문제는 훈련이 필요한데, 근거를 빠르게 찾지 못하는 답지는 넘기고 확실하게 근거를 찾을 수 있는 답지부터 체크해 오답을 걸러 내는 훈련을 해야 한다.

06 윗글을 바탕으로 할 때, 그로티우스의 국제법 사상에 대한 추론으로 적절하지 않은 것은?

① 국가 사이의 관계를 규율하는 법은 자연법에 근거를 두어야 한다.

② 국가 간에 전쟁을 할 때에도 마땅히 지켜야 할 법 규범이 있다.

③ 국제 분쟁을 조정하고 인류의 평화를 이루기 위하여 국제 사회에 적용되는 법이 있어야 한다.

④ 각국의 실정법을 두루 통합하여 국제법으로 만들면 그것은 어디서나 통용되는 현실적 규범이 될 수 있다.

⑤ 종교의 차이로 전쟁이 이어지는 상황에서 전통적인 신학 이론을 바탕으로 국제법을 구성하면 보편적으로 받아들여질 수 없다.

지문근거 둘중헷 Q&A 어휘/개념 부정질문

분석쌤 강의

● **분 석** 답지 내용이 지문에 그대로 제시된 경우가 아닌, 지문 내용을 근거로 미루어 짐작할 수 있어야 하는 '추론' 문제

● **해결案** 발문(문두)에서 '그로티우스의 국제법 사상에 대한 추론'을 질문했으므로, 지문에서 그로티우스에 대해 설명하고 있는 부분과 답지를 비교·대조한다.

07 윗글을 바탕으로 할 때, 자연법 사상에 대한 설명으로 가장 적절한 것은?

① 국가의 권위만이 자연법에 제한을 둘 수 있다고 생각했다.

② 윤리나 도덕과 관련이 없는 근원적인 법 규범이 존재한다고 생각했다.

③ 자연법은 인간의 본성과 대립하지만 인류를 번영으로 이끈다고 생각했다.

④ 인간의 이성이 시공을 초월하는 본질적인 법을 찾아낼 수 있다고 생각했다.

⑤ 자연법의 역할은 실정법에 없는 내용을 보충하는 데 머물러야 한다고 생각했다.

지문근거 둘중헷 Q&A 어휘/개념 부정질문

분석쌤 강의

● **분 석** '윗글을 바탕으로 할 때'라는 발문(문두)이 없어도 윗글을 바탕으로 풀어야 하지만, 발문에서 특히 강조한 것을 염두에 두고 풀어야 하는 문제

● **해결案** 지문에서 근거를 찾아 확실하게 오답인 것부터 제외해 나간다.

08 〈보기〉는 윗글을 읽고 쓴 글이다. ⓐ~ⓔ 중 윗글에 대한 이해로 적절하지 않은 것은? [3점]

> 보기
>
> 법과 정의의 관계로 법을 바라볼 때 자연법 사상과 법률실증주의는 서로 마주 보도록 양쪽 끝에 세울 수 있을 것 같다. ⓐ자연법 사상에서는 법의 내용이 정의로워야 한다고 주장하는 반면에, ⓑ법률실증주의는 적법한 절차를 거쳐 제정된 법률이라면 그 내용이 정의로운지는 따지지 않는다고 하기 때문이다. ⓒ현실적으로 자연법을 뚜렷이 확정하기 어렵다는 점을 생각할 때, 법률실증주의를 따르면 실정법만이 법이 되므로, 무엇이 법인지 확정하는 일이 간편하다. 하지만 ⓓ법률실증주의에 따르면 심각하게 부당한 내용의 법률조차도 입법의 형식만 거쳤다면 법이라고 해야 한다는 문제점이 있다. 그렇지만 ⓔ법률실증주의는 법을 왜 지켜야 하는지에 대해서 국가의 권위와 같은 형식적인 요소와 함께 국민의 준수 의지라는 도덕적인 근거를 들어 답변한다.

① ⓐ 　　② ⓑ 　　③ ⓒ 　　④ ⓓ 　　⑤ ⓔ

지문근거 둘중헷 Q&A 어휘/개념 부정질문

분석쌤 강의

● **분 석** 국어 영역 문제는 ⑤번 답지까지 읽고 답해야 한다는 것을 되새기게 해 준 문제

● **해결案** 지문을 끝까지 읽은 다음 〈보기〉를 읽되, ⓐ를 읽은 후 지문에서 ⓐ의 옳고 그름을 판단할 수 있는 부분으로 찾아가 지문과 ⓐ를 비교하며 ○, ✕ 표시를 한다. 이때, ○와 ✕로 판단하기 어려운 설명은 △ 표시를 한다. 밑줄 친 ⓔ까지 체크한 다음, 최종적으로 △ 표시한 답지는 정답으로 생각되는 답지와 비교해 정답을 하나로 확정 짓도록 한다.

09 문맥상 ㉠과 바꿔 쓰기에 가장 적절한 것은?

① 가늠할 　　　　② 가져올

③ 기다릴 　　　　④ 떠올릴

⑤ 헤아릴

지문근거 둘중헷 Q&A 어휘/개념 부정질문

분석쌤 강의

● **분 석** 이 시험(2015학년도 9월 모의평가 (A형))에서는 '인문' 제재가 출제되지 않아 사회 제재인 이 지문에서 5문제가 출제되었는데, 지문당 문항 수가 늘어날 경우 어휘 문제가 꼭 출제되는 경향을 보여 준 문제

● **해결案** ㉠의 자리에 답지의 어휘를 대입하고 앞뒤 문맥의 흐름 속에서 ㉠과 유사한 의미를 나타내는지를 따져 본다.

현대 사회가 다원화되고 복잡해지면서 중앙 정부는 물론, 지방 자치 단체 또한 정책 결정 과정에서 능률성과 효과성을 우선시하는 경향이 커져 왔다. 이로 인해 전문적인 행정 담당자를 중심으로 한 정책 결정이 빈번해지고 있다. 그러나 지방 자치 단체의 정책 결정은 지역 주민의 의사와 무관하거나 배치되어서는 안 된다는 점에서 이러한 정책 결정은 지역 주민의 의사에 보다 부합하는 방향으로 보완될 필요가 있다.

행정 담당자 주도로 이루어지는 정책 결정의 문제점을 극복하기 위해 그동안 지방 자치 단체 자체의 개선 노력이 없었던 것은 아니다. 지역 주민의 요구를 수용하기 위해 도입한 '민간화'와 '경영화'가 대표적인 사례이다. 이 둘은 모두 행정 담당자 주도의 정책 결정을 보완하기 위해 시장 경제의 원리를 부분적으로 받아들였다는 점에서는 공통되지만, 운영 방식에는 차이가 있다. ⊙민간화는 지방 자치 단체가 담당하는 특정 업무의 운영권을 민간 기업에 위탁하는 것으로, 기업 선정을 위한 공청회에 주민들이 참여하는 등의 방식으로 주민들의 요구를 반영하는 것이다. 하지만 민간화를 통해 수용되는 주민들의 요구는 제한적이므로 전체 주민의 이익이 반영되지 못하는 경우가 많고, 민간 기업의 특성상 공익의 추구보다는 기업의 이익을 우선한다는 한계가 있다. ⓒ경영화는 민간화와는 달리, 지방 자치 단체가 자체적으로 민간 기업의 운영 방식을 도입하는 것을 말한다. 주민들을 고객으로 대하며 주민들의 요구를 충족하고자 하는 것이다. 그러나 주민 감사나 주민자치위원회 등을 통한 외부의 적극적인 견제가 없으면 행정 담당자들이 기존의 관행에 따라 업무를 처리하는 경향이 나타나기도 한다.

이러한 한계를 해소하고 지방 자치 단체의 정책 결정 과정에서 지역 주민 전체의 의견을 보다 적극적으로 반영하기 위해서는 주민 참여 제도의 활성화가 요구된다. 현재 우리나라의 지방 자치 단체가 채택하고 있는 간담회, 설명회 등의 주민 참여 제도는 주민들의 의사를 간접적으로 수렴하여 정책에 반영하는 방식인데, 주민들의 의사를 더욱 직접적으로 반영하기 위해서는 주민 투표, 주민 소환, 주민 발안 등의 직접 민주주의 제도를 활성화하는 방향으로 주민 참여 제도가 전환될 필요가 있다.

[A] ┌ 직접 민주주의 제도의 활성화를 통해 지역 주민들이 직접적으로 정책 결정에 참여하게 되면, 정책 결정에 대한 주민들의 참여가 지속적이고 안정적으로 이루어질 수 있다. 그리고 각 개인들은 지역 문제에 대한 관심이 높아지고 공동체 의식이 고양되는 효과도 기대된다. 또한 이러한 직접 민주주의 제도를 통해 전체 주민의 의사가 가시적으로 잘 드러날 뿐만 아니라, 이에 따라 행정 담당자들도 정책 결정에서 전체 주민의 의사를 더 적극적으로 고려하게 된다. 아울러 주민들의 직접적인 참여를 통해 정책에 대한 지지와 행정에 대한 신뢰가 높아짐으로써 주민들이 정책 집행에 대해 적극 └ 적으로 협조하는 경향이 커지게 될 것이다.

다시보기 ▶ 다시 볼 문제 체크하고 틀린 이유 메모하기

10 윗글에 대한 설명으로 적절하지 <u>않은</u> 것은?

① 지방 자치 단체의 정책 결정 과정을 중앙 정부와 대비해서 기술하고 있다.
② 지방 자치 단체가 주민 참여 제도를 활성화해야 하는 이유를 제시하고 있다.
③ 지방 자치 단체가 채택하고 있는 주민 참여 제도의 종류를 제시하고 있다.
④ 지방 자치 단체가 직접 민주주의 제도를 활성화했을 때의 효과를 말하고 있다.
⑤ 지방 자치 단체가 자체적으로 도입하고 있는 정책 결정 방식의 개선 노력을 설명하고 있다.

지문근거 둘중헷 Q&A 어휘/개념 부정질문

분석쌤 강의
● **분 석** 지문 내용을 머릿속에 담은 상태에서 답지를 읽으면 정답과 오답을 가려낼 수 있지만, 특정 어휘를 놓치면 정답을 찾는 데 시간이 오래 걸릴 수 있다는 것을 알려 준 문제
● **해결案** 지문을 읽은 다음, 답지를 체크하면 글의 전개 방식에 대해 묻고 있다는 것을 알 수 있다. 하지만 정답과 오답을 구분하는 기준은 지문에서 다루고 있는 내용인가에 있다. 대비하여 기술하고 있는지, 이유와 종류를 제시했는지, 효과를 말하고, 개선 노력을 설명하고 있는지를 체크하면 되는 것이다.

11 ㉠과 ㉡에 대한 설명으로 적절하지 않은 것은?

① ㉠은 기업의 이익을 중시하여 전체 주민의 이익을 소홀히할 우려가 있다.

② ㉡이 성공적으로 시행되려면 정책 결정 과정에 외부의 견제 장치가 필요하다.

③ ㉠과 ㉡은 모두 행정 담당자 주도의 정책 결정을 보완하기 위해 도입되었다.

④ ㉠과 ㉡은 모두 지방 자치 단체가 외부에 정책 결정권을 위임하는 방식이다.

⑤ ㉠과 ㉡은 모두 지방 자치 단체의 정책 결정에 지역 주민의 요구를 반영하기 위해 도입되었다.

| 지문 근거 | 둘중헷 | Q&A | 어휘/개념 | 부정질문 |

분석쌤 강의

● **분 석** 정답과 오답의 근거를 모두 지문에서 확인할 수 있어 쉽게 정답에 답한 문제
● **해결案** ㉠과 ㉡에 대해 설명하고 있는 지문 내용에서 답지의 근거를 찾아 〇, ✕ 표시를 하며 푼다.

12 [A]와 관련하여 〈보기〉를 이해한 것으로 가장 적절한 것은?

> ─ 보기 ─
>
> ○○시는 지방 자치 단체의 운영 재원을 확충하기 위해 쓰레기 매립장 유치를 추진했다. 이에 대해 찬성 측은 재원 확충에 따라 지역 주민의 복지가 향상될 것이라고 주장한 반면, 반대 측은 지역의 환경오염 문제가 심화되어 삶의 질이 나빠질 것이라고 주장했다. 이에 ○○시는 해당 정책에 대해 주민 투표를 실시했는데 주민의 80%가 투표에 참여했다. 투표 결과 52.5 % 대 47.5 %로 찬성이 많았으나, 반대하는 주민들이 투표 결과에 불복하여 주민 간에 반목이 심해졌다. 주민 간의 갈등이 심화되면서 해당 정책의 결정이 지연되어 행정에 대한 불신이 커졌고, 상당수의 주민들은 다른 정책에 대해서도 협조를 하지 않는 현상이 나타났다. 또한 주민 투표 제도에 대해서 회의를 느끼는 주민들이 다른 정책에 대한 주민 투표를 거부하는 일이 생기기도 했다.

① 찬성이 더 많은 투표 결과를 보니, 지역 주민들의 공동체 의식이 고양된다는 사실을 확인할 수 있군.

② 찬성 측과 반대 측의 견해가 대립하는 것을 보니, 행정에 대한 주민들의 신뢰가 높아진다는 사실을 확인할 수 있군.

③ 해당 정책의 결정이 지연되는 것을 보니, 정책 결정에 대한 주민들의 참여가 안정적으로 이루어진다는 사실을 확인할 수 있군.

④ 다른 정책에 대해서 주민 투표를 거부하는 일이 생기는 것을 보니, 정책에 대한 주민들의 지지가 높아진다는 사실을 확인할 수 있군.

⑤ 투표 결과를 수용하지 않는 주민들이 있는 것을 보니, 주민의 직접 참여에 의한 정책 결정인 경우에도 주민들이 비협조적인 경우가 있다는 사실을 확인할 수 있군.

| 지문 근거 | 둘중헷 | Q&A | 어휘/개념 | 부정질문 |

분석쌤 강의

● **분 석** 많은 학생들이 정답에 답했지만, 맞고 틀리고를 떠나 답지의 설명에 나오는 어휘 중 그 뜻을 정확하게 몰랐던 것은 없는지 체크해야 하는 문제
● **해결案** 답지의 설명에서 '～을 보니'에 주목하고, 그것을 통해 확인할 수 있는 사실인지의 여부는 〈보기〉에서 근거를 찾아 오답을 제외해 나간다.

▶ 정답을 모르는 상태에서 2차 풀이를 하기 위한 방법으로, 아래 채점표 대신 '모바일 자동 채점 프로그램'(문제편 표지 QR 코드)을 이용해도 된다.

🕐 **종료 시각**   시   분   초

1 종료 시각을 적은 후, 문제에 체크한 '내가 쓴 답'을 ❶에 옮겨 적는다.
2 ❷에 채점을 하되, 틀린 문제에만 '／' 표시를 한다.
   (문제에 직접 채점하지 않는 이유는 다시 풀 때 정답을 모르는 상태에서 풀어야 제대로 훈련이 되기 때문)

문항 번호	1	2	3	4	5	6	7	8	9	10	11	12
❶ 내가 쓴 답												
❷ 채 점												

☞ 정답은 〈클리닉 해설〉 p.128(해설은 p.42)

3 틀렸거나 찍어서 맞힌 문제는 다시 푼다.
4 2차 채점을 할 때 다시 풀어서 맞힌 문항은 △, 또 틀린 문항은 ✕ 표시를 한다.
5 △와 ✕ 문항은 반드시 다시 보고 틀린 이유를 알고 넘어간다.

총 소요 시간	종료 시각 −시작 시각	**분**	**초**
목표 시간		19분	30초
초과 시간	총 소요 시간 −목표 시간	**분**	**초**

채점 결과_ 9일째
반드시 체크해서 복습 때 활용할 것

	1차채점		2차채점
총 문항 수	12개	△ 문항 수	개
틀린 문항 수	개	✕ 문항 수	개

1~3 다음 글을 읽고 물음에 답하시오.

2014학년도 6월 모의평가(B형)【21~23】사회

문화가 발전하려면 저작자의 권리 보호와 저작물의 공정 이용이 균형을 이루어야 한다. 저작물의 공정 이용이란 저작권자의 권리를 일부 제한하여 저작권자의 허락이 없어도 저작물을 자유롭게 이용하는 것을 말한다. 비영리적인 사적 복제를 허용하는 것이 그 예이다. 우리나라의 저작권법에서는 오래전부터 공정 이용으로 볼 수 있는 저작권 제한 규정을 두었다.

그런데 디지털 환경에서 저작물의 공정 이용은 여러 장애에 부딪혔다. 디지털 환경에서는 저작물을 원본과 동일하게 복제할 수 있고 용이하게 개작할 수 있다. 따라서 저작물이 개작되더라도 그것이 원래 창작물인지 이차적 저작물인지 알기 어렵다. 그 결과 디지털화된 저작물의 이용 행위가 공정 이용의 범주에 드는 것인지 가늠하기가 더 어려워졌고 그에 따른 처벌 위험도 커졌다.

이러한 문제를 해소하기 위한 시도의 하나로 포괄적으로 적용할 수 있는 '저작물의 공정한 이용' 규정이 저작권법에 별도로 신설되었다. 그리하여 저작권자의 동의가 없어도 저작물을 공정하게 이용할 수 있는 영역이 확장되었다. 그러나 공정 이용 여부에 대한 시비가 자율적으로 해소되지 않으면 예나 지금이나 법적인 절차를 밟아 갈등을 해소해야 한다. 저작물 이용의 영리성과 비영리성, 목적과 종류, 비중, 시장 가치 등이 법적인 판단의 기준이 된다.

저작물 이용자들이 처벌에 대한 불안감을 여전히 느낀다는 점에서 저작물의 자유 이용 허락 제도와 같은 '저작물의 공유' 캠페인이 주목을 받고 있다. 이 캠페인은 저작권자들이 자신의 저작물에 일정한 이용 허락 조건을 표시해서 이용자들에게 무료로 개방하는 것을 말한다. 누구의 저작물이든 개별적인 저작권을 인정하지 않고 모두가 공동으로 소유하자고 주장하는 사람들과 달리, 이 캠페인을 펼치는 사람들은 기본적으로 자신과 타인의 저작권을 존중한다. 캠페인 참여자들은 저작권자와 이용자들의 자발적인 참여를 통해 자유롭게 활용할 수 있는 저작물의 양과 범위를 확대하려고 노력한다. 이들은 저작물의 공유가 확산되면 디지털 저작물의 이용이 활성화되고 그 결과 인터넷이 더욱 창의적이고 풍성한 정보 교류의 장이 될 것이라고 본다. 그러나 캠페인에 참여한 저작물을 이용할 때 허용된 범위를 벗어난 경우 법적 책임을 질 수 있다.

한편 ㉠다른 시각을 가진 사람들도 있다. 이들은 저작물의 공유 캠페인이 확산되면 저작물을 창조하려는 사람들의 동기가 크게 감소할 것이라고 우려한다. 이들은 결과적으로 활용 가능한 저작물이 줄어들게 되어 이용자들도 피해를 입게 된다고 주장한다. 또 디지털 환경에서는 사용료 지불 절차 등이 간단해져서 '저작물의 공정한 이용' 규정을 별도로 신설할 필요가 없었다고 본다. 이들은 저작물의 공유 캠페인과 신설된 공정 이용 규정으로 인해 저작권자들의 정당한 권리가 침해받고 있으므로 이를 시정하는 것이 오히려 공익에 더 도움이 된다고 말한다.

다시보기 ▶ 다시 볼 문제 체크하고 틀린 이유 메모하기

[분석쌤 강의]는 2차 채점 후 반드시 챙겨 본다!

01 **윗글에 대한 이해로 적절하지 않은 것은?**

① 저작자의 권리 보호는 문화 발전의 한 축을 이룬다.
② 디지털 환경 이전에도 공정 이용과 관련된 규정이 있었다.
③ 저작권자의 동의가 없을 경우에도 저작물의 공정 이용은 성립할 수 있다.
④ 공정 이용의 대상이 되는 저작물에도 저작권이 인정된다.
⑤ 저작물이 모두의 소유라는 주장은 저작물 공유 캠페인의 핵심이다.

지문 근거   둘중햇   Q&A   어휘/개념 부정 질문

분석쌤 강의

● **분 석** 세부 내용을 확인하는 수준의 답지와 추론해서 옳고 그름을 판단해야 하는 답지가 섞여 있지만, 정답의 근거가 명확하게 제시되어 있어 대부분의 학생들이 정답에 답한 문제

● **해결案** 답지의 옳고 그름을 판단할 때에는 반드시 지문에 근거해야 한다. 이 문제는, 지문에 있는 내용을 그대로 제시하지 않은 답지도 있으므로 일부 지문 내용만이 아닌, 글 전체의 흐름을 머릿속에 담아 두고 정답 여부를 체크해야 한다.

02 ⊙의 주장에 가장 가까운 것은?

① 이용 허락 조건을 저작물에 표시하면 창작 활동을 더욱 활성화한다.

② 저작권자의 정당한 권리 보호를 위해 저작물의 공유 캠페인이 확산되어야 한다.

③ 비영리적인 경우 저작권자의 동의가 없어도 복제가 허용되는 영역을 확대해야 한다.

④ 저작권자가 자신들의 노력에 상응하는 대가를 정당하게 받을수록 창작 의욕이 더 커진다.

⑤ 자신의 저작물을 자유롭게 이용하도록 양보하는 것은 다른 저작권자의 저작권 개방을 유도하여 공익을 확장시킨다.

지문 근거   둘중헷   Q&A   어휘/개념 부정 질문

분석쌤 강의

● **분 석** 비문학(독서)은 문제 유형이 어떠하든 모두 지문에 정답의 근거가 제시되어 있다는 것을 입증해 주는 문제

● **해결案** ⊙이 어떤 입장을 취하는 사람인지를 앞뒤 문맥을 통해 이해한 다음, 답지 ①부터 ⊙의 주장과 일치하는지를 체크한다.

03 윗글을 바탕으로 〈보기〉를 이해할 때, 적절하지 <u>않은</u> 것은? [3점]

> ─ 보기 ─
>
> **【자료 1】**
>   다음은 저작물 공유 캠페인의 '자유 이용 허락' 조건 표시의 한 예이다.
>   ⓘ : 출처를 표시하고 자유롭게 사용 가능함.
>   ⓘⓢ : 출처를 표시하고 사용하되 상업적 사용은 안 됨.
>
> **【자료 2】**
>   A는 자신의 미술 평론에 항상 ⓘ 표시를 하여 블로그에 올렸다. B는 표시의 조건을 지키며 A의 미술 평론을 이용해 왔다. 최근 A는 조카의 돌잔치 동영상을 만들고 ⓘⓢ 표시를 하여 블로그에 올렸다. 그런데 B는 그 동영상에서 자신의 저작물인 예술 사진이 동의 없이 사용된 것을 발견하였다. B는 A에게 예술 사진에 대한 저작권 사용료를 지불하라고 요구하였다.

① A는 '자유 이용 허락' 조건 표시를 사용하는 것으로 보아 저작물의 공유 캠페인에 참여하는 사람이겠군.

② B가 평소 A의 자료를 이용한 것에 대해서 A는 B에게 사용료 지불을 요구할 수 없겠군.

③ A의 행위가 공정 이용에 해당한다면, A는 B에게 사용료를 지불하지 않아도 되겠군.

④ B는 공정 이용 규정이 없었다면, A에게 사용료 지불을 요구할 수 없겠군.

⑤ B가 A의 미술 평론의 일부를 편집해 자신의 블로그에 올렸다면, A의 동의를 별도로 받지 않아도 되었겠군.

지문 근거   둘중헷   Q&A   어휘/개념 부정 질문

분석쌤 강의

● **분 석** 지문에서 설명하고 있는 용어(개념)에 대해 정확하게 이해하지 못한 학생은 2개의 답지를 놓고 헷갈려 한 문제

● **해결案** '윗글을 바탕으로 〈보기〉를 이해할 때~'라는 발문(문두)을 고려하여, 윗글과 〈보기〉를 함께 보며 〈보기〉의 '자료 1'과 '자료 2'를 해석할 수 있어야 한다. 〈보기〉를 제대로 해석했다면, 그것을 근거로 답지 ①부터 옳고 그름을 판단할 수 있다.

  중요한 것은 지문에서 설명하는 '저작물의 공정한 이용'과 '저작물 공유 캠페인'에 대해 정확하게 이해하고 있어야 한다는 것이다.

상업 광고는 기업은 물론이고 소비자에게도 요긴하다. 기업은 마케팅 활동의 주요한 수단으로 광고를 적극적으로 이용하여 기업과 상품의 인지도를 높이려 한다. 소비자는 소비 생활에 필요한 상품의 성능, 가격, 판매 조건 등의 정보를 광고에서 얻으려 한다. 광고를 통해 기업과 소비자가 모두 이익을 얻는다면 이를 규제할 필요는 없을 것이다. 그러나 광고에서 기업과 소비자의 이익이 상충되는 경우도 있고 광고가 사회 전체에 폐해를 낳는 경우도 있어, 다양한 규제 방식이 모색되었다.

이때 문제가 된 것은 과연 광고로 인한 피해를 책임질 당사자로서 누구를 상정할 것인가였다. 초기에는 ㉠'소비자 책임 부담 원칙'에 따라 광고 정보를 활용한 소비자의 구매 행위에 대해 소비자가 책임을 져야 한다고 보았다. 여기에는 광고 정보가 정직한 것인지와는 상관없이 소비자는 이성적으로 이를 판단하여 구매할 수 있어야 한다는 전제가 있었다. 그래서 기업은 광고에 의존하여 물건을 구매한 소비자가 입은 피해에 대하여 책임을 지지 않았고, 광고의 기만성에 대한 입증 책임도 소비자에게 있었다.

책임 주체로 기업을 상정하여 ㉡'기업 책임 부담 원칙'이 부상하게 된 배경은 복합적이다. 시장의 독과점 상황이 광범위해지면서 소비자의 자유로운 선택이 어려워졌고, 상품에 응용된 과학 기술이 복잡해지고 첨단화되면서 상품 정보에 대한 소비자의 정확한 이해도 기대하기 어려워졌다. 또한 다른 상품 광고와의 차별화를 위해 통념에 어긋나는 표현이나 장면도 자주 활용되었다. 그리하여 경제적, 사회·문화적 측면에서 광고로부터 소비자를 보호해야 한다는 당위를 바탕으로 기업이 광고에 대해 책임을 져야 한다는 공감대가 확산되었다.

오늘날 행해지고 있는 여러 광고 규제는 이런 공감대 속에서 나온 것인데, 이는 크게 보아 법적 규제와 자율 규제로 나눌 수 있다. 구체적인 법 조항을 통해 광고를 규제하는 법적 규제는 광고 또한 사회적 활동의 일환이라는 점에 근거한다. 특히 자본주의 사회에서는 기업이 시장 점유율을 높여 다른 기업과의 경쟁에서 승리하기 위하여 사실에 반하는 광고나 소비자를 현혹하는 광고를 할 가능성이 높다. 법적 규제는 허위 광고나 기만 광고 등을 불공정 경쟁의 수단으로 간주하여 정부 기관이 규제를 가하는 것이다.

자율 규제는 법적 규제에 대한 기업의 대응책으로 등장했다. 법적 규제가 광고의 역기능에 따른 피해를 막기 위한 강제적 조치라면, 자율 규제는 광고의 순기능을 극대화하기 위한 자율적 조치이다. 여기서 광고는 기업의 마케팅 활동으로 한정되지 않고 사회의 가치와 문화에 영향을 끼치는 활동으로 간주된다. 그래서 광고주, 광고업계, 광고 매체사 등이 광고 집행 기준이나 윤리 강령 등을 정하고 이를 준수하고자 한다. 광고에 대한 기업의 책임감에서 비롯된 자율 규제는 법적 규제를 보완하는 효과가 있다.

다시 보기 ▶ 다시 볼 문제 체크하고 틀린 이유 메모하기

[분석쌤 강의]는 2차 채점 후 반드시 챙겨 본다!

04 윗글의 표제와 부제로 가장 적절한 것은?

① 광고 규제의 배경과 유형
— 피해 책임의 주체와 규제의 주체를 중심으로

② 광고 규제의 사회적 영향
— 규제의 도입 배경과 원인을 중심으로

③ 광고 규제의 필요성과 의의
— 시대에 따른 소비자의 역할을 중심으로

④ 광고 규제의 순기능과 역기능
— 문제점의 진단과 개선 방안을 중심으로

⑤ 광고 규제에 대한 대립적 시각
— 기업과 소비자의 이익 극대화 방안을 중심으로

지문근거 둘중햇 Q&A 어휘/개념 부정질문

분석쌤 강의

● **분 석** 2009학년도 수능에 출제된 후 자주 출제되지 않았던 '표제와 부제' 문제로, 이 시험(2015학년도 6월 모의평가 B형)에 이어 2020학년도 6월 모의평가에도 출제된 점을 감안할 때 수능 시험에 언제든지 다시 출제될 수 있으므로 문제 풀이 방법을 익혀 두어야 하는 문제 유형

● **해결案** '표제'와 '부제'를 묻는 문제가 출제되면 다음 두 가지를 꼭 기억하도록 한다.

1. 지문 내용과 일치하지 않으면 ✕

2. 지문과 일치해도 글 전체를 포괄하는 내용이 아니면 ✕

05 윗글을 통해 알 수 있는 내용으로 가장 적절한 것은?

① 광고 주체의 자율 규제가 잘 작동될수록 광고에 대한 법적 규제의 역할도 커진다.

② 기업의 이익과 소비자의 이익이 상충되는 정도가 클수록 법적 규제와 자율 규제의 필요성이 약화된다.

③ 시장 독과점 상황이 심각해지면서 기업 책임 부담 원칙이 약화되고 소비자 책임 부담 원칙이 부각되었다.

④ 첨단 기술을 강조한 상품의 광고일수록 소비자가 광고 내용을 정확히 이해하지 못한 채 상품을 구매할 가능성이 커진다.

⑤ 광고의 기만성을 입증할 책임을 소비자에게 돌리는 경우, 그 이유는 소비자에게 이성적 판단 능력이 있다는 전제를 받아들이지 않기 때문이다.

지문 근거 둘중헷 Q&A 어휘/개념 부정 질문

분석쌤 강의

● **분 석** 정답과 오답 모두 지문에서 쉽게 근거를 찾을 수 있어 대부분의 학생들이 정답에 답한 문제

● **해결案** '알 수 있는 내용'으로 적절한 것을 물었으므로, 답지 ①부터 지문의 해당 부분의 설명을 찾아 답지와 지문을 비교하여 ○, ×, △표시를 하며 정답을 좁혀 간다.

쉽게 정답을 찾았어도, 복습할 때 어렴풋이 알고 있었던 어휘가 없었는지를 체크한 다음, 확실하게 알지 못했던 어휘는 〈클리닉 해설〉에 풀이된 것처럼 '매3어휘 풀이'를 적용해 그 의미를 익히고 넘어가도록 한다.

06 ㉠과 ㉡에 대한 설명으로 적절하지 않은 것은?

① ㉠보다 ㉡이 소비자에게 더 유리하다.

② ㉠보다 ㉡이 광고의 사회적 책임을 더 중시한다.

③ ㉡보다 ㉠을 따를 때 광고 표현에 대한 기업의 자율성이 확대된다.

④ ㉡보다 ㉠을 따를 때 정부가 법정에서 피해를 입증해야 할 책임이 더 크다.

⑤ ㉠과 ㉡은 모두 광고의 역기능을 전제로 적용되는 것이다.

지문 근거 둘중헷 Q&A 어휘/개념 부정 질문

분석쌤 강의

● **분 석** 부정 질문인 것만 놓치지 않으면 확실한 오답을 쉽게 제외해 나갈 수 있어, 대부분의 학생들이 정답에 답한 문제

● **해결案** ㉠과 ㉡의 성격을 이해한 다음, 지문에 근거해 답지의 옳고 그름을 판단한다. 이때, 비교격 조사 '보다'에 유의해 ㉠과 ㉡의 순서를 바꿔 이해하는 일이 없도록 한다.

07 윗글을 바탕으로 〈보기〉를 이해한 내용으로 적절하지 않은 것은? [3점]

— 보기 —

광고 규제 중에는 소비자가 광고의 폐해에 직접 대응하는 소비자 규제가 있다. 이는 소비자야말로 불공정하거나 불건전한 광고의 직접적인 피해자라는 점에 근거한다. 이러한 광고들은 사회 전체에도 피해를 끼치기 때문에, 소비자 규제는 발생한 피해에 대응하는 것뿐만 아니라 피해가 예상되는 그릇된 정보의 유통 자체를 문제 삼기도 한다. 이때 규제의 주체로서 집단적 성격을 지니는 소비자는 법적 규제를 입안하거나 실행하는 주체는 아니다. 그래서 소비자 규제는 법적 규제와 자율 규제를 강화하도록 압박하는 방식을 취하며, 소비자의 권리 행사는 소비자 보호 운동의 형태로 나타난다.

① 소비자 규제는 소비자들의 힘을 극대화하기 위해서 소비자 책임 부담 원칙을 지지하겠군.

② 소비자 규제는 광고 규제의 효과 면에서 법적 규제와 자율 규제를 보완한다는 의의가 있군.

③ 소비자 규제의 주체는 광고의 폐해에 직접 대응하기 때문에 자율 규제의 주체와 긴장하는 관계에 있겠군.

④ 소비자 규제는 광고 주체들의 이기적인 행태를 견제하는 기능이 있다는 점에서 법적 규제와 공통점이 있군.

⑤ 소비자 규제는 경제적 측면만이 아니라 사회 · 문화적 측면에서도 광고에 의한 소비자의 피해를 줄일 수 있겠군.

지문 근거 둘중헷 Q&A 어휘/개념 부정 질문

분석쌤 강의

● **분 석** 수능에서 빠지지 않고 출제되는 문제 유형으로, 이와 같은 문제는 지문과 〈보기〉 모두에서 정답의 근거를 찾아야 한다는 것과, 〈보기〉가 있는 문제라고 해서 반드시 어려운 것은 아니라는 것을 일러준 문제

● **해결案** 지문의 내용을 머릿속에 담아 둔 상태에서 〈보기〉의 설명을 읽는다. 그런 다음, 답지의 설명이 옳은지 그른지를 판단하되, 정답과 오답의 근거는 지문과 〈보기〉에서 찾아야 한다.

[A] 정부는 공공의 이익을 위해 정책을 기획, 수행하여 유형 또는 무형의 생산물인 공공 서비스를 공급한다. 공공 서비스의 특성은 배제성과 경합성의 개념으로 설명할 수 있다. 배제성은 대가를 지불하여야 사용이 가능한 성질을 말하며, 경합성은 한 사람이 서비스를 사용하면 다른 사람은 사용할 수 없는 성질을 말한다. 이러한 배제성과 경합성의 정도에 따라 공공 서비스의 특성이 결정된다. 예를 들어 국방이나 치안은 사용자가 비용을 직접 지불하지 않고 여러 사람이 한꺼번에 사용할 수 있으므로 배제성과 경합성이 모두 없다. 이에 비해 배제성은 없지만, 많은 사람이 한꺼번에 사용하는 것이 불편하여 경합성이 나타나는 경우도 있다. 무료로 이용하는 공공 도서관에서 이용자가 많아 도서 ⓐ열람이나 대출이 제한될 경우가 이에 해당한다.

과거에는 공공 서비스가 경합성과 배제성이 모두 약한 사회 기반 시설 공급을 중심으로 제공되었다. 이런 경우 서비스 제공에 드는 비용은 주로 세금을 비롯한 공적 재원으로 ⓑ충당을 한다. 하지만 복지와 같은 개인 단위 공공 서비스에 대한 사회적 요구가 증가함에 따라 관련 공공 서비스의 다양화와 양적 확대가 이루어지고 있다. 이로 인해 정부의 관련 조직이 늘어나고 행정 업무의 전문성 및 효율성이 떨어지는 문제점이 나타나기도 한다. 이 경우 정부는 정부 조직의 규모를 확대하지 않으면서 서비스의 전문성을 강화할 수 있는 민간 위탁 제도를 도입할 수 있다. 민간 위탁이란 공익성을 유지하기 위해 서비스의 대상이나 범위에 대한 결정권과 서비스 관리의 책임을 정부가 갖되, 서비스 생산은 민간 업체에게 맡기는 것이다.

민간 위탁은 주로 다음과 같은 몇 가지 방식으로 운용되고 있다. 가장 일반적인 것은 '경쟁 입찰 방식'이다. 이는 일정한 기준을 충족하는 민간 업체 간 경쟁 입찰을 거쳐 서비스 생산자를 선정, 계약하는 방식이다. 공원과 같은 공공 시설물 관리 서비스가 이에 해당한다. 이 경우 정부가 직접 공공 서비스를 제공할 때보다 서비스의 생산 비용이 절감될 수 있고 정부의 재정 부담도 ⓒ경감될 수 있다. 다음으로는 '면허 발급 방식'이 있다. 이는 서비스 제공을 위한 기술과 시설이 기준을 충족하는 민간 업체에게 정부가 면허를 발급하는 방식이다. 자동차 운전면허 시험, 산업 폐기물 처리 서비스 등이 이에 해당한다. 이 경우 공공 서비스가 갖춰야 할 최소한의 수준은 유지하면서도 공급을 민간의 자율에 맡겨 공공 서비스의 수요와 공급이 탄력적으로 조절되는 효과를 얻을 수 있다. 또한 '보조금 지급 방식'이 있는데, 이는 민간이 운영하는 종합 복지관과 같이 안정적인 공공 서비스 제공이 필요한 기관에 보조금을 주어 재정적으로 지원하는 것이다.

하지만 민간 위탁 업체는 수익성을 중심으로 공공 서비스를 제공하기 때문에, 수익이 나지 않을 경우에는 민간 위탁 업체가 제공하는 공공 서비스가 기대 수준에 미치지 못할 수 있다. 또한 민간 위탁 제도에 의한 공공 서비스 제공의 성과는 정확히 측정하기 어려운 경우가 많아서 평가와 ⓓ개선이 지속적으로 이루어지지 않을 때에는 오히려 민간 위탁 제도가 공익을 ⓔ저해할 수 있다. 따라서 ㉠민간 위탁 제도의 도입을 결정할 때에는 서비스의 성격과 정부의 관리 능력 등을 면밀히 검토하여 신중하게 결정해야 한다.

다시보기 ▶ 다시 볼 문제 체크하고 틀린 이유 메모하기

[분석쌤 강의]는 2차 채점 후 반드시 챙겨 본다!

08 윗글에서 언급한 내용이 아닌 것은?

① 공공 서비스의 제공 목적
② 공공 서비스 공급의 주체
③ 공공 서비스 범위의 확대 배경
④ 공공 서비스의 수익 산정 방식
⑤ 공공 서비스의 민간 위탁 방식

지문 근거 둘중 헷 Q&A 어휘/개념 부정질문

분석쌤 강의
● **분 석** 오답의 근거를 쉽게 찾을 수 있어 많은 학생들이 정답에 답한 문제
● **해결案** 지문에서 언급한 내용부터 체크해 나가면 정답을 빠르게 좁힐 수 있다.
　채점 후에는, 헷갈리지 않고 정답에 답한 경우라도 〈클리닉 해설〉을 통해 자신이 찾은 근거가 맞는지를 확인해 보고, '매3어휘 풀이'로 설명한 어휘의 의미까지 챙겨 보도록 한다.

09 [A]의 서술 방식에 대한 설명으로 가장 적절한 것은?

① 대상의 특성이 변화되는 과정을 기술하고 있다.

② 대상의 특성을 사례와 더불어 설명하고 있다.

③ 대상의 가치와 효용을 비유적으로 기술하고 있다.

④ 대상이 지닌 문제점의 원인을 다각도로 살펴보고 있다.

⑤ 대상에 대한 인식의 변화를 시간 순서에 따라 서술하고 있다.

지문근거 둘중헷 Q&A 어휘/개념 부정질문

분석쌤 강의
● **분 석** 오답의 이유가 너무 분명해 대부분의 학생들이 쉽게 정답에 답한 문제
● **해결案** 답지에서 확실하게 적절하지 않은 내용부터 ✕로 표시하며 제외해 나가되, 각 답지에 하나 이상의 정보가 있다는 것을 기억해야 한다. 예를 들면, ①에서는 '대상의 특성'과 '변화되는 과정'을 각각 따져야 한다.

10 윗글의 내용상 ㉠의 이유로 가장 적절한 것은? [3점]

① 민간 업체에 위탁하는 공공 서비스가 사회 기반 시설의 공급에 집중되어 공공 서비스의 수익이 제한되기 때문

② 민간 위탁 제도에 의한 공공 서비스 제공에는 공공 서비스의 공익성을 불안정하게 만들 수 있는 위험 요인이 존재하기 때문

③ 민간 위탁은 대부분 면허 발급 방식에 의해 이루어지므로 정부의 관리 비용과 공공 서비스의 생산 비용이 증가하기 때문

④ 민간 위탁에 의해 공공 서비스가 제공되면 정부의 보조금 지급이 필수적으로 요청되어 수요자의 비용 부담이 증가할 수 있기 때문

⑤ 공공 서비스 공급을 확대하기 위한 정부의 민간 위탁 방식이 단일화되어 있어서 공공 서비스의 생산과 수요를 탄력적으로 조절할 수 없기 때문

지문근거 둘중헷 Q&A 어휘/개념 부정질문

분석쌤 강의
● **분 석** 밑줄 친 ㉠의 앞 내용에서 정답의 근거를 찾을 수 있는 이유 찾기 문제
● **해결案** ㉠과 같이 말한 이유는 ㉠의 앞에서 확인할 수 있다. '왜 ㉠과 같이 해야 한다고 했느냐?'에 대한 답변이 정답이 된다.

11 ⓐ~ⓔ를 사용하여 만든 문장으로 적절하지 않은 것은?

① ⓐ: 그는 행사 관련 서류의 열람을 집행부에 요구했다.

② ⓑ: 그는 회사의 자금 충당 방안을 마련하느라 동분서주했다.

③ ⓒ: 직원들의 노력에도 회사의 손익이 계속 경감될 뿐이다.

④ ⓓ: 정부는 무역 수지 개선에 온 힘을 기울이고 있다.

⑤ ⓔ: 집단 이기심은 사회 발전을 저해할 요인으로 작용한다.

지문근거 둘중헷 Q&A 어휘/개념 부정질문

분석쌤 강의
● **분 석** 『매3비』에서 강조하는 '어휘 문제 3단계 풀이법'을 적용해 풀어야 하는 어휘 문제
● **해결案** 문맥 속에서 핵심을 간추린 후, '매3 어휘 풀이'를 떠올려 오답을 제외하고 정답을 압축해 나간다. 복습할 때 〈클리닉 해설〉을 참고해 정답을 찾는 과정과 '가장 많이 질문한 오답'에 대한 설명을 챙겨 보도록 한다.

▶ 정답을 모르는 상태에서 2차 풀이를 하기 위한 방법으로, 아래 채점표 대신 '모바일 자동 채점 프로그램'(문제편 표지 QR 코드)을 이용해도 된다.

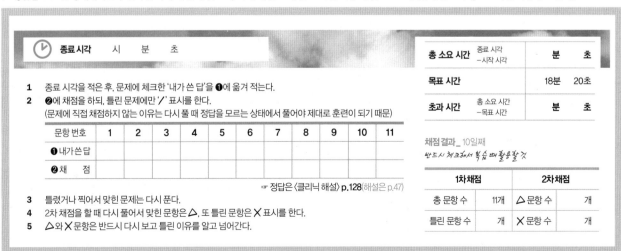

🕐 **종료 시각**　　시　　분　　초

1　종료 시각을 적은 후, 문제에 체크한 '내가 쓴 답'을 ❶에 옮겨 적는다.
2　❷에 채점을 하되, 틀린 문제에만 '／' 표시를 한다.
　(문제에 직접 채점하지 않는 이유는 다시 풀 때 정답을 모르는 상태에서 풀어야 제대로 훈련이 되기 때문)

문항 번호	1	2	3	4	5	6	7	8	9	10	11
❶ 내가 쓴 답											
❷ 채 점											

☞ 정답은 〈클리닉 해설〉 p.128(해설은 p.47)

3　틀렸거나 찍어서 맞힌 문제는 다시 푼다.
4　2차 채점을 할 때 다시 풀어서 맞힌 문항은 △, 또 틀린 문항은 ✕ 표시를 한다.
5　△와 ✕ 문항은 반드시 다시 보고 틀린 이유를 알고 넘어간다.

총 소요 시간	종료 시각 -시작 시각	**분**	**초**
목표 시간		18분	20초
초과 시간	총 소요 시간 -목표 시간	**분**	**초**

채점 결과_ 10일째
반드시 체크해서 복습 때 활용할 것

1차채점		2차채점	
총 문항 수	11개	△ 문항 수	개
틀린 문항 수	개	✕ 문항 수	개

1~4 다음 글을 읽고 물음에 답하시오.

2013학년도 수능【39~42】사회

　　연금 제도의 목적은 나이가 많아 경제 활동을 못 하게 되었을 때 일정 소득을 보장하여 경제적 안정을 ⓐ도모하는 것이다. 이를 위해서는 보험 회사의 사적 연금이나 국가가 세금으로 운영하는 공공 부조*를 활용할 수 있다. 그럼에도 국가가 이 제도들과 함께 공적 연금 제도를 실시하는 까닭은 무엇일까?

　　그것은 사적 연금이나 공공 부조가 낳는 부작용 때문이다. 사적 연금에는 역선택 현상이 발생한다. 안정된 노후 생활을 기대하기 어려운 사람들이 주로 가입하고 그렇지 않은 사람들은 피하므로, 납입되는 보험료 총액에 비해 지급해야 할 연금 총액이 자꾸 커지는 것이다. 이렇게 되면 보험 회사는 계속 보험료를 인상하지 않는 한 사적 연금을 유지할 수 없다. 한편 공공 부조는 도덕적 해이를 ⓑ야기할 수 있다. 무상으로 부조가 이루어지므로, 젊은 시절에는 소득을 모두 써 버리고 노년에는 공공 부조에 의존하려는 ⓒ경향이 생길 수 있기 때문이다. 이와 같은 부작용에 대응하기 위해 공적 연금 제도는 소득이 있는 국민들을 강제 가입시켜 보험료를 징수한 뒤, 적립된 연금 기금을 국가의 책임으로 운용하다가, 가입자가 은퇴한 후 연금으로 지급하는 방식을 취하고 있다.

　　우리나라에서 공적 연금 제도를 운영하는 과정에는 ⓐ사회적 연대를 중시하는 입장과 ⓑ경제적 성과를 중시하는 입장이 부딪치고 있다. 구체적으로 전자는 이 제도를 계층 간, 세대 간 소득 재분배의 수단으로 이용해야 한다고 주장한다. 소득이 적어 보험료를 적게 낸 사람에게 보험료를 많이 낸 사람과 비슷한 연금을 지급하고, 자녀 세대의 보험료로 부모 세대의 연금을 충당하는 것은 그러한 관점에서 이해될 수 있다. 하지만 후자는 이처럼 사회 구성원 일부에게 희생을 강요하는 소득 재분배는 물가 상승을 반영하여 연금의 실질 가치를 보장할 수 있을 때만 허용되어야 한다고 비판한다. 사회 내의 소득 격차가 커질수록, 자녀 세대의 보험료 부담이 커질수록, 이 비판은 더욱 강해질 수밖에 없다.

　　이 두 입장은 요사이 연금 기금의 투자 방향에 관해서도 대립하고 있다. 이에 대해서는 원래 후자의 입장에서 연금 기금을 가입자들이 노후의 소득 보장을 위해 맡긴 신탁 기금으로 보고, 안정된 금융 시장을 통해 대기업에 투자함으로써 수익률을 극대화하려는 태도가 지배적이었다. 그러나 최근에는 전자의 입장에서 연금 기금을 국민 전체가 사회 발전을 위해 ⓓ조성한 투자 자금으로 보고, 이를 일자리 창출에 연계된 사회 경제적 분야에 투자해야 한다는 주장이 힘을 얻고 있다. 이는 지금까지 연금 기금을 일종의 신탁 기금으로 규정해 온 관련 법률을 개정하여, 보험료를 낼 소득자 집단을 ⓔ확충하는 데 이 막대한 돈을 직접 활용하자는 주장이기도 하다.

* 공공 부조: 생활 능력이 없는 국민에게 사회적 최저 수준의 생활이 가능하도록 국가가 현금 또는 물품을 지원하거나 무료 혜택을 주는 제도.

다시보기 ▶ 다시 볼 문제 체크하고 틀린 이유 메모하기

《분석쌤 강의는 2차 채점 후 반드시 챙겨 본다!》

01 윗글을 통해 알 수 있는 내용으로 적절하지 않은 것은?

① 연금 제도의 목적을 달성하는 수단은 다양하다.
② 공적 연금 제도가 시행된다고 하여 사적 연금이 금지되는 것은 아니다.
③ 공적 연금 제도를 시행한 뒤에는 공공 부조를 폐지해야 한다.
④ 공공 부조가 낳는 도덕적 해이는 국민들의 납세 부담을 증가시킨다.
⑤ 공적 연금 제도는 소득 재분배의 수단이 될 수 있다.

지문 근거 　 둘 중 햇 　 Q&A 　 어휘/개념 부정 질문

분석쌤 강의
● **분 석** '미루어 짐작하는 문제'도 지문의 내용 이해가 관건이다. '내용 일치 여부를 묻는 문제'와 마찬가지로 국어 영역에서 중시되는 문제 유형
● **해결案** 답지의 옳고 그름을 판단하여 다음과 같이 표시하며 푼다.
· '알 수 있다'와 '일치한다' → ○
· '알 수 없다'와 '일치하지 않는다', '미루어 짐작할 수 없다' → ✕
· '헷갈린다'와 '근거가 쉽게 안 찾아진다' → △

02 ㉠과 ㉡에 대한 이해로 적절한 것은?

① ㉠에서는 연금 기금을 국민 전체가 사회 발전을 위해 조성한 투자 자금으로 본다.

② ㉠에서는 연금 기금을 안정된 금융 시장을 통해 수익률이 높은 대기업에 투자하려고 한다.

③ ㉠에서는 관련 법률을 개정하여 연금 기금의 법적 성격을 바꾸는 데 반대한다.

④ ㉡에서는 사회 내의 소득 격차가 커질수록 공적 연금 제도를 통한 소득 재분배를 더욱 강하게 요구한다.

⑤ ㉡에서는 보험료를 낼 소득자 집단을 확충하는 데 연금 기금을 직접 활용하자고 주장한다.

지문 근거 둘중 헷 Q&A 어휘/개념 부정 질문

분석쌤 강의

● **분 석** 발문(문두)이 달라도 지문에 언급된 내용과 일치하는지를 묻는 '세부 내용 확인' 문제

● **해결案** ㉠과 ㉡에 대해 설명하고 있는 3문단과 4문단의 내용을 꼼꼼히 살필 것!
정답과 오답의 근거를 찾았다면, 과감하게 근거에 해당하는 부분에 밑줄을 긋고 답지와 줄로 연결해 시각적으로 지문에서 근거를 찾는 것이 중요하다는 것을 기억하자.

03 윗글을 바탕으로 〈보기〉를 이해한 내용으로 적절하지 않은 것은?

보기

(가) 공적 연금 보험료를 체납하는 사람들이 날로 늘어나는 가운데, 그중 상당수가 고용이 불안정한 30~40대인 것으로 밝혀졌다.

(나) 공적 연금 보험료를 체납한 고소득자도 상당히 많아 누적 체납액이 2,000억 원을 넘어섰다.

① (가)를 보니, 공적 연금 기금을 일자리 창출에 연계된 사회 경제적 분야에 투자해야 한다는 주장이 제기될 수 있겠군.

② (나)를 보니, 공적 연금 제도에서는 국가가 보험료를 징수하는 업무를 철저히 집행해야 하겠군.

③ (나)를 보니, 고의 체납으로 인해 공적 연금 제도에도 역선택과 유사한 현상이 발생할 수 있겠군.

④ (가)와 (나)를 보니, 적립될 공적 연금 기금이 고갈되는 경우에 대비할 필요가 있겠군.

⑤ (가)와 (나)를 보니, 소득이 있는 국민들을 공적 연금에 강제 가입시키는 제도를 완화해야 하겠군.

지문 근거 둘중 헷 Q&A 어휘/개념 부정 질문

분석쌤 강의

● **분 석** 지문에서 설명하고 있는 용어(역선택)의 정확한 개념과, 〈보기〉와 답지에 제시된 어휘(체납, 고갈, 완화 등)의 뜻을 이해해야 하는 문제

● **해결案** 발문(문두)을 통해 볼 때 〈보기〉를 이해한 내용'인 ①~⑤는 '윗글을 바탕으로' 설명되어야 한다. 문제를 풀다가 답지의 옳고 그름을 판단할 때 자신이 없거나, 모르는 어휘에 막혀 판단이 안 설 때는 비 · □로 △ 표시를 하고 넘기고, '이건 확실하게 ○(또는 ✕)다.' 하는 답지를 빨리 찾는 훈련이 필요하다.

04 ⓐ~ⓔ의 사전적 뜻풀이로 바르지 않은 것은? [1점]

① ⓐ: 어떤 시기나 기회가 닥쳐 옴.

② ⓑ: 일이나 사건 따위를 끌어 일으킴.

③ ⓒ: 현상이나 사상, 행동 따위가 어떤 방향으로 기울어짐.

④ ⓓ: 무엇을 만들어서 이룸.

⑤ ⓔ: 늘리고 넓혀 충실하게 함.

지문 근거 둘중 헷 Q&A 어휘/개념 부정 질문

분석쌤 강의

● **분 석** 어휘 문제도 기출에서 출제된 어휘가 반복 출제되므로, 기출 문제로 공부해야 한다는 것을 새기게 하는 문제

| ⓐ의 '도모' | 2018학년도 수능 32번 |
| ⓓ의 '조성' | 2013학년도 6월 모의평가 33번 |

● **해결案** 『매3비』에서 강조하는 '어휘 문제 3단계 풀이법'을 적용해서 풀 것! 다시 봐야 할 어휘는 '매3 오답 노트'에 메모해 두기!

요즘 시청자들은 자신도 모르는 사이에 간접 광고에 수시로 노출되어 광고와 더불어 살아가는 환경에 놓이게 됐다. 방송 프로그램의 앞과 뒤에 붙어 방송되는 직접 광고와 달리 PPL(product placement)이라고도 하는 간접 광고는 프로그램 내에 상품을 배치해 광고 효과를 거두려 하는 광고 형태이다. 간접 광고는 직접 광고에 비해 시청자가 리모컨을 이용해 광고를 회피하기가 상대적으로 어려워 시청자에게 노출될 확률이 더 높다.

광고주들은 광고를 통해 상품의 인지도를 높이고 상품에 대한 호의적 태도를 확산시키려 한다. 간접 광고에서는 이러한 광고 효과를 거두기 위해 주류적 배치와 주변적 배치를 활용한다. 주류적 배치는 출연자가 상품을 사용·착용하거나 대사를 통해 상품을 언급하는 것이고, 주변적 배치는 화면 속의 배경을 통해 상품을 노출하는 것인데, 시청자들은 주변적 배치보다 주류적 배치에 더 주목하게 된다. 또 간접 광고를 통해 배치되는 상품이 자연스럽게 활용되어 프로그램의 맥락에 잘 부합하면 해당 상품에 대한 광고 효과가 커지는데 이를 맥락 효과라 한다.

우리나라는 1990년대 중반부터 극히 제한된 형태의 간접 광고만을 허용하는 ⊙협찬 제도를 운영해 왔다. 이 제도는 프로그램 제작자가 협찬 업체로부터 경비, 물품, 인력, 장소 등을 제공받아 활용하고 프로그램이 종료될 때 협찬 업체를 알리는 협찬 고지를 허용했다. 그러나 프로그램의 내용이 전개될 때 상품명이나 상호를 보여 주거나 출연자가 이를 언급해 광고 효과를 주는 것은 법으로 금지했다. 협찬 받은 의상의 상표를 보이지 않게 가리는 것은 그 때문이다.

우리나라는 협찬 제도를 그대로 유지하면서 광고주와 방송사 등의 요구에 따라 방송법에 '간접 광고'라는 조항을 신설하여 2010년부터 시행하였다. ⓛ간접 광고 제도가 도입된 취지는 프로그램 내에서 광고를 하는 행위에 대해 법적인 규제를 완화하여 방송 광고 산업을 활성화하겠다는 것이었다. 이로써 프로그램 내에서 상품명이나 상호를 보여 주는 것이 허용되었다. 다만 시청권의 보호를 위해 상품명이나 상호를 언급하거나 구매와 이용을 권유하는 것은 금지되었다. 또 방송이 대중에게 미치는 영향력이 크기 때문에 객관성과 공정성이 요구되는 보도, 시사, 토론 등의 프로그램에서는 간접 광고가 금지되었다. 그럼에도 불구하고 간접 광고 제도를 비판하는 사람들은 간접 광고로 인해 광고 노출 시간이 길어지고 프로그램의 맥락과 동떨어진 억지스러운 상품 배치가 빈번해 프로그램의 질이 떨어지고 있다고 주장한다.

이처럼 시청자의 인식 속에 은연중 파고드는 간접 광고에 적절히 대응하기 위해서는 시청자들에게 간접 광고에 대한 주체적 해석이 요구된다. 미디어 이론가들에 따르면, 사람들은 외부의 정보를 주체적으로 해석할 수 있는 자기 나름의 프레임을 갖고 있어서 미디어의 콘텐츠를 수동적으로만 받아들이는 것은 아니다. 이것이 간접 광고를 분석하고 그것을 비판적으로 수용하는 미디어 교육이 필요한 이유이다.

다시보기 ▶ 다시볼 문제 체크하고 틀린 이유 메모하기　　　　　　　　　　*[분석쌤 강의]는 2차 채점 후 반드시 참고 본다!*

05 윗글에 대한 설명으로 적절하지 <u>않은</u> 것은?

① 간접 광고의 개념과 특성을 밝히고 있다.
② 간접 광고와 관련된 제도를 소개하고 있다.
③ 간접 광고를 배치 방식에 따라 구분하고 있다.
④ 간접 광고 제도에 대한 비판적 견해를 소개하고 있다.
⑤ 간접 광고에 관한 이론의 발전 과정을 분석하고 있다.

지문 근거　둘중헷　Q&A　어휘/개념 부정질문

분석쌤 강의
● **분석** 부정 질문(않은 것은?)인 것만 놓치지 않으면 정답을 쉽게 찾을 수 있는 문제
● **해결案** 답지 ①에서 설명한 내용부터 지문에서 근거를 찾아 O, X, △ 표시를 하며 문제를 푼다. '/' 표시를 하며 오답을 제외해 나가는 방식으로 문제를 풀 경우에는 부정 질문('않은')을 놓치기도 한다는 점을 참고할 필요가 있다.

06 윗글을 통해 알 수 있는 내용으로 적절한 것은?

① 간접 광고에서 주변적 배치가 주류적 배치보다 더 시청자의 주목을 받는다.

② 간접 광고는 직접 광고에 비해 시청자가 즉각적으로 광고를 회피하기가 더 쉽다.

③ 간접 광고가 삽입된 프로그램을 시청할 때에는 수용자 개인의 프레임이 작동하지 않는다.

④ 직접 광고와 간접 광고는 광고가 시청자들에게 주는 효과의 정도에 따라 구분한 것이다.

⑤ 간접 광고가 광고인 것을 시청자가 알아차리지 못하는 동안에도 광고 효과는 발생할 수 있다.

지문 근거 둘중헷 Q&A 어휘/개념 부정 질문

분석쌤 강의

● **분 석** '알 수 있는 내용'을 물었지만, '내용 일치 여부'를 지문에서 바로 찾을 수 있어 대부분의 학생들이 쉽게 정답에 답한 문제

● **해결案** 지문에서 읽은 내용을 바탕으로 답지 ①부터 지문의 해당 내용으로 찾아가 지문과 답지 내용을 비교·대조한다.

이때 ○, ×, △ 표시를 하며 오답을 제외해 나가면 문제 풀이 시간을 줄일 수 있다는 경험을 하게 된다.

07 ㉠과 ㉡에 대하여 추론한 내용으로 적절하지 않은 것은?

① ㉠이 시행되면서, 프로그램 내용이 전개될 때 상표를 노출할 수 있게 되어 방송 광고업계는 이 제도를 환영했겠군.

② ㉠에 따라 경비를 제공한 협찬 업체는 프로그램이 종료될 때의 협찬 고지를 통해서 광고 효과를 거둘 수 있겠군.

③ ㉡이 도입된 이후에는 프로그램 내용이 전개될 때 작위적으로 상품을 노출시키는 장면이 많아졌겠군.

④ ㉡을 도입할 때 보도와 토론 프로그램에서 간접 광고를 허용하지 않은 것은 방송의 공적 특성을 고려한 것이겠군.

⑤ ㉠에 따른 광고와 ㉡에 따른 광고 모두 맥락 효과를 얻을 수 있겠군.

지문 근거 둘중헷 Q&A 어휘/개념 부정 질문

분석쌤 강의

● **분 석** 정답의 근거를 쉽게 찾을 수 있지만, 오답지의 근거도 확인할 필요가 있는 문제

● **해결案** ㉠과 ㉡의 앞뒤 내용을 통해 답지의 옳고 그름을 판단한다. 정답을 쉽게 찾은 학생도 오답의 근거를 확인함으로써 오답지에 제시된 어휘의 의미까지 챙겨 보도록 한다.

08 윗글을 바탕으로 〈보기〉를 이해한 내용으로 적절하지 않은 것은? [3점]

> ─ 보기 ─
>
> 다음은 최근 인기 절정의 남녀 출연자가 등장한, 우리나라 방송 프로그램의 한 장면에 대한 설명이다.
>
> 연인 관계로 설정된 두 남녀가 세련되고 낭만적인 분위기의 커피 전문점에 앉아 있다. 남자가 사용하고 있는 휴대 전화는 상표가 선명하게 보인다. 여자가 입고 있는 의상의 상표가 가려져서 시청자들은 상표를 알아볼 수 없다. 남자는 창 밖에 보이는 승용차의 상품명을 언급하며 소음이 없는 좋은 차라고 칭찬한다.
>
> 커피 전문점, 휴대 전화, 의상, 승용차는 이를 제공한 측과 방송사 측의 사전 계약에 의해 활용된 것이다. 커피 전문점의 이름과 의상을 제공한 업체의 이름은 이 프로그램이 종료될 때 고지되었다.

① 남자가 사용하는 휴대 전화의 제조 회사는 간접 광고의 주류적 배치를 활용하고 있군.

② 여자가 입고 있는 의상을 제공한 의류 회사는 간접 광고의 주변적 배치를 활용하고 있군.

③ 이 프로그램에는 협찬 제도에 따른 광고와 간접 광고 제도에 따른 광고가 모두 활용되고 있군.

④ 남자가 승용차에 대해 말하는 내용으로 보아 이 방송 프로그램은 현행 국내법을 위반하고 있군.

⑤ 방송 후 화면 속의 배경이 된 커피 전문점에 가려고 그 위치를 문의하는 전화가 방송사에 쇄도했다면 간접 광고의 맥락 효과가 발생한 것이군.

지문 근거 둘중헷 Q&A 어휘/개념 부정 질문

분석쌤 강의

● **분 석** 정답의 근거가 확실해 정답을 체크한 다음, 나머지 답지들은 보지 않고 다음 문제를 풀었다는 학생들이 제법 있었는데, 이 문제에서 그와 같은 문제 풀이가 통했다고 하더라도 국어 영역은 절대 그렇게 풀면 안 된다는 것, 답지를 끝까지 읽은 다음 가장 적절한(또는 적절하지 않은) 것에 답해야 한다는 것을 강조하게 만드는 문제

● **해결案** 〈보기〉를 읽은 다음, 답지 ①부터 옳고 그름을 판단한다. 이때 답지에 제시된 용어(주류적 배치, 주변적 배치, 협찬 제도, 맥락 효과 등)에 대한 이해가 중요한데, 각 용어에 대해 설명하고 있는 지문을 통해 그 뜻을 명확하게 이해하도록 한다.

고대인들은 평상시에는 생존하기 위해 각자 노동에 힘쓰다가, 축제와 같은 특정 시기가 되면 함께 모여 신에게 제의를 올리며 놀이를 즐겼다. 노동은 신이 만든 자연을 인간이 자신에게 유용하게 만드는 속된 과정이다. 이는 원래 자연의 모습을 훼손하는 것이기에 신에게 죄를 짓는 것이다. 이러한 죄를 씻기 위해 유용하게 만든 사물을 다시 원래의 상태로 되돌리는 집단적 놀이가 ⓐ바로 제의였다. 고대 사회에서는 가장 유용한 사물을 희생물로 바치는 제의가 광범하게 나타났다. 바친 희생물은 더 이상 유용한 사물이 아니기에 신은 이를 받아들였다. 고대인들은 신에게 바친 제물을 함께 나누며 모두 같은 신에게 속해 있다는 연대감을 느꼈다.

고대 사회에서의 이러한 놀이는 자본주의 사회에 와서 많은 변화를 겪었다. 자본주의 사회는 노동을 합리적으로 조직하여 생산성을 극대화하고자 한다. 이를 위해 노동의 강도를 높이고 시간을 늘렸지만, 오히려 노동력이 소진되어 생산성이 떨어지는 문제점이 발생하였다. 그래서 노동 시간을 축소하고 휴식 시간을 늘릴 필요가 있었다. 하지만 이 휴식 시간마저도 대부분 상품을 소비하는 과정으로 이루어진다. 예를 들어, 여행을 가려면 여행 상품을 구매하여 소비해야 한다. 이런 소비는 소비자에게는 놀이이지만 여행사에는 돈을 버는 수단이다. 결국 소비자의 놀이가 자본주의 시대에 가장 유용한 사물인 자본을 판매자의 손 안에 가져다준다.

놀이가 상품 소비의 형식을 띠면서 놀이를 즐기는 방식도 변화한다. 과거의 놀이가 주로 직접 참여하는 형식으로 이루어졌다면, 자본주의 사회의 놀이는 대개 참여가 아니라 구경이나 소비의 형태로 이루어진다. 생산자가 이미 특정한 방식으로 소비하도록 놀이 상품을 만들어 놓았기 때문이다. 여행의 예를 다시 들면, 여행사는 여러 가지 여행 상품을 마련해 놓고 있고 소비자는 이를 구매하여 수동적으로 소비한다. 놀이로서의 여행은 탐구하고 창조하기보다는 주어진 일정에 그저 몸을 맡기면 되는 그런 것이 되었다.

그런데 이른바 디지털 혁명이 일어나면서 놀이에 자발적으로 직접 참여하여 즐기고자 하는 사람들이 늘어나고 있다. 이런 성향은 비교적 젊은 세대로 갈수록 더하다. 젊은 세대는 놀이의 주체가 되려는 욕구가 크다. 인터넷은 그런 욕구의 실현 가능성을 높여 준다. 인터넷의 주요 특성은 쌍방향성이다. 이는 텔레비전과 같은 대중 매체가 대다수의 사람들을 구경꾼으로 만들었던 것과 근본적으로 차이가 있다. 거의 모든 인터넷 사이트에서 사람들은 구경꾼이면서 참여자이며 수신자이자 송신자로 활동하며, 이러한 쌍방향적 활동 중에 참여자들 사이에 연대감이 형성된다.

다시보기 ▶ 다시 볼 문제 체크하고 틀린 이유 메모하기

09 윗글의 전개 방식에 대한 설명 중 가장 적절한 것은? [1점]

① 두 개념의 장단점을 비교하여 우열을 가리고 있다.
② 필자의 관점을 명시한 후 다른 관점과 비교하고 있다.
③ 다양한 경험적 사례를 바탕으로 개념의 타당성을 따지고 있다.
④ 서로 다른 두 이론을 통합하여 새로운 이론을 도출하고 있다.
⑤ 시대의 변화에 따른 중심 화제의 성격 변화를 서술하고 있다.

지문 근거   둘중헷   Q&A   어휘/개념 부정질문

분석쌤 강의

●**분 석** 2차 채점 후 '글의 전개 방식'을 묻는 문제의 풀이 방식을 챙겨 보면 도움이 되는 문제 유형   ☞ 〈클리닉 해설〉 p.55 참조
●**해결案** 지문을 끝까지 읽은 다음, 지문의 내용을 염두에 두고 답지를 읽으며 답지와 같이 서술하고 있는지를 체크한다.

다시보기 ▶ 다시 볼 문제 체크하고 틀린 이유 메모하기

10 윗글의 내용과 일치하지 <u>않는</u> 것은?

① 고대 사회에서는 종교적 제의와 집단적 놀이가 결합되어 있었다.
② 고대 사회에서는 희생 제의를 통해 자연을 유용하게 만들려고 하였다.
③ 자본주의 사회에 들어서면서 휴식이 상품 소비의 성격을 띠게 되었다.
④ 자본주의 사회에서 놀이가 상품화되면서 놀이를 즐기는 방식도 변화되었다.
⑤ 인터넷의 쌍방향성은 놀이의 주체가 되려는 젊은 세대의 욕구 충족 가능성을 확대시켰다.

지문 근거   둘중헷   Q&A   어휘/개념 부정질문

분석쌤 강의

●**분 석** 이 지문은 2013학년도 수능 연계 EBS 교재에서 다룬 내용이었는데, 특정 오답지에 답한 학생들이 제법 있었던 것으로 볼 때 내용 일치 문제를 맞고 틀리는 것은 낯익은 지문인 것과는 별개임을 일러 준 문제
●**해결案** 답지 ①부터 지문에서 근거를 찾아 ○, ✕, △표시를 하며 푼다.

11 윗글과 관련하여 〈보기〉의 사례를 해석한 것으로 적절하지 않은 것은?

지문근거 둘중햇 Q&A 어휘/개념 부정질문

─ 보기 ─

회사원 A씨는 축구를 좋아한다. 최근 A씨는 근무 중 틈틈이 ㉠컴퓨터에 저장해 놓은 축구 경기 동영상을 즐겨 본다. 회사에서는 ㉡일 때문에 생긴 스트레스를 풀라고 이를 허용한다. 주말이나 휴일 아침에 A씨는 ㉢친구들과 모여 축구 시합을 하고, 저녁에는 ㉣경기장에 직접 가서 프로 축구 경기를 관람한다. 가끔 새벽에는 ㉤실시간으로 생중계되는 인터넷 축구 방송을 보면서 친구들과 댓글을 달며 같은 팀을 응원하기도 한다.

① ㉠은 쌍방향적 놀이 활동이라고 볼 수 있겠군.

② ㉡은 생산성을 떨어뜨리지 않기 위한 조치라 볼 수 있겠군.

③ ㉢은 자발적으로 놀이에 참여한 예라고 볼 수 있겠군.

④ ㉣은 놀이의 구경꾼으로서 활동하는 것이라 볼 수 있겠군.

⑤ ㉤은 친구들 사이의 연대감을 생기게 한다고 볼 수 있겠군.

분석쌤 강의

● **분 석** 〈보기〉와 연결해 푸는 문제와 구체적 사례에 적용하는 문제 등을 어려워하는 학생들이 많은데, 지문에 제시된 내용을 〈보기〉에 적용해 푸는 문제가 반드시 어려운 것은 아니라는 것을 일러 주는 문제

● **해결案** 지문을 끝까지 읽은 다음, 발문(문두)을 읽어야 하고, 지문의 내용을 머릿속에 담은 상태에서 〈보기〉의 ㉠을 읽고 답지 ①이, ㉡을 읽고 답지 ②가 〈보기〉의 사례를 잘 해석한 것인지를 판단한다.

12 문맥상 ⓐ의 의미와 가장 가까운 것은?

지문근거 둘중햇 Q&A 어휘/개념 부정질문

① 집에 도착하거든 바로 전화해 주십시오.

② 청소년의 미래는 바로 나라의 미래이다.

③ 마음을 바로 써야 복을 받는다고들 한다.

④ 우리는 국기를 바로 다는 방법을 배웠다.

⑤ 학생들은 모자를 바로 쓰고 단정히 앉았다.

분석쌤 강의

● **분 석** '어휘 문제 3단계 풀이법'을 적용해 풀어야 하는 문맥적 의미를 묻는 문제

● **해결案** 1. 앞뒤 문맥을 고려해 어휘(ⓐ)가 포함된 문장의 핵심을 간추린다.

2. 1단계에서 간추린 문장에 쓰인 '바로'와 같은 의미를 지닌 말을 떠올려 본다.

3. 2단계에서 떠올린 말을 문맥에 맞게 답지에 대입해 본다.

▶ 정답을 모르는 상태에서 2차 풀이를 하기 위한 방법으로, 아래 채점표 대신 '모바일 자동 채점 프로그램'(문제편 표지 QR 코드)을 이용해도 된다.

🕐 **종료 시각**　　시　　분　　초

총 소요 시간 종료 시각 −시작 시각										**분**		**초**

목표 시간　　19분　20초

초과 시간 총 소요 시간 −목표 시간　　**분**　　**초**

1 종료 시각을 적은 후, 문제에 체크한 '내가 쓴 답'을 ❶에 옮겨 적는다.

2 ❷에 채점을 하되, 틀린 문제에만 '/' 표시를 한다.
(문제에 직접 채점하지 않는 이유는 다시 풀 때 정답을 모르는 상태에서 풀어야 제대로 훈련이 되기 때문)

문항 번호	1	2	3	4	5	6	7	8	9	10	11	12
❶ 내가 쓴 답												
❷ 채 점												

☞ 정답은 〈클리닉 해설〉 p.128(해설은 p.52)

채점 결과_ 11일째
반드시 체크해서 복습 때 활용할 것

	1차채점		2차채점	
총 문항 수	12개	△ 문항 수		개
틀린 문항 수	개	✕ 문항 수		개

3 틀렸거나 찍어서 맞힌 문제는 다시 푼다.

4 2차 채점을 할 때 다시 풀어서 맞힌 문항은 △, 또 틀린 문항은 ✕ 표시를 한다.

5 △와 ✕ 문항은 반드시 다시 보고 틀린 이유를 알고 넘어간다.

1~4 다음 글을 읽고 물음에 답하시오.   2013학년도 6월 모의평가【47~50】사회

대부분의 민주주의 국가에서 국민은 자신의 대표자를 뽑아 국정의 운영을 맡기는 제도를 채택하고 있다. 그런데 여기에는 국민과 대표자 사이의 관계와 관련하여 근대 정치의 고전적인 딜레마가 내포되어 있다. 가령 입법안을 둘러싸고 국회의원과 소속 지역구 주민들의 생각이 다르다고 가정해 보자. 누구의 의사를 우선하는 것이 옳을까?

우리 헌법 제1조 제2항은 "대한민국의 주권은 국민에게 있고, 모든 권력은 국민으로부터 나온다."라고 규정하고 있다. 이 규정은 국가의 모든 권력의 행사가 주권자인 국민의 뜻에 따라 이루어져야 한다는 의미로 해석할 수 있다. 따라서 국회의원은 지역구 주민의 뜻에 따라 입법해야 한다고 생각하는 사람이 있다면, 그는 이 조항에서 근거를 ⓐ찾으면 될 것이다. 이 주장에서와 같이 대표자가 자신의 권한을 국민의 뜻에 따라 행사해야 한다고 할 때 그런 대표 방식을 ⓐ명령적 위임 방식이라 한다. 명령적 위임 방식에서는 민주주의의 본래 의미가 충실하게 실현될 수 있으나, 현실적으로 표출된 국민의 뜻이 국가 전체의 이익과 다를 경우 바람직하지 않은 결과가 초래될 수 있다.

한편 우리 헌법은 "입법권은 국회에 속한다."(제40조), "국회의원은 국가 이익을 우선하여 양심에 따라 직무를 행한다."(제46조 제2항)라고 규정하고 있다. 이 규정은, 입법권이 국회에 속하는 이상 입법은 국회의원의 생각에 따라야 한다는 뜻이다. 이 규정의 목적은 국회의원 각자가 현실적으로 표출된 국민의 뜻보다는 국가 이익을 고려하도록 하는 데 있다. 이에 따르면 국회의원은 소속 정당의 지시에도 반드시 따를 필요는 없다. 이와 같이 대표자가 소신에 따라 자유롭게 결정할 수 있도록 하는 대표 방식을 ⓑ자유 위임 방식이라고 부른다. 자유 위임 방식에서는 구체적인 국가 의사 결정은 대표자에게 맡기고, 국민은 대표자 선출권을 통해 간접적으로 대표자를 통제한다. 국회의원의 모든 권한은 국민이 갖는 이 대표자 선출권에 근거하기 때문에 자유 위임 방식은 헌법 제1조 제2항에도 모순되지 않는다. 우리나라는 기본적으로 이 후자의 입장을 취하고 있다.

그러나 자유 위임 방식에서는 국민이 대표자를 구체적인 사안에서 직접적으로 통제하지 못하기 때문에 국민과 대표자 사이의 신뢰 관계가 약화되어 민주주의의 원래 의미가 퇴색될 우려가 있다. 극단적으로는 대표자가 사적 이익을 추구하는 데 권한을 남용하더라도 제재할 수단이 없게 된다. 이런 문제점을 보완하기 위해 국가에 따라서는 국가의 의사 결정에 국민이 직접 참여하거나 대표자를 직접 통제할 수 있는 ㉮직접 민주주의적 제도를 부분적으로 도입하기도 한다.

[분석쌤 강의]는 2차 채점 후 반드시 챙겨 볼 것!

01 윗글의 전개 방식으로 가장 적절한 것은?

① 두 견해의 특징과 장단점을 제시하고 있다.
② 두 견해를 시간적 순서에 따라 설명하고 있다.
③ 두 견해가 서로 인과 관계에 있음을 논증하고 있다.
④ 두 견해의 공통점을 부각하여 논지를 강화하고 있다.
⑤ 한 견해의 관점에서 일관되게 다른 견해를 비판하고 있다.

지문근거   둘중헷   Q&A   어휘/개념 부정질문

분석쌤 강의

● **분 석** 지문을 읽기 전에 발문(문두)을 먼저 읽으면 지문을 읽을 때 집중해야 할 방향을 잡아 주는, 글의 전개 방식을 묻는 문제
☞ 〈클리닉 해설〉 p.55의 '개념➕' 참조
● **해결案** 지문을 읽기 전에 발문을 먼저 보는 것이 좋다. 그런 다음 지문을 읽을 때는 윗글이 무엇에 대해 말하고 있고, 어떤 방식으로 전개하고 있는지를 집중해서 읽은 후 답지의 옳고 그름을 체크해야 한다.

02 〈보기〉의 상황에 ㉠, ㉡을 적용할 때, 타당한 것은? [3점]

> 보기
>
> 　어떤 나라의 의회 의원인 A는 법안 X의 의회 표결을 앞두고 있는데, 소속 지역구 주민들은 법안 X가 지역 경제에 심대한 타격이 되리라는 우려에서 A에게 법안 X에 반대하도록 요구하고 있다.

① ㉠: A는 국가 이익에 도움이 된다고 확신할 때는 X에 찬성할 수 있다.

② ㉠: A는 지역구 주민의 의사가 자신의 소신과 다르다면 기권해야 한다.

③ ㉡: A는 반대하기로 선거 공약을 했다면 X에 반대해야 한다.

④ ㉡: A는 소속 정당의 당론이 찬성 의견이라면 X에 찬성해야 한다.

⑤ ㉡: A는 지역구 주민들의 우려가 타당하더라도 X에 찬성할 수 있다.

지문근거　둘중헷　　Q&A　　어휘/개념 부정질문

분석쌤강의

● **분　석**　명확한 정답이 있는데도 헷갈리는 답지가 있어 오답에 답했거나, 답지를 읽어내려가다가 끝까지 읽지 않은 상태에서 타당해 보이는 답지가 있어 그것을 정답으로 체크해 틀린 문제

● **해결案**　〈보기〉의 상황부터 정확하게 이해한 다음, 지문에서 파악한 ㉠과 ㉡의 특징을 적용한다. 그런 다음, 답지를 읽어 나갈 때 A가 어떤 방식을 취하는 것인지를 염두에 두고 〈보기〉의 상황을 감안하여 옳고 그름을 따진다.

---

03 ㉮에 대한 설명으로 적절하지 <u>않은</u> 것은?

① 자유 위임 방식을 채택한 국가에서 ㉮의 도입은 선택적이다.

② 법률안 등을 국민이 투표로 직접 결정하는 제도는 ㉮에 해당한다.

③ 명령적 위임 방식에서 나타나는 문제점이 ㉮를 도입할 때에도 나타날 수 있다.

④ 일정 연령에 도달한 국민에게 차별 없이 대표자 선출권을 부여하는 제도는 ㉮에 해당한다.

⑤ ㉮의 도입은 국민과 대표자 사이의 신뢰 관계가 약화될 수 있다는 문제점을 보완하려는 것이다.

지문근거　둘중헷　　Q&A　　어휘/개념 부정질문

분석쌤강의

● **분　석**　지문에 제시된 정보만으로 충분히 해결할 수 있는 문제였는데도 하나의 오답지에 집중적으로 답해 정답률이 낮았던 것은 이 문제가 속한 지문이 이 시험의 맨 마지막에 위치해 있었기 때문이기도 했다. 즉, 시간 부족 문제를 안고 있는 학생들이 많이 틀렸던 문제

● **해결案**　4문단에서 ㉮의 특징부터 파악한 다음, 답지의 옳고 그름을 체크한다.

---

04 ⓐ의 문맥적 의미와 가장 가까운 것은?

① 누나가 문제 해결의 실마리를 <u>찾았습니다</u>.

② 아버지는 이 약을 복용하고 생기를 <u>찾았습니다</u>.

③ 그는 잃어버린 권리를 <u>찾기</u> 위한 활동을 계속했다.

④ 형은 자신의 적성에 맞는 직업을 <u>찾으려</u> 노력했다.

⑤ 그들은 자신의 안일과 이익만을 <u>찾다가</u> 화를 입었다.

지문근거　둘중헷　　Q&A　　어휘/개념 부정질문

분석쌤강의

● **분　석**　정답률이 낮지는 않았지만 오답지 중 하나의 답지에 많이 답했던 것으로 보아, 맞혔다 하더라도 〈클리닉 해설〉을 통해 친구들이 헷갈려 한 오답지의 원인을 확인하고 넘어갈 필요가 있는 문제

● **해결案**　앞뒤 문맥 속에서 핵심을 간추리고, 의미를 구체화할 수 있는 말을 계속 떠올려 본다.

　　　　　　　　　　　☞ 〈클리닉 해설〉 참조

A회사의 온라인 취업 사이트에 갑을 비롯한 수만 명의 가입자가 개인 정보를 제공하였다. 누군가 A회사의 시스템 관리가 허술한 것을 알고 링크 파일을 만들어 자신의 블로그에 올렸다. 이를 통해 많은 이들이 가입자들의 정보를 자유롭게 열람하였다. 이 사실을 알게 된 갑은 A회사에 사이트 운영의 중지와 배상을 요구하였지만, A회사는 거부하였다. 갑은 소송을 검토하였는데, 받게 될 배상액에 비해 들어갈 비용이 적지 않다는 생각에 망설였다. 갑은 온라인 카페를 통해 소송할 사람들을 모았고 마침내 100명이 넘는 가입자들이 동참하게 되었다. 갑은 이들과 함께 ㉠공동 소송을 하여 A회사에 사이트 운영의 중지와 피해의 배상을 청구하였다.

공동 소송은 소송 당사자의 수가 여럿이 되는 소송을 말한다. 이는 저마다 개별적으로 수행할 수 있는 소송들을 하나의 절차에서 한꺼번에 심리하고 진행할 수 있도록 배려하는 것으로서, 경제적이고 효율적으로 일괄 구제할 수 있다는 장점이 있다. 하지만 당사자의 수가 지나치게 많으면 한꺼번에 소송을 진행하기에 번거롭다. 그래서 실제로는 대개 공동으로 변호사를 선임하여 그가 소송을 수행하도록 한다. 또한 선정 당사자 제도를 이용할 수도 있는데, 이는 갑과 같은 이를 선정 당사자로 삼아 그에게 모두의 소송을 맡기는 것이다.

위 사건에서 수만 명의 가입자가 손해를 입었지만, 배상받을 금액이 적은 탓에 대부분은 소송에 참여하지 않았다. 그리하여 전체 피해 규모가 엄청난 데 비하면, 승소해서 받게 될 배상금의 총액은 매우 적을 것이다. 이래서는 피해 구제도 미흡하고, 기업에 시스템을 개선하도록 하는 동기를 부여하지 못한다. 이를 해결할 방안으로 다른 나라에서 시행되는 집단 소송과 단체 소송 제도의 도입이 논의되어 왔다.

집단 소송은 피해자들의 일부가 전체 피해자들의 이익을 대변하는 대표 당사자가 되어, 기업을 상대로 손해 배상 청구 등의 소를 제기할 수 있도록 하는 방식이다. 만일 갑을 비롯한 피해자들이 공동 소송을 하여 승소한다면 이들만 배상을 받게 된다. 반면에 집단 소송에서 대표 당사자가 수행하여 이루어진 판결은 원칙적으로 소송에 참가하지 않은 사람들에게도 그 효력이 미친다. 그러나 대표 당사자는 초기에 고액의 소송 비용을 내야 하는 등의 부담이 있어 소송의 개시가 쉽지만은 않다.

단체 소송은 법률이 정한, 전문성과 경험을 갖춘 단체가 기업을 상대로 침해 행위의 중지를 청구하는 소를 제기할 수 있도록 하는 제도이다. 위의 사례에서도 IT 관련 협회와 같은 전문 단체가 소송을 한다면 더 효과적일 수 있을 것이다. 하지만 단체 소송은 공익적 이유에서 인정되는 것이어서, 이를 통해 개인 피해자들을 위한 손해 배상 청구는 하지 못한다.

최근에 ㉡우리나라도 집단 소송과 단체 소송을 제한적으로 도입하였다. 먼저 증권 관련 집단소송법이 제정되어, 기업이 회계 내용을 허위로 공시하거나 조작하는 등의 사유로 주식 투자에서 피해를 입은 사람들은 집단 소송을 할 수 있게 되었다. 이후에 단체 소송도 도입되었는데, 소비자 분쟁과 개인 정보 피해에 한하여 소비자기본법과 개인정보 보호법에 규정되었다.

다시보기 ▶ 다시 볼 문제 체크하고 틀린 이유 메모하기

[분석쌤 강의]는 2차 채점 후 반드시 챙겨 본다!

05 윗글의 내용 전개 방식에 대한 설명으로 가장 적절한 것은?

① 구체적인 사례를 제시하고 그와 관련되는 해결 방안과 한계를 설명하였다.
② 대립하는 원칙들 사이에 발생하는 문제를 검토하여 대안을 제시하였다.
③ 여러 유사한 개념들을 분석하고 해석하면서 하나의 이론 아래 통합하였다.
④ 이론적으로 설정한 가설에 대하여 현실적인 사례를 들어가며 논증하였다.
⑤ 문제 상황이 일어나게 된 근본 원인을 분석하여 일관된 해결책을 정립하였다.

지문근거 둘중헷 Q&A 어휘/개념 부정질문

분석쌤강의

●**분 석** 지문을 끝까지 읽은 다음, 답지를 검토해야 하는 '글의 내용 전개 방식'을 묻는 문제로, 2차 채점 후 〈클리닉 해설〉 p.55의 '글의 전개 방식' 문제 풀이법(개념➕)을 챙겨 보면 유용한 문제

●**해결案** '글의 내용 전개 방식'을 묻는 문제는 지문을 끝까지 읽은 다음, 글 전체의 내용을 떠올리며 답지를 검토해야 한다.

　답지를 검토할 때에는 문장 전체를 놓고 뭉뚱그려 체크하기보다는 하나하나 쪼개어 따져 가며 ○, ✕, △표시를 하도록 한다.

06 윗글에 대한 이해로 적절하지 <u>않은</u> 것은?

① 선정 당사자 제도는 소송 당사자들이 한꺼번에 절차를 진행해야 하는 부담을 덜어줄 수 있다.

② 공동 소송은 다수의 피해자를 대신하여 대표 당사자가 소송을 수행한다는 점에서 공익적 성격을 지닌다.

③ 단체 소송에서 기업이 일으키는 피해를 중지시키려고 소를 제기할 수 있는 단체의 자격은 법률이 정한다.

④ 다수의 소액 피해가 발생한 사건이라도 피해자들은 공동 소송을 하지 않고 개별적으로 소송을 수행할 수 있다.

⑤ 일부의 피해자들이 집단 소송을 수행하여 승소하면 그런 소송이 진행되는지 몰랐던 피해자들도 배상받을 수 있다.

지문 근거 둘 중 헷 Q&A 어휘/개념 부정 질문

분석쌤 강의

● **분 석** 시험이 끝난 후 이의 제기된 내용에 대해 출제 기관에서 '타당성 심사 결과 답변'을 공지한 문제 ☞ 〈클리닉 해설〉 참조
● **해결案** 지문을 읽을 때 공동 소송과 집단 소송, 단체 소송의 개념과 장단점 부분을 체크해 둔다. 그런 다음, 답지 ①부터 옳고 그름을 따질 때 답지에서 설명하고 있는 내용에 해당하는 부분을 지문에서 찾아 비교·대조하며 정보 하나하나에 ○, X, △ 표시를 하며 푼다.

07 ㉠의 목적에 대한 설명으로 적절하지 <u>않은</u> 것은?

① 개인 정보의 침해가 계속 진행되는 것을 막고자 한다.

② 개인 정보를 철저히 관리하지 못한 책임을 묻고자 한다.

③ 개인 정보의 침해가 일어난 데 대한 배상을 받고자 한다.

④ 개인 정보를 판매한 데 대하여 경각심을 촉구하고자 한다.

⑤ 개인 정보의 침해를 당한 피해자들이 소송에 드는 비용을 절감하고자 한다.

지문 근거 둘 중 헷 Q&A 어휘/개념 부정 질문

분석쌤 강의

● **분 석** 오답을 제외해 나가는 과정에서 △로 체크되는 답지가 있을 경우, 최선의 답을 찾아가는 과정이 필요한 것이 국어 영역 문제의 특징임을 알려 주는 문제
● **해결案** 발문(문두)을 통해 이 문제의 핵심은 '갑이 왜 ㉠과 같이 사이트 운영 중지와 피해 배상을 요구하는 공동 소송을 하였는가?'에 있다는 것을 알고, 지문에서 그 근거를 찾아 확인하면 된다.
  근거를 찾아 적절한 답지를 제외해 나가는 과정에서 확실하게 제외되지 않는 답지가 2개 이상 있을 경우, 그 답지들을 놓고 다시 ㉠의 내용을 읽으며, 하나하나 "왜?", "왜?" 하며 따져 묻는다.

08 ㉡의 결과로 볼 수 있는 것은?

① 포털 사이트의 개인 정보 유출로 피해를 입은 가입자들이 소를 제기하여 단체 소송을 할 수 있게 되었다.

② 기업의 허위 공시 때문에 증권 관련 피해를 입은 투자자들이 소를 제기하여 집단 소송을 할 수 있게 되었다.

③ 증권과 관련된 사건에서 피해자들은 중립적인 단체를 대표 당사자로 내세워 집단 소송을 수행할 수 있게 되었다.

④ 대기업이 출시한 제품이 지닌 결함 때문에 피해를 입은 소비자들이 소를 제기하여 집단 소송을 할 수 있게 되었다.

⑤ 소비자들이 기업에 손해 배상 청구의 소를 제기하였을 때 전문성 있는 소비자 협회가 대신 소송을 수행할 수 있게 되었다.

지문 근거 둘 중 헷 Q&A 어휘/개념 부정 질문

분석쌤 강의

● **분 석** '결과'를 질문해도 글 전체의 흐름 속에서 답해야 한다. 이어지는 문장들만 보고 답지를 체크하면 오답에 답할 가능성이 높을 뿐더러 정답을 찾는 데도 시간이 많이 소요될 수 있음을 알려 주는 문제
● **해결案** 집단 소송과 단체 소송 도입의 결과를 질문하고 있으므로 ㉡ 앞에서 설명한 이 두 소송의 개념에 대한 정확한 이해가 먼저 이루어져야 한다. 답지에 제시된 사례가 집단 소송과 단체 소송 중 어디에 해당하는지를 파악하는 것이 정답을 찾는 핵심이기 때문이다.

　　혁신의 확산 이란 특정 지역이나 사회 집단의 문화나 기술, 아이디어가 시간의 경과에 따라 다른 지역 또는 사회 집단으로 전파되는 과정을 말한다. 지리학에서는 혁신의 확산이 시공간적인 요인에 따라 이루어진다고 보고 시간에 따른 공간 확산 과정을 발생기, 확산기, 심화·포화기의 3단계로 설명한다. 혁신의 발생기에는 혁신 발생원과 가까운 지역에서 혁신이 이루어지는 반면, 먼 지역에서는 혁신이 이루어지지 않기 때문에 혁신 수용률에서 지역 간의 격차가 크게 나타난다. 확산기에는 초기의 혁신 수용 지역에서 먼 지역까지 혁신의 확산이 일어난다. 심화·포화기에는 최초 발생원과의 거리에 관계없이 전 지역에서 혁신의 확산이 이루어지고 수용률에서 지역 간의 격차가 점차 사라진다.

　　혁신의 공간적 확산은 전염 확산과 계층 확산으로 설명된다. 혁신 발생원과 잠재적 수용자 간의 거리가 가까울수록 혁신 확산이 빠르게 이루어진다는 인접 효과에 의해 나타나는 것이 전염 확산이다. 발생원과 수용자 간의 거리가 가까우면 대면 접촉의 기회가 많아지게 되어, 혁신의 확산이 ㉠대중 매체보다 주로 개인 간의 의사소통에 의해 이루어진다. 한편 도시 규모가 클수록 혁신 확산이 잘 이루어진다는 계층 효과에 의해 나타나는 것이 계층 확산이다. 계층 확산에 의해 규모가 큰 도시로부터 그보다 규모가 작은 도시로 혁신이 전파된다. 그런데 실제 상황에서는 전염 확산과 계층 확산이 동시에 이루어질 수도 있다. 가령 거대 도시에서 발생한 혁신은 먼 거리의 대도시로 전파되면서 동시에 거대 도시 주변의 중소 도시에도 전파될 수 있다.

　　혁신의 수용자 수는 시간에 따라 변화를 보인다. 초기에는 혁신 수용자의 수가 완만하게 증가하다가 어느 시점에서 급격하게 증가하기 시작하여 결국에는 포화 상태를 이루게 된다. 이는 개별 수용자들이 혁신을 수용하는 시기에 차이가 있기 때문이다. 혁신 수용자는 혁신을 수용하는 시간적 순서에 따라 네 집단으로 나뉜다. 즉 혁신을 가장 먼저 받아들이는 소수의 혁신자, 일정 기간 심사숙고하여 혁신을 수용하는 다수의 전기 수용자, 다른 사람들이 혁신을 수용하는 것을 보고 수용하는 다수의 후기 수용자, 새로운 것을 시도하기를 꺼려서 한참 지나서야 혁신을 수용하는 소수의 지각자가 그것이다.

[분석쌤 강의]는 2차 채점 후 반드시 챙겨 본다!

09 혁신의 확산 에 대한 설명으로 적절하지 않은 것은?

① 수용자의 수용 시기에는 차이가 있다.
② 도시 규모가 혁신 확산에 영향을 미친다.
③ 혁신의 수용자 중에는 소극적인 수용자들도 있다.
④ 수용자 수는 시간의 경과에 따라 일정하게 증가한다.
⑤ 심화·포화기의 수용률은 거리에 따른 차이가 거의 없다.

　　지문 근거　　물중헷　　Q&A　　어휘/개념　부정질문

분석쌤 강의

● **분 석** 지문에서 설명하고 있는 용어나 개념에 대한 이해를 묻는 문제는 국어 영역에서 자주 출제되는 유형으로, 핵심어(구)에 체크하면서 읽기를 권하고 지문 복습을 할 때에도 '독해력을 길러 주는 지문 분석'을 참고해 핵심어(구)를 따지는 독해 훈련을 강조하는 이유를 알려 주는 문제

● **해결案** '혁신의 확산'에 대한 개념을 이해한 다음, 지문에서 설명하고 있는 내용과 어긋난 것을 찾는다.

10 ⊙에 해당하는 사례로 적절하지 않은 것은?

① 최신 미용 기법이 미용 관련 텔레비전 프로그램보다 주로 미용사들의 지역 모임을 통해 전파되었다.

② 새로 출시된 금융 상품의 가입자가 경제 뉴스가 아닌 직장 동료들의 추천에 의해 크게 증가하였다.

③ 신개발 농산품의 구매자 수가 증가한 것은 신문 광고가 아니라 직거래 구매자들의 입 소문에 의한 결과였다.

④ 새로운 여행 상품의 예약 폭주는 주 고객층에 초점을 맞춘 여행사의 인터넷 광고보다 텔레비전 광고의 결과였다.

⑤ 새로운 음식 메뉴를 개발한 전문 식당의 분점이 급속히 퍼진 것은 라디오 광고보다 주로 손님들의 호평 덕택이었다.

| 지문근거 | 둘중헷 | Q&A | 어휘/개념 | 부정질문 |

분석쌤 강의

● **분 석** 발문(문두)에서 질문하는 내용만 명확하게 이해했다면 쉽게 정답을 찾을 수 있는 문제

● **해결案** ⊙에 해당하는 사례로 적절하지 않은 것을 질문했으므로, 개인 간의 의사소통이 아니라 대중 매체에 의해 혁신의 확산이 이루어지는 사례를 찾으면 된다.

11 윗글에 비추어 볼 때, 〈보기〉에서 타당한 것끼리 묶인 것은?

── 보기 ──

ㄱ. 한 미술관에서 매년 같은 내용의 기획 전시를 하는 것은 혁신 확산의 예이다.

ㄴ. 거대 도시에서 유행하는 최신 패션이 멀리 떨어져 있는 대도시로 전파된 것은 계층 확산의 예이다.

ㄷ. 대도시 부유층의 전유물이었던 전화기가 이제 어디서나 사용되는 것은 전화기의 확산이 심화·포화기에 이르렀음을 보여 준다.

ㄹ. 노트북 컴퓨터가 처음 시장에 나오자마자 이를 구입한 사람은 전기 수용자로 볼 수 있다.

① ㄱ, ㄴ   ② ㄱ, ㄷ   ③ ㄴ, ㄷ   ④ ㄴ, ㄹ   ⑤ ㄷ, ㄹ

| 지문근거 | 둘중헷 | Q&A | 어휘/개념 | 부정질문 |

분석쌤 강의

● **분 석** '윗글에 비추어 볼 때~'로 시작하는 발문으로 보아, 윗글에서 정답의 근거를 찾아야 하는 문제

● **해결案** 지문의 내용을 토대로 ㄱ부터 ㄹ까지 옳고 그름을 체크하되, 반드시 지문에 근거해서 따진다.

▶ 정답을 모르는 상태에서 2차 풀이를 하기 위한 방법으로, 아래 채점표 대신 '모바일 자동 채점 프로그램'(문제편 표지 QR 코드)을 이용해도 된다.

🕐 **종료 시각**　　시　　분　　초

1 종료 시각을 적은 후, 문제에 체크한 '내가 쓴 답'을 ❶에 옮겨 적는다.
2 ❷에 채점을 하되, 틀린 문제에만 '／' 표시를 한다.
   (문제에 직접 채점하지 않는 이유는 다시 풀 때 정답을 모르는 상태에서 풀어야 제대로 훈련이 되기 때문)

문항 번호	1	2	3	4	5	6	7	8	9	10	11
❶내가 쓴 답											
❷채　점											

☞ 정답은 〈클리닉 해설〉 **p.128**(해설은 p.57)

3 틀렸거나 찍어서 맞힌 문제는 다시 푼다.
4 2차 채점을 할 때 다시 풀어서 맞힌 문항은 △, 또 틀린 문항은 ✕ 표시를 한다.
5 △와 ✕ 문항은 반드시 다시 보고 틀린 이유를 알고 넘어간다.

총 소요 시간	종료 시각 −시작 시각	분	초
목표 시간		18분	35초
초과 시간	총 소요 시간 −목표 시간	분	초

채점 결과_ 12일째
반드시 체크해서 복습 때 활용할 것

	1차채점		2차채점	
총 문항 수	11개	△ 문항 수		개
틀린 문항 수	개	✕ 문항 수		개

1~6 다음 글을 읽고 물음에 답하시오.

2021학년도 9월 고2 전국연합학력평가【20~25】사회(주제 통합)

(가)

　헌법은 국민의 기본권과 국가의 통치 조직을 규정한 최고의 기본법이다. 헌법의 특질인 '최고 규범성'은 헌법이 국민적 합의에 의해 제정되었기 때문에 인정된다. 헌법의 하위에 있는 법 규범들은 헌법으로부터 그 효력을 부여받으며 존속을 보장 받으므로, 법률은 헌법에 합치되어야 하며 헌법을 위반하는 내용의 법률은 무효가 된다. 따라서 법률은 헌법에 모순되어서는 안 될 뿐만 아니라 적극적으로 헌법적 가치를 실현하여야 한다.

　헌법의 최고 규범성에도 불구하고 헌법은 규범 체계상 하위에 있는 법 규범들과는 달리 스스로를 보장하지 않으면 안 된다. 다른 법 규범들에는 상위의 법 규범인 헌법이 있을 뿐만 아니라 국가 권력이라는 절대적인 강제 수단이 있어 그 효력이 보장되지만 헌법은 그렇지 못하다. 즉 헌법은 국가 권력이 그 효력을 부정하거나 침해할 수 없도록 헌법재판제도와 같은 장치를 스스로 마련하여 지니고 있다는 점에서 다른 법 규범과는 상이한 특징을 갖는데, 이것이 바로 헌법의 '**자기 보장성**'이다. 그러나 헌법재판은 일반 소송과 달리 국가 기관이 그 재판 결과를 ㉠따르지 않아도 이를 강제적으로 따르게 할 수 없는 한계가 있다. 헌법재판소의 결정은 국가 권력을 포함한 헌법의 적용을 받는 모든 대상들이 이를 존중하는 조건하에 실현된다. 예를 들면, 대여금 지급 소송에서 돈을 빌려준 사람이 이기는 경우 그 사람은 법원의 도움을 얻어 돈을 빌린 사람이 가지고 있는 재산을 강제로 팔아 빌려준 돈을 받을 수 있다. 하지만 헌법재판의 경우에는 어떠한 법률 조항에 대하여 헌법에 합치하지 아니하다며 입법자에게 개선 입법을 촉구하여도 입법부가 이를 따르지 않을 경우 헌법재판소가 입법부로 하여금 강제로 지키게 할 수 있는 수단이 따로 없다. 따라서 헌법의 최고 규범으로서의 효력은 (㉮)에 좌우된다고 할 수 있다.

　헌법은 서로 다른 사람들 간에 존재하는 공통의 가치를 연결 고리로 하여 국가를 창설해 낸다. 헌법은 국가 내에서 이러한 공통의 가치를 최대한 실현할 수 있도록 갈등을 해결하고, 국가 작용을 체계화하기 위하여 그것을 담당할 기관과 절차를 규정한다. 그러나 헌법은 단순히 국가 작용을 체계화하고 국가 기관을 조직하는 데 그치지 않는다. 더 나아가서 헌법은 국가 작용을 담당하는 기관이 그 권한을 남용하여 오히려 국가가 추구하는 목적인 공통의 가치를 위험에 빠뜨리지 않도록 노력하고 있다. 이러한 헌법의 '권력 제한성'을 통해 헌법은 처음부터 조직적인 측면에서 권력의 악용과 남용의 가능성을 배제하고 있다.

(나)

　헌법을 바라보는 여러 관점 중 헌법 해석학에 커다란 영향을 미친 헌법관으로는 법실증주의적 헌법관, 결단주의적 헌법관, 통합론적 헌법관을 들 수 있다.

　법실증주의적 헌법관은 헌법을 국가의 조직과 작용에 관한 근본 규범으로 보는 관점으로, 권력자의 자의적 통치를 배제하고 법 규범에 의한 통치를 지향하며 등장하였다. 국가는 강제적 법질서이고, 헌법은 실정법 질서에서의 최상위 규범이며, 국민은 법질서에 복종하는 존재라는 것이 법실증주의자들의 인식이었다. **법실증주의 헌법학자**들은 존재적 요소인 도덕·자연법 등을 배제하고 당위를 헌법학의 연구 대상으로 규정함으로써, 법학의 정확성과 엄격성, 법적 안정성 확보에 기여하였다. 그러나 법실증주의는 산업화, 다원화에 따라 변화하는 사회와 그에 따라 변화된 헌법을 이론적으로 설명하기 어려웠고, 정해진 법 규범을 지나치게 강조하여 실정법 만능주의라는 비판을 받았다.

　결단주의적 헌법관은 헌법을 헌법 제정 권력의 근본적 결단으로 보는 관점으로, 주권자인 헌법 제정 권력자의 의지를 강조하였다. 헌법은 내용적으로 올바르기 때문에 효력을 가지는 것이 아니라, 정치적 의지의 힘을 가진 자, 곧 헌법 제정 권력자의 의사에 의하여 정립되었기 때문에 정당성을 가진다고 보았다. 결단주의적 헌법관은 정치 세력들의 일정한 타협의 결과, 즉 정치 결단적 요소를 인정하며 헌법의 현실적 배경을 설득력 있게 정리하였다. 그러나 헌법의 규범성을 경시하고 현실적 영향력만을 강조하여 국가를 권력 투쟁의 장이 되게 하고, 독재자의 결단이 곧 국민의 의사라는 논리로 권위주의적 독재 국가의 등장에 이론적 근거를 제공하였다는 비판을 받았다.

　통합론적 헌법관은 헌법을 국가 통합을 위한 법질서로 보는 관점으로, 국가를 완전한 통일체로 보지 않고 지속적인 갱신의 과정으로 보았다. **통합론적 헌법학자**들은 적대적 정치 세력으로 분열된 국가를 새로운 통일체로 형성하기 위한 도구로 헌법을 인식하며, 헌법이란 공감대적인 가치를 바탕으로 국가의 통합을 실현하고 촉진하기 위한 것이라고 보았다. 통합론적 헌법관은 헌법을 완성물이 아닌 하나의 과정으로 바라보며 오늘날의 민주주의적 상황과 다원적 산업 사회의 현실을 효과적으로 설명하였다. 그러나 통합의 중요성을 지나치게 강조한 나머지 헌법의 규범성을 소홀히 하고, 통합 과정을 너무 조화롭게만 보아 갈등의 요소를 경시했다는 비판을 받았다.

헌법이란 어느 한 요소에만 환원시킬 수 없는 국가라는 현상의 기본 질서이므로, 헌법의 본질을 설명하기 위해서는 복합적인 요소들을 종합적으로 고찰하여야 한다. 따라서 헌법의 효력이나 헌법의 해석이 문제되는 경우에는 세 가지 헌법관을 함께 생각할 수 있는 자세가 필요하다.

다시보기 ▶ 다시 볼 문제 체크하고 틀린 이유 메모하기

[분석쌤 강의]는 2차 채점 후 반드시 챙겨 볼 것!

01 다음은 (가), (나)를 읽고 학생이 작성한 활동지의 일부이다. ⓐ~ⓒ에 대한 평가를 바르게 짝지은 것은?

공통점	• 헌법의 다양한 특성을 드러내기 위해 정보를 병렬적으로 제시하고 있다. ⟨⟨⟨⟨⟨⟨⟨ ⓐ
차이점	• (가)는 (나)와 달리 헌법에 대한 서로 다른 견해를 통해 종합적인 절충안을 도출하고 있다. ⟨⟨⟨⟨⟨⟨ ⓑ
	• (나)는 (가)와 달리 헌법과 관련한 여러 입장의 긍정적 측면과 부정적 측면을 함께 밝히고 있다. ⟨⟨⟨⟨⟨⟨ ⓒ

	ⓐ	ⓑ	ⓒ			ⓐ	ⓑ	ⓒ
①	적절	적절	적절		②	적절	부적절	부적절
③	적절	부적절	적절		④	부적절	적절	적절
⑤	부적절	부적절	부적절					

지문 근거 둘 중 헷 Q&A 어휘/개념 부정 질문

분석쌤 강의
● **분 석** 동일한 화제(헌법)에 대해 서로 다른 관점에서 다룬 두 글을 읽고 내용 전개 방식의 공통점과 차이점을 비교하는 문제
● **해결案** 발문(문두)을 통해 질문 내용을 잘 파악한 다음, ⓐ는 (가)와 (나)의 공통점에 대한 평가로 적절한지를 체크하고, ⓑ와 ⓒ는 (가)와 (나)의 차이점에 대한 평가로 적절한지를 체크한다. 이때 판단의 근거는 지문에서 찾아야 하고, '~와 달리'를 꼼꼼하게 체크해야 한다.

다시보기 ▶ 다시 볼 문제 체크하고 틀린 이유 메모하기

02 자기 보장성 에 대한 이해로 가장 적절한 것은?

① 헌법은 국가 기관의 행위를 일반 소송을 통해 제한한다.
② 헌법은 주권자인 국민의 합의에 의해 규범성이 인정된다.
③ 헌법은 효력을 보장하기 위한 장치를 헌법 내에 마련한다.
④ 헌법은 규범 체계상 하위의 법 규범에 의해 효력이 보장된다.
⑤ 헌법은 헌법에 의한 권력 남용의 가능성을 스스로 제한한다.

지문 근거 둘 중 헷 Q&A 어휘/개념 부정 질문

분석쌤 강의
● **분 석** 내용 일치 여부를 묻는 문제로 생각해 특정 오답지에 답한 학생들이 많았던 문제
● **해결案** '자기 보장성'의 앞뒤에서 설명한 내용을 가장 잘 나타낸 답지를 정답으로 고르되, 지문 내용과 일치해도 '자기 보장성'에 대한 이해로 적절하지 않으면 정답에서 배제한다.

다시보기 ▶ 다시 볼 문제 체크하고 틀린 이유 메모하기

03 '통합론적 헌법학자'의 관점에서 '법실증주의 헌법학자'를 비판한 내용으로 가장 적절한 것은?

① 헌법을 통해 자의적 통치를 배제하고자 하는 것으로는 헌법의 규범성을 설명할 수 없다.
② 정해진 법 규범을 지나치게 강조하는 것으로는 지속적으로 변화하는 사회와 헌법을 설명할 수 없다.
③ 존재적 요소를 헌법학의 연구 대상으로 규정하는 것으로는 다원적 산업 사회의 현실을 설명할 수 없다.
④ 국민을 법질서에 복종하는 존재로 인식하는 것으로는 헌법 제정 권력자로서의 국민의 의지를 설명할 수 없다.
⑤ 국가를 권력 투쟁의 장으로 보는 것으로는 분열된 국가를 새로운 통일체로 형성하는 도구로서의 헌법을 설명할 수 없다.

지문 근거 둘 중 헷 Q&A 어휘/개념 부정 질문

분석쌤 강의
● **분 석** 발문(문두)을 꼼꼼하게 읽어야 하는, 발문이 중요한 문제
● **해결案** 발문에서 '통합론적 헌법학자'의 관점에서 '법실증주의 헌법학자'를 비판한 내용을 질문했으므로, 먼저 (나)에서 '법실증주의 헌법학자' 관점의 부정적 측면을 찾은 다음, 이와 관련된 '통합론적 헌법학자'의 긍정적 측면을 찾는다. 그런 다음 두 관점의 차이를 잘 드러낸 답지를 정답으로 고르면 된다. '통합론적 헌법학자'와 '법실증주의 헌법학자'의 관점과 거리가 먼 내용이 포함된 답지는 곧바로 오답(✗)으로 표시한다.

04 ㉮에 들어갈 내용으로 가장 적절한 것은?

① 헌법재판소의 결정 이행을 위한 강제 수단 마련
② 헌법에 의해 권한을 부여받은 입법부의 독자성 보장
③ 최고 규범을 판단하는 기관인 헌법재판소의 법적 권위
④ 헌법의 실효성을 높이기 위한 국가 권력의 법적 제재 수단
⑤ 헌법의 내용을 실현하고자 하는 모든 구성원들의 적극적 의지

지문근거 둘중헷 Q&A 어휘/개념 부정질문

분석쌤 강의
● **분 석** 특정 오답지에 답한 학생들이 많았던 만큼 오답지가 오답인 이유와 이와 같은 문제 유형을 푸는 방법을 챙겨야 하는 문제
● **해결案** ㉮가 포함된 문장의 '따라서'에 주목하여 ㉮ 앞에서 '헌법의 효력'과 관련하여 설명한 내용을 잘 담은 답지를 찾는다.

05 〈보기〉는 헌법재판소 판례의 일부이다. (가)와 (나)를 바탕으로 〈보기〉의 ⓐ, ⓑ에 대해 이해한 내용으로 적절하지 않은 것은? [3점]

— 보기 —

〈유통산업발전법 제12조의2 위헌 소원(2016헌바 등 병합)〉
• 헌법 제119조 제2항에 따르면 국가는 경제 주체 간의 조화를 통한 경제의 민주화를 위하여 경제에 관한 규제와 조정을 할 수 있다. ⓐ심판 대상 조항은 구청장·군수·시장 등이 대형 마트에 대해 영업 시간 제한 및 의무 휴업일 지정을 할 수 있도록 규정한 것인데, 이는 대형 마트와 중소 유통업의 상생 발전을 도모하기 위한 규제라 할 것이므로 입법 목적의 정당성이 인정된다. 따라서 심판 대상 조항은 헌법에 위배되지 아니한다.

〈근로기준법 제35조 제3호 위헌 소원(2014헌바3)〉
• 헌법 제32조 제3항에 따르면 근로 조건의 기준은 인간의 존엄성을 보장하도록 법률로 정하여야 한다. ⓑ심판 대상 조항은 해고 예고 제도에서 월급 근로자 중 6개월이 되지 못한 자를 적용 예외로 규정한 것인데, 돌발적 해고 시 해당 근로자의 생활이 곤란해지는 것을 막지 못하므로 근로자의 권리를 침해한다. 제도의 적용 대상 범위 등을 정하는 것은 입법자의 권한이나, 이 역시 헌법에 어긋나서는 안 된다. 따라서 심판 대상 조항은 헌법에 위배된다.

① 헌법의 최고 규범성을 고려하면, ⓐ를 '경제 주체 간의 조화'라는 헌법적 가치를 실현하기 위한 것으로 볼 수 있겠군.
② 헌법의 권력 제한성을 고려하면, ⓑ와 관련된 '입법자의 권한'은 국가 공통의 가치를 실현하는 범위 내로 한정되어야 한다고 볼 수 있겠군.
③ 법실증주의적 헌법관에 따르면, ⓐ에는 '경제에 관한 규제와 조정'이라는 권력자의 통치 이념이 반영된 것으로 볼 수 있겠군.
④ 결단주의적 헌법관에 따르면, ⓑ에는 '인간의 존엄성을 보장'하여야 한다는 주권자의 의사가 반영되지 못한 것으로 볼 수 있겠군.
⑤ 통합론적 헌법관에 따르면, ⓐ에는 '경제의 민주화'라는 가치를 바탕으로 국가의 통합을 실현하려는 노력이 반영된 것으로 볼 수 있겠군.

지문근거 둘중헷 Q&A 어휘/개념 부정질문

분석쌤 강의
● **분 석** 오답에 답한 학생들이 아주 많았던, 지문 내용을 〈보기〉의 사례(헌법재판소 판례)에 적용하는 문제로, 2차 채점 후 〈클리닉 해설〉을 참고하고 〈보기〉를 한 번 더 읽고 발문(문두)과 〈보기〉에 쓰인 용어의 의미도 챙겨 봐야 하는 문제
● **해결案** 먼저 발문에서 〈보기〉는 '헌법재판소 판례'라고 한 것, 그리고 ⓐ는 '유통산업발전법', ⓑ는 '근로기준법'의 법률로서, 각각 헌법 조항과의 위배 여부를 판단한 것임을 파악한다. 그런 다음, 답지들이 'A를 고려하면(A에 따르면) ⓐ는(ⓑ는) B로 볼 수 있겠군.'의 형식을 취하고 있다는 점에 주목하여, A에 관한 지문 내용을 바탕으로 ⓐ 또는 ⓑ를 B로 볼 수 있는지를 따진다. 이때 〈보기〉에서 ⓐ는 '헌법에 위배되지 아니한다.'라고 한 반면, ⓑ는 '헌법에 위배된다.'라고 한 것도 염두에 두어야 한다.

06 문맥상 ㉠의 단어와 가장 가까운 의미로 쓰인 것은?

① 우리는 명령을 따르며 급히 움직였다.
② 어머니를 따라 풍물 시장 구경을 갔다.
③ 나는 아버지의 음식 솜씨를 따를 수 없다.
④ 최근 개발에 따른 공해 문제가 불거지고 있다.
⑤ 의원들이 모두 의장을 따라 자리에서 일어섰다.

지문근거 둘중헷 Q&A 어휘/개념 부정질문

분석쌤 강의
● **분 석** 2023학년도 수능을 포함하여 기출 평가원 문제에서 자주 출제된 '따르다'의 문맥적 의미를 질문한 문제
● **해결案** '어휘 문제 3단계 풀이법'인 '핵심 간추리기(1단계) → '매3어휘 풀이' 떠올리기(2단계) → 대입하기(3단계)'를 적용하여 푼다.

(가)

　⊙'완전 경쟁 시장'은 많은 수의 수요자와 공급자 사이에 동질적인 상품이 거래되는 시장으로, 다른 기업의 시장 진입을 막는 진입 장벽이 없어 누구나 들어와 경쟁할 수 있는 시장 구조를 말한다. 이에 반해 ⓒ'독점 시장'은 비슷한 대체재가 없는 재화를 한 기업이 독점적으로 공급하는 극단적인 시장으로, 자원의 희소성이나 기술적 우월성 등으로 인해 진입 장벽이 존재하는 시장 구조를 말한다.

　완전 경쟁 시장에서는 경쟁자가 다수이기 때문에 개별 공급자와 수요자가 가격에 영향을 미치기 어렵다. 이때 기업은 '가격 수용자'로서 시장에서 결정된 가격을 그대로 받아들일 수밖에 없고, 시장 가격으로 원하는 물량을 얼마든지 판매할 수 있다. 또한 제품을 한 단위 더 판매함으로써 추가로 얻게 되는 한계 수입은 일정하며, 가격과 거래량도 수요와 공급이 일치하는 지점에서 결정된다. 반면에 독점 시장에서 기업은 '가격 결정자'로서 시장 가격을 조정할 힘을 가지며, 이를 통해 이윤을 극대화할 수 있다. 따라서 독점 기업은 더 높은 가격을 받으면서 더 적은 제품을 생산할 수 있는 시장 지배력을 가진다. 그렇다면, 독점 기업은 이윤 극대화를 위한 가격과 생산량을 어떻게 결정할까?

　　[A]　시장의 유일한 공급자인 독점 기업이 생산량을 줄이면 시장 가격이 상승하고, 반대의 경우 시장 가격이 하락한다. 가령 독점 기업이 생산한 제품 한 단위를 100만 원에 판매할 경우, 생산량을 한 단위 더 늘려 두 단위를 판매한다면 가격을 이전보다 낮춰야 다 팔 수 있다. 이때의 가격을 90만 원이라 한다면 총수입은 180만 원이 되고, 제품을 한 단위 더 판매했을 때 추가로 얻는 한계 수입은 80만 원이 된다. 즉, 독점 기업이 생산량을 늘리면 종전 판매 가격도 함께 낮춰야 하기 때문에, 독점 기업의 한계 수입은 가격보다 항상 낮다. 이때 독점 기업은 이윤 극대화를 위해 한계 수입과 더불어 한계 비용을 고려한다. 한계 비용은 제품을 한 단위 더 생산할 때 추가로 드는 비용을 말한다. 만일 한계 수입이 한계 비용보다 높으면 생산량을 증가시키고, 반대의 경우 생산량을 감소시킴으로써 한계 수입과 한계 비용이 일치하는 지점에서 최적 생산량을 결정한다. 이후 독점 기업은 이윤 극대화를 위해 수요자들의 최대 지불 용의를 고려하여 최적 생산량을 판매할 수 있는 최고 가격을 찾아낸다. 즉, 해당 생산량에서 수요자가 최대로 지불할 수 있는 금액이 최종 시장 가격으로 결정되는 것이다. 이처럼 독점 시장에서 기업은 시장 가격의 상승을 유발하여 수요자에게 부정적 영향을 끼치고, 시장의 비효율성을 유발할 수 있다.

(나)

　공정거래법이라고도 불리는 '독점규제 및 공정거래에 관한 법률'에서는 사업자의 독과점 자체를 금지하지는 않으나, 시장 지배적 지위 남용과 부당한 공동 행위 등 경쟁 제한 행위로 인하여 일정한 폐해가 초래되는 경우에는 이를 규제하는 '폐해 규제주의'를 ⓐ취하고 있다.

　시장 지배적 지위 남용은 거래 상대방으로부터 독점적 이익을 과도하게 얻어내는 '착취 남용'과 현실적·잠재적 경쟁 사업자의 사업 활동을 방해하거나 배제하는 '방해 남용'으로 ⓑ나눌 수 있다. 먼저, 착취 남용은 정당한 이유 없이 상품 가격이나 용역 대가를 변경하거나, 출고량 조절로 시장 가격의 상승이나 하락에 중대한 영향을 끼친 경우를 ⓒ말한다. 다음으로 방해 남용은 시장 지배적 사업자와 경쟁 관계에 있는 다른 사업자의 사업 활동을 부당하게 방해하거나, 신규 경쟁 사업자의 시장 진입을 배제하여 경쟁 제한의 폐해를 초래하는 것이다. 대표적으로는 '약탈적 가격 설정'과 '배타 조건부 거래'가 있다. 약탈적 가격 설정은 상품 또는 용역을 통상적인 가격에 비하여 부당하게 낮은 대가로 공급하거나 높은 대가로 구매하여 경쟁 사업자를 배제하는 것이다. 그리고 배타 조건부 거래는 다른 경쟁 사업자와 거래하지 않는 조건으로 거래 상대방과 거래하는 행위를 말한다. 이 경우 시장 지배적 사업자의 일방적, 강제적 요구뿐만 아니라 거래 상대방과 합의하여 결정한 경우도 모두 포함된다.

　공정거래법에서는 사업자의 부당한 공동 행위 또한 제한하고 있다. 흔히 '카르텔'이라고 ⓓ불리는 부당한 공동 행위는 동일 업종의 복수 사업자가 경쟁의 제한을 목적으로 가격, 생산량, 거래 조건, 입찰 내용 등을 합의하여 형성하는 독과점 형태를 말한다. 이때 합의는 명시적 합의뿐만 아니라 묵시적 합의 모두를 포함한다. 이러한 담합*은 사업자 간에 은밀하게 ⓔ이루어지는 경향이 많아 위법성을 입증하기가 어렵다. 따라서 입증 부담을 경감하고 규제의 실효성을 높이기 위해 둘 이상의 사업자 간에 경쟁 제한적인 합의만 있다면, 비록 그것이 실행되지 않았다 하더라도 부당한 공동 행위가 성립한 것으로 본다.

　공정거래법을 위반하면 공정거래위원회는 해당 사업자에게 시정 조치를 명하거나, 금전적 제재 수단으로 과징금을 부과할 수 있다. 이를 통해 과도한 경제력의 집중을 방지하고, 국민 경제의 균형 있는 발전을 도모하고 있다.

* 담합: 서로 의논해서 합의함.

07 (가)와 (나)에 대한 설명으로 가장 적절한 것은?

① (가)는 시장 구조를 바라보는 다양한 관점을 제시하고 있고, (나)는 공정거래법에 대한 상반된 관점을 제시하고 있다.

② (가)는 시장에서 독점이 필요한 이유를 밝히고 있고, (나)는 부당한 독점 행위를 해결하기 위한 사례를 서술하고 있다.

③ (가)는 균등한 소득 분배를 위한 경제학적 대책을 제안하고 있고, (나)는 경쟁을 제한하기 위한 대책을 제시하고 있다.

④ (가)는 독점 기업의 이윤 추구 방법을 설명하고 있고, (나)는 공정한 거래를 저해하는 행위들을 유형별로 제시하고 있다.

⑤ (가)는 독점이 시장에 끼치는 부정적 영향을 언급하고 있고, (나)는 독점 행위를 규제하는 제도의 문제점을 서술하고 있다.

지문 근거 둘 중 헷 Q&A 어휘/개념 부정 질문

분석쌤 강의

● **분 석** 쉽게 정답에 답한 경우에도 정답과 오답인 이유를 꼼꼼하게 따지는 과정에서 이와 같은 문제 유형을 풀 때 시간을 단축할 수 있는 방법을 챙겨 보면 유용한 문제

● **해결案** (가)를 읽은 후 답지에서 (가)에 대한 설명부터 체크하면 문제 풀이 시간을 단축할 수 있다. 이때 적절하지 않은 내용이 포함된 답지는 (나)에 대한 설명을 체크하지 않아도 되는데, 그러기 위해서는 ○, ✕ 여부를 꼼꼼하게 체크해야 한다.

---

08 ㉠, ㉡에 대한 이해로 적절하지 않은 것은?

① ㉠에서 개별 기업은 가격 수용자로서 시장에서 결정된 가격에 따라 제품을 판매한다.

② ㉡에서 기업이 제품의 생산량을 늘려 나가는 과정에서 얻게 되는 한계 수입은 가격보다 낮아진다.

③ ㉡에서 독점 기업은 시장의 유일한 공급자로서 독점 기업이 판매량을 늘리려면 가격을 낮춰야 한다.

④ ㉠에는 진입 장벽이 존재하지 않으므로, ㉡에 비해 개별 기업들의 시장 진입이 자유롭다.

⑤ ㉠에는 많은 수의 공급자와 수요자가 존재하므로, ㉡보다 기업이 시장을 지배하는 힘이 크다.

지문 근거 둘 중 헷 Q&A 어휘/개념 부정 질문

분석쌤 강의

● **분 석** 정답에 답한 학생들이 많았지만, 특정 오답지에 답한 학생들이 제법 있었던 만큼 해당 답지가 오답인 이유도 살펴보면 유용한 문제

● **해결案** ㉠부터 먼저 적절한지를 살핀 후 ㉡을 체크하되, 지문을 근거로 ○, ✕로 표시하며 푼다.

---

09 (가)와 (나)를 참고할 때, Ⓐ~Ⓒ에 들어갈 말을 바르게 짝지은 것은?

> 독점 기업이 제품의 가격을 한계 비용보다 (Ⓐ) 설정하면, 한계 비용보다 지불 용의가 낮은 수요자들의 (Ⓑ)가 일어나 결과적으로 상호 이득이 될 수 있었던 거래의 기회가 줄어들게 된다. 이에 공정거래법에서는 시장 진입 제한을 막고, 기업 간 경쟁을 (Ⓒ)하여 독점으로 인한 경제적 손실을 해소하고자 한다.

	Ⓐ	Ⓑ	Ⓒ		Ⓐ	Ⓑ	Ⓒ
①	높게	소비 감소	촉진	②	높게	소비 감소	억제
③	높게	소비 증가	억제	④	낮게	소비 감소	억제
⑤	낮게	소비 증가	촉진				

지문 근거 둘 중 헷 Q&A 어휘/개념 부정 질문

분석쌤 강의

● **분 석** 특정 오답지에 답한 학생들이 많았던 문제로, 2차 채점 후 해당 오답지가 오답인 이유도 따져 알고, 이와 같은 문제 유형을 빠르게 푸는 방법도 챙겨 보면 유용한 문제

● **해결案** Ⓐ~Ⓒ에 들어갈 말을 질문하고 있으므로 Ⓐ~Ⓒ의 앞뒤에 전개된 내용을 통해 정답을 확정해야 한다. 이때 답지를 살피면 Ⓐ에는 '높게' 또는 '낮게'가, Ⓑ에는 '소비 감소' 또는 '소비 증가'가, Ⓒ에는 '촉진' 또는 '억제'가 들어간다는 것을 체크하면 정답을 좀 더 빠르게 확정 지을 수 있다.

10 [A]를 바탕으로 〈보기〉를 이해한 내용으로 적절하지 <u>않은</u> 것은? [3점]

지문근거 둘중햇 Q&A 어휘/개념 부정질문

보기

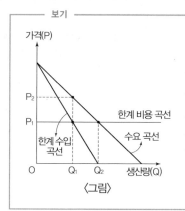

〈그림〉은 가상의 독점 기업 '갑'이 생산하는 제품의 가격과 생산량을 그래프로 나타낸 것이다. 한계 수입 곡선과 한계 비용 곡선은 수량 한 단위의 변화에 따른 총수입과 총비용의 변화를 보여 주고, 수요 곡선은 제품에 대한 수요자의 최대 지불 용의를 나타낸다.

① '갑'은 이윤을 최대로 높이기 위한 최적 생산량 수준을, 한계 수입 곡선과 한계 비용 곡선이 교차하는 Q_1 지점으로 결정할 것이다.

② '갑'이 생산량을 Q_1에서 Q_2로 늘리면서 제품의 가격을 P_2에서 P_1으로 낮춰 공급하더라도, 독점으로 얻고 있던 이윤은 유지될 것이다.

③ '갑'의 생산량이 Q_1보다 적으면 한계 수입이 한계 비용보다 높으므로, 이윤을 높이려면 생산량을 Q_1 수준까지 증가시켜야 할 것이다.

④ '갑'의 생산량이 Q_1이고 공급할 제품의 가격이 P_2라면, 해당 기업이 제품을 판매할 때 얻게 되는 단위당 이윤은 P_2-P_1이 될 것이다.

⑤ '갑'은 이윤 극대화를 위해 수요자의 최대 지불 용의 수준을 고려하여 공급할 제품의 최종 시장 가격을 P_1이 아닌 P_2로 결정할 것이다.

분석쌤 강의
● 분 석 오답지들에 답한 학생들이 많았던 문제인 만큼 꼭 복습해야 하고, 복습 시 〈보기〉의 그래프를 이해하고 해석하는 방법을 한 번 더 챙겨 봐야 하는 문제
● 해결案 〈보기〉의 그림(그래프)이 의미하는 바를 [A]와 그래프 오른쪽의 설명을 바탕으로 이해한다. 시간 단축을 위해 [A]를 바탕으로, 답지의 설명을 〈보기〉보다 먼저 읽은 다음 적절한지를 체크하는 방법도 좋다. 이때 정답 여부는 [A]와 〈보기〉를 근거로 판단하면 된다.

11 (나)를 바탕으로 〈보기〉를 이해한 내용으로 적절하지 <u>않은</u> 것은?

지문근거 둘중햇 Q&A 어휘/개념 부정질문

보기

【사례 1】반도체 판매 1위인 A사는 국내 PC 제조업체들에게 경쟁업체 B사의 반도체를 구매하지 않겠다는 약속의 대가로, 상호 합의를 거쳐 반도체 대금으로 받은 금액 일부를 되돌려주었다. 이에 대해 공정거래위원회는 A사에 과징금을 부과하였다.

【사례 2】국내 건설업체 C사는 신축 공사 입찰에서 평소 친분이 있는 건설업체 D사가 낙찰받을 수 있도록 입찰 가격을 묵시적으로 합의하고, D사의 입찰 예정 금액보다 높은 금액을 입찰 가격으로 제시하였다. 그 결과 D사가 최종 사업체로 선정되었지만, 공정거래위원회는 시정 조치를 명하였다.

① 【사례 1】에서 공정거래위원회는 A사가 시장 지배적 지위 남용을 통해 경쟁 사업자인 B사의 사업 활동을 부당하게 배제하였다고 보았겠군.

② 【사례 1】에서 공정거래위원회는 A사와 국내 PC 제조업체들의 상호 합의에 의해 방해 남용인 배타 조건부 거래가 발생했다고 판단했겠군.

③ 【사례 2】에서 C사와 D사의 합의가 명시적인 형태가 아니라 묵시적인 형태로 이루어졌다고 할지라도, 경쟁 제한 행위의 위법성은 인정될 수 있겠군.

④ 【사례 2】에서 C사가 만약 D사와의 입찰 담합을 약속하고도 실제 입찰 과정에서 이를 실행하지 않았다면, 부당한 공동 행위는 없었던 것이 되겠군.

⑤ 사업자의 독과점 추구 자체는 금지되어 있지 않지만, 【사례 1】과 【사례 2】에서 확인되는 A사와 C사의 행위는 경쟁 제한의 폐해를 초래했기 때문에 규제 대상이 되었겠군.

분석쌤 강의
● 분 석 정답에 답한 학생들이 많았지만, 오답지들이 오답인 이유도 따져 알고, 문제 풀이 시간을 단축하는 풀이법도 챙겨 보고 넘어가야 하는 문제
● 해결案 발문(문두)에서 '(나)를 바탕으로~'라고 한 것에 주목한 다음, 〈보기〉의 [사례 1]부터 읽은 후 (나)에서 관련 내용을 찾아 ①과 ②가 적절한지를 판단하고, [사례 2]를 읽은 후 나머지 답지들에 대한 이해도 적절한지 (나)의 내용을 근거로 판단한다.

12 문맥상 ⓐ~ⓔ의 단어와 가장 가까운 의미로 쓰인 것은?

① ⓐ: 그 문제에 대해 강경한 태도를 취했다.

② ⓑ: 나는 그녀와 슬픔을 나누는 친근한 사이이다.

③ ⓒ: 그를 나쁘게 말하는 사람은 별로 없다.

④ ⓓ: 반 아이들의 이름이 하나하나 불렸다.

⑤ ⓔ: 교향악단은 최정상급의 연주자들로 이루어졌다.

지문 근거 둘중헷 Q&A 어휘/개념 부정질문

분석쌤강의

● 분 석 2016학년도 수능과 2017학년도 9월 모의평가에도 출제된 어휘가 많이 헷갈린 오답지로 출제된 문제

● 해결案 [1단계] ⓐ~ⓔ가 포함된 문장의 핵심 간추리기 → [2단계] ⓐ~ⓔ의 '매3어휘 풀이 떠올리기' → [3단계] 2단계에서 떠올린 말을 답지의 밑줄 친 말에 대입하기

13~18 다음 글을 읽고 물음에 답하시오.   2023학년도 9월 고2 전국연합학력평가【20~25】 사회(주제 통합)

(가)

미국의 헌법학자 제롬 배런은 1967년 언론 매체 접근·이용권을 최초로 주장하였다. 언론 매체 접근·이용권이란 국민이 자신의 사상이나 의견을 표명하기 위하여 언론 매체에 자유로이 접근하여 이를 이용할 수 있는 권리를 말한다.

배런은 당시 미국과 영국 내 언론의 독과점으로 인해 국민의 다양한 의견을 표출할 수 있는 통로가 점점 사라지고 있음을 지적했다. 또한 그는 상업적 이익만을 추구하는 언론사가 보다 많은 시청자나 독자 등을 확보하기 위하여 사람들이 불편하게 여기는 주장이나 의견보다는 대중적인 주장이나 의견만을 전달하고 있다고 비판하였다. 언론 매체가 공론장의 역할을 하지 못해 국민의 다양하고 공정한 여론을 형성하는 기능을 수행하지 못함을 지적한 것이다. 이러한 상황에서 국민들이 언론 매체가 아닌 다른 수단을 통해 자신의 의견을 표명하려고 해도 매스미디어에 ⓐ견주면 그 전달 범위가 극히 제한적이라고 보았다. 매스미디어의 거대화, 독점화에 따라 언론의 자유가 매체를 소유하거나 지배하는 소수의 계층이나 집단의 것으로 전락하였기 때문에 시민들의 언론의 자유를 보장하기 위해 언론 매체 접근·이용권을 인정해야 함을 주장한 것이다.

법적으로 보장받는 언론 매체 접근·이용권의 대표적인 형태는 반론권이다. 이는 언론 매체에 의하여 명예 훼손·비판·공격 등으로 피해를 입은 국민이 자기와 관련이 있는 보도에 대해 반론이나 정정 또는 해명의 기회를 요구할 수 있는 권리이다. 반론권은 언론 매체에 정정 및 반론 보도, 추후 보도 등을 청구할 수 있는 권리로 구체화되어 있다. 반론권 이외에도 방송법에 언론 매체가 사회의 다양성을 해치거나 임의로 특정 의견을 차별하지 못하게 하는 조항을 마련하고 있으며, 시청자 참여 프로그램을 편성하도록 하는 조항 등을 통해 국민이 언론 매체를 이용하여 자신의 의사를 표명할 수 있도록 하고 있다.

언론 매체 접근·이용권은 국민의 언론의 자유를 보장하고 민주주의 실현에 ⓑ이바지하는 중요한 권리이다. 그러나 언론 매체 접근·이용권은 언론 매체가 신문 등의 표현 내용을 결정하는 권리인 편집권과 ⓒ맞부딪칠 수도 있다. 이에 언론 매체에 일정한 기준의 재량권을 부여하고, 만약 언론 매체가 일정한 재량권을 일탈하거나 남용할 때는 구제 수단을 활용하여 국민의 언론 매체 접근·이용권을 보호하고 있다.

(나)

언론 보도에 의해 명예나 권리를 침해받은 때에는 어떻게 해야 할까? 명예 훼손죄로 고소할 수도 있지만, 판결이 나오기까지 시간이 오래 걸린다. 따라서 언론중재법에는 언론 매체에 의해 피해를 받은 개인에게 신속하고 대등한 방어 수단을 제공하기 위해 정정 보도 청구권과 반론 보도 청구권이 규정되어 있다.

정정 보도 청구권은 진실하지 않은 언론 보도 등으로 인해 피해를 입었을 경우 보도 내용의 잘못을 바로잡는 정정 보도를 요구할 수 있는 권리이며, 반론 보도 청구권은 언론 보도 등으로 인해 피해를 입었을 경우 그 보도 내용에 관한 반론을 보도해 줄 것을 요구할 수 있는 권리이다. 정정 보도를 청구하는 피해자는 원 보도가 허위임을 입증해야 한다. 반면 반론 보도는 원 보도의 진위 여부와 상관없이 청구할 수 있다.

정정 보도 청구권과 반론 보도 청구권의 주체는 보도 내용과 개별적 연관성이 있으며 그 보도로 인해 피해를 입은 자이다. 청구권의 주체는 언론 보도의 '사실적 주장'에 대해 정정 보도와 반론 보도를 청구할 수 있는데, '사실적 주장'이라는 것은 증거에 의해서 그 존재 여부를 판단할 수 있는 사실 관계에 관한 주장을 의미한다. 따라서 단순한 의견이나 논평, 광고 등은 청구의 대상이 아니다. 피해자는 해당 언론 보도 등이 있음을 안 날로부터 3개월 이내에 정정 또는 반론 보도를 청구

할 수 있는데, 해당 언론 보도 등이 있은 후 6개월이 지났을 때에는 이를 청구할 수 없다. 정정 또는 반론 보도 청구는 언론 사 등의 대표자에게 서면으로 하여야 하며, 언론사가 청구를 수용한다면 청구를 받은 날부터 7일 이내에 정정 또는 반론 보도문을 방송하거나 ⓓ싣게 된다. ㉠이때의 보도는 원 보도와 동일한 채널, 지면에서 이루어져야 하며, 방송 진행자는 보 도문을 읽을 때 통상적인 속도로 읽어야 한다.

만약 언론중재법상 정정 보도를 청구할 수 있는 기간이 지났다면 민법 제764조에 의거하여 정정 보도를 청구할 수도 있 다. 민법상 정정 보도 청구권에 따르면 언론 보도 등으로 명예를 훼손당한 사람은 언론 보도가 있음을 안 날로부터 3년 이 내에 법원에 소를 제기할 수 있는데, 해당 언론 보도가 있은 후 10년이 지났을 때에는 불가하다. 민법상 정정 보도를 청구 할 때는 언론사 등의 대표자뿐만이 아니라, 잘못된 언론 보도로 손해를 가한 기자, 편집자 등에 대해서도 공동으로 청구할 수 있다. 그런데 민법상 정정 보도 청구권이 성립하려면 언론중재법과 달리 언론사의 고의 또는 과실이 있다는 것과, 해당 보도에 위법성이 있음이 입증되어야 한다. 만약 언론 보도가 타인의 명예를 훼손했다 하더라도 해당 보도가 공공의 이익을 위한 것일 때는 위법이 아니라고 인정된다. 이처럼 민법상 정정 보도 청구권은 언론중재법상 정정 보도 청구권을 행사하는 것보다 엄격한 성립 요건을 필요로 한다.

정정 보도 청구권 및 반론 보도 청구권은 피해를 입은 개인의 입장을 제공하게 하여 개인의 피해 회복을 ⓔ돕고 우리 사 회가 진실을 발견하고 올바른 여론을 형성하는 데 일조한다.

다시보기 ▶ 다시 볼 문제 체크하고 틀린 이유 메모하기

13 **(가)와 (나)에 대한 설명으로 가장 적절한 것은?**

① (가)는 권리의 유형을 구분하였고, (나)는 권리의 주체를 법률의 내용에 따라 분류하였다.

② (가)는 권리의 발전 과정을 소개하였고, (나)는 권리의 실행 과정에 나타나는 한계를 지적하였다.

③ (가)는 권리의 등장 배경과 실현 양상을 설명하였고, (나)는 근거한 법에 따른 권리의 성립 요건 차이를 비교하였다.

④ (가)는 시대에 따라 변화하는 권리의 의의를 평가하였고, (나)는 다른 권리와 대비하며 권리의 특성을 분석하였다.

⑤ (가)는 권리가 올바르게 실행되기 위한 조건을 제시하였고, (나)는 권리의 실행 으로 인해 변화된 양상을 서술하였다.

지문 근거 둘중헷   Q&A   어휘/개념 부정질문

분석쌤 강의
● 분 석 (가)와 (나)의 내용 전개 방식을 질문 한 문제로, 오답지에 분명하게 오답인 근거가 포 함되어 있어 쉽게 정답에 답한 학생들이 많았지 만, 복습을 통해 오답지가 오답인 이유를 한 번 더 체크하고 넘어가면 이와 같은 문제를 빠르게 해결할 수 있는 비문학 빈출 문제 유형
● 해결案 (가)를 읽은 다음, 답지 ①부터 ⑤까 지 (가)에 대한 설명 내용이 적절한지 따져 O, X 표시를 한다. 그런 다음 (나)를 읽고, 앞서 O로 표시된 답지들만을 대상으로 (나)에 대한 설명 내용이 적절한지 따져 O로 표시된 것을 정답으 로 고르면 된다.

다시보기 ▶ 다시 볼 문제 체크하고 틀린 이유 메모하기

14 **(가), (나)의 내용과 일치하지 않는 것은?**

① 언론 매체가 재량권을 남용한 경우에 국민의 언론 매체 접근·이용권은 보호 받을 수 있다.

② 공공의 이익을 위한 보도가 타인의 명예를 훼손한 경우 민법상 정정 보도 청구 권은 성립하지 않는다.

③ 민법상 정정 보도 청구권은 언론중재법상 정정 보도 청구권보다 보도를 청구 할 수 있는 기한이 길다.

④ 언론중재법상 정정 보도 또는 반론 보도를 청구하려면 언론 보도로 인해 피해 를 입은 사실이 있어야 한다.

⑤ 배런은 시민에게 매체를 소유할 수 있는 권리가 주어지지 않아 언론의 자유가 소수의 것으로 전락했다고 보았다.

지문 근거 둘중헷   Q&A   어휘/개념 부정질문

분석쌤 강의
● 분 석 '내용 일치 문제'도 어려울 수 있다는 것을 새기게 해 준 문제
● 해결案 '내용 일치 여부를 묻는 문제군.', '답 지에서 핵심어(구)를 체크한 다음, 지문에서 해 당 핵심어(구)를 찾아 일치 여부를 따지면 되겠 군.' 한다. 이때 답지의 내용을 세부적으로 꼼꼼 히 따지지 않으면 모두 일치하는 것으로 판단될 수 있으므로 답지를 두루뭉술하게 체크해서는 안 된다. 또 일치 여부가 모호할 때에는 △로 표 시해 두고, 확실하게 일치하지 않는 것에는 X로 표시함으로써 문제 풀이 시간을 단축하는 문제 풀이법도 챙겨야 한다.

15 (가)를 바탕으로 〈보기〉를 이해한 내용으로 적절하지 않은 것은? [3점]

─ 보기 ─

ㄱ. 방송법 제6조 제9항

　　방송은 정부 또는 특정 집단의 정책 등을 공표하는 경우 의견이 다른 집단에 균등한 기회가 제공되도록 노력하여야 하고, 또한 각 정치적 이해 당사자에 관한 방송 프로그램을 편성하는 경우에도 균형성이 유지되도록 하여야 한다.

ㄴ. 방송법 제6조 제2항

　　방송은 성별·연령·직업·종교·신념·계층·지역·인종 등을 이유로 방송 편성에 차별을 두어서는 아니 된다.

ㄷ. 언론중재법 제17조 제1항

　　언론 등에 의하여 범죄 혐의가 있거나 형사상의 조치를 받았다고 보도 또는 공표된 자는 그에 대한 형사 절차가 무죄 판결 또는 이와 동등한 형태로 종결되었을 때에는 그 사실을 안 날부터 3개월 이내에 언론사 등에 이 사실에 관한 추후 보도의 게재를 청구할 수 있다.

① ㄱ은 언론 매체가 공정한 여론을 형성하는 공론장의 역할을 해야 한다는 인식을 반영하고 있다.

② ㄱ은 언론 매체에 의하여 비판을 당한 국민이 반론의 기회를 요구할 수 있는 권리를 보장하고 있다.

③ ㄴ은 언론 매체가 사회의 다양성을 해치지 못하도록 하고 있다.

④ ㄷ은 매스미디어를 소유하지 않아도 언론의 자유를 보장받을 수 있도록 하고 있다.

⑤ ㄷ은 언론 보도로 피해를 입은 사람이 자신의 의사를 표명할 수 있도록 하고 있다.

지문 근거 둘중 헷 Q&A 어휘/개념 부정 질문

분석쌤 강의

● **분 석** 특정 오답지에 답한 학생들이 아주 많았던 문제로, 2차 채점 후 해당 답지가 오답인 이유를 살펴봐야 하는 문제

● **해결案** '(가)를 바탕으로~'에 주목하여 답지를 살핀다. 이때 〈보기〉의 ㄱ을 읽은 후 답지 ①과 ②를 검토하고 ㄴ을 읽은 다음 답지 ③을 검토하는 방식으로 풀되, (가)에서 근거를 찾아 (가)를 바탕으로 이해한 내용이 적절한지를 살피고, 〈보기〉의 ㄱ~ㄷ의 법 조항에 부합하는지도 체크한다.

16 ⊙의 이유를 추론한 내용으로 가장 적절한 것은?

① 원 보도와 동일한 효과를 낼 수 있는 대등한 방어 수단을 제공하기 위해서이다.

② 원 보도를 한 언론사의 대표자에게 원 보도를 진실에 맞게 수정해 달라고 요구하기 위해서이다.

③ 원 보도에 비해 신속한 전달 수단을 제공하여 언론 매체에 의한 피해를 최소화하기 위해서이다.

④ 언론 매체가 대중적인 주장과 사람들이 불편하게 여기는 주장을 차별적으로 보도하지 않도록 하기 위해서이다.

⑤ 양측의 주장을 같은 방식으로 제공하여 옳고 그름에 대한 판단을 시청자 또는 독자가 내리도록 하기 위해서이다.

지문 근거 둘중 헷 Q&A 어휘/개념 부정 질문

분석쌤 강의

● **분 석** 지문에 근거하지 않고 답지만 보면 모두 적절한 것 같아서 오답에 답한 학생들이 아주 많았던 문제

● **해결案** '⊙의 이유'를 질문한 것과 ⊙에서 말한 '보도'는 '정정 보도, 반론 보도'라는 점에 주목하여, 정정 보도, 반론 보도가 ⊙과 같이 이루어져야 하는 이유와 관련된 내용을 지문에서 찾는다. 정답을 빠르게 찾으려면 각 답지의 끝에 '~하기 위해서이다.'가 공통으로 들어가 있는 점에 주목하여, '①과 같이 하기 위해 ⊙과 같이 해야 한다.'가 적절한지를 따지는 방식으로 풀면 더 쉽고 빠르게 정답을 확정지을 수 있다.

17 문맥상 ⓐ~ⓔ와 바꾸어 쓰기에 적절하지 않은 것은?

① ⓐ: 비하면

② ⓑ: 기여하는

③ ⓒ: 충돌할

④ ⓓ: 게재하게

⑤ ⓔ: 증진하고

지문 근거 둘중 헷 Q&A 어휘/개념 부정 질문

분석쌤 강의

● **분 석** 수능 시험에 빠지지 않고 출제되는 어휘 문제 유형

● **해결案** '매3'에서 강조하는 어휘 문제 3단계 풀이법을 적용해 풀고, 쉽게 정답을 확정하였어도 어휘 문제 3단계 풀이법을 적용해 복습하도록 한다.

18 (나)를 바탕으로 〈보기〉를 탐구한 내용으로 적절하지 <u>않은</u> 것은?

> ┌─ 보기 ─┐
>
> ○○ 동물 병원을 운영하는 A는 △△ 신문의 기자 B가 제보 내용에 대한 별도의 취재 없이 보도한 기사로 인해 매출이 줄어드는 피해를 입었다. A는 다음의 내용으로 △△ 신문의 대표자 C 또는 기자 B에게 정정 및 반론 보도를 요청하고자 한다.
>
> > 본 신문은 2022년 9월 1일자 10면에 '○○시 소재 동물 병원, 입원한 반려견 방치하고 처방전 미발급'이라는 제목으로 ○○시에 소재한 모 동물 병원이 입원한 반려견에게 먹이를 주지 않았으며 처방전을 발급하지 않고 의약품을 투약했다고 보도하였습니다.
> > 그러나 해당 동물 병원의 CCTV 영상을 확인한 결과 동물 병원의 직원들이 입원한 반려견에게 적정량의 먹이를 제공한 것으로 밝혀져 이를 바로잡습니다. 또한 해당 동물 병원에서는 처방전을 발급하지 않은 것은 사실이지만, 관련 법에 근거하여 수의사가 직접 처방 대상 동물용 의약품을 투약하는 경우에는 처방전을 발급하지 않을 수 있다고 밝혀 왔습니다.

① A가 별도의 취재를 하지 않은 B에게 정정 보도를 청구하려면 법원에 소를 제기해야겠군.

② A는 먹이 제공과 관련된 내용은 정정 보도를, 처방전 미발급과 관련된 내용은 반론 보도를 청구하려는 것이겠군.

③ A가 △△ 신문의 보도가 있음을 안 날이 2023년 9월 1일이라면 민법 제764조에 의거하여 권리를 행사해야겠군.

④ B의 기사 중 입원한 반려견에게 먹이를 주지 않았다는 내용은 사실적 주장에 해당하지 않겠군.

⑤ C가 언론중재법에 의거한 A의 청구를 수용한다면, 청구를 받은 날부터 일주일 이내에 A가 요청한 보도문을 △△ 신문에 싣겠군.

지문 근거 둘 중 헷 Q&A 어휘/개념 부정 질문

분석쌤 강의

● **분 석** 정답보다 오답에 답한 학생들이 많았는데, 특히 정답의 근거를 꼼꼼하게 읽지 않아 오답지들 중에서 정답을 찾느라 시간이 많이 소요된 문제

● **해결案** 발문(문두)에서는 '(나)를 바탕으로' 〈보기〉를 이해해야 한다는 것을 알려 주었고, 〈보기〉에서는 언론 보도로 인해 피해를 입은 A가 기자 B 또는 신문의 대표자 C에게 정정 및 반론 보도를 요청하는 상황과 정정 및 반론 보도문을 제시하였다. 따라서 답지를 검토할 때에는 (나)와 〈보기〉를 근거로 하여 적절한 이해인지를 체크해야 하는데, 이때 각 답지에서 키워드가 되는 말을 체크하여 이와 관련된 내용이 언급된 (나)의 내용을 바탕으로 정답 여부를 판단해야 한다.

▶ 정답을 모르는 상태에서 2차 풀이를 하기 위한 방법으로, 아래 채점표 대신 '모바일 자동 채점 프로그램'(문제편 표지 QR 코드)을 이용해도 된다.

🕐 **종료 시각**   시   분   초

총 소요 시간	종료 시각 −시작 시각	**분**	**초**
목표 시간		28분	5초
초과 시간	총 소요 시간 −목표 시간	**분**	**초**

1 종료 시각을 적은 후, 문제에 체크한 '내가 쓴 답'을 ❶에 옮겨 적는다.
2 ❷에 채점을 하되, 틀린 문제에만 '/' 표시를 한다.
  (문제에 직접 채점하지 않는 이유는 다시 풀 때 정답을 모르는 상태에서 풀어야 제대로 훈련이 되기 때문)

문항 번호	1	2	3	4	5	6	7	8	9	10	11	12	13	14	15	16	17	18
❶ 내가 쓴 답																		
❷ 채 점																		

☞ 정답은 〈클리닉 해설〉 **p.128**(해설은 p.62)

3 틀렸거나 찍어서 맞힌 문제는 다시 푼다.
4 2차 채점을 할 때 다시 풀어서 맞힌 문항은 △, 또 틀린 문항은 ✕ 표시를 한다.
5 △와 ✕ 문항은 반드시 다시 보고 틀린 이유를 알고 넘어간다.

채점 결과_ 13일째
반드시 체크해서 복습 때 활용할 것

	1차채점		2차채점	
총 문항 수	18개	△ 문항 수		개
틀린 문항 수	개	✕ 문항 수		개

14 일째

구분	1 공부한 날	2 초과 시간	총 문항 수	3 틀린 문항 수	4 △ 문항 수	5 × 문항 수
8일째	월 일	분 초	11 개	개	개	개
9일째	월 일	분 초	12 개	개	개	개
10일째	월 일	분 초	11 개	개	개	개
11일째	월 일	분 초	12 개	개	개	개
12일째	월 일	분 초	11 개	개	개	개
13일째	월 일	분 초	18 개	개	개	개

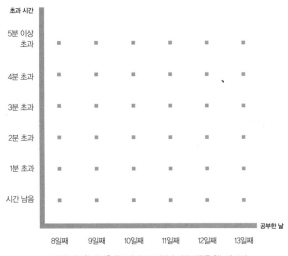

▲매일 체크한 시간을 동그라미로 표시하여 시간 변화를 한눈에 보자.

1주일간 공부한 내용을 다시 보니, ……

1 　매일 지문 3개씩 시간에 맞춰 풀었다. *vs.* 내가 한 약속을 못 지켰다.
　　▶시간 부족 문제를 극복하기 위해서는 매일 비문학 독서 지문 3개씩을 꾸준히 공부해야 효과적이다.

2 　시간이 단축되고 있음을 느낀다. *vs.* 문제 푸는 시간이 줄지 않는다.
　　▶시간이 들쑥날쑥하는 원인 중의 하나는 난이도일 수도 있다.
　　〈클리닉 해설〉에 있는 '지문별 난이도'(p.37)를 참고해서 내 실력 향상을 체크하자.

3 　틀린 문항 수가 거의 비슷하다.
　　▶특정 제재에서 많이 틀렸는지, 특정 문항 유형에서 많이 틀렸는지를 확인하고
　　각 문항 오른쪽에 제시된 '분석쌤 강의'를 통해 문제점 극복 방안을 찾는다.

4 　△ 문항이 × 문항보다 많다면, … △ 문항 수를 줄이는 것이 국어 영역 고득점의 지름길!
　　▶△ 문항을 줄이는 방법은 처음 틀렸을 때 왜 그 답지를 정답으로 생각했는지를 따져 보는 것이다.
　　다시 봤을 때 아무리 쉬워도, 틀린 문제는 또 틀릴 수 있다는 것을 명심하자.

5 　× 문항 수가 줄지 않는다면?
　　▶〈클리닉 해설〉을 본다. 많은 학생들이 질문한 문제를 같은 생각에서 틀린 것인지,
　　아니면 쉬운 문제임에도 불구하고 틀린 것인지를 체크하여 내가 취약한 유형이 무엇인지를 파악한다.
　　〈클리닉 해설〉과 '분석쌤 강의'를 보고 확실하게 알고 넘어가고,
　　'매3 오답 노트'에 메모해 두었다가 한 달에 한 번 꼭 다시 복습한다.

! 　1주일간 공부한 내용과 '매3 오답 노트'에 메모한 내용까지 다시 보니,

결론적으로,

내가 **취약한 부분**은 [　　　　　　　]이다.

취약점을 보완하기 위해서 나는 [　　　　　　　]을/를 해야겠다.

한 달 뒤 다시 봐야 할 내용과 지문, 어휘 등이 있는 페이지는 지금 바로 접어 두었다.
어휘는 '매3어휘 풀이'를 떠올리며 익히고, 지문은 '문단 요약'을 참고해 한 번 더 복습해야겠다.

3 주차

과학 / 기술

1~3 **다음 글을 읽고 물음에 답하시오.**

2014학년도 수능(A형) 【16~18】 과학

19세기 중반 화학자 분젠은 불꽃 반응에서 나타나는 물질 고유의 불꽃색에 대한 연구를 진행하고 있었다. 그는 버너 불꽃의 색을 제거한 개선된 버너를 고안함으로써 물질의 불꽃색을 더 잘 구별할 수 있도록 하였다. 하지만 두 종류 이상의 금속이 섞인 물질의 불꽃은 색깔이 겹쳐서 분간이 어려웠다. 이에 물리학자 ㉠키르히호프는 프리즘을 통한 분석을 제안했고 둘은 협력하여 불꽃의 색을 분리시키는 분광 분석법을 창안했다. 이것은 과학사에 길이 남을 업적으로 이어졌다.

그들은 불꽃 반응에서 나오는 빛을 프리즘에 통과시켜 띠 모양으로 분산시킨 후 망원경을 통해 이를 들여다보는 방식으로 실험을 진행하였다. 빛이 띠 모양으로 분산되는 것은 빛이 파장이 짧을수록 굴절하는 각이 커지기 때문이다. 이 방법을 통해 그들은 알칼리 금속과 알칼리 토금속의 스펙트럼을 체계적으로 조사하여 그것들을 함유한 화합물들을 찾아내었다. 이 과정에서 그들은 특정한 금속의 스펙트럼에서 띄엄띄엄 떨어진 밝은 선의 위치는 그 금속이 홑원소로 존재하든 다른 원소와 결합하여 존재하든 불꽃의 온도에 상관없이 항상 같다는 결론에 도달하였다. 이로써 화학 반응을 이용하는 전통적인 분석 화학의 방법에 의존하지 않고도 정확하게 화합물의 원소를 판별해 내는 분광 분석법이 탄생하였다. 이 방법의 유효성은 그들이 새로운 금속 원소인 세슘과 루비듐을 발견함으로써 입증되었다.

1859년 키르히호프는 이 방법을 천문학 분야로까지 확장하였다. 그는 불꽃 반응 실험에서 관찰한 나트륨 스펙트럼의 두 개의 인접한 밝은 선과 1810년대 프라운호퍼가 프리즘을 이용하여 태양빛의 스펙트럼에서 발견한 검은 선들을 비교하는 과정에서, 태양빛의 스펙트럼에 검은 선이 나타나는 원인을 설명할 수 있었다. 그는 태양빛의 스펙트럼의 검은 선들 중에서 프라운호퍼의 D선이 나트륨 고유의 밝은 선들과 같은 파장에서 겹쳐지는 것을 확인하고, D선은 태양에서 비교적 차가운 부분인 태양 대기 중에 존재하는 나트륨 때문에 생긴다고 해석했다. 이것은 태양 대기 중의 나트륨이 태양의 더 뜨거운 부분에서 나오는 빛 가운데 D선에 해당하는 파장의 빛들을 흡수하기 때문이다. 태양빛의 스펙트럼을 보면 D선 이외에도 차가운 태양 대기 중의 특정 원소에 의해 흡수된 빛의 파장 위치에 검은 선들이 나타난다. 이 검은 선들은 그 특정 원소가 불꽃 반응에서 나타내는 스펙트럼 상의 밝은 선들과 나타나는 위치가 동일하다.

이후 이러한 원리의 적용을 통해 철과 헬륨 같은 다른 원소들도 태양 대기 중에 존재함이 밝혀졌으며 다른 항성을 연구하는 데도 같은 원리가 적용되었다. 이를 두고 동료 과학자들은 물리학, 화학, 천문학에 모두 적용될 수 있는 분광 분석법이 천체 대기의 화학적 조성을 밝혀냄으로써 우주의 통일성을 드러내었고 우주의 모든 곳에 존재하는 자연의 원리를 인식하게 하는 데 공헌했다고 평가했다.

다시보기 ▶ 다시 볼 문제 체크하고 틀린 이유 메모하기

[분석쌤 강의]는 2차 채점 후 반드시 챙겨 본다!

01 윗글을 바탕으로 할 때, ㉠의 업적으로 볼 수 있는 것은?

① 화학 반응을 이용하는 분석 화학 방법을 확립하였다.

② 태양빛의 스펙트럼에 검은 선이 존재함을 알아내었다.

③ 물질을 불꽃에 넣으면 독특한 불꽃색이 나타나는 것을 발견하였다.

④ 프리즘을 이용하여 태양빛의 스펙트럼을 얻는 방법을 창안하였다.

⑤ 천체에 가지 않고도 그 대기에 존재하는 원소에 관한 정보를 얻을 수 있는 길을 열었다.

지문 근거　둘중헷　Q&A　어휘/개념　부정질문

분석쌤 강의

● **분 석** 오답의 근거가 지문에 명확하게 제시되어 있는데도 특정 오답지에 답한 학생들이 많았던 문제로, 지문에서 근거 찾기 훈련의 중요성을 다시 새기게 한 문제

● **해결案** 답지에서 설명하는 내용이 ㉠의 업적에 해당하는지의 여부는 지문에서 근거를 찾아야 알 수 있다. 복습할 때 답지 구성을 다시 보면 지문에 거의 그대로 제시되어 있는 답지도 있고, 미루어 짐작할 수 있는 답지도 있지만, 이 문제는 지문 내용과의 일치 여부 또는 추론 가능성 여부를 따지는 것이 아니라 ㉠의 업적으로 볼 수 있느냐가 핵심이다. 지문의 내용과 일치하는 것도, 미루어 짐작할 수 있는 것도 ㉠의 업적이 아니면 오답인 것이다.

02 윗글을 이해한 내용으로 가장 적절한 것은?

① 루비듐의 존재는 분광 분석법이 출현하기 전에 확인되었다.

② 빛을 프리즘을 통해 분산시키면 빛의 파장이 길수록 굴절하는 각이 커진다.

③ 금속 원소 스펙트럼의 밝은 선의 위치는 불꽃의 온도를 높여도 변하지 않는다.

④ 철이 태양 대기에 존재한다는 사실은 나트륨이 태양 대기에 존재한다는 사실보다 먼저 밝혀졌다.

⑤ 분젠은 두 종류 이상의 금속이 섞인 물질에서 나오는 각각의 불꽃색이 겹치는 현상을 막아 주는 버너를 고안하였다.

| 지문 근거 | 둘중헷 | Q&A | 어휘/개념 | 부정질문 |

분석쌤강의

● **분 석** 지문 내용과 일치하는 것과 지문을 통해 미루어 알 수 있는 것이 답지에 섞여 있어 '윗글을 이해한 내용으로 적절한 것'으로 질문한 문제

● **해결案** '윗글을 이해한 내용으로 적절한 것'을 질문했을 때는 답지의 내용 하나하나를 지문과 대조해 옳고 그름을 판단해야 한다. 이와 같은 유형의 문제는 정답의 근거가 지문에 그대로 제시되어 있을 수도 있고, 미루어 짐작하는 내용일 수도 있으므로 복습할 때 지문에서 근거를 찾아 체크하는 것이 중요하다.

03 윗글을 바탕으로 〈보기〉를 해석한 내용으로 적절하지 <u>않은</u> 것은? [3점]

─── 보기 ───

우리 은하의 어떤 항성 α와 β의 별빛 스펙트럼을 살펴보니 많은 검은 선들을 볼 수 있었다. 이것들을 나트륨, 리튬의 스펙트럼의 밝은 선들과 비교했을 때, 나트륨 스펙트럼의 밝은 선들은 각각의 파장에서 항성 β의 검은 선들과 겹쳐졌으나, 항성 α의 검은 선들과는 겹쳐지지 않았다. 리튬 스펙트럼의 밝은 선들은 각각의 파장에서 항성 α의 검은 선들과 겹쳐졌으나 항성 β의 검은 선들과는 겹쳐지지 않았다.

① 항성 α는 태양이 아니겠군.

② 항성 α의 별빛 스펙트럼에는 리튬이 빛을 흡수해서 생긴 검은 선들이 있겠군.

③ 항성 β에는 리튬이 존재하지 않겠군.

④ 항성 β의 별빛 스펙트럼에는 D선과 일치하는 검은 선들이 없겠군.

⑤ 항성 β의 별빛 스펙트럼에는 특정한 파장의 빛이 흡수되어 생긴 검은 선들이 있겠군.

| 지문 근거 | 둘중헷 | Q&A | 어휘/개념 | 부정질문 |

분석쌤강의

● **분 석** 이 시험(2014학년도 수능)의 출제 경향 및 특징을 예고한 9월 모의평가는 '과학' 지문에서 출제된 문제가 많이 어려웠지만, 실제 수능에서 출제된 이 지문에서는 3문제 모두 대부분의 학생들이 쉽게 풀었다. 이것은 문제의 난이도는 특정 제재에 국한되지 않는다는 것과 '과학' 제재도 항상 어려운 것은 아니라는 시사점을 준다.

● **해결案** 〈보기〉의 설명부터 이해한 다음, 〈보기〉의 내용과 연결되는 지문의 해당 부분을 찾아 답지의 옳고 그름을 판단한다.

복습하는 과정에서, 〈보기〉에 자료가 주어지고 지문과 연결하는 문제라고 해서 반드시 어려운 것은 아니라는 점을 이 문제를 통해 새기도록 하자.

동물은 다양한 방식으로 중요한 장소의 위치를 기억하고 이를 활용하여 자신의 은신처까지 길을 찾아올 수 있다. 동물의 길찾기 방법에는 '장소기억', '재정위', '경로적분' 등이 있다. '장소기억'은 장소의 몇몇 표지만을 영상 정보로 기억해 두었다가 그 영상과의 일치 여부를 확인하며 길을 찾는 방법이다. 기억된 영상은 어떤 각도에서 바라보는지에 따라 달라지기에, 이 방법을 활용하는 꿀벌은 특정 장소를 특정 각도에서 본 영상으로 기억해 두었다가 다시 그곳으로 갈 때는 자신이 보는 영상과 기억된 영상이 일치하도록 비행한다. 장소기억은 곤충과 포유류를 비롯한 많은 동물이 길찾기에 활용한다.

'재정위'는 방향 기억이 헝클어진 상황에서도 장소의 기하학적 특징을 활용하여 방향을 다시 찾는 방법이다. 예를 들어, 직사각형 방에 갇힌 배고픈 흰쥐에게 특정 장소에만 먹이를 두고 찾게 하면, 긴 벽이 오른쪽에 있었는지와 같은 공간적 정보만을 활용하여 먹이를 찾는다. 이런 정보는 흰쥐의 방향 감각을 혼란시킨 상황에서도 보존되는데, 흰쥐는 재정위 과정에서 장소기억 관련 정보를 무시한다. 하지만 최근 연구에 따르면, 원숭이는 재정위 과정에서 벽 색깔과 같은 장소기억 정보도 함께 활용한다는 점이 밝혀졌다.

'경로적분'은 곤충과 새의 가장 기본적인 길찾기 방법으로 이를 활용하는 능력은 타고나는 것으로 알려졌다. 예를 들어 먹이를 찾아 길을 나선 ㉠사하라 사막의 사막개미는 집 근처를 이리저리 탐색하다가 일단 먹이를 찾으면 집을 향해 거의

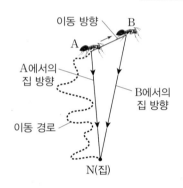

이동 방향 B
A
A에서의 집 방향
B에서의 집 방향
이동 경로
N(집)

일직선으로 돌아온다. 사막개미는 장소기억 능력이 있지만 눈에 띄는 지형지물이 거의 없는 사막에서는 장소기억을 사용할 수 없기 때문에 경로적분을 활용한다. 사막개미의 이러한 놀라운 집찾기는 집을 출발하여 먹이를 찾아 이동하면서 자신의 위치에서 집 방향을 계속하여 다시 계산함으로써 가능하다. 가령, 그림에서 이동 경로를 따라 A에 도달한 사막개미가 먹이를 찾았다면 그때 파악한 집 방향 $\overrightarrow{AN}$으로 집을 향해 갈 것이다. 만약 A에서 먹이를 찾지 못해 B로 한 걸음 이동했다고 가정하자. 이때 사막개미는 A에서 B로의 이동 방향과 거리에 근거하여 새로운 집 방향 $\overrightarrow{BN}$을 계산한다. 사막개미는 먹이를 찾을 때까지 이러한 과정을 반복하여 매 위치에서의 집 방향을 파악한다.

한편, 이동 경로상의 매 지점에서 사막개미가 방향을 결정하기 위해서는 기준이 있어야 한다. 이 기준을 정하기 위해 사막개미는 태양의 위치와 산란된 햇빛을 함께 이용한다. 태양의 위치는 태양이 높이 떠 있거나 구름에 가려 보이지 않을 때는 유용하지 않다. 이때 결정적 도움을 주는 것이 산란된 햇빛 정보이다. 사막개미는 마치 하늘을 망원경으로 관찰하는 천문학자처럼 하늘을 끊임없이 관찰하고 있는 셈이다.

다시보기   ▶ 다시 볼 문제 체크하고 틀린 이유 메모하기

[분석쌤 강의]는 2차 채점 후 반드시 챙겨 본다!

04 윗글에 대한 이해로 가장 적절한 것은?

① 곤충은 길찾기 과정에서 경로적분을 사용하지 않는다.
② 새는 길찾기 과정에서 장소기억을 기본적으로 사용한다.
③ 흰쥐는 재정위 과정에서 산란된 햇빛 정보를 활용한다.
④ 원숭이는 재정위 과정에서 기하학적 정보도 활용한다.
⑤ 꿀벌은 특정 장소를 여러 각도에서 바라본 영상을 기억하여 길을 찾는다.

지문 근거   둘중 헷   Q&A   어휘/개념   부정질문

분석쌤 강의
● **분 석** 지문에서 근거를 찾아 꼼꼼하게 정답 여부를 체크한 학생과, 내용 일치 여부뿐만 아니라 미루어 짐작할 수 있는 내용인지도 따져 ○, ✕를 표시하며 푼 학생은 정답에 답했으나, 그렇지 않은 경우는 특정 오답지에 답해 틀린 학생들이 많았던 문제
● **해결案** 지문을 끝까지 읽고 난 다음, 답지의 내용이 지문과 일치하는지도 따지고, 미루어 짐작할 수 있는지도 고려해 ○, ✕, △ 표시를 하며 정답을 좁혀 나간다.

05 윗글을 바탕으로 할 때, ㉠의 길찾기에 대한 추론으로 가장 적절한 것은?

① 사막개미는 암흑 속에서도 집 방향을 계산할 수 있겠군.

② 사막개미의 경로적분 능력은 학습을 통해 얻어진 것이겠군.

③ 지형지물이 많은 곳에서 사막개미는 장소기억을 활용하겠군.

④ 사막개미가 먹이를 찾은 후 집으로 되돌아갈 때는 왔던 경로를 따라 가겠군.

⑤ 사막개미는 한 걸음씩 이동하면서 그때마다 집까지의 직선 거리를 다시 계산하겠군.

지문 근거 틀중헷 Q&A 어휘/개념 부정 질문

분석쌤 강의

● **분 석** 이 시험(2014학년도 9월 모의평가)에서 두 번째로 어려웠던 문제로, 정답보다 오답에, 오답 중에서도 특정 오답지 하나에 집중적으로 답한 학생들이 많았던, 둘 중 하나에 헷갈려 오답에 답하게 만든 전형적인 국어 영역의 문제

한편, 이 지문은 '과학' 제재로, 자연계 학생들이 응시한 A형에서만 출제되었는데, 자연계 학생들이 과학 제재의 문제를 더 쉽고 빠르게 푼다는 인식을 희석시켜 준 문제(과학 제재가 인문계보다 자연계 학생들에게 유리한 점은 있지만, 지문에서 비교적 쉽게 정답의 근거를 찾을 수 있었음에도 불구하고 많은 학생들이 특정 오답지에 답한 것을 보면, 지문에서 근거를 찾아 접근하는 전형적인 국어 영역의 문제는 과학 제재라고 해서 자연계 학생들이 더 유리하다고 볼 수 없다는 것을 알려 준 셈)

● **해결案** '추론'이라고 한 발문(문두)에 유의한다. 내용 일치 여부를 묻는 문제가 아니라는 것이다. ㉠의 길찾기에 대한 설명은 3문단과 4문단에 나와 있으므로 답지의 내용과 3·4문단의 해당 부분을 비교·대조하며 옳고 그름을 판단한다. 지문과의 꼼꼼한 대조가 핵심이라는 것을 한번 더 기억하고 넘어가자.

06 윗글을 바탕으로 할 때, 〈보기〉의 상황에서 병아리가 보일 행동에 대한 추론으로 가장 적절한 것은? [3점]

> ── 보기 ──
>
> 병아리가 재정위 과정에서 기하학적 특징만을 활용한다고 가정하자. 아래 그림의 직사각형 모양의 상자에서 먹이는 A에만 있다. 병아리가 A, B, C, D를 모두 탐색하여 먹이가 어디에 있는지 학습하게 한 후, 상자에서 꺼내 방향을 혼란시킨 다음 병아리를 상자 중앙에 놓고 먹이를 찾도록 한다. 이와 같은 실험을 여러 번 수행하여 병아리가 A, B, C, D를 탐색하는 빈도를 측정한다.

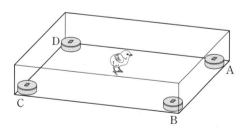

① A를 높은 빈도로 탐색하고 B, C, D를 비슷한 정도의 낮은 빈도로 탐색한다.

② A, B를 비슷한 정도의 높은 빈도로 탐색하고 C, D를 비슷한 정도의 낮은 빈도로 탐색한다.

③ A, C를 비슷한 정도의 높은 빈도로 탐색하고 B, D를 비슷한 정도의 낮은 빈도로 탐색한다.

④ A, D를 비슷한 정도의 높은 빈도로 탐색하고 B, C를 비슷한 정도의 낮은 빈도로 탐색한다.

⑤ A, B, C, D를 비슷한 정도의 빈도로 탐색한다.

지문 근거 틀중헷 Q&A 어휘/개념 부정 질문

분석쌤 강의

● **분 석** 〈보기〉에 제시된 정보 하나가 정답을 찾는 핵심 근거가 될 수 있음을, 그러므로 지문뿐만 아니라 발문(문두), 〈보기〉, 답지의 내용 하나하나를 꼼꼼히 읽는 것이 국어 영역을 잘하는 비결임을 알려 준 문제

● **해결案** 〈보기〉의 상황을 먼저 이해한다. '윗글을 바탕으로 할 때~'라는 발문(문두)에 주목하여 〈보기〉에서 병아리가 먹이를 찾는 과정이 윗글의 어느 부분과 연결되는지를 체크해 정답을 좁혀 나간다.

별의 밝기는 별의 거리, 크기, 온도 등을 연구하는 데 중요한 정보를 제공한다. 별의 밝기는 등급으로 나타내며, 지구에서 관측되는 별의 밝기를 '겉보기 등급'이라고 한다. 고대의 천문학자 히파르코스는 맨눈으로 보이는 별의 밝기에 따라 가장 밝은 1등급부터 가장 어두운 6등급까지 6개의 등급으로 구분하였다. 이후 1856년에 포그슨은 1등급의 별이 6등급의 별보다 약 100배 밝고, 한 등급 간에는 밝기가 약 2.5배 차이가 나는 것을 알아내었다. 이러한 등급 체계는 망원경이나 관측 기술의 발달로 인해 개편되었다. 맨눈으로만 관측 가능했던 1~6등급 범위를 벗어나 그 값이 확장되었는데 6등급보다 더 어두운 별은 6보다 더 큰 수로, 1등급보다 더 밝은 별은 1보다 더 작은 수로 나타내었다.

별의 겉보기 밝기는 지구에 도달하는 별빛의 양에 의해 결정된다. 과학자들은 단위 시간 동안 단위 면적에 입사하는 빛 에너지의 총량을 '복사 플럭스'라고 정의하였는데 이 값이 클수록 별이 더 밝게 관측된다. 그러나 별의 복사 플럭스 값은 빛이 도달되는 거리의 제곱에 반비례하기 때문에 별과의 거리가 멀수록 그 별은 더 어둡게 보인다. 이처럼 겉보기 밝기는 거리에 따라 다르게 관측되기 때문에 별의 실제 밝기는 절대 등급으로 나타낸다. 예를 들어, '리겔'의 경우 겉보기 등급은 0.1 정도이지만, 절대 등급은 −6.8 정도에 해당한다.

절대 등급은 별이 지구로부터 10파섹*(약 32.6광년)의 거리에 있다고 가정했을 때 그 별의 겉보기 등급으로 정의한다. 별의 실제 밝기는 별이 매초 방출하는 에너지의 총량인 광도가 클수록 밝아지게 된다. 광도는 별의 반지름의 제곱과 별의 표면 온도의 네제곱에 비례한다. 즉, 별의 실제 밝기는 별의 표면적이 클수록, 표면 온도가 높을수록 밝다.

과학자들은 별의 겉보기 등급에서 절대 등급을 뺀 값인 거리 지수를 이용하여 별까지의 거리를 판단하며, 이 값이 큰 별일수록 지구에서 별까지의 거리가 멀다. 어떤 별의 거리 지수가 0이면 지구와 그 별 사이의 거리가 10파섹임을 나타내고, 0보다 크면 10파섹보다 멀다는 것을 의미한다. 예를 들어 '북극성'의 겉보기 등급은 2.0 정도이고, 절대 등급은 −3.6 정도이므로 거리 지수는 5.6이다. 이 값이 0보다 크기 때문에 북극성은 10파섹보다 멀리 있으며, 실제로 지구에서 133파섹 떨어져 있다. 이처럼 별의 밝기와 관련된 정보를 통해 멀리 떨어져 있는 별에 대해 탐구할 수 있다.

* 파섹: 거리의 단위로서 1파섹은 3.086×10^{13}km, 즉 약 3.26광년에 해당한다.

다시보기 ▶ 다시 볼 문제 체크하고 틀린 이유 메모하기

[분석쌤 강의]는 2차 채점 후 반드시 참고 본다!

07 윗글을 통해 알 수 있는 내용으로 적절하지 않은 것은?

① 별빛이 도달되는 거리가 3배가 되면 복사 플럭스 값은 $\frac{1}{9}$배가 되겠군.

② 망원경으로 관측한 별 중에 히파르코스의 등급 범위를 벗어난 것이 있겠군.

③ 겉보기 등급과 절대 등급이 같은 별은 지구에서 약 32.6광년 떨어져 있겠군.

④ 어떤 별과 지구 사이의 거리가 10파섹 미만이라면 그 별의 거리 지수는 0보다 작겠군.

⑤ 겉보기 등급이 −1인 별과 겉보기 등급이 1인 별의 밝기는 약 2.5배 차이가 나겠군.

지문 근거	둘중헷	Q&A	어휘/개념	부정질문

분석쌤 강의

● **분 석** 시간에 쫓기지 않으면서 꼼꼼한 학생은 틀리지 않는, 내용 확인 및 추론 문제

● **해결案** 윗글을 통해 알 수 있는 내용을 묻는 문제, 내용 일치 여부를 묻는 문제, 윗글 또는 〈보기〉를 바탕으로 이해한 내용을 묻는 문제 등은 답지마다 가장 핵심이 되는 단어를 체크한 다음, 지문에서 그 단어를 언급한 부분의 앞뒤 내용을 통해 답지의 옳고 그름을 판단하도록 한다.

08 윗글을 바탕으로 〈보기〉를 이해한 내용으로 적절한 것은? [3점]

─ 보기 ─

다음은 가상의 별 A, B에 대한 정보이다. 별 B의 반지름과 표면 온도는 각각 별 A의 반지름과 표면 온도를 1로 설정하여 계산한 값이다.

	겉보기 등급	절대 등급	거리 지수	반지름	표면 온도
A	2	−1	3	1	1
B	1	−6	7	0.1	10

① 별 A는 별 B보다 광도 값이 더 크다.

② 별 A는 '리겔'보다 실제 밝기가 더 밝은 별이다.

③ 별 B는 별 A보다 별의 실제 밝기가 약 100배 밝다.

④ 별 B는 지구에서 133파섹보다 더 가까운 거리에 있다.

⑤ 별 B는 지구에서 볼 때 '북극성'보다 더 어둡게 보인다.

지문 근거	둘중헷	Q&A	어휘/개념	부정 질문

분석쌤 강의

● **분 석** 과학 제재이고, 도표에 적용하는 것이고, 수치를 계산하는 문제여서 어려운 게 아니라, 답지에서 판단하기를 요구하는 핵심이 무엇인지를 파악하지 못해 오답에 답한 학생들이 많았다는 것을 짚어야 하는 문제

● **해결案** 답지에서 구하는 값이 무엇인지를 파악한다. ①에서는 광도 값, ②와 ③에서는 실제 밝기, ④에서는 지구에서의 거리, ⑤에서는 지구에서 보는 별의 밝기이므로, 이에 대한 정보를 확인할 수 있는 지문의 해당 부분과 〈보기〉를 비교해 옳고 그름을 판단한다.

▶ 정답을 모르는 상태에서 2차 풀이를 하기 위한 방법으로, 아래 채점표 대신 '모바일 자동 채점 프로그램'(문제편 표지 QR 코드)을 이용해도 된다.

🕐 **종료 시각**　　시　　분　　초

1 종료 시각을 적은 후, 문제에 체크한 '내가 쓴 답'을 ❶에 옮겨 적는다.
2 ❷에 채점을 하되, 틀린 문제에만 '／' 표시를 한다.
(문제에 직접 채점하지 않는 이유는 다시 풀 때 정답을 모르는 상태에서 풀어야 제대로 훈련이 되기 때문)

문항 번호	1	2	3	4	5	6	7	8
❶ 내가 쓴 답								
❷ 채　　점								

☞ 정답은 〈클리닉 해설〉 p.128(해설은 p.72)

3 틀렸거나 찍어서 맞힌 문제는 다시 푼다.
4 2차 채점을 할 때 다시 풀어서 맞힌 문항은 △, 또 틀린 문항은 ✕ 표시를 한다.
5 △와 ✕ 문항은 반드시 다시 보고 틀린 이유를 알고 넘어간다.

총 소요 시간	종료 시각 −시작 시각	분	초
목표 시간		15분	20초
초과 시간	총 소요 시간 −목표 시간	분	초

채점 결과_ 15일째
반드시 체크해서 복습 때 활용할 것

	1차채점		2차채점	
총 문항 수	8개	△ 문항 수		개
틀린 문항 수	개	✕ 문항 수		개

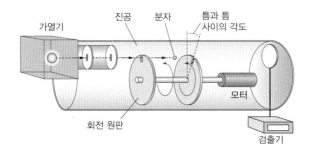

2013학년도 9월 모의평가【44~46】과학

1~3 다음 글을 읽고 물음에 답하시오.

상온에서 대기압 상태에 있는 1리터의 공기 안에는 수없이 많은 질소, 산소 분자들을 비롯하여 다양한 기체 분자들이 있다. 이들 중 어떤 산소 분자 하나는 짧은 시간에도 다른 분자들과 매우 많은 충돌을 하며, 충돌을 할 때마다 이 분자의 운동 방향과 속력이 변할 수 있기 때문에, 어떤 분자 하나의 정확한 운동 궤적을 아는 것은 불가능하다. 우리는 다만 어떤 구간의 속력을 가진 분자 수 비율이 얼마나 되는지를 의미하는 분자들의 속력 분포를 알 수 있을 뿐이다.

위에서 언급한 상태에 있는 산소처럼 분자들 사이의 평균 거리가 충분히 먼 경우에, 우리는 분자들 사이의 인력을 무시할 수 있고 분자의 운동 에너지만 고려하면 된다. 이 경우에 분자들이 충돌을 하게 되면 각 분자의 운동 에너지는 변할 수 있지만, 분자들이 에너지를 서로 주고받기 때문에 기체 전체의 운동 에너지는 변하지 않게 된다.

기체 분자들의 속력 분포는 맥스웰의 이론으로 계산할 수 있는데, 가로축을 속력, 세로축을 분자 수 비율로 할 때 종(鐘) 모양의 그래프로 그려진다. 이 속력 분포가 의미하는 것은 기체 분자들이 0에서 무한대까지 모든 속력을 가질 수 있지만 꼭짓점 부근에 해당하는 속력을 가진 분자들의 수가 가장 많다는 것이다. 기체 분자들의 속력은 온도와 기체 분자의 질량에 의해서 결정된다. 다른 조건은 그대로 두고 온도만 올리면 기체의 평균 운동 에너지가 증가하므로, 그래프의 꼭짓점이 속력이 빠른 쪽으로 이동한다. 이와 동시에 그래프의 모양이 납작해지고 넓어지는데, 이는 전체 분자 수가 변하지 않았기 때문에 그래프 아래의 면적이 같아야만 하기 때문이다. 전체 분자 수와 온도는 같은데 분자의 질량이 큰 경우에는, 평균 속력이 느려져서 분포 그래프의 꼭짓점이 속력이 느린 쪽으로 이동하며, 분자 수는 같기 때문에 그래프의 모양이 뾰족해지고 좁아진다.

그림은 맥스웰 속력 분포를 알아보기 위해서 ㉠밀러와 쿠슈가 사용했던 실험 장치를 나타낸 것이다. 가열기와 검출기 사이에 두 개의 회전 원판이 놓여 있다. 각각의 원판에는 가는 틈이 있고 두 원판은 서로 연결되어 있다. 두 원판은 일정한 속력으로 회전하면서 특정한 속력 구간을 가진 분자들을 선택적으로 통과시킬 수 있다.

가열기에서 나와 첫 번째 회전 원판의 가는 틈으로 입사한 기체 분자들 중 조건을 만족하는 분자들만 두 번째 회전 원판의 가는 틈을 지나 검출기에 도달할 수 있다. 첫 번째 원판의 틈을 통과하는 분자들의 속력은 다양하지만, 회전 원판의 회전 속력에 의해 결정되는 특정한 속력 구간을 가진 분자들만 두 번째 원판의 틈을 통과한다. 특정한 속력 구간보다 더 빠른 분자들은 두 번째 틈이 꼭대기에 오기 전에 원판과 부딪치며, 느린 분자들은 지나간 후에 부딪친다. 만일 첫 번째와 두 번째 틈 사이의 각도를 더 크게 만들면, 같은 회전 속력에서도 더 속력이 느린 분자들이 검출될 것이다. 이 각도를 고정하고 회전 원판의 회전 속력을 바꾸면, 새로운 조건에 대응되는 다른 속력을 가진 분자들을 검출할 수 있다. 이 실험 장치를 이용하여 어떤 온도에서 특정한 기체의 속력 분포를 알아보았더니, 그 결과는 맥스웰의 이론에 부합하였다.

01 윗글의 내용과 일치하지 <u>않는</u> 것은?

① 분자들의 충돌은 개별 분자의 속력을 변화시킬 수 있다.

② 대기 중 산소 분자 하나의 운동 궤적을 정확히 구할 수 없다.

③ 분자들 사이의 평균 거리가 충분히 멀다면 인력을 무시할 수 있다.

④ 분자의 충돌에 의해 기체 전체의 운동 에너지가 증가한다.

⑤ 대기 중에서 개별 기체 분자의 속력은 다양한 값을 가진다.

02 〈보기〉의 A, B, C는 맥스웰 속력 분포를 나타내는 그래프이다. 윗글에 비추어 볼 때, 기체와 그래프를 바르게 연결한 것은? [3점]

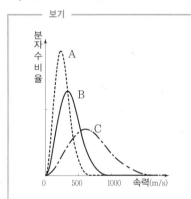

보기

○ 아르곤 분자는 크립톤 분자보다 가볍다.

○ 아르곤의 온도는 각각 25℃, 727℃, 크립톤의 온도는 25℃ 이다.

○ 각 기체의 분자 수는 모두 같다.

	아르곤(25℃)	아르곤(727℃)	크립톤(25℃)
①	A	B	C
②	A	C	B
③	B	C	A
④	B	A	C
⑤	C	B	A

03 ㉠과 연관된 설명으로 적절하지 <u>않은</u> 것은?

① 맥스웰 속력 분포 이론을 실험으로 증명하기 위해 고안되었다.

② 첫 번째 회전 원판에 입사된 기체 분자들 중 일부가 검출기에 도달한다.

③ 첫 번째 회전 원판의 틈을 통과하는 분자들은 다양한 값의 속력을 가진다.

④ 원판의 회전 속력은 같고 틈과 틈 사이의 각도가 커지면 더 빠른 분자들이 검출된다.

⑤ 틈과 틈 사이의 각도를 고정하고 원판의 회전 속력을 느리게 하면 더 느린 분자들이 두 번째 회전 원판의 틈을 통과한다.

태양빛은 흰색으로 보이지만 실제로는 다양한 파장의 가시광선이 혼합되어 나타난 것이다. 프리즘을 통과시키면 흰색의 가시광선은 파장에 따라 붉은빛부터 보랏빛까지의 무지갯빛으로 분해된다. 가시광선의 파장의 범위는 390~780nm* 정도인데 보랏빛이 가장 짧고 붉은빛이 가장 길다. 빛의 진동수는 파장과 반비례하므로 진동수는 보랏빛이 가장 크고 붉은빛이 가장 작다. 태양빛이 대기층에 입사하여 산소나 질소 분자와 같은 공기 입자(직경 0.1~1nm 정도), 먼지 미립자, 에어로졸*(직경 1~100,000nm 정도) 등과 부딪치면 여러 방향으로 흩어지는데 이러한 현상을 산란이라 한다. 산란은 입자의 직경과 빛의 파장에 따라 '레일리(Rayleigh) 산란'과 '미(Mie) 산란'으로 구분된다.

레일리 산란은 입자의 직경이 파장의 1/10보다 작을 경우에 일어나는 산란을 말하는데 그 세기는 파장의 네제곱에 반비례한다. 대기의 공기 입자는 직경이 매우 작아 가시광선 중 파장이 짧은 빛을 주로 산란시키며, 파장이 짧을수록 산란의 세기가 강하다. 따라서 맑은 날에는 주로 공기 입자에 의한 레일리 산란이 일어나서 보랏빛이나 파란빛이 강하게 산란되는 반면 붉은빛이나 노란빛은 약하게 산란된다. 산란되는 세기로는 보랏빛이 가장 강하겠지만 우리 눈은 보랏빛보다 파란빛을 더 잘 감지하기 때문에 하늘은 파랗게 보이는 것이다. 만약 태양빛이 공기 입자보다 큰 입자에 의해 레일리 산란이 일어나면 공기 입자만으로는 산란이 잘 되지 않던 긴 파장의 빛까지 산란되어 하늘의 파란빛은 상대적으로 엷어진다.

미 산란은 입자의 직경이 파장의 1/10보다 큰 경우에 일어나는 산란을 말하는데 주로 에어로졸이나 구름 입자 등에 의해 일어난다. 이때 산란의 세기는 파장이나 입자 크기에 따른 차이가 거의 없다. 구름이 흰색으로 보이는 것은 미 산란으로 설명된다. 구름 입자(직경 20,000nm 정도)처럼 입자의 직경이 가시광선의 파장보다 매우 큰 경우에는 모든 파장의 빛이 고루 산란된다. 이 산란된 빛이 동시에 우리 눈에 들어오면 모든 무지갯빛이 혼합되어 구름이 하얗게 보인다. 이처럼 대기가 없는 달과 달리 지구는 산란 효과에 의해 파란 하늘과 흰 구름을 볼 수 있는 것이다.

* 나노미터: 물리학적 계량 단위. 1 nm = 10^{-9} m.
* 에어로졸: 대기에 분산되어 있는 고체 또는 액체 입자.

다시보기 ▶ 다시 볼 문제 체크하고 틀린 이유 메모하기

[분석쌤 강의는 2차 채점 후 반드시 챙겨 본다!]

04 윗글의 중심 내용으로 가장 적절한 것은?

① 산란의 원리와 유형
② 무지갯빛의 형성 원리
③ 빛의 파장과 진동수의 관계
④ 미 산란의 원리와 구름의 색
⑤ 가시광선의 종류와 산란의 세기

지문 근거	둘중헷	Q&A	어휘/개념	부정 질문

분석쌤 강의

● **분석** '윗글에 언급된 내용'을 묻는 문제가 아닌, 글 전체를 포괄할 수 있는, 글 전체의 핵심 내용을 묻는 문제로, 대부분의 학생들이 쉽게 정답에 답한 문제

● **해결案** 글 전체를 끝까지 읽은 다음, 윗글을 포괄할 수 있는 내용에 답한다. 중심 내용을 묻는 문제는 지문에서 언급된 것이라고 해도, 지엽적이거나 전체 글을 아우를 수 없다면 정답에서 제외해야 한다.

05 윗글을 읽고 추론한 내용으로 적절하지 않은 것은?

① 가시광선의 파란빛은 보랏빛보다 진동수가 작다.

② 프리즘으로 분해한 태양빛을 다시 모으면 흰색이 된다.

③ 파란빛은 가시광선 중에서 레일리 산란의 세기가 가장 크다.

④ 빛의 진동수가 2배가 되면 레일리 산란의 세기는 16배가 된다.

⑤ 달의 하늘에서는 공기 입자에 의한 태양빛의 산란이 일어나지 않는다.

지문 근거 둘중헷 Q&A 어휘/개념 부정 질문

분석쌤 강의

● **분 석** 지문에서 정답과 오답의 근거를 모두 확인할 수 있어 부정 질문에만 낚이지 않으면 쉽게 정답을 찾을 수 있는 문제

● **해결案** 답지를 읽어내려 가면서 답지의 내용이 포함된 지문으로 찾아가 지문과 답지를 비교한다. 답지의 옳고 그름을 판단할 때 ○, ✕, △ 표시를 하며 정답 여부를 체크하면 부정 질문(않은 것은?)을 놓쳤다 해도 ✕ 표시한 개수가 ○표시한 개수보다 적어 실수를 줄일 수 있다는 것도 감안하자.

06 윗글을 바탕으로 할 때, 〈보기〉의 (가), (나)의 산란 현상에 대해 탐구한 내용으로 가장 적절한 것은? [3점]

─ 보기 ─

(가) A 도시에서 많은 비가 내린 후 하늘이 더 파랗게 보였다. 비가 오기 전 대기에서는 직경 10~20 nm의 먼지 미립자들이 균질하게 분포하였는데, 비가 온 후에는 그것이 관측되지 않았다.

(나) B 도시 지표 근처의 낮은 하늘은 뿌연 안개처럼 흰색으로 보이고 흰 구름이 낮게 떠 있었다. 그곳에 있는 초고층 건물에 올라 높은 하늘을 보니 하늘이 파랗게 보였다. 지표 근처의 대기에서는 직경이 10,000 nm 정도의 에어로졸이 균질하게 분포하는 것이 관측되었다.

① A 도시에서 하늘이 더 파랗게 보인 것은 미 산란이 더 많이 일어났기 때문이겠군.

② A 도시에서 비가 오기 전에는 미 산란이, 비가 온 후에는 레일리 산란이 일어났겠군.

③ B 도시에서 낮은 하늘이 뿌연 안개처럼 흰색으로 보인 것은 미 산란 때문이겠군.

④ B 도시의 높은 하늘이 파랗게 보이고 구름이 희게 보인 것은 레일리 산란 때문이겠군.

⑤ A 도시의 비가 온 후의 하늘과 B 도시의 낮은 하늘에서는 모두 미 산란이 일어났겠군.

지문 근거 둘중헷 Q&A 어휘/개념 부정 질문

분석쌤 강의

● **분 석** 〈보기〉에 제시된 자료와 지문을 연결해 풀어야 하는 '적용' 문제. 지문에 딸린 문제들 중 끝에 위치한 문제는 어렵다는 생각을 하는 학생들이 많은데 그 생각은 선입관이고, 선입관을 버려야 국어 영역에 자신감이 붙고, 고득점을 얻을 수 있다는 것을 일깨워 주는 문제

● **해결案** (가)와 (나)부터 읽고, 어떤 산란 현상에 해당하는지를 파악하면 정답을 쉽게 찾을 수 있다. 각각의 산란 현상에 대해 빠르게 찾는 방법은 〈보기〉에 제시된 정보와 지문 내용을 연결해 해석하는 것이다.

어렵지 않은 문제였는데도 정답을 찾는 데 시간이 많이 걸렸거나, 오답지 중 하나와 헷갈렸다면, 이와 같은 문제를 푸는 방법, 해결하는 방법을 지문과 〈보기〉, 발문과 답지를 붙잡고 끝까지 꼼꼼히 파고들어, '스스로' 해결하도록 한다. 그리고 틀린 문제를, 헷갈린 문제를, 해설에 의존하지 않고 '스스로' 해결하는 훈련을 거듭하는 것이 국어 영역 고수가 되는 지름길임을 기억하자.

음식이 상한 것과 가스가 새는 것을 쉽게 알아차릴 수 있는 것은 우리에게 냄새를 맡을 수 있는 후각이 있기 때문이다. 이처럼 후각은 우리 몸에 해로운 물질을 탐지하는 문지기 역할을 하는 중요한 감각이다. 어떤 냄새를 일으키는 물질을 '취기재(臭氣材)'라 부르는데, 우리가 어떤 냄새가 난다고 탐지할 수 있는 것은 취기재의 분자가 코의 내벽에 있는 후각 수용기를 자극하기 때문이다.

일반적으로 인간은 동물만큼 후각이 예민하지 않다. 물론 인간도 다른 동물과 마찬가지로 취기재의 분자 하나에도 민감하게 반응하는 후각 수용기를 갖고 있다. 하지만 개[犬]가 10억 개에 이르는 후각 수용기를 갖고 있는 것에 비해 인간의 후각 수용기는 1천만 개에 불과하여 인간의 후각이 개의 후각보다 둔한 것이다.

우리가 냄새를 맡으려면 공기 중에 취기재의 분자가 충분히 많아야 한다. 다시 말해, 취기재의 농도가 어느 정도에 이르러야 냄새를 탐지할 수 있다. 이처럼 냄새를 탐지할 수 있는 최저 농도를 '탐지 역치'라 한다. 탐지 역치는 취기재에 따라 차이가 있다. 우리가 메탄올보다 박하 냄새를 더 쉽게 알아챌 수 있는 까닭은 메탄올의 탐지 역치가 박하향에 비해 약 3,500배가량 높기 때문이다.

취기재의 농도가 탐지 역치 정도의 수준에서는 냄새가 나는지 안 나는지 정도를 탐지할 수는 있지만 그 냄새가 무슨 냄새인지 인식하지 못한다. 즉 ㉠냄새의 존재 유무를 탐지할 수는 있어도 냄새를 풍기는 취기재의 정체를 인식하지는 못하는 상태가 된다. 취기재의 정체를 인식하려면 취기재의 농도가 탐지 역치보다 3배가량은 높아야 한다. 즉 취기재의 농도가 탐지 역치 수준으로 낮은 상태에서는 그 냄새가 꽃향기인지 비린내인지 알 수 없는 것이다. 한편 같은 취기재들 사이에서는 농도가 평균 11 % 정도 차이가 나야 냄새의 세기 차이를 구별할 수 있다고 알려져 있다.

연구에 따르면 인간이 구별할 수 있는 냄새의 가짓수는 10만 개가 넘는다. 하지만 그 취기재가 무엇인지 다 인식해 내지는 못한다. 그 이유는 무엇일까? 한 실험에서 실험 참여자에게 실험에 쓰일 모든 취기재의 이름을 미리 알려 준 다음, 임의로 선택한 취기재의 냄새를 맡게 하고 그 종류를 맞히게 했다. 이때 실험 참여자가 틀린 답을 하면 그때마다 정정해 주었다. 그 결과 취기재의 이름을 알아맞히는 능력이 거의 두 배로 향상되었다.

위의 실험은 특정한 냄새의 정체를 파악하기 어려운 이유가 냄새를 느끼는 능력이 부족하기 때문이 아님을 보여 준다. 그것은 우리가 모든 냄새에 대응되는 명명 체계를 갖고 있지 못할 뿐만 아니라 특정한 냄새와 그것에 해당하는 이름을 연결하는 능력이 부족하기 때문이다. 즉 인간의 후각은 기억과 밀접한 관련이 있는 것이다. 이에 따르면 어떤 냄새를 맡았을 때 그 냄새와 관련된 과거의 경험이나 감정이 떠오르는 일은 매우 자연스러운 현상이다.

다시보기 ▶ 다시볼 문제 체크하고 틀린 이유 메모하기

분석쌤 강의는 2차 채점 후 반드시 챙겨 본다!

07 윗글의 내용과 일치하지 않는 것은?

① 후각 수용기는 취기재의 분자에 반응한다.
② 후각은 유해한 물질을 탐지하는 역할도 한다.
③ 박하향의 탐지 역치는 메탄올의 탐지 역치보다 높다.
④ 인간은 개[犬]에 비해 적은 수의 후각 수용기를 갖고 있다.
⑤ 인간의 후각 수용기는 취기재의 분자 하나에도 반응할 수 있다.

지문근거 둘중헷 Q&A 어휘/개념 **부정질문**

분석쌤 강의

● **분석** 정답과 오답의 근거가 지문에 그대로 제시되어 있어 대부분의 학생들이 정답에 답한 문제

● **해결案** 내용 일치 여부를 묻는 문제는 지문과 답지를 비교·대조하며 ○, ✕ 표시를 하면서 오답을 제외해 나가면 된다. 빠르게 오답을 제외하고 정확하게 정답을 골라내는 역량은 지문에서 근거 찾기 훈련을 통해 기를 수 있다.

08 윗글을 통해 알 수 있는 내용으로 적절하지 않은 것은?

① 과거에 경험한 사건이 그와 관련된 냄새를 통해 환기되는 경우가 있다.

② 특정한 냄새와 그 명칭을 정확히 연결하는 능력은 학습을 통해 향상될 수 있다.

③ 취기재의 이름을 알아맞히는 능력이 향상되면 그 취기재의 탐지 역치를 낮출 수 있다.

④ 인간이 구별할 수 있는 냄새의 가짓수는 인간이 인식하는 취기재의 가짓수보 다 많다.

⑤ 같은 취기재들 사이에서 농도 차이가 평균 11 % 미만이라면 냄새의 세기를 구 별하기 어렵다.

| 지문 근거 | 둘중헷 | Q&A | 어휘/개념 | 부정 질문 |

분석쌤 강의

● **분 석** 대부분의 학생들이 정답에 답했지 만, 오답지 중 하나에 답한 학생들이 제법 있었 던 문제

● **해결案** 지문을 끝까지 읽은 다음, 답지를 읽 는다. ①번 답지부터 지문에서 설명하고 있는 부 분을 찾아 답지와 지문 내용을 비교·대조함으 로써 오답은 제외하고 정답을 좁혀야 한다.

09 ㉠의 경우에 해당하는 것은?

① 탐지 역치가 10인 취기재의 농도가 5인 경우

② 탐지 역치가 10인 취기재의 농도가 15인 경우

③ 탐지 역치가 10인 취기재의 농도가 35인 경우

④ 탐지 역치가 20인 취기재의 농도가 15인 경우

⑤ 탐지 역치가 20인 취기재의 농도가 85인 경우

| 지문 근거 | 둘중헷 | Q&A | 어휘/개념 | 부정 질문 |

분석쌤 강의

● **분 석** 국어 영역의 과학 제재에서 출제된 문제는 과학적 배경지식이 없어도 지문에 근거 해 정답을 찾을 수 있다는 것, 철저하게 지문에 근거해 정답을 찾아야 한다는 것을 알려 주는 문제

● **해결案** ㉠의 경우에 해당하려면 답지에 제 시된 '탐지 역치'와 '취기재 농도'의 수치가 어떠 해야 하는지 지문에 제시된 정보를 통해 파악해 야 한다. 쉽게 정답을 찾았어도 〈클리닉 해설〉을 참고해 수학 문제가 아니라 국어 문제임을, 국어 문제는 지문에 근거해 풀어야 한다는 것을 새기 도록 한다.

▶ 정답을 모르는 상태에서 2차 풀이를 하기 위한 방법으로, 아래 채점표 대신 '모바일 자동 채점 프로그램'(문제편 표지 QR 코드)을 이용해도 된다.

🕐 **종료 시각** 시 분 초

1 종료 시각을 적은 후, 문제에 체크한 '내가 쓴 답'을 ❶에 옮겨 적는다.
2 ❷에 채점을 하되, 틀린 문제에만 '／' 표시를 한다.
 (문제에 직접 채점하지 않는 이유는 다시 풀 때 정답을 모르는 상태에서 풀어야 제대로 훈련이 되기 때문)

문항 번호	1	2	3	4	5	6	7	8	9
❶ 내가 쓴 답									
❷ 채 점									

☞ 정답은 〈클리닉 해설〉 p.128(해설은 p.77)

3 틀렸거나 찍어서 맞힌 문제는 다시 푼다.
4 2차 채점을 할 때 다시 풀어서 맞힌 문항은 △, 또 틀린 문항은 ✗ 표시를 한다.
5 △와 ✗ 문항은 반드시 다시 보고 틀린 이유를 알고 넘어간다.

총 소요 시간	종료 시각 −시작 시각	**분**	**초**
목표 시간		16분	10초
초과 시간	총 소요 시간 −목표 시간	분	초

채점 결과_ 16일째
반드시 체크해서 복습 때 활용할 것

	1차채점		2차채점	
총 문항 수	9개	△ 문항 수		개
틀린 문항 수	개	✗ 문항 수		개

1~3 다음 글을 읽고 물음에 답하시오.

일반적으로 대기 중에서 만들어질 수 있는 물기둥의 최대 높이는 10 m 정도이다. 그런데 지구상의 나무 중에는 그 높이가 110 m를 넘는 것들도 있다. 어떻게 뿌리에서 흡수된 물이 높이 110 m의 나무 꼭대기에까지 전달될 수 있는 것일까?

대기 중의 수분 농도는 잎의 수분 농도보다 낮기 때문에 물이 잎의 표피에 있는 기공을 통하여 대기 중으로 확산되는데, 이를 증산 작용이라고 한다. 기공을 통해 물이 빠져나가면 물의 통로가 되는 조직인 물관부 내부에 물을 끌어올리는 장력이 생기며, 이에 따라 물관부의 물기둥이 위로 끌려 올라가게 된다. 이때 물기둥이 끊어지지 않고 끌려 올라갈 수 있는 것은 물의 강한 응집력 때문이다. 물의 응집력이 물관부에서 발생하는 장력보다 크기 때문에 물기둥이 뿌리에서부터 잎까지 끊어지지 않고 마치 끈처럼 연결되어 올라가는 것이다. 물관부에서 물 수송이 이루어지도록 하는 이러한 작용을 '증산—장력—응집력' 메커니즘이라 한다.

⊙이 메커니즘은 수분 퍼텐셜로 설명할 수 있다. 수분 퍼텐셜은 토양이나 식물체가 포함하고 있는 물의 양을 에너지 개념으로 바꾼 것으로, 물이 이동할 수 있는 능력을 나타낸다. 단위로는 파스칼(Pa, $1\,MPa = 10^6\,Pa$)을 사용한다. 물은 수분 퍼텐셜이 높은 쪽에서 낮은 쪽으로 별도의 에너지 소모 없이 이동한다. 순수한 물의 수분 퍼텐셜은 0 MPa인데, 압력이 낮아지거나 용질*이 첨가되어 이온 농도가 높아지면 수분 퍼텐셜이 낮아진다. 토양의 수분 퍼텐셜은 −0.01~−3 MPa, 대기의 수분 퍼텐셜은 −95 MPa 정도이다. 일반적으로 토양에서 뿌리, 줄기, 잎으로 갈수록 수분 퍼텐셜이 낮아지고, 그에 따라 물은 뿌리에서 줄기를 거쳐 잎에 도달한 후 기공을 통해 대기 중으로 확산된다.

기공의 개폐는 잎 표면에 있는 한 쌍의 공변세포에 의해 이루어진다. 빛의 작용으로 공변세포 내부의 이온 농도가 높아지면 수분 퍼텐셜이 낮아지고, 그에 따라 물이 공변세포로 들어와 기공이 열린다. 그러면 식물은 대기 중의 이산화탄소를 흡수하여 광합성을 통해 포도당을 생산할 수 있다. 문제는 식물이 이산화탄소를 흡수하기 위해 기공을 열면 물이 손실되고, 반대로 물 손실을 막기 위해 기공을 닫으면 이산화탄소를 포기해야 하는 데 있다. 물과 포도당이 모두 필요한 식물은, 이러한 딜레마를 해결하기 위해 광합성에 필요한 햇빛이 있는 낮에는 기공을 열고 그렇지 않은 밤에는 기공을 닫아서 이산화탄소의 흡수와 물의 배출을 조절하는 시스템을 만들어 냈다. 그 결과 기공의 개폐는 일정한 주기를 가지게 된다.

* 용질: 용액에 녹아 있는 물질.

다시보기 ▶ 다시볼 문제 체크하고 틀린 이유 메모하기

【분석쌤 강의】는 2차 채점 후 반드시 챙겨 본다!

01 윗글의 내용과 일치하지 <u>않는</u> 것은?

① 기공의 개폐는 빛의 영향을 받는다.
② 광합성의 결과로 포도당이 만들어진다.
③ 기공이 열리면 식물 내부의 이산화탄소가 손실된다.
④ 증산 작용으로 물관부 내의 물기둥에 장력이 발생한다.
⑤ 물의 응집력으로 인해 물관부 내의 물기둥이 끊어지지 않는다.

지문 근거   둘중햇   Q&A   어휘/개념 부정질문

분석쌤 강의

● **분 석** 세부 내용을 확인하는 비문학 빈출 문제 유형으로, 대부분의 학생들이 정답에 답한 아주 쉬운 문제였지만, 2차 채점 후 이와 같은 문제 유형을 빠르게 푸는 방법을 한 번 더 체크하고 넘어가야 하는 문제 유형

● **해결案** 내용 일치 여부를 묻는 문제이면서 부정 질문(않는)이다. 따라서 각 답지에서 키워드를 체크한 다음, 해당 어휘에 대해 언급한 지문 내용을 찾아, 지문과 답지를 비교한다. 이때 지문 내용과 답지의 설명이 일치하지 않는 부분이 있으면 과감하게 ✗ 표시를 하며 풀면 빠르게 풀고 실수 없이 정답을 찾을 수 있다.

02 ㉠의 내용으로 옳은 것만을 〈보기〉에서 있는 대로 고른 것은?

── 보기 ──

ⓐ 뿌리의 수분 퍼텐셜이 토양의 수분 퍼텐셜보다 낮아 물이 토양에서 뿌리로 이동한다.

ⓑ 줄기의 물이 잎으로 이동하면 줄기의 수분 퍼텐셜이 낮아져 뿌리의 물이 줄기로 이동한다.

ⓒ 증산 작용으로 잎의 수분이 공기 중으로 빠져나가면 잎의 수분 퍼텐셜이 낮아져 줄기의 물이 잎으로 이동한다.

ⓓ 광합성이 일어나는 동안에는 잎의 수분 퍼텐셜이 대기의 수분 퍼텐셜보다 낮아진다.

① ⓐ, ⓑ   ② ⓐ, ⓓ   ③ ⓒ, ⓓ

④ ⓐ, ⓑ, ⓒ   ⑤ ⓑ, ⓒ, ⓓ

지문근거 둘중헷 Q&A 어휘/개념 부정질문

분석쌤강의

● **분 석** 있는 대로 고르라거나 모두 고르라는 문제는 대부분 정답률이 낮으므로, 더 꼼꼼하게 짚어 가며 풀어야 하는데, 이 문제는 지문에 정답의 근거가 그대로 제시되어 있어 비교적 정답률이 높았던 문제

● **해결案** 〈보기〉의 ⓐ~ⓓ의 옳고 그름을 판단할 수 있는 지문 내용으로 가서 지문과 〈보기〉를 비교하며 ◯, ✕, △ 표시를 하며 푼다.

03 일출부터 일몰까지의 '잎'의 수분 퍼텐셜을 나타낸 그래프로 윗글의 내용에 부합하는 것은?

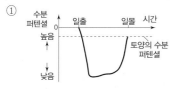

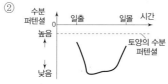

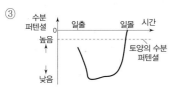

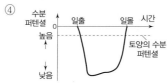

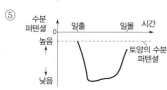

지문근거 둘중헷 Q&A 어휘/개념 부정질문

분석쌤강의

● **분 석** 답지 둘 중에서 헷갈렸고 평가원에서 이의제기에 대한 답변을 공지한 문제

● **해결案** 발문(문두)에서 답지의 그래프는 '일출부터 일몰까지'(가로축)의 '잎'의 수분 퍼텐셜(세로축)을 나타낸 것이라고 했다. 이를 염두에 두고 답지를 살피면 모든 답지의 그래프에 '토양의 수분 퍼텐셜'이 표시되어 있다. 따라서 정답의 근거는 '토양'과 '잎'의 수분 퍼텐셜에 대한 정보가 담긴 지문 내용에서 찾아야 한다.

한편 이 지문은 EBS 연계 교재에 실린 내용이어서 수험생들에게 낯설지 않았지만, 이 문제는 이 시험(2013학년도 6월 모의평가)에서 가장 정답률이 낮았다. 따라서 제대로 공부법을 지키며 훈련하지 않으면 수능 시험장에서 실력을 발휘할 수 없다는 것을 기억해야 한다.

기체의 온도를 일정하게 하고 부피를 줄이면 압력은 높아진다. 한편 압력을 일정하게 유지할 때 온도를 높이면 부피는 증가한다. 이와 같이 기체의 상태에 영향을 미치는 압력(P), 온도(T), 부피(V)의 상관관계를 1몰*의 기체에 대해 표현하면 $P = \frac{RT}{V}$(R: 기체 상수)가 되는데, 이를 ㉠이상 기체 상태 방정식이라 한다. 여기서 이상 기체란 분자 자체의 부피와 분자 간 상호 작용이 없다고 가정한 기체이다. 이 식은 기체에서 세 변수 사이에 발생하는 상관관계를 간명하게 설명할 수 있다.

하지만 실제 기체에 이상 기체 상태 방정식을 적용하면 잘 맞지 않는다. 실제 기체에는 분자 자체의 부피와 분자 간의 상호 작용이 존재하기 때문이다. 분자 간의 상호 작용은 인력과 반발력에 의해 발생하는데, 일반적인 기체 상태에서 분자 간 상호 작용은 대부분 분자 간 인력에 의해 일어난다. 온도를 높이면 기체 분자의 운동 에너지가 증가하여 인력의 영향은 줄어든다. 또한 인력은 분자 사이의 거리가 멀어지면 감소하는데, 어느 정도 이상 멀어지면 그 힘은 무시할 수 있을 정도로 약해진다. 하지만 분자들이 거의 맞닿을 정도가 되면 반발력이 급격하게 증가하여 반발력이 인력을 압도하게 된다. 이러한 반발력 때문에 실제 기체의 부피는 압력을 아무리 높이더라도 이상 기체에서 기대했던 것만큼 줄지 않는다.

이제 부피가 V인 용기 안에 들어 있는 1몰의 실제 기체를 생각해 보자. 이때 분자의 자체 부피를 b라 하면 기체 분자가 운동할 수 있는 자유 이동 부피는 이상 기체에 비해 b만큼 줄어든 V−b가 된다. 한편 실제 기체는 분자 사이의 인력에 의한 상호 작용으로 분자들이 서로 끌어당기므로 이상 기체보다 압력이 낮아진다. 이때 줄어드는 압력은 기체 부피의 제곱에 반비례하는데, 이것을 비례 상수 a가 포함된 $\frac{a}{V^2}$로 나타낼 수 있다. 왜냐하면 기체의 부피가 줄면 분자 간 거리도 줄어 인력이 커지기 때문이다. 즉 실제 기체의 압력은 이상 기체에 비해 $\frac{a}{V^2}$만큼 줄게 된다.

이와 같이 실제 기체의 분자 자체 부피와 분자 사이의 인력에 의한 압력 변화를 고려하여 이상 기체 상태 방정식을 보정하면 $P = \frac{RT}{V-b} - \frac{a}{V^2}$가 된다. 이를 ㉡반데르발스 상태 방정식이라 하는데, 여기서 매개 변수 a와 b는 기체의 종류마다 다른 값을 가진다. 이 방정식은 실제 기체의 압력, 온도, 부피의 상관관계를 이상 기체 상태 방정식보다 잘 표현할 수 있게 해 주었으며, 반데르발스가 1910년 노벨상을 수상하는 계기가 되었다. 이처럼 자연현상을 정확하게 표현하기 위해 단순한 모형을 정교한 모형으로 수정해 나가는 것은 과학 연구에서 매우 중요한 절차 중의 하나이다.

* 1몰: 기체 분자 6.02×10^{23}개.

---

04 윗글의 내용과 일치하지 않는 것은?

① 이상 기체는 압력이 일정할 때 온도를 높이면 부피가 증가한다.
② 이상 기체는 분자 자체의 부피와 분자 간 상호 작용이 없는 가상의 기체이다.
③ 실제 기체에서 분자 간 상호 작용은 기체 압력에 영향을 준다.
④ 실제 기체 분자의 운동 에너지가 증가하면 인력의 영향은 줄어든다.
⑤ 실제 기체의 분자 간 상호 작용은 거리에 상관없이 일정하다.

지문근거 둘증헷 Q&A 어휘/개념 부정질문

분석쌤 강의

● **분 석** 다시 풀면 대부분의 학생이 정답에 답하지만, 문제 풀이 시간이 부족한 학생은 쉬운 문제여도 잘 틀리는, 내용 일치 여부를 묻는 문제
● **해결案** 지문을 읽기 전에 '일치하지 않는 것'을 묻는 질문이 있다는 것을 알아야 한다. 그래야 지문을 읽을 때 더 집중력 있게, 꼼꼼하게 읽어 지문을 모두 읽은 다음에는 답지의 키워드를 설명하고 있는 부분을 쉽게 찾을 수 있기 때문이다. 답지의 내용을 설명하고 있는 부분을 지문에서 찾았다면 답지와 해당 지문의 내용을 비교·대조해서 ○, ✕, △ 표시를 한다.

05 ㉠과 ㉡에 대한 설명으로 옳지 않은 것은?

① ㉠, ㉡ 모두 기체의 압력, 온도, 부피의 상관관계를 나타낸다.

② ㉠과 달리 ㉡에서는 기체 분자 사이에 작용하는 인력이 기체의 부피에 따라 달라짐을 반영한다.

③ ㉠으로부터 ㉡이 유도된 것은 단순한 모형을 실제 상황에 맞추기 위해 수정한 예이다.

④ 매개 변수 b는 ㉠을 ㉡으로 보정할 때 실제 기체의 자체 부피를 고려하여 추가된 것이다.

⑤ 용기의 부피가 같다면 ㉠에서 기체 분자가 운동할 수 있는 자유 이동 부피는 ㉡에서보다 작다.

06 윗글을 바탕으로 〈보기〉에 대해 탐구할 때, 적절한 것은? [3점]

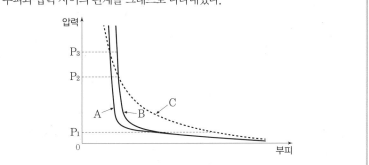

보기

종류가 다른 실제 기체 A, B와 이상 기체 C 각 1몰에 대해, 같은 온도에서의 부피와 압력 사이의 관계를 그래프로 나타내었다.

① 압력이 P_1에서 0에 가까워질수록 A와 B 모두 분자 간 상호 작용이 증가되고 있음을 알 수 있군.

② 압력이 P_1과 P_2 사이일 때, A가 B에 비해 반발력보다 인력의 영향을 더 크게 받는다고 볼 수 있군.

③ 압력이 P_2와 P_3 사이일 때, A와 B 모두 반발력보다 인력의 영향을 더 크게 받는다고 볼 수 있군.

④ 압력이 P_3보다 높을 때, A가 B에 비해 인력보다 반발력의 영향을 더 크게 받는다고 볼 수 있군.

⑤ 압력을 P_3 이상에서 계속 높이면 A, B, C 모두 부피가 0이 되겠군.

사람의 눈이 원래 하나였다면 세계를 입체적으로 지각할 수 있었을까? 입체 지각은 대상까지의 거리를 인식하여 세계를 3차원으로 파악하는 과정을 말한다. 입체 지각은 눈으로 들어오는 시각 정보로부터 다양한 단서를 얻어 이루어지는데 이를 양안 단서와 단안 단서로 구분할 수 있다. 양안 단서는 양쪽 눈이 함께 작용하여 얻어지는 것으로, 양쪽 눈에서 보내오는, 시차(視差)*가 있는 유사한 상이 대표적이다. 단안 단서는 한쪽 눈으로 얻을 수 있는 것인데, 사람은 단안 단서만으로도 이전의 경험으로부터 추론에 의하여 세계를 3차원으로 인식할 수 있다. 망막에 맺히는 상은 2차원이지만 그 상들 사이의 깊이의 차이를 인식하게 해 주는 다양한 실마리들을 통해 입체 지각이 이루어진다.

동일한 물체가 크기가 다르게 시야에 들어오면 우리는 더 큰 시각(視角)*을 가진 쪽이 더 가까이 있다고 인식한다. 이렇게 물체의 상대적 크기는 대표적인 단안 단서이다. 또 다른 단안 단서로는 '직선 원근'이 있다. 우리는 앞으로 뻗은 길이나 레일이 만들어 내는 평행선의 폭이 좁은 쪽이 넓은 쪽보다 멀리 있다고 인식한다. 또 하나의 단안 단서인 '결 기울기'는 같은 대상이 집단적으로 어떤 면에 분포할 때, 시야에 동시에 나타나는 대상들의 연속적인 크기 변화로 얻어진다. 예를 들면 들판에 만발한 꽃을 보면 앞쪽은 꽃이 크고 뒤로 가면서 서서히 꽃이 작아지는 것으로 보이는데 이러한 시각적 단서가 쉽게 원근감을 일으킨다.

어떤 경우에는 운동으로부터 단안 단서를 얻을 수 있다. '운동 시차'는 관찰자가 운동할 때 정지한 물체들이 얼마나 빠르게 움직이는 것처럼 보이는지가 물체들까지의 상대적 거리에 대한 실마리를 제공하는 것이다. 예를 들어 기차를 타고 가다 창밖을 보면 가까이에 있는 나무는 빨리 지나가고 멀리 있는 산은 거의 정지해 있는 것처럼 보인다.

동물들도 단안 단서를 활용하여 입체 지각을 할 수 있다. 특히 머리의 좌우 측면에 눈이 있는 동물들은 양쪽 눈의 시야가 겹치는 부분이 거의 없어 양안 단서를 활용하지 못한다. 이런 경우에 단안 단서는 입체 지각에서 결정적인 역할을 하게 된다. 가령 어떤 새들은 머리를 좌우로 움직였을 때 정지된 물체가 움직여 보이는 정도에 따라 물체까지의 거리를 파악한다.

* 시차: 하나의 물체를 서로 다른 두 지점에서 보았을 때 방향의 차이.
* 시각: 물체의 양쪽 끝으로부터 눈에 이르는 두 직선이 이루는 각.

다시 보기 ▶ 다시 볼 문제 체크하고 틀린 이유 메모하기

[분석쌤 강의]는 2차 채점 후 반드시 챙겨 본다!

07 윗글로 미루어 알 수 있는 내용이 아닌 것은?

① 두 눈을 가진 동물 중에 단안 단서로만 입체 지각을 하는 동물이 있다.

② 사람이 원래 눈이 하나이더라도 경험을 통해 세계를 입체로 지각할 수 있다.

③ 사람의 경우에 양쪽 눈의 망막에 맺히는 상은 비슷해 보이지만 차이가 있다.

④ 직선 원근을 이용해 입체 지각을 하려면 두 눈에서 보내오는 상을 조합해야 한다.

⑤ 새가 단안 단서를 얻으려고 머리를 움직이는 것은 달리는 기차에서 창밖을 보는 것과 유사한 효과를 낸다.

지문 근거 │ 둘중헷 │ **Q&A** │ 어휘/개념 │ **부정 질문**

분석쌤 강의

● **분 석** '미루어 알 수 있는 내용', 즉 '추론'하는 문제는 어렵다고 생각하는 학생들이 많은데, 꼭 그런 것은 아니라는 것을 보여 주는 문제

내용 일치 여부를 묻는 '세부 내용 확인 문제'든 미루어 알 수 있는 것을 묻는 '추론 문제'든 정답의 근거는 지문에 있다는 것을 한 번 더 새기게 해 주는 문제 유형

● **해결案** 지문을 끝까지 읽은 다음, 답지에서 설명하는 내용과 관계 있는 부분을 지문에서 찾아 비교·대조하며 옳고 그름을 따진다. 그리고 2차 채점 후 〈클리닉 해설〉에서 Q&A도 챙겨 본다.

08 윗글을 바탕으로 〈보기〉에 대해 이해한 내용으로 적절한 것은? [3점]

지문근거 둘중헷 Q&A 어휘/개념 부정질문

─── 보기 ───

(가) 다람쥐가 잠자는 여우를 발견하자 여우를 보면서 자신과 여우를 연결하는 선에 대하여 직각 방향으로 움직였다.

(나) 축구공이 빠르게 작아지는 동영상을 보여 줄 때는 가만히 있던 강아지가 축구공이 빠르게 커지는 동영상을 보여 주자 놀라서 도망갔다.

① (가)에서 다람쥐가 한 행동이 입체 지각을 얻기 위한 것이라면 다람쥐는 운동 시차를 이용한 것이라 할 수 있겠군.

② (가)에서 다람쥐가 머리의 좌우 측면에 눈이 있는 동물이라면 양안 단서를 얻기 위해 행동한 것이라고 볼 수 있겠군.

③ (가)에서 다람쥐로부터 여우가 멀리 있을수록 다람쥐에게는 여우가 빠르게 이동하는 것처럼 보이겠군.

④ (나)는 결 기울기가 강아지에게 입체 지각을 일으킬 수 있음을 보여 주는 사례이군.

⑤ (나)에서 강아지의 한쪽 눈을 가렸다면 강아지는 놀라는 행동을 보이지 않았겠군.

분석쌤 강의

● **분 석** 이 시험(2014학년도 6월 모의평가)에서 가장 어려웠던 문제로, 정답보다 오답에 답한 학생들이 훨씬 많았던 문제

　이 지문은 이 시험에 연계된 EBS 교재에서 다룬 '3D TV'와 유사한 내용을 담고 있지만, EBS 연계 교재를 완벽하게 이해하였다고 해도 이 문제는 풀기가 쉽지 않았을 뿐만 아니라, 실제 시험장에서 문제를 풀 때에는 이 지문이 EBS 교재에서 연계되었는지조차 알 수 없었다고 한 학생들이 많았다. 이를 통해 볼 때, EBS 연계 교재를 '공부했다'가 중요한 것이 아니라, '어떻게 공부했느냐'가 중요하고, '어떻게'의 핵심은 지문을 근거로 〈보기〉를 이해하고, 지문과 〈보기〉를 연결해 답지를 해석하는 훈련을 하는 것에 있다는 것을 기억할 필요가 있다.

● **해결案** 〈보기〉의 (가), (나)가 지문의 어떤 내용과 연결되는지를 먼저 파악해야 한다. 그런 다음, 답지가 (가)·(나)와 지문을 제대로 연결해 해석한 것인지를 체크해야 한다.

　2차 채점 후, 복습할 때 학생들이 가장 많이 답한 오답지를 〈클리닉 해설〉에서 확인하고, 그 답지에 많이 답한 이유도 알고 넘어가도록 하자.

▶ 정답을 모르는 상태에서 2차 풀이를 하기 위한 방법으로, 아래 채점표 대신 '모바일 자동 채점 프로그램'(문제편 표지 QR 코드)을 이용해도 된다.

🕐 **종료 시각**　시　분　초

	총 소요 시간	종료 시각 −시작 시각	**분**	**초**
	목표 시간		15분	35초
	초과 시간	총 소요 시간 −목표 시간	**분**	**초**

1 종료 시각을 적은 후, 문제에 체크한 '내가 쓴 답'을 ❶에 옮겨 적는다.
2 ❷에 채점을 하되, 틀린 문제에만 '/' 표시를 한다.
　(문제에 직접 채점하지 않는 이유는 다시 풀 때 정답을 모르는 상태에서 풀어야 제대로 훈련이 되기 때문)

문항 번호	1	2	3	4	5	6	7	8
❶ 내가 쓴 답								
❷ 채 점								

☞ 정답은 〈클리닉 해설〉 **p.128**(해설은 p.81)

3 틀렸거나 찍어서 맞힌 문제는 다시 푼다.
4 2차 채점을 할 때 다시 풀어서 맞힌 문항은 △, 또 틀린 문항은 ✗ 표시를 한다.
5 △와 ✗ 문항은 반드시 다시 보고 틀린 이유를 알고 넘어간다.

채점결과_ 17일째
반드시 체크해서 복습 때 활용할 것

	1차채점		2차채점	
총 문항 수	8개	△ 문항 수		개
틀린 문항 수	개	✗ 문항 수		개

1~4 다음 글을 읽고 물음에 답하시오.

2012학년도 수능【47~50】과학

양자 역학의 불확정성 원리는 우리가 물체를 '본다'는 것의 의미를 재고하게 한다. 책을 보기 위해서는 책에서 반사된 빛이 우리 눈에 도달해야 한다. 다시 말해 무엇을 본다는 것은 대상에서 방출되거나 튕겨 나오는 광양자를 지각하는 것이다.

광양자는 대상에 부딪쳐 튕겨 나올 때 대상에 충격을 주게 되는데, 우리는 왜 글을 읽고 있는 동안 책이 움직이는 것을 볼 수 없을까? 그것은 빛이 가하는 충격이 책에 의미 있는 운동을 일으키기에는 턱없이 작기 때문이다. 날아가는 야구공에 플래시를 터뜨려도 야구공의 운동에 아무 변화가 없어 보이는 것도 마찬가지이다. 책이나 야구공에 광양자가 충돌할 때에도 교란이 생기지만 그 효과는 무시할 만하다.

어떤 대상의 물리량을 측정하려면 되도록 그 대상을 교란하지 않아야 한다. 측정 오차를 줄이기 위해 과학자들은 주의 깊게 실험을 설계하고 더 나은 기술을 사용함으로써 이러한 교란을 줄여 나갔다. 그들은 원칙적으로 ㉮측정의 정밀도를 높이는 데 한계가 없다고 생각했다. 그러나 물리학자들은 소립자의 세계를 다루면서 이러한 생각이 잘못임을 깨달았다.

㉠'전자를 보는 것'은 ㉡'책을 보는 것'과 큰 차이가 있다. 우리가 어떤 입자의 운동 상태를 알려면 운동량과 위치를 알아야 한다. 여기에서 운동량은 물체의 질량과 속도의 곱으로 정의되는 양이다. 특정한 시점에서 특정한 전자의 운동량과 위치를 알려면, 되도록 전자에 교란을 적게 일으키면서 동시에 두 가지 물리량을 측정해야 한다.

이상적 상황에서 전자를 '보기' 위해 빛을 쏘아 전자와 충돌시킨 후 튕겨 나오는 광양자를 관측한다고 해 보자. 운동량이 작은 광양자를 충돌시키면 전자의 운동량을 적게 교란시켜 운동량을 상당히 정확하게 측정할 수 있다. 그러나 운동량이 작은 광양자로 이루어진 빛은 파장이 길기 때문에, 관측 순간의 전자의 위치, 즉 광양자와 전자의 충돌 위치의 측정은 부정확해진다. 전자의 위치를 더 정확하게 측정하기 위해서는 파장이 짧은 빛을 써야 한다. 그런데 파장이 짧은 빛, 곧 광양자의 운동량이 큰 빛을 쓰면 광양자와 충돌한 전자의 속도가 큰 폭으로 변하게 되어 운동량 측정의 부정확성이 오히려 커지게 된다. 이처럼 관측자가 알아낼 수 있는 전자의 운동량의 불확실성과 위치의 불확실성은 반비례 관계에 있으므로, 이 둘을 동시에 줄일 수 없음이 드러난다. 이것이 불확정성 원리이다.

【분석쌤 강의】는 2차 채점 후 반드시 챙겨 본다!

01 윗글을 통해 알 수 있는 내용으로 적절하지 않은 것은?

① 광양자가 전자와 충돌하면 전자의 운동량이 변한다.
② 물리학자들은 측정의 정밀도를 높이는 데 관심이 많다.
③ 질량이 변하지 않으면 전자의 운동량은 속도에 비례한다.
④ 플래시를 터뜨리는 것은 촬영 대상에 광양자를 쏘는 것이다.
⑤ 전자의 운동량을 측정하려면 전자보다 광양자의 운동량이 커야 한다.

지문근거 둘중헷 Q&A 어휘/개념 부정 질문

분석쌤 강의

● **분 석** '알 수 있는 내용'을 묻는 문제와 '일치하는 것'을 묻는 문제가 다르다는 것을 알려 주는 문제. 그러나 때로는 '알 수 있는 것'을 묻는 문제에서도 지문 내용과 딱 일치하는 답지가 제시되기도 한다는 것을 알아 두자.

● **해결案** 지문을 끝까지 읽은 다음, 답지의 내용이 언급된 지문으로 가서 답지와 지문 내용을 비교하며 ○, X를 체크해 나간다.

02 윗글에서 ⓛ과 구별되는 ⓗ의 특성으로 가장 적절한 것은?

① 대상을 교란하는 효과를 무시할 수 없다.

② 대상을 매개물 없이 직접 지각할 수 있다.

③ 대상이 너무 작아 감지하기가 불가능하다.

④ 대상이 전달하는 의미를 해석할 필요가 없다.

⑤ 대상에서 반사되는 빛을 감지하여 이루어진다.

지문근거 둘중헷 Q&A 어휘/개념 부정질문

분석쌤 강의

● **분 석** 이 문제가 포함된 지문에 딸린 문제가 어려웠던 이유는 세 가지로 압축된다.

1. 과학을 어려워하는 인문계 학생들을 당혹하게 만든 양자 역학 관련 지문인 점

2. 위 1번 문제에 이어 지문과 답지를 꼼꼼히 대조해서 풀어야 하는, 시간이 많이 소요되는 문제들인 점

3. 맨 마지막에 배치된 지문(2012학년도 수능 47~50번)에서 출제된 문제들인 점

● **해결案** 제재의 성격에 영향을 받는 학생들은 자신이 풀기 싫어하는, 자신 없어 하는 지문에 익숙해질 필요가 있고, 상대적으로 덜 꼼꼼한 학생들은 내용 일치 여부를 묻는 문제를 빠르게 푸는 훈련을 할 필요가 있다. 이 문제 또한 궁극적으로는 시간이 부족한 경우가 아니면 쉽게 해결할 수 있는 문제이기 때문이다.

03 윗글을 바탕으로 〈보기〉에 대해 탐구한 내용으로 옳지 <u>않은</u> 것은? [3점]

─ 보기 ─

일정한 전압에 의해 가속된 전자 빔이 x축 방향으로 진행할 때, 전자 빔에 일정한 파장의 빛을 쏘아서 측정한 전자의 운동량은 ⓐ$1.87 \times 10^{-24} \mathrm{kg \cdot m/s}$였다. 그 측정 오차 범위는 ⓑ$9.35 \times 10^{-27} \mathrm{kg \cdot m/s}$보다 줄일 수 없었는데, 불확정성 원리에 따라 계산해 보니 이때 전자의 x축 방향의 위치는 ⓒ$5.64 \times 10^{-9} \mathrm{m}$의 측정 오차 범위보다 정밀하게 확정할 수 없었다.

① 빛이 교란을 일으킨 전자의 운동량이 ⓐ이겠군.

② 전자의 질량을 알면 ⓐ로부터 전자의 속도를 구할 수 있겠군.

③ 같은 파장의 빛을 사용하더라도 실험의 정밀도에 따라 전자 운동량의 측정 오차는 ⓑ보다 커질 수 있겠군.

④ 광양자의 운동량이 더 큰 빛을 사용하면 전자 운동량의 측정 오차 범위는 ⓑ보다 커지겠군.

⑤ 더 긴 파장의 빛을 사용하면 전자 위치의 측정 오차 범위를 ⓒ보다 줄일 수 있겠군.

지문근거 둘중헷 Q&A 어휘/개념 부정질문

분석쌤 강의

● **분 석** 이 시험의 맨 마지막 지문에서 출제된 문제(49번)여서 시간에 쫓겨 꼼꼼하게 따져 보지 못해 틀렸다는 학생이 많아. 이 지문에 출제된 문제들 중 가장 정답률이 낮았던 문제

● **해결案** 발문(문두)에 '윗글을 바탕으로'라는 말이 없어노 윗글을 무시할 수 없는 국어 영역 문제의 특성을 감안하여 윗글과 〈보기〉, 답지의 설명을 일일이 대조하며 따져 풀어야 한다.

04 ㉮의 의미를 포함하고 있는 말로 볼 수 <u>없는</u> 것은? [1점]

① 단위를 10개로 잡을 때 200개는 20단위이다.

② 수확량을 대중해 보니 작년보다 많겠다.

③ 바지 길이를 대충 재어 보고 샀다.

④ 운동장의 넓이를 가늠할 수 없다.

⑤ 건물의 높이를 어림하여 보았다.

지문근거 둘중헷 Q&A 어휘/개념 부정질문

분석쌤 강의

● **분 석** 국어 영역에서 묻는 어휘 문제는 어휘의 정확한 뜻을 알아야만 풀 수 있는 것이 아님을 입증해 주는 문제

● **해결案** ㉮가 포함된 문장에서 ㉮의 의미를 살릴 수 있도록 문장을 간추린 다음, 간추린 문장 속에 쓰인 ㉮를 다른 말로 바꿔 본다. 이때 답지에 있는 밑줄 친 단어들을 ㉮의 자리에 바로 대입하면 정답을 훨씬 빨리 찾을 수 있다.

어떤 학생이 ⓐ가볍게 걷다가 빠르게 뛴다고 하자. 여기에는 어떤 운동생리학적 원리가 작용하고 있을까? 운동을 수행할 때 근육에서 발현되는 힘, 즉 근수축력은 운동 강도에 비례하여 증가한다. 따라서 운동을 하는 학생이 뛰는 속도를 높이게 되면, 다리 근육의 근수축력은 그에 따라 증가한다.

다리 근육을 포함한 골격근*은 수많은 근섬유*들로 이루어져 있다. 이러한 근섬유들은 운동 신경의 자극에 의해 수축되는데, 이때 하나의 운동 신경과 이에 의해 지배되는 근섬유들을 '운동 단위'라고 부른다. 운동 신경의 지배를 받는 근섬유는 크게 지근섬유와 속근섬유로 구분된다. 지근섬유는 근육 내 산소 저장과 운반에 관여하는 미오글로빈의 함량이 높아 붉은색을 띠고 있어 적근섬유라고 부르며, 상대적으로 미오글로빈의 함량이 적어 흰색을 띠는 속근섬유는 백근섬유라고 한다. 운동 단위를 기준으로 할 때, 지근섬유는 하나의 운동 신경에 10~180개 정도가 연결되고, 속근섬유는 300~800개 정도가 연결된다. 하나의 운동 신경에 연결되는 근섬유가 많을수록 근육의 수축력은 증가한다. 이러한 이유에서 속근섬유로 구성된 운동 단위가 훨씬 강한 수축력을 발생시킨다.

[가]
한편 근섬유들은 종류에 따라 수축력, 수축 속도, 피로에 대한 저항력이 다르게 나타난다. 지근섬유는 상대적으로 낮은 수축력과 느린 수축 속도, 높은 피로 저항력을 지니고 있다. 속근섬유는 세부적인 생리적 특성에 따라 다시 a형과 b형으로 나뉜다. b형 속근섬유는 지근섬유에 비해 빨리 피로해지는 속성을 가지고 있으나 신속하고 폭발적인 수축력을 발생시킨다. 반면에 a형 속근섬유는 지근섬유와 b형 속근섬유의 중간 속성을 가지고 있어 지근섬유보다 수축 속도가 빠르며, 동시에 b형 속근섬유보다 높은 피로 저항력을 가진다. 따라서 근육의 지근섬유 비율이 높은 사람은 지구력이 강해 마라톤과 같은 장거리 운동에 적합하다. 반면에 속근섬유 비율이 높은 사람은 100 m 달리기와 같은 단거리 운동에 적합하다.

운동 강도가 점진적으로 증가할 때 근육의 수축력도 이에 비례하여 높아진다. 여기에 적용되는 원리 중의 하나가 ⊙크기의 원리이다. 이 원리에 따르면 운동 강도가 점차 높아지는 운동을 할 때 운동 단위는 크기에 따라 순차적으로 동원된다. 저강도 운동을 할 때는 가장 작은 크기의 운동 단위를 가지는 지근섬유가 동원된다. 이후 운동 강도가 증가되면 더 큰 운동 단위를 가지는 속근섬유의 운동 단위가 추가적으로 동원된다. 따라서 저강도의 '걷기'에서는 대부분의 다리 근력에 지근섬유가 동원되고, 중강도의 '달리기'에서는 지근섬유에 a형 속근섬유가 추가적으로 동원된다. 또한 고강도의 '전력 질주'에서는 지근섬유와 a형 속근섬유에 b형 속근섬유가 추가적으로 활성화된다.

* 골격근: 중추 신경의 지배에 따라 골격을 움직이는 근육.
* 근섬유: 근육 조직을 구성하는 수축성을 가진 섬유상 세포.

다시보기 ▶ 다시 볼 문제 체크하고 틀린 이유 메모하기

[분석쌤 강의]는 2차 채점 후 반드시 챙겨 본다!

05 윗글의 내용과 일치하지 않는 것은?

① 운동 단위는 운동 신경과 근섬유로 구성된다.
② 속근섬유는 미오글로빈의 함량이 적어 흰색을 띤다.
③ 다리 근육을 포함하는 골격근은 운동 신경의 자극에 의해 수축된다.
④ 하나의 운동 신경에 결합하는 근섬유 수가 많으면 근수축력이 높아진다.
⑤ 하나의 운동 신경이 지배하는 근섬유 수는 지근섬유가 속근섬유보다 많다.

지문 근거 둘중햇 Q&A 어휘/개념 부정 질문

분석쌤 강의

● **분 석** 꼼꼼하지 않은 학생, 시간이 부족한 학생들이 자주 틀리는 문제 유형. 그러나 이 문제는 대부분의 학생들이 쉽게 정답에 답한 문제
● **해결案** 답지의 내용이 언급된 부분을 지문에서 찾아 꼼꼼히 비교·대조하여 옳고 그름을 체크한다.

06 ㉠을 표현한 그래프로 가장 적절한 것은?

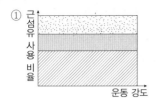

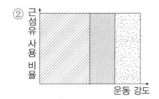

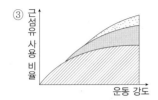

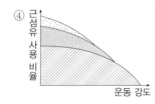

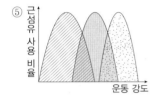

지근섬유

a형 속근섬유

b형 속근섬유

지문근거　둘중헷　Q&A　어휘/개념　부정질문

분석쌤 강의

● 분 석　도표·그래프·그림에 적용한 문제를 어려워하는 학생들이 많은데, 내용 일치 여부를 묻는 문제와 크게 다르지 않아 비교적 쉽게 푼 문제

● 해결案　4문단에서 설명하고 있는 크기의 원리(㉠)를 이해하되, 이와 같은 문제는 그래프의 가로축과 세로축부터 확인한 다음, 그래프를 구분한 범례(답지 ⑤ 옆에 있는 설명)를 체크한다. 그런 다음, 4문단의 내용과 답지의 그래프를 비교·대조하면 쉽게 정답을 찾을 수 있다.

07 [가]를 바탕으로 〈보기〉에 대해 이해한 내용으로 적절한 것은? [3점]

── 보기 ──

운동선수 A, B, C의 장딴지 근육은 속근섬유 비율이 각각 20%, 50%, 80%이다.

＊단, 세 선수의 장딴지 근육의 운동 단위 수는 같으며, a형, b형 속근섬유의 비율 및 다른 생리학적 특성은 고려하지 않음.

① A는 B보다 장딴지 근육의 피로 저항력이 낮다.
② B는 C보다 장딴지 근육의 수축 속도가 느리다.
③ C는 A보다 근육의 수축력이 낮다.
④ 100 m 달리기에 가장 적합한 사람은 B이다.
⑤ 마라톤에 가장 적합한 사람은 C이다.

지문근거　둘중헷　Q&A　어휘/개념　부정질문

분석쌤 강의

● 분 석　2012학년도 6월 모의평가에서 이 문제는 가장 마지막 지문에서 출제되었다. 이 시험은 1등급 컷이 98점이었고 91점을 받은 학생이 4등급이었을 정도로 아주 쉬웠다. 그럼에도 불구하고 이 문제의 정답률이 높지 않았던 것은, 49번 문제로 맨 마지막 지문에서 출제된 것이었기도 했고, 따져 가며 풀어야 하는 꼼꼼함을 요구하는 문제이기도 했으며, 이 지문은 이 시험에서 수능 연계 EBS 교재에서 다루어지지 않았던 지문이었기 때문이기도 했다. 하지만, 이 문제를 수능 연계 EBS 교재를 한 번도 접하지 않은 고1, 2 학생에게 풀게 했더니 아주 쉽게 풀었는데, 이 문제를 틀렸다면 그 원인을 따져 알아 공부법을 다시 점검하는 계기로 삼아야 하는 문제

● 해결案　[가]에 제시된 정보가 답지의 옳고 그름을 판단하는 근거가 된다는 것을 염두에 두고 답지와 [가]의 내용을 비교한다.

08 ⓐ와 가장 가까운 뜻으로 쓰인 것은?

① 어머니는 할머니를 위해 가벼운 이불을 준비했다.
② 나는 용돈을 탄 지 오래 되어서 주머니가 가볍다.
③ 철수는 입이 가벼워서 내 비밀을 말해 줄 수가 없다.
④ 아직 병중이니 가벼운 활동부터 시작하는 것이 좋겠다.
⑤ 사태를 가볍게 보았다가 해결할 수 없는 지경에 이르렀다.

지문근거　둘중헷　Q&A　어휘/개념　부정질문

분석쌤 강의

● 분 석　앞뒤 문맥을 고려해서 풀어야 하는, 어휘의 뜻(의미)을 묻는 문제

● 해결案　ⓐ가 포함된 문장에서 ⓐ의 의미를 이해할 수 있는 핵심을 간추린 다음, 그와 유사한 의미를 지닌 사례를 답지에서 찾으면 된다.

근대 철학의 아버지라고 불리는 ㉠데카르트는 수학 분야에서도 불후의 업적을 남겼다. 『방법서설』의 부록인 '기하학'에서 데카르트는 일견 단순해 보이는 '좌표'라는 개념을 제시했는데, 이 개념으로 그는 해석(解析) 기하학의 토대를 놓았고 그 파급 효과는 엄청났다. 수학자 라그랑주는 이에 대해 "기하학과 대수학이 서로 다른 길을 걸어오는 동안에는 두 학문의 발전이 느렸고, 적용 범위도 한정되어 있었다. 그러나 두 학문이 길동무가 되어 함께 가면서 서로 신선한 활력을 주고받으며 완벽을 향해 빠른 발걸음을 옮기고 있다."라고 묘사했다.

데카르트의 업적을 기리기 위해, 직교하는 직선들이 만드는 좌표계를 데카르트 좌표계 라고 부른다. 통상적으로 이 좌표계의 가로축은 'x축', 세로축은 'y축'이라고 하며 두 축이 교차하는 지점을 '원점'이라고 한다. 이것을 3차원으로 확장하려면 'x축'과 'y축'을 포함하는 평면에 수직으로 원점을 지나도록 'z축'을 세우면 된다. 데카르트는 방 안에 날아다니는 파리의 순간적인 위치를 나타낼 방법을 찾다가 이 좌표 개념을 생각해 냈다고 한다. 서로 직교하는 세 평면 각각에서 파리가 있는 곳까지의 거리를 알면 파리의 위치가 정확하게 결정되는 것이다. 누군가가 목표 지점까지 가는 방법을 알려 달라고 했을 때, "동쪽으로 세 블록, 북쪽으로 두 블록 가시오."라고 대답했다면 당신은 데카르트 좌표계를 사용하고 있는 셈이다.

데카르트의 발견은 좌표를 이용하여 모든 기하학적 형태를 수의 집합으로 나타낼 수 있다는 것을 의미한다. 가령, 좌표 평면의 원점에서 5만큼 떨어져 있는 모든 점들을 연결하면 원이 얻어진다. 피타고라스의 정리를 이용하면 이 원 위에 있는 점 (x, y)는 원의 방정식 $x^2+y^2=5^2$을 만족시킨다는 것을 쉽게 증명할 수 있다. 이 원 위의 (4, 3)이라는 점은 $4^2+3^2=5^2$이므로 이 방정식을 만족시킨다. 이렇게 대수학의 방정식으로 평면 위의 도형을 정확하게 나타낼 수 있다.

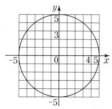

전통적으로 도형을 다루는 수학은 기하학이었다. 고대 그리스 이래 기하학은 자명한 명제인 공리에서 출발하여 증명을 통해 새로운 정리들을 발견해 가는 연역적 방법을 사용해 왔다. 그렇지만 이러한 방법으로 도형을 다루는 것은 매우 까다로웠다. 이 상황에서 데카르트가 좌표 개념을 도입하자 직선, 원, 타원 등 여러 가지 도형을 대수학의 방정식으로 표현할 수 있게 되었다. 이로부터 기하학과 대수학이 연결되어 근대적인 수학 발전의 토대가 된 해석 기하학이 탄생하였다.

다시보기 ▶ 다시불 문제 체크하고 틀린 이유 메모하기

[분석쌤 강의]는 2차 채점 후 반드시 챙겨 본다!

09 윗글에서 알 수 있는 내용이 아닌 것은? [1점]

① 어떤 점의 좌표로 그 점의 위치를 표시할 수 있다.

② 좌표 평면 위의 원은 방정식으로 표현할 수 있다.

③ 좌표 개념은 고대 그리스의 기하학에서 찾을 수 있다.

④ 피타고라스 정리를 이용하여 원의 방정식을 설명할 수 있다.

⑤ 어떤 물체가 움직인 경로를 좌표를 사용하여 나타낼 수 있다.

지문근거 둘중헷 Q&A 어휘/개념 부정질문

분석쌤 강의

● **분 석** 답지의 근거를 지문에서 확인할 수 있는, '윗글에서 알 수 있는 내용'인지를 질문한 문제

● **해결案** 답지의 내용이 지문 속 어디에서 언급되고 있는지를 찾은 다음, 답지와 비교하여 옳고 그름을 따진다.

10 ㉠의 근거로 가장 적절한 것은?

① 방정식의 해법을 수학의 독립된 분야로 발전시켰다.

② 도형 간의 논리적 관계를 설명하는 방법을 발견했다.

③ 다양한 형태의 도형을 연역적 증명의 방법으로 설명했다.

④ 기하학적 문제를 대수학적 방법으로 풀 수 있게 해 주었다.

⑤ 그림을 그리지 않고 대수학을 푸는 보편적인 원리를 구축했다.

지문근거 둘중햇 Q&A 어휘/개념 부정질문

분석쌤 강의

● **분 석** 정답의 근거가 지문에 명확하게 제시되어 있어 대부분의 학생들이 맞힌 문제

● **해결案** 데카르트를 ㉠과 같이 평가하는 이유, 까닭을 찾으면 된다.

11 윗글을 바탕으로 〈보기〉를 이해한 내용으로 적절하지 않은 것은? [3점]

┌─ 보기 ─

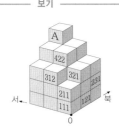

그림과 같은 건물에 있는 31개의 사무실에 데카르트 좌표계를 활용하여 호수를 지정하고자 한다. 먼저 모든 사무실이 같은 크기의 정육면체임을 주목한다. 건물의 모퉁이 O점을 원점으로 삼고 k축은 위쪽, l축은 북쪽, m축은 서쪽으로 향하도록 설정한다. 각 사무실의 8개의 꼭짓점 중 원점에서 가장 먼 꼭짓점의 좌표 (k, l, m)을 세 자리의 수 'klm'으로 만들어 그 사무실의 호수로 정한다. 가령, 원점에 접한 사무실은 111호, 그 위층은 211호이다. 그 밖의 몇 개의 사무실의 호수는 그림에 표시되어 있다.

① 건물이 같은 크기의 정육면체들로 구성된 데 착안하여 데카르트 좌표계를 활용하기로 하였군.

② k축을 위쪽으로 향하게 하니 사무실의 층이 사무실 호수의 백의 자릿수가 되었군.

③ 원점으로부터 사무실까지의 거리에 따라 사무실의 호수가 정해지는군.

④ A 사무실의 꼭짓점 중 원점에서 가장 먼 꼭짓점의 좌표는 (5, 3, 3)이군.

⑤ 벽면이 맞닿은 두 사무실은 호수를 구성하는 세 개의 수 중 두 개가 같겠군.

지문근거 둘중햇 Q&A 어휘/개념 부정질문

분석쌤 강의

● **분 석** 이 시험(2012학년도 9월 모의평가)에 앞서 시행된 2012학년도 6월 모의평가에서 원점수 100점을 받았던 학생이 이 문제가 어려워 시간을 많이 빼앗겼다고 할 정도로 이 시험에서 어려웠던 문항 중 하나. 그 이유는 〈보기〉와 도표, 그래프, 그림과 지문의 내용을 연결 지어 묻는 문제를 어려워하는 학생들이 많기 때문이었는데, 특히 이 문제는 꼼꼼히 따져 가며 풀어야 하는 문제여서 시간에 쫓기는 학생들에게는 아주 부담스러운 문제였다. 한편, 이 문제는 이의제기가 많아 출제 기관인 평가원에서 이의 제기한 내용에 대해 상세 답변을 공지한 문제이기도 하다. ☞〈클리닉 해설〉참조

● **해결案** 윗글(지문)을 끝까지 읽은 상태에서 〈보기〉를 읽은 다음, 답지의 내용을 체크할 때 지문의 해당 부분과 〈보기〉를 연결해 옳고 그름을 따진다.

▶ 정답을 모르는 상태에서 2차 풀이를 하기 위한 방법으로, 아래 채점표 대신 '모바일 자동 채점 프로그램'(문제편 표지 QR 코드)을 이용해도 된다.

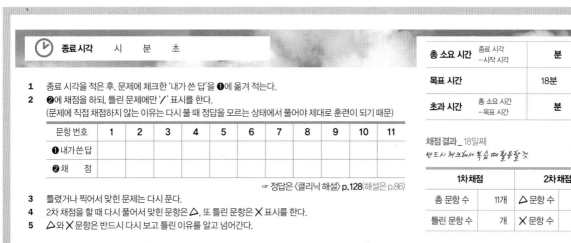

🕐 **종료 시각** 시 분 초

1 종료 시각을 적은 후, 문제에 체크한 '내가 쓴 답'을 ❶에 옮겨 적는다.
2 ❷에 채점을 하되, 틀린 문제에만 '／' 표시를 한다.
  (문제에 직접 채점하지 않는 이유는 다시 풀 때 정답을 모르는 상태에서 풀어야 제대로 훈련이 되기 때문)

문항 번호	1	2	3	4	5	6	7	8	9	10	11
❶ 내가 쓴 답											
❷ 채 점											

☞ 정답은〈클리닉 해설〉p.128 (해설은 p.86)

3 틀렸거나 찍어서 맞힌 문제는 다시 푼다.
4 2차 채점을 할 때 다시 풀어서 맞힌 문항은 △, 또 틀린 문항은 ✕ 표시를 한다.
5 △와 ✕ 문항은 반드시 다시 보고 틀린 이유를 알고 넘어간다.

총 소요 시간	종료 시각 −시작 시각	분	초
목표 시간		18분	45초
초과 시간	총 소요 시간 −목표 시간	분	초

채점 결과_ 18일째
반드시 체크해서 복습 때 활용할 것

	1차채점		2차채점
총 문항 수	11개	△ 문항 수	개
틀린 문항 수	개	✕ 문항 수	개

1~4 다음 글을 읽고 물음에 답하시오.

2012학년도 9월 모의평가【47~50】기술

디지털 ㉮피아노는 ㉯건반의 움직임에 따라 내장 컴퓨터가 해당 건반의 소리를 재생하는 ㉰악기이다. 각 건반의 소리는 디지털 데이터 형태로 녹음되어 내장 컴퓨터의 저장 장치에 저장되어 있다.

건반의 움직임은 일반적으로 각 건반마다 설치된 3개의 센서가 감지한다. 각 센서는 정해진 순서대로 작동하는데, 가장 먼저 작동하는 센서는 건반의 눌림 동작을 감지하고, 나머지 둘은 건반을 누르는 세기를 감지한다. 첫 센서에 의해 건반의 움직임이 감지되면 내장 컴퓨터의 중앙 처리 장치(CPU)가 해당 건반에 대응하는 소리 데이터를 저장 장치로부터 읽어 온다.

건반을 누르는 세기에 따라 음의 크기가 달라지도록 해 주어야 하는데, 이를 위해서는 나머지 두 센서를 이용한다. 강하게 누르면 건반이 움직이는 속도가 빨라져 두 번째와 세 번째 센서가 작동하는 시간 간격이 줄어든다. CPU는 두 센서가 작동하는 시간의 차이가 줄어드는 만큼 음의 크기가 커지도록 소리 데이터를 처리한다. 이렇게 처리가 끝난 소리 데이터는 디지털-아날로그 신호 변환 장치(DAC)를 거쳐 아날로그 신호로 바뀌고 앰프와 스피커를 통해 피아노 소리로 재현된다.

그렇다면 저장 장치에 저장되어 있는 각 건반의 소리는 어떤 과정을 거쳐 디지털 데이터로 바뀐 것일까? ㉠각 건반의 소리는 샘플링과 양자화 과정을 거쳐 디지털 데이터의 형태로 녹음된다. 샘플링은 시간에 따라 지속적으로 변하는 소리 파동의 모양에 대한 정보를 얻기 위해 파동을 일정한 시간 간격으로 나누고, 매 구간마다 파동의 크기를 측정하여 수치화한 샘플을 얻는 것이다. 이때의 시간 간격을 샘플링 주기라고 하는데, 이 주기를 짧게 설정할수록 음질이 좋아진다. 하지만 각 주기마다 데이터가 하나씩 생성되기 때문에 샘플링 주기가 짧아지면 단위 시간당 생성되는 데이터도 많아진다.

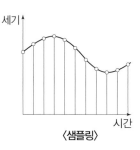

〈샘플링〉

양자화는 샘플링을 통해 얻어진 측정값을 양자화 표를 이용해 디지털 부호로 바꾸는 것이다. 양자화 표는 일반 피아노가 낼 수 있는 소리의 최대 변화 폭을 일정한 수의 구간으로 나눈 다음, 각 구간에 이진수로 표현되는 부호를 일대일로 대응시켜 할당한 표이다. 양자화 구간의 개수는 부호에 사용되는 이진수의 자릿수에 의해 결정된다. 가령, 하나의 부호를 3자리의 이진수로 나타낸다면 양자화 구간의 개수는 000~111까지의 부호가 할당된 8개가 된다. 즉 가장 작은 소리부터 가장 큰 소리까지 8단계로 구분하여 나타낼 수 있다. 만일 자릿수가 늘어나면 양자화 구간의 간격이 좁아져 소리를 세밀하게 표현할 수 있지만 전체 데이터의 양은 커진다. 이렇게 건반의 소리는 샘플링과 양자화 과정을 통해 변환된 부호의 형태로 저장 장치에 저장된다.

다시보기 ▶ 다시볼 문제 체크하고 틀린 이유 메모하기

분석쌤 강의는 2차 채점 후 반드시 챙겨 본다!

01 윗글의 내용과 일치하지 않는 것은?

지문 근거   물중헷   Q&A   어휘/개념   부정 질문

① 소리는 디지털 데이터로 미리 녹음되어 저장된다.

② 각 건반에는 같은 수의 센서가 설치되어 있다.

③ 건반의 눌림 동작과 세기는 동시에 감지된다.

④ 소리 파동 모양의 정보는 샘플링을 통해 얻는다.

⑤ 양자화 구간마다 할당된 부호는 서로 다르다.

분석쌤 강의

● **분 석** 꼼꼼하지 않은 학생, 시간이 부족한 학생들이 자주 틀리는 문제 유형

● **해결案** 답지 ①부터 키워드를 체크하고, 그 키워드를 언급한 지문 내용을 빠르게 찾는다. 그런 다음, 해당 지문 내용과 답지를 비교해 O, X 표시를 하며 푼다.

02 〈보기〉는 디지털 피아노의 작동 원리를 도식화한 것이다. ⓐ~ⓔ에 해당하는 것으로 옳지 <u>않은</u> 것은?

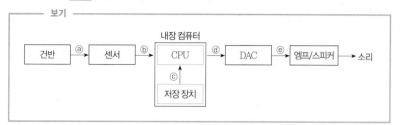

① ⓐ: 건반의 눌림과 움직이는 속도
② ⓑ: 샘플링된 소리의 측정값
③ ⓒ: 해당 건반의 소리 데이터
④ ⓓ: 처리된 소리 데이터
⑤ ⓔ: 변환된 아날로그 신호

지문근거 둘중헷 Q&A 어휘/개념 부정질문

분석쌤 강의

● **분 석** 특정 부분만 보고 답함으로써 낚였다는 반응을 보인 문제

● **해결案** 〈보기〉의 도식화 자료를 지문 내용과 비교 대조하면서 ⓐ~ⓔ에 해당하는 내용을 지문에서 찾는다. 〈보기〉와 지문 내용을 비교하며 따질 때, 글 전체의 흐름 속에서 해당 지문을 찾아야 한다.

03 ㉠에 대한 설명으로 옳지 <u>않은</u> 것은?

① 소리 파동의 모양은 생성되는 데이터의 개수를 결정한다.
② 부호의 자릿수는 소리 표현의 세밀한 정도를 결정한다.
③ 부호의 자릿수는 양자화 구간의 개수를 결정한다.
④ 샘플의 측정값은 양자화를 통해 부호로 바뀐다.
⑤ 샘플링 주기는 재생되는 음질에 영향을 준다.

지문근거 둘중헷 Q&A 어휘/개념 부정질문

분석쌤 강의

● **분 석** 정답과 오답의 근거가 지문에 그대로 제시되어 있는데도 불구하고 오답에 답한 학생들이 많았던 문제로, 이 시험(2012학년도 9월 모의평가)의 맨 마지막 지문에 있었고, 1번과 2번(실제 시험에서는 47번과 48번)이 모두 꼼꼼히 따져야 하는 문제여서 시간이 부족한 학생들이 많이 틀린 문제

● **해결案** 글 전체의 흐름 속에서 밑줄 친 ㉠이 의미하는 바를 읽어 내야 한다. 2차 채점 후 복습할 때 ㉠만 보고 풀면 정답을 고르기가 쉽지 않은 점을 새긴다.

04 ㉮와 ㉯의 의미 관계를 A, ㉮와 ㉰의 의미 관계를 B라고 할 때, A와 B의 예로 옳은 것은? [1점]

	A	B
①	동물 : 개	나라 : 국민
②	비행기 : 날개	복숭아 : 과일
③	버스 : 택시	구두 : 신발
④	고양이 : 꼬리	사람 : 인간
⑤	아들 : 딸	옷장 : 가구

지문근거 둘중헷 Q&A 어휘/개념 부정질문

분석쌤 강의

● **분 석** 비문학에서 출제되는 어휘 문제 풀이법을 적용하여, 말을 만들어 보고 만들어진 말을 대체하며 풀어야 하는, 단어 간의 의미 관계를 묻는 문제

● **해결案** ㉮와 ㉯, ㉮와 ㉰의 의미 관계를 이해하기 위해 두 단어로 각각 말을 만들어 본다. 그런 다음, 답지의 예도 이와 같은 방법으로 말을 만들어 본다. ㉮와 ㉯, ㉮와 ㉰와 같은 형태로 만들어지는 말이 정답이 되는데, 어휘의 뜻을 묻는 문제뿐만 아니라 단어 간의 의미 관계를 파악하는 문제도 '매3어휘 풀이'에서 강조하는 '말을 만들어 보는 훈련'을 하는 것이 중요하다는 것을 새기도록 한다.

음성 인식 기술은 컴퓨터가 사람이 말하는 소리를 인식하여 해당 문자열로 바꾸는 기술이다. 사람의 말은 음소들의 시간적 배열로 볼 수 있다. 컴퓨터는 각 단어의 음소들의 배열을 '기준 패턴'으로 미리 저장해 두고, 이를 입력된 음성에서 추출한 '입력 패턴'과 비교하여 단어를 인식한다.

음성을 인식하기 위해서 먼저 입력된 신호에서 잡음을 제거한 후 음성 신호만 추출한다. 그런 다음 음성 신호를 하나의 음소로 판단되는 구간인 '음소 추정 구간'들의 배열로 바꾸어 준다. 그런데 음성 신호를 음소 단위로 정확히 나누는 것은 쉽지 않다. 이를 해결하기 위해 먼저 음성 신호를 일정한 시간 간격의 '단위 구간'으로 나누고, 이 단위 구간 하나만으로 또는 연속된 단위 구간을 이어 붙여 음소 추정 구간들을 만든다.

음성의 비교는 음소 단위로 이루어지는데 음소 추정 구간에 해당하는 음소를 알아내기 위해서 각 구간에서 '특징 벡터'를 추출한다. 각 음소 추정 구간에서 추출하는 특징 벡터는 1개이다. 특징 벡터는 음소를 구별하는 데 필요한 정보를 수치로 나타낸 것으로, 음소 추정 구간의 길이에 상관없이 1개로만 추출된다. 특징 벡터는 음소의 특성을 잘 나타내는 정보들을 이용하지만 사람마다 다른 특성을 보이는 정보는 사용하지 않는다. 사용하는 정보의 가짓수가 많을수록 음소를 더 정확하게 인식할 수 있지만 그만큼 필요한 연산량이 많아져 처리 시간은 길어진다.

음성을 인식하려면 ⊙입력 패턴의 특징 벡터와 기준 패턴의 특징 벡터를 비교해야 한다. 이를 위해서 음소 추정 구간이 비교하려는 기준 패턴의 음소 개수와 동일한 개수가 되도록 단위 구간을 조합한다. 그리고 각 음소 추정 구간에서 추출된 특징 벡터를 구간 순서대로 배열하여 입력 패턴을 생성한다.

예를 들어 ⓛ입력된 음성 신호를 S_1, S_2, S_3 3개의 단위 구간으로 나눈 경우를 생각해 보자. 만일 비교하려는 기준 패턴의 음소가 3개라면 3개의 음소 추정 구간으로부터 입력 패턴이 구성되어야 하므로 [S_1, S_2, S_3]의 음소 추정 구간 배열을 설정하고, 이로부터 입력 패턴을 생성한다. 그런 다음 이것을 순서대로 기준 패턴의 음소와 일대일 대응시키고 각각의 특징 벡터의 차이를 구한 뒤 이것들을 모두 합하여 '패턴 거리'를 구한다. 만일 기준 패턴의 음소가 2개라면 3개의 단위 구간을 조합하여 [S_1, S_2~S_3], [S_1~S_2, S_3]로 2개의 음소 추정 구간 배열을 설정하고, 이로부터 입력 패턴을 생성한다. 이와 같이 1개의 기준 패턴에 대해 여러 개의 입력 패턴이 만들어질 수 있는 경우에는 ⓐ생성 가능한 입력 패턴과 기준 패턴 사이의 패턴 거리를 모두 구하고, 그중의 최솟값을 그 기준 패턴에 대한 패턴 거리로 정한다. 만일 기준 패턴의 음소가 3개보다 크면 두 패턴을 일대일로 대응시킬 수 없으므로 비교가 불가능하다.

단위 구간의 시간 간격을 짧게 하여 그 개수를 늘리면 음소 추정 구간을 잘못 설정하여 발생하는 오류를 줄일 수 있다. 하지만 연산량이 많아져 처리 시간은 길어진다.

이와 같은 방법으로 컴퓨터에 저장된 모든 기준 패턴에 대해 패턴 거리를 구하고 그중 최솟값이 되는 기준 패턴을 선정한다. 최종적으로, 이 기준 패턴에 해당하는 문자열을 입력된 음성 신호에 대해 인식된 단어로 출력한다.

다시보기 ▶ 다시볼 문제 체크하고 틀린 이유 메모하기

[분석쌤 강의]는 2차 채점 후 반드시 챙겨 본다!

05 윗글의 내용과 일치하지 <u>않는</u> 것은?

① 음성 인식에서 말소리는 음소들의 시간적 배열로 본다.

② 입력 신호가 들어오면 잡음을 제거하고 음성 신호를 추출한다.

③ 개인의 독특한 목소리는 음성 인식을 위한 특징 벡터로 사용하기에 적당하다.

④ 입력 패턴은 음소 추정 구간의 특징 벡터들을 구간 순서로 배열한 것이다.

⑤ 패턴 거리가 최솟값인 기준 패턴에 해당하는 문자열을 인식된 단어로 출력한다.

지문근거   둘중헷   Q&A   어휘/개념   부정질문

분석쌤 강의

● **분석** 비문학 독서 지문뿐만 아니라 화법과 작문, 언어와 매체 문제에서도 출제되는 세부 내용 확인 문제

● **해결案** 답지의 내용이 언급된 지문으로 찾아가 해당 지문 내용과 답지를 비교하여 O, X, △ 표시를 하며 일치하지 않는 것을 고른다. 이와 같은 문제는 발문(문두)의 '않는'에 별도의 표시를 해 부정 질문을 놓쳐 실수하는 일이 없도록 주의한다!

06 하나의 기준 패턴에 대해 ㉠을 ㉡에 적용할 때, 이에 대한 설명으로 옳지 <u>않은</u> 것은?

① 기준 패턴의 음소 개수가 3개이면 입력 패턴에 들어 있는 특징 벡터는 3개이다.

② 기준 패턴의 음소 개수가 3개이면 산출되는 패턴 거리는 1개이다.

③ 기준 패턴의 음소 개수가 2개이면 조합되는 음소 추정 구간 배열은 1개이다.

④ 기준 패턴의 음소 개수가 2개이면 생성 가능한 입력 패턴은 2개이다.

⑤ 기준 패턴의 음소 개수가 4개이면 패턴 비교가 불가능하다.

지문근거 둘중헷 Q&A 어휘/개념 부정질문

분석쌤 강의

● **분 석** 정답에 답해 맞혔다고 하더라도 2차 채점 후 복습을 할 때는 오답지들의 근거까지 확실하게 짚고 넘어가야 하는 문제

● **해결案** 답지 ①부터 지문의 해당 부분과 비교하여 옳고 그름을 판단하되, 명확하게 근거를 찾기 어려운 것은 △ 표시를 하고 넘어가고, 지문과 완전히 일치하는 내용에는 ○ 표시를, 확실하게 아닌 것은 ✕ 표시를 해 정답을 좁혀 나간다. 이것은 문제 풀이 시간을 단축하는 방법이기도 하다.

1차 채점 때 맞힌 학생도 〈클리닉 해설〉을 보며 다시 보고 새겨야 할 내용을 '매3 오답 노트'에 메모해 두고 꼭 다시 보도록 한다.

---

07 ⓐ의 처리 시간을 증가시키는 요인으로 옳은 것은?

① 특징 벡터를 구성하는 정보의 가짓수의 감소

② 기준 패턴을 구성하는 음소 개수의 감소

③ 저장된 기준 패턴 가짓수의 감소

④ 단위 구간의 시간 간격의 감소

⑤ 음소 추정 구간 개수의 감소

지문근거 둘중헷 Q&A 어휘/개념 부정질문

분석쌤 강의

● **분 석** '요인, 까닭, 이유'를 찾는 문제는 앞뒤 내용을 참고해 풀어야 한다는 것을 일러 준 문제

● **해결案** '처리 시간'에 대해 언급한 내용을 찾아 ⓐ와 연결해 정답을 고른다.

전기 에너지를 사용하는 조명 기구는 백열전구의 발명 이후로 발광 효율을 높이고 기구의 수명을 늘리는 방향으로 개선되어 왔다. ㉠발광 효율은 소비 전력이 빛으로 변환되는 비율을 말한다. 여기서 빛이란 전자기파의 일종으로 적외선과 자외선 사이에 있는 가시광선을 의미한다.

백열전구는 둥근 유리구 안에 필라멘트를 넣고 불활성 기체를 넣은 단순한 구조이다. 필라멘트에 전압을 가하면 뜨거워진 필라멘트에서 일부 에너지가 전자기파의 형태로 방출된다. 이 전자기파의 파장은 연속 스펙트럼을 갖는데 이 중 빛은 10 % 정도이고 나머지는 열의 형태인 적외선이다. 전구에 투입되는 전력의 대부분이 열로 방출되므로 발광 효율이 아주 낮고, 필라멘트가 고온으로 가열되므로 끊어지기 쉬워 백열전구의 수명도 짧다. 전구에 가해지는 전압을 높여 필라멘트의 온도를 높이면 빛의 비율은 높아지지만 수명은 짧아진다.

형광등은 원통형 유리관 내에 수은과 불활성 기체가 들어 있고 양 끝에 필라멘트가 붙어 있는 구조이다. 필라멘트에서 방출된 열전자가 수은 입자에 충돌하면 자외선이 발생한다. 이 자외선이 형광등 안쪽에 발라진 형광 물질에 닿으면 빛으로 바뀐다. 이때 형광 물질의 종류에 따라 빛의 색이 달라지기도 하고 자외선을 빛으로 바꾸는 변환 효율이 다르므로 형광등의 발광 효율에도 영향을 준다. 형광등은 필라멘트에서 직접 빛을 얻는 것이 아니므로 가열 온도를 낮출 수 있어서 백열전구에 비해 3 % 정도의 전력 소비로 같은 밝기의 빛을 낼 수 있다. 또한 백열전구에 비해 적외선 방출도 적고 수명도 5~6배 정도 길다.

발광 다이오드(LED)는 p형, n형 두 종류의 반도체를 접합하여 만드는데 전압을 가하면 두 반도체 사이에는 일정한 전압의 차이가 발생한다. 이때 이 사이를 움직이는 전자는 그 전압차만큼의 에너지를 빛으로 방출한다. 접합된 두 반도체를 구성하는 화합물에 따라 필요한 전압의 크기나 방출되는 에너지의 크기가 다르다. 이 에너지의 크기에 따라 방출되는 빛의 파장이 정해지면서 발광 다이오드에서 나오는 빛은 하나의 색을 띠게 된다.

발광 다이오드를 조명용 발광 소자로 사용하려면 가시광선의 전 영역에 해당하는 빛이 방출될 수 있도록 해야 한다. 그래서 단색 빛을 내는 발광체에 형광 물질을 입혀 형광등처럼 빛이 방출되도록 만든다. 하지만 발광 다이오드는 필라멘트와 같은 가열체가 없으므로 형광등에 비해 수명이 길고 에너지 손실이 작다.

08 윗글을 이해한 내용으로 적절하지 않은 것은?

① 백열전구의 필라멘트에서는 빛과 적외선이 방출된다.

② 형광등은 백열전구에 비해 구조는 복잡하지만 수명은 길다.

③ 자외선을 빛으로 바꾸는 형광 물질의 종류에 따라 형광등의 빛의 색이 결정된다.

④ 발광 다이오드에서는 전자가 방출하는 에너지의 크기에 따라 빛의 색이 정해진다.

⑤ 형광등의 수은 입자는 필라멘트에서 방출된 후 형광 물질을 자극하여 빛을 만든다.

지문근거 둘중헷 Q&A 어휘/개념 부정 질문

분석쌤 강의

● **분 석** 지문과 답지를 꼼꼼하게 비교한 학생, 시간에 덜 쫓긴 학생은 정답에 답했고, 시간 부족 문제 때문에 급했거나 덜 꼼꼼했던 학생은 적절하지 않은 부분을 놓쳐 오답에 답한 문제

● **해결案** 답지의 설명에서 키워드에 동그라미를 치고, 동그라미 친 키워드를 다룬 지문으로 찾아가 지문의 해당 부분과 답지를 비교 검토해 옳고 그름을 판단한다.

09 ㉠에 대한 설명으로 적절하지 <u>않은</u> 것은? [3점]

① 백열전구는 형광등보다 적외선 방출이 많으므로 형광등에 비해 발광 효율이 낮겠군.

② 백열전구의 수명을 늘리기 위해 필라멘트의 가열 온도를 낮추면 발광 효율은 낮아지겠군.

③ 형광등에서 빛 변환 효율이 높은 형광 물질을 사용하면 형광등의 발광 효율을 높일 수 있겠군.

④ 두 조명 기구에서 같은 양의 빛 에너지가 나온다면 소비 전력이 작은 쪽이 발광 효율이 높은 것이군.

⑤ 조명용 발광 다이오드는 형광 물질을 통해 빛을 생산하지만 필라멘트가 없기 때문에 형광등보다 발광 효율이 낮겠군.

지문 근거	둘중햇	Q&A	어휘/개념	부정질문

분석쌤강의

● **분 석** 지문에서 정답과 오답의 근거를 쉽게 찾을 수 있어 대부분의 학생들이 정답에 답한 문제

● **해결案** ㉠의 개념부터 이해한 다음, 답지를 검토하고, 답지의 내용이 언급된 지문 내용을 찾아 답지와 해당 지문을 비교 대조하여, 발광 효율이 높아지고 낮아지는 경우에 해당하는지를 따지도록 한다.

▶ 정답을 모르는 상태에서 2차 풀이를 하기 위한 방법으로, 아래 채점표 대신 '모바일 자동 채점 프로그램'(문제편 표지 QR 코드)을 이용해도 된다.

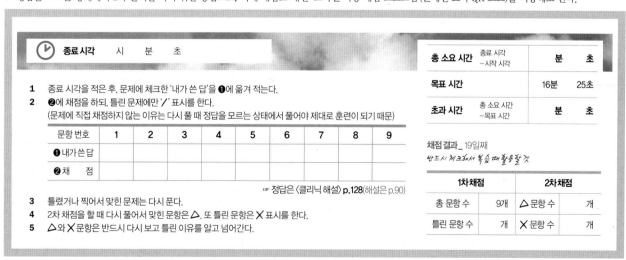

🕐 **종료 시각**　　시　　분　　초

1　종료 시각을 적은 후, 문제에 체크한 '내가 쓴 답'을 ❶에 옮겨 적는다.
2　❷에 채점을 하되, 틀린 문제에만 '／' 표시를 한다.
　　(문제에 직접 채점하지 않는 이유는 다시 풀 때 정답을 모르는 상태에서 풀어야 제대로 훈련이 되기 때문)

문항 번호	1	2	3	4	5	6	7	8	9
❶내가 쓴 답									
❷채 점									

☞ 정답은 〈클리닉 해설〉 **p.128**(해설은 p.90)

3　틀렸거나 찍어서 맞힌 문제는 다시 푼다.
4　2차 채점을 할 때 다시 풀어서 맞힌 문항은 △, 또 틀린 문항은 ✗ 표시를 한다.
5　△와 ✗ 문항은 반드시 다시 보고 틀린 이유를 알고 넘어간다.

총 소요 시간	종료 시각 −시작 시각	분	초
목표 시간		16분	25초
초과 시간	총 소요 시간 −목표 시간	분	초

채점 결과_ 19일째
반드시 체크해서 복습 때 활용할 것

	1차채점	2차채점	
총 문항 수	9개	△ 문항 수	개
틀린 문항 수	개	✗ 문항 수	개

1~3 다음 글을 읽고 물음에 답하시오.

2013학년도 9월 모의평가【17~19】기술

일상생활에서 흔히 사용하는 컴퓨터, 스마트폰 등에는 반도체 소자가 핵심 부품으로 사용되는데 반도체 소자는 수십에서 수백 나노미터 크기의 패턴으로 이루어져 있다. 반도체 소자의 크기는 패턴의 크기에 달려 있기 때문에 패턴의 크기를 줄여 반도체 소자의 집적도를 높이는 것이 반도체 생산 공정에서는 매우 중요하다. 반도체 소자의 집적도는 매년 꾸준하게 증가하였으며 여기에 가장 핵심적인 역할을 한 것이 바로 포토리소그래피이다.

포토리소그래피는 반도체 기판 위에 패턴을 형성하는 기술을 의미하는데 이는 판화를 만들어 내는 과정과 유사성이 있다. 원판으로부터 수없이 많은 판화를 종이 위에 찍어 낼 수 있듯이 포토리소그래피의 경우 마스크라는 하나의 원판을 제작한 후, 빛을 사용하여 같은 모양의 패턴을 기판 위에 반복 복사하여 패턴을 대량으로 만든다. 판화의 원판은 조각칼을 이용하여 만드는 데 비해, 포토리소그래피의 경우 마스크 패턴의 크기가 매우 작기 때문에 레이저를 이용하여 만든다.

포토리소그래피는 아래 그림과 같이 진행된다.

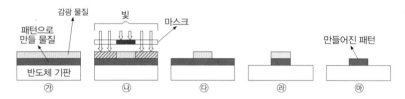

먼저 ㉮와 같이 패턴으로 만들 물질이 코팅된 반도체 기판 위에 감광 물질을 고르게 바른다. 감광 물질이란 빛을 받으면 화학적 성질이 변하는 물질을 말한다. 두 번째로, ㉯와 같이 마스크 위에서 빛을 쏘여 준다. 마스크에는 패턴이 새겨져 있는데, 빛은 마스크의 패턴을 제외한 부분만을 통과할 수 있다. 따라서 마스크의 패턴과 동일한 크기와 모양의 그림자가 감광 물질에 드리우게 되며, 이때 빛을 받은 부분의 감광 물질만 화학적 성질이 변하게 된다. 세 번째로, ㉯에서 빛을 받은 부분만을 현상액으로 제거하면 ㉰와 같이 된다. 이렇게 빛을 받은 부분만을 현상액으로 제거할 때 사용하는 감광 물질을 양성 감광 물질이라 한다. 이와 반대로 빛을 받지 않은 부분만을 현상액으로 제거할 수도 있는데 이때 쓰는 감광 물질을 음성 감광 물질이라고 한다. 네 번째로, ㉰에 남아 있는 감광 물질을 보호층으로 활용하여 감광 물질이 덮여 있지 않은 부분만을 제거하면 ㉱와 같은 모양이 된다. 마지막으로, 더 이상 필요가 없는 감광 물질을 제거하면 반도체 기판에는 ㉲와 같이 마스크에 있던 것과 동일한 패턴이 만들어진다.

한편, 반도체 기판 위에 새길 수 있는 패턴의 크기는 빛의 파장이 짧을수록 작게 만들 수 있기 때문에, ㉠짧은 파장의 광원을 포토리소그래피에 이용하려는 노력과 짧은 파장의 광원에 반응하는 새로운 감광 물질을 개발하려는 연구가 진행되고 있다. 이와 더불어 더욱 정교하고 미세하게 마스크에 패턴을 만드는 기술의 개발 또한 진행되고 있다.

다시보기   ▶ 다시 볼 문제 체크하고 틀린 이유 메모하기

[분석쌤 강의]는 2차 채점 후 반드시 챙겨 본다!

01 윗글에 대한 이해로 적절하지 <u>않은</u> 것은?

① 반도체 기판 위에 수백 나노미터 크기의 패턴을 만드는 것이 가능하다.
② 포토리소그래피에 쓰이는 마스크는 반복 사용이 가능하다.
③ 마스크에 패턴을 새겨 넣는 레이저는 판화의 조각칼과 유사한 역할을 한다.
④ 마스크에 새겨진 패턴의 크기는 기판 위에 만들어지는 패턴의 크기보다 작다.
⑤ 사용하는 빛의 파장에 따라 쓰이는 감광 물질이 달라진다.

지문근거   둘중 헷   Q&A   어휘/개념   부정질문

분석쌤 강의

● **분 석** 1차 풀이 때 틀린 학생들이 다시 챙겨 보면 "시간에 쫓기며 풀지 않았다면 맞혔겠군." 할 문제

● **해결案** 답지의 내용이 언급된 지문에서 해당 내용을 찾아 답지와 비교해 ○, ✕, △ 표시를 하며 정답을 압축한다. 국어는 답지를 끝까지 읽어야 하고, 둘 중 헷갈리는 답지가 있을 때는 최선의 답지를 정답으로 선택해야 하고, 시간 부족 문제는 '매3'에서 강조하는 제대로 공부법을 지키며 복습까지 하면 해결된다는 것을 기억하자.

02 〈보기〉의 모든 공정을 수행했을 때, 반도체 기판 위에 형성될 패턴으로 적절한 것은? [3점]

양성 감광 물질을 패턴으로 만들 물질 위에 바르고 마스크 A를 이용하여 포토리소그래피 공정을 수행하여 패턴을 얻은 후, 그 위에 음성 감광 물질을 바르고 마스크 B를 이용하여 포토리소그래피 공정을 수행하였다.

지문근거 둘중헷 Q&A 어휘/개념 부정질문

분석쌤강의

● **분 석** 그림에 적용하는 문제도 지문의 내용 이해가 중요하고, 지문을 정확하게 이해한 학생은 어떤 그림이 제시되어도 풀 수 있다는 것을 입증해 주는 문제

● **해결案** 지문에서 용어의 개념을 정확하게 이해하고, 지문에서 이해한 용어의 개념과 지문의 내용을 적용해 〈보기〉의 공정을 수행하면 쉽게 정답을 찾을 수 있다.

03 ㉠의 이유로 가장 적절한 것은?

① 감광 물질 없이 패턴을 형성하기 위해
② 반도체 소자의 집적도를 더욱 높이기 위해
③ 빛을 사용하지 않고 패턴을 복사하는 방법의 발명을 위해
④ 한 개의 마스크를 사용하여 다양한 반도체 소자를 생산하기 위해
⑤ 반도체 소자 생산을 위한 포토리소그래피 공정의 단계를 줄이기 위해

지문근거 둘중헷 Q&A 어휘/개념 부정질문

분석쌤강의

● **분 석** 대부분의 학생들이 정답에 답한, 정답의 근거를 지문에서 쉽게 찾을 수 있는 문제

● **해결案** 이유를 묻는 문제는 '왜'라는 질문에 대한 답을 찾는 것이므로 '짧은 파장의 광원을 왜 이용하려고 하는데?'에 대한 답을 지문에서 찾으면 된다.

1883년 백열전구를 개발하고 있던 에디슨은 우연히 진공에서 전류가 흐르는 현상을 발견했다. 이것은 플레밍이 2극 진공관을 발명하는 ⊙토대가 되었다. 2극 진공관은 진공 상태의 유리관과 그 속에 들어 있는 필라멘트와 금속판으로 이루어져 있다. 진공관 내부의 필라멘트는 고온으로 가열되면 표면에서 전자(−)가 방출된다. 이때 금속판에 (+)전압을 걸어 주면 전류가 흐르고, 반대로 금속판에 (−)전압을 걸어 주면 전류가 흐르지 않게 된다. 이렇게 전류를 한 방향으로만 흐르게 하는 작용을 정류라 한다. 이후 개발된 3극 진공관은 2극 진공관의 필라멘트와 금속판 사이에 '그리드'라는 전극을 추가한 것으로, 그리드의 전압을 약간만 변화시켜도 필라멘트와 금속판 사이의 전류를 큰 폭으로 변화시킬 수 있었다. 이것이 3극 진공관의 증폭 기능이다.

진공관의 개발은 라디오, 텔레비전, 컴퓨터의 출현 및 발전에 지대한 역할을 하였으나 진공관 자체는 문제가 많았다. 진공관은 부피가 컸으며, 유리관은 깨지기 쉬웠고, 필라멘트는 예열이 필요하고 끊어지기도 쉬웠다. 그러다가 1940년대에 이르러 게르마늄(Ge)과 규소(Si)에 불순물을 첨가하면 전류가 잘 흐르게 된다는 사실을 과학자들이 발견하게 되면서 문제 해결의 계기가 마련되었다. 순수한 규소는 원자의 결합에 관여하는 전자인 최외각 전자가 4개이며 최외각 전자들은 원자에 속박되어 있어 전류가 흐르기 힘들다. 그러나 그림 (가)와 같이 최외각 전자가 5개인 비소(As)를 규소에 소량

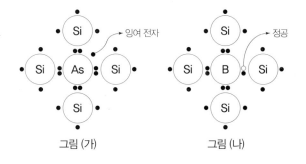

그림 (가)   그림 (나)

첨가하면 결합에 참여하지 않는 1개의 잉여 전자가 전류를 더 잘 흐르게 해 준다. 이를 n형 반도체라고 한다.

한편 그림 (나)와 같이 규소에 최외각 전자가 3개인 붕소(B)를 소량 첨가하면 빈자리인 정공(+)이 생기게 된다. 이 정공은 자유롭게 움직일 수 있어 전류를 더 잘 흐르게 해 준다. 이를 p형 반도체라고 한다.

p형과 n형 반도체를 각각 하나씩 접합하여 pn 접합 소자*를 만들면 이 소자는 정류 기능을 할 수 있다. 즉 p형에 (+)전압을, n형에 (−)전압을 걸어 주면 전류가 흐르는 반면, 이와 반대로 전압을 걸어 주면 전류가 거의 흐르지 않는다. 한편 n형이나 p형을 3개 접합하면 트랜지스터라 불리는 pnp 혹은 npn 접합 소자를 만들 수 있다. 이때 가운데 위치한 반도체가 진공관의 그리드와 같은 역할을 하여 트랜지스터는 증폭 기능을 한다. 이렇듯 반도체 소자는 진공을 만들거나 필라멘트를 가열하지 않고도 진공관의 기능을 대체했을 뿐 아니라 소형화도 이룰 수 있었다. 이로써 전자 공학 기술의 비약적 발전이 가능해졌다.

* 소자: 독립된 고유의 기능을 가진 낱낱의 부품.

다시보기 ▶ 다시볼 문제 체크하고 틀린 이유 메모하기

[분석쌤 강의]는 2차 채점 후 반드시 챙겨 본다!

04 윗글의 내용과 일치하지 않는 것은?

① pnp 접합 소자는 그리드를 사용한다.
② 진공관은 컴퓨터의 출현에 기여하였다.
③ 2극 진공관은 3극 진공관보다 먼저 출현하였다.
④ pn 접합 소자는 2극 진공관과 같이 정류 기능을 한다.
⑤ 진공관 내의 필라멘트를 고온으로 가열하면 전자가 방출된다.

지문 근거	둘중헷	Q&A	어휘/개념	부정 질문

분석쌤 강의

● **분 석** 미루어 짐작하는 문제가 아닌, 지문 내용과 일치하는지를 따져야 하는 문제
● **해결案** 이 문제와 같이 내용 일치 여부를 질문한 문제는 다음과 같이 푼다.
1. 먼저 답지에서 키워드를 찾아 체크한다.
2. 1에서 체크한 키워드에 대해 언급한 부분을 지문에서 찾는다.
3. 답지와 해당 지문 내용을 비교·대조하여 ○, X, △ 표시를 하며 오답을 제외하고 정답을 찾아 나간다.

05 그림 (가)와 (나)에 대한 설명으로 적절한 것은?

① (가)에서 잉여 전자는 원자 간 결합에 참여한다.

② 순수한 규소는 (나)에 비해 전류가 더 잘 흐른다.

③ 순수한 규소를 (가)로 변형시킨 것이 p형 반도체이다.

④ (가), (나), (가)를 차례로 접합하여 증폭 기능을 하는 소자를 만들 수 있다.

⑤ (가)와 (나)를 접합한 후 (가)에 (−)전압을, (나)에 (+)전압을 걸어 주면 전류가 흐르지 않는다.

지문 근거   둘중헷   Q&A   어휘/개념   부정 질문

분석쌤 강의

● **분 석** 대부분의 학생들이 어려워하는, 지문 내용을 그림에 적용하는 문제이지만, 그림을 구체적으로 설명하고 있는 지문 내용을 제대로 이해했다면 결코 어렵지 않았던 문제로, 도표·그래프·그림만 나오면 당황하는 학생들에게 선입견을 없애 준 문제

● **해결案** 그림 (가)를 설명하고 있는 2문단과 그림 (나)를 설명하고 있는 3문단의 내용을 통해 그림 (가), (나)가 어떤 반도체를 말하는 것인지를 파악한 다음, 답지의 옳고 그름을 판단한다.

06 윗글과 〈보기〉를 읽고 '반도체 소자를 적용한 보청기'에 대해 보인 반응으로 적절하지 <u>않은</u> 것은?

─ 보기 ─

• 보청기는 음향을 전기적 신호로 바꾸어 주는 마이크로폰, 전기 신호를 크게 만드는 증폭기, 증폭된 전기 신호를 음향으로 환원하는 수화기로 구성되어 있다.

• 진공관을 사용한 보청기는 1920년대에 개발되었고, 반도체 소자를 적용한 보청기는 1950년대에 개발되었다.

① 예열이 필요 없게 되었겠군.

② 진공관 보청기에 비해 부피가 줄어들었겠군.

③ 트랜지스터가 증폭 기능을 위해 사용되었겠군.

④ 내구성을 위해 보청기 내부를 진공으로 만들었겠군.

⑤ 순수한 규소나 게르마늄만 가지고는 만들 수 없었겠군.

지문 근거   둘중헷   Q&A   어휘/개념   부정 질문

분석쌤 강의

● **분 석** 〈보기〉를 따져 읽지 않아도, 지문에서 반도체 소자의 구조 및 원리만 이해해도 정답을 찾을 수 있는 문제지만, 〈보기〉 문제는 대부분 〈보기〉가 정답의 근거를 찾는 데 중요한 역할을 한다는 것을 기억해야 하는 문제 유형

● **해결案** 발문(문두)에서 '반도체 소자를 적용한 보청기'에 대해 질문했다. 따라서 '진공관을 사용한 보청기'와 구별되는, 보청기에 '반도체 소자'를 적용하게 되면 어떻게 될지에 대해 지문 내용에서 근거를 찾는다.

07 ㉠과 바꿔 쓰기에 적절하지 <u>않은</u> 것은?

① 기준이 되었다   ② 기초가 되었다

③ 기틀이 되었다   ④ 바탕이 되었다

⑤ 발판이 되었다

지문 근거   둘중헷   Q&A   어휘/개념   부정 질문

분석쌤 강의

● **분 석** 『매3비』에서 강조하는 '어휘 문제 3단계 풀이법'을 적용해 풀어야 하는 어휘 문제

● **해결案** 1단계에서는 밑줄 친 부분이 포함된 문장의 핵심을 간추리고, 2단계와 3단계에서는 답지에 제시된 말을 대입해 보거나, 밑줄 친 말 대신 다른 말을 떠올려 자연스러운지를 따지면 된다.

우유는 인간에게 양질의 영양소를 공급하는 식품이다. 하지만 아무런 처리를 하지 않은 우유, 즉 원유를 가공하지 않고 그대로 유통하게 되면 부패나 질병을 유발하는 유해 미생물이 빠르게 증식할 위험이 있다. 그렇기 때문에 평소에 우리가 마시는 우유는 원유를 열처리하여 미생물을 제거한 것이다.

원유를 열처리하게 되면 원유에 포함되어 있는 미생물의 개체 수가 줄어드는데, 일반적으로 가열 온도가 높을수록 가열 시간이 길수록 그 수는 더 많이 감소한다. 그런데 미생물의 종류에 따라 미생물을 제거하는 데 필요한 시간과 온도가 다르기 때문에 적절한 열처리 조건을 알아야 한다. 이때 D값과 Z값을 이용한다. D값은 어떤 미생물을 특정 온도에서 열처리할 때 그 개체 수를 1/10로 줄이는 데 걸리는 시간을 말한다. 만약 같은 온도에서 개체 수를 1/100로 줄이고자 한다면 D값의 2배의 시간으로 처리하면 된다. Z값은 특정 D값의 1/10 만의 시간에 개체 수를 1/10로 줄이는 데 추가적으로 높여야 하는 온도를 말한다. 그렇기 때문에 열에 대한 저항성이 큰 미생물일수록 특정 온도에서의 D값과 Z값이 크다. 예를 들어, 어떤 미생물 100개를 63℃에서 열처리한다고 하자. 이때 360초 후에 남아 있는 개체 수가 10개라면 D값은 360초가 된다. 만약 이 D값의 1/10인 36초 만에 미생물의 개체 수를 100개에서 10개로 줄이고자 할 때의 온도가 65℃라면 Z값은 2℃가 된다.

이러한 D값과 Z값의 원리에 기초하여 원유를 열처리하는 여러 가지 방법이 개발되었다. 먼저, 원유를 63℃에서 30분간 열처리하여 그 안에 포함된 미생물을 99.999% 이상 제거하는 '저온살균법'이 있다. 저온살균법은 미생물을 제거하는 데는 효과적이나 시간이 오래 걸린다는 단점이 있다. 이를 보완하기 위해 개발된 방법이 '저온순간살균법'이다. 저온순간살균법은 원유를 75℃에서 15초간 열처리하는 방법이다. 이 방법은 미생물 제거 효과가 저온살균법과 동일하지만 우유의 대량 생산을 위해 열처리 온도를 높여서 열처리 시간을 단축시킨 것이다.

저온살균법이나 저온순간살균법으로 처리한 우유의 유통 기간은 냉장 상태에서 5일 정도이다. 만약 우유의 유통 기간을 늘리려면, 저온살균법이나 저온순간살균법으로 처리해도 죽지 않는 미생물까지도 제거해야 한다. 열에 대한 저항성이 큰 종류의 미생물까지 제거하기 위해서는 134℃에서 2~3초간 열처리하는 '초고온처리법'을 사용한다. 이렇게 처리된 우유를 멸균 포장하면 상온에서 1개월 이상의 장기 유통이 가능하다.

다시보기 ▶ 다시 볼 문제 체크하고 틀린 이유 메모하기

[분석쌤 강의]는 2차 채점 후 반드시 참고 본다!

08 윗글을 통해 알 수 있는 내용으로 적절하지 <u>않은</u> 것은?

① 원유는 부패나 질병을 유발하는 유해 미생물이 성장하기에 좋은 조건을 가지고 있다.

② 우유의 유통 기간을 1개월 이상으로 늘리려면 원유를 초고온처리법으로 열처리 해야 한다.

③ 열처리 시간이 같다면 원유에서 더 많은 수의 미생물을 제거하기 위해서는 열 처리 온도를 높여야 한다.

④ 원유를 저온살균법으로 열처리하면 대부분의 미생물은 제거되지만 열에 대한 저항성이 큰 미생물은 제거되지 않는다.

⑤ 초고온처리법을 사용하면 저온순간살균법을 사용할 때보다 원유를 열처리한 후 제거되지 않고 남는 미생물의 개체 수가 많다.

지문 근거 | 둘중 헷 | Q&A | 어휘/개념 | 부정질문

분석쌤 강의

● **분 석** 이 시험(2015학년도 6월 모의평가 (A형))에 연계된 EBS 교재에서 다룬 내용(미생물의 멸균)과 유사했지만, 실제 시험에서는 연계 여부를 염두에 두고 풀기보다는 지문에 근거해 정답을 찾게 되고, 따라서 국어 영역은 지문에서 근거를 찾아가며 오답을 제외해 나가는 훈련을 하는 것이 중요하다는 것을 일깨워 준 문제

● **해결案** 지문을 끝까지 읽은 다음, 답지의 내용이 언급된 지문의 해당 부분과 비교한다. 지문 내용과 일치하거나 적절한 것으로 알 수 있는 답지는 ○, 그렇지 않은 답지는 △ 또는 ✕ 표시를 하며 정답을 좁혀 나간다.

09 윗글을 고려할 때, 〈보기〉와 같은 조건에서의 열처리에 대한 설명으로 적절한 것은? [3점]

지문 근거 둘중헷 Q&A 어휘/개념 부정질문

분석쌤 강의

● **분 석** 국어에 약한 학생들이 특히 어려워하는 문제 유형으로, 〈보기〉에 제시된 조건을 적용하여 지문 내용과 연결해 해석해야 하는 문제

● **해결案** D값과 Z값의 개념부터 파악한 다음, 〈보기〉에 제시된 조건과 지문의 내용을 토대로 온도와 시간, 미생물의 개체 수의 상관관계를 파악한다.

─ 보기 ─

같은 양의 원유가 담긴 세 개의 병이 있다. 이 중 한 병에는 미생물 A, 또 다른 병에는 미생물 B, 나머지 한 병에는 미생물 C가 각각 1,000개씩 들어 있다고 가정하자. 각 미생물의 열처리 온도 및 그 온도에서의 D값과 Z값은 다음과 같다.

A: 60℃에서의 D값은 50초이고, Z값은 10℃
B: 60℃에서의 D값은 50초이고, Z값은 5℃
C: 65℃에서의 D값은 50초이고, Z값은 5℃

① A, B가 들어 있는 원유를 60℃에서 100초 동안 열처리하면, A와 B의 남은 개체 수는 각각 10개씩 된다.

② A, B가 들어 있는 원유를 65℃에서 같은 시간 동안 열처리하면, A의 개체 수는 B의 개체 수보다 더 적다.

③ A, B가 들어 있는 원유를 70℃에서 열처리하면, B는 A에 비해 더 오랜 시간 견딜 수 있다.

④ A, C가 들어 있는 원유를 70℃에서 5초 동안 열처리하면, A의 개체 수는 C의 개체 수보다 더 적다.

⑤ B가 들어 있는 원유를 65℃에서 5초 동안, C가 들어 있는 원유를 70℃에서 5초 동안 열처리하면, B와 C의 남은 개체 수는 각각 10개씩 된다.

▶ 정답을 모르는 상태에서 2차 풀이를 하기 위한 방법으로, 아래 채점표 대신 '모바일 자동 채점 프로그램'(문제편 표지 QR 코드)을 이용해도 된다.

🕐 **종료 시각**　시　분　초

총 소요 시간	종료 시각 −시작 시각	**분**	**초**
목표 시간		16분	15초
초과 시간	총 소요 시간 −목표 시간	**분**	**초**

1　종료 시각을 적은 후, 문제에 체크한 '내가 쓴 답'을 ❶에 옮겨 적는다.
2　❷에 채점을 하되, 틀린 문제에만 '/' 표시를 한다.
　(문제에 직접 채점하지 않는 이유는 다시 풀 때 정답을 모르는 상태에서 풀어야 제대로 훈련이 되기 때문)

문항 번호	1	2	3	4	5	6	7	8	9
❶ 내가 쓴 답									
❷ 채 점									

☞ 정답은 〈클리닉 해설〉 p.128(해설은 p.94)

3　틀렸거나 찍어서 맞힌 문제는 다시 푼다.
4　2차 채점을 할 때 다시 풀어서 맞힌 문항은 △, 또 틀린 문항은 ✗ 표시를 한다.
5　△와 ✗ 문항은 반드시 다시 보고 틀린 이유를 알고 넘어간다.

채점결과_ 20일째
반드시 체크해서 복습 때 활용할 것

	1차채점		2차채점	
총 문항 수	9개	△ 문항 수		개
틀린 문항 수	개	✗ 문항 수		개

구분	1 공부한 날	2 초과 시간	총 문항 수	3 틀린 문항 수	4 △ 문항 수	5 ✕ 문항 수
15일째	월 일	분 초	8 개	개	개	개
16일째	월 일	분 초	9 개	개	개	개
17일째	월 일	분 초	8 개	개	개	개
18일째	월 일	분 초	11 개	개	개	개
19일째	월 일	분 초	9 개	개	개	개
20일째	월 일	분 초	9 개	개	개	개

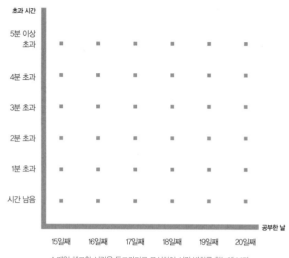

▲매일 체크한 시간을 동그라미로 표시하여 시간 변화를 한눈에 보자.

1주일간 공부한 내용을 다시 보니, ……

1 **매일 지문 3개씩 시간에 맞춰 풀었다. vs. 내가 한 약속을 못 지켰다.**
▶시간 부족 문제를 극복하기 위해서는 매일 비문학 독서 지문 3개씩을 꾸준히 공부해야 효과적이다.

2 **시간이 단축되고 있음을 느낀다. vs. 문제 푸는 시간이 줄지 않는다.**
▶시간이 들쑥날쑥하는 원인 중의 하나는 난이도일 수도 있다.
〈클리닉 해설〉에 있는 '지문별 난이도'(p.72)를 참고해서 내 실력 향상을 체크하자.

3 **틀린 문항 수가 거의 비슷하다.**
▶특정 제재에서 많이 틀렸는지, 특정 문항 유형에서 많이 틀렸는지를 확인하고
각 문항 오른쪽에 제시된 '분석쌤 강의'를 통해 문제점 극복 방안을 찾는다.

4 **△ 문항이 ✕ 문항보다 많다면, … △ 문항 수를 줄이는 것이 국어 영역 고득점의 지름길!**
▶△ 문항을 줄이는 방법은 처음 틀렸을 때 왜 그 답지를 정답으로 생각했는지를 따져 보는 것이다.
다시 봤을 때 아무리 쉬워도, 틀린 문제는 또 틀릴 수 있다는 것을 명심하자.

5 **✕ 문항 수가 줄지 않는다면?**
▶〈클리닉 해설〉을 본다. 많은 학생들이 질문한 문제를 같은 생각에서 틀린 것인지,
아니면 쉬운 문제임에도 불구하고 틀린 것인지를 체크하여 내가 취약한 유형이 무엇인지를 파악한다.
〈클리닉 해설〉과 '분석쌤 강의'를 보고 확실하게 알고 넘어가고,
'매3 오답 노트'에 메모해 두었다가 한 달에 한 번 꼭 다시 복습한다.

!

1주일간 공부한 내용과 '매3 오답 노트'에 메모한 내용까지 다시 보니,

결론적으로,

내가 **취약한 부분**은 [＿＿＿＿＿＿＿＿＿]이다.
취약점을 보완하기 위해서 나는 [＿＿＿＿＿＿＿＿＿]을/를 해야겠다.

한 달 뒤 다시 봐야 할 내용과 지문, 어휘 등이 있는 페이지는 지금 바로 접어 두었다.
어휘는 '매3어휘 풀이'를 떠올리며 익히고, 지문은 '문단 요약'을 참고해 한 번 더 복습해야겠다.

4_{주차}

혼합 제재

1~4 다음 글을 읽고 물음에 답하시오.   2015학년도 9월 모의평가(A·B형) 【22~25】 예술

먹으로 난초를 그린 묵란화는 사군자의 하나인 난초에 관념을 투영하여 형상화한 그림으로, 여느 사군자화와 마찬가지로 군자가 마땅히 지녀야 할 품성을 담고 있다. 묵란화는 중국 북송 시대에 그려지기 시작하여 우리나라를 포함한 동북아시아 문인들에게 널리 퍼졌다. 문인들에게 시, 서예, 그림은 나눌 수 없는 하나였다. 이런 인식은 묵란화에도 이어져 난초를 칠 때는 글씨의 획을 그을 때와 같은 붓놀림을 구사했다. 따라서 묵란화는 문인들이 인문적 교양과 감성을 드러내는 수단이 되었다.

추사 김정희가 25세 되던 해에 그린 ㉠〈석란(石蘭)〉은 당시 청나라에서도 유행하던 전형적인 양식을 따른 묵란화이다. 화면에 공간감과 입체감을 부여하는 잎새들은 가지런하면서도 완만한 곡선을 따라 늘어져 있으며, 꽃은 소담하고 정갈하게 피어 있다. 도톰한 잎과 마른 잎, 둔중한 바위와 부드러운 잎의 대비가 돋보인다. 난 잎의 조심스러운 선들에서는 단아한 품격을, 잎들 사이로 핀 꽃에서는 고상한 품위를, 묵직한 바위에서는 돈후한 인품을 느낄 수 있으며 당시 문인들의 공통적 이상이 드러난다.

평탄했던 젊은 시절과 달리 김정희의 예술 세계는 49세부터 장기간의 유배 생활을 거치면서 큰 변화를 보인다. 글씨는 맑고 단아한 서풍에서 추사체로 알려진 자유분방한 서체로 바뀌었고, 그림도 부드럽고 우아한 화풍에서 쓸쓸하고 처연한 느낌을 주는 화풍으로 바뀌어 갔다.

생을 마감하기 일 년 전인 69세 때 그렸다고 추정되는 ㉡〈부작란도(不作蘭圖)〉는 이러한 변화를 잘 보여 준다. 담묵의 거친 갈필*로 화면 오른쪽 아래에서 시작된 몇 가닥의 잎은 왼쪽에서 불어오는 바람을 맞아, 오른쪽으로 뒤틀리듯 구부러져 있다. 그중 유독 하나만 위로 솟구쳐 올라 허공을 가르지만, 그 잎 역시 부는 바람에 속절없이 꺾여 있다. 그 잎과 평행한 꽃대 하나, 바람에 맞서며 한 송이 꽃을 피웠다. 바람에 꺾이고, 맞서는 난초 꽃대와 꽃송이에서 세파에 시달려 쓸쓸하고 황량해진 그의 처지와 그것에 맞서는 강한 의지를 느낄 수 있다. 우리는 여기에서 김정희가 자신의 경험에서 느낀 세계와 묵란화의 표현 방법을 일치시켜, 문인 공통의 이상을 표출하는 관습적인 표현을 넘어 자신만의 감정을 충실히 드러낸 세계를 창출했음을 알 수 있다.

묵란화에는 종종 심정을 적어 두기도 했다. 김정희도 〈부작란도〉에 '우연히 그린 그림에서 참모습을 얻었다'고 적어 두었다. 여기서 우연히 얻은 참모습을 자신이 처한 모습을 적절하게 표현하는 것이라 한다면 이때 우연이란 요행이 아니라 오랜 기간 훈련된 감성이 어느 한 순간의 계기에 의해 표출된 필연적인 우연이라고 해야 할 것이다.

*갈필: 물기가 거의 없는 붓으로 먹을 조금만 묻혀 거친 느낌을 주게 그리는 필법.

다시보기 ▶ 다시 볼 문제 체크하고 틀린 이유 메모하기   *[분석쌤 강의]는 2차 채점 후 반드시 챙겨 본다!*

01 윗글에 대한 설명으로 가장 적절한 것은?

① 구체적인 작품을 사례로 제시하며 작가의 삶과 작품 세계를 설명하고 있다.
② 후대 작가의 작품과의 비교를 통해 작품에 대한 이해를 확장하고 있다.
③ 특정한 입장을 바탕으로 작가와 작품에 대한 역사적 논란을 소개하고 있다.
④ 다양한 해석을 근거로 들어 작품에 대한 통념적인 이해를 비판하고 있다.
⑤ 대조적인 성격의 작품을 예로 들어 예술의 대중화 과정을 분석하고 있다.

지문근거   둘중헷   Q&A   어휘/개념 부정질문

분석쌤 강의
● **분석** 답지를 앞부분과 뒷부분으로 나누어 옳고 그름을 따져야 하는 문제
● **해결案** 지문을 읽은 다음, 답지에서 확실하게 적절하지 않은 내용이 포함된 답지부터 제외하는 방식으로 문제를 풀면 쉽게 정답을 찾을 수 있다.

02 윗글의 내용과 일치하지 <u>않는</u> 것은?

① 문인들은 사군자화를 통해 군자의 덕목을 드러내려 했다.

② 묵란화는 그림의 소재에 관념을 투영하여 형상화한 것이다.

③ 유배 생활은 김정희의 서체와 화풍의 변화에 영향을 주었다.

④ 묵란화는 중국에서 기원하여 우리나라에 전래된 그림 양식이다.

⑤ 김정희는 말년에 서예의 필법을 쓰지 않고 그리는 묵란화를 창안하였다.

지문근거 둘중헷 Q&A 어휘/개념 부정질문

분석쌤 강의

● **분 석** 오답지의 근거가 지문에 그대로 제시되어 있어 대부분의 학생들이 정답에 답한 문제

● **해결案** 내용 일치 여부를 묻는 문제는, 먼저 지문에 언급되었는지를 체크하고, 그런 다음, 지문의 내용과 답지를 비교하여 일치하는지를 따진다.

---

03 ㉠, ㉡에 대한 이해로 적절하지 <u>않은</u> 것은?

① ㉠에서 완만하고 가지런한 잎새는 김정희가 삶이 순탄하던 시절에 추구하던 단아한 품격을 표현한 것이다.

② ㉠에서 소담하고 정갈한 꽃을 피워 내는 모습은 고상한 품위를 지키려는 김정희의 이상을 표상한 것이다.

③ ㉡에서 바람을 맞아 뒤틀리듯 구부러진 잎은 세상의 풍파에 시달린 김정희의 처지를 형상화한 것이다.

④ ㉡에서 홀로 위로 솟구쳤다 꺾인 잎은 지식을 추구했던 과거의 삶과 단절하겠다는 김정희 자신의 의지가 표현된 것이다.

⑤ ㉠과 ㉡에 그려진 난초는 김정희가 자신의 인문적 교양과 감성을 표현하기 위해 선택한 소재이다.

지문근거 둘중헷 Q&A 어휘/개념 부정질문

분석쌤 강의

● **분 석** 국어 영역은 지문에서 근거를 찾는 것이 중요함을 거듭 강조해 준 문제

● **해결案** 답지의 설명에 있는 어휘가 포함된 문장을 지문에서 찾고, 지문에서 찾은 부분의 앞뒤 내용도 함께 고려하여 정오답 여부를 판단한다. 이때, 지문에서 근거를 찾을 수 있는 것부터 확인하고, 확실하게 적절한 것을 제외해 나가면 문제 풀이 시간을 단축할 수 있다.

---

04 〈보기〉를 바탕으로 할 때, 윗글에 나타난 김정희의 예술 세계에 대해 이해한 내용으로 적절하지 <u>않은</u> 것은? [3점]

> **보기**
>
> 　예술 작품의 내용은 형식에 담긴다. 그러므로 감상자의 입장에서 보면 형식으로써 내용을 알게 된다고 할 수 있고, 내용과 형식이 꼭 맞게 이루어진 예술 작품에서 감동을 받는다. 따라서 형식에 대한 파악은 예술 작품을 이해하는 데 핵심적인 요소가 된다. 예술 작품의 형식은 그것이 속한 문화 속에서 형성되어 온 것이다. 이 형식을 이해하고 능숙하게 익히는 것은 작가에게도 매우 중요한 일이다. 예술 창작이란 아무것도 없는 것에서 어떤 사물을 창조하는 것이 아니라, 문화적 축적 속에서 새롭게 의미를 찾아 형식화하는 것이기 때문이다. 결국 전통의 계승과 혁신의 문제는 예술에서도 오래된 주제이다.

① 전형적인 방식으로 〈석란〉을 그린 것은 당시 문인화의 전통을 수용한 것이겠군.

② 추사체라는 필법을 새롭게 창안했다는 것은 전통의 답습에 머무르지 않았음을 의미하는군.

③ 〈부작란도〉에서 참모습을 얻었다고 한 것은 의미가 그에 걸맞은 형식을 만난 것이라 할 수 있겠군.

④ 시와 서예와 그림 모두에 능숙했다는 것은 여러 가지 표현 양식을 이해하고 익힌 것이라 할 수 있겠군.

⑤ 〈부작란도〉에서 자신만의 감정을 드러내는 세계를 창출했다는 것은 축적된 문화로부터 멀어지려 한 것이라 할 수 있겠군.

지문근거 둘중헷 Q&A 어휘/개념 부정질문

분석쌤 강의

● **분 석** 많은 학생들이 정답에 답했지만, 시험 직후 출제 기관에 이의 제기가 있었고, 그것에 대해 출제 기관이 답변을 공지한 문제

　또한 이의 제기한 내용과 다른 측면에서의 궁금증을 『매3비』 공식 카페(안인숙 매3국어클리닉)에 질문한 학생이 있었는데, 그것에 대한 답변까지 챙겨보면 좋은 문제 ☞ 〈클리닉 해설〉 참조

● **해결案** 〈보기〉를 바탕으로~'라는 발문(문두)을 염두에 두고 답지를 검토한다. 답지는 '~한 것은 ~ 이겠군.' 식으로 구성되어 있는데, '~한 것은'은 지문에서, '~겠군.'은 〈보기〉를 통해 적절성 여부를 판단하여 적절하지 않은 답지를 고른다.

공자가 살았던 춘추 시대는 주나라 봉건제가 무너지고 제후국들이 주도권을 놓고 치열하게 전쟁을 일삼던 시기였다. 이러한 사회적 혼란을 극복하기 위한 방법으로 공자는 예(禮)를 제안하였다. 예란 인간의 도덕적 본성을 그 사회에 맞게 규범화한 것으로 단순히 신분적 차이를 드러내거나 행동을 타율적으로 규제하는 억압 장치는 아니었다. 예는 개인의 윤리 규범이면서 사회와 국가의 질서를 바로잡는 제도였으며, 인간관계를 올바르게 형성하는 사회적 장치였다.

공자는 예에 기반을 둔 정치는 정명(正名)에서 시작한다고 하며, 정명을 실현할 주체로서 군자를 제시하였다. 정명이란 '이름을 바로잡는다'라는 뜻으로, 다양한 사회적 관계 속에서 자신이 마땅히 해야 할 도리를 행하는 것을 의미한다. 군주는 군주다운 덕성을 갖추고 그에 ⓐ맞는 예를 실천해야 하며, 군주뿐만 아니라 신하, 부모 자식도 그러해야 한다. 만일 군주가 예에 의하지 아니하고 법과 형벌에 ⓑ기대어 정치를 한다면, 백성들은 형벌을 면하기 위해 법을 지킬 뿐, 무엇이 옳고 그른지 스스로 판단하려 하지 않는 문제가 생길 것이라고 공자는 보았다.

공자가 제시한 군자는 도덕적 인격을 완성하기 위해 애쓰는 사람이기도 하면서 자신의 도덕적 수양을 통해 예를 실현하는 사람이다. 원래 군자는 정치적 지배 계층을 ⓒ가리키는 말로 일반 서민을 가리키는 소인과 대비되는 개념이었다. 공자는 이러한 개념을 확장하여 군자와 소인을 도덕적으로도 구별하였다. 사리사욕에 ⓓ사로잡혀 자신의 이익과 욕심을 채우는 데만 몰두하는 소인과 도덕적 수양을 최우선으로 삼는 군자를 도덕적으로 차별화한 것이다. 군자는 이익을 따지기보다는 무엇이 옳고 그른지를 먼저 판단해야 한다고 하였다.

공자는 군주는 군자다운 성품을 지녀야 한다고 함으로써 정치적 지도자가 가져야 할 덕목으로 도덕적 수양과 실천을 강조하였다. 이는 공자가 당시 지배 계층에게 도덕적 본성을 요구했다는 점에서 큰 의미가 있다. 인간의 도덕적 본성에 근거한 정치를 시행해야 한다는 유학적 정치 이념을 제시한 것이기 때문이다. 또한 공자는 소인도 군자가 될 수 있다고 강조하여 사회 전반에 걸쳐 정명을 통한 예의 실천을 구현하고자 하였다.

공자는 군자가 되기 위해서는 항상 마음이 참되고 미더운 상태가 되도록 자신의 내면을 잘 ⓔ살피라고 하였다. 이렇게 도덕적 수양을 할 뿐만 아니라 옛 성현의 책을 읽고 육예(六藝)를 고루 익혀 다양한 학문적 소양을 갖춰야 한다고 하였다. 이를 통해 어느 한 가지 특정 분야에서 뛰어나기보다는 어떤 상황에서든 그에 맞는 제 역할을 다하는 사람이 되라고 독려하였다.

유학에서 말하는 이상적인 인간은 성인(聖人)이다. 공자도 자신을 성인이라고 자처하지 않았다. 성인은 도덕적 수양이 더 이상 필요 없는, '인간의 도덕적 본성'을 완성한 인격자를 가리키는데 언제 어디서건 인간의 도리를 벗어나는 일을 하지 않는 완전한 존재로 보았다. 따라서 군자는 일상생활에서의 도덕적 수양을 통해 성인의 경지에 도달할 것을 목표로 삼아야 한다고 하였다. 공자는 정치적 지도자뿐만 아니라 일반 서민의 지속적인 도덕적 수양을 통해 혼란스러운 당시의 세상을 이상적인 사회로 이끌고자 하였다.

다시보기 ▶ 다시볼 문제 체크하고 틀린 이유 메모하기   【분석쌤 강의】는 2차 채점 후 반드시 챙겨 본다!

05 윗글의 내용과 일치하지 <u>않는</u> 것은?

① 공자가 살았던 시기는 제후국의 패권 경쟁이 심하던 시대였다.
② 공자는 군자의 개념을 확장하고 유학적 정치 이념을 제시하였다.
③ 공자는 예에 기반을 둔 정치를 실현할 주체로 군자를 제시하였다.
④ 공자는 다양한 학문적 소양을 군자가 갖추어야 할 요소로 보았다.
⑤ 공자는 도덕적 판단의 기준으로 법과 형벌의 중요성을 강조하였다.

| 지문근거 | 둘중헷 | Q&A | 어휘/개념 | 부정질문 |

분석쌤 강의

● **분 석** 지문에 정답과 오답의 근거가 그대로 제시되어 있어 많은 학생들이 정답에 답한 문제로, 이 시험(2013학년도 9월 모의평가)의 1등급 컷(원점수 98점)을 높게 한 데 기여한 문제
● **해결案** 발문(문두)에서 내용 일치 여부를 질문했으므로 답지 ①부터 바로 지문에 언급된 부분으로 찾아가 답지와 지문 내용의 일치 여부를 따진다.

06 윗글에 나타난 '예(禮)'에 대한 설명으로 적절하지 <u>않은</u> 것은?

① 인간관계를 올바르게 형성하는 사회적 장치이다.

② 당시 사회의 혼란을 극복할 방법으로 제안되었다.

③ 인간의 도덕적 본성을 사회적으로 규범화한 것이다.

④ 사회 구성원의 신분적 평등 관계를 추구하는 규범이다.

⑤ 모든 계층에게 도덕성을 요구하는 규범으로 강조되었다.

지문근거 둘중헷 Q&A 어휘/개념 부정질문

분석쌤 강의

● **분 석** 지문에서 정답과 오답의 근거를 모두 확인할 수 있어 대부분의 학생들이 쉽게 정답에 답한 문제

● **해결案** '예'에 대한 설명으로 적절하지 <u>않은</u> 것을 질문하였으므로, 답지를 검토할 때 각 답지의 주어는 '예는'이라는 것을 염두에 두고 답지의 내용을 언급한 부분을 지문에서 찾아 답지와 비교하면 된다.

07 윗글의 내용에 부합하는 것을 〈보기〉에서 고른 것은?

─ 보기 ─

ㄱ. 소인이 군자가 되면 인간의 도리를 벗어나는 법이 없다.

ㄴ. 군자는 완전한 인격체로서 유학에서 목표로 삼는 대상이다.

ㄷ. 소인도 도덕적 수양을 하고 학문적 소양을 갖추면 군자가 될 수 있다.

ㄹ. 군자와 성인을 구별하는 기준으로는 도덕적 본성의 완성 여부를 들 수 있다.

① ㄱ, ㄴ   ② ㄱ, ㄷ

③ ㄴ, ㄷ   ④ ㄴ, ㄹ

⑤ ㄷ, ㄹ

지문근거 둘중헷 Q&A 어휘/개념 부정질문

분석쌤 강의

● **분 석** 지문에서 근거를 찾을 수 있어 정답률이 매우 높았던 문제

● **해결案** '부합한다'는 것은 일치한다는 것이다. 즉, 이 문제는 〈보기〉의 ㄱ~ㄹ이 지문의 내용과 일치하는지를 따지면 된다.

08 ⓐ~ⓔ를 한자어로 바꾼 것으로 적절하지 <u>않은</u> 것은?

① ⓐ: 합당(合當)한

② ⓑ: 의거(依據)하여

③ ⓒ: 지칭(指稱)하는

④ ⓓ: 매수(買收)되어

⑤ ⓔ: 성찰(省察)하라고

지문근거 둘중헷 Q&A 어휘/개념 부정질문

분석쌤 강의

● **분 석** 정답에 답한 학생도 자신 없어 했을 정도로 답지 2개를 놓고 헷갈려 했던 문제로, 2023학년도 수능의 어휘 문제에서 출제된 어휘가 포함된 점에서, 기출 어휘도 반복 출제된다는 것을 알려 주는 문제

● **해결案** '매3'에서 강조하는 '어휘 문제 3단계 풀이법'을 적용해 푼다.

· 1단계: 핵심 간추리기

· 2단계: '매3어휘 풀이' 떠올리기

· 3단계: 대입하기

플래시 메모리는 수많은 스위치들로 이루어지는데, 각 스위치에 0 또는 1을 저장한다. 디지털 카메라에서 사진 한 장은 수백만 개 이상의 스위치를 켜고 끄는 방식으로 플래시 메모리에 저장된다. 메모리에서는 1비트의 정보를 기억하는 이 스위치를 셀이라고 한다. 플래시 메모리에서 셀은 그림과 같은 구조의 트랜지스터 1개로 이루어져 있다. 플로팅 게이트에 전자가 들어 있는 상태를 1, 들어 있지 않은 상태를 0이라고 정의한다.

플래시 메모리에서 데이터를 읽을 때는 그림의 반도체 D에 3V의 양(+)의 전압을 가한다. 그러면 다른 한 쪽의 반도체인 S로부터 전자들이 D 쪽으로 이끌리게 된다. 플로팅 게이트에 전자가 들어 있을 때는 S로부터 오는 전자와 플로팅 게이트에 있는 전자가 마치 자석의 같은 극처럼 서로 반발하기 때문에 전자가 흐르기 힘들다. 한편 플로팅 게이트에 전자가 없는 상태에서는 S와 D 사이에 전자가 흐르기 쉽다. 이렇게 전자의 흐름 여부, 즉 S와 D 사이에 전류가 흐르는가로 셀의 값이 1인지 0인지를 판단한다.

플래시 메모리에서는 두 가지 과정을 거쳐 데이터가 저장된다. 일단 데이터를 지우는 과정이 필요하다. 데이터 지우기는 여러 개의 셀이 연결된 블록 단위로 이루어진다. 블록에 포함된 모든 셀마다 G에 0V, p형 반도체에 약 20V의 양의 전압을 가하면, 플로팅 게이트에 전자가 있는 경우, 그 전자가 터널 절연체를 넘어 p형 반도체로 이동한다. 반면 전자가 없는 경우는 플로팅 게이트에 변화가 없다. 따라서 해당 블록의 모든 셀은 0의 상태가 된다. 터널 절연체는 전류 흐름을 항상 차단하는 일반 절연체와는 다르게 일정 이상의 전압이 가해졌을 때는 전자를 통과시킨다.

이와 같은 과정을 거친 후에야 데이터 쓰기가 가능하다. 데이터를 저장하려면 1을 쓰려는 셀의 G에 약 20V, p형 반도체에는 0V의 전압을 가한다. 그러면 p형 반도체에 있던 전자들이 터널 절연체를 넘어 플로팅 게이트로 들어가 저장된다. 이것이 1의 상태이다.

플래시 메모리는 EPROM과 EEPROM의 장점을 취하여 만든 메모리이다. EPROM은 한 개의 트랜지스터로 셀을 구성하여 셀 면적이 작은 반면, 데이터를 지울 때 칩을 떼어 내어 자외선으로 소거해야 한다는 단점이 있다. EEPROM은 전기를 이용하여 간편하게 데이터를 지울 수 있지만, 셀 하나당 두 개의 트랜지스터가 필요하다. 플래시 메모리는 한 개의 트랜지스터로 셀을 구성하며, 전기적으로 데이터를 쓰고 지울 수 있다. 한편 메모리는 전원 차단 시에 데이터의 보존 유무에 따라 휘발성과 비휘발성 메모리로 구분되는데, 플래시 메모리는 플로팅 게이트가 절연체로 둘러싸여 있기 때문에 전원을 꺼도 1이나 0의 상태가 유지되므로 비휘발성 메모리이다. 이런 장점 때문에 휴대용 디지털 장치는 주로 플래시 메모리를 이용하여 데이터를 저장한다.

다시보기 ▶ 다시 볼 문제 체크하고 틀린 이유 메모하기

《분석쌤 강의는 2차 채점 후 반드시 챙겨 본다!》

09 윗글에 대한 설명으로 가장 적절한 것은?

① 대상의 구조를 바탕으로 작동 원리를 설명하고 있다.

② 대상의 장점을 설명한 뒤 사용 방법을 알려 주고 있다.

③ 대상의 크기를 기준으로 자세한 기능을 설명하고 있다.

④ 대상의 구성 요소를 설명한 뒤 제작 원리를 알려 주고 있다.

⑤ 대상의 단점을 나열하고 새로운 방식의 필요성을 제기하고 있다.

지문 근거 둘중 헷 Q&A 어휘/개념 부정 질문

분석쌤 강의

● **분 석** 글의 전개 방식(서술 방식)을 묻는 문제로, 대부분의 학생들이 쉽게 정답에 답한 문제

● **해결案** '대상'이 무엇인지부터 체크한 다음, 답지 ①부터 옳고 그름을 판단하되, 하나의 답지 안에 2개 이상의 정보가 있다는 것과 제시된 정보가 모두 옳아야 한다는 것, 그리고 '~바탕으로' 설명하고 있는지, '설명한 뒤' 알려 주고 있는지, '기준으로' 기능을 설명하고 있는지 등을 일일이 따져야 한다.

10 윗글의 '플래시 메모리'에 대하여 추론한 내용으로 옳은 것은?

① D에 3V의 양의 전압을 가하면 플로팅 게이트의 전자가 사라진다.

② 터널 절연체 대신에 일반 절연체를 사용하면 데이터를 반복해서 지우고 쓸 수 없다.

③ 데이터 지우기 과정에서 자외선에 노출해야 데이터를 수정할 수 있다.

④ EEPROM과 비교되는 EPROM의 단점을 개선하여 셀 면적을 더 작게 만들었다.

⑤ 데이터를 유지하기 위해서는 전력을 계속 공급해 주어야 한다.

지문근거 둘중헷 Q&A 어휘/개념 부정질문

분석쌤 강의

● **분 석** '플래시 메모리'에 대한 배경지식이 없어도 지문에서 근거를 찾는 훈련을 제대로 한 학생은 쉽게 정답을 찾을 수 있는 국어 영역 문제

● **해결案** 지문을 근거로 답지의 내용이 옳은지 그른지를 따져야 하지만 '윗글의 내용과 일치하는 것'이 아닌, '플래시 메모리'에 대한 옳은 추론을 질문하고 있다는 것을 염두에 두고 답지를 체크한다. 정답에 쉽게 답했어도 △로 체크하고 넘어간 답지가 있었다면 2차 채점까지 끝낸 다음, 헷갈린 답지의 근거를 지문에서 찾아 오답인 이유를 확실하게 알고 넘어가도록 한다.

11 윗글과 〈보기〉에 따라 플래시 메모리의 데이터 〈 1 0 〉을 〈 0 1 〉로 수정하려고 할 때, 단계별로 전압이 가해질 위치가 옳은 것은? [3점]

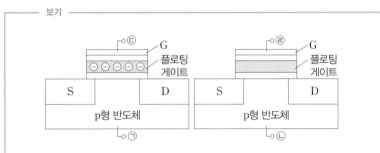

― 보기 ―

* 두 개의 셀이 하나의 블록을 이룬다.
* 그림은 데이터 〈 1 0 〉을 저장하고 있는 현재 상태이고, ㉠~㉣은 20V의 양의 전압이 가해지는 위치이다.

	1단계	2단계
①	㉠	㉣
②	㉢	㉡
③	㉠과 ㉡	㉣
④	㉡과 ㉢	㉣
⑤	㉢과 ㉣	㉡

지문근거 둘중헷 Q&A 어휘/개념 부정질문

분석쌤 강의

● **분 석** 이 시험(2014학년도 6월 모의평가)에서 가장 정답률이 낮았던 문제로, 이 문제를 틀린 학생들은 특정 오답지 하나에 집중적으로 답했다. 그러므로 많은 학생들이 이 오답지에 답한 이유를 알고 넘어가야 하는 문제

● **해결案** 먼저, 발문(문두)에서 묻는 핵심을 지문을 통해 이해해야 한다. 그런 다음, 〈보기〉의 그림 아래 설명과 지문을 통해 〈보기〉의 그림 상태 및 1단계와 2단계에 이루어지는 과정을 확인한다. ☞ 〈클리닉 해설〉 참조

이 문제를 비롯하여 '기술' 지문에서 도표·그래프·그림에 적용하는 문제가 어렵게 출제되어 왔는데, 이와 같은 문제를 잘 풀기 위해서는 지문을 꼼꼼하게 읽으며 이해하고 '도표·그래프·그림'을 지문 내용에 적용해 해석할 수 있어야 한다.

1차 채점할 때 틀린 학생들은 반드시 〈클리닉 해설〉을 참고해 이 문제를 풀어 가는 과정을 확인하고 다음 문제 풀이 때 적용하도록 한다.

▶ 정답을 모르는 상태에서 2차 풀이를 하기 위한 방법으로, 아래 채점표 대신 '모바일 자동 채점 프로그램'(문제편 표지 QR 코드)을 이용해도 된다.

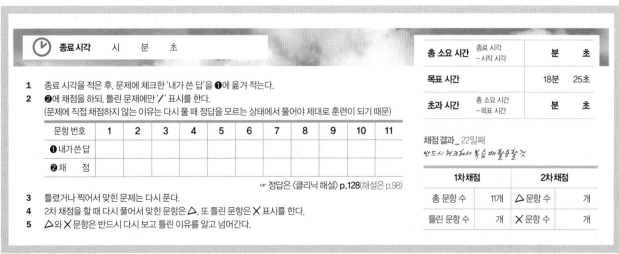

🕐 **종료 시각** 　시　분　초

1　종료 시각을 적은 후, 문제에 체크한 '내가 쓴 답'을 ❶에 옮겨 적는다.
2　❷에 채점을 하되, 틀린 문제에만 / 표시를 한다.
　(문제에 직접 채점하지 않는 이유는 다시 풀 때 정답을 모르는 상태에서 풀어야 제대로 훈련이 되기 때문)

문항 번호	1	2	3	4	5	6	7	8	9	10	11
❶내가 쓴 답											
❷채　점											

☞ 정답은 〈클리닉 해설〉 p.128(해설은 p.98)

3　틀렸거나 찍어서 맞힌 문제는 다시 푼다.
4　2차 채점을 할 때 다시 풀어서 맞힌 문항은 △, 또 틀린 문항은 ✕ 표시를 한다.
5　△와 ✕ 문항은 반드시 다시 보고 틀린 이유를 알고 넘어간다.

총 소요 시간	종료 시각 −시작 시각	분	초
목표 시간		18분	25초
초과 시간	총 소요 시간 −목표 시간	분	초

채점 결과_ 22일째
반드시 체크해서 복습 때 활용할 것

	1차채점		2차채점	
총 문항 수	11개	△ 문항 수		개
틀린 문항 수	개	✕ 문항 수		개

1~4 다음 글을 읽고 물음에 답하시오.   2015학년도 6월 모의평가(A형)【16~19】·(B형)【17~20】 예술

　1950년대 프랑스의 영화 비평계에는 ㉠작가주의라는 비평 이론이 새롭게 등장했다. 작가주의란 감독을 단순한 연출자가 아닌 '작가'로 간주하고, 작품과 감독을 동일시하는 관점을 말한다. 이 이론이 대두될 당시, 프랑스에는 유명한 문학 작품을 별다른 손질 없이 영화화하거나 화려한 의상과 세트, 인기 연극배우에 의존하는 제작 관행이 팽배해 있었다. 작가주의는 이렇듯 프랑스 영화에 만연했던 문학적, 연극적 색채에 대한 반발로 주창되었다.

　작가주의는 상투적인 영화가 아닌 감독 개인의 영화적 세계와 독창적인 스타일을 일관되게 투영하는 작품들을 옹호한다. 감독의 창의성과 개성은 작품 세계를 관통하는 감독의 세계관 혹은 주제 의식, 그것을 표출하는 나름의 이야기 방식, 고집스럽게 되풀이되는 특정한 상황이나 배경 혹은 표현 기법 같은 일관된 문체상의 특징으로 나타난다는 것이다.

　한편, 작가주의적 비평은 영화 비평계에 중요한 영향을 끼쳤는데, 그중에서도 주목할 점은 ⓐ할리우드 영화를 재발견한 것이다. 할리우드에서는 일찍이 미국의 대량 생산 기술을 상징하는 포드 시스템과 흡사하게 제작 인력들의 능률을 높일 수 있는 표준화·분업화한 방식으로 영화를 제작했다. 이에 따라 재정과 행정의 총괄자인 제작자가 감독의 작업 과정에도 관여하게 되었고, 감독은 제작자의 생각을 화면에 구현하는 역할에 머물렀다. 이는 계량화가 불가능한 창작자의 재능, 관객의 변덕스런 기호 등의 변수로 야기될 수 있는 흥행의 불안정성을 최소화하면서 일정한 품질의 영화를 생산하기 위함이었다.

　그러나 ⓑ작가주의적 비평가들은 할리우드라는 가장 산업화된 조건에서 생산된 상업적인 영화에서도 감독 고유의 표지를 찾아낼 수 있다고 보았다. 작가주의적 비평가들은 제한적인 제작 여건이 오히려 감독의 도전 의식과 창의성을 끌어낸 사례들에 주목한 것이다. 그에 따라 B급 영화*와 그 감독들마저 수혜자가 되기도 했다.

　작가주의적 비평가들에 의해 복권된 대표적인 할리우드 감독이 바로 스릴러 장르의 거장인 히치콕이다. 히치콕은 제작 시스템과 장르의 제약 속에서도 일관된 주제 의식과 스타일을 관철한 감독으로 평가받았다. 히치콕은 관객을 오인에 빠뜨린 뒤 막바지에 진실을 규명하여 충격적인 반전을 이끌어 내는 그만의 이야기 도식을 활용하였다. 또한 그는 관객의 오인을 부추기는 '맥거핀' 기법을 자신만의 이야기 법칙을 만들어 가는 데 하나의 극적 장치로 종종 활용하였다. 즉 특정 소품을 맥거핀으로 활용하여 확실한 단서처럼 보이게 한 다음 일순간 허망한 것으로 만들어 관객을 당혹스럽게 한 것이다.

　이처럼 할리우드 영화의 재평가에 큰 영향을 끼쳤던 작가주의의 영향력은 오늘날까지도 이어지고 있다. 예컨대 작가주의로 인해 '좋은' 영화 혹은 '위대한' 감독들이 선정되었고, 이들은 지금도 영화 교육 현장에서 활용되고 있다.

*B급 영화: 적은 예산으로 단시일에 제작되어 완성도가 낮은 상업적인 영화.

다시보기 ▶ 다시 볼 문제 체크하고 틀린 이유 메모하기   『분석쌤 강의』는 2차 채점 후 반드시 챙겨 본다!

01 윗글에 대한 설명으로 가장 적절한 것은?

① 작가주의에서 쟁점이 되는 부분을 시간의 흐름에 따라 설명하고 있다.

② 작가주의의 문제점을 제시한 뒤 그것이 해결되는 과정을 설명하고 있다.

③ 작가주의와 그에 대립하는 비평 이론을 구체적인 예를 통해 서로 비교하고 있다.

④ 작가주의의 개념을 설명한 뒤 구체적인 사례와 관련지어 그 의의를 소개하고 있다.

⑤ 작가주의가 영화 비평계에 끼친 영향력을 분석하고 그것을 넘어서는 새로운 관점을 소개하고 있다.

지문근거   둘중헷   Q&A   어휘/개념 부정 질문

분석쌤 강의

● **분석** 하나의 답지에 2개 이상의 정보가 있는 경우, 그것을 나누어서 옳고 그름을 따져야 한다는 것을 일러 주는 문제

● **해결案** 지문을 끝까지 읽은 다음, 답지 ①부터 ○, X, △ 표시를 하며 푼다. 이때 답지에 제시된 문장 전체를 두고 옳고 그름을 체크하기도 해야 하지만, 하나의 답지 안에 여러 개의 정보가 있는 경우 그 각각이 지문에 대한 설명으로 적절한지를 따져야 한다.

02 윗글의 내용과 일치하지 않는 것은?

① 맥거핀은 관객에게 사건의 배경을 극적으로 제시해 주는 촬영 기법을 말한다.

② 작가주의는 좋은 영화와 위대한 감독을 선정하는 새로운 근거를 제시하였다.

③ 프랑스 영화의 문학적, 연극적 색채에 대한 반발로 작가주의가 등장하게 되었다.

④ 할리우드에서 제작자의 권한을 강화한 것은 흥행의 안정성을 고려했기 때문이다.

⑤ 할리우드에서는 제작의 효율성을 위해 제작 인력들 간의 역할과 임무를 구분하였다.

지문근거 둘중헷 Q&A 어휘/개념 부정질문

분석쌤 강의

● 분 석 내용 일치 여부를 묻는 질문이지만, 지문에 제시된 내용을 확인하는 수준을 넘어 미루어 짐작해야 하는 답지도 있어 오답에 답한 학생들이 많았던 문제 ☞ 〈클리닉 해설〉 참조

● 해결案 각 답지에서 키워드가 되는 단어를 체크한 다음, 체크한 키워드에 대해 언급한 부분을 지문에서 찾아 지문 내용과 답지를 비교해 O, X, △ 표시를 하며 푼다.

03 ⓐ, ⓑ에 대한 설명으로 적절한 것은?

① ⓐ의 제작에서는 관객의 기호를 흥행의 변수로 보지 않았다.

② ⓑ는 상업적인 영화보다는 상투적인 영화를 옹호하고자 하였다.

③ ⓑ는 히치콕의 작품들에 숨어 있는 흥행의 공식을 영화 제작에 활용하였다.

④ ⓑ는 ⓐ에서도 감독의 개성을 발견할 수 있다고 보았다.

⑤ ⓑ는 ⓐ를 재평가하는 과정에서 B급 영화는 평가 대상에서 제외하였다.

지문근거 둘중헷 Q&A 어휘/개념 부정질문

분석쌤 강의

● 분 석 어렴풋이 아는 어휘(기호, 복권, 수혜자 등)를 안다고 착각하고 넘길 수 있다는 것을 새기게 해 주는 문제

● 해결案 ⓐ와 ⓑ를 확인한 다음, 답지의 설명이 적절한지를 검토하되, 정답과 오답의 근거는 지문에서 찾는다.

04 윗글의 ㉠과 〈보기〉의 ㉡의 입장을 비교하여 설명한 것으로 적절하지 않은 것은?

> ── 보기 ──
>
> ㉡한 편의 영화를 제대로 평가하기 위해서는 영화와 관련된 여러 요소를 모두 고려해야 한다. 예컨대 제작에 참여하는 인력들의 역량이나 예산 같은 제작 여건을 고려해야 한다. 또한 영화의 표현 가능성을 확장시킨 기술의 발달 등도 간과할 수 없는 요인이다. 이런 점에서 감독은 영화의 일부분일 뿐이다.

① ㉠은 ㉡보다 감독의 주제 의식을 중시한다.

② ㉠은 ㉡보다 감독의 표현 기법의 일관성을 중시한다.

③ ㉠은 ㉡보다 영화 창작 과정에서 감독의 권한을 중시한다.

④ ㉡은 ㉠에 비해 영화 제작 과정에서 경제적 여건과 기술적 조건을 중시한다.

⑤ ㉡은 ㉠에 비해 감독의 역량을 영화 제작에 참여하는 인력들의 역량보다 중시한다.

지문근거 둘중헷 Q&A 어휘/개념 부정질문

분석쌤 강의

● 분 석 지문과 〈보기〉에 두 입장의 차이가 분명하게 제시되어 있어 대부분의 학생들이 쉽게 맞힌 문제

● 해결案 ㉠과 ㉡의 입장 차이부터 파악한다. 그런 다음, 답지의 설명이 각각의 입장을 적절하게 이해한 것인지 체크하되, 지문과 〈보기〉에서 근거를 확인한다.

경제학에서는 가격이 한계 비용과 일치할 때를 가장 이상적인 상태라고 본다. '한계 비용'이란 재화의 생산량을 한 단위 증가시킬 때 추가되는 비용을 말한다. 한계 비용 곡선과 수요 곡선이 만나는 점에서 가격이 정해지면 재화의 생산 과정에 ㉠들어가는 자원이 낭비 없이 효율적으로 배분되며, 이때 사회 전체의 만족도가 가장 커진다. 가격이 한계 비용보다 높아지면 상대적으로 높은 가격으로 인해 수요량이 줄면서 거래량이 따라 줄고, 결과적으로 생산량도 감소한다. 이는 사회 전체의 관점에서 볼 때 자원이 효율적으로 배분되지 못하는 상황이므로 사회 전체의 만족도가 떨어지는 결과를 ㉡낳는다.

위에서 설명한 일반 재화와 마찬가지로 수도, 전기, 철도와 같은 공익 서비스도 자원 배분의 효율성을 ㉢생각하면 한계 비용 수준으로 가격(= 공공요금)을 결정하는 것이 바람직하다. 대부분의 공익 서비스는 초기 시설 투자 비용은 막대한 반면 한계 비용은 매우 적다. 이러한 경우, 한계 비용으로 공공요금을 결정하면 공익 서비스를 제공하는 기업은 손실을 볼 수 있다.

[A]
예컨대 초기 시설 투자 비용이 6억 달러이고, 톤당 1달러의 한계 비용으로 수돗물을 생산하는 상수도 서비스를 가정해 보자. 이때 수돗물 생산량을 '1톤, 2톤, 3톤, …'으로 늘리면 총비용은 '6억 1달러, 6억 2달러, 6억 3달러, …'로 늘어나고, 톤당 평균 비용은 '6억 1달러, 3억 1달러, 2억 1달러, …'로 지속적으로 줄어든다. 그렇지만 평균 비용이 계속 줄어들더라도 한계 비용 아래로는 결코 내려가지 않는다. 따라서 한계 비용으로 수도 요금을 결정하면 총비용보다 총수입이 적으므로 수도 사업자는 손실을 보게 된다.

이를 해결하는 방법에는 크게 두 가지가 있다. 하나는 정부가 공익 서비스 제공 기업에 손실분만큼 보조금을 ㉣주는 것이고, 다른 하나는 공공요금을 평균 비용 수준으로 정하는 것이다. 전자의 경우 보조금을 세금으로 충당한다면 다른 부문에 들어갈 재원이 ㉤줄어드는 문제가 있다. 평균 비용 곡선과 수요 곡선이 교차하는 점에서 요금을 정하는 후자의 경우에는 총수입과 총비용이 같아져 기업이 손실을 보지는 않는다. 그러나 요금이 한계 비용보다 높기 때문에 사회 전체의 관점에서 자원의 효율적 배분에 문제가 생긴다.

다시보기 ▶ 다시 볼 문제 체크하고 틀린 이유 메모하기

[불석쌤 강의]는 2차 채점 후 반드시 챙겨 본다!

05 윗글의 내용과 일치하지 않는 것은?

① 자원이 효율적으로 배분될 때 사회 전체의 만족도가 극대화된다.

② 가격이 한계 비용보다 높은 경우에는 한계 비용과 같은 경우에 비해 결국 그 재화의 생산량이 줄어든다.

③ 공익 서비스와 일반 재화의 생산 과정에서 자원을 효율적으로 배분하기 위한 조건은 서로 같다.

④ 정부는 공공요금을 한계 비용 수준으로 유지하기 위하여 보조금 정책을 펼 수 있다.

⑤ 평균 비용이 한계 비용보다 큰 경우, 공공요금을 평균 비용 수준에서 결정하면 자원의 낭비를 방지할 수 있다.

| 지문 근거 | 둘중헷 | Q&A | 어휘/개념 | 부정 질문 |

불석쌤 강의

● **분석** 내용 일치 여부를 묻는 문제에서도 미루어 짐작할 수 있는 답지가 제시된다는 것을 일러 주는 문제

● **해결案** 답지의 내용이 지문에서 언급된 내용과 일치하는지의 여부를 따져야 하는 문제는 지문에서 그 근거를 바로 확인할 수 있는 것도 있지만, 지문의 근거를 통해 미루어 짐작할 수 있는 답지도 있다는 점을 염두에 두어야 한다. 일치한다면 ○, 일치하지 않는다면 ✕로 표시하고, 옳은 것으로 미루어 짐작할 수 있으면 △, 잘못된 것으로 미루어 짐작할 수 있으면 ✕로 표시하며 풀면 정답을 압축하기가 쉬워진다. 답지에 체크한 것이 ○와 ✕만 있다면 ✕가 정답이 되지만, ○와 △, ✕가 혼합되어 있다면 △와 ✕ 중에서 최선지 답을 선택하면 된다.

06 〈보기〉는 [A]의 내용을 그래프로 나타낸 것이다. 윗글과 관련지어 이해한 내용으로 옳지 않은 것은?

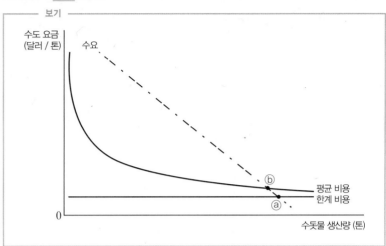

보기

① ⓐ에서 수도 요금을 결정하면 수도 사업자는 손실을 본다.

② ⓐ에서 수도 요금을 결정하면 수도 요금은 톤당 1달러이다.

③ ⓑ에서 수도 요금을 결정하면 수도 사업자의 총수입과 총비용은 같다.

④ 수돗물 생산량이 증가함에 따라 평균 비용과 한계 비용의 격차가 줄어든다.

⑤ 요금 결정 지점이 ⓐ에서 ⓑ로 이동하면 사회 전체의 만족도는 증가한다.

지문 근거 둘중 헷 Q&A 어휘/개념 부정질문

분석쌤 강의

● **분 석** 지문과 지문의 내용을 그래프로 나타낸 것을 비교하며 풀어야 하는 문제는 어렵다는 선입견을 불식시켜 준 문제

● **해결案** 이와 같은 문제는 지문을 읽어내려 가면서 [A] 부분에서 〈보기〉의 그래프와 비교한다. 그런 다음, 답지를 읽으면서 답지의 진술이 [A]와 〈보기〉를 제대로 이해한 것인지를 체크한다. 꼭 기억해야 할 것은, 정답의 근거가 [A]에 국한되어 있지 않고 글 전체에 있을 수도 있다는 점이다.

07 문맥상 ㉠~㉤과 바꾸어 쓰기에 적절하지 않은 것은?

① ㉠: 투입(投入)되는

② ㉡: 초래(招來)한다

③ ㉢: 추정(推定)하면

④ ㉣: 지급(支給)하는

⑤ ㉤: 감소(減少)하는

지문 근거 둘중 헷 Q&A 어휘/개념 부정질문

분석쌤 강의

● **분 석** 2018학년도 수능에서 '바꿔 쓰기에 적절하지 않은 것'을 묻는 문제에서 다룬 어휘가 포함된 문제로, 수능 국어 영역 비문학(독서)에 출제되는 어휘 문제는 수능 시험에서 반복 출제된다는 것을 알려 주는 문제

● **해결案** ㉠~㉤의 자리에 답지의 말을 대입하기에 앞서, 밑줄 친 말을 포함하여 그 앞뒤 내용을 최대한 간추려 본다. 그런 다음, 답지의 말을 대입해서 자연스러운지의 여부를 따진다.

쉽게 정답에 답했어도 오답지까지 검토해 다시 봐야 할 어휘가 있다면 '매3 오답 노트'에 메모해 둔다.

소프트웨어 개발에서 자료 관리를 위한 구조로는 '배열'과 '연결 리스트'가 흔히 사용된다. 이 구조를 가진 저장소가 실제 컴퓨터 메모리에 구현된 위치를 '포인터'라고 한다.

㉠배열은 물리적으로 연속된 저장소들을 사용한다. 배열에서는 흔히 〈그림 1〉과 같이 자료의 논리적 순서와 실제 저장 순서가 일치하도록 자료가 저장된다. 이때 원하는 자료의 논리적인 순서만 알면 해당 포인터 값을 계산할 수 있으므로, 바로 접근하여 읽기와 쓰기를 할 수 있다. 그런데 〈그림 1〉에서 자료 '지리'를 삭제하려면 '한라'를 한 칸 당겨야 하고, 가나다순에 따라 '소백'을 삽입하려면 '지리'부터 한 칸씩 밀어야 한다. 따라서 삽입하거나 삭제하는 자료의 순번이 빠를수록 나머지 자료의 재정렬 시간이 늘어난다.

〈그림 1〉 배열 　　　　　　 〈그림 2〉 연결 리스트

㉡연결 리스트는 저장될 자료와 다음에 올 자료의 포인터인 '다음 포인터'를 한 저장소에 함께 저장한다. 이 구조에서는 〈그림 2〉와 같이 '다음 포인터'의 정보를 담을 공간이 더 필요하지만, 이 정보에 의해 물리적 저장 위치에 상관없이 자료의 논리적 순서를 유지할 수 있다. 또한 자료의 삽입과 삭제는 '다음 포인터'의 내용 변경으로 가능하므로 상대적으로 간단하다. 예를 들어 〈그림 2〉에서 '소백'을 삽입하려면 빈 저장소의 ⓐ에 '소백'을 쓰고 ⓑ와 ⓒ에 논리적 순서에 따라 다음에 올 포인터 값인 '1004'와 '1002'를 각각 써 주면 된다. 하지만 특정 자료를 읽으려면 접근을 시작하는 포인터부터 그 자료까지 저장소들을 차례로 읽어야 하므로 자료의 논리적 순서에 따라 접근 시간에 차이가 있다.

한편 '다음 포인터'뿐만 아니라 논리순으로 앞에 연결된 저장소의 포인터를 하나 더 저장하는 ㉢'이중 연결 리스트'도 있다. 이 구조에서는 현재 포인터에서부터 앞뒤 어느 방향으로도 연결된 자료에 접근할 수 있어 연결 리스트보다 자료 접근이 용이하다.

08 윗글을 통해 알 수 있는 사실로 옳지 않은 것은?

① 저장된 자료에 접근할 때는 포인터를 이용한다.
② 자료 접근 과정은 사용하는 자료 관리 구조에 따라 달라진다.
③ '배열'에서는 자료의 논리적 순서에 따라 자료 접근 시간이 달라진다.
④ '연결 리스트'는 저장되는 전체 자료의 개수가 자주 변할 때 편리하다.
⑤ '이중 연결 리스트'의 한 저장소에는 세 가지 다른 정보가 저장된다.

지문근거　돌중헷　Q&A　어휘/개념　부정질문

분석쌤 강의
● 분 석 정답의 근거를 잘못 해석해 많이 헷갈려 한. 내용 일치 여부를 묻는 문제보다 좀 더 따져야 알 수 있는 미루어 짐작하기 문제
● 해결案 각 답지의 내용이 지문 속 어느 부분과 연관되는지를 짚어 보고, 지문 내용과 답지를 비교하며 답지의 내용이 지문에서 이끌어 낼 수 있는 진술인지를 따진다.

09 ㉠~㉢에 대해 〈보기〉의 실험을 한 후 얻은 결과로 옳은 것은? [3점]

— 보기 —

동일 수의 자료를 논리순이 유지되도록 메모리에 저장한 다음 읽기, 삽입, 삭제를 동일 횟수만큼 차례로 실행하였다.

* 단, 충분히 많은 양의 자료로 충분한 횟수만큼 실험을 하되, 자료를 무작위로 선택하고 자료의 논리순이 유지되도록 함.

① ㉠은 ㉡에 비해 삭제 실험에 걸리는 총시간이 길었다.

② ㉠은 ㉢에 비해 저장 실험의 메모리 사용량이 많았다.

③ ㉡은 ㉠에 비해 삽입 실험에 걸리는 총시간이 길었다.

④ ㉡은 ㉢에 비해 저장 실험의 메모리 사용량이 많았다.

⑤ ㉢은 ㉡에 비해 읽기 실험에 걸리는 총시간이 길었다.

분석쌤 강의

● **분 석** 발문(문두)과 답지를 본 후, 문제 풀이 시간을 단축하는 풀이법을 선택해 풀 수 있는 문제

● **해결案** ㉠, ㉡, ㉢의 메모리 사용량과 자료를 삽입하거나 삭제할 때 걸리는 시간을 체크한다. ㉠, ㉡, ㉢의 구조를 먼저 알고, 〈보기〉의 실험을 이해한 다음 답지를 체크해 나가는 것이 순서이지만, 답지를 보면 '㉠~㉢을 설명하고 있는 지문에서 메모리 사용량과 삽입하거나 삭제하는 데 걸리는 시간 및 접근 시간만 체크하면 되겠구나.'를 가늠할 수 있고, 이렇게 풀면 시간을 단축할 수 있다.

▶ 정답을 모르는 상태에서 2차 풀이를 하기 위한 방법으로, 아래 채점표 대신 '모바일 자동 채점 프로그램'(문제편 표지 QR 코드)을 이용해도 된다.

🕐 **종료 시각** 　시　　분　　초

총 소요 시간	종료 시각 −시작 시각	**분**	**초**
목표 시간		16분	30초
초과 시간	총 소요 시간 −목표 시간	**분**	**초**

1 종료 시각을 적은 후, 문제에 체크한 '내가 쓴 답'을 ❶에 옮겨 적는다.

2 ❷에 채점을 하되, 틀린 문제에만 '✓' 표시를 한다.

(문제에 직접 채점하지 않는 이유는 다시 풀 때 정답을 모르는 상태에서 풀어야 제대로 훈련이 되기 때문)

문항 번호	1	2	3	4	5	6	7	8	9
❶ 내가 쓴 답									
❷ 채 점									

☞ 정답은 〈클리닉 해설〉 **p.128**(해설은 p.103)

3 틀렸거나 찍어서 맞힌 문제는 다시 푼다.

4 2차 채점을 할 때 다시 풀어서 맞힌 문항은 △, 또 틀린 문항은 ✗ 표시를 한다.

5 △와 ✗문항은 반드시 다시 보고 틀린 이유를 알고 넘어간다.

채점 결과_ 23일째

반드시 체크해서 복습 때 활용할 것

	1차채점		2차채점
총 문항 수	9개	△ 문항 수	개
틀린 문항 수	개	✗ 문항 수	개

1~3 다음 글을 읽고 물음에 답하시오.

베토벤의 교향곡은 서양 음악사에 한 획을 그은 걸작으로 평가된다. 그 까닭은 음악 소재를 개발하고 그것을 다채롭게 처리하는 창작 기법의 탁월함으로 설명될 수 있다. 연주 시간이 한 시간 가까이 되는 제3번 교향곡 '영웅'에서 베토벤은 으뜸화음을 펼친 하나의 평범한 소재를 모티브로 취하여 다양한 변주와 변형 기법을 통해 통일성을 유지하면서도 가락을 다채롭게 들리게 했다. 이처럼 단순한 소재에서 착상하여 이를 다양한 방식으로 가공함으로써 성취해 낸 복잡성은 후대 작곡가들이 본받을 창작 방식의 전형이 되었으며, 유례없이 늘어난 교향곡의 길이는 그들이 넘어서야 할 산이었다.

그렇다면 오로지 작품의 내적인 원리만이 베토벤의 교향곡을 19세기의 중심 레퍼토리로 자리매김하게 했을까? 베토벤의 신화를 이해하기 위해서는 19세기 초 음악사의 중심에 서고자 했던 독일 민족의 암묵적 염원을 들여다볼 필요가 있다. 그것은 1800년을 전후하여 뚜렷하게 달라진 빈(Wien)의 청중의 음악관, 음악에 대한 독일 비평가들의 새로운 관점, 그리고 당시 유행한 천재성 담론에 반영되었다.

빈의 ㉠새로운 청중의 귀는 유럽의 다른 지역 청중과는 달리 순수 기악을 향해 열려 있었다. 순수 기악이란 악기에서 나오는 소리 외에는 다른 어떤 것과도 연합되지 않는 음악을 뜻한다. 당시 청중은 언어가 순수 기악이 주는 의미를 담기에 부족하다고 생각했기 때문에 제목이나 가사 등의 음악 외적 단서를 원치 않았다. 그들이 원했던 것은 말로 형용할 수 없는, 무한을 향해 열려 있는 '음악 그 자체'였다.

또한 당시 음악 비평가들은 음악을 앎의 방식으로 이해하기를 원했다. 이는 음악을 정서의 촉발자로 본 이전 시대와 달리 음악을 감상자가 능동적으로 이해해야 할 대상으로 인식하기 시작했음을 뜻한다. 슐레겔은 모든 순수 기악이 철학적이라고 보았으며, 호프만은 베토벤의 교향곡이 '보편적 진리를 향한 문'이라고 주장하였다. 요컨대 당시의 빈의 청중과 독일의 음악 비평가들은 베토벤의 교향곡이 음악의 독립적 가치를 극대화한 음악이자 독일 민족의 보편적 가치를 실현해 주는 순수 기악의 정수라 여겼다.

더욱이 당시 독일 지역에서 유행한 천재성 담론도 베토벤의 교향곡이 특별한 지위를 얻는 데 한몫했다. 그 시대가 요구하는 천재상은 타고난 재능으로 기존의 관습에서 벗어나 새로운 전통을 창조하는 자였다. 베토벤은 이전의 교향곡의 전통을 수용하면서도 자신만의 독창적인 색채를 더하여 교향곡의 새로운 지평을 열었다고 여겨졌다. 베토벤이야말로 이러한 천재라는 인식이 널리 받아들여지면서 그의 교향곡은 더욱 주목받았다.

다시보기   ▶ 다시 볼 문제 체크하고 틀린 이유 메모하기

[불썜쌤 강의는 2차 채점 후 반드시 챙겨 볼 것!]

01 윗글의 내용과 일치하지 않는 것은?

① 베토벤 신화 형성 과정에는 독일 민족의 음악적 이상이 반영되었다.

② 베토벤 교향곡의 확대된 길이는 후대 작곡가들이 극복해야 할 과제였다.

③ 베토벤 교향곡에서 복잡성은 단순한 모티브를 다양하게 가공하는 창작 방식에 기인한다.

④ 베토벤 교향곡 '영웅'의 변주와 변형 기법은 통일성 속에서도 다양성을 구현하게 해 주었다.

⑤ 베토벤의 천재성은 기존의 음악적 관습을 부정하고 교향곡이라는 새로운 장르를 창시한 데에서 비롯된다.

지문 근거	둘중햇	Q&A	어휘/개념	부정 질문

분석쌤 강의

● **분 석** 이 시험(2014학년도 수능)을 예고하는 6월과 9월 모의평가에서는 발문(문두)에서 '윗글의 내용과 일치하는(또는 일치하지 않는) 것'에 대해 직접 질문하지 않고, '윗글에 대한 이해로 적절한(또는 적절하지 않은) 것'을 질문한 문제 수가 많았는데, 발문이 달라도 국어 영역은 지문에서 근거를 찾아 정답을 고르는 문제임을 새겨야 하는 문제 유형

● **해결案** 답지에서 설명하고 있는 내용이 언급된 부분을 지문에서 찾아 비교·대조하며 O, X, △ 표시를 한다.

02 ㉠의 관점에 가장 가까운 것은?

① 음악은 소리를 다양하게 변형시켜 그것을 듣는 인간의 정서를 순화시킨다.

② 음악은 인간의 구체적인 감정을 전달하는 수단이라는 점에서 그 자체가 언어이다.

③ 가사는 가락을 통해 전달되는 메시지라는 점에서 언어는 음악의 본질적 요소이다.

④ 음악은 언어가 표현할 수 없는 것을 보여 준다는 점에서 언어를 초월하는 예술이다.

⑤ 창작 당시의 시대상이 음악에 반영된다는 점에서 음악 외적 상황은 음악 이해에 중요한 단서가 된다.

지문 근거 둘중헷 Q&A 어휘/개념 부정질문

분석쌤 강의

● **분 석** 지문에서 정답과 오답의 근거를 확인할 수 있어 대부분의 학생들이 정답에 답한 문제

● **해결案** ㉠의 관점, 즉 ㉠의 생각부터 이해한다. 그런 다음, 답지에서 설명하고 있는 내용이 ㉠의 생각과 부합되는지를 따지면 된다.

03 〈보기〉와 윗글을 이해한 내용으로 가장 적절한 것은? [3점]

> ── 보기 ──
>
> 로시니는 베토벤과 동시대인으로 당대 최고의 인기를 누리던 오페라 작곡가였다. 당시 순수 기악이 우세했던 빈과는 달리 이탈리아와 프랑스에서는 오페라가 여전히 음악의 중심에 있었다. 당대의 소설가이자 음악 비평가인 스탕달은 로시니가 빈의 현학적인 음악가들과는 달리 유려한 가락에 능하다는 이유를 들어 그를 최고의 작곡가로 평가하였다.

① 슐레겔은 로시니를 '순수 기악의 정수'를 보여 준 베토벤만큼 높이 평가하지 않았겠군.

② 호프만은 당시의 이탈리아와 프랑스에서 유행하던 음악이 '새로운 전통'을 창조했다고 보았겠군.

③ 음악을 '앎의 방식'으로 보는 관점을 가진 사람들에게 오페라는 교향곡보다 우월한 장르로 평가받았겠군.

④ 스탕달에 따르면, 로시니의 음악은 베토벤이 세운 '창작 방식의 전형'을 따름으로써 빈의 현학적인 음악가들을 뛰어넘은 것이겠군.

⑤ 당시 오페라가 여전히 인기를 얻을 수 있었던 것은 음악을 '정서의 촉발자'가 아닌 '능동적 이해의 대상'으로 보려는 청중의 견해 때문이었겠군.

지문 근거 둘중헷 Q&A 어휘/개념 부정질문

분석쌤 강의

● **분 석** '예술' 제재는 최근 수능에서는 출제되지 않았지만, 언제든지 다시 출제될 수 있고, 내가 응시할 수능 시험에서 출제되지 않는다고 해도 다른 비문학 제재의 훈련에 도움이 되므로 '예술' 제재를 소홀히 해서는 안 된다는 점과, '예술' 제재는 쉽다.'고 생각하는 선입견도 버려야 한다는 것을 새겨야 하는 문제(2015학년도 수능에 출제된 '예술' 제재의 '칸트의 취미 판단 이론'은 쉽지 않았음.)

● **해결案** 〈보기〉를 읽은 다음, 답지 ①~⑤의 내용이 〈보기〉와 윗글을 제대로 이해하고 있는지를 체크한다. 이때 정답의 근거는 지문과 〈보기〉에 있다는 것을 기억하고 지문과 〈보기〉를 꼼꼼히 비교·대조하도록 한다.

[A]
　　20세기 후반부터 급격히 보급된 인터넷 기술 덕택에 가히 혁명이라 할 만한 새로운 독서 방식이 등장했다. 검색형 독서라고 불리는 이 방식은, 하이퍼텍스트 문서나 전자책의 등장으로 책의 개념이 바뀌고 정보의 저장과 검색이 놀라우리만치 쉬워진 환경에서 가능해졌다. 독자는 그야말로 사용자로서, 필요한 부분만 골라 읽을 수 있을 뿐 아니라 읽고 있는 텍스트의 일부를 잘라 내거나 읽던 텍스트에 다른 텍스트를 추가할 수도 있다. 독서가 거대한 정보의 바다에서 길을 잃지 않고 항해하는 것에 비유될 정도로 정보 처리적 읽기나 비판적 읽기가 중요하게 되었다. 그렇다면 과거에는 어떠했을까?

　　초기의 독서는 소리 내어 읽는 음독 중심이었다. 고대 그리스인들은 쓰인 글이 완전해지려면 소리 내어 읽는 행위가 필요하다고 생각했다. 또한 초기의 두루마리 책은 띄어쓰기나 문장 부호 없이 이어 쓰는 연속 기법으로 표기되어 어쩔 수 없이 독자가 자기 목소리로 문자의 뜻을 더듬어 가며 읽어 봐야 글을 이해할 수 있었다. 흡사 종교 의식을 치르듯 성서나 경전을 진지하게 암송하는 낭독이나, 필자나 전문 낭독가가 낭독하는 것을 들음으로써 간접적으로 책을 읽는 낭독 − 듣기가 보편적이었다.

　　그러던 12세기 무렵 독서 역사에 큰 변화가 일어나는데, 그것은 유럽 수도원의 필경사*들 사이에서 시작된, 소리를 내지 않고 읽는 묵독의 발명이었다. 공동생활에서 소리를 최대한 낮춰 읽는 것이 불가피했던 것이다. 비슷한 시기에 두루마리 책을 완전히 대체하게 된 책자형 책은 주석을 참조하거나 앞부분을 다시 읽는 것을 가능하게 하여 묵독을 도왔다. 묵독이 시작되자 낱말의 간격이나 문장의 경계 등을 표시할 필요성이 생겨 띄어쓰기와 문장 부호가 발달했다. 이와 함께 반체제, 에로티시즘, 신앙심 등 개인적 체험을 기록한 책도 점차 등장했다. 이러한 묵독은 꼼꼼히 읽는 분석적 읽기를 가능하게 했다.

　　음독과 묵독이 공존하던 18세기 중반에 새로운 독서 방식으로 다독이 등장했다. 금속 활자와 인쇄술의 보급으로 책 생산이 이전의 3~4배로 증가하면서 다양한 장르의 책들이 출판되었다. 이전에 책을 접하지 못했던 여성들이 대거 독자로 유입되었고, 독서 조합과 대출 도서관 등 독서 기관이 급격히 증가했다. 이전 시대에는 제한된 목록의 고전을 여러 번 정독하는 집중형 독서가 주로 행해졌던 반면, 이제는 분산형 독서가 행해졌다. 이것은 필독서인 고전의 권위에 대항하여 자신이 읽고 싶은 것을 골라 읽는 자유로운 선택적 읽기를 뜻한다.

　　이와 같이 오늘날 행해지는 다양한 독서 방식들은 장구한 시간의 흐름 속에서 하나씩 등장했던 것이다. 그래서 거기에는 당대의 지식사를 이끌었던 흔적들이 남아 있다.

* 필경사: 글씨 쓰는 일을 직업으로 하는 사람.

다시보기　▶ 다시 볼 문제 체크하고 틀린 이유 메모하기　　　　　　　　　　　[분석쌤 강의]는 2차 채점 후 반드시 챙겨 본다!

04 윗글의 내용을 다음과 같이 정리할 때, ㉠~㉢에 들어갈 내용으로 적절한 것은?

독서 방식		읽기 방법의 예
㉠	—	낭독 − 듣기식 읽기
↓		↓
묵독	—	㉡
↓		↓
다독	—	선택적 읽기
↓		↓
㉢	—	정보 처리적 읽기

	㉠	㉡	㉢
①	음독	비판적 읽기	검색형 독서
②	음독	분석적 읽기	검색형 독서
③	음독	분산형 읽기	집중형 독서
④	정독	분석적 읽기	집중형 독서
⑤	정독	비판적 읽기	분산형 독서

지문 근거　둘중헷　Q&A　어휘/개념 부정질문

분석쌤 강의
● **분 석** ㉠→㉡→㉢을 ㉠→㉢→㉡으로 순서를 잘못 체크한 학생을 제외하고는 틀린 학생들이 거의 없었던 문제
● **해결案** 각 문단의 핵심어(시기, 독서 방식, 읽기 방법)에 동그라미를 치면서 읽는다. 동그라미를 친 어휘만 표에 대입하면 바로 정답을 찾을 수 있다.

05 윗글로 미루어 알 수 있는 내용으로 적절하지 <u>않은</u> 것은?

① 분산형 독서가 나타나기 전, 고전은 선택의 대상이 아니라 반드시 읽어야 하는 것으로서의 권위를 지녔다.

② 책자형 책의 여백에 있는 주석을 참조하거나 앞부분을 재독하는 등 읽기가 끊기는 현상은 낭독의 확산을 도왔다.

③ 묵독의 시대에는, 이전에는 공개적으로 낭독할 수 없었던 반체제, 에로티시즘, 신앙심 등과 관련된 책이 등장했다.

④ 띄어쓰기와 문장 부호의 사용은 어형(語形)은 물론 절이나 문장의 배치를 빠르게 인식하게 하여 가독성을 높였다.

⑤ 인쇄술의 보급으로 출판문화가 발달하면서 새로운 소비층으로 등장한 독자들의 요구로 다양한 장르의 책이 출판되었다.

06 [A]의 독서 방식에 대한 반응으로 적절하지 <u>않은</u> 것은?

① 표정이나 몸짓 등 비언어적 메시지를 표시하는 이모티콘, 구어체의 축약 표기, 동영상 텍스트의 출현은 묵독 시대로 회귀하는 현상으로 이해돼.

② 텍스트를 잘라 붙이는 행위를 통해 원전의 개념이 모호해지고 읽기와 쓰기의 경계는 점차 허물어진다고 할 수 있겠군.

③ 원저자의 허락 없이 함부로 정보를 복사하여 사용하다 보면 다른 사람의 글을 표절하거나 저작권법을 어기기 쉽겠어.

④ 기존의 종이 책이나 고문헌 자료들을 전자 문서로 전환함으로써 지식의 검색과 활용의 범주가 확장되었어.

⑤ 지금은 정보가 지나치게 많아서 자신이 원하는 정보를 제대로 찾아 읽는 것이 중요한 문제가 되었어.

자동차의 에너지 효율은 연료량 대비 운행 거리의 비율인 연비로 나타내며, 이는 자동차의 성능을 평가하는 중요한 잣대이다. 이러한 자동차의 연비는 엔진의 동력이 어떤 조건에서 발생되느냐에 따라 큰 차이를 보인다.

엔진의 동력은 흡기, 압축, 폭발, 배기의 4행정을 순차적으로 거쳐 생산된다. 흡기 행정에서는 흡기 밸브를 열고 피스톤을 상사점에서 하사점으로 이동시킨다. 이때 실린더 내부 압력이 대기압보다 낮아져 공기가 유입되는데, 흡입되는 공기에 연료를 분사하여 공기와 함께 연료를 섞어 넣는다. 압축 행정에서는 ⓐ실린더를 밀폐시키고 피스톤을 다시 상사점으로 밀어 공기와 연료의 혼합 기체를 압축한다. 폭발 행정에서는 피스톤이 상사점에 이를 즈음에 점화 플러그에 불꽃을 일으켜 압축된 혼합 기체를 연소시킨다. 압축된 혼합 기체가 폭발적으로 연소되면서 실린더 내부 압력이 급격히 높아지고, 외부 대기압과의 압력 차이에 의해 피스톤이 하사점으로 밀리면서 동력이 발생한다. 배기 행정에서는 배기 밸브가 열리고 남아 있는 압력에 의해 연소 가스가 외부로 급격히 빠져나간다. 피스톤이 다시 상사점으로 움직이면 흡기 때와는 반대로 부피가 줄면서 대기압보다 내부 압력이 높아지므로 잔류 가스가 모두 배출된다.

이러한 엔진의 동력 발생 주기에서 흡입되는 공기와 분사되는 연료의 혼합비를 어떻게 유지해 주느냐에 따라 자동차의 연비가 크게 달라진다. 일정 질량의 연료를 완전 연소시키는 데 필요한 산소의 질량은 일정하다. 한편 실린더 안에서 피스톤의 이동으로 흡입될 수 있는 공기의 부피는 정해져 있으므로, 공기의 밀도가 변하지 않으면 한 주기 동안 완전 연소 가능한 연료량의 최대치는 일정하다. 즉 최대 출력을 얻을 수 있는 공기와 연료의 적정한 혼합비는 이론적으로는 일정하다. 혼합비가 적절하지 않으면 출력이 떨어지면서 유해 가스의 배출량이 늘어나는데, 적정 혼합비보다 혼합 기체에 포함된 연료의 비율이 높아지면 산소가 부족하여 일산화탄소, 탄화수소가 증가한다. 반대로 연료의 비율이 낮아지면 공기 과잉으로 질소산화물이 늘어나고 배기가스에 산소가 잔류한다.

이론과 달리 실제 환경에서의 적정 혼합비는 상황에 따라 조금씩 달라진다. 이는 대기압, 엔진의 회전수 등 여러 요인에 의해 실린더에 흡입되는 공기의 질량이 변하기 때문이다. 따라서 자동차의 연비를 향상시키려면 엔진의 운행 상태를 실시간으로 감지하여 혼합비를 지속적으로 제어해야 한다.

다시보기 ▶ 다시볼 문제 체크하고 틀린 이유 메모하기

[분석쌤 강의]는 2차 채점 후 반드시 챙겨 볼 것!

07 윗글의 내용과 일치하지 않는 것은?

① 4행정의 동력 발생 주기를 완료하면 피스톤은 실린더를 2회 왕복한 것이 된다.

② 자동차 엔진은 실린더 내부에서 가스가 외부로 배출되는 단계에서 동력을 얻는다.

③ 엔진의 운행 상태를 실시간으로 점검하고 제어하면 자동차의 에너지 효율이 높아진다.

④ 혼합 기체의 흡입과 연소 가스의 배출은 실린더 내부와 외부의 압력 차에 의해 발생한다.

⑤ 실제 환경에서 엔진의 회전수는 혼합 기체의 적정 혼합비에 영향을 주는 요인 중 하나이다.

지문 근거 둘중헷 Q&A 어휘/개념 부정질문

분석쌤 강의

● **분 석** 시간과 꼼꼼함을 요구하는 내용 일치 여부를 묻는 문제

● **해결案** 이와 같은 문제 유형은 특히 집중력을 요구한다. 지문을 읽으면서 바로 일치 여부를 확인할 수도 있다. 이 방법으로 문제를 풀려면 먼저 답지부터 읽고 답지에서 키워드를 체크한 다음, 지문을 읽을 때 답지에서 체크한 키워드가 나오면 답지 내용과 비교한다. 하지만 문제 풀이 방법을 수능 시험에 임박해 갑자기 바꾸는 것은 바람직하지 않다. 평소에 훈련을 통해 자신에게 더 맞는 풀이 방법을 선택하는 것이 좋다.

08 다음 그래프는 엔진이 작동할 때의 실린더 내부 압력과 피스톤의 위치 및 이동 방향을 나타낸 것이다. 윗글의 ㉠에 해당하는 구간은?

지문 근거 둘중혯 Q&A 어휘/개념 부정질문

분석쌤 강의
● **분 석** 지문의 내용과 그래프를 연결해 풀어야 하는데, 답지 2개를 두고 헷갈려 한 문제
☞ 〈클리닉 해설〉의 'Q&A' 참조
● **해결案** ㉠이 압축 행정에 대한 설명이라는 점, 그래프는 피스톤의 위치 및 이동 방향과 실린더 내부의 압력을 나타낸 것이라는 점을 알고 ㉠을 그래프에 적용해 푼다.

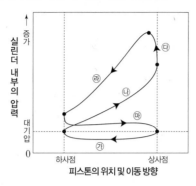

① ㉮　　② ㉯　　③ ㉰　　④ ㉱　　⑤ ㉲

09 〈보기〉의 밑줄 친 부분에 해당하는 것은?

지문 근거 둘중혯 Q&A 어휘/개념 부정질문

분석쌤 강의
● **분 석** 〈보기〉의 상황을 반대로 해석함으로써 오답을 고른 학생이 많았던 문제
● **해결案** 〈보기〉의 상황부터 정리한 다음, 이와 관련된 상황에서 나타나는 현상이 언급된 지문 내용과 비교한다.

───── 보기 ─────

해발 고도가 5,000m 정도인 고원 지역에서는 대기압과 공기의 밀도가 해수면 인접 지역에 비해 절반 정도로 줄어든다. 이로 인해 해수면 인접 지역에서 에너지 효율이 최고가 되도록, 한 주기 동안 분사되는 연료량을 고정시킨 자동차를 고원 지역에서 운행하면 여러 가지 현상이 나타난다. 그러므로 오늘날 자동차 엔진은 흡입 공기의 압력을 감지하여 공기와 연료의 혼합비가 적절하게 유지되도록 설계한다.

① 탄화수소의 발생량이 증가한다.
② 엔진의 에너지 효율이 높아진다.
③ 배기가스의 배출 속도가 느려진다.
④ 배기가스에서 잔류 산소가 검출된다.
⑤ 동일 양의 연료에서 얻는 출력이 커진다.

▶ 정답을 모르는 상태에서 2차 풀이를 하기 위한 방법으로, 아래 채점표 대신 '모바일 자동 채점 프로그램'(문제편 표지 QR 코드)을 이용해도 된다.

🕐 **종료 시각**　　시　.　분　.　초

총 소요 시간	종료 시각 −시작 시각		분	초
목표 시간			16분	20초
초과 시간	총 소요 시간 −목표 시간		분	초

1 종료 시각을 적은 후, 문제에 체크한 '내가 쓴 답'을 ❶에 옮겨 적는다.
2 ❷에 채점을 하되, 틀린 문제에만 '✓' 표시를 한다.
(문제에 직접 채점하지 않는 이유는 다시 풀 때 정답을 모르는 상태에서 풀어야 제대로 훈련이 되기 때문)

문항 번호	1	2	3	4	5	6	7	8	9
❶ 내가 쓴 답									
❷ 채　점									

☞ 정답은 〈클리닉 해설〉 **p.128**(해설은 p.107)

3 틀렸거나 찍어서 맞힌 문제는 다시 푼다.
4 2차 채점을 할 때 다시 풀어서 맞힌 문항은 △, 또 틀린 문항은 ✗ 표시를 한다.
5 △와 ✗ 문항은 반드시 다시 보고 틀린 이유를 알고 넘어간다.

채점 결과_ 24일째
반드시 체크해서 복습 때 활용할 것

	1차채점		2차채점	
총 문항 수	9개	△ 문항 수		개
틀린 문항 수	개	✗ 문항 수		개

1~4 다음 글을 읽고 물음에 답하시오.

2011학년도 9월 모의평가【28~31】사회

일반적으로 환율*의 상승은 경상 수지*를 개선하는 것으로 알려져 있다. 이를테면 국내 기업은 수출에서 벌어들인 외화를 국내로 들여와 원화로 바꾸기 때문에, 환율이 상승한 경우에는 외국에서 우리 상품의 외화 표시 가격을 다소 낮추어도 수출량이 늘어나면 수출액이 증가한다. 동시에 수입 상품의 원화 표시 가격은 상승하여 수입품을 덜 소비하므로 수입액은 감소한다. 그런데 이와 같이 환율 상승이 항상 경상 수지를 개선할 것 같지만 반드시 그런 것은 아니다.

환율이 올라도 단기적으로는 경상 수지가 오히려 악화되었다가 점차 개선되는 현상이 있는데, 이를 그래프로 표현하면 J자 형태가 되므로 'J커브 현상'이라 한다. J커브 현상에서 경상 수지가 악화되는 원인 중 하나로, 환율이 오른 비율만큼 수입 상품의 가격이 오르지 않는 것을 꼽을 수 있다. 이는 환율 상승 후 상당 기간 동안 외국 기업이 매출 감소를 우려해 상품의 원화 표시 가격을 바로 올리지 않기 때문이다. 또한 소비자들의 수입 상품 소비가 가격 변화에 따라 줄어들기까지는 상당 기간이 소요된다. 그뿐만 아니라 국내 기업이 수출 상품의 외화 표시 가격을 낮추더라도 외국 소비자가 이를 인식하고 소비를 늘리기까지는 다소 시간이 걸린다. 그러나 J커브의 형태가 보여 주듯이, 당초에 올랐던 환율이 지속되는 상황에서 어느 정도 시간이 지나 상품의 가격 및 물량의 조정이 제대로 이루어진다면 경상 수지가 개선된다.

한편, J커브 현상과는 별도로 환율 상승 후에 얼마의 기간이 지나더라도 경상 수지의 개선을 이루지 못하는 경우도 있다. 첫째, 상품의 가격 조정이 일어나도 국내외의 상품 수요가 가격에 어떻게 반응하는가 하는 수요 구조에 따라 경상 수지는 개선되지 못하기도 한다. 수출량이 증가하고 수입량이 감소하더라도, ㉠경상 수지가 그다지 개선되지 않거나 오히려 악화될 수도 있다는 것이다. 둘째, 장기적인 차원에서 ㉡수출 기업이 환율 상승에만 의존하여 품질 개선이나 원가 절감 등의 노력을 계속하지 않는다면 경쟁력을 잃어 경상 수지를 악화시킬 수도 있다.

우리나라의 경우 환율은 외환 시장에서 결정되나, 정책 당국이 필요에 따라 간접적으로 외환 시장에 개입하는 환율 정책을 구사한다. 경상 수지가 적자 상태라면 일반적으로 고환율 정책이 선호된다. 그러나 이상에서 언급한 환율과 경상 수지 간의 복잡한 관계 때문에 환율 정책은 신중하게 검토되어야 한다.

* 환율: 외화 1단위와 교환되는 원화의 양.
* 경상 수지: 상품(재화와 서비스 포함)의 수출액에서 수입액을 뺀 결과. 수출액이 수입액보다 클 때는 흑자, 작을 때는 적자로 구분함.

다시보기 ▶ 다시볼 문제 체크하고 틀린 이유 메모하기

[분석쌤 강의]는 2차 채점 후 반드시 챙겨 본다!

01 윗글에서 다루지 <u>않은</u> 내용은?

① 환율 상승에 따르는 수입 상품의 가격 변화
② 경상 수지 개선을 위한 고환율 정책의 필연성
③ 가격 변화에 대한 외국 소비자의 지체된 반응
④ 국내외 수요 구조가 경상 수지에 미치는 영향
⑤ 환율 상승이 경상 수지에 미치는 영향에 대한 일반적인 기대

지문 근거   물중헷   Q&A   어휘/개념 부정 질문

분석쌤 강의

● **분 석** 지문에서 모두 다룬 내용인 것 같아 문제 풀이 시간도 많이 걸렸고, 정답에 답한 학생들이 2번 문제보다 적었던 문제로, 답지에 쓰인 어휘를 잘못 읽어 오답에 답한 학생들도 많았던 문제

● **해결案** '윗글에서 다루지 <u>않은</u> 내용'을 질문한 발문(문두)에 집중하여, 답지 ①부터 지문에서 다룬 내용인지를 체크(O, X)하며 푼다. 정답에 답한 학생도 2차 채점 후 다른 학생들이 정답을 오답으로 생각한 이유를 〈클리닉 해설〉에서 챙겨 보도록 한다.

02 윗글을 바탕으로 〈보기〉의 J커브 그래프를 해석한 내용으로 옳은 것만을 있는 대로 고른 것은?

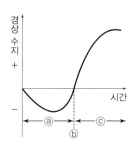

ㄱ. 수입 상품 가격의 상승 비율이 환율 상승 비율에 가까울수록 ⓐ의 골이 얕아진다.

ㄴ. 수출 기업의 품질 및 원가 경쟁력이 강화될수록 ⓐ 구간이 넓어진다.

ㄷ. ⓑ를 기점으로 하여 환율이 상승하게 된다.

ㄹ. ⓒ는 환율 상승을 통해 경상 수지 개선 효과가 나타나는 구간이다.

① ㄱ, ㄷ   ② ㄱ, ㄹ   ③ ㄴ, ㄷ
④ ㄱ, ㄴ, ㄹ   ⑤ ㄴ, ㄷ, ㄹ

03 ㉠의 이유로 가장 적절한 것은?

① 환율이 상승하면 국내외 상품의 수요 구조에 따라 수출 상품의 가격 조정이 선행될 수 있다.

② 환율이 상승하더라도 국내외 기업은 환율이 얼마나 안정적인지 관찰한 후 가격을 조정한다.

③ 환율이 상승하더라도 경우에 따라서는 국내외 상품 수요가 가격에 민감하지 않을 수 있다.

④ 가격의 조정이 신속하게 이루어질수록 국내외 상품 수요는 가격에 민감하게 반응한다.

⑤ 국내외 상품 수요가 가격에 얼마나 민감한지는 경상 수지의 개선 여부와는 무관하다.

04 ㉡에 대해 〈보기〉처럼 이해한다고 할 때, 밑줄 친 곳에 들어갈 말로 가장 적절한 것은?

┌─ 보기 ─
_____ 더니, 수출 기업이 환율 상승만 믿고 경쟁력을 제고하기 위한 방책을 강구하지 않는다는 말이군.
└─

① 감나무 밑에 누워 홍시 떨어지기를 바란다

② 소도 비빌 언덕이 있어야 비빈다

③ 가난 구제는 나라님도 어렵다

④ 원숭이도 나무에서 떨어진다

⑤ 말 타면 경마 잡히고 싶다

전통적 의미에서 영화적 재현과 만화적 재현의 큰 차이점 중 하나는 움직임의 유무일 것이다. 영화는 사진에 결여되었던 사물의 운동, 즉 시간을 재현한 예술 장르이다. 반면 만화는 공간이라는 차원만을 알고 있다. 정지된 그림이 의도된 순서에 따라 공간적으로 나열된 것이 만화이기 때문이다. 만일 만화에도 시간이 존재한다면 그것은 읽기의 과정에서 독자에 의해 사후에 생성된 것이다. 독자는 정지된 이미지에서 상상을 통해 움직임을 끌어낸다. 그리고 인물이나 물체의 주변에 그어져 속도감을 암시하는 효과선은 독자의 상상을 더욱 부추긴다.

만화는 물리적 시간의 부재를 공간의 유연함으로 극복한다. 영화 화면의 테두리인 프레임과 달리, 만화의 칸은 그 크기와 모양이 다양하다. 또한 만화에는 한 칸 내부에 그림뿐 아니라, ⓐ말풍선과 인물의 심리나 작중 상황을 드러내는 언어적·비언어적 정보를 모두 담을 수 있는 자유로움이 있다. 그리고 그것이 독자의 읽기 시간에 변화를 주게 된다. 하지만 영화에서는 이미지를 영사하는 속도가 일정하여 감상의 속도가 강제된다.

영화와 만화는 그 이미지의 성격에서도 대조적이다. 영화가 촬영된 이미지라면 만화는 수작업으로 만들어진 이미지이다. 빛이 렌즈를 통과하여 필름에 착상되는 사진적 원리에 따른 영화의 이미지 생산 과정은 기술적으로 자동화되어 있다. 그렇기에 영화 이미지 내에서 감독의 체취를 발견하기란 쉽지 않다. 그에 비해 만화는 수작업의 과정에서 자연스럽게 세계에 대한 작가의 개인적인 해석을 드러내게 된다. 이것은 그림의 스타일과 터치 등으로 나타난다. 그래서 만화 이미지는 '서명된 이미지'이다.

촬영된 이미지와 수작업에 따른 이미지는 영화와 만화가 현실과 맺는 관계를 다르게 규정한다. 영화는 실제 대상과 이미지가 인과 관계로 맺어져 있어 본질적으로 사물에 대한 사실적인 기록이 된다. 이 기록의 과정에는 촬영장의 상황이나 촬영 여건과 같은 제약이 따른다. 그러나 최근에는 촬영된 이미지들을 컴퓨터상에서 합성하거나 그래픽 이미지를 활용하는 ⓣ디지털 특수 효과의 도움을 받는 사례가 늘고 있는데, 이를 통해 만화에서와 마찬가지로 실재하지 않는 대상이나 장소도 만들어 낼 수 있게 되었다.

만화의 경우는 구상을 실행으로 옮기는 단계가 현실을 매개로 하지 않는다. 따라서 만화 이미지는 그 제작 단계가 작가의 통제에 포섭되어 있는 이미지이다. 이 점은 만화적 상상력의 동력으로 작용한다. 현실과 직접적으로 대면하지 않기에 작가의 상상력에 이끌려 만화적 현실로 향할 수 있는 것이다.

다시보기 ▶ 다시 볼 문제 체크하고 틀린 이유 메모하기

[분석쌤 강의]는 2차 채점 후 반드시 챙겨 볼 것!

05 윗글의 내용과 일치하는 것은?

① 영화는 사물의 움직임을 재현한 예술이다.
② 만화는 물리적 시간 재현이 영화보다 충실하다.
③ 영화에서 이미지를 영사하는 속도는 일정하지 않다.
④ 만화 이미지는 사진적 원리에 따라 만들어진다.
⑤ 만화는 사물을 영화보다 더 사실적으로 기록한다.

지문근거 둘중헷 Q&A 어휘/개념 부정질문

분석쌤 강의

● **분 석** '내용 일치 여부'를 직접적으로 질문한 문제는 이 시험(2013학년도 수능)에서 3문제나 출제되었다. 최근 수능에서도 여전히 중요한 국어 영역의 단골 유형
● **해결案** 답지 ①부터 지문 속에서 설명한 부분을 찾아 지문 내용과 답지를 비교하며 ○, X, △ 표시를 하며 푼다.

다시보기 ▶ 다시 볼 문제 체크하고 틀린 이유 메모하기

06 ⓣ에 대한 반응으로 적절한 것은?

① 제작 주체가 이미지를 의도대로 만들기가 더 어려워지겠군.
② 영화 촬영장의 물리적 환경이 미치는 영향이 더 커지겠군.
③ 촬영된 이미지에만 의존하는 제작 방식의 비중이 늘겠군.
④ 실제 대상과 영화 이미지 간의 인과 관계가 약해지겠군.
⑤ 영화에 만화적 상상력을 도입하기가 더 힘들어지겠군.

지문근거 둘중헷 Q&A 어휘/개념 부정질문

분석쌤 강의

● **분 석** 이 문제와 더불어 이 지문에서 출제된 문제들은 모두 쉬워 이 시험(2013학년도 수능)의 1등급 컷 원점수가 98점이 되게 한데 기여한 지문과 문제
● **해결案** ⓣ이 포함된 문장의 앞뒤 내용을 통해 답지의 옳고 그름을 따진다.

07 윗글을 바탕으로 〈보기〉에 대해 설명할 때, 적절하지 않은 것은?

— 보기 —

① 칸 1부터 칸 6에 이르기까지 각 칸에 독자의 시선이 머무는 시간은 유동적이다.

② 칸 2는 언어적·비언어적 정보를 모두 활용하여 작중 상황을 부각하고 있다.

③ 칸 4에서 효과선을 지우면 인물의 움직임을 상상하게 하는 요소가 모두 사라진다.

④ 인물들의 얼굴과 몸의 형태를 통해 만화 이미지가 '서명된 이미지'임을 확인할 수 있다.

⑤ 다양한 크기와 모양의 칸을 통해 영화의 프레임과 차별화된 만화 칸의 유연함을 알 수 있다.

지문근거 둘중헷 Q&A 어휘/개념 부정질문

분석쌤 강의

● **분 석** 수능 1교시 국어 영역은 지식이 없어도 풀 수 있는, 내용 이해가 중시되는 과목이지만 기본적인 용어와 개념, 어휘의 의미 등은 알고 있어야 한다는 것을 일러 주는 문제(답지 ②에 제시된 '비언어적' 표현은 2022학년도 수능 예시문항과 2014학년도 수능, 2023학년도 9월 모의평가 등에서도 출제됨.)

● **해결案** '윗글을 바탕으로'라고 했으므로 특히 윗글과 〈보기〉를 연결해 풀어야 한다. 답지 ①부터 옳고 그름을 판단할 때 답지에서 키워드가 되는 단어를 잡아낸 다음, 그 단어가 언급된 지문으로 찾아가 답지와 지문의 내용을 비교하는 것이 중요하다.

　예를 들면, ①에서는 '독자'와 '시간', ②에서는 '비언어적', ③에서는 '효과선'과 '인물의 움직임', ④에서는 '서명된 이미지', ⑤에서는 '영화의 프레임과 차별화', '유연함' 등이 키워드이다. 물론 ②와 ③은 ①, ④, ⑤와 달리 지문과 답지를 비교하지 않아도 옳고 그름을 판단할 수 있지만, 그렇다고 해도 국어 영역 문제 풀이의 핵심은 지문 내용과 답지를 비교·대조하는 것에 있음을 알아 두자. 몰랐던 어휘(용어)나 다시 봐야 할 내용 등은 '매3 오답 노트'에 메모한 다음 꼭 다시 보도록 한다.

08 〈보기〉를 바탕으로 할 때, 윗글의 ⓐ와 같은 방식으로 이루어진 것은? [1점]

— 보기 —

　ⓐ는 '만화에서 주고받는 대사를 써넣은 풍선 모양의 그림'을 뜻한다. 원래 '풍선'에는 공기만이 담길 수 있을 뿐, '말'은 담길 수 없다. 따라서 ⓐ는 서로 담고 담길 수 없는 것들이 한데 묶인 단어이다.

① 국그릇 　　　　　　② 기름통
③ 꾀주머니 　　　　　④ 물병
⑤ 쌀가마니

지문근거 둘중헷 Q&A 어휘/개념 부정질문

분석쌤 강의

● **분 석** 〈보기〉를 바탕으로 할 때~'라는 발문(문두)이 중요한 문제로, 지식이 없어도 〈보기〉에 주어진 설명만으로도 풀 수 있는 문제가 국어 영역 문제임을 알려 주는 문제

● **해결案** 'ⓐ와 같은 방식'을 〈보기〉의 설명에서 이해한 다음, 답지의 어휘들이 〈보기〉의 설명에 부합되는지를 살핀다.

추론은 이미 제시된 명제인 전제를 토대로, 다른 새로운 명제인 결론을 도출하는 사고 과정이다. 논리학에서는 어떤 추론의 전제가 참일 때 결론이 거짓일 가능성이 없으면 그 추론은 '**타당하다**'고 말한다. "서울은 강원도에 있다. 따라서 당신이 서울에 가면 강원도에 간 것이다."[**추론 1**]라는 추론은, 전제가 참이라고 할 때 결론이 거짓이 되는 경우는 전혀 생각할 수 없으므로 타당하다. 반면에 "비가 오면 길이 젖는다. 길이 젖어 있다. 따라서 비가 왔다."[**추론 2**]라는 추론은 전제들이 참이라고 해도 결론이 반드시 참이 되지는 않으므로 타당하지 않은 추론이다.

'추론 1'의 전제는 실제에서는 물론 거짓이다. 그러나 혹시 행정 구역이 개편되어 서울이 강원도에 속하게 되었다고 가정하면, '추론 1'의 결론은 참일 수밖에 없다. 반면에 '추론 2'는 결론이 실제로 참일 수는 있지만 반드시 참이 되는 것은 아니다. 다른 이유로 길이 젖는 경우를 얼마든지 상상할 수 있기 때문이다. '추론 2'와 같은 추론은 비록 타당하지 않지만 결론이 참일 가능성이 꽤 높다. 그런 추론은 '**개연성이 높다**'고 말한다. 결론이 참일 가능성이 낮은 추론은 개연성이 낮을 것이다. 한편 추론이 타당하면서 전제가 모두 실제로 참이기까지 하면 그 추론은 '**건전하다**'고 정의한다.

그런데 '추론 1'은 건전하지 못하므로 얼핏 보기에 좋은 추론이 아닌 것처럼 보인다. 그런데도 논리학이 타당한 추론에 관심을 갖는 까닭은 실제 추론에서 전제가 참인지 거짓인지를 모르는 경우가 많기 때문이다. 아직 참임이 밝혀지지 않은 명제에서 출발해서 어떤 결론을 도출하는 추론은 과학에서 흔히 사용하는 방법이다. 그래서 논리학은 전제가 참이라는 가정 하에서 결론이 반드시 따라 나오는지에 관심이 있는 것이다.

다시보기 ▶ 다시볼 문제 체크하고 틀린 이유 메모하기

【분석쌤 강의】는 2차 채점 후 반드시 챙겨 본다!

09 윗글에 따라 추론을 구분하는 과정을 도식화할 때, ㉠~㉢에 들어갈 내용으로 알맞은 것은?

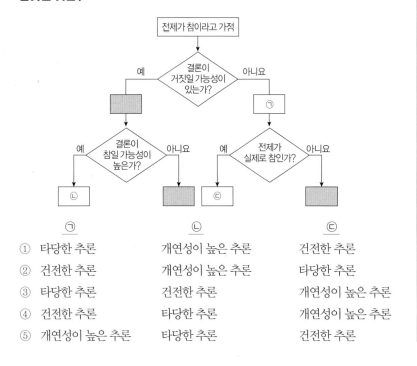

	㉠	㉡	㉢
①	타당한 추론	개연성이 높은 추론	건전한 추론
②	건전한 추론	개연성이 높은 추론	타당한 추론
③	타당한 추론	건전한 추론	개연성이 높은 추론
④	건전한 추론	타당한 추론	개연성이 높은 추론
⑤	개연성이 높은 추론	타당한 추론	건전한 추론

지문 근거 둘중헷 Q&A 어휘/개념 부정질문

분석쌤 강의

● **분 석** ㉠ 아래에 있는 ㉢을 ㉡으로 생각해서 틀린 경우를 제외하면 지문을 바탕으로 쉽게 정답을 찾을 수 있었던 문제

● **해결案** 지문에서 세 가지 추론의 유형에 대해 개념을 규정한 부분을 밑줄 친 다음, 도식화된 내용을 따라가며 밑줄 친 부분과 연결한다. 이때, 부호 ㉡과 ㉢의 위치를 헷갈리지 않아야 한다.

10 윗글을 바탕으로 〈보기〉를 판단한 내용으로 적절하지 <u>않은</u> 것은? [3점]

지문근거   둘중헷   Q&A   어휘/개념   부정 질문

─ 보기 ─

남자: 이 책에 우유를 많이 마시면 키가 큰다고 쓰여 있어.

여자: 나도 그렇게 생각해. 그래서 나도 우유를 많이 마셔.

남자: 맞아. 농구 선수들은 다들 키가 엄청나게 크잖아. 틀림없이 우유를 많이 마셨을 거야.

여자: 너의 추론은 타당하지 않아. 우유를 많이 마셔서 키가 큰 사람보다 우유를 안 마시고도 키 큰 사람이 훨씬 더 많아.

분석쌤 강의

● **분 석** 9번에서 추론의 개념을 확실하게 정리했다면 쉽게 맞힐 수 있는 문제였는데도 오답에 답한 학생들이 많았던 문제

● **해결案** 9번에서 정리한 추론의 개념을 바탕으로 〈보기〉에서 여자와 남자의 추론을 이끌어내고, 그런 다음 답지의 옳고 그름을 지문과 〈보기〉의 관련 부분을 붙잡고 푼다.

① 남자의 추론은 '추론 1'과 달리 전제가 실제로 참이므로 건전하다.

② 여자의 말이 사실이라고 한다면, 남자의 추론은 '추론 2'와 달리 개연성이 낮다.

③ 여자는 남자의 추론에서 결론이 실제로 참일 수 있음을 부인하지는 않는다.

④ 남자의 추론이 타당하지 않은 이유는 우유를 안 마시고도 키 큰 사람을 상상할 수 있기 때문이다.

⑤ 여자의 말이 사실이라고 한다면, 남자의 추론은 결론이 반드시 참이 되는 것은 아니라는 점에서 '추론 2'와 같다.

▶ 정답을 모르는 상태에서 2차 풀이를 하기 위한 방법으로, 아래 채점표 대신 '모바일 자동 채점 프로그램'(문제편 표지 QR 코드)을 이용해도 된다.

🕐 **종료 시각** 　시　　분　　초

1 종료 시각을 적은 후, 문제에 체크한 '내가 쓴 답'을 ❶에 옮겨 적는다.
2 ❷에 채점을 하되, 틀린 문제에만 '/' 표시를 한다.
(문제에 직접 채점하지 않는 이유는 다시 풀 때 정답을 모르는 상태에서 풀어야 제대로 훈련이 되기 때문)

문항 번호	1	2	3	4	5	6	7	8	9	10
❶ 내가 쓴 답										
❷ 채　점										

☞ 정답은 〈클리닉 해설〉 **p.128**(해설은 p.111)

3 틀렸거나 찍어서 맞힌 문제는 다시 푼다.
4 2차 채점을 할 때 다시 풀어서 맞힌 문항은 △, 또 틀린 문항은 ✕ 표시를 한다.
5 △와 ✕ 문항은 반드시 다시 보고 틀린 이유를 알고 넘어간다.

총 소요 시간	종료 시각 −시작 시각	**분**	**초**
목표 시간		17분	25초
초과 시간	총 소요 시간 −목표 시간	**분**	**초**

채점 결과_ 25일째
반드시 체크해서 복습 때 활용할 것

	1차채점		**2차채점**
총 문항 수	10개	△ 문항 수	개
틀린 문항 수	개	✕ 문항 수	개

1~4 다음 글을 읽고 물음에 답하시오.

거센 바람이 불고 화재가 잇따르자 정(鄭)나라의 재상 자산(子產)에게 측근 인사가 하늘에 제사를 지내라고 요청했지만, 자산은 "천도(天道)는 멀고, 인도(人道)는 가깝다."라며 거절했다. 그가 보기에 인간에게 일어나는 일은 더 이상 하늘의 뜻이 아니었고, 자연 변화 또한 인간의 ㉠화복(禍福)과는 거리가 멀었다. 인간이 자연 변화를 파악하면 얼마든지 재난을 대비할 수 있고, 인간사는 인간 스스로 해결할 문제라 생각한 것이다. 이러한 생각에 기초하여 그는 인간의 문제 해결 범위를 확대했고, 정나라의 현실 문제를 극복하고자 하였다.

그가 살았던 정나라는 요충지에 위치한 작은 나라였기 때문에 춘추 초기부터 제후국의 쟁탈 대상이었고, 실제로 다른 나라의 침략을 받기도 하였다. 춘추 중기에는 귀족 간의 정치 투쟁이 벌어져 자산이 ㉡집정(執政)하기 직전까지도 정변이 이어졌다. 따라서 귀족 정치의 위기를 수습하고 부국강병을 통해 강대한 제후국의 지배를 받지 않는 것이 정나라와 자산에게 부여된 과제였다. 그래서 그는 집권과 동시에 귀족에게 집중됐던 정치적, 경제적 특권을 약화시키는 데 초점을 맞춰 개혁을 추진하였다.

그는 귀족이 독점하던 토지를 백성들도 소유할 수 있게 하였고, 이것을 문서화하여 세금을 부과하였다. 이에 따라 백성들은 ㉢개간(開墾)을 통해 경작지를 늘려 생산을 증대하였고, 국가는 경작지를 계량하고 등록함으로써 민부(民富)를 국부(國富)로 연결시켰다. 아울러 그는 중간 계급도 정치 득실을 논할 수 있도록 하여 귀족들의 정치 기반을 약화시키는 한편, 중국 역사상 처음으로 형법을 성문화하여 정(鼎)*에 새김으로써 모든 백성이 법을 알고 법에 따라 처신하게 하는 법치의 체계를 세웠다. 성문법 도입은 귀족의 임의적인 법 제정과 집행을 막아 그들의 지배력을 약화시키는 조치였으므로 당시 귀족들은 이 개혁 조치에 반발하였다.

귀족의 반대를 무릅쓰고 단행한 자산의 개혁 조치에 따라 정나라는 부국강병을 이루었다. 그리고 법을 알려면 글을 알아야 하기 때문에, 성문법 도입은 백성들도 교육을 받을 수 있는 계기가 되는 등 그의 개혁 조치는 이전보다 상대적으로 백성의 ㉣위상(位相)을 높였다. 하지만 그의 개혁은 힘에만 의존하여 다스리는 역치(力治)의 가능성이 ㉤농후(濃厚)하였고, 결국 국가의 엄한 형벌과 과중한 세금 수취로 이어지는 폐단을 낳기도 했다.

* 정: 발이 셋이고 귀가 둘 달린 솥.

[분석쌤 강의]는 2차 채점 후 반드시 챙겨 본다!

01 윗글에서 언급하지 <u>않은</u> 것은? [1점]

① 자산이 추진한 개혁의 사상적 기초
② 자산이 추진한 개혁의 시대적 배경
③ 자산이 단행한 개혁 조치의 내용
④ 자산이 단행한 개혁 조치의 영향
⑤ 자산이 단행한 개혁에 대한 계승

| 지문 근거 | 둘중헷 | Q&A | 어휘/개념 | 부정 질문 |

분석쌤 강의

● **분 석** 발문(문두)이 중요한, 지문에서 언급되었는지를 확인하는 문제로, 오답의 근거가 정답의 근거가 되는 문제
● **해결案** 답지 ①부터 지문 속에 언급되어 있는 부분을 찾아 O, ✕로 표시하며 푼다.

02 윗글에서 자산의 개혁에 대한 당시 사람들의 반응으로 보기 <u>어려운</u> 것은?

① 백성: 이전보다 일관성 있는 법 적용을 받겠군.

② 백성: 법을 알기 위해 우리도 글을 배워야겠군.

③ 백성: 주인 없는 땅을 개간하면 내 재산이 될 수 있겠군.

④ 귀족: 백성도 토지를 소유하니 우리 입지가 약화되겠군.

⑤ 귀족: 중간 계급의 정치력 강화에 맞서 법치 전통을 세워야겠군.

지문근거 둘중헷 Q&A 어휘/개념 부정질문

분석쌤 강의

● **분 석** 지문 속에서 근거를 찾는 문제이지만, 내용 일치 문제와는 달리 미루어 짐작이 가능한 부분도 반응으로 이끌어 낼 수 있는 문제

● **해결案** 답지의 근거가 되는 부분을 지문에서 찾아 일치 여부, 또는 미루어 짐작할 수 있는 내용인지의 여부를 파악한다. 전체 글의 논지 또는 내용의 일부와 일치하지 않는 경우는 적절한 반응이 아니다.

03 〈보기〉의 입장에서 윗글의 자산을 평가한 것으로 가장 적절한 것은?

보기

> 노자(老子)는, 만물의 생성과 변화는 자연스럽고 무의지적이지만, 스스로의 작용에 의해 극대화된다고 보았다. 인간도 이러한 자연의 원리에 따라 삶을 영위해야 한다고 보아 통치자의 무위(無爲)를 강조하였다. 또한 사회의 도덕, 법률, 제도 등은 모두 인간의 삶을 인위적으로 규정하는 허위라 파악하고, 그것의 해체를 주장하였다.

① 인간의 문제를 스스로 해결하겠다는 시도는 결국 현실 사회를 허위로 가득 차게 할 것이다.

② 자연이 인간의 화복을 주관하지 않는다는 생각은 자연의 의지에 반하는 것이다.

③ 현실주의적 개혁은 궁극적으로 백성들에게 안정과 혜택을 줄 것이다.

④ 사회 제도에 의거하는 정치 개혁은 사회 발전을 극대화할 것이다.

⑤ 사회 규범의 법제화는 자발적인 도덕의 실현으로 이어질 것이다.

지문근거 둘중헷 Q&A 어휘/개념 부정질문

분석쌤 강의

● **분 석** 특정 오답지에 답한 학생들이 많았던 문제로, 발문(문두)을 꼼꼼히 체크해야 하는 문제이면서 답지의 내용 중 앞부분은 맞고 뒷부분은 옳지 않은 진술이 있을 수 있다는 것을 감안하고 접근해야 하는 문제

☞ 〈클리닉 해설〉의 'Q&A' 참조

● **해결案** 〈보기〉에서 노자의 입장부터 파악한다. 그런 다음 윗글에 나타난 자산의 생각을 감안하여 답지를 체크하되, 하나의 답지에도 옳고 그름이 함께 존재할 수 있다는 것을 염두에 두고 ◯, ✕ 표시를 하나하나 분명하게 해 나간다.

04 ㉠~㉤의 사전적 뜻풀이로 바르지 <u>않은</u> 것은?

① ㉠: 재앙과 복을 아우르는 말.

② ㉡: 군주가 직접 통치할 수 없을 때에 군주를 대신하여 나라를 다스림.

③ ㉢: 거친 땅이나 버려진 땅을 일구어 논밭이나 쓸모 있는 땅으로 만듦.

④ ㉣: 어떤 대상이 다른 대상과의 관계 속에서 가지는 위치나 상태.

⑤ ㉤: 어떤 경향이나 기색 따위가 뚜렷함.

지문근거 둘중헷 Q&A 어휘/개념 부정질문

분석쌤 강의

● **분 석** 문맥적 의미와는 달리 사전에 적힌 어휘의 뜻을 몽땅 외우고 있어야 하는 문제로 오해하기 쉬운, 사전적 뜻풀이를 묻는 문제

● **해결案** 사전적 의미를 묻더라도 국어 영역에서는 문맥 속에서 해결할 수 있다는 것을 염두에 두고 '어휘 문제 3단계 풀이법'을 적용해 푼다.

광고에서 소비자의 눈길을 확실하게 사로잡을 수 있는 요소는 유명인 모델이다. 일부 유명인들은 여러 상품의 광고에 중복하여 출연하고 있는데, 이는 광고계에서 관행으로 되어 있고, 소비자들도 이를 당연하게 여기고 있다. 그러나 유명인의 중복 출연은 과연 높은 광고 효과를 보장할 수 있을까? 유명인이 중복 출연하는 광고의 효과를 점검해 볼 필요가 있다.

어떤 모델이든지 상품의 특성에 적합한 이미지를 갖는 인물이어야 광고 효과가 제대로 나타날 수 있다. 예를 들어, 자동차, 카메라, 공기 청정기, 치약과 같은 상품의 경우에는 자체의 성능이나 효능이 중요하므로 대체로 전문성과 신뢰성을 갖춘 모델이 적합하다. 이와 달리 상품이 주는 감성적인 느낌이 중요한 보석, 초콜릿, 여행 등과 같은 상품은 매력성과 친근성을 갖춘 모델이 잘 어울린다. 그런데 유명인이 그들의 이미지에 상관없이 여러 유형의 상품 광고에 출연하면 모델의 이미지와 상품의 특성이 어울리지 않는 경우가 많아 광고 효과가 나타나지 않을 수 있다.

유명인의 중복 출연이 소비자가 모델을 상품과 연결시켜 기억하기 어렵게 한다는 점도 광고 효과에 부정적인 영향을 미친다. 유명인의 이미지가 여러 상품으로 분산되면 광고 모델과 상품 간의 결합력이 약해질 것이다. 이는 유명인 광고 모델의 긍정적인 이미지를 광고 상품에 전이하여 얻을 수 있는 광고 효과를 기대하기 어렵게 만든다.

또한 유명인의 중복 출연 광고는 광고 메시지에 대한 신뢰를 얻기 힘들다. 유명인 광고 모델이 여러 광고에 중복하여 출연하면, 그 모델이 경제적인 이익만을 추구한다는 이미지가 소비자에게 강하게 각인된다. 그러면 소비자들은 유명인 광고 모델의 진실성을 의심하게 되어 광고 메시지가 객관성을 결여하고 있다고 생각하게 될 것이다.

유명인 모델의 광고 효과를 높이기 위해서는 유명인이 자신과 잘 어울리는 한 상품의 광고에만 지속적으로 ㉠나오는 것이 좋다. 이렇게 할 경우 상품의 인지도가 높아지고, 상품을 기억하기 쉬워지며, 광고 메시지에 대한 신뢰도가 제고된다. 유명인의 유명세가 상품에 전이되고 소비자가 유명인이 진실하다고 믿게 되기 때문이다.

여러 광고에 중복 출연하는 유명인이 많아질수록 외견상으로는 중복 출연이 광고 매출을 증대시켜 광고 산업이 활성화되는 것으로 보일 수 있다. 하지만 모델의 중복 출연으로 광고 효과가 제대로 나타나지 않으면 광고비가 과다 지출되어 결국 광고주와 소비자의 경제적인 부담으로 이어진다. 유명인을 비롯한 광고 모델의 적절한 선정이 요구되는 이유가 여기에 있다.

다시보기 ▶ 다시 볼 문제 체크하고 틀린 이유 메모하기   *[분석쌤 강의]는 2차 채점 후 반드시 챙겨 본다!*

05 윗글의 핵심 주장에 대한 반론의 근거로 가장 적절한 것은? [3점]

① 신문, 잡지, 텔레비전 등 광고를 전달하는 매체가 광고하는 상품의 특성에 적합해야 광고 효과가 극대화된다는 연구 결과가 있다.

② 유명인을 등장시킨 광고의 효과가 기대 이하여서 광고 횟수를 지속적으로 늘렸으나 광고 효과의 상승으로 이어지지 않은 사례가 있다.

③ 유명인 광고 모델이 현실에서의 비리나 추문으로 부정적인 이미지를 갖게 되면 광고하는 상품의 매출에도 영향을 미치는 사례가 있다.

④ 광고를 많이 하는 특정 상품에 대해 유명인 모델이 등장하는 광고와 일반인 모델이 등장하는 광고를 동시에 할 경우 광고의 효과가 커졌다는 사례가 있다.

⑤ 특정 상품과 관련하여 유명인이 등장하는 광고를 자주 하면, 그 유명인이 등장하는 다른 상품들의 광고는 상대적으로 광고 횟수가 적어도 효과는 커진다는 연구 결과가 있다.

지문근거   둘중헷   Q&A   어휘/개념   부정질문

분석쌤 강의
● **분 석** 평이하고 시사적인 글이어서 대부분의 학생들이 글 전체에서 말하고자 하는 바를 쉽게 찾을 수 있었고, 따라서 이에 대한 반론 또한 빠르게 체크할 수 있었지만, 발문(문두)을 정확하게 읽어야 정답을 쉽게 고를 수 있는 문제
● **해결案** 윗글의 핵심 주장부터 간략하게 메모한 다음, 이에 대한 반론에 해당하는 답지를 고른다.

06 윗글의 논지 전개 방식으로 가장 적절한 것은?

① 현상의 원인을 분석하여 다양한 해결책을 제시하고 있다.

② 유사한 사례를 비교하여 공통점과 차이점을 부각하고 있다.

③ 자료를 활용하여 이론을 정립한 후 구체적 사례에 적용하고 있다.

④ 대립되는 이론을 절충하여 새로운 이론의 가능성을 탐색하고 있다.

⑤ 통념에 대한 의문을 제기하고 근거를 들어가며 주장을 펼치고 있다.

지문 근거 │ 둘중헷 │ Q&A │ 어휘/개념 │ 부정 질문

분석쌤 강의

● **분 석** 글 전체의 내용을 어떻게 전개하고 있는지를 묻는, 글의 전개 방식을 질문한 문제

● **해결案** 지문을 다 읽고 난 뒤에 풀되, 답지를 세부적으로 나누어 각각이 모두 적절한지를 따지도록 한다. ①을 예로 들면, '현상의 원인을 분석'했는지, 분석했다면 '다양한 해결책을 제시'했는지도 확인해야 한다.

07 윗글의 글쓴이의 입장에 따라 〈보기〉의 유명인 모델이 등장하는 광고의 효과를 예상해 본 것으로 적절하지 <u>않은</u> 것은?

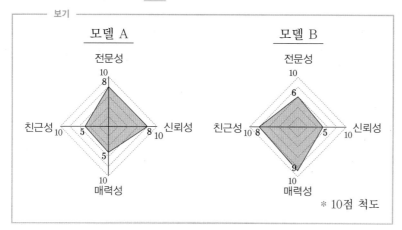

지문 근거 │ 둘중헷 │ Q&A │ 어휘/개념 │ 부정 질문

분석쌤 강의

● **분 석** 지문 속에서 정답의 근거를 명확하게 찾을 수 있어 거의 대부분의 학생들이 맞힌 문제

● **해결案** 〈보기〉의 그래프에서 모델 A, B의 특성부터 파악한다. 그런 다음, 답지 ①부터 각 모델이 지닌 특성과 해당 모델에게 적합한 광고의 연결이 적절한지 지문을 통해 판단한다.

① 모델 A가 특정 카메라 광고에 계속해서 등장할 때 긍정적인 효과를 기대할 수 있다.

② 모델 A가 자동차, 보석 광고 등에 중복 등장할 때 기대했던 만큼 광고 효과가 나타나지 않을 수 있다.

③ 모델 B가 치약 광고와 여행 광고에 등장할 때 두 광고 모두에서 긍정적인 광고 효과를 기대할 수 있다.

④ 초콜릿 광고의 경우 모델 A보다 모델 B가 등장할 때 더 큰 광고 효과를 기대할 수 있다.

⑤ 공기 청정기 광고의 경우 모델 B보다 모델 A가 등장할 때 더 큰 광고 효과를 기대할 수 있다.

08 밑줄 친 단어의 문맥적 의미가 ⊙과 가장 가까운 것은? [1점]

① 어제 신문에 그 기사가 나왔다.

② 맑은 날보다 흐린 날에 사진이 잘 나온다.

③ 하루 종일 찾던 지갑이 세탁물 속에서 나왔다.

④ 수도에서 녹물이 나오는 바람에 빨래를 못 했다.

⑤ 며칠 전 씨를 뿌린 곳에서 싹이 나오기 시작했다.

지문 근거 │ 둘중헷 │ Q&A │ 어휘/개념 │ 부정 질문

분석쌤 강의

● **분 석** 2019학년도 수능에서도 출제된 '나오다'의 문맥적 의미를 묻는 문제로, 수능 국어 영역 비문학에서 출제되는 어휘 문제는 반복 출제된다는 것을 보여 준 문제

● **해결案** 먼저 ⊙이 포함된 문장의 핵심을 간추린 다음, '다른 말 떠올리기'와 '대입하기'를 통해 정답을 압축한다.

(가) 일반적으로 동식물에서 종(種)이란 '같은 개체끼리 교배하여 자손을 남길 수 있는' 또는 '외양으로 구분이 가능한' 집단을 뜻한다. 그렇다면 세균처럼 한 개체가 둘로 분열하여 번식하며 외양의 특징도 많지 않은 미생물에서는 종을 어떤 기준으로 구분할까?

(나) 미생물의 종 구분에는 외양과 생리적 특성을 이용한 방법이 사용되기도 한다. 하지만 이러한 특성들은 미생물이 어떻게 배양되는지에 따라 변할 수 있으며, 모든 미생물에 적용될 만한 공통적 요소가 되기도 어렵다. 이런 문제를 극복하기 위해 오늘날 미생물 종의 구분에는 주로 유전적 특성을 이용하고 있다. 미생물의 유전체는 DNA로 이루어진 많은 유전자로 구성되는데, 특정 유전자를 비교함으로써 미생물들 간의 유전적 관계를 알 수 있다. 종의 구분에는 서로 간의 차이를 잘 나타내 주는 유전자를 이용한다. 유전자 비교를 통해 미생물들이 유전적으로 얼마나 가깝고 먼지를 확인할 수 있는데, 이를 '유전 거리'라 한다. 유전 거리가 가까울수록 같은 종으로 묶일 가능성이 커진다.

(다) 하지만 유전자 비교로 확인한 유전 거리만으로는 두 미생물이 같은 종에 속하는지를 명확히 판별하기 어렵다. 특정 유전자가 해당 미생물의 전체적인 유전적 특성을 대변하지는 못하기 때문이다.

(라) 이러한 문제를 보완하기 위한 것이 미생물들 간의 유전체 유사도를 측정하는 방법이다. 유전체 유사도를 정확히 측정하기 위해서는 모든 유전자를 대상으로 유전적 관계를 살펴야 하지만, 수많은 유전자를 모두 비교하는 것은 현실적으로 어렵다. 따라서 유전체의 특성을 화학적으로 비교하는 방법이 주로 사용되고 있다. 이렇게 얻어진 유전체 유사도는 종의 경계를 확정하는 데 유용한 기준을 제공한다.

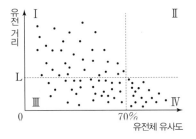

그림에서 각 점은 두 미생물 사이의 유전 거리와 유전체 유사도 간의 관계를 나타낸다. 그림을 보면, 두 미생물의 유전 거리가 가깝다고 해서 유전체 유사도가 반드시 높은 것은 아님을 알 수 있다. 반면, 유전체 유사도가 70% 이상일 경우 유전 거리는 일정 수준(L) 미만이 되는 것을 볼 수 있다. 이러한 관계로부터 '서로 유전 거리가 가까우며 70% 이상의 유전체 유사도를 보이는 미생물 집단'이라고 하는 미생물 종의 정의가 도출된다.

(마) 유전적 특성을 이용한 미생물의 종 구분은 학술적 연구 외에도 의학이나 미생물 산업 분야에서 중요하게 활용되고 있다. 향후 유전체 분석 기술이 더욱 발전하면 미생물의 종을 보다 정밀하게 구분할 수 있을 것이다.

다시보기 ▶ 다시 볼 문제 체크하고 틀린 이유 메모하기

[분석쌤 강의]는 2차 채점 후 반드시 챙겨 본다!

09 〈보기〉는 윗글의 전개 과정을 정리한 것이다. (나)~(라)에 해당하는 것은?

	(나)	(다)	(라)
①	해결 방법	해결 방법의 한계	보완 방법
②	주장 제시	예상 반론 제시	반론 비판
③	개념 설명	사례 제시	개념 재정립
④	가설 제시	가설 검증	이론 도출
⑤	관점 확인	근거 제시	사례 설명

지문 근거   돌중햇   Q&A   어휘/개념 부정 질문

분석쌤 강의

● **분 석** 수능 시험을 치르는 그해 6월과 9월 모의평가는 수능 시험의 성격을 가장 잘 보여 주는 시험임을 입증해 주는 문제(2010학년도 수능에서 출제된 이 문제는 2개월 전에 치러진 2010학년도 9월 모의평가 사회 지문의 31번(p.164의 8번) 문제와 유사함.)

● **해결案** (나)~(라)의 지문과 답지를 연결해 확실한 것부터 O, X 표시를 하면 정답이 하나로 딱 압축된다.

10 윗글을 통해 알 수 있는 것은?

① 종 구분에 사용되는 유전자는 무작위로 선택한다.

② 미생물의 생리적 특성은 배양 환경에 영향을 받지 않는다.

③ 외양보다 유전적 특성이 미생물 종을 명확하게 구분해 준다.

④ 동식물은 서로 다른 종끼리 교배하여 자손을 이어 갈 수 있다.

⑤ 미생물의 유전체는 DNA로 이루어진 하나의 유전자로 구성된다.

| 지문 근거 | 둘중햇 | Q&A | 어휘/개념 | 부정질문 |

분석쌤 강의

● **분 석** 앞으로 치를 수능에서도 여전히 중요한, 국어 영역 단골 문제 유형

● **해결案** 지문 속 내용과 답지의 일치 여부를 따지면서 확실히 옳은 것은 O, 헷갈리는 것은 △, 분명히 틀렸다고 판단되는 것은 X 표시를 하면서 풀면 실수를 줄일 수 있을 뿐만 아니라 문제 풀이 시간도 단축할 수 있다.

11 윗글의 '그림'에 대해 이해한 내용으로 적절하지 않은 것은?

① Ⅰ 영역은 두 미생물 간 유전 거리가 L 이상이고 유전체 유사도가 70% 미만이므로 같은 종이 아님을 나타낸다.

② Ⅱ 영역에 점이 없는 것은 두 미생물 간 유전체 유사도가 70% 이상인 경우 L 미만의 유전 거리만을 보이기 때문이다.

③ Ⅲ 영역은 두 미생물 간 유전 거리가 L 미만이라도 유전 거리만으로는 종의 경계 구분이 어려움을 나타낸다.

④ Ⅳ 영역은 두 미생물 간 유전체 유사도가 70% 이상인 경우 유전 거리도 L 미만이어서 같은 종으로 구분될 수 있음을 나타낸다.

⑤ Ⅰ~Ⅳ 영역은 유전 거리를 알면 유전체 유사도를 정확하게 예측할 수 있음을 나타낸다.

| 지문 근거 | 둘중햇 | Q&A | 어휘/개념 | 부정질문 |

분석쌤 강의

● **분 석** 이 문제를 포함하여 이 시험(2010학년도 수능)의 과학 지문 문제들은 질문이 필요 없을 정도로 아주 쉬웠다. 문과 성향의 학생들 중에는 '과학' 지문에 대해 특히 자신 없어 하는 학생들이 많은데, 국어 영역에서의 과학 지문은 과학적 지식을 묻기보다는 지문 속 내용을 제대로 이해했는지를 측정하기 때문에 다른 비문학 독서 제재와 마찬가지로 지문 이해가 필수이다. 절대 과학 지문에 대해 어렵다는 선입견을 가질 필요가 없다는 것을 염두에 두자.

● **해결案** 그림과 답지의 내용을 비교하면서 풀어도 맞힐 수 있지만 그림 오른쪽에 있는 그림에 대한 설명에서 정답을 그대로 확인할 수 있다.

▶ 정답을 모르는 상태에서 2차 풀이를 하기 위한 방법으로, 아래 채점표 대신 '모바일 자동 채점 프로그램'(문제편 표지 QR 코드)을 이용해도 된다.

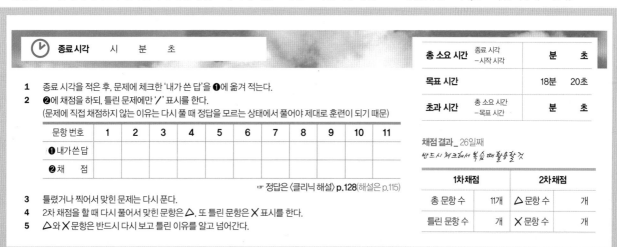

● **종료 시각** 시 분 초

1 종료 시각을 적은 후, 문제에 체크한 '내가 쓴 답'을 **①**에 옮겨 적는다.
2 **②**에 채점을 하되, 틀린 문제에만 '/' 표시를 한다.
(문제에 직접 채점하지 않는 이유는 다시 풀 때 정답을 모르는 상태에서 풀어야 제대로 훈련이 되기 때문)

문항 번호	1	2	3	4	5	6	7	8	9	10	11
① 내가 쓴 답											
② 채 점											

☞ 정답은 〈클리닉 해설〉 p.128(해설은 p.115)

3 틀렸거나 찍어서 맞힌 문제는 다시 푼다.
4 2차 채점을 할 때 다시 풀어서 맞힌 문항은 △, 또 틀린 문항은 X 표시를 한다.
5 △와 X 문항은 반드시 다시 보고 틀린 이유를 알고 넘어간다.

총 소요 시간	종료 시각 −시작 시각	분	초
목표 시간		18분	20초
초과 시간	총 소요 시간 −목표 시간	분	초

채점 결과_ 26일째
반드시 체크해서 복습 때 활용할 것

	1차 채점		2차 채점	
총 문항 수	11개	△ 문항 수		개
틀린 문항 수	개	X 문항 수		개

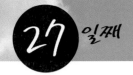

1~3 다음 글을 읽고 물음에 답하시오.

2010학년도 9월 모의평가【18~20】과학

심해저의 다양한 퇴적물 중에서 생물의 골격과 그 파편 등에 의해 생성된 것을 생물기원퇴적물이라 한다. 심해저의 가장 흔한 생물기원퇴적물은 ㉠연니(軟泥, ooze)이다. 이는 주로 죽은 부유생물의 껍질, 골격 등과 바람이나 유수에 의해 육지로부터 멀리 운반된 점토류가 섞여 형성된다. 심해저에서 연니를 형성하지 않는 점토류는 1,000년에 걸쳐 2 mm 정도가 퇴적되는 데 비해, 연니는 1,000년 동안 약 1~6 cm가 퇴적된다. 연니는 표층수에 사는 부유생물의 양이 많을수록, 해저에서 형성된 후의 용해 속도가 느릴수록 많이 퇴적된다.

코콜리스나 유공충과 같이 탄산염으로 구성된 석회질의 생물체 잔해가 적어도 30 % 이상 포함된 퇴적물을 '석회질연니'라고 하고, 규소를 함유한 규질 성분으로 이루어진 생물체의 잔해를 30 % 이상 포함한 퇴적물을 '규질연니'라 부른다.

석회질연니는 비교적 따뜻하고 얕은 곳에 분포한다. 왜냐하면 차가운 해수는 탄산염을 용해시키는 이산화탄소를 더 많이 포함하므로, 탄산염보상수심*보다 깊은 곳에서는 탄산염 성분으로 구성된 생물체의 골격이나 잔해가 녹아 없어지기 때문이다. 심해저 표면의 약 48 %를 덮고 있는 석회질연니는 대서양 중앙 부분과 동태평양 등에 집중적으로 분포하고 있다.

한편, 심해저 표면의 약 14 % 정도를 차지하는 규질연니는 탄산염이 녹는 수심보다 깊은 곳에서도 발견된다. 특히 용승 현상으로 영양분이 풍부한 물이 표층으로 올라오는 곳에 규질연니가 많이 분포하는데, 이는 용승이 일어나는 곳에 규질연니를 구성하는 부유생물이 많이 서식하기 때문이다. 예를 들어 용승이 일어나고 차가운 해류가 흐르는 남극 부근에서는 용승 현상으로 규조류가 많이 서식하므로 심해저에서 규질연니가 가장 흔하게 나타난다. 또한 태평양의 적도 부근에 길게 분포하는 용승 지역에 규질연니가 많이 형성된 것도 규질 생명체 중 하나인 방산충이 많이 서식하기 때문이다.

연니의 형성과 분포, 그리고 구성물의 내용 등을 과학적으로 분석하면, 퇴적물이 쌓일 당시의 고해양 환경, 생물의 서식 분포 등 다양한 정보를 얻을 수 있다. 즉, 연니는 과거의 해양 환경을 연구하는 데 열쇠 구실을 한다.

* 탄산염보상수심: 탄산염의 공급량과 용해량이 같아지는 수심. 평균적으로 약 4,500 m임.

다시보기 ▶ 다시볼 문제 체크하고 틀린 이유 메모하기

[분석쌤 강의는 2차 채점 후 반드시 챙겨 본다!

01 ㉠과 관련된 내용으로 적절하지 않은 것은?

① 연니는 죽은 생물체의 잔해와 점토류가 섞여 생성된다.
② 유공충의 잔해가 40 % 포함된 퇴적물은 석회질연니이다.
③ 표층수에 서식하는 생물체의 양과 연니의 양은 비례한다.
④ 규질연니는 탄산염보상수심보다 깊은 곳에서도 발견된다.
⑤ 연니의 퇴적 속도는 심해저 점토류의 퇴적 속도보다 느리다.

지문 근거　둘중헷　Q&A　어휘/개념 부정 질문

분석쌤 강의
● 분 석 지문에 답지의 내용이 그대로 제시되어 있어 대부분의 학생들이 정답에 답한 문제
● 해결案 지문의 내용과 답지를 비교하며 O, X 표시를 하면 쉽게 정답을 찾을 수 있다.

02 윗글에 제시된 내용만을 〈보기〉에서 있는 대로 고른 것은?

— 보기 —

ㄱ. 연니의 생성 시기　　　　　ㄴ. 연니의 유형
ㄷ. 연니의 지리적 분포　　　　ㄹ. 연니의 시추 방법
ㅁ. 연니 연구의 효용성

① ㄱ, ㄴ　　　　　② ㄴ, ㄷ　　　　　③ ㄱ, ㄷ, ㄹ
④ ㄴ, ㄷ, ㅁ　　　　⑤ ㄷ, ㄹ, ㅁ

지문근거 둘중햇 Q&A 어휘/개념 부정질문

분석쌤 강의

● **분 석** 발문(문두)의 '제시된 내용만을~'이 정답을 찾는 열쇠가 되는 문제

● **해결案** 〈보기〉의 ㄱ~ㅁ을 지문 속에서 확인한다. 이 문제를 2차 채점에서도 틀렸다면, 실수가 아니라 몰라서 틀렸다면, 문제 풀이식 공부 방법보다는 수능 기출 지문의 비문학 독서 부문을 정독하면서 중심 내용을 파악하는 훈련을 하기를 권한다. 수능 기출 문제의 비문학 독서 지문에는 잘 다듬어진 글이 실려 있으므로 꼼꼼히 읽으면서 〈클리닉 해설〉에 있는 '독해력을 길러 주는 지문 분석'의 '문단 요약'을 참조하여 중심 내용까지 파악하면 수십 권의 책을 읽는 효과를 얻을 수 있어 수능 국어 영역 대비에 아주 유용하다.

03 윗글과 〈보기〉를 참고하여 다음 지도에서 시추 지점을 바르게 추정한 것은?

— 보기 —

조사 항목 ＼ 시추 지점	(가) 지점	(나) 지점	(다) 지점
수심	약 5,000m	약 2,500m	
표층 수온 (상대적 비교)	낮 음		높 음
기타 사항	해수의 수직 운동이 활발함	탄산염 성분의 퇴적물로 구성됨	표층수에 방산충이 많이 분포함

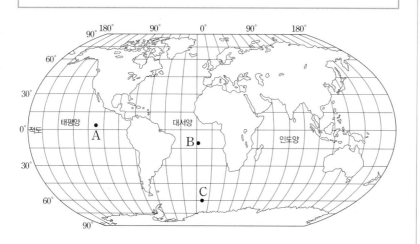

	(가) 지점	(나) 지점	(다) 지점
①	A	B	C
②	A	C	B
③	B	A	C
④	C	A	B
⑤	C	B	A

지문근거 둘중햇 Q&A 어휘/개념 부정질문

분석쌤 강의

● **분 석** 〈보기〉와 지문의 내용을 비교·대조하면서 푸는 문제로, 1번과 2번 문제에 비해 시간이 많이 필요하긴 하지만 꼼꼼히 대조하면서 풀면 정답을 찾을 수 있는 문제

● **해결案** 〈보기〉의 (가), (나), (다) 지점과 관련된 설명을 지문 속에서 확인하면 지도에서 시추 지점(A, B, C)을 바르게 추정할 수 있다.

전통적 공리주의는 세 가지 요소에 기초하여 성립하는 대표적 윤리 이론이다. 첫째, 공리주의는 행동의 윤리적 가치가 행동의 결과에 의존한다는 결과주의이다. 행동은 전적으로 예상되는 결과에 의해서 선하거나 악한 것으로 판단된다. 둘째, 행동의 결과를 평가할 때의 유일한 기준은 바로 행동의 결과가 산출할, 계산 가능한 '행복의 양'이다. 이에 ⓐ따르면 불행과 대비하여 행복의 양을 많이 산출할수록 선한 행동이 되며, 가장 선한 행동은 최대 다수의 최대 행복을 산출하는 것이다. 셋째, 행동을 하기 전 발생할 행복의 양을 계산할 때 개개인의 행복을 모두 동일하게 중요한 것으로 간주하므로 어느 누구의 행복도 다른 누구의 행복보다 더 중요하지는 않다. 그래서 두 사람의 행복을 비교할 때 오로지 그 둘에게 산출될 행복의 양들만을 고려한다. 이는 공리주의가 전형적인 공평주의라는 사실을 보여 준다.

이러한 공리주의에 대하여 반공리주의자 가 제기하는 가장 심각한 문제는 공리주의가 때때로 정의의 개념을 배제하는 결과를 초래한다는 것이다. 그는 위의 세 요소들을 실천하는 공리주의자인 민우가 집단 A와 집단 B 간의 갈등이 심각하게 진행되고 있는 나라를 방문했다고 가정한다. 민우는 집단 A의 한 사람이 집단 B의 한 사람을 심하게 폭행하는 장면을 우연히 목격하게 되었다. 민우가 만약 진실을 증언하면 두 집단의 갈등을 더 악화시켜 유혈 사태를 야기할 수 있지만, 집단 B의 무고한 한 사람을 지목하여 거짓 증언을 하면 집단 간의 충돌을 막을 수 있다. 증언하지 않을 때 생기는 불확실성은 더 위험하다. ㉠이 상황에서 전통적 공리주의자인 민우는 어떤 행동을 할 것인가?

[A]
이와 같은 정의 배제 상황에 대한 공리주의자들의 몇 가지 대응 중 가장 주목할 만한 하나는 공리주의 또한 정의의 개념을 포함할 수 있다는 것이다. 이것은 진실을 증언하는 사회와 그렇지 않은 사회를 먼저 가정하고 과연 어느 사회가 결과적으로 더 많은 행복을 산출하는 사회인가를 검토하는 것이다. 장기적인 관점에서 전자의 사회가 더 많은 행복을 산출하기 때문에 좋은 사회라는 결론이 도출된다. 그래서 행복을 더 많이 산출하는 진실을 증언함으로써 정의를 바로 세우는 규칙을 만들고 그에 따라 행동하도록 개인의 행동을 제약한다. 이와 같은 대응을 하는 공리주의자들을 규칙 공리주의자라고 한다.

다시보기 ▶ 다시 볼 문제 체크하고 틀린 이유 메모하기   *[분석쌤 강의]는 2차 채점 후 반드시 챙겨 본다!*

04 〈보기〉의 '갑'의 행동을 전통적 공리주의의 관점에서 선하다고 평가할 때, 그 이유로 적절하지 않은 것은?

> **보기**
>
> '갑'은 몸살로 집에 누워 있는 친구를 간호하러 가던 중, 교통사고로 심각하게 다친 운전자를 목격했다. '갑'은 도와야 한다는 생각에 그를 급히 응급실로 옮겨서 다행히도 목숨을 구할 수 있었다. 그러나 '갑'은 친구를 간호할 수는 없었다.

① '갑'은 전체의 행복의 양을 증가시키는 쪽으로 행동했군.
② '갑'은 다친 사람을 도우면 자신만이 행복해진다고 판단했겠군.
③ '갑'은 친한 사람이라고 해서 그 사람의 행복이 더 가치 있다고 판단하지 않았겠군.
④ '갑'은 몸살 환자보다 다친 사람을 돕는 것이 더 많은 행복을 산출한다고 판단했겠군.
⑤ '갑'은 자신의 행동이 결과적으로 선할 것이라는 판단에 따라 누구를 도울지를 결정했겠군.

지문근거 둘중혯 Q&A 어휘/개념 부정질문

분석쌤 강의

● **분 석** 발문(문두)→지문→〈보기〉→답지 순으로 읽고 풀어야 하는 문제
● **해결案** 발문에서 질문의 핵심부터 파악한다. 그런 다음 그것과 관련된 지문 내용을 체크하고, 〈보기〉의 상황을 머릿속에 담은 상태에서 답지 하나하나를 지문에 제시된 관점과 연결하여 옳고 그름을 판단한다.

05 ㉠에 대해 반공리주의자 가 예상하는 답으로 가장 적절한 것은?

① 피해자를 적극적으로 설득하여 가해자를 용서하도록 할 것이다.

② 증언의 결과가 미칠 파장을 우려하여 묵비권을 행사할 것이다.

③ B 집단의 무고한 한 사람을 범인으로 지목할 것이다.

④ 가해자와 피해자를 적극적으로 화해시킬 것이다.

⑤ 가해자에 관한 진실을 증언할 것이다.

지문 근거 둘 중 헷 Q&A 어휘/개념 부정 질문

분석쌤 강의

● **분 석** 발문(문두)에서 요구하는 내용을 정확하게 파악해야 맞힐 수 있는 문제

● **해결案** ㉠에 대해 예상하려면 1문단에서 제시한 전통적 공리주의자의 생각을 정확하게 파악해야 하고, 반공리주의자가 예상하는 정답을 이끌어 내기 위해서는 전통적 공리주의자에 대한 반공리주의자의 문제 제기를 2문단에서 낚아채야 한다.

06 [A]의 규칙 공리주의자와 〈보기〉의 의무론자에 대한 설명으로 가장 적절한 것은?

— 보기 —

의무론자는 어떤 경우에도 항상 거짓말을 하지 않아야 한다고 주장한다. 거짓말을 하지 않아야 하는 이유는 거짓말을 하지 않을 때 좋은 결과가 산출되어서가 아니라, 거짓말을 하지 않는 것이 조건 없이 따라야 하는 절대적인 규칙이기 때문이다.

① 규칙 공리주의자는 규칙을 무조건석으로 따라야 한다고 했어.

② 의무론자는 예상되는 결과에 따라 진실을 말해야 한다고 했어.

③ 의무론자와 규칙 공리주의자는 모두 결과의 중요성을 강조했어.

④ 의무론자는 규칙의 절대성을, 규칙 공리주의자는 정의의 배제를 강조했어.

⑤ 의무론자는 결과와 무관하게, 규칙 공리주의자는 결과에 의존하여 정의를 강조했어.

지문 근거 둘 중 헷 Q&A 어휘/개념 부정 질문

분석쌤 강의

● **분 석** 〈보기〉와 지문의 내용을 비교·대조하면서 푸는 문제로, 4, 5번 문제에 비해 시간이 많이 필요하기 하지만 꼼꼼히 대조하면 틀리지 않는 문제

● **해결案** 규칙 공리주의자의 생각은 [A]에서, 의무론자의 생각은 〈보기〉에서 파악한 후 답지의 설명이 적절한지를 따지도록 한다.

07 밑줄 친 부분이 ⓐ와 가장 가까운 뜻으로 쓰인 것은? [1점]

① 어머니 말씀을 따르면 항상 좋은 일이 생긴다.

② 누구라도 나를 잘 따르면 귀여워할 수밖에 없다.

③ 누구나 남들이 하는 대로 따르면 비슷한 결과가 나온다.

④ 네가 어머니의 음식 솜씨를 따르면 좋은 요리사가 될 거다.

⑤ 이러한 원칙에 따르면 그 사람에게는 상을 주는 것이 맞다.

지문 근거 둘 중 헷 Q&A 어휘/개념 부정 질문

분석쌤 강의

● **분 석** 앞뒤 문맥의 흐름을 고려하여 풀어야 하는, 어휘의 문맥적 의미를 묻는 문제

● **해결案** '따르다'의 사전적 의미를 몽땅 외워 답할 수는 없으므로, ⓐ의 '따르면'을 다른 유사한 의미의 어휘로 바꾼 다음, 바꾼 어휘를 답지에 대입해서 자연스러운 것을 정답으로 고른다. 이와 같은 문제의 '해결案'도 『매3비』에서 강조하는 '어휘 문제 3단계 풀이법'이다.

(가) 많은 경제학자들은 제도의 발달이 경제 성장의 중요한 원인이라고 생각해 왔다. 예를 들어 재산권 제도가 발달하면 투자나 혁신에 대한 보상이 잘 이루어져 경제 성장에 도움이 된다는 것이다. 그러나 이를 입증하기는 쉽지 않다. 제도의 발달 수준과 소득 수준 사이에 상관관계가 있다 하더라도, 제도는 경제 성장에 영향을 줄 수도 있지만 경제 성장으로부터 영향을 받을 수도 있으므로 그 인과관계를 판단하기 어렵기 때문이다.

(나) 그런데 최근에 각국의 소득 수준이 위도나 기후 등의 지리적 조건과 밀접한 상관관계를 가진다는 통계적 증거들이 제시되었다. 제도와 달리 지리적 조건은 소득 수준의 영향을 받지 않는다. 이 때문에 지리적 조건이 사람들의 건강이나 생산성 등과 같은 직접적인 경로를 통해 경제 성장에 영향을 끼친다는 해석이 설득력을 얻게 되었다.

(다) 제도를 중시하는 경제학자들은, 지리적 조건이 직접적인 원인이라면 경제 성장에 더 유리한 지리적 조건을 가진 나라가 예나 지금이나 소득 수준이 더 높아야 하지만 그렇지 않은 사례가 많다는 사실에 주목하였다. 이들은 '지리적 조건과 소득 수준 사이의 상관관계'와 함께 이러한 '소득 수준의 역전 현상'을 동시에 설명하려면, 제도가 경제 성장의 직접적인 원인이고 지리적 조건은 제도의 발달 방향에 영향을 주는 간접적인 경로를 통해 경제 성장과 관계를 맺는 것으로 보아야 한다고 주장한다. 다시 말해 지리적 조건은 지금의 경제 성장의 직접적인 원인이 아니라는 것이다. 오히려 지리적 조건은 과거에 더 잘살던 지역에서는 경제 성장에 불리한 방향으로, 더 못살던 지역에서는 유리한 방향으로 제도가 발달하게 된 '제도의 역전'이라는 역사적 과정에 영향을 끼쳤다는 것이다.

(라) 이제 지리적 조건의 직접적인 영향을 강조하는 학자들도 간접적인 경로의 존재를 인정하게 되었다. 하지만 직접적인 경로가 경제 성장에서 더욱 중요하고 지속적인 영향을 끼친다는 입장에는 변함이 없다.

다시보기 ▶ 다시 볼 문제 체크하고 틀린 이유 메모하기

[분석쌤 강의]는 2차 채점 후 반드시 챙겨 볼 것!

08 〈보기〉는 윗글을 순서대로 정리한 것이다. ㄱ~ㄹ에 해당하는 것은? [3점]

| 지문근거 | 둘중헷 | Q&A | 어휘/개념 | 부정질문 |

분석쌤 강의

● **분 석** 〈보기〉를 통해 지문의 내용을 정리할 수 있는 문제

● **해결案** (가)를 읽고 〈보기〉의 도식에서 (가)를 나타낸 원리를 파악한 다음, 지문 (나)를 읽고 〈보기〉(나)의 ㄱ, ㄴ에 들어갈 내용을 떠올리면서 명백하게 틀린 답지들을 제외해 나간다. 지문 (다)를 읽고 〈보기〉(다)의 ㄷ, ㄹ도 마찬가지 방법으로 명확하게 틀린 답지들을 제외해 나가면 정답을 쉽게 고를 수 있을 뿐만 아니라 지문 전체의 내용이 한눈에 들어오게 된다.

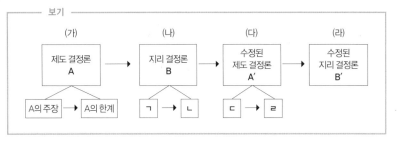

	ㄱ	ㄴ	ㄷ	ㄹ
①	B의 주장	B의 한계	A′의 증거	A′의 주장
②	B의 주장	B의 한계	B에 대한 반증	A′의 주장
③	B의 증거	B의 주장	B에 대한 반증	A′의 주장
④	B의 증거	B의 주장	A′의 주장	B에 대한 반증
⑤	B의 한계	B의 주장	A′의 주장	A′에 대한 반증

09 (가)~(다)의 주장을 뒷받침하는 사례를 〈보기〉에서 찾아 바르게 짝지은 것은?

— 보기 —

ㄱ. 대체로 기온이 높은 나라일수록 질병 등의 문제로 사람들의 건강 상태가 좋지 못하고 생산성도 낮다. 이에 따라 경제 성장이 잘 이루어지지 못하여 1인당 소득 수준이 낮다.

ㄴ. 영국은 명예혁명 이후에 재산권 제도가 발달하였지만, 스페인은 그렇지 못했다. 이 때문에 스페인의 제도가 이식된 중남미 국가들이 영국의 제도가 이식된 북미 국가들보다 소득 수준이 낮다.

ㄷ. 기후가 사탕수수 등의 상업성 작물에 적합한 지역에서는 노예 노동을 이용했기 때문에 재산권 보호와 정치 참여 면에서 불평등한 제도가 정착했다. 이로 인해 현재까지 경제 성장에 바람직한 제도가 잘 발달하지 못하고 있다.

	(가)	(나)	(다)
①	ㄱ	ㄴ	ㄷ
②	ㄴ	ㄱ	ㄷ
③	ㄴ	ㄷ	ㄱ
④	ㄷ	ㄷ	ㄴ
⑤	ㄷ	ㄴ	ㄱ

분석쌤 강의

● **분 석** 〈보기〉의 ㄱ~ㄷ은 (가)~(다)에서 주장하는 내용을 뒷받침하는 사례이므로 〈보기〉와 지문의 내용을 짝지으며 풀어야 하는 문제

● **해결案** 8번 문제의 〈보기〉에서 (가)~(다)의 주장 내용을 정리해 주었으므로, 이 문제에서는 〈보기〉의 ㄱ~ㄷ이 각각 어떤 주장과 연결되는지를 짚으면 된다.

▶ 정답을 모르는 상태에서 2차 풀이를 하기 위한 방법으로, 아래 채점표 대신 '모바일 자동 채점 프로그램'(문제편 표지 QR 코드)을 이용해도 된다.

🕐 **종료 시각** ___ 시 ___ 분 ___ 초

총 소요 시간	종료 시각 −시작 시각	**분**	**초**
목표 시간		16분	35초
초과 시간	총 소요 시간 −목표 시간	**분**	**초**

1 종료 시각을 적은 후, 문제에 체크한 '내가 쓴 답'을 ❶에 옮겨 적는다.

2 ❷에 채점을 하되, 틀린 문제에만 '/' 표시를 한다.
(문제에 직접 채점하지 않는 이유는 다시 풀 때 정답을 모르는 상태에서 풀어야 제대로 훈련이 되기 때문)

문항 번호	1	2	3	4	5	6	7	8	9
❶ 내가 쓴 답									
❷ 채 점									

☞ 정답은 〈클리닉 해설〉 p.128(해설은 p.119)

3 틀렸거나 찍어서 맞힌 문제는 다시 푼다.

4 2차 채점을 할 때 다시 풀어서 맞힌 문항은 △, 또 틀린 문항은 ✕ 표시를 한다.

5 △와 ✕문항은 반드시 다시 보고 틀린 이유를 알고 넘어간다.

채점 결과_ 27일째
반드시 체크해서 복습 때 활용할 것

	1차채점		2차채점	
총 문항 수	9개	△ 문항 수		개
틀린 문항 수	개	✕ 문항 수		개

구분	1 공부한 날		2 초과 시간		총 문항 수	3 틀린 문항 수	4 △ 문항 수	5 × 문항 수
22일째	월	일	분	초	11 개	개	개	개
23일째	월	일	분	초	9 개	개	개	개
24일째	월	일	분	초	9 개	개	개	개
25일째	월	일	분	초	10 개	개	개	개
26일째	월	일	분	초	11 개	개	개	개
27일째	월	일	분	초	9 개	개	개	개

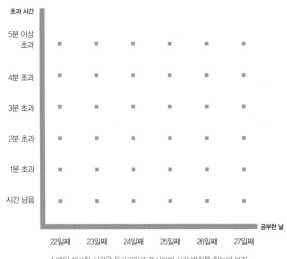

▲ 매일 체크한 시간을 동그라미로 표시하여 시간 변화를 한눈에 보자.

1주일간 공부한 내용을 다시 보니, ……

1   **매일 지문 3개씩 시간에 맞춰 풀었다. *vs.* 내가 한 약속을 못 지켰다.**

▶시간 부족 문제를 극복하기 위해서는 매일 비문학 독서 지문 3개씩을 꾸준히 공부해야 효과적이다.

2   **시간이 단축되고 있음을 느낀다. *vs.* 문제 푸는 시간이 줄지 않는다.**

▶시간이 들쑥날쑥하는 원인 중의 하나는 난이도일 수도 있다.

〈클리닉 해설〉에 있는 '지문별 난이도'(p.98)를 참고해서 내 실력 향상을 체크하자.

3   **틀린 문항 수가 거의 비슷하다.**

▶특정 제재에서 많이 틀렸는지, 특정 문항 유형에서 많이 틀렸는지를 확인하고

각 문항 오른쪽에 제시된 '분석쌤 강의'를 통해 문제점 극복 방안을 찾는다.

4   **△ 문항이 × 문항보다 많다면, … △ 문항 수를 줄이는 것이 국어 영역 고득점의 지름길!**

▶△ 문항을 줄이는 방법은 처음 틀렸을 때 왜 그 답지를 정답으로 생각했는지를 따져 보는 것이다.

다시 봤을 때 아무리 쉬워도, 틀린 문제는 또 틀릴 수 있다는 것을 명심하자.

5   **× 문항 수가 줄지 않는다면?**

▶〈클리닉 해설〉을 본다. 많은 학생들이 질문한 문제를 같은 생각에서 틀린 것인지,

아니면 쉬운 문제임에도 불구하고 틀린 것인지를 체크하여 내가 취약한 유형이 무엇인지를 파악한다.

〈클리닉 해설〉과 '분석쌤 강의'를 보고 확실하게 알고 넘어가고,

'매3 오답 노트'에 메모해 두었다가 한 달에 한 번 꼭 다시 복습한다.

!   1주일간 공부한 내용과 '매3 오답 노트'에 메모한 내용까지 다시 보니,

결론적으로,

내가 **취약한 부분**은 [   ] 이다.

취약점을 보완하기 위해서 나는 [   ] 을/를 해야겠다.

한 달 뒤 다시 봐야 할 내용과 지문, 어휘 등이 있는 페이지는 지금 바로 접어 두었다.

어휘는 '매3어휘 풀이'를 떠올리며 익히고, 지문은 '문단 요약'을 참고해 한 번 더 복습해야겠다.

최종 마무리 복습

최대한 <u>빠른 시간 내</u>에 복습할 것!

1   교재 또는 오답 노트에 메모해 둔 내용 다시 보기

2   '자율 학습 체크리스트'에서 특히 취약한 부분으로 판단되는 내용 재복습하기

3   '취약한 제재 효과적인 공략법'(p.6)에서 특히 약한 제재는 예비 매3비와 함께 한 번 더 챙겨 보기

4   한 번 더 볼 내용은 교재에 체크해 두거나 기존 오답 노트에 덧붙여 메모해 두기

5   시험 직전에 다시 봐야 할 내용은 별도로 표시해 두기

재복습하면서
특히 <u>약한 부분</u>을 집중 체크할 것!

내가 찾은 취약점	취약점 보완 방법
시간이 부족함.	• 특히 시간이 부족했던 제재의 지문을 복습하기 • 『라이트 매3비』에서 어려웠던 제재는 『예비 매3비』에서 해당 제재로 한 번 더 복습하기 ☞ '취약한 제재 효과적인 공략법'(p.6) 참조
계속 틀리는 유형이 있음.	• 『라이트 매3비』에서 해당 문제 유형만 모아 보기 • 〈클리닉 해설〉에서 '가장 많이 질문한 오답'에 대한 설명 챙겨 보기 ☞ 〈클리닉 해설〉 p.1 참조
독해를 방해하는 어휘가 있음.	• '매3어휘 풀이'를 적용하여 의미 이해하기 • 자투리 시간을 활용해 『매3어휘』 일독하기 ☞ '복습을 위한 어휘 노트'(〈클리닉 해설〉 p.123) 참조

기출 문제 헷갈리는 명칭 확인하기

1993년 8월에 처음 실시된 대학수학능력시험은 2024년 11월까지 총 33회 시행되었다. 수능 시험을 대비하기 위해 고1·2·3은 전국 단위 모의고사에 응시하는데, 그 시험의 명칭이 한국교육과정평가원과 시도 교육청 시험이 달라 혼선을 빚고 있다. 이에, 전국 단위 모의고사의 정확한 시험지 명칭과 실시 연도를 아래와 같이 밝힘으로써 이 교재에 밝힌 출처에 혼동을 없애고자 한다.

고1·2·3 전국 단위 모의고사 시행 월 및 출제 기관과 시험지 명칭

시행월	고1, 2		고3	
	출제 기관	시험지 명칭	출제 기관	시험지 명칭
3월	시도 교육청	전국연합학력평가	시도 교육청	전국연합학력평가
4월	·	·	시도 교육청	전국연합학력평가
6월	시도 교육청	전국연합학력평가	한국교육과정평가원	모의평가
7월	·	·	시도 교육청	전국연합학력평가
9월	시도 교육청	전국연합학력평가	한국교육과정평가원	모의평가
10월	·	·	시도 교육청	전국연합학력평가
11월	시도 교육청	전국연합학력평가	한국교육과정평가원	대학수학능력시험

- 지금까지 전국 단위 모의고사는 연간 고1·2는 4회, 고3은 6회(수능 제외) 실시함.
- 고1·2·3 전국연합학력평가는 시도 교육청에서, 고3 6월과 9월에 실시되는 모의평가와 수능은 한국교육과정평가원에서 출제함.

역대 대학수학능력시험 실시 연월 및 시험지 명칭

횟수	실시 연월	시험지에 표시된 정식 명칭	매3 교재에 표시된 명칭
1회	1993년 8월	1994학년도 제1차 대학수학능력시험	1994학년도 1차 수능
2회	1993년 11월	1994학년도 제2차 대학수학능력시험	1994학년도 2차 수능
※ 3회~31회는 생략			
32회	2023년 11월	2024학년도 대학수학능력시험	2024학년도 수능
33회	2024년 11월	2025학년도 대학수학능력시험	2025학년도 수능

- 역대 수능 시험은 1993년(2회 실시)을 제외하고는 매년 11월(2020년에는 12월에 실시)에 한 번 실시해 지금까지 총 33회 실시함.
- 수능 시험은 시험지 명칭에 표기된 것과 실시 연도가 다름.(예: 2025학년도 시험은 2024년 실시)

고3 모의평가 실시 연월 및 시험지 명칭

구분	실시 연월	시험지에 표시된 정식 명칭	매3 교재에 표시된 명칭
1	2024년 9월	2025학년도 대학수학능력시험 9월 모의평가	2025학년도 9월 모의평가
2	2024년 6월	2025학년도 대학수학능력시험 6월 모의평가	2025학년도 6월 모의평가
3	2023년 9월	2024학년도 대학수학능력시험 9월 모의평가	2024학년도 9월 모의평가
4	2023년 6월	2024학년도 대학수학능력시험 6월 모의평가	2024학년도 6월 모의평가
※ 2023학년도 이전은 생략			

- 고3 모의평가는 해마다 6월과 9월 2회 실시함.
- 6월·9월 모의평가는 수능 시험과 마찬가지로 시험지 명칭에 표기된 것과 실시 연도가 다름.(예: 2025학년도 시험은 2024년 실시)

고1·2·3 전국연합학력평가 실시 연월 및 시험지 명칭

구분	실시 연월	시험지에 표시된 정식 명칭	매3 교재에 표시된 명칭
1	2024년 10월	2024학년도 10월 고3 전국연합학력평가	시험지에 표시된 명칭과 동일
2	2024년 9월	2024학년도 9월 고2 전국연합학력평가	
3	2024년 9월	2024학년도 9월 고1 전국연합학력평가	
※ 2023학년도 이전은 생략			

- 고1·2·3 전국연합학력평가는 시도 교육청에서 출제하는 시험으로, 고1·2는 3·6·9·11월에 실시하고, 고3은 3·4·7·10월에 실시함.
- 고1·2·3 전국연합학력평가는 수능 시험이나 모의평가와 달리 학년도와 실시 연도가 일치함.(예: 2024학년도 시험은 2024년 실시)

비문학이 잡히면
수능 국어가 쉬워집니다.

국어 공부를 처음 시작하거나 국어 성적이 안정적인 1등급이 아닌 고3의 경우도 비문학 독서 훈련에 집중합니다. 국어 영역에서 독해 훈련에 가장 좋은 제재가 비문학 독서 부문이기도 하지만, 문학에서 출제되는 문제들도 작품 해석이 이루 어지고 나면 대개 비문학 독서 문제를 풀 때의 방법이 적용되기 때문입니다.

- 매3비 별책 부록 <매3공부법>에 수록된 '처방' 中에서

중학 매3비

↓

예비 매3비

↓

라이트 매3비 → 매3비
(고2 수준)

비문학 & 문학 공부 팁

고등학생이어도 국어가 약하다면
[중학 매3비]부터 단계적으로 공부하길 권합니다.
비문학 뿌리가 탄탄하면 다른 영역도 쉽게 꽃피웁니다.
비문학으로 시작해 국어 영역에 자신감이 생기면
문학도 병행해서 공부하세요.

+

예비 매3문

↓

매3문

문학은
[예비 매3문]으로 기초를 다진 후
[매3문]을 공부하면
낯선 작품도 쉽게 접근할 수 있고
문제 풀이 시간도
단축할 수 있습니다.

+PLUS 화법, 작문, 언어(문법), 매체 공부 팁

시간 훈련과 실수 방지를 돕는 매3화법과작문과
개념별 학습으로 문법 필수 개념을 쉽게 익힐
수 있는 매3언어와매체에서 강조하는 공부법을
지키며 공부하세요.

+PLUS 어휘 공부 팁

소홀하기 쉬우나 중요한 어휘(개념)!
매3력과 매3어휘로 꽉 잡아보세요.
[매3력] 후 [매3어휘]까지 챙겨 보면
국어 어휘는 물론 문학 개념어까지 자
연스레 익힐 수 있습니다.

 →

국어 1등급에 대한 자신감!

예비 매3비 → **라이트 매3비** → **매3비** 순으로 훈련하세요!
(고2 수준)

단계별 비문학 훈련서

교재명	대상	문제 구성	분량
중학 **매3비**	예비 중1, 중학생	중3·고1 성취도 평가+쉬운 고1 전국 모의고사	3주 훈련
예비 **매3비**	예비 고1, 고1	고1 전국 모의고사	4주 훈련
라이트 **매3비** (고2 수준)	예비 고2, 고2	쉬운 수능과 모의평가+고2 모의고사 - 매3비에 포함되지 않은 수능과 모의평가 문제 중 　고2 수준 문제와 고2 전국 모의고사 중 주제 통합 문제	4주 훈련
매3비	예비 고3, 고3	수능(최근 10개년)	6주 훈련

라이트 매3비의 난이도와 구성 및 특징

- 예비 매3비와 매3비 사이의, 고2 수준의 비문학 훈련편(4주 훈련)
- 매3비에 포함되지 않은 좋은 문제 평가원 기술과 고2 선배(수제 통합)
- 독해력을 기르는 지문 분석(문단 요약 포함)과 제대로 공부법 결합
- 지문을 근거로 정답과 오답을 구분하여 설명한 클리닉 해설
- 시간 부족 문제를 근원적으로 해결해 주는 매3습관 적용
- 매일, 매주 공부한 내용을 다시 점검하는 복습 시스템
- 문제 유형에 따른 빠르고 정확한 접근법과 풀이법
- 특히 질문이 많았던 문제와 답지에 대한 Q&A

라이트 매3비는 다음과 같은 학생들을 위해 만들었습니다.
다음 중 어느 하나라도 해당이 된다면 지금 바로 라이트 매3비를 만나세요!

▶ 열심히 하는데도 국어 성적이 들쑥날쑥하여 불안한 학생
▶ 예비 매3비보다 약간 더 어려운 비문학에 도전하고 싶은 학생
▶ 매3비보다 약간 쉬운, 고2 수준의 비문학을 훈련하고 싶은 학생
▶ 매3공부법으로 매3습관을 더 다져 국어에 자신감을 갖고 싶은 학생

매3국어
자동 채점 프로그램

스마트폰으로 QR 코드를 찍으면
'매3'에서 강조하는
'제대로 채점법'이 적용된
'매3국어 자동 채점 프로그램'
으로 이동합니다.

53710

9 791165 269678

ISBN 979-11-6526-967-8 (53710)　**정가** 17,000원

학습 효과를 높여 주는 주간&매일

공부계획표
작성법 및 예시

아래 계획표는 '주간 공부 계획표'와 '매일 공부 계획표' 예시이다. 학습 효과를 높이는 데 계획표만큼 유용한 것은 없다. 그럼에도 불구하고 계획표 작성 방법을 몰라 계획 없이, 닥치는 대로 공부하는 학생들이 많다. 아래의 '주간 공부 계획표'와 '매일 공부 계획표' 예시를 참고하여 '나만의 공부 계획표'를 작성하자. 매주, 매일 공부 계획표를 만들고 체크하면 학습 효과를 높일 수 있다는 것을 꼭 기억하자!

※ 중간·기말고사 대비를 위한 공부 계획표는 「매3공부법」(매3비 부록) p.24 참조

'주간 공부 계획표'는

☐ 1주일 단위로 작성한다.

☐ 반드시 복습할 시간을 확보한다.

☐ 구체적으로 쓴다.

☐ 계획의 실천 여부를 매일 체크한다.
　(지키지 못한 것은 다음 주에 꼭 반영하도록 한다.)

'매일 공부 계획표'는

1. '공부할 내용'은 구체적이면서 간단하게 적는다.
2. '달성률'에는 아침에 계획한 내용의 달성도를 적고, 100%가 아닌 경우에는 내일 공부할 내용에 반영한다.
3. '체크체크'에는 오늘 다 못한, 내일 꼭 해야 할 공부 내용과 과제, 중요한 일 등을 적는다.
4. '목표 시간'과 '공부한 시간'에는 매일 목표 시간을 정하고 실제로 공부한 시간을 빠짐없이 적는다.
5. 'D-day'에는 중간·기말 고사를, 'R=VD'에는 수능 100점 등을 적어도 되고, '나에게 하고 싶은 말'에는 힘이 되는 응원 메시지를 적어도 좋다.

주간 공부계획표

시간	월	화	수	목	금	토	일
6:00	기상·세면 6:00~6:30					아침 식사 및 실전 훈련 준비 ~8:40	1주일 간 공부한 내용 중 부족한 부분 보강 학습 ~12:00
6:30	시사 또는 어휘 공부 6:30~7:00						
7:00	아침 식사 7:00~7:30						
7:30	아침 자율 학습 국어 실전 훈련 또는 수업 내용 예습 8:00~9:00						
8:00							
9:00	학교					실전 훈련 8:40~12:10	
10:00							
11:00							
12:00						점심 식사 12:10~1:10	점심 식사 12:00~1:10
1:00							
2:00						실전 훈련 1:10~4:30	국어, 영어, 수학 주간 복습 1:10~6:00
4:00							
5:00						채점/저녁 식사 4:30~6:30	
6:00	저녁 식사 ~6:30						저녁 6:00~7:00
7:00	학교 수업 복습 ~7:30						탐구 주간 복습 7:00~9:00
8:00	영어 공부 – 복습 꼭! 7:30~11:00	수학 공부 – 복습 꼭! 7:30~11:00	탐구 영역 – 복습 꼭! 7:30~11:00	영어 공부 – 복습 꼭! 7:30~11:00	수학 공부 – 복습 꼭! 7:30~11:00	오답 분석 6:30~11:00	
9:00							
10:00							다음 주 공부할 내용 및 과제 챙기기 9:00~12:30
11:00	국어 '제대로' 공부 11:00~12:30						
12:00							
12:30							

매일 공부계획표

7월 24일   R=VD 고려대 국어국문학과

과목	공부할 내용	달성률(%)	체크체크
비문학	라이트 매3비 22일째 훈련, 복습	70	· 라이트 매3비 오답 한 번 더
문학	면앙정가 한 번 더 복습	100	· 수학 오답 다시
수학	6월 모의고사 복습	80	· 한국사 복습
영어	기출 문풀, 복습	100	· 독후감 올리기
사.문	수업 전까지 예습	100	
한국사	오늘 수업 복습	0	· 단어 경시대회 D-2
매일 필수	매3어휘 18~23 영단어 31~40	100	

· 목표 시간: **10시간**

· 공부한 시간: **2+3+4 = 9시간**

나에게 하고 싶은 말　**매일, 꾸준히! 나는 할 수 있다!**

클리닉 해설

길기만 한 해설 가고,
내가 틀린 답지 해설 와라!
두루뭉술한 해설 가고,
남들이 많이 틀린 답지 해설 와라!!

『매3비』가 학생들에게 인기 있는 이유 중 하나는 해설에 있다고 한다. 단순히 모든 답지에 대한 해설이 있기보다는,

❶ 가장 많이 질문한 문제와 답지에 대한 명쾌한 해설과
❷ 학생들이 재질문한 내용과 그것에 대한 답변(Q&A)과
❸ 독해력을 길러 주는 문단별 지문 분석에
❹ 아는 것으로 착각한 어휘까지 쉽게 익힐 수 있게 설명되어 있고
❺ 바로 옆에서 직접 설명해 주는 느낌을 받아 궁금증이 해결된다

는 것이 학생들의 반응이었다.
혼자 문제집을 풀 때 느끼는 가장 큰 어려움은 자신이 틀린 문항에 대한 해설이 불충분하거나, 자세하게 쓴 해설인 것 같은데도 실제로 내가 틀린 문항에 대한 설명 부분에서는 두루뭉술하다는 것이다.

『라이트 매3비』는 이 점을 감안하여 해설하고, 추가 질문한 내용까지 포함하여 국어에 대한 자신감을 가질 수 있게 하였다. 특히 지문 독해에 시간이 오래 걸리고 지문 복습 시에도 내용 이해가 어려운 학생들은 '독해력을 길러 주는 지문 분석'에서 문단별로 요약한 내용을 참고하여 지문을 한 번 더 읽으면 각 문단의 중심 내용과 글 전체의 흐름을 쉽게 이해할 수 있을 것이다.

국어 영역 고득점의 비법은,

좋은 문제 기출로
지문에서 근거를 찾아가며
정답인 이유와 오답인 이유를 알고
다른 학생들이 많이 질문한 내용과 그 이유까지 짚어 가며
스스로, 그리고 꾸준히 공부하는 데 있다.

그리고 복습할 때에는,

내가 생각한 정답과 오답인 이유와 비교하고
'가장 많이 질문한 오답'에 대한 해설과 'Q&A'를 통해 '아아, 이렇게 생각할 수도 있구나'를 느끼고
'독해력을 길러 주는 지문 분석'을 참고해 지문 복습을 하고
'분석쌤 강의'를 참고해 문제 풀이 접근법도 챙기고
'매일 복습 확인 문제'까지 풀어 보면 빈틈없이 복습할 수 있다.

아울러 어렴풋이 알고 있었던, 헷갈리는 어휘를 다시 보며 학습 효과를 높이는 오답 노트를 작성하고 틈틈이 내가 만든 오답 노트를 다시 보면 시간 부족 문제까지 해결할 수 있다. 평소와는 달리 실제 시험에서 특히 긴장감이 더해져 국어 등급이 낮게 나오는 학생들은 '매3'에서 강조하는 공부법을 지키며, 〈클리닉 해설〉을 십분 활용하기를 권한다.

매3 오답 노트
이렇게 만들어 사용하세요!

비문학편

'매3 오답 노트'는 『매3비』에 자신의 오답 노트를 공유한 선배가 후배들의 질문을 보고 다시 작성한 것입니다. 이 선배는 '매3국어 시리즈'와 오답 노트 덕분에 수능 시험에서 흔들리지 않고 국어 100점을 맞았다며, 누구나 쉽게 따라 할 수 있고 '나만의 오답 노트'로 활용할 수 있게 자신의 오답 노트를 공유해 주었습니다. 내가 직접 메모해 둔 [나만의 매3 오답 노트]는 꼭 다시 보고, 학교에서 배운 내용과 다른 교재로 공부한 내용도 계속 덧붙여 나가면 세상에서 단 하나뿐인, 수능 대비 최고의 교재가 될 것입니다.

내가 만든 오답 노트가 세상에서 가장 좋은 교재입니다.
'비문학 오답 노트 작성 방법'은 다음과 같습니다.

1. '유형편'과 '어휘편'으로 구분해 작성합니다.
2. '유형편'에는 유형, 틀린 이유, 새길 내용, 출처(관련 내용) 등을 적습니다.
3. '어휘편'에는 어휘, 핵심 간추리기, '매3어휘 풀이' 떠올리기, 출처(관련 내용) 등을 적습니다.
4. '유형편'의 '유형'에는 〈보기〉 문제(자료 해석), 내용 일치(내용 이해), 제목(표제와 부제), 그래프 적용(도표, 그림 적용), 심화 학습, 중심 화제(중심 내용, 주제, 취지), 논지 전개 방식(서술상의 특징), 내용 추론(내용 이해), 사례 적용 등을 적습니다.
5. '출처'에는 복습할 때 해당 문제와 함께 볼 수 있게 페이지를 적어 둡니다.
6. 나만의 오답 노트인 '매3 오답 노트'를 만들고, 내가 만든 '매3 오답 노트'는 꼭 다시 챙겨 봅니다.

● 유형편

유형	틀린 이유	새길 내용	출처(관련 내용)
표제, 제목, 부제	틀리진 않았음.	지문과 일치하지 않으면 ✕ 글 전체를 포괄하지 않으면 ✕ 말하고자 하는 핵심 내용이어야 함!	라이트 매3비 문제편 p.64 4번
빈칸 문제	답지 2개 중 헷갈려 답지에 많이 제시된 게 정답일 거라고 생각함.	편법은 안 통한다! 지문에서 근거를 찾아야 ☆	p.84 9번
〈보기〉의 정보를 놓침.	〈보기〉의 정보를 연결시키지 않고 지문에서만 근거를 찾았음.	〈보기〉에 제시된 모든 내용이 정답과 오답의 근거가 된다!	p.95 6번
어휘	시간 안배를 잘못했고, 어휘 하나를 놓침. 필요성 ○, 필연성 ✕	시간 초과해도 끝까지 멈추지 않고 풀기 실전 훈련 ☆ 지문 복습 꼭!	p.148 1번

● 어휘편
※ '핵심 간추리기'와 '매3어휘 풀이 떠올리기'는 『매3비』에서 강조하는 '어휘 문제 3단계 풀이법'을 적용해 어휘를 익히는 방법으로, '복습을 위한 어휘 노트'(p.123)를 참고해 아래와 같이 '어휘 오답 노트'를 만들면 독해력에 걸림돌이 되는 어휘력을 기를 수 있습니다.

어휘	핵심 간추리기	'매3어휘 풀이' 떠올리기	출처(관련 내용)
소진	노동력이 소진되어 생산성이 떨어지다.	점점 줄어들어 다 없어짐. 소멸　　탕진	라이트 매3비 문제편 p.72 지문
가독성	띄어쓰기와 문장 부호의 사용이 가독성을 높이다.	읽기(낭독, 묵독)가 쉬운(가능한) 성질. → 지문이 쉽게 읽히면 가독성이 있다고 하고, 　쉽게 읽히지 않으면 가독성이 떨어진다고 함.	p.145 5번
필연성	고환율 정책의 필연성	반드시(필히) 그렇게 될 수밖에 없는 성질. ⊕ 개연성 ※ 필연성: 반드시(필히) 그럴 것이라고 생각하는 성질. 　개연성: 아마(대개) 그럴 것이라고 생각하는 성질.	p.148 1번

독해력이 향상되는 **비문학 복습 방법**

1차 복습

매일 복습

① **지문 복습하기**

1. 문단별 중심 내용, 간단하게 적어 보기

→ 지문을 다시 읽으면서, ○로 표시한 '핵심어(구)'와 밑줄 친 '중심 문장'을 바탕으로 적는다.

2. 글 전체의 주제, 적어 보기

→ 문단별로 메모한 '중심 내용'을 다시 읽으며 적는다.

3. 내가 메모한 것과 클리닉 해설의 지문 분석 내용, 비교하기

→ 문단 내용을 제대로 이해했는지를 확인한다. 내가 메모한 것과 똑같지 않아도 된다.

4. 문단 요약, 집중해서 읽기

→ 〈클리닉 해설〉의 '문단 요약'을 읽으며, 문단별 내용과 글 전체의 흐름을 한 번 더 익힌다.

5. 의미가 분명하게 와 닿지 않는 어휘, 확실하게 그 의미를 알고 넘어가기

6. 다시 볼 내용과 개념 및 어휘, 체크하고 메모해 두기

② **문항 복습하기**

1. △ 문항부터 본다.

→ 지문에서 근거를 찾아 1차 때 틀린 이유를 안다.

2. ★ 문항을 본다.

→ 다시 보며 "헷갈린 이유를 알겠어." "다시 풀면 틀릴 수도 있겠네." 하며 복습한다.

3. ✗ 문항을 본다.

→ 정답과 오답인 이유를 모두 따져 안다.

4. '가장 많이 질문한 오답은?'을 챙겨 본다.

→ 나도 이 답지를 헷갈려 했는지, 내가 헷갈린 이유와 같은지, 왜 오답인지를 확실하게 알고 넘어간다.

5. 헷갈린 이유, 틀린 이유, 실수한 내용을 한 번 더 챙겨 본다.

→ 다시 봐야 할 내용과 개념, 어휘 등을 체크하고 메모해 둔다.

③ **'매일 복습 확인 문제' 풀기**

1. 빠르게 정답이 찾아지지 않는 내용은 관련 지문과 문제를 한 번 더 복습한다.

2. 틀린 문제는 그 이유를 따져 알고 관련 지문과 문제도 한 번 더 복습한다.

3. 복습하면서 다시 봐야겠다고 체크하고 메모한 내용은 오답 노트에 따로 정리해 둔다.

2차 복습

주간 복습

❶ '매3주간 복습'에 제시된 표 체크하기

1. 문제 풀이 시간의 변화를 통해 특히 시간이 많이 소요된 지문과 문제를 챙겨 본다.
2. 공부한 날, △ 문항과 ✕ 문항의 추이를 보며 학습 습관을 점검하고 다시 봐야 할 내용도 챙겨 본다.

❷ 특히 약한 부분 파악하기

1. △ 문항과 ✕ 문항, 1차 복습 때 메모해 둔 내용을 보며 내가 특히 약한 부분을 안다.
2. 진도를 나가기 전에 특히 약한 부분을 보완하고, 다음 공부 내용에 반영한다.
3. 파악된 취약점에 대한 개선점과 공부 방향을 찾기 어려울 때에는 질문한다.

3차 복습

책을 끝낸 후 복습

❶ '자율 학습 체크리스트' 표 체크하기

1. 표에 체크된 내용을 보며 취약점을 파악한다.
2. 취약한 제재 또는 잘 틀리는 문제 유형을 따로 챙겨 본다.

❷ 2차 복습 때 메모해 둔 내용 챙겨 보기

1. 2차 복습 때 메모해 둔 내용을 다시 보면서 재복습해야 하는 내용은 다른 색깔로 표시하거나 덧붙여 메모해 두고 시험 직전에 한 번 더 본다.
2. 책을 덮기 전에 '복습을 위한 어휘 노트'를 읽으며 놓친 어휘들도 챙겨 본다.

❸ 궁금한 점은 질문하기

취약점 해결 방안, 앞으로의 공부 방향 등 궁금한 점은 "안인숙 매3국어클리닉" Daum 카페에 질문한다.

1차, 2차, 3차 복습 모두 *최대한 빠른 시간 내에 복습*하고
재복습하면서 *특히 약한 부분을 집중 보완*하세요!

* '난이도 순'의 번호는 제일 쉬운 지문이 1이고, A형은 자연계 대상으로, B형은 인문계 대상으로 치러진 시험임.

정답　**01** ③　　**02** ①　　**03** ④　　**04** ④　　**05** ①
　　　06 ③　　**07** ⑤

1~2 **독서 이론: 독서의 전략**　　　2014학년도 예비 시행(A형)

독해력을 길러 주는 지문 분석

예지　**읽기 과제** 후배들에게 책 소개하기

사고 과정 과제 수행 방법의 고민 → 세 권의 목차와 내용 검토 → 소개할 책의 선택(후배들의 지식수준 고려) → 선택한 책의 독서 방법 계획 → 독서 → 책 소개 방법에 대한 고민

승수　**읽기 과제** 독후감 쓰기

사고 과정 과제 확인 → 책 선택(재미를 고려) → 독서 → 모르는 단어들로 인해 내용 이해의 어려움을 느낌 → 선생님이 제시한 독서 방법 연상 → 다시 독서하며 내용 이해의 어려움을 또 느낌 → 문제 해결 방법의 탐색

주제　읽기 과제를 수행하는 두 학생의 사고 과정

01 **독서 방법 이해**　　　정답 ③

◎ ③**이 정답인 이유** '책을 읽어 나가면서 읽은 내용을 재구성'한다는 것은 책을 읽어 나가는 도중에 책의 전체 내용을 의식적으로 돌아보거나 전체 글의 내용 또는 핵심 내용 등을 다시 새롭게 구성해 보는 것이다. 그런데 '예지'와 '승수'는 모두 읽은 내용을 재구성하고 있지 않다.

가장 많이 질문한 오답은? ④

✗ ④**가 오답인 이유** ④에 답한 학생들은 '예지'와 '승수' 모두 읽기 방법을 조정한 것으로 봤다고 했다. '예지'는 '시간 문제나 과제의 성격을 생각해도 이 책을 다 읽을 필요는 없겠다.', '지금부터는 후배들이 관심을 가질 여행지를 선별해서 읽어야겠다.'에서 읽기 방법을 조정하고 있다. 하지만 '승수'는 읽기 방법에 대해 고민하고 있을 뿐 조정하고 있지 않다.

① '예지'는 '뇌나 화학에 대한 책은 후배들이 읽기 힘든 수준이니, 여행에 대한 책으로 해야겠다.'고 했다.

② '승수'는 '무슨 말이지? 이외에도 모르는 단어가 많군.', '뜻은 아직 모르겠고.', '이 부분도 이해가 안 되니 문제네.' 등 책을 읽어 가면서 이해되지 않는 부분을 짚고 있다.

⑤ '예지'는 3권의 책 중 후배들에게 소개할 책을 고르기 위해 세 권의 목차와 내용을 살펴보았고, 선택한 책을 어떻게 읽을 것인지에 대해서도 결정하는 등 읽기 계획부터 세웠다. 그러나 '승수'는 세 권에 대한 검토 없이 바로 한 권의 책을 선택하여 첫 장부터 읽고 있다.

02 **독서 전략에 대한 조언의 적절성 평가**　　　정답 ①

◎ ①**이 정답인 이유** ㉠에서 '승수'는 독서 방법에 대해 고민하고 있다. 이와 같은 고민은, 모르는 단어(판옵티콘*, 비대칭적 시선*, 체화* 등)가 많아 내용이 이해되지 않는 데에서 비롯되었다. 그렇다면 '승수'에게 조언해 줄 내용은 의미를 모르는 어휘를 이해하는 방법에 대한 것이어야 하므로, ①은 ㉠에 대한 조언으로 적절하다.

* 판옵티콘: 그리스 어로 '모두'를 뜻하는 'pan'과 '본다'라는 뜻을 가진 'opticon'의 합성어로, 영국의 철학자이자 법학자인 제러미 벤담이 죄수를 감시할 목적으로 1791년 처음으로 설계한 감옥. 프랑스의 철학자 미셸 푸코가 『감시와 처벌』에서 현대의 컴퓨터 통신망과 데이터베이스가 마치 죄수들을 감시하는 '판옵티콘'처럼 개인의 일거수일투족을 감시하고 통제한다고 지적하면서 사용한 말.

* 비대칭적 시선: '대칭'은 어떤 축을 중심으로 상하좌우가 같게 배치되는 것으로 '비대칭적 시선'은 시선이 같지 않거나 같은 위상에 있지 않은 경우를 말한다. 판옵티콘은 중앙에 높은 감시탑이 있고 감시탑의 둘레를 따라 원형으로 죄수들의 방이 있도록 설계되어 있는데, 감시탑을 어둡게 하고 죄수들의 방을 밝게 비추면 감시자는 죄수들을 볼 수 있으나 죄수들은 감시자의 시선이 어디로 향할지 몰라 항상 감시받고 있다고 느끼게 된다. 여기서 감시자와 죄수들의 시선이 비대칭적이라고 할 수 있다.

* 체화: 물체로 변화함. ※"판옵티콘의 통제는 '비대칭적인 시선'을 가능케 한 건축 구조에 체화되었던 것이다.": '판옵티콘의 통제'는 감시자와 죄수의 시선이 비대칭적이 되도록 건축 구조(물체)를 변화시킴으로써 가능했다는 의미임.

② 단어의 뜻을 몰라 책의 내용을 이해하지 못하고 있는 '승수'에게 저자의 의도를 파악하라고 요구하는 것은 무리이다. 저자의 의도는 책의 내용을 이해한 이후에 파악할 수 있기 때문이다.

③ 세부 정보들 간의 관계를 파악하면 주제를 이해하는 데 도움이 되는 것은 맞다. 하지만 '승수'는 어휘의 뜻을 몰라 책 내용 자체를 이해하지 못하고 있기 때문에 이 조언 또한 '승수'의 고민을 해결해 줄 수 없다.

④ 첫 장을 읽으며 모르는 단어들로 인해 내용 이해가 안 되는 '승수'에게 책의 뒷부분에 어떤 내용이 있을지 예측해 보라는 것은 적절한 조언이 아니다.

⑤ 읽은 내용을 내면화(마음속에 깊이 자리잡게 함.)하려면 책의 내용이 환히 이해되어야 하는데, '승수'는 모르는 단어가 많고, 이해 안 되는 부분도 많으며, 책의 내용이 잘 읽히지도 않는다고 했으므로 적절한 조언이 아니다.

> *정교화: 정확하고 치밀하게 함. 정밀하고 교묘하게 함.

3~4 독서 이론: 이덕무, 『사소절(士小節)』* 2014학년도 수능(B형)

독해력을 길러 주는 지문 분석

1문단 문단 요약 배움을 위한 첫 단계에서 읽어야 할 책은 『대학』, 『논어』, 『맹자』, 『중용』 등의 사서(四書)이고, 그 뒤를 이어 읽을 책은 『격몽요결』, 『소학』, 『근사록』, 『성학집요』의 후사서로, 이를 반복하여 읽고 이해해야 한다.

핵심어(구) 배움을 위한 첫 단계에서 읽어야 할 책, 그 뒤를 이어 읽을 책
중심 내용 읽어야 할 단계별 책의 목록과 읽기 방법

2문단 문단 요약 사서 육경과 송나라 성리학 책은 자신의 능력을 다하여 철저하게 익혀야 하는데, 이때 용촌 이광지의 독서법을 본받을 만하다.

▼ 이광지의 독서법

> (1) 반복하여 읽기
> (2) 여러 사람의 의견과 비교하며 읽기
> (3) 의심나는 것을 풀어 가며 읽기(자신하지 말 것)
> (4) 그릇된 것을 버리며 읽기(스스로 옳다고 여기지 말 것)

핵심어(구) 자신의 능력을 다하여 철저하게 익혀야, 독서법
중심 내용 독서 방법
주제 옛 선인들의 독서 방법

* 사소절(士小節): 직역하면 '선비들(士, 선비 사)이 지켜야 할 작은(소형, 왜소) 예절'이란 뜻이다. 『사소절』의 서문에서 저자는 '『서경』·『상서(尚書)』·『논어』·『소학』 등에서 공통적으로 제시한 "소절(小節)을 닦아야 대절(大節)을 보고 대의(큰 도리)를 실천할 수 있다."는 것을 바탕으로 하여 이 책을 쓰게 되었다.'라고 했다. 이를 통해 '사소절'의 뜻을 짐작할 수 있다.

03 반응의 적절성 판단 정답 ④

○ **④가 정답인 이유** 지문에서는 정독*하기를 권하는 내용이 여러 곳에 나온다.

> • 반복해서 읽어야 한다.(1문단과 2문단)
> • 하나의 경서를 읽고 익힐 때마다 반드시 자신의 능력을 다하여 철저하게 해야 한다.(2문단)
> • 정밀히 생각하여 의심나는 것을 풀어 가며 읽되~(2문단)

이와 같이 반복해서 읽고, 능력을 다해 철저하게 읽고, 정밀히 생각하며 읽으라는 것은 다독*보다 정독을 강조한 말이다.

> *정독(精讀): 정밀하게 독서함. 뜻을 새기며 자세히 읽는 것.
> *다독(多讀): 다수의 책을 읽음(독서함). 많이 읽는 것.

① 1문단에서 '사서는 배움을 위한 첫 단계에서 읽어야 할 책'이고, '그 뒤를 이어 읽을 책'은 '후사서'라고 한 것에 대한 반응이다.

② 2문단에서 '의심나는 것을 풀어 가며' 읽고, '그릇된 것을 버리면서' 읽으라고 한 것에 대한 반응이다.

③ 2문단에서 '여러 사람의 의견을 모두 참고'하되 '같은 점과 다른 점을 분별하고 장점과 단점을 비교하며' 읽고, '명확하게 분별하여 그릇된 것을 버리면서' 읽으라고 한 것에 대한 반응이다.

⑤ 2문단에서 '감히 자신해서는' 안 되고, '감히 스스로 옳다고 여기지 말아야 한다'고 한 것에 대한 반응이다.

04 공통된 주장 파악 정답 ④

○ **④가 정답인 이유** 지문과 〈보기〉에서 공통으로 강조하는 독서법은 2가지로 압축할 수 있다. 그 내용과 근거는 다음과 같다.

공통점	지문 - 2문단	〈보기〉
능동적으로 읽을 것	의심나는 것을 풀어 가며 읽되, 그릇된 것을 버리면서 읽되	책의 내용을 있는 그대로 받아들이기보다
여러 관점들을 함께 견주어 가며 읽을 것	여러 사람의 의견을 모두 참고하여 같은 점과 다른 점을 분별하고 장점과 단점을 비교하며 읽어야 한다.	책의 내용과 관련한 여러 관점들을 비교·대조해 가며 책을 읽는다.

따라서 ④는 이 글과 〈보기〉에서 공통적으로 강조하는 독서 방법으로 적절하다.

나머지 답지들에 답한 학생들은 드물었는데, ①은 지문과 〈보기〉 모두 강조하고 있는 내용이 아니고, ②는 〈보기〉의 '첫째'에서, ③은 〈보기〉의 '둘째'에서, ⑤는 〈보기〉의 '첫째'에서 강조하고 있지만, 지문에서 강조하고 있지 않다.

독해력을 길러 주는 지문 분석

1문단 문단 요약 미술사를 공부하기 시작한 초보자도 이해할 수 있다고 알려진 곰브리치의 『서양 미술사』를 택해 서양 미술의 흐름을 살펴본 것은 좋은 결정이었다.

핵심어(구) 곰브리치의 『서양 미술사』

중심 내용 곰브리치의 『서양 미술사』 선정 기준 – 나의 지식수준을 고려함.

2문단 문단 요약 저자는 '미술' 자체보다는 '미술가와 미술 작품'에 주목하여 미술사를 이해하려는 자신의 관점을 설명한다.

핵심어(구) 미술사를 이해하려는 자신의 관점

중심 내용 저자의 미술사 이해의 관점 – 미술가와 미술 작품에 주목함.

3문단 문단 요약 목차를 통해 총 28장인 책의 구성을 파악했고, 관심사였던 유럽의 르네상스 미술을 먼저 읽고 나머지를 읽는 방식으로 읽어 나갔다.

핵심어(구) 목차, 구성, 읽는 방식

중심 내용 책의 구성 및 독서의 방식(책을 읽기 전과 읽을 때의 독서 방법)

4문단 문단 요약 『서양 미술사』는 자료가 풍부하고 해설을 이해하기 쉬워서 저자의 관점을 수용하는 것만으로도 만족스러웠고, 분량이 방대했으나 일일 독서 계획을 세워 실천하니 쉽게 다 읽었을 만큼 책의 내용이 흥미로웠다.

핵심어(구) 만족, 흥미

중심 내용 독서 후의 감상

주제 곰브리치의 『서양 미술사』의 독서 일지

05 세부 정보의 확인　　　　정답 ①

◎ **①이 정답인 이유** 이 글을 쓴 학생이 책을 선정할 때 고려한 사항은 **1문단**에서 확인할 수 있는데, '미술에 대해 막 알아 가기 시작한 나와 같은 독자도 이해할 수 있다고 알려진, 곰브리치의 『서양 미술사』를 택해 서양 미술의 흐름을 살펴'보았다고 했다. 이를 통해 '자신의 지식수준에 비추어 적절한 책인가?'를 고려해 책을 선정했다는 것을 알 수 있다.

② '다수의 저자들이 참여하여 집필'했다는 언급은 없다.

③ '추천받은 책'에 대한 언급은 없다.

④ '이전부터 관심을 두고 있었던'(3문단) 것에 대한 내용(유럽의 르네상스)은 있지만 '이전에 읽은 책'에 대한 언급은 없다.

⑤ '학술적인 지식이 부족하면 이해하기 어려운 경우가 많다'(1문단)고 했을 뿐 '최신의 학술 자료를 활용'했는지, '믿을 만한 내용을 담고 있는지'에 대한 언급은 없다.

06 독서 방법의 파악　　　　정답 ③

◎ **③이 정답인 이유** 저자의 경험은 언급되어 있지 않고, 따라서 자신의 경험과 저자의 경험을 연관 지으며 독서한 내용은 이 글에 나타나 있지 않다.

① **2문단**의 '27장의 내용을 서론의 내용과 비교하여 읽으면서'

② **3문단**의 '목차를 살펴보니, 총 28장으로 구성된 이 책 … 다루고 있었다.'

④ **4문단**의 '(책의) 분량이 700여 쪽에 달하는 점은 부담스러웠지만, 하루하루 적당한 분량을 읽도록 계획을 세워서 꾸준히 실천하다 보니'

⑤ **3문단**의 '이전부터 관심을 두고 있었던 유럽의 르네상스에 대한 부분을 먼저 읽은 후 나머지 부분을 읽는 방식으로 이 책을 읽어 나갔다.'

07 자료를 활용한 조언의 적절성 판단　　　　정답 ⑤

◎ **⑤가 정답인 이유** ㉠에서 글을 쓴 학생은 '저자가 해설한 내용을 저자의 관점에 따라 받아들이는 것만으로도 충분히 만족스러웠다.'고 했는데, 〈보기〉에서는 '책의 내용을 무비판적으로 수용하기보다는 자신의 주관을 가지고 책의 내용에 대해 판단할 필요가 있다.'고 했다. 따라서 글을 쓴 학생에게 ㉠과 관련하여 〈보기〉를 바탕으로, '저자가 해설한 내용을 저자의 관점에 따라 받아들이기보다는' '자신의 관점(주관)'을 바탕으로 저자의 관점을 판단하며 읽는 게 좋겠'다고 조언하는 것은 적절하다.

① ㉠에서 '책의 자료를 자의적* 기준에 의해 정리'하지 않았고, 〈보기〉에서 '저자의 관점에 따라 정리'할 것을 권하고 있지도 않으므로 적절한 조언이 아니다.

> *자의적(恣意的): 방자하게(제멋대로) 임의로(마음대로) 하는 (것). 윤 임의적(하고 싶은 대로 하는 것.)

② 〈보기〉에서는 '책에 담긴 저자의 해설 외에도 다양한 해설이 있다는 점을 염두에 두어야 한다.'고 했는데, 이것은 해당 예술에 대한 다양한 해설이 있다는 것이지 '책에 대한 다양한 해설'이 있다는 것이 아니다. 또 〈보기〉에서는 '저자의 해설에도 저자가 속한 시대의 사회·문화적 환경에서 비롯된 영향'이 반영'된다고 했는데, 이것은 '책이 유발한 사회·문화적 영향', 즉 책이 사회·문화적 영향을 유발한다고 한 것이 아니라는 점에서도 적절한 조언이 아니다.

③ 〈보기〉에서는 '예술 분야의 책을 읽을 때, 책에 담긴 저자의 해설 외에도 다양한 해설이 있다는 점을 염두에 두어야 한다.'고 했고, '하나의 분야를 집중적으로 다루고 있는 책'을 읽을 것을 강조하고 있지 않으므로 적절한 조언이 아니다.

④ 〈보기〉에서는 '저자의 해설 외에도 다양한 해설이 있다'고 했고 '책의 내용을 (저자의 관점에 따라) 무비판적으로 수용하기보다는 자신의 주관을 가지고 책의 내용에 대해 판단할 필요가 있다.'고 했으므로 '저자가 책을 구성한 방식대로' 읽기를 권하는 것은 적절한 조언이 아니다.

✓ 매일 복습 확인 문제

1 밑줄 친 '자의적'과 바꿔 쓸 수 있는 말은?

> 책의 자료를 자의적 기준에 의해 정리하다.

① 임의적　② 작위적　③ 절대적　④ 체계적　⑤ 합리적

정답　**1.** ①

정답	01 ②	02 ②	03 ③	04 ④	05 ①
	06 ⑤	07 ④	08 ②	09 ①	10 ⑤
	11 ③	12 ②			

1~4 인문: 장자의 '물아일체' 사상   2016학년도 6월 모의평가(B형)

독해력을 길러 주는 지문 분석

1문단 | 문단요약 | 장자는 호접몽 이야기에서 나를 잊은 상태를 묘사함으로써 '물아일체(物我一體)' 사상을 제시했는데, 이 외에도 『장자』에는 '나를 잊는다'는 구절이 나오는 일화 두 편이 있다.

핵심어(구) 장자, 호접몽 이야기, '물아일체' 사상, '나를 잊는다'

중심 내용 장자의 호접몽 이야기에 담긴 물아일체 사상과 '나를 잊는다'는 일화의 소개

2문단 | 문단요약 | 하나는 장자가 타인의 정원에 넘어 들어갔다는 것도 모른 채 기이한 새의 뒤를 홀린 듯 쫓는 이야기로, 장자는 바깥 사물에 마음을 통째로 빼앗겨 자신조차 잊어버리는 고도의 몰입을 대상에 사로잡혀 끌려 다니는 꼴에 불과한 것으로 보았다.

핵심어(구) 하나, 자신조차 잊어버리는 고도의 몰입

중심 내용 『장자』에서 '나를 잊는다'는 구절이 나오는 일화 (1)-자신(참된 자아)을 잊음.

3문단 | 문단요약 | 다른 하나는 "나는 나 자신을 잊었다."라고 한 남곽자기의 이야기로, 여기서 '나 자신'은 마음을 가리키며, 마음을 잊었다는 것은 마음속에 치솟던 분별 작용이 사라졌음을 뜻하는 정적의 상태를 의미한다.

핵심어(구) 다른 하나, 분별 작용이 사라졌음

중심 내용 『장자』에서 '나를 잊는다'는 구절이 나오는 일화 (2)-분별하는(따지는) 마음을 잊음.

4문단 | 문단요약 | 첫째 이야기에서는 '참된 자아'를 잊은 것으로, 이때는 대상에 종속되어 괴로움이 증폭된다. 둘째 이야기에서는 '편협한 자아'를 잊은 것으로, 이때는 편견과 아집의 상태에서 벗어나 세계와 자유롭게 소통하는 합일의 경지에 도달할 수 있다.

핵심어(구) '참된 자아'를 잊은 것, '편협한 자아'를 잊은 것

중심 내용 두 일화에서 '나를 잊는다'는 구절의 의미

5문단 | 문단요약 | 장자는 만물의 상호 의존성을 강조하며, 끊임없이 타자를 위해 마음의 공간을 비워 두는 수행을 통해서 개체로서의 자아를 뛰어넘어 세계의 모든 존재와 일체를 이루는 자아에 도달할 수 있다고 주장한다.

핵심어(구) 상호 의존성, 타자를 위해 마음의 공간을 비워 두는 수행

중심 내용 타자를 위해 마음의 공간을 비워 두는 수행의 필요성

주제 장자의 호접몽 이야기 등에 담긴 '물아일체' 사상의 의미

---

01 글의 중심 화제 파악   정답 ②

○ **②가 정답인 이유** '물아일체' 사상을 결론으로 제시하는 호접몽 이야기를 소개하는 것으로 시작한 이 글은 '물아일체'로 호접몽 이야기를 끝맺는 까닭으로 마무리하고 있다. 글의 중간 부분에서 『장자』에 나오는 일화 두 편을 통해 '나를 잊는다'는 구절의 의미를 설명한 것도 '물아일체'의 의미를 밝히기 위한 것으로, 이 글의 중심 화제는 '장자의 호접몽 이야기에 담긴 물아일체의 진정한 의미(②)'로 정리할 수 있다.

가장 많이 질문한 오답은? ⑤

X **⑤가 오답인 이유** ⑤에 답한 학생들이 많았는데, '마음의 두 가지 상태'에 대한 장자의 견해는 드러나 있지만, 그 상보적* 관계에 대한 장자의 견해는 찾아볼 수 없다. 아래 표에서 보듯 두 마음의 상태는 상보적 관계에 있지도 않다.

마음의 두 가지 상태	장자의 견해
1 바깥 사물에 마음을 통째로 빼앗겨 자신조차 잊어버리는 고도의 몰입 상태(2문단)	온전하게 회복해야 할 '참된 자아'를 잊은 것(4문단)
2 불꽃처럼 치솟던 분별 작용이 사라진 상태(3문단)	세상을 기웃거리면서 시비를 따지려 드는 '편협한 자아'를 잊은 것(4문단)

＊ 상보적: 상호(서로) 보충(보완)하는 (것).   -『매3어휘』p.53에서

① '소통과 합일의 경지(4문단)'는 '고도의 몰입(2문단)'을 통해서가 아니라 '텅 빈 마음(3문단)'이 될 때에 도달할 수 있는 것이라고 했다.

③ 5문단으로 볼 때 장자가 제시한 수행의 방법(타자를 위해 마음의 공간을 비워 둠.)은 '개체로서의 자아를 뛰어넘어 세계의 모든 존재와 일체를 이루는 자아에 도달'하기 위한 것으로, 정신과 육체의 조화를 위해 제시한 것이 아니다.

④ 3문단에서 정적 상태를 '유지해야 천지만물을 있는 그대로 받아들일 수 있다'고 했다. 즉, 정적 상태는 극복되어야 할 대상이 아니라 자아와 세계의 상호 의존적 관계(5문단)와 마찬가지로 장자가 지향하는 바이다.

---

02 추론한 내용의 적절성 평가   정답 ②

○ **②가 정답인 이유** 4문단에서 '참된 자아를 잊은 채 대상에 탐닉하는 식으로 자아와 세계가 관계를 맺게 되면 그 대상에 꼼짝없이 종속되어 괴로움이 증폭된다고 장자는 생각한다.'고 했다. 그리고 2문단에서는 '참된 자아'를 잊은 일화를 소개하고, 이때 '마음은 맹목적 욕망일 뿐이어서 감각적 체험을 있는 그대로 받아들이지 못'한다고 했다. 이를 통해 볼 때, '감각적 체험'은 '참된 자아'가 받아들여야 하는 것이지 배제해야 하는 것이 아니다.

① 3문단에서 '불 꺼진 재'와 같은 마음은 '텅 빈 마음이 되었다는 말'이고, '이런 고요한 마음을 유지해야 천지만물을 있는 그대로 받아들일 수 있다'고 했으므로 ①은 적절한 추론이다.

③ '바깥 사물에 마음을 통째로 빼앗겨 자신조차 잊어버리는' 것 (2문단)은 첫 번째 일화와 관련된 것으로, '첫째 이야기에서는 온전하게 회복해야 할 '참된 자아'를 잊은 것(4문단)'이라고 했으므로 ③은 적절한 추론이다.

④ '편협한 자아를 잊었다는 것은~세계와 자유롭게 소통하는 합일의 경지에 도달할 수 있음을 의미(**4문단**)'하고, '장자는 이 경지를 만물의 상호 의존성으로 설명(**5문단**)'하고 있으므로 ④는 적절한 추론이다.

⑤ **5문단**에서 '장자가 나비가 되어 자신조차 잊은 채 자유롭게 날 수 있었던 것은 나비를 있는 그대로 온전하게 받아들일 수 있었기 때문에 가능했다.'고 했는데, **3문단**에서는 '명경지수*'와 같은 '고요한 마음을 유지해야 천지만물을 있는 그대로 받아들일 수 있다.'고 했으므로 ⑤는 적절한 추론이다.

> *명경지수: 맑은(명료) 거울(鏡, 거울 경)과 고요한(정지된) 물(水, 물 수)처럼 맑고 깨끗한 마음을 비유적으로 이르는 말.

03 자료를 활용한 비판의 적절성 평가
정답 ③

◎ **③이 정답인 이유** 5문단에서 '장자는 이 경지(자아가 세계와 자유롭게 소통하는 합일의 경지)를 만물의 상호 의존성으로 설명한다.'고 했다. 따라서 ③의 앞부분인 '만물과 상호 의존적 관계(만물과 조화롭게 합일)를 맺는 것'은 장자가 강조하는 내용이다. 그런데 〈보기〉에서 설명한 순자는 '인간은 만물의 변화에 주도적으로 참여하여 만물을 이끌고 길러 주어야 한다고 주장'하는 입장이므로, ③은 순자의 입장에서 장자 사상을 비판한 것으로 볼 수 없다.

① 장자는 '마음의 공간을 비워 두는 수행'을 강조(**5문단**)했다. 그런데 〈보기〉에서 순자는 '인간의 현실 문제를 해결하기 위해' '인간과 인간을 둘러싼 세계에 대한 지속적인 학습을 강조'했으므로, 장자의 사상은 '현실 문제 해결에 도움이 되지 않는다'고 비판했을 것이다.

② 장자는 '(편협한) 자아'를 잊고 '소통'할 것을 강조(**4문단**)했다. 그런데 〈보기〉에서 순자는 '장자의 말처럼 자연 세계와 온전하게 합일하는 것으로는 인간 사회의 제도적 질서를 세울 수 없다고 본다.'고 했으므로, 장자의 사상은 '인간 사회의 제도를 세울 수 없다'고 비판했을 것이다.

④ 장자는 '만물에 대한 분별 작용'이 사라지는 것(**3문단**)은 천지만물을 있는 그대로 받아들이는 것이고, 이것은 '만물과 조화롭게 합일한다(**5문단**)'는 것이라고 했다. 그런데 〈보기〉에서 순자는 '자연과 인간을 구별하면서 인간 우위의 문명 건설에 중점을 둔다.'고 했으므로, 장자의 사상은 '인간 우위의 문명 건설에 도움이 되지 않는다'고 비판했을 것이다.

⑤ 장자는 '세계의 (모든) 존재와 일체를 이루는 자아에 도달(**5문단**)'하는 것을 강조했다. 그런데 〈보기〉에서 순자는 '인간은 만물의 변화에 주도적으로 참여하여 만물을 이끌고 길러 주어야 한다고 주장'했으므로, 장자의 사상으로는 '만물의 변화에 주도적으로 참여할 수 없다'고 비판했을 것이다.

비문학 독해력, 지문 복습이 중요!
문제 풀 때 지문 읽는 법과
2차 채점 후 지문 복습법을 꼭 챙겨 보자!(표지 참조)

04 바꿔 쓰기에 적절한 어휘 이해
정답 ④

◎ **④가 정답인 이유** 어휘 문제의 '3단계 풀이법'을 적용해 보자.
- 1·2단계: ⓔ의 의미를 이해할 수 있는 핵심만 간추린 후, 답지에 제시된 말을 대입해 자연스러운지의 여부를 살핀다.

> 자신들의 존재가 드러날(→ 출현할) 수 있다

→ '드러나다'는 '겉으로 알려지고, 노출되고, 눈에 띄고, 두드러지다'의 의미를, '출현하다'는 '등장하다'의 의미를 지닌다. ⓔ의 앞뒤 문맥을 따져 보면 '존재'는 등장하는 것이 아니라, 알려지고 노출되는 것으로, '출현하다'로 바꿔 쓰면 어색하다.

- 3단계: 2단계에서 정답을 찾을 수 있지만, '드러나다'와 '출현하다'가 들어가는 다른 말, 즉 '매3어휘 풀이'를 떠올려 보자.

> - 이번 일로 그 사람의 생각이 드러났다. ○ / 출현했다. ✕
>   사건의 전말이 모두 드러났다. ○ / 출현했다. ✕
> - 디지털 매체가 출현했다. ○ / 드러났다. ✕
>   서해안에 상어가 출현했다. ○ / 드러났다. ✕

가장 많이 질문한 오답은? ①

✕ **①이 오답인 이유** '드러나다'와 '출현하다'는 둘 다 '나타나다'는 의미를 지닌다. 따라서 앞뒤 문맥을 통해 그 쓰임을 구분해야 하는데, 그렇지 못한 학생들은 ①에 답한 경우가 많았다. 나머지 답지들에 제시된 말들은 익숙한 어휘인 데 반해 '미혹된(①)'은 평소 잘 쓰지 않는 말이기 때문이다. ①과 ④를 두고 고민할 때에도, 어휘 문제는 질문 유형이 어떠해도 다음과 같이 '3단계 풀이법'을 적용해야 한다는 것을 기억하자!

구분	핵심 간추리기	대입하기	'매3어휘 풀이' 떠올리기
㉠	기이한 새의 뒤를 홀린 듯 쫓다.	기이한 새의 뒤를 미혹된 듯 쫓다.	· 미혹: 혼미하여 현혹됨. · 홀림, 현혹, 매혹 · 재물(또는 아름다운 여자)에 미혹되다.
㉡	자신에게 좋다고 생각하는 것만을 받아들이다.	자신에게 좋다고 생각하는 것만을 수용하다.	· 수용: 수락하고 용납함. · 받아들임, 용납, 용인 반 거절, 거부 · 조건 없이 수용하다.
㉢	편견과 아집의 상태에서 벗어나다.	편견과 아집의 상태에서 탈피하다.	· 탈피: 탈출하고 회피함. · 벗어남, 탈출 · 고정관념에서 탈피하다.
㉣	수행을 통해서 자아를 뛰어넘다.	수행을 통해서 자아를 초월하다.	· 초월: 벗어나고(초탈) 뛰어넘음(월등, 월담). · 뛰어넘음, 초탈, 초연 · 상상을 초월하다.

5~9 인문: 맹자의 '의' 사상
2015학년도 9월 모의평가 (B형)

독해력을 길러 주는 지문 분석

1문단 **문단 요약** 전국 시대에 유학의 영향력이 약화되고 있다고 판단한 맹자는 공자의 사상을 계승하는 한편 유학 사상의 이론화 작업을 전개하면서 혼란한 사회의 안정을 위해 '의(義)'의 중요성을 강조하였다.
핵심어(구) 맹자, '의(義)'의 중요성
중심 내용 맹자의 '의' 사상의 형성 배경

2문단 `문단 요약` 맹자가 강조한 '의'는 공자가 제시한 '의'에 대한 견해를 강화한 것이었다. 공자는 사회 혼란을 치유하는 방법을 '인(仁, 자연스러운 도덕 감정)'의 실천에서 찾고, '인'의 실현에 필요한 객관 규범으로서 '의(정당함)'를 제시하였다.

`핵심어(구)` 맹자가 강조한 '의', 공자가 제시한 '의'에 대한 견해를 강화, '인'의 실현에 필요한 객관 규범

`중심 내용` 맹자가 계승한 공자의 '의' 사상—'인'의 실현에 필요한 객관 규범

3문단 `문단 요약` 맹자는 '의'의 의미를 확장하여 '의'를 '인'과 대등한 지위로 격상하였으며, '의'를 개인의 완성 및 개인과 사회의 조화를 위해 필수적인 행위 규범으로 설정하여, 개인은 '의'를 실천하여 사회 질서 수립과 안정에 기여해야 한다고 주장하였다.

`핵심어(구)` '의'를 개인의 완성 및 개인과 사회의 조화를 위해 필수적인 행위 규범으로 설정

`중심 내용` 맹자의 '의' 사상의 내용 (1) – 개인의 완성 및 개인과 사회의 조화를 위해 필수적인 행위 규범

4문단 `문단 요약` 맹자는 이익의 추구는 개인적으로는 '의'의 실천을 가로막고, 사회적으로는 혼란을 야기한다고 보아, 사적인 욕망과 결부된 이익의 추구는 '의'에서 배제되어야 한다고 주장하였다.

`핵심어(구)` 이익의 추구, 배제

`중심 내용` 맹자의 '의' 사상의 내용 (2) – 사적인 욕망과 결부된 이익 추구의 배제

5문단 `문단 요약` 맹자는 '의'의 실현을 위해 도덕 행위를 할 수 있는 선한 마음이 인간에게 선천적으로 갖춰져 있고(도덕 내재주의), 옳고 그름을 판단할 수 있는 능력도 인간의 마음에 갖춰져 있다고 하여 '의'를 실천할 수 있는 도덕적 역량이 내재화되어 있음을 제시하였다.

`핵심어(구)` 도덕 내재주의, '의'를 실천할 수 있는 도덕적 역량이 내재화

`중심 내용` '의'를 실천할 수 있는 도덕적 역량이 인간에게 내재되어 있음을 주장한 맹자

6문단 `문단 요약` 맹자는 내재된 도덕적 마음을 현실에서 실천하는 노력이 필요하고, 선한 마음의 확충과 욕망의 절제가 필요하다고 보았으며, '의'를 목숨을 버리더라도 실천해야 할 가치로 부각하였다.

`핵심어(구)` 실천하는 노력이 필요

`중심 내용` '의'의 실천을 위한 노력을 강조한 맹자

주제 맹자의 '의' 사상의 형성 배경과 내용 및 실천 강조

05 구체적인 사례에의 적용 정답 ①

◎ **①이 정답인 이유** ㉠(도덕 내재주의)의 의미는 ㉠의 앞(인간이라면 누구나 도덕 행위를 할 수 있는 선한 마음이 선천적으로 내면에 갖춰져 있다.)에 제시되어 있다. 즉, 인간은 선한 마음을 타고났기에 '자기의 행동이 옳지 못함을 부끄러워'한다고 했고, '이러한 마음이 의롭지 못한 행위를 하지 않도록 막아' 준다고도 했다. 따라서 ①의 '세상의 올바른 이치가 모두 나의 마음속에 갖추어져 있다'는 것은 ㉠에 해당하고, 따라서 '수양을 통해 이것을 깨달으면 이보다 큰 즐거움은 없다'고 할 수 있으므로 ①은 ㉠에 해당한다고 볼 수 있다.

대부분의 학생들이 정답에 답했다. 왜냐하면, ㉠에서는 인간에게 내재된 타고난 선한 마음을 강조했는데, ②~⑤에서 강조한 내용은 인간의 내면에 갖춰져 있는 선천적인 선한 마음과는 거리가 멀기 때문이다. ②~⑤에서 강조한 내용은 다음과 같다.
② 사회에서 통용되는 예의가 중요하다.
③ 인간이 지켜야 할 도덕은 인간의 성품으로부터 생겨난 것이 아니다.
④ 군자와 소인 모두 의로움이 있어야 한다.
⑤ 어른을 대우하는 마음이 원래부터 있었던 것은 아니다.

06 글의 서술 방식 이해 정답 ⑤

◎ **⑤가 정답인 이유** 맹자의 '의' 사상의 형성 배경은 **1문단**에서 확인할 수 있다. 맹자는 유학의 영향력이 약화되고 사회 혼란이 가중되는 시대적 환경 속에서 사회 안정을 위해 '의'가 중요하다고 생각한 것이다.

맹자의 '의' 사상의 내용은 **2~4문단**에서 확인할 수 있는데, 맹자는 공자가 제시한 '의'에 대한 견해를 강화(**2문단**)하여, '의'는 개인의 완성 및 개인과 사회의 조화를 위해 필수적인 행위 규범(**3문단**)이라 하였고, 이익의 추구와는 구분되어야 한다고 주장(**4문단**)하였다.

① 맹자의 '의' 사상에 대한 사회적 통념은 제시되어 있지 않다.
② 맹자의 '의' 사상이 가지는 한계에 대한 내용도 제시되어 있지 않다.
③ 맹자의 '의' 사상에 대한 상반된 관점들도 제시되어 있지 않다.
④ 맹자의 견해처럼 '의' 사상이 사회 혼란이 가중되는 시대적 환경 속에서 사회 안정을 도모할 수 있다는 점에서 현대적 의의를 지닌다고 볼 수도 있겠으나, 이 글에서 맹자의 '의' 사상이 가지는 현대적 의의를 재조명하고 있는 것은 아니다.

07 인물의 견해 파악 정답 ④

◎ **④가 정답인 이유** 3문단에서, 맹자는 '인'의 확산이 필요함을 강조하면서도 '의'의 의미를 확장하여 '의'를 '인'과 대등한 지위로 격상*하였다고 했다. 그리고 맹자는 '의'를 가족 성원 간에도 지켜야 할 규범이라고 규정하면서 사회 일반의 행위 규범으로 정립하고, 나아가 개인의 완성 및 개인과 사회의 조화를 위해 필수적인 행위 규범으로 설정하였다고 했다. 이를 통해 볼 때 맹자는 '인'의 확산이 필요하다고 보았지만, '인'의 확산을 '의'의 의미 확장보다 더 필요하다고 본 것은 아니다.

> *격상: 자격(등급, 지위, 위상 등)이 높아짐.(상승).

나머지 답지들이 오답인(적절한) 근거도 찾아보자.
① 생활에서 마주하는 사소한 일에서도 '의'를 실천해야 함을 강조하였다. (**6문단**)
② 그는 ~'의'를 목숨을 버리더라도 실천해야 할 가치로 부각하였다. (**6문단**)
③ 그는 부모에게 효도하는 것은 '인'이고, 형을 공경하는 것은 '의'라고 하여 '의'를 가족 성원 간에도 지켜야 할 규범이라고 규정하였다. (**3문단**)
⑤ '의'의 의미를 확장하여 '의'를 '인'과 대등한 지위로 격상하였다. (**3문단**)

08 두 입장의 차이 비교

정답 ②

◎ ②가 정답인 이유 4문단에서 '맹자'는 '의'가 이익의 추구와 구분되어야 한다고 주장하였다고 했고, 〈보기〉에서 '묵적'은 '의'를 개인과 사회 전체의 이익을 충족하는 것으로 보았다고 했다. 따라서 ②는 '의'와 이익에 대한 '맹자'와 '묵적'의 관점을 바꾸어 설명한 것이다.

오답지들의 근거도 찾아보자.

	지문-맹자	〈보기〉-묵적
①	사적인 욕망과 결부된 이익의 추구는 '의'에서 배제되어야 한다고 주장→4문단	그는 '의'를 개인과 사회 전체의 이익을 충족하는 것으로 보아,…
③	그는 사적인 욕망으로부터 비롯된 이익의 추구는…사회적으로는 혼란을 야기한다고 보았다. →4문단	그는 '의'를 개인과 사회 전체의 이익을 충족하는 것으로 보아, '의'를 통해 이러한 개인과 사회의 혼란을 해결할 수 있다고 하였다.
④	그는, 인간은 자기의 행동이 옳지 못함을 부끄러워하고…이러한 마음이 의롭지 못한 행위를 하지 않도록 막아 주는 동기로 작용한다고 보았다. →5문단	그는 이러한 '의'의 실현이 만물을 주재하는 하늘의 뜻이라고 하여…
⑤	그는 '의'를 개인의 완성 및 개인과 사회의 조화를 위해 필수적인 행위 규범으로 설정 →3문단	그는 '의'를 개인과 사회 전체의 이익을 충족하는 것으로 보아,…

09 어휘의 사전적 의미 이해

정답 ①

◎ ①이 정답인 이유 '어휘 문제 3단계 풀이법'을 적용하자.

• 1단계(핵심 간추리기): 묵적의 사상에 경도*되어 유학의 영향력이 약화되고 있다

• 2단계(대입하기): 묵적의 사상을 잘못 보거나 잘못 생각하여 유학의 영향력이 약화되고 있다
→ 묵적의 사상을 잘못 보거나 잘못 생각하였다면 유학의 영향력이 약화될 리가 없다('잘못 보거나 잘못 생각함'의 뜻을 지닌 어휘는 '오인'임).

• 3단계('매3어휘 풀이' 떠올리기): 묵적의 사상에 열중하여/기울어져/빠져 유학의 영향력이 약화되고 있다
→ '열중하고, 기울어지고, 빠지는 것'은 '잘못 보거나 잘못 생각하는 것'과 다르므로 ①은 적절하지 않다.

> * 경도(傾倒): 경향에 압도됨. 온 마음을 기울여 사모하거나 열중함.

ⓑ~ⓔ도 '3단계 풀이법'을 적용해 그 의미를 익혀 보자.

	핵심을 간추린 후 대입하기	'매3어휘 풀이' 떠올리기
②	사회 혼란이 더 무거워지는 시대적 환경 속에서	• 가중: 추가되고 중첩됨. • 더해지다. • 책임이나 부담이 가중되다.
③	사적인 욕망과 연관된 이익의 추구	• 결부: 연결됨. • 관련되다. • 영어 성적을 국어와 결부시키다.
④	이익의 추구는 '의'에서 제외되어야	• 배제: 배척하고 제외함. • 제외되다. • 개인적 감정을 배제하다.
⑤	실천하는 노력이 필요하다고 힘주어 말하였다.	• 역설: 힘주어 설명함. • 강조하여 말하다. • 복습의 중요성을 역설하다.

독해력을 길러 주는 지문 분석

1문단 문단 요약 정신적 사건과 육체적(물질적) 사건은 구분된다는 상식이 있고, 그 둘은 서로 긴밀히 연결된다는 상식도 있다. 정신적 사건과 육체적 사건이 서로 다른 종류의 것이라고 주장하는 심신 이원론은 그 두 종류의 사건이 관련되어 있음을 설명하기 위해 다양한 방법을 시도한다.
　핵심어(구) 정신적 사건, 육체적 사건, 심신 이원론
　중심 내용 심신 이원론의 주장

2문단 문단 요약 상호 작용론은 정신적 사건과 육체적 사건이 서로에게 인과적으로 영향을 주고받는다고 본다. 그러나 공간을 차지하고 있지 않은 정신이 어떻게 육체에 영향을 미칠 수 있느냐 하는 문제가 생긴다.
　핵심어(구) 상호 작용론, 문제
　중심 내용 상호 작용론의 주장과 한계

3문단 문단 요약 평행론은 정신적 사건과 육체적 사건 사이에는 인과 관계가 성립하지 않으며, 정신적 사건은 정신적 사건대로, 육체적 사건은 육체적 사건대로 인과 관계가 성립한다고 주장한다. 그러나 서로 다른 종류의 사건들이 동시에 일어난다는 사실은 이해하기 힘들다.
　핵심어(구) 평행론, 이해하기 힘들다
　중심 내용 평행론의 주장과 한계

4문단 문단 요약 부수 현상론은 정신적 사건은 육체적 사건에 동반되는 부수 현상일 뿐, 정신적 사건이나 육체적 사건에 영향을 미치지 못한다는 것이다. 그러나 정신적 사건이 부수적 현상이라면 정신적 사건이 왜 존재해야 하는가 하는 의문을 불러일으킨다.
　핵심어(구) 부수 현상론, 의문
　중심 내용 부수 현상론의 주장과 한계

5문단 문단 요약 정신적 사건과 육체적 사건을 구분하는 이론들(심신 이원론)이 문제점에 봉착하면서, 양자는 별개가 아니라 동일한 사건이라는 동일론(심신 일원론)이 제기된다. 과학의 발달로 정신적 사건이 사실은 육체적 사건이라는 것이 밝혀짐에 따라, 인과 관계는 물질적 사건들 사이에서만 존재한다고 보게 된 것이다.
　핵심어(구) 동일론, 심신 일원론
　중심 내용 동일론(심신 일원론)의 주장과 그 타당성

주제 정신적 사건과 육체적 사건의 관계에 대한 두 이론

10 내용 추론

정답 ⑤

◎ ⑤가 정답인 이유 '정신적 사건과 육체적 사건에 대한 두 가지 상식'은 다음과 같이 1문단에서 확인할 수 있다.

> (1) 정신적 사건과 육체적 사건은 구분된다고 생각하는 것
> (2) 정신적 사건과 육체적 사건이 긴밀히 연결되어 있다고 보는 것

그런데 '동일론'은 5문단에서 '정신적 사건과 육체적 사건은 별개의 사건이 아니라 두 사건이 문자 그대로 동일한 사건'이라고 했다. 이로 보아, 두 가지 상식 중 (1)은 '구분된다'고 했고, (2)는 '긴밀히 연결되어 있다'고 했으므로 '동일론'에서는 두 가지 상식이 모두 성립하지 않는다는 것을 알 수 있다.

X ③이 오답인 이유 **3문단**의 첫 문장에서 '평행론'은 정신적 사건과 육체적 사건 사이에는 어떤 인과 관계도 성립하지 않는다고 했다. 이 말은 ③의 '정신적 사건이 육체적 사건의 원인이 되지 않는다'는 것의 근거가 된다. 그리고 '(그러면서도) 정신적 사건과 육체적 사건이 함께 일어날 수 있다'는 주장의 근거는 3문단의 '어떤 정신적 사건이 일어날 때 거기에 해당하는 육체적 사건도 평행하게 항상 일어나기 때문이다.'에서 확인할 수 있다.

X ①이 오답인 이유 '심신 이원론'은 정신적 사건과 육체적 사건이 서로 다른 종류의 것이라고 주장하는 이론(**1문단**)이라고 했고, 정신적 사건과 물질적 사건이 구분된다고 생각하는 것은 상식이라고 했으므로 ①은 **1문단**에서 알 수 있는 적절한 내용이다.

②와 ④에 답한 학생들은 드물었는데, ②는 **2문단의 첫 문장**에서, ④는 **4문단의 첫 문장**에서 근거를 쉽게 찾을 수 있었기 때문이다.

Q&A ▶ '안인숙 매3국어클리닉' 카페에서

Q ⑤와 관련하여 정신적 사건과 육체적 사건이 긴밀히 연결되어 있는 것이라는 상식은 동일론에서 성립하지 않나요? 정신적 사건이 육체적 사건 그 자체니까 엄청 긴밀히 연결되어 있는 것 아닌가요?

A 결론부터 말하면 두 번째 상식도 동일론에서 성립하지 않습니다. 그 이유는 글 전체의 흐름을 짚어 보면 알 수 있는데요, 1문단에서 심신 이원론은 '정신적 사건과 육체적 사건이 서로 다른 종류의 것'(이질성)이라고 주장하면서 '두 종류의 사건이 관련되어 있음(관련성)을 설명하기 위해 다양한 방법(2~4문단)을 시도'한 것을 확인할 수 있습니다. 하지만 5문단에서, '정신적 사건과 육체적 사건을 구분(이질성)하면서 그 둘이 관련 있음(관련성)을 설명하려는 이론들은 모두 각자의 문제점에 봉착'했고, '그래서 정신적 사건과 육체적 사건은 별개의 사건이 아니라 두 사건이 문자 그대로 동일한 사건이라는 동일론'이 제기된다고 했습니다. 이로 보아, 두 번째 상식인 '긴밀한 연결성'도 동일론에서는 성립하지 않는다는 것을 알 수 있습니다.

11 핵심 개념에 대한 이해   정답 ③

O ③이 정답인 이유 '평행론'에 대해 설명하고 있는 **3문단**에서 근대 과학의 기본 전제인 '물질적 사건의 원인을 설명하기 위해서 물질세계 밖으로 나갈 필요가 없다는 생각'과 충돌하지 않는 것이 평행론의 장점이라고 했다. 그리고 '동일론'에 대해 설명하고 있는 **5문단**에서 인과 관계는 물질적 사건들 사이에서만 존재한다고 본다고 했다. 따라서 동일론에서도 '물질적 사건의 원인을 설명하기 위해서 물질세계 밖으로 나갈 필요가 없다.'고 본다는 것을 알 수 있다.

X ①이 오답인 이유 **3문단**에서 '평행론'은 정신적 사건은 정신적 사건대로 인과 관계가 성립한다고 주장하는 이론이라고 했으므로 ①은 정답에서 제외된다. '동일론'에서는 인과 관계는 오로지 물질적 사건들 사이에서만 존재한다(**5문단**)고 했다.

나머지 답지들에 답한 학생들은 드물었지만, 이들 답지들도 '평행론'과 '동일론'에서 동의할 수 있는 진술인지를 따져 보자.

	평행론	동일론
②	동의 O(어떤 정신적 사건이 일어날 때 거기에 해당하는 육체적 사건도 평행하게 항상 일어나기 때문이다.)	동의 X(정신적 사건과 육체적 사건은 별개의 사건이 아니라~)
④	동의 X(정신적 사건과 육체적 사건 사이에는 어떤 인과 관계도 성립하지 않으며~)	동의 X(인과 관계는 오로지 물질적 사건들 사이에서만 존재한다)
⑤	동의 X(정신적 사건은 정신적 사건대로 인과 관계가 성립한다.)	동의 X(그동안 정신적 사건이라고 알려졌던 것이 사실은 육체적 사건에 불과하다는 것이 밝혀짐)

④는 '상호 작용론', ⑤는 '부수 현상론'의 견해에 해당한다.

12 비유적 상황에의 적용   정답 ②

O ②가 정답인 이유 **4문단**에서 설명하고 있는 '부수 현상론'과, '부수 현상론'을 설명하기 위한 비유인 〈보기〉를 간단하게 정리해 보자.

부수 현상론-4문단	비유-〈보기〉
(1) 모든 ⓛ은 ⑦에 의해 일어난다. (그 역은 성립하지 않는다.) … ⑦은 원인, ⓛ은 결과에 해당함.	(4) ⓑ와 ⓒ는 ⓐ에 의해 일어난다. (ⓑ는 ⓐ에 의해 나타나기도 하고, ⓒ는 ⓐ에 의해 달리 보이기도 한다.) … ⓐ는 원인, ⓑ와 ⓒ는 결과에 해당함.
(2) ⑦은 ⓛ을 일으키고 또 다른 ⑦의 원인도 된다. … ⑦은 또 다른 ⑦의 원인이 됨.	(5) ⓑ는 또 다른 일(개펄의 형성 등)의 원인도 된다. … ⓑ는 또 다른 일의 원인이 됨.
(3) ⓛ은 ⑦에 동반되는 부수 현상일 뿐, 어떠한 사건에도 영향을 미치지 못한다. … ⓛ은 어떠한 사건에도 영향을 미치지 못함.	(6) ⓒ는 ⓐ의 결과일 뿐, 어떠한 인과적 역할도 하지 않는다. … ⓒ는 어떠한 인과적 역할도 하지 않음.

(1)과 (4)에서 ⓐ는 ⑦에, ⓑ와 ⓒ는 ⓛ에 대응한다는 것을 알 수 있다. 따라서 정답은 ①과 ②로 좁혀진다.

ⓑ와 ⓒ 중 ⓛ에 대응하는 것이 무엇인지 더 따져 보자. (2)와 (5)에서 ⓑ는 ⓛ에 대응하지 않는다는 것을 알 수 있다. (3)과 (6)까지 감안하면 ⓒ는 ⓛ에 대응한다는 것을 확신할 수 있다.

따라서 ⓐ는 ⑦에, ⓒ는 ⓛ에 대응하므로 ②가 정답이 된다.

X ①이 오답인 이유 ①에 답한 학생들은 〈보기〉의 뒷부분 내용이 4문단의 뒷부분 내용을 설명하기 위한 비유였음을, 꼼꼼히 따지지 않았기 때문이었다. ('②가 정답인 이유' 참조)

✔ **매일 복습 확인 문제**

1 왼쪽에 제시된 어휘와 의미가 유사한 말을 오른쪽에서 찾아 서로 줄로 이으시오.

(1) 미혹되다 •   • ㉮ 홀리다

                        • ㉯ 의심받다

(2) 경도되다 •   • ㉰ 굳어지다

                        • ㉱ 치우치다

정답 1. (1) ㉮ (2) ㉱

1~4 인문 : 사물의 본질에 대한 두 가지 입장

2014학년도 6월 모의평가(B형)

독해력을 길러 주는 지문 분석

1문단 [문단 요약] 본질은 어떤 대상 X가 가지고 있으면서 다른 대상과 X를 구분해 주는 필요 충분한 속성으로, 모든 X에 대해 그리고 오직 X에 대해서만 해당되는 것을 찾으면 된다.

핵심어(구) 본질

중심 내용 본질의 개념과 본질을 찾는 방법

2문단 [문단 요약] 서로 다른 개체를 동일한 종류라고 판단하기 위해서는 개체들이 공유하는 무엇인가가 필요하다. 본질주의는 그것이 개체 내에 본질로서 존재한다고 주장하는 반면, 반(反)본질주의는 그런 본질이란 없으며 인간이 정한 언어 약정이 본질주의에서 말하는 본질의 역할을 할 수 있다고 주장한다.

핵심어(구) 본질주의, 반본질주의

중심 내용 본질에 대한 본질주의와 반본질주의의 주장

3문단 [문단 요약] 어떤 대상에 대해서 약정적이지 않으면서 완벽하고 정확한 정의를 내리기 어렵다는 사실은 반본질주의의 주장에 힘을 실어 준다.

▼ 반본질주의의 주장을 뒷받침하는 예

- 사람은 이성적 동물이다. [반례] 이성적이지 않은 갓난아이
- 사람은 사회적 동물이다. [반례] 개미나 벌(사회를 이루지만 사람은 아님.)

핵심어(구) 반본질주의의 주장

중심 내용 반본질주의의 주장을 뒷받침해 주는 사례

4문단 [문단 요약] 반본질주의는 본질을 밝히려는 철학적 탐구는 본질이 있다는 잘못된 가정에서 출발했다고 비판하며, 본질은 인간의 가치가 투영된 것에 불과하다고 주장한다.

핵심어(구) 반본질주의, 비판

중심 내용 본질주의에 대한 반본질주의의 비판

주제 사물의 본질에 대한 본질주의와 반본질주의의 주장

01 입장과 견해 파악

정답 ④

◉ **④가 정답인 이유** 어떤 대상을 다른 대상과 구분해 주는 속성(1문단)인 '본질'에 대한 '반본질주의'의 입장 및 견해를 정리하면 다음과 같다.

(1) 우리와 무관하게 개체 내에 본질로서 존재하는 그런 본질은 없다. (2문단)
(2) 본질은 우리가 관습적으로 부여하는 의미를 표현한 것에 불과하다. (2문단)
(3) 본질은 인간의 가치가 투영된 것에 지나지 않는다. (4문단)

(1)~(3)을 종합하면, 어떤 대상을 다른 대상과 구분해 주는 '본질'에 대한 반본질주의자의 생각은 '의미가 부여되고 가치가 투영된 것'이라는 것을 알 수 있다.

가장 많이 질문한 오답은? ①

✕ **①이 오답인 이유** ①에 답한 학생들은 3문단의 '어떤 대상에 대해서 약정적이지 않으면서'에서 근거를 찾았다고 했다. 그런데 2문단에서 반본질주의는 인간이 정한 언어 약정*이 본질주의에서 말하는 본질*의 역할을 충분히 달성할 수 있다고 주장한다고 했다. 즉, 반본질주의는 어떤 대상이라도 그 개념을 언어로 약정할 수 있다고 보는 입장이다. 이 관점에서 **3문단**을 다시 보면, '어떤 대상에 대해서 약정적이지 않으면서 완벽하고 정확한 정의를 내리기 어렵다'는 것은 대상을 언어로 약정할 수 있다는 것이다.

- *약정(約定): 어떤 일을 약속하여 정함.
- *본질(本質): 본디부터 가지고 있는 사물 자체의 성질이나 모습.

나머지 답지들이 오답인 이유도 살펴보자.
② 본질주의의 입장임을 **2문단**에서 확인할 수 있다.
③ 대상에 고유한 본질이 있다고 보는 것은 본질주의이다. 반본질주의는 본질이 있다는 것은 잘못된 가정이고, 사물의 본질은 인간의 가치가 투영된 것에 지나지 않는다고 했다. (**4문단**)
⑤ '반본질주의'는 같은 종류에 속한 개체들이 공유하는 속성인 본질이 '없다'고 했다. (**2문단**)

02 어구의 의미 관계 파악

정답 ①

◉ **①이 정답인 이유** ㉠과 ㉡의 관계부터 파악하면,

㉠ 사람은 사회적 동물이다.
㉡ 개미나 벌
→ 개미나 벌도 사회적 동물이다. 그러나 개미나 벌이 사람은 아니다.

㉡의 사례는 ㉠의 정의가 완벽하지도, 정확하지도 않다는 것을 보여 준다. 이와 같은 방법으로 ①에서 ㉠과 ㉡의 관계를 따져 보자.

㉠ 가위는 자를 수 있는 도구이다.
㉡ 칼
→ 칼도 자를 수 있는 도구이다. 그러나 칼이 가위는 아니다.

문맥으로 볼 때, '㉠-㉡'도 '㉠-㉡'의 정의가 완벽하지 않다는 것을 입증해 준다.

가장 많이 질문한 오답은? ④

✕ **④가 오답인 이유** ④에 답한 학생들이 의외로 많았다. ①과 같은 방법으로 ④의 '㉠-㉡' 관계를 따져 보자.

㉠ 고래는 헤엄칠 수 있는 포유동물이다.
㉡ 헤엄칠 수 없는 고래
→ 헤엄칠 수 없는 고래도 헤엄칠 수 있는 포유동물이다. 그러나 헤엄칠 수 없는 고래는 고래가 아니다.

④의 'ㄱ-ㄴ'을 지문의 'ㄱ-ㄴ' 관계로 대입한 결과 ④는 지문의 'ㄱ-ㄴ' 관계와 다르다는 것을 알 수 있다. '헤엄칠 수 없는 고래'도 고래이기 때문이다.

나머지 답지들도 위와 같은 방법을 적용해 보면, 다음과 같이 지문의 'ㄱ-ㄴ'의 관계와 같지 않다.

② '64세인 사람도 65세 이상인 사람이다.'라고 하면 ㉠의 정의 와 모순된다.

③ '어머니의 여동생'은 '이모'에 포함된다.

⑤ '흑연 심'이 '흑연을 나무로 둘러싼 필기 도구'는 아니다.

☒ **⑤가 오답인 이유** **2문단**을 통해 볼 때 의사소통에 성공하기 위해서는 본질주의와 반본질주의 모두 개체들이 공유하는 무엇인가가 필요하다고 보았다. 이 '무엇'에 해당하는 것을 '본질주의'는 개체 내에 존재하는 '본질'로 본 반면, '반본질주의'는 인간이 정한 '언어 약정'으로 본 것이 다를 뿐이다.

① **4문단**을 통해 본질주의는 본질을 찾는 시도를 계속해 왔다는 것을 알 수 있고, (가)는 '금'에 대한 정의가 변화된 것을 말하고 있으므로 ①은 적절한 추론이다.

③ **2문단**에서 반본질주의는 인간이 정한 언어 약정이 본질의 역할을 충분히 달성할 수 있다고 주장한다고 했다. 따라서 반본질주의자는 (가)에서처럼 '금'에 대한 정의가 바뀌는 것을 보고 약정적이지 않은 정의는 없다(약정적이다)고 주장할 것임을 알 수 있다.

03 자료를 바탕으로 한 입장 추론   정답 ④

◎ **④가 정답인 이유** 본질주의와 반본질주의의 입장 및 견해부터 정리해 보자.

> (1) 본질주의의 견해 및 입장
> • 동일한 종류의 개체들이 공유하는 본질은 개체 내에 존재한다. (**2문단**)
> • 사람뿐만 아니라 자유나 지식 등의 본질을 찾는 시도를 계속해 왔다. (그러나 대부분의 경우 아직까지 본질적인 것을 명확히 찾지는 못했다.) (**4문단**)
> (2) 반본질주의의 견해 및 입장: '1번 문제'의 해설 참조

④에서 말하는 '근원적 속성이 발견되지 않아서 일어나는 현상'은, '근원적인 속성이 있다. 발견되지 않았을 뿐이다.'라는 것이다. '근원적인 속성이 있다'고 보는 것은 '반본질주의자'가 아닌 '본질주의자'이다.

가장 많이 질문한 오답은? ②, ⑤ 순

☒ **②가 오답인 이유** '본질'에 대해 '본질주의자'는 개체 내에 존재하는 것(**2문단**)이라고 보는 반면, '반본질주의자'는 개체 내에 존재하는 것은 없으며, 우리가 관습적으로 부여하는 의미를 표현한 것에 불과하고, 사후에 인간의 가치가 투영된 것이라고 본다. 이 관점에서 (나)를 보면, 사후에 정의된 '사바캄'이 널리 사용되지 않았다는 것은 본질은 사후에 구성되는 것이 아니라는 '본질주의자'의 견해를 뒷받침한다고 볼 수 있다.

04 독서 방안의 적절성 평가   정답 ⑤

◎ **⑤가 정답인 이유** ⓔ의 앞 문장에서는 반본질주의의 주장을 말하고 있고, ⓔ의 뒤에서는 반본질주의의 주장을 부연 설명하고 있다. 이 점으로 미루어 볼 때, '이른바(ⓔ)'는 앞의 문장을 자세하게 설명하는 역할을 하고 있다. 즉, 여기서 ⓔ는 '반본질주의'의 주장을 강조하는 기능을 하는 것이지, 글쓴이의 주장을 강조한 것이 아니다. 따라서 '글쓴이의 주장'이 타당한지 따지며 읽겠다는 것은 적절한 독서 방안이 아니다.

① 이 글은 사물의 '본질'에 대한 본질주의와 반본질주의의 입장을 설명하고 있으므로 '본질'에 대한 정확한 개념 이해가 중요하나. 따라서 ①은 이 글의 독서 방안으로 적절하다.

② 사물의 본질에 대해 설명하는 이 글은 추상적이라고 할 수 있다. 따라서 '예컨대(ⓑ)'에 이어지는 사례를 통해 ⓑ 앞의 설명에서 이해가 부족했던 부분을 보완하며 읽는 것은 적절한 독서 방안이다.

③ 지시어 '그것'이 지시하는 내용이 무엇인지를 확인하며 읽어야 이 글에서 설명하는 본질주의의 입장을 제대로 이해할 수 있으므로 ③은 적절한 독서 방안이다.

④ 이 글에는 본질주의와 반본질주의의 상반된 두 입장이 제시되어 있다. 따라서 '반면에(ⓓ)' 앞뒤의 내용이 어떻게 다른지를 살피며 읽는 것은 적절한 독서 방안이다.

〈국어 어휘력〉 향상법
어휘가 포함된 문장의 핵심 간추리기 ➡ 어휘를 구성하는 낱글자가 포함된 친숙한 어휘 떠올리기

● 내가 공부한 내용에서 앞뒤 문맥을 통해 어휘의 뜻을 익힙니다.
● [매3력]을 처음부터 끝까지 읽은 후 수시로 들춰 봅니다.

독해력을 길러 주는 지문 분석

1문단　**문단 요약** 정합설에서는 어떤 명제가 참인 것은 그 명제가 다른 명제와 정합적이기 때문이라고 본다. 그리고 '정합적이다'의 의미에 대해 '모순 없음'과 '함축', 그리고 '설명적 연관' 등으로 정의해 왔다.
　핵심어(구) 정합설, 정합적이다
　중심 내용 '정합적이다'의 의미에 대한 정의−모순 없음, 함축, 설명적 연관

2문단　**문단 요약** '정합적이다'를 모순 없음으로 정의하는 경우, 추가되는 명제가 이미 참이라고 인정한 명제와 모순이 없으면 정합적이고, 모순이 있으면 정합적이지 않다. 이 정의는 전혀 관계가 없는 명제들도 모순이 없다는 이유로 정합적이고 참이 될 수 있다는 문제가 생긴다.
　핵심어(구) 모순 없음, 문제
　중심 내용 '정합적이다'를 모순 없음으로 정의하는 경우와 그 문제점

3문단　**문단 요약** '정합적이다'를 함축으로 정의하는 경우, 어떤 명제가 참일 때 이와 무관한 명제는 모순이 없다고 해도 정합적이지 않다.
　핵심어(구) 함축
　중심 내용 '정합적이다'를 함축으로 정의하는 경우

4문단　**문단 요약** '정합적이다'를 함축으로 정의할 경우 참이 될 수 있는 명제가 과도하게 제한되어 '정합적이다'를 설명적 연관으로 정의하기도 하는데, 설명해 주는 명제가 설명의 대상이 되는 명제를 그럴듯하게 설명해 줄 때 서로 설명적 연관이 있다고 말한다. 설명적 연관은 함축 관계를 이루는 명제들까지도 포괄할 수 있는 장점이 있다.
　핵심어(구) 설명적 연관, 장점
　중심 내용 '정합적이다'를 함축으로 정의할 경우의 문제점과 설명적 연관으로 정의할 경우의 장점

5문단　**문단 요약** 설명적 연관의 정확한 의미와 연관의 긴밀도 측정 방법은 아직 해결되지 않은 문제여서, 최근 연구는 확률 이론을 활용하여 정합설을 발전시키고 있다.
　핵심어(구) 해결되지 않은 문제, 최근 연구
　중심 내용 설명적 연관의 문제와, 이를 보완한 최근 연구의 방향

주제　정합설에서의 '정합적이다'의 의미

* **정합(整合)** : 정돈되고 합치됨. 가지런히 들어맞음. 모순이 없음.
　⑪ 부정합

05 세부 내용 확인
정답 ④

◎ ④가 정답인 이유 ④에는 2가지 정보가 담겨 있다.

(1) 함축 관계에 있는 명제들은 설명적 연관이 있는 명제일 수 있다.
(2) 함축 관계에 있는 명제들은 모순 없는 명제들일 수는 없다.

(1)은 **4문단**(함축 관계를 이루는 명제들은 필연적으로 설명적 연관이 있기 때문이다.)과 일치하는 정보이지만, (2)는 **3문단**의 내용과 일치하지 않는다.

'함축 관계에 있는 명제들은 모순 없는 명제들일 수는 없다.'는 (2)는 '함축 관계에 있는 명제들은 모순이 있는 명제들이다.'라는 말이 된다. 그런데 **3문단**에서 함축 관계에 있는 명제로 든 예를 살펴보면, 명제 A(은주는 민수의 누나이다.)가 참일 때 명제 B(은주는 여자이다.)는 반드시 참이 되고, A와 B는 모순되지 않는다. 그러므로 (2)는 이 글의 내용과 일치하지 않는다는 것을 알 수 있다. 즉, ④의 앞부분은 지문과 일치하지만 뒷부분은 일치하지 않기 때문에 ④가 정답이 된다.

가장 많이 질문한 오답은? ③

✕ ③이 오답인 이유 ③에 답한 학생들이 아주 많았는데, '정합적이다'를 모순 없음으로 이해했을 때 참이 아닌 명제는 명제 간에 모순이 있다는 것이다(**2문단**에서 확인 가능). 명제 간에 모순이 있다면, '정합적이다'를 모순 없음으로 이해했을 때는 물론 함축으로 이해했을 때도 참이 아니다. 그 근거는 **3문단**(명제 A가 명제 B를 함축한다는 것은 'A가 참일 때 B가 반드시 참'이라는 의미이다.)과 **4문단**('정합적이다'를 함축으로 정의할 경우에는 참이 될 수 있는 명제가 과도하게 제한된다.)에서 확인할 수 있다.

나머지 답지에 답한 학생들은 거의 없었는데, ①은 **1문단**에서, ②는 **2문단**에서, ⑤는 **5문단**에서 확인할 수 있는 정보이기 때문이다.

06 사례의 적절성 판단
정답 ①

◎ ①이 정답인 이유 두 명제가 동시에 참이 될 수도 없고, 또 동시에 거짓이 될 수도 없는지를 따져 보자.

- '민수는 은주보다 키가 크다.'가 참일 경우: '민수는 은주보다 키가 크지 않다(작거나 같다).'는 참이 아니다. → 동시에 참이 될 수 없음.
- '민수는 은주보다 키가 크다.'가 거짓일 경우: 민수는 은주보다 키가 작거나 같다는 것이므로 '민수는 은주보다 키가 크지 않다.'는 참이 된다. → 동시에 거짓이 될 수 없음.

따라서 ①은 ㉮의 사례로 적절하다. ①이 정답이 될 수 없다고 이의 제기한 내용에 대해 출제 기관에서 답변한 '이의 신청 문항−평가원 타당성 심사 결과 답변'(p.17)도 참조하자.

가장 많이 질문한 오답은? ③

✕ ③이 오답인 이유 ③에 답한 학생들은 ①은 두 명제가 동시에 거짓일 수 있다('이의 신청 문항'에 대한 답변 참조)고 보았기 때문에 아예 정답에서 제외했다고 했다. 그리고 ③은 동시에 참이 될 수 없기 때문에 ㉮의 사례로 적절하다고 보았다고 했다.

③의 두 명제는 동시에 참이 될 수는 없다. 그것이 민수에게 이익이라면 손해일 리 없고, 손해라면 이익일 리 없기 때문이다. 하지만 둘 다 거짓일 수는 있다. 이익도 손해도 아닌 경우가 있기 때문이다. 그러므로 ③의 두 명제는 모순이 아니다. 모순이란 ㉮에서 말한 것처럼 동시에 참이 될 수도 없고 '또(그리고)' 동시에 거짓이 될 수도 없는 명제들 간의 관계를 말하기 때문이다. '없거나'가 아니라, '(없고) 또'라는 것을 놓쳐서는 안 된다.

나머지 답지들이 오답인 이유도 살펴보자.

② 두 명제가 동시에 참이 될 수 있다. → 민수는 농구도 좋아하고 축구도 좋아하는데, 농구보다 축구를 더 좋아하는 경우

④ 두 명제가 동시에 참이 될 수 있다. → 오늘이 월·목·금·토·일요일인 경우

⑤ 두 명제가 동시에 참이 될 수 있고, 거짓도 될 수 있다. → 민수의 말이 옳고 은주의 말이 틀린 경우 두 명제가 동시에 참이 되고, 민수의 말이 틀리고 은주의 말이 옳은 경우 두 명제는 동시에 거짓이 된다.

이의 신청 문항 – 평가원 타당성 심사 결과 답변

이 문항은 지문의 ㉮에 해당하는 사례와 그렇지 않은 사례를 구별할 수 있는지를 묻고 있습니다.

이의 제기의 주된 내용은 '민수'와 '은주'의 키가 같은 경우에 답지 ①의 두 명제, 즉 "민수는 은주보다 키가 크다."와 "민수는 은주보다 키가 크지 않다."가 동시에 거짓일 수 있다는 것입니다.

그러나 '키가 크지 않다'에는 키가 작은 경우와 키가 같은 경우가 모두 포함되므로, 답지 ①의 두 명제는 동시에 거짓일 수 없습니다.

따라서 이 문항의 정답에는 이상이 없습니다.

---

07 내용 추론 및 사례 적용 정답 ⑤

◎ **⑤가 정답인 이유** 4문단에서 '설명적 연관이 있는 두 명제는 서로 정합적이기 때문에 그중 하나가 참이면 추가되는 다른 하나도 참이다.'라고 했다. 즉, '우리 동네 전체가 정전되었다.'가 참이라면 '우리 집이 정전되었다.'도 참인 명제로 추가할 수 있다.

〈보기〉와 ⑤에 제시된 명제를 A, B로 가정하고 두 명제의 관계를 구체적으로 살펴보면 다음과 같다.

- 우리 동네 전체가 정전되었다. → A
- 우리 집이 정전되었다. → B

발문(문두)에서 A를 참이라고 했는데 A가 참일 경우 B도 참이 된다. 명제 A가 참일 때 B가 반드시 참인 경우는 명제 A가 명제 B를 함축한다는 것(**3문단**)이고, 함축 관계를 이루는 명제들은 필연적으로 설명적 연관이 있기 때문(**4문단**)에 명제 A와 B는 함축 관계이면서 설명적 연관이 있는 명제이다.

가장 많이 질문한 오답은? ④

✖ **④가 오답인 이유** 답지를 끝까지 읽지 않고 ④에 답한 학생들이 더러 있었는데, ④를 정답으로 생각한 학생들은 3문단의 다음 내용을 근거로 들었다.

명제 A가 명제 B를 함축한다는 것은 'A가 참일 때 B가 반드시 참'이라는 의미이다.

즉, ④에 답한 학생들은, ④의 "정합적이다'를 함축으로 이해하면'을 기정사실화하고, 명제 A(〈보기〉)가 참이라고 했으므로, 명제 B(우리 동네에는 솔숲이 있다.)는 반드시 참이어야 하는데, 참인 명제로 추가할 수 없다고 했기 때문에 ④는 적절한 추론이 아니라고 생각했다는 것이다. 이는 〈보기〉의 명제(A)와 '우리 동네에는 솔숲이 있다.'는 명제(B)의 관계를 따지지 않고, 둘을 함축 관계로 이해하고 답지를 검토했기 때문에 범한 실수이다. A와 B는 서로 연관이 없는 관계임을 먼저 검토했어야 한다.

①, ②, ③에 답한 학생들은 드물었지만, 이 문제를 틀린 학생들은 ①, ②, ③도 다시 보며 지문에서 설명한 '정합적이다'의 의미를 이해하도록 하자.

---

08 바꿔 쓰기에 적절한 어휘 이해 정답 ③

◎ **③이 정답인 이유** '어휘 문제의 3단계 풀이법'을 적용해 보자.

- 1단계(핵심 간추리기): ㉢이 포함된 문장의 핵심만 간추린다.

이 문제를 <u>해결하기</u> 위해서…

- 2단계(대입하기): '해결하기'의 자리에 답지의 '밝혀내기'를 대입한다.

이 문제를 <u>밝혀내기</u> 위해서…

- 3단계('매3어휘 풀이' 떠올리기): 1단계에서 간추린 문장에 쓰인 '해결하기'와 같은 의미를 지닌 말을 떠올려 본다.

<u>문제(고민)를 잘 처리해서 없애다.</u>

→ '(문제를) 해결하다'는 '(문제가 되는 부분을) 잘 처리해서 없애다'의 의미인 데 반해 '(문제를) 밝혀내다'는 '(문제가 되는 부분을) 따져서 드러내거나 알아내다'의 의미이므로 '해결하기'를 '밝혀내기'로 바꿔 쓰는 것은 적절하지 않다.

나머지 답지들에서 바꿔 쓴 어휘도 바꾸기 전 어휘와 함께 비교해 봄으로써 어휘력을 기르도록 하자.

① 이미 참이라고 <u>인정한 / 받아들인</u> 명제
② 모순이 <u>발생하지 / 일어나지</u> 않는다
④ 참이 될 수 있는 명제가 <u>과도하게 / 지나치게</u> 제한된다
⑤ 함축 관계를 이루는 명제들까지도 <u>포괄할 / 아우를</u> 수 있다

✎ **다시 볼 내용** 메모하기

다시 봐야 할 내용을 메모해 둡니다. 메모해 둔 내용은 **재복습**하면서 **오답 노트**에 옮겨 정리하면 공부 효과를 높일 수 있습니다.

2014학년도 9월 모의평가(A형)

독해력을 길러 주는 지문 분석

1문단 문단요약 세계를 해석하고 평가하는 준거인 세계관을 이루는 여러 신념 가운데 가장 근본적인 신념은 '세계는 존재한다.'이다.

핵심어(구) 세계관, 근본적인 신념

중심 내용 세계관의 개념과 세계관을 이루는 근본 신념

2문단 문단요약 실재론은 이 근본적 신념에 덧붙여 세계가 '우리 정신과 독립적으로' 존재함을 주장한다. 그러나 반실재론자인 버클리는 감각으로 인식될 때만 세계가 존재한다며 세계의 독립적 존재를 부정한다.

핵심어(구) 실재론, 반실재론자인 버클리, 세계의 독립적 존재

중심 내용 세계의 독립적 존재를 주장하는 실재론과 이를 부정하는 반실재론자인 버클리

3문단 문단요약 돌이 날아가도 엄연히 존재한다며 버클리의 주장을 반박한 사람도 있으나, 반실재론자들이 부정한 것은 세계가 정신과 독립하여 그 자체로 존재한다는 신념이므로 제대로 반박하지 못했다고 볼 수 있다.

핵심어(구) 반실재론자들이 부정한 것

중심 내용 반실재론자들이 부정한 것 – 세계가 정신과 독립하여 그 자체로 존재한다는 신념

4문단 문단요약 최근 새로운 형태로 제기되고 있는 반실재론은 타성에 젖은 실재론적 세계관의 토대에 대해 성찰할 기회를 제공하며, 인간 지성이 상호 소통하면서 발전해 가는 과정을 보여 준다.

핵심어(구) 성찰할 기회를 제공, 발전해 가는 과정

중심 내용 반실재론자의 도전이 갖는 의의

주제 실재론적 세계관에 도전한 반실재론과 그 의의

09 세부 내용 확인

정답 ③

◎ **③이 정답인 이유** 반실재론자인 버클리는 '세계는 감각으로 인식될 때만 존재한다(2문단)'고 했다. 이 말은 실재론자가 주장하는 '세계가 우리 정신과 독립적으로 존재한다.'는 것에 대해 도전한 것으로, '세계가 존재하지 않는다'는 주장과는 거리가 멀다. 아래와 같이 2문단과 3문단에서 정답의 근거를 확인할 수 있다.

- 2문단: 버클리가 부정한 것은 '세계의 독립적 존재'
- 3문단: '반실재론자들이 부정한 것은 세계가 정신과 독립하여 그 자체로 존재한다는 신념'

나머지 답지들이 오답인(적절한) 근거를 확인해 보자.

① 4문단의 '최근까지도 새로운 형태의 반실재론이 제기되어 활발한 논의가 진행 중이다.'

② 1문단의 '세계를 해석하고 평가하는 준거인 세계관은 곧 우리 사고와 행동의 토대가 되므로~'

④ 1문단의 '세계관을 이루는 여러 신념 가운데 가장 근본적인 수준의 신념은 '세계는 존재한다.'이다. 이 신념이 성립해야만 세계에 관한 다른 신념, 이를테면 세계가 항상 변화한다든가 불변한다든가 하는 등의 신념이 성립하기 때문이다.'

⑤ 2문단의 '실재론은 이 근본적 신념(세계는 존재한다.)에 덧붙여 세계가 '우리 정신과 독립적으로' 존재함을 주장한다.'

10 인물의 견해와 부합되는 자료

정답 ①

◎ **①이 정답인 이유** 버클리의 견해는 2문단에서 확인할 수 있는데, ㄱ과 ㄴ은 '세계 속의 대상과 현상이란~감각으로 인식될 때만 존재한다'는 버클리의 견해와 부합한다. 〈보기〉의 ㄱ, ㄴ과 2문단의 마지막 문장에 제시된 버클리의 견해를 연결해 보자.

〈보기〉	2문단의 버클리의 견해
ㄱ. 번개가 치는 현상 ㄴ. 비둘기가 존재한다	세계 속의 대상과 현상
ㄱ. 감각 경험으로 구성된 것이다. ㄴ. '존재한다'는 '지각된다'와 같은 뜻이다.	감각으로 인식될 때만 존재한다.

가장 많이 질문한 오답은? ④

☒ **④가 오답인 이유** ㄹ을 버클리의 견해와 부합된다고 생각한 학생들이 제법 있었는데, 2문단에서 버클리는 '주관적 성질인 맛은 물론, 객관적으로 성립한다고 여겨지는 형태도 주관적 속성'이라고 하였다. 그런데 ㄹ에서는 둥근 모양(형태)은 객관적 속성이라고 했으므로 버클리의 견해와 부합하지 않는다. 즉, ㄹ에서 앞부분(사과의 단맛은 주관적인 속성)은 버클리의 견해와 부합하지만, 뒷부분(둥근 모양은 객관적 속성)은 버클리의 견해와 부합하지 않는다.

✔ 매일 복습 확인 문제

1 다음에서 밑줄 친 부분의 사례로 적절한 것은?

> 모순이란 "은주는 민수의 누나이다."와 "은주는 민수의 누나가 아니다."처럼 동시에 참이 될 수도 없고 또 동시에 거짓이 될 수도 없는 명제들 간의 관계를 말한다.

① 형의 말이 옳다. – 동생의 말이 그르다.
② 내일은 토요일이 아니다. – 내일은 일요일이 아니다.
③ 그것은 형에게 이익이다. – 그것은 형에게 손해이다.
④ 형은 농구를 좋아한다. – 형은 농구보다 축구를 좋아한다.
⑤ 형은 동생보다 키가 크다. – 형은 동생보다 키가 크지 않다.

2 다음 글의 중심 내용을 '반실재론의 □□'와/과 같이 정리할 때 □□에 들어갈 말로 알맞은 것은?

> 실재론은 세계가 '우리 정신과 독립적으로' 존재함을 주장한다. 반실재론자는 이 주장에 도전한다. 논증의 성패를 떠나 반실재론자는 타성에 젖은 실재론적 세계관의 토대에 대해 성찰할 기회를 제공한다. 또한 세계관에 대한 도전과 응전의 반복은 그 자체로 인간 지성이 상호 소통하면서 발전해 가는 과정을 보여 준다.

① 논증　　② 도전　　③ 성찰　　④ 의의　　⑤ 주장

정답 1. ⑤ 2. ④

정답	01 ②	02 ①	03 ⑤	04 ⑤	05 ③
	06 ④	07 ⑤	08 ④	09 ①	10 ③

1~4 인문 : 역사 서술 방식   2013학년도 6월 모의평가

독해력을 길러 주는 지문 분석

1문단 〔문단 요약〕 기원전 5세기 헤로도토스가 쓴 『역사(Historiai)』
라는 책의 제목의 어원은 '목격자', '증인'이라는 뜻을
담고 있었지만, 이후 '진실의 탐구' 혹은 '탐구한 결과의
이야기'라는 의미로 바뀌었다.
핵심어(구) 역사
중심 내용 '역사'의 어원과 의미 변화

2문단 〔문단 요약〕 고대 그리스 인들은 과거에 대한 지식을 『일
리아스』와 같이 신화, 전설, 종교를 통해 전수하였다.
이와 달리 헤로도토스는 가까운 과거에 일어난 사건을
직접 확인·탐구하여 인과적 형식으로 서술하는 역사
라는 새로운 분야를 개척한 것이다.
핵심어(구) 헤로도토스, 역사라는 새로운 분야를 개척
중심 내용 신화적 세계관에 입각한 서사시와 구별되는,
새로운 분야인 역사를 개척한 헤로도토스

3문단 〔문단 요약〕 『역사』가 등장한 이후, 역사는 되풀이하여 다
시 나타난다는 순환 사관을 바탕으로 후세인에게 교훈
을 주고 사람을 올바르고 지혜롭게 가르치는 '삶의 학
교'로 인식되었다. 이에 따라, 과거의 서술이 정확하고
객관적이어야 했다.
핵심어(구) 『역사』가 등장한 이후, 교훈, 정확하고 객관적
중심 내용 헤로도토스의 『역사』의 영향 – 정확하고 객관
적인 역사 서술의 필요성

4문단 〔문단 요약〕 헬레니즘과 로마 시대의 상당수 역사가들은
사실을 객관적으로 기록하는 것보다 수사학적 표현으
로 이야기를 감동적이고 설득력 있게 쓰는 것이 중요
하다고 보고 역사를 수사학의 테두리 안에 집어넣기도
하였다.
핵심어(구) 수사학적인 표현(의 역사 서술)
중심 내용 수사학적인 표현의 역사 서술 태도의 경향

5문단 〔문단 요약〕 헬레니즘과 로마 시대에도 역사의 본령이 과
거의 주요 사건을 가감 없이 전달하는 데 있다고 보는
역사가도 있었으며, 15세기 이후부터는 수사학적 역사
서술이 퇴출되고 과거 사실에 대한 객관적 서술 태도
가 역사의 척도로 다시 중시되었다.
핵심어(구) 15세기 이후, 객관적 서술 태도
중심 내용 15세기 이후 객관적인 역사 서술 태도의 중시

주제 역사 서술에서 객관적 태도의 중요성

01 입장 이해 및 비판 내용의 적절성   정답 ②

◎ **②가 정답인 이유** ㉠은 사실에 대한 객관적 서술을 중시하는
입장이다. 이에 반해 호메로스의 『일리아스』는 사실과 허구가 뒤
섞인 신화적 세계관에 입각해 서술하였다(**2문단**). 따라서 ㉠이
『일리아스』를 비판한다면 사실 중심으로 서술하지 않고, 사실과
허구가 뒤섞여 있다는 점을 지적할 것이다.

그런데 ②에서는 사실(객관적 서술 태도)을 배제*하지 못했
다, 즉 사실을 서술했다고 했으므로 적절하지 않다. ㉠의 입장에
서는 『일리아스』가 허구를 배제하지 못한 것을 비판할 것이다.

* 배제(排除): 배척하고 제외함. ㈜ 제외

가장 많이 질문한 오답은? ③

☒ **③이 오답인 이유** ③에 답한 학생들은 "㉠은 『일리아스』에 허
구가 포함된 것을 비판하는 거잖아요. 사실 여부를 확인하지 않
은 것을 비판하는 건 아니지 않나요?"라고 했다. **2문단**에서 『일
리아스』는 '오래전부터 구전되어 온 트로이 전쟁에 대해 읊은' 것
이라고 했다. 사실을 중시하는 ㉠의 입장에서는 사실을 확인하
지 않고 '오래전부터 구전되어 온' 것을 읊은 것에 대해 비판할
것이다. '구전되어 온' 것은 구두(말)로 전해지는 것이므로 사실
확인과는 거리가 멀기 때문이다.

Q&A   ▶'안인숙 매3국어클리닉' 카페에서

Q 정답이 ②인 것은 이해가 되는데, ③에 '트로이 전쟁의 중요
성을 인식하였다'라는 부분이 이해가 안 됩니다. 지문에는 '구전되
어 온 트로이 전쟁'이라고만 되어 있는데, 여기서 어떻게 중요성을
인식한 부분을 찾을 수 있나요?

A 2문단에서 『일리아스』는 '호메로스가 오래전부터 구전되어
온 트로이 전쟁에 대해 읊은 서사시'라고 했고, '이 서사시에서는
전쟁을 통해 신들, 특히 제우스 신의 뜻이 이루어진다고 보았다.'
고 했습니다. 즉, 호메로스는 트로이 전쟁을 통해 '신의 뜻이 이루
어진다'고 보았으므로, 트로이 전쟁의 중요성을 인식했다는 것을
알 수 있습니다.

02 세부 내용 확인   정답 ①

◎ **①이 정답인 이유** **5문단**의 '15세기 이후부터는 수사학*적 역
사 서술이 역사 서술의 장에서 퇴출'되었다는 부분과 어긋나는
진술이다.

* 수사학: 사상이나 감정 따위를 효과적·미적으로 표현할 수 있도록
문장과 언어의 사용법을 연구하는 학문. ※ 수사(修辭): 말이나 글을
다듬고 꾸며서 보다 아름답고 정연하게 하는 일.

가장 많이 질문한 오답은? ②

정답 ①의 근거가 5문단에 분명하게 제시되어 있고, ③의 근
거는 1문단에, ④와 ⑤의 근거는 3문단에 명확하게 제시되어 있
어 정답에 답한 학생들이 많았던 문제이나 ②에 답한 학생들
이 제법 있었다. 그 이유는 지문의 특정 부분에서 근거를 찾을
수 없었기 때문이었는데, ②가 오답인 이유를 살펴보자.

☒ **②가 오답인 이유** ②의 근거는 1문단과 2문단의 다음 내용
을 종합하면 찾을 수 있다.

- **1문단**: 헤로도토스는 페르시아 전쟁에 대한 책을 쓰면서 『역사』
라는 제목을 붙였다. → 헤로도토스는 페르시아 전쟁에 대한 책
인 『역사』를 썼다는 사실 확인
- **2문단**: 헤로도토스는 가까운 과거에 일어난 사건의 중요성을
인식하고, ~인과적 형식으로 서술 → 인과적 형식, 즉 원인과 결
과를 서술했음을 확인

03 관점의 적용

정답 ⑤

◉ **⑤가 정답인 이유** 〈보기〉의 (가), (나), (다)의 내용이 지문의 어떤 역사 서술 태도와 연결되는지부터 파악한다. 세 사람 모두 객관적 서술 태도를 중시한 반응이다.

구분	견해의 핵심 사항	역사 서술 태도
(가)	과장된 묘사 ✗, 상상을 서술 ✗	객관적 서술
(나)	사물의 형상을 있는 그대로~	객관적 서술
(다)	언젠가는 비슷한 형태로 다시 나타날 미래의 일(3문단의 순환 사관)	객관적 서술

⑤의 옳고 그름을 판단할 때에는 지문에서 '교훈성'과 '설득력'을 중시하는 사람들이 역사를 서술하는 데 있어 어떤 태도를 취하는지부터 파악하는 것이 중요하다.

중시 내용	서술 태도	근거
교훈성	객관적 태도	• 3문단: 역사 서술의 효용성이 과거를 통해 미래를 예측하게 하여 후세인에게 교훈을 주는 데 있다고 인식 • 3문단: 교훈을 주기 위해서는~ 서술이 정확하고 객관적이어야
설득력	수사학적 태도	• 4문단: 이야기를 감동적이고 설득력 있게 쓰는 것이 사실을 객관적으로 기록하는 것보다 더 중요

위 두 표로 볼 때 (가)와 (다)는 모두 설득력보다 교훈성을 중시했음을 알 수 있다.

가장 많이 질문한 오답은? ④, ① 순

✗ **④가 오답인 이유** ④에 답한 학생들은 "(가), (나)가 객관적 서술 태도를 중시한다는 것은 알겠는데요, '가감* 없이 전달하는 것'이 객관적 서술 태도를 중시한 것이라는 것은 어떻게 알아요?"라고 질문했다. '가감 없이 전달'한다는 것, 즉 보태지도 않고 빼지도 않고 전달한다는 것은 사실을 있는 그대로 서술한다는 것이고, 이것은 역사 서술에 있어 객관적인 태도를 취한다는 것이므로 맞는 설명이다. * 가감: 더하고(추가) 빼기(감소, 감축).

✗ **①이 오답인 이유** 4문단에서 수사학적 역사 서술은 사실을 객관적으로 기록하는 것이 아니라 독자의 마음을 움직이는 것을 목표로 하는 것임을 알 수 있다. 〈보기〉의 (가)에서 '필라르코스'는 '독자들의 동정심을 일으키고 주의를 끌 만한 장면들을 세세히 묘사'했다고 했는데, 이것은 필라르코스가 수사학적 역사 서술을 했다는 근거가 된다.

04 합성어의 구성 방식 이해

정답 ⑤

◉ **⑤가 정답인 이유** ⓐ가 〈보기〉에서 설명한 합성어 구성 방식 3가지 중 어디에 해당하는지를 알기 위해 '앞세우다'의 어근 '앞'과 '세우다' 사이에 조사를 넣어 말을 만들어 본다. '앞에 세우다.'의 의미이고, '에'는 부사격 조사이므로 '앞세운'은 '부사어＋서술어'로 해석되는 단어라는 것을 알 수 있다. 이와 같은 방식으로 해석되는 단어는 '남과 다르다'로 해석되는 '남다르다'이다.

부사격 조사에는 '에, 에서, (으)로, 와/과' 등이 있는데, 부사격 조사를 몰랐다 해도 주격 조사 '이/가'와 목적격 조사 '을/를'을 알면 맞힐 수 있는 문제이다.

나머지도 어근과 어근 사이에 조사를 넣어 말을 만들어 보자.
① 멍이 들다: 주어＋서술어 ② 빛을 내다: 목적어＋서술어

5~8 인문: 고고학의 연구 방법 2015학년도 6월 모의평가 (A형)

독해력을 길러 주는 지문 분석

1문단 〔문단 요약〕 **고고학**은 발굴을 통해 얻은 유물 자료를 통해 과거 인간의 삶을 복원하고자 여러 분야의 이론을 활용한다.
핵심어(구) 고고학, 여러 분야의 이론을 활용
중심 내용 여러 분야의 이론을 활용하는 고고학

2문단 〔문단 요약〕 **진화고고학**에서는 인간의 삶은 자연환경에 더욱 잘 적응하기 위한 선택이라고 보는 **진화론**에 초점을 맞추어 과거를 설명한다. 그 예로 진화론은 토기의 두께가 얇아진 이유를 외부 환경의 변화(전분 함량이 높은 씨앗이 많아짐)에 적응하였기 때문이라고 설명한다.
핵심어(구) 진화고고학, 진화론
중심 내용 고고학의 유물 해석 방법 (1) – 진화론에 입각해 유물(토기)을 해석한 진화고고학

3문단 〔문단 요약〕 이후 세밀한 연대 측정 등을 통해 토기 두께의 변화를 비교해 본 결과, 진화고고학의 자연 선택적 설명은 그 **설득력이 약화**되었다.
핵심어(구) 설득력이 약화
중심 내용 진화고고학의 한계

4문단 〔문단 요약〕 두께가 얇은 토기가 오랫동안 사용된 원인을 자연환경에 잘 적응하기 위한 선택이 아니라 이유식을 만들기 위한 인간의 능동적 선택에서 찾는 **생태학적 이론**은 진화론적 관점에 근거하지만 인간의 이성적 사유 능력에 따른 선택 과정에 좀 더 주목한 것이다.
핵심어(구) 생태학적 이론
중심 내용 고고학의 유물 해석 방법 (2) – 생태학적 이론에 입각한 유물 해석

5문단 〔문단 요약〕 유물을 사용한 사람의 사회적 위치와 기호 변화 등 **사회문화적 요인**으로 유물의 의미를 설명하려는 관점도 있다.
핵심어(구) 사회문화적 요인
중심 내용 고고학의 유물 해석 방법 (3) – 사회문화적 요인에 주목한 유물 해석

6문단 〔문단 요약〕 고고학에서는 새로운 측정 방법이 개발됨에 따라 다양한 해석이 제시되므로, 새로운 자료와 방법을 적극 이용하여 다양한 해석을 하는 **열린 자세**가 필요하다.
핵심어(구) 다양한 해석, 열린 자세
중심 내용 다양한 해석을 하는 열린 자세가 요구되는 고고학

▼ 두께가 얇은 토기가 사용된 이유에 대한 고고학의 다양한 해석

- 진화고고학: 전분이 좀 더 많은 씨앗의 출현이라는 외부 환경의 변화에 적응하였기 때문임. (2문단)
- 생태학적 이론: 전분 함량이 높은 곡물을 이유식으로 이용하여 출산율을 높이기 위해서임. (4문단)
- 사회문화적 요인: 집단 간의 교류로 두께가 얇은 토기가 유입되자 사람들이 그것을 선호했기 때문임. (5문단)

주제 고고학의 연구 방법 및 다양한 해석을 위한 열린 자세의 필요성

05 세부 내용의 확인 및 추론 정답 ③

◎ **③이 정답인 이유** 3문단과 6문단을 통해 유물에 대한 연대 측정 기술의 발달은 새로운 정보를 알려 준다는 것을 알 수 있을 뿐, 그것에 비례하여 발굴되는 유물의 양이 늘어난다는 것은 확인할 수 없다. '유물 자료가 빠르게 축적(6문단)'되는 것은 고고학자들의 발굴을 통해서라고 했다.

① 고고학은 유물로부터 축적된 자료(1문단, 6문단)를 바탕으로 진화론적 관점(2문단), 생태학적 관점(4문단), 사회문화적 관점(5문단) 등 다양한 해석을 시도한다.

② 1문단의 첫 문장에서 확인할 수 있다.

④ 3문단과 6문단에서 확인할 수 있다.

⑤ 고고학은 단편적인 정보가 남아 있는 유물 자료(1문단)를 연구하는 과정에서 진화론(2문단), 생태학적 이론(4문단), 사회문화적 관점(5문단) 등을 활용한다.

06 세부 정보 확인 정답 ④

◎ **④가 정답인 이유** 전분*이 많은 씨앗들은 높은 온도에서 장시간 끓일 때 음식으로서의 가치가 높아진다(2문단)고는 했지만, 토기로 조리한 음식의 종류에 대해 설명하고 있지 않으며, 토기로 조리한 음식의 종류를 자연환경을 추측하여 알아낸 것도 아니다. 토기에 탄화*된 채로 남아 있던 식재료에 사용된 곡물의 전분 함량 조사를 통해 토기가 얇아진 것과 곡물의 전분 함량의 증가 사이의 관계를 추측해 보았을 뿐이다.

> * 전분(澱粉): 녹말가루.   * 탄화(炭化): 탄소로 변화됨.

오답지들의 근거는 모두 **2문단**에서 확인할 수 있다.

① '두께가 얇은 토기는 상대적으로 열을 더 잘 전달하기 때문에'

②, ③ '자연환경이 변화하여 껍질이 두껍고 전분 함량이 높은 씨앗이 많아짐으로써 … 열전도가 빠른(두께가 얇은) 토기가 사용'

⑤ '이(전분 함량이 높은) 씨앗은 그 특성상 오래 가열해야 하므로 열전도가 빠른(두께가 얇은) 토기가 사용'

07 생략된 내용 추론 정답 ⑤

◎ **⑤가 정답인 이유** ⓒ에 들어갈 내용은 **5문단**에서 추론할 수 있다.

> (1) 4세기경에 토기의 두께가 급격히 얇아지는 이유에 대한 것이어야 하고,
> (2) 사회문화적 관점, 즉 유물(토기)을 사용한 사람의 사회적 위치와 기호* 변화 등을 통해 유물의 의미를 설명해야 하고,
> (3) 기능적 요인보다 개개의 유물이 사용된 맥락을 찾아 유물의 의미를 해석해야 한다.

(1), (2), (3)을 염두에 둘 때, 4세기경에 토기의 두께가 급격히 얇아지는 이유를 사람들이 새로운 토기를 선호*했기 때문으로 본 ⑤가 사회문화적 관점에서 접근한 것임을 알 수 있다. 새로운 토기에 대한 '선호'는 곧 사람들의 기호 변화를 통해 유물의 의미를 설명한 것이기 때문이다.

> * 기호(嗜好): 기호품(술, 담배, 커피 등). 즐기고 좋아함. ⑨ 흥미, 취향, 입맛
> * 선호(選好): 선별하여 가지는 호감. 여럿 중에서 특별히 가려서 좋아함.

나머지 오답지는 사회문화적 관점이 아닌, 진화고고학적 관점(①, ②)과 생태학적 관점(③, ④)에서 유물의 의미를 해석한 것이므로 ⓒ에 들어가기에 적절하지 않다.

08 바꿔 쓰기에 적절한 어휘 이해 정답 ④

◎ **④가 정답인 이유** 어휘 문제의 '3단계 풀이법'을 적용해 보자.

• 1단계(핵심 간추리기): ④가 포함된 문장의 핵심만 간추린다.

> 유물 자료가 빠르게 축적되다.

• 2단계(대입하기): '축적되다'의 자리에 '나타나다'를 대입한다.

> 유물 자료가 빠르게 나타나다.

• 3단계('매3어휘 풀이' 떠올리기): '축적되다'가 들어가는 어구 또는 문장을 떠올려 본다.

> 지식(부, 경험 등)이 축적되다.

→ 여기까지 오면 축적은 '쌓이는 것'으로, '나타나는 것'과는 다르다는 것을 알 수 있다.

대부분의 학생들이 정답에 답했지만, 나머지 답지들에서 바꿔 쓴 어휘도 바꾸기 전 어휘와 함께 다시 한 번 보고 넘어가자.

① 곡물의 전분 함량은 증가한다는/늘어난다는 사실

② 변화를 초래한/일으킨 원인

③ 여성들의 수유기(젖먹이 아이에게 젖을 먹여 기르는 기간)가 단축됨에/짧아짐에 따라…

⑤ 특정한 이론에 집착하는/얽매이는 것

9~10 인문: 아놀드 토인비의 역사 연구 2014학년도 수능(A형)

독해력을 길러 주는 지문 분석

1문단 [문단 요약] 영국의 역사가 아놀드 토인비는 역사 연구의 기본 단위를 국가가 아닌 문명으로 설정하고 문명 중심의 역사를 이해하기 위한 몇 가지 가설들을 세우고 검증하여 문명의 발생과 성장, 쇠퇴 요인들을 규명하려 하였다.

핵심어(구) 아놀드 토인비, 문명 중심의 역사, 가설, 검증
중심 내용 아놀드 토인비의 역사 연구 방법

2문단 [문단 요약] 토인비는 '도전과 응전' 및 '창조적 소수와 대중의 모방'이라는 가설들의 중심축을 통해 환경(역경)의 도전에 성공적으로 응전하는 인간 집단이 문명을 발생시키고 성장시킨다고 주장하였다.

핵심어(구) 가설들의 중심축
중심 내용 토인비가 세운 가설의 두 중심축 - 도전과 응전, 창조적 소수와 대중의 모방

3문단 **문단 요약** 토인비는 '세 가지 상호 관계의 비교'를 통해 가설을 보완하고 있는데, 도전의 강도가 너무 크면 응전이 성공적일 수 없고, 너무 작으면 반응이 나타나지 않고, 최적의 도전에서만 성공적인 응전이 나타난다는 것이다.

핵심어(구) 최적의 도전에서만 성공적인 응전이 나타난다

중심 내용 성공적인 응전을 위한 조건 – 최적의 도전

4문단 **문단 요약** 성공적인 응전으로 성립한 문명의 지속 성장을 위해서는 새로운 도전들을 계속 해결해야만 하는데, 토인비는 이를 위해서는 소수의 창조적 인물들이 역량을 발휘해야 하고, 다수의 대중은 모방을 통해 힘을 결집해야 한다고 했다.

핵심어(구) 소수의 창조적 인물들, 다수의 대중, 모방

중심 내용 문명의 성장을 위한 요건 – 창조적 소수와 다수의 대중의 모방

5문단 **문단 요약** 토인비는 문명의 지속적 성장을 위해서는 모방의 유무가 아닌 모방의 작용 방향이 중요하다고 설명한다. 즉, 모방이 선조들과 구세대를 향하여 인습이 지배하게 되는 원시 사회는 문명을 발생시키지 못하지만, 모방이 창조적 소수에게 향하는 사회에서는 인습의 권위를 인정하지 않으므로 문명이 지속적으로 성장한다는 것이다.

핵심어(구) 모방의 작용 방향, 문명이 지속적으로 성장

중심 내용 문명의 지속적 성장을 위한 요건 – 창조적 소수를 향한 모방

주제 아놀드 토인비의 문명 중심의 역사 연구

09 인물의 견해 이해

정답 ①

◎ **①이 정답인 이유** 3문단에서 토인비는 최적*의 도전에서만 성공적인 응전*이 나타난다고 했고, **4문단의 첫 문장**에서는 성공적인 응전을 통해 문명이 나타난다고 했다. 따라서 ①은 토인비의 견해를 잘 이해한 진술이다.

> *최적: 최고로(가장) 적합함(알맞음).
> *응전: 상대의 도전에 응하여(맞서) 싸움(전투).

나머지 답지들이 오답인 근거도 지문에서 찾아보자.

② 토인비는 모방의 유무가 중요한 것이 아니라 모방의 작용 방향이 중요하다고 하였다. (5문단)
③ 토인비는 역사 연구의 기본 단위를 국가가 아닌 문명으로 설정하였다. (1문단)
④ 도전의 강도가 지나치게 크면 응전이 성공적일 수 없게 된다고 하였다. (3문단)
⑤ 죽은 선조들이 연장자(기성세대)의 권위를 강화해 주는 사회는 인습*이 지배하게 되고 발전적 변화가 나타나지 않는다고 하였다. (5문단)

> *인습: 과거의 풍습, 습관 등을 그대로 따름. (부정적 의미로 쓰임.)

안인숙 매3국어 검색

10 제시된 자료에 대한 이해

정답 ③

◎ **③이 정답인 이유** 〈보기〉에서 설명하고 있는 서남아시아 일부 초원 지역의 급속한 사막화는 이 지역에서 수렵 생활을 하던 이들에게는 '도전'이고, 이에 대해 세 집단이 선택한 서로 다른 길은 (도전에 대한) '응전'에 해당한다. 이 중 둘째 집단의 응전은 문명의 단계에 들어갔으나 더 이상의 발전이 없이 정체되고 말았다고 했다. 이 집단에서 창조적 소수들이 계속 새로운 도전들을 해결했다면 문명을 성장시켰을 것인데 그러지 못했기 때문에 정체되고 말았던 것이다. 따라서 둘째 집단에서는 창조적 소수들이 계속된 새로운 도전들을 해결했다고 볼 수 없다.

① 사막화는 서남아시아 일부 초원 지역이 당면한 환경 변화로, **2문단**의 '환경이 역경이라는 점'을 고려할 때 사막화는 서남아시아 일부 초원 지역 사람들이 당면했던 역경으로 볼 수 있다. (2문단과 연결)
② 도전에 대해 그대로 머물러 멸망의 길로 들어선 첫째 집단은 인습이 지배한 경우이고, 이는 모방의 작용 방향이 선조들과 구세대를 향한 것과 같아 발전적 변화가 나타나지 않은 것이다. (5문단과 연결)
④ 셋째 집단은 이어지는 문제들도 성공적으로 해결해 나갔다고 한 것으로 볼 때 창조적 소수가 역량을 발휘했고 다수의 대중까지 힘을 결집해 대중의 모방이 창조적 소수에게로 향했다는 것을 알 수 있다. (4, 5문단과 연결)
⑤ 셋째 집단은 다른 지역으로 이주했다고 했다. 이것은 생활 터전을 바꾼 것이다. 또 수렵 생활을 하다가 농경 생활을 선택했다고 했다. 이것은 생활양식을 바꾼 것이다. 이와 같이 셋째 집단은 환경(역경)의 도전에 대한 성공적인 응전으로 문명을 발전시켜 나간 것이다. (2문단과 연결)

✔ 매일 복습 확인 문제

1 다음 글과 부합하면 ○, 그렇지 않으면 ×로 표시하시오.

(1) 헤로도토스는 페르시아 전쟁에 대한 『역사』라는 책을 쓰면서 인과적 형식으로 서술함으로써 역사라는 새로운 분야를 개척하였다. → 헤로도토스는 『역사』에서 페르시아 전쟁의 원인과 결과를 서술하였다. ……( )

(2) 두께가 얇은 토기는 상대적으로 열을 더 잘 전달하기 때문에 기능적으로 우수하다. → 토기의 두께가 얇을수록 열전도율은 더 높아진다. …………………( )

(3) 토인비는 문명이 발생하기 위해서는 모방의 유무가 중요한 것이 아니라 모방의 작용 방향이 중요하다고 말한다. → 모방의 존재 여부는 문명 발생의 기준이 된다. ( )

2 문맥상, 밑줄 친 단어와 바꿔 쓰기에 적절하지 않은 것은?

① 특정한 이론에 집착하다. → 맞서다
② 여성들의 수유기가 단축되다. → 짧아지다
③ 후대로 갈수록 전분 함량이 증가하다. → 늘어나다
④ 토기 두께의 변화를 초래한 원인을 찾다. → 일으킨
⑤ 발굴을 통해 유물 자료가 빠르게 축적되다. → 쌓이다

정답 1. (1)○ (2)○ (3)× 2. ①

정답	01 ①	02 ②	03 ①	04 ④	05 ④
	06 ④	07 ⑤	08 ①	09 ③	10 ④

1~4 인문 : 진리 판단 기준에 대한 이론들   2012학년도 9월 모의평가

독해력을 길러 주는 지문 분석

1문단 **문단 요약** 일상생활이나 학문 활동에서 '진리' 또는 '참' 이라고 할 때, 진리가 무엇인지에 대한 대표적인 이론 으로는 대응설, 정합설, 실용설이 있다.

핵심어(구) 진리, 대표적인 이론

중심 내용 진리를 판단하는 기준과 관련된 이론들

2문단 **문단 요약** 대응설은 어떤 판단이 사실과 일치할 때 그 판단을 진리라고 보는 이론이다. 감각을 사용하여 확 인하여 그 말이 사실과 일치하면 참, 그렇지 않으면 거 짓으로 판단하는데, 새로운 주장의 진위를 판별할 때 관찰이나 경험을 통한 사실의 확인을 중시한다.

핵심어(구) 대응설

중심 내용 대응설 – 관찰이나 경험을 통한 사실의 확인 을 중시

3문단 **문단 요약** 정합설은 어떤 판단이 기존의 지식 체계에 부 합할 때 그 판단을 진리라고 본다. 진리로 간주하는 기 존 지식 체계가 있고, 판단이나 주장이 그 체계에 들어 맞으면 참이고 그렇지 않으면 거짓으로 보는데, 새로 운 주장의 진위를 판별할 때 기존의 이론 체계와의 정 합성을 중시한다.

핵심어(구) 정합설

중심 내용 정합설 – 기존의 이론 체계와의 정합성을 중시

4문단 **문단 요약** 실용설은 어떤 판단이 유용한 결과를 낳을 때 그 판단을 진리로 보는 이론으로, 새로운 주장의 진위 를 판별할 때 결과의 유용성을 중시한다.

핵심어(구) 실용설

중심 내용 실용설 – 결과의 유용성을 중시

주제 진리를 판단하는 기준에 관한 세 가지 이론

01 글의 전개 방식 이해   정답 ①

◎ ①이 정답인 이유 이 글의 1문단에서는 진리를 판단하는 기 준과 관련된 세 가지 이론(대응설, 정합설, 실용설)을 소개하였 고, 2~4문단에서는 그 세 가지 이론이 어떤 것을 말하고, 무엇 을 중시하는지 등을 구체적인 예를 통해 설명하고 있다. 답지 ① 에서 언급한 '구체적인 예'는 2~4문단의 중간 부분의 '예를 들 어' 이하의 내용에서 알 수 있고, 이러한 예를 든 것은 진리를 판 단하는 기준에 대한 이론(추상적 개념)을 뒷받침하기 위한 것이 므로 ①은 이 글의 전개 방식으로 적절하다.

가장 많이 질문한 오답은? ⑤

X ⑤가 오답인 이유 다양한 관점들(대응설, 정합설, 실용설)을 소개한 것은 맞지만, 세 가지 이론을 변증법*적으로 절충하고 있는 것은 아니다. 답지 ⑤의 앞부분의 설명(다양한 관점들을 소 개)이 맞고 '변증법'에 대해 몰랐다고 해도 세 가지 이론을 절충 하고 있는 것도 아니다. 오답지들 중에서 ⑤에 많이 답한 것은 ⑤의 앞부분이 글의 전개 방식을 잘 설명해 주고 있기 때문이었 다. 여기서 잠깐 '변증법'의 의미를 살펴보고 넘어가도록 하자.

> *변증법 헤겔이 주장한 철학의 방법으로, 세계는 모순에 차 있고 모순은 더욱 높은 단계에서 통일됨으로써 해결된다는 것으로, 이런 모순과 통일(정, 반, 합)을 되풀이하면서 세계는 발전해 나 간다고 보는 사고방식이다.
>
>
>
> [정반합] 이미 있는 하나의 주장[정(正)]에 대해 이 와 다른 반대의 주장[반(反)]이 나오고, 앞의 '정' 과 '반'을 통합하여 더 높은 종합적인 주장[합 (合)]으로 발전됨.

② 기존 이론의 문제점 X
   새로운 이론을 제시 X
③ 현상의 원인을~분석 X
④ 시대적 흐름에 따른 X
   핵심 개념의 변천 과정 X

02 전제 찾기   정답 ②

◎ ②가 정답인 이유 전제를 찾는 문제는 이유나 까닭을 묻는 문 제라고 생각하고 풀면 쉽게 정답을 찾을 수 있다. 즉, ㉠의 전제 는 ㉠의 이유나 까닭을 찾으면 되므로 '우리가 판단과 사실의 일 치 여부를 알 수 있다(㉠)'고 여기는 까닭이 무엇인가를 따져 보 면 된다. ㉠ 다음에 이어지는 말에서 미루어 짐작할 수 있다. 우 리는 특별한 장애가 없는 한 대상을 있는 그대로 정확하게 지각 한다고 생각하기 때문에 판단과 사실의 일치 여부를 알 수 있다 고 여기는 것이다.

가장 많이 질문한 오답은? ①

X ①이 오답인 이유 ①에 답한 학생들은 '전제'의 뜻을 몰랐다 기보다는, 국어 영역의 핵심인 지문에서 근거를 찾은 것이 아니 라 상식으로 정답을 골랐기 때문이었다.

   ㉠에 이어지는 내용을 보자. 대응설은 판단이 지각 내용과 일 치하는가의 여부, 즉 관찰이나 경험을 통한 사실의 확인을 중시한 다고 했다. 그런데 우리의 지식이나 판단이 항상 참(①)이라고 한 다면 관찰이나 경험을 통한 사실의 확인도 필요 없을 것이다. 따 라서 ①은 ㉠의 전제로 적절하지 않다.

발문(문두)이 정답의 힌트가 되는 문제가 많으므로 '발문을 꼼꼼히' 읽는 훈련을 하세요.

03 구체적 사례에의 적용 정답 ①

◎ ①이 정답인 이유 스테노가 화석이 유기체에서 기원했다고 보는 것이 옳다고 판단을 내린 근거는 상어의 이빨과 설석이라는 화석이 구조적으로 매우 유사하다는 점을 **관찰을 통해 확인**했기 때문이다. 지문에 언급된 이론 중 관찰이나 경험을 통한 사실의 확인을 중시하는 것은 '대응설'이므로 ⓐ(판단)는 '대응설'과 관련된 판단이다.

ⓑ는 당시의 지질학자들의 판단이다. 그들이 베게너의 주장이 틀렸다고 판단을 내린 것은 대륙은 이동하지 않는다는 통설*을 근거로 했다고 했다. 즉, 이들은 기존의 이론 체계(통설)와의 정합성을 중시한 것이므로 ⓑ는 '정합설'과 관련된 판단이다.

> * 통설(通說): 일반적으로 통하는 설명. 세상에 널리 알려지거나 일반적으로 인정되고 있는 학설.

04 비판의 적절성 판단 정답 ④

◎ ④가 정답인 이유 감각으로 검증할 수 없는 존재에 대한 관념은 그것의 실체를 확인할 수 없기 때문에 거짓으로 보아야 한다는 문제 제기(④)는 '대응설'에서 발생할 수 있는 것으로 '실용설'과는 무관하다.

나머지 답지들이 적절한 비판인 이유를 살펴보자.
① **2문단**의 '대응설은…경험을 통한 사실의 확인을 중시한다.'에 대한 비판 → 경험적으로 확인하기 어렵지만 참인 명제도 있다.
②, ③ **3문단**의 '정합설은…기존의 이론 체계와의 정합성을 중시한다.'에 대한 비판 → 이론 체계가 아직 존재하지 않을 경우에 그 판단의 진위를 판별하기 어렵고(②), 기존 이론 체계의 진리 여부는 어떻게 판단할 수 있는지의 문제가 발생한다(③).
⑤ **4문단**의 '실용설은…결과의 유용성을 중시한다.'에 대한 비판 → 실제 생활에서의 유용성은 사람이나 상황에 따라 다르다.

5~8 인문 : 『대학』에 대한 주희와 정약용의 해석

2014학년도 9월 모의평가 (B형)

독해력을 길러 주는 지문 분석

1문단 문단 요약 고대 중국의 책 『대학』에 나오는 '명명덕(明明德)'과 '친민(親民)'은 유학자에 따라 해석에 차이가 있다. 이는 글자와 문장의 정확성을 따지는 훈고나 해석자의 사상적 관점이 다르기 때문이다.
핵심어(구) '명명덕(明明德)'과 '친민(親民)'
중심 내용 '명명덕(明明德)'과 '친민(親民)'에 대한 해석의 차이

2문단 문단 요약 주희는 '명덕(明德)'을 인간이 본래 지닌 마음의 밝은 능력으로 해석하면서 명덕이 발휘되도록 공부하는 것이 '명명덕'이라고 본 반면, 정약용은 '명덕'을 효, 제, 자의 덕목으로 해석하면서 구체적으로 효, 제, 자를 실천하도록 하는 것이 '명명덕'이라고 본다.
핵심어(구) '명명덕'(의 해석)
중심 내용 '명명덕'에 대한 주희와 정약용의 해석 차이

3문단 문단 요약 주희는 자신의 명덕을 밝힌 후 백성들도 명덕을 밝혀 새로운 사람이 되도록 가르쳐야 한다고 보아 새로 편찬된 『대학』에서 '친민(親民)'을 '신민(新民)'으로 고쳤다. 반면 정약용은 '친민'을 백성들이 효, 제, 자의 덕목을 실천하도록 이끄는 것이라 해석하고, 본래 글자('친민')를 고쳐서는 안 된다고 보았다.
핵심어(구) '친민'(의 해석)
중심 내용 '친민'에 대한 주희와 정약용의 해석 차이

4문단 문단 요약 주희와 정약용은 개인의 인격 완성과 인륜 공동체의 실현이라는 이상의 실현 방법에 대해서도 생각이 달랐다. 주희는 개인이 마음을 어떻게 수양하여 도덕적 완성에 이를 것인가에 관심을 둔 반면, 정약용은 당대의 학자들이 개인과 사회를 위한 구체적인 덕행을 실천하지 못하는 문제를 바로잡는 데 관심이 있었다.
핵심어(구) 이상의 실현 방법
중심 내용 이상 실현 방법에서 차이를 보이는 두 사람

주제 『대학』의 '명명덕(明明德)'과 '친민(親民)'에 대한 주희와 정약용의 해석 차이

05 내용 추론 정답 ④

◎ ④가 정답인 이유 다음 문장들에서 ④를 추론할 수 있다.

> • 유학자들은 자신이 먼저 인격자가 될 것을 강조하지만 궁극적으로는 자신뿐 아니라 백성 또한 올바른 행동을 할 수 있도록 이끌어야 한다는 생각을 원칙으로 삼는다. (3문단)
> • 주희와 정약용 모두 개인의 인격 완성과 인륜 공동체의 실현을 이상으로 하였다. (4문단)

즉, 주희와 정약용은 개인은 물론 백성들까지 올바른 행동(도덕 실천)을 하는 것을 이상으로 삼았다는 것을 알 수 있다.

가장 많이 질문한 오답은? ②, ③ 순

X ②가 오답인 이유 2문단에서 주희는, '명덕'은 인간이 본래 지니고 있는 능력이고, 기질에 가려 명덕이 발휘되지 못하게 되면 잘못된 행동을 한다고 했다. 그런데 ②는 '명덕을 교정하지(바로잡지) 못하여 잘못된 행위를 한다고 보았다'고 했으므로 잘못된 추론이다. '명덕'은 교정해야 할 대상이 아니라, 본래 지니고 있는 능력으로 발휘해야 할 대상이고, 교정해야 할 대상은 명덕을 가리고 있는 '기질'이다.

X ③이 오답인 이유 ② 다음으로 ③에 답한 학생들이 많았는데, '훈고(訓詁)'는 1문단에서 '글자와 문장의 정확성을 따지는' 것임을 알 수 있다. 3문단의 "주희는 『대학』을 새로 편찬하면서 고본(古本) 『대학』의 '친민'을 '신민'으로 고쳤다. '친(親)'보다는 '신(新)'이 '백성을 새로운 사람으로 만든다'는 취지를 더 잘 표현한다고 보았던 것이다."에서 주희는 글자의 훈고에 대해 언급했다는 것을 알 수 있다. 또 3문단의 "정약용은 친민을 신민으로 고치는 것은 옳지 않다고 본다.", "(정약용은) 백성들이 이전과 달리 효, 제, 자를 실천하게 되었다는 점에서 새롭다는 뜻은 있지만 본래 글자를 고쳐서는 안 된다고 보았다."에서 정약용 역시 글자의 훈고에 대해 언급했다는 것을 알 수 있다.

① 대학이 교육 기관을 가리키는 말이라는 것은 1문단에서 언급했지만, 공자가 건립했다고 추론할 근거는 없다.

⑤ 『대학』 해석에 정약용의 관심이 반영되었다는 것은 **1문단**(경문 해석의 차이는~해석자의 사상적 관심이 다르기 때문이기도 하다.)에서 알 수 있지만, 정약용은 '마음 수양의 중요성'이 아닌 '덕행 실천의 중요성'에 관심이 있었다는 것을 **4문단의 마지막 문장**에서 확인할 수 있다.

06 내용 이해
정답 ④

◎ **④가 정답인 이유** 주희는 『대학』을 새로 편찬하면서 '친민(親民)'을 '신민(新民)'으로 고쳤다(3문단)고 했다. '친(親)'보다 '신(新)'이 '백성을 새로운 사람으로 만든다'는 취지를 더 잘 표현한다고 보았기 때문이라고 했다. 따라서 '백성을 새로운 사람으로 만든다'는 취지가 표현된 '신민(ⓑ)'에는 '백성 또한 도덕적 존재가 될 수 있다'는 주희의 생각이 반영된 것으로 볼 수 있다.

나머지 답지들이 오답인 근거는 다음과 같다.
① '주희와 정약용은 '명명덕'과 '친민'에 대해 서로 다르게 해석한다.'(2문단)
② '유학자들은 자신이 먼저 인격자가 될 것을 강조하지만 궁극적으로는 자신뿐 아니라 백성 또한 올바른 행동을 할 수 있도록 이끌어야 한다는 생각을 원칙으로 삼는다.'(3문단)라고 했고, 주희와 정약용은 모두 자신의 명덕을 밝힌 후에는 백성들을 이끌어야 한다고 보았다. 따라서 ⓐ와 ⓑ는 선후 관계이지 '목표-수단'의 관계가 아니다.
③ '명명덕(ⓐ)'을 '효, 제, 자'라는 구체적 덕목을 실천하는 것으로 본 사람은 정약용이다. (2문단)
⑤ '신민(ⓑ)'이 고본 『대학』의 '친민'의 본래 의미를 잘 나타내었다고 본 사람은 주희이고, 정약용은 친민을 신민으로 고치는 것은 옳지 않다고 보았다. (3문단)

07 자료 해석의 적절성 판단
정답 ⑤

◎ **⑤가 정답인 이유** 3문단에서 주희는 '친민'을 '신민'으로 고쳤다고 했다. '신민'이 '백성을 새로운 사람으로 만든다'는 취지를 잘 표현한다고 보았기 때문이라고 했다. 그런데 〈보기〉에서 왕양명은 주희와 달리 '신민'보다 '친민'이 더 적합하다고 보았다고 했다. 왕양명은 백성을 가르쳐야 할 대상인 동시에 사랑해야 할 대상이라고 보았던 것이고, 이 점에서 백성을 가르침의 대상으로 한정한 주희의 해석은 문제가 있다고 보았던 것이다.

오답지들의 근거도 지문에서 찾아보자.
① 왕양명은 '명덕'을 마음의 밝은 능력으로, 정약용은 '효, 제, 자'의 덕목으로 해석했다. → 〈보기〉의 마지막 문장과 2문단
② 정약용은 왕양명이 주희와 마찬가지로 '명덕'을 마음의 밝은 능력으로 해석했다고 보았다. → 〈보기〉와 2문단
③ 정약용이 왕양명이 '명덕'을 바르게 이해하지 못해 '친민' 또한 바르게 해석하지 못했다고 했다. → 〈보기〉

④ 왕양명은 주희가 이미 고친 『대학』의 '신민'을 '친민'으로 다시 고쳤고, 정약용은 '친민'을 '신민'으로 고치는 것은 옳지 않다고 본다고 했다. → 〈보기〉와 3문단

08 바꿔 쓰기에 적절한 어휘 이해
정답 ①

◎ **①이 정답인 이유** 어휘 문제의 '3단계 풀이법'을 적용해 보자.
· 1단계: 핵심 간추리기

> 백성 또한 올바른 행동을 할 수 있도록 <u>이끌어야</u> 한다

· 2단계: 대입하기

> 백성 또한 올바른 행동을 할 수 있도록 <u>인도해야</u> 한다

· 3단계: '매3어휘 풀이' 떠올리기

> 언제나 바른 길로 <u>인도하시는</u>/이끄시는 분

→ 3단계까지 오면 '(백성을) 이끌어야' 대신 '(백성을) 인도해야'로 바꿔 써도 그 의미가 통한다는 것을 알 수 있다.
나머지 답지들이 오답인 이유도 살펴보자.
② '가르치다'는 '알게 하거나 깨닫게 하는 것'이고, '지시하다'는 '가리켜 보게 하는 것'이므로 ⓛ은 '지시해야'가 아닌 '지도해야'와 바꾸어 쓰는 것이 적절하다.
③ '친민'을 '신민'으로 '고친 것'은 단어를 바꾼 것으로 '수정하다'의 의미를 담고 있는데, '개편'은 '책이나 과정 따위를 고쳐 다시 엮은 것'의 의미를 나타낸다. 따라서 ⓒ을 '개편했다'와 바꾸어 쓰는 것은 부적절하다.
④ ⓓ은 '경지에 이르는 것', 즉 '어떤 정도나 범위에 미치는 것'을 말하므로 '어떤 장소에 다다르다'의 의미를 지닌 '도착하다'는 ⓓ과 바꿔 쓰기에 부적절하다.
⑤ 문제점을 '바로잡는 것'은 '잘못된 것을 올바르게 고치는 것'인데, '쇄신하다'는 '나쁜 것이나 묵은 것을 버리고 새롭게 하는 것'이므로 '쇄신하고자'는 ⓔ과 바꿔 쓰기에 부적절하다.

9~10 인문 : 냉전의 기원 및 책임 소재
2014학년도 6월 모의평가(A형)

독해력을 길러 주는 지문 분석

1문단 문단 요약 제2차 세계대전 후, 미국과 소련 및 그 동맹국들 간 제한적 대결 상태를 냉전이라고 한다. 냉전의 발발 시기, 이유, 책임 소재 등 냉전의 기원에 대한 논의는 최근까지 진행되어 왔고, 그 연구 결과는 편의상 세 가지로 나누어 볼 수 있다.
핵심어(구) 냉전의 기원
중심 내용 냉전의 기원에 관한 논의

2문단 문단 요약 전통주의는 소련이 세계를 공산화하기 위해 팽창 정책을 수행하였고, 이에 대해 미국이 자유 민주주의 세계를 지킨다는 도덕적 책임감을 가지고 봉쇄 정책을 추구하여 냉전이 발생했고, 미국의 봉쇄 정책이 성공하여 냉전이 종식되었다고 본다.
핵심어(구) 전통주의
중심 내용 냉전의 책임이 소련의 팽창주의에 있다고 보는 '전통주의' - 소련 책임론

3문단 문단 요약 **수정주의**는 미국이 전쟁 중에 급증한 생산력을 유지할 시장을 얻으려는 경제적 동기에서 세계를 개방 경제 체제로 만들려고 하였고, 소련은 이에 대응했다는 이론이다.

핵심어(구) 수정주의

중심 내용 냉전의 책임이 미국의 경제적 동기에 있다고 보는 '수정주의' – 미국 책임론

4문단 문단 요약 **탈수정주의**는 냉전이 양국이 추진한 정책의 상호 작용에 의해 발생했다는 것으로, 소련은 안보 면에서 정책을 추진하였는데 미국이 과잉 반응해서 상황을 악화시켰다는 것이다.

핵심어(구) 탈수정주의

중심 내용 냉전의 책임이 양국 모두에 있다고 보는 '탈수정주의' – 절충적 시도

5문단 문단 요약 절충적 시각의 연구 성과는 무난해 보이지만 잠정적이다. 역사적 현상은 중심적 경향성이 존재하기에 이를 파악하여 설명하는 것이 바람직하다.

핵심어(구) 절충적 시각의 연구 성과, 잠정적

중심 내용 '탈수정주의' 연구 성과의 한계

주제 냉전의 기원 및 책임 소재에 관한 연구 결과

09 세부 내용 확인 및 추론
정답 ③

◎ **③이 정답인 이유** 2문단을 통해 볼 때 미국의 봉쇄 정책이 소련의 공격적 팽창 정책에 대한 대응이라고 보는 것은 '수정주의'가 아닌 '전통주의'의 주장이다. 3문단에서, '소련은 미국에 비해 국력이 미약했으므로 적극적 팽창 정책을 수행할 능력이 없었다는 것이 수정주의의 기본적 입장'이라고 했다.

나머지 답지들에 답한 학생들은 드물었는데, 그 이유는 ①은 **2문단**, ②는 **3문단**, ④는 **4문단**, ⑤는 **5문단**에서 오답인 근거를 확인할 수 있었기 때문이다.

10 자료의 견해와 부합되는 연구 결과 짝짓기
정답 ④

◎ **④가 정답인 이유** (가)에서는, 미국과 소련이 모두 안보 딜레마 상황에 빠진 데에는 양국 모두에게 책임이 있는 것으로 보았다. 이는 4문단의 '냉전의 책임을 일방적으로 어느 한 쪽에 부과해서는 안 된다고 보았다'는 '탈수정주의(ⓒ)'의 견해와 부합된다. 구체적인 근거는 (가)와 지문의 내용을 연결해 보면 알 수 있다.

- **(가):** 양국은 상대방의 조치를 위협적인 행동으로 받아들여 대응 조치를 더욱 강화함으로써 자국의 안보가 더 위태롭게 되는~
- **4문단:** 냉전은 양국이 추진한 정책의 '상호 작용'에 의해 발생

(나)에서는, 분쟁의 원인이 소련에 있고, 이를 막기 위해 미국의 적극적인 봉쇄 정책이 필요했다는 것을 주장하고 있으므로 '전통주의(㉠)' 견해와 부합된다. 구체적인 근거는 (나)와 지문의 내용을 연결해 보면 알 수 있다.

- **(나):** 미국이 좀 더 일찍 그리고 적극적으로 봉쇄 정책을 추구했다면, 동유럽이 소련의 영향 아래 들어가는 것을 막을 수 있었을 것
- **2문단:** 미국이 자유 민주주의 세계를 지켜야 한다는 도덕적 책임감에 기초하여 그(소련의 팽창주의)에 대한 봉쇄 정책을 추구하는 와중에 냉전이 발생

(다)에서는, 미국이 소련보다 압도적 힘의 우위를 지녔다는 것을 말하고 있다. 이는, 소련은 미국에 비해 국력이 미약해 적극적 팽창 정책을 수행할 능력이 없었다는 '수정주의(ⓒ)' 견해와 부합된다. 구체적인 근거는 (다)와 지문의 내용을 연결해 보면 알 수 있다.

- **(다):** 국력 면에서 미국이 소련보다 압도적 힘의 우위를 지녔다
- **3문단:** 무엇보다 소련은 미국에 비해 국력이 미약했으므로~

✔ 매일 복습 확인 문제

1 다음 설명이 맞으면 ○, 그렇지 않으면 ×로 표시하시오.

(1) 정합설은 어떤 판단이 기존의 지식 체계에 부합할 때 그 판단을 진리라고 본다. 진리로 간주하는 지식 체계가 이미 존재하며, 그것에 판단이나 주장이 들어맞으면 참이고 그렇지 않으면 거짓이라는 것이다. → 판단의 근거가 될 수 있는 이론 체계가 아직 존재하지 않을 경우에 그 판단의 진위를 판별하기 어렵다는 문제가 정합설에서는 발생한다. ·····························( )

(2) 인간이 올바른 행동을 할 수 있는 것은 명덕을 지니고 있어서인데 기질에 가려 명덕이 발휘되지 못하게 되면 잘못된 행동을 하게 된다. 따라서 도덕 실천을 위해서는 명덕이 발휘되도록 기질을 교정하는 공부가 필요하다. → 사람들은 명덕을 교정하지 못하여 잘못된 행위를 한다. ·····························( )

(3) 탈수정주의의 절충적 시각의 연구 성과는 잠정적일 수밖에 없었다. 역사적 현상은 복합적인 요인들로 구성되지만, 중심적 경향성은 존재하고 이를 파악하여 설명해야 하기 때문이다. → 탈수정주의는 절충적 성향을 가져 역사적 현상의 중심적 경향성을 포착하는 데 한계를 보였다. ·····························( )

2 문맥상 밑줄 친 말과 바꿔 쓰기에 적절하지 않은 것은?

① 주희는 개인이 마음을 어떻게 수양하여 도덕적 완성에 이를 것인가에 관심을 두었다. : 도달할

② 주희는 『대학』을 새로 편찬하면서 고본(古本) 『대학』의 '친민'을 '신민'으로 고쳤다. : 개편했다

③ 정약용은 당대 학자들이 덕행의 실천에는 한 걸음도 나아가지 못하는 문제를 바로잡고자 했다. : 교정(矯正)하고자

④ 유학자들은 자신뿐 아니라 백성 또한 올바른 행동을 할 수 있도록 이끌어야 한다는 생각을 원칙으로 삼는다. : 인도(引導)해야

⑤ 주희는 자신이 명덕을 밝힌 후에는 백성들도 그들이 지닌 명덕을 밝혀 새로운 사람이 될 수 있도록 가르쳐야 한다고 본다. : 지도해야

정답 **1.** (1) ○ (2) × (3) ○ **2.** ②

정답	01 ④	02 ③	03 ⑤	04 ②	05 ④
	06 ⑤	07 ④	08 ②	09 ③	10 ④
	11 ③	12 ③	13 ⑤	14 ④	15 ④
	16 ⑤	17 ①			

1~5 인문(주제 통합): 의식에 대한 견해(강신주, 「철학 대 철학」)
2022학년도 9월 고2 전국연합학력평가

독해력을 길러 주는 지문 분석

(가)

1문단 문단요약 '후설'은 우리의 의식이 대상과 독립적으로 존재하는 것이 아니라, 어떤 대상을 구체적으로 지향하여 그 대상과의 관계에서 어떤 의미를 형성하는 성질인 의식의 '지향성'을 지니고 있다고 말한다. 의식이 대상을 향하지 않으면 그 대상을 인식하지 못한다는 것이다.

핵심어(구) 후설, 의식의 '지향성'
중심 내용 후설이 본 의식의 특징 (1) – 대상과의 관계에서 '지향성'을 지님.

2문단 문단요약 우리의 의식이 대상을 만나 의미를 형성할 때는 시간과 공간의 영향을 받게 된다. 후설은 이러한 의미 형성 과정이 반복되고 누적되면 자기만의 '지평'(인식 대상과 그 배경)을 갖게 되는데, 사람마다 경험이 다르기 때문에 대상에서 형성하는 의미도 달라져 서로 다른 지평을 갖게 되고, 인식의 주체는 지평을 바탕으로 다양한 상황에서 의미를 파악할 수 있다고 보았다.

핵심어(구) 지평을 바탕으로 다양한 상황에서 의미를 파악
중심 내용 후설이 본 의식의 특징 (2) – 인식 주체의 '지평'을 바탕으로 대상의 의미를 파악함.

3문단 문단요약 전통 철학과 달리, 후설은 주체가 지평에 따라 대상에서 형성하는 의미가 달라지므로 대상을 객관적으로 파악하는 것은 불가능하다고 보았다.

▼ 전통 철학과 후설 철학의 차이점

전통 철학	후설 철학
• 주체가 대상을 객관적으로 파악할 수 있음.	• 주체가 대상을 객관적으로 파악하는 것은 불가능함.
• 대상의 의미는 주체가 대상을 객관적으로 파악함으로써 얻을 수 있음.	• 대상의 의미는 주체의 의식과 지평을 통해 파악할 수 있음.

핵심어(구) 전통 철학과 달리, 대상을 객관적으로 파악하는 것은 불가능
중심 내용 후설의 철학이 전통 철학과 다른 점–대상의 객관적 파악이 불가능함.

주제 의식에 대한 후설의 견해와 전통 철학과의 차이점

(나)

1문단 문단요약 '메를로퐁티'는 의식과 신체가 독립되어 있고 의식이 객관적 세계를 인식한다고 본 전통 철학을 비판하며 신체(= 몸, 의식과 결합하여 있는 '신체화된 의식')를 통해 세계를 지각할 수 있다고 말한다.

핵심어(구) '메를로퐁티', 전통 철학을 비판, 신체를 통해 세계를 지각

중심 내용 메를로퐁티가 본 지각의 특징–의식과 결합한 몸(신체)을 통해 세계를 지각함.

2문단 문단요약 메를로퐁티는 후설의 지향성 개념을 수용하여 몸이 지향성을 지니고 있어 세상을 지각할 수 있으며, 몸은 새로운 세상을 지각하는 경험인 '현실적 몸의 층'과 경험이 몸에 배게 하는 '습관적 몸의 층'으로 이루어진다고 보았다. 습관적 몸의 층이 세상과 반응할 때 영향을 미쳐 우리는 다양한 상황에 적응해 가는데, 이 지각 경험들이 누적되면서 몸의 대응 능력인 '몸틀'이 형성되는 것이 몸의 지각 원리라고 설명한다.

핵심어(구) 후설의 지향성 개념을 수용, 현실적 몸의 층, 습관적 몸의 층, 몸틀, 몸의 지각 원리
중심 내용 메를로퐁티가 본 몸의 지각 원리

3문단 문단요약 메를로퐁티는 구체적 삶에서 우리가 경험하는 몸의 지각은 대부분 주체와 대상이 서로 얽혀 있어, 주체와 대상이 명확하게 구분되지 않는 '애매성'을 지니고 있다고 말한다. 몸이 지각의 주체이면서 지각의 대상이 될 수도 있다고 본 것이다.

핵심어(구) 애매성, 몸이 지각의 주체이면서 지각의 대상이 될 수도 있다
중심 내용 메를로퐁티가 본 몸의 '애매성'(몸은 지각의 주체이면서 대상이 될 수도 있다고 봄.)

주제 의식과 결합한 몸의 지각 원리에 대한 메를로퐁티의 견해

★ (가), (나): 유사한 화제에 대한 다양한 글
　　의식, 지각　　　(가) 후설의 견해
　　　　　　　　　(나) 메를로퐁티의 견해

01 내용 전개 방식의 파악   정답 ④

🅞 **④가 정답인 이유** ㄹ에는 (나) 글의 내용 전개 방식이 들어가야 한다. (나)의 1문단에서 전통 철학은 '의식과 신체는 독립되어 있고 의식이 객관적 세계를 인식한다'고 본 반면, 메를로퐁티는 '의식과 결합하여 있는 신체화된 의식'인 몸을 통해 '세계를 지각할 수 있다'고 하여, '지각'의 주체를 상반된 시각으로 바라보는 특정 이론들(전통 철학과 메를로퐁티의 이론)을 제시하고 있다. 그러나 2~3문단에서는 메를로퐁티의 이론을 소개하고 있을 뿐, 그 특정 이론들의 한계와 의의를 제시하고 있지 않으므로 ④는 ㄹ에 들어갈 내용으로 적절하지 않다.

가장 많이 질문한 오답은? ①

🅧 **①이 오답인 이유** ④를 적절하다고 생각한 학생들은 ①에 답한 경우가 많았다. ㄱ에는 (가)의 '도입 문단'인 1문단에 사용된 내용 전개 방식이 들어가야 하는데, (가)의 1문단에서는 '사진'이나 '빵 가게'에 대한 인식에 차이가 나는 상황을 언급하며 이에 대한 '후설'의 주장을 제시하고 있으므로 ①은 적절하다.

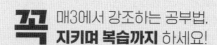

매3에서 강조하는 공부법,
지키며 복습까지 하세요!

③과 ⑤에 답한 학생들도 제법 많았는데, 이들 답지를 포함하여 나머지 오답지들이 적절한 이유도 살펴보자.

② ㄴ에는 (나)의 '도입 문단'인 1문단의 내용 전개 방식이 들어가야 한다. (나)의 1문단에서는 자전거 타기를 배운 것(일상의 경험)이 의식인지 몸인지에 대해 의문을 제기하며, 메를로퐁티가 사용한 개념(몸은 의식과 결합하여 있는 신체화된 의식)을 제시하고 있으므로 적절하다.

③ ㄷ에는 (가)의 내용 전개 방식이 들어가야 한다. (가)는 2문단에서 '인식'과 관련하여 후설(특정 철학자)이 사용한 '지평'의 개념을 정의한 뒤, 의식이 지평을 바탕으로 '대상의 의미를 파악하는 과정'을 다음과 같이 설명하고 있으므로 적절하다.

> 의식이 대상을 만나서 의미를 형성하는 과정이 반복 · 누적됨.
> →지평(인식 대상과 그 배경)을 형성함. →인식 범위가 확장됨.
> →다양한 상황에서 의미를 파악할 수 있음.

⑤ ㅁ에는 '두 글을 통합적으로 비교'한 내용이 들어가야 한다. (나)의 2문단 '그(메를로퐁티)는 후설의 지향성 개념을 수용하여'에서 확인할 수 있듯이, (가)의 후설과 (나)의 메를로퐁티는 지향성 개념을 활용하여 인식이나 지각을 설명한다는 공통점이 있다. 그리고 (가)의 3문단에서는 인식에 대한 후설과 전통 철학의 차이('지문 분석' 참조)를, (나)의 1문단에서는 메를로퐁티의 주장과 전통 철학의 차이(아래의 내용 참조)를 제시하고 있으므로 적절하다.

> • 전통 철학: 의식은 신체와 독립됨. 의식이 세계를 인식함.
> • 메를로퐁티: 의식은 몸(신체)에 결합됨. 신체가 세계를 지각함.

02 핵심 개념의 이해   정답 ③

◎ ③이 정답인 이유 (나)의 2문단 '그(메를로퐁티)는 후설의 지향성 개념을 수용하여 몸이 지향성을 지니고 있어 세상을 지각할 수 있다고 보았다.'와 (가)의 1문단 '(후설은) 이 성질을 의식의 '지향성'이라고 하는데, 의식이 대상을 향하지 않으면 우리는 그 대상을 인식하지 못한다는 것이다.'를 통해 지향성이 없으면 세계를 지각할 수 없다는 것을 알 수 있다.

이 문제는 정답의 근거가 명확하여 대부분 정답에 답했다. 나머지 답지들이 오답인(적절한) 근거는 다음과 같다.

① (나)의 1문단 '그(메를로퐁티)에 의하면 신체, 즉 몸은 의식과 결합하여 있는 '신체화된 의식'이라고 규정한다.'

② (나)의 2문단 '메를로퐁티는 몸이 세상과 반응하는 것을 '지각'이라고 했는데, 그는 후설의 지향성 개념을 수용하여 몸이 지향성을 지니고 있어 세상을 지각할 수 있다고 보았다. 늘 집에 방치되어 있던 자전거도 우리 몸이 지향*함으로써 지각되고 의미가 생긴다는 것이다.'

> *지향: 뜻(의지)이 (목표를) 향하는 것.

④ (나)의 2문단 '그(메를로퐁티)는 몸이 '현실적 몸의 층'과 '습관적 몸의 층'으로 이루어져 있다고 규정하였다.'

⑤ (나)의 3문단 끝 '메를로퐁티는 몸을 지각의 주체로만 보지 않고 지각의 대상이 될 수도 있다고 보았다.'

03 세부 내용의 확인   정답 ⑤

◎ ⑤가 정답인 이유 (가)의 2문단 '의식이 대상을 만나서 의미를 형성하는 과정이 반복되고 그것이 누적*되면 자기만의 '지평'을 갖게 된다.'와 (나)의 2문단 '몸의 대응 능력을 '몸틀'이라 하며, 몸틀은 지각 경험들이 시간이 흐르면서 누적됨으로써 형성된다.'에서, ㉠(지평)과 ㉡(몸틀)은 모두 이전의 경험이 누적되면서(쌓이면서) 형성된다는 것을 알 수 있다.

> *누적(累積, 거듭 루 · 쌓을 적): 거듭하여 반복되거나 포개져 쌓임(축적).

나머지 답지들이 ㉠, ㉡에 대한 이해로 적절하지 않은 근거도 찾아보자.

① ㉠ 뒤(3문단)에서 '후설은 주체가 지평에 따라 대상에서 형성하는 의미가 달라지므로 대상을 객관적으로 파악하는 것은 불가능하다고 보았다.'라고 하였다. → 객관적으로 파악 ✕

② ㉡ 뒤에서 '몸틀은 지각 경험들이 시간이 흐르면서 누적됨으로써 형성된다. 예를 들어 자전거 타기를 배우는 경우, 처음에는 자전거와 반응하며 현실적 몸의 층을 형성하게 되고, 자전거를 타는 연습이 반복되면 새로운 운동 습관을 익히며 몸틀을 재편*하게 된다.'라고 하였다. → 변하지 않는다 ✕

> *재편(再編): 다시(재차) 편성함(조직함). ㉤ 재조직, 재구성

③ ㉠ 앞에서 '의식이 대상을 만나서 의미를 형성하는 과정이 반복되고 그것이 누적되면 자기만의 '지평'을 갖게 된다.'고 했고, (나)의 1문단에서 '몸은 의식과 결합하여 있는 신체화된 의식'이라고 했으며, 2문단에서는 '늘 집에 방치되어 있던 자전거도 우리 몸이 지향함으로써 지각되고 의미가 생긴다'고 했으므로, ㉠과 ㉡ 모두 의미를 형성하는 과정에서 의식의 쓰임이 나타난다는 것을 알 수 있다. → ㉠은…나타나지 않는다 ✕

④ ㉠ 뒤에서 '인식의 주체는 지평을 바탕으로 다양한 상황에서 의미를 파악할 수 있다.'고 했고, ㉡ 앞뒤에서 '늘 집에 방치되어 있던 자전거도 우리 몸이 지향함으로써 지각되고 의미가 생긴다'고 했으며 '몸틀'은 '우리를 다양한 상황에 적응할 수 있게 한다.'고 했으므로, ㉠과 ㉡ 모두 다양한 상황에 대해 그 의미를 파악할 수 있게 한다는 것을 알 수 있다. → ㉠과 달리 ✕

04 이유의 추론   정답 ②

◎ ②가 정답인 이유 ⓐ와 관련하여 메를로퐁티는 ⓐ 뒤에서 '신체를 통해 세계를 지각할 수 있다'고 했다. 그리고 2문단에서는 '몸(신체)에 의한 지각'은 '현실적 몸의 층'(몸이 새로운 세상을 지각하는 경험)이 몸에 배면 '습관적 몸의 층'(우리 몸에 밴 경험)이 형성되고, '이렇게 형성된 습관적 몸의 층은 몸에 내재되어 세상과 반응할 때 다시 영향을 미치며, 우리를 다양한 상황에 적응할 수 있게 한다.'고 했다. 따라서 메를로퐁티는 '오랫동안 쉬었다 하더라도 쉽게 다시 (자전거를) 탈 수 있는'(ⓐ) 이유는 '몸이 자전거 타기'(몸이 새로운 세상을 지각하는 경험)를 통해 '습관적 몸의 층'을 형성했기 때문으로 본다는 것을 알 수 있다.

나머지 답지들은 다음과 같이 (나)에서 설명한 메를로퐁티의 견해와 어긋나기 때문에 @의 이유로 적절하지 않다.

①, ③ 2문단에서 '자전거를 타는 연습이 반복되면 새로운 운동 습관을 익히며 몸틀을 재편하게 된다.'라고 했다. → 연습의 양과 상관없이(①) ✕, 몸틀에 변화가 없었기 때문(②) ✕

④ 1문단에서 '메를로퐁티'는 '몸은 의식과 결합하여 있는 '신체화된 의식'이라고 규정한다.'고 했다. 또한 '현실적 몸이 의식과 독립적으로 작용'한다면 '몸 자체가 자전거 타기에 관한 지식을 내재한 듯 느'(@의 뒤)끼지 않을 것이다.

⑤ 2문단에서 '자전거를 타는 연습이 반복되면 새로운 운동 습관을 익히며 몸틀을 재편하게 된다.'라고 하였다. 따라서 새로운 운동 습관이 내재될 경우 몸틀이 재편되는 것은 맞지만, 자전거를 다시 배워야 하는 것은 아니다.

05 구체적 상황에의 적용
정답 ④

◎ ④가 정답인 이유 〈보기〉에서 '스승'은 '꽃을 보기 전에는 꽃이 마음에 없었지만' '꽃을 보는 순간 꽃의 모습이 마음에서 분명해진 것'이라고 말하고 있다. 그런데 (나)의 1문단 끝~2문단 앞에서 메를로퐁티는 '몸이 세상과 반응하는 것'이 '지각'인데 '몸은 의식과 결합하여' 있다고 했으므로, 메를로퐁티는 몸의 지각과 상관없이(✕) 의식이 독립적으로(✕) 세계를 인식한다고 생각하지 않을 것이다.

한편, (나)의 1문단에서 '전통 철학'은 '의식과 신체는 독립되어 있고 의식이 객관적 세계를 인식한다고 보았'다고 했다. 이로 보아, '몸의 지각과 상관없이 의식이 독립적으로 세계를 인식한다고 생각'하는 것은 메를로퐁티가 아니라 전통 철학자라는 것을 알 수 있다.

가장 많이 질문한 오답은? ③

✕ ③이 오답인 이유 정답에 답한 학생들이 많았지만, ③에 답한 학생들도 제법 많았다. 그런데 〈보기〉에서 '스승'은 '제자'가 꽃을 지각하는 순간에 마음에 변화가 생겼다고 말했다. (나)의 2문단에서 메를로퐁티는 '몸이 지향성을 지니고 있어 세상을 지각할 수 있다'고 했고, 이것은 곧 '늘 집에 방치되어 있던 자전거도 우리 몸이 지향함으로써 지각되고 의미가 생긴다'는 것이라고 했다. 따라서 메를로퐁티는 꽃을 보기 전에는 제자의 마음속에 없었던 의미가 꽃을 지각한 후 생성된 것(변화가 생긴 것)이라는 스승에 말에 동의할 것이다.

① 〈보기〉에서 '제자'는 산속에 핀 꽃의 이름이 '진달래꽃'이라는 것을 알고 있는데, (가)의 2문단에서 '후설에 따르면 이렇게 의식이 대상을 만나서 의미를 형성하는 과정이 반복되고 그것이 누적되면 자기만의 '지평'을 갖게 된다.'라고 하였다. 따라서 후설은 제자가 꽃의 이름을 알고 있는 것에 대해 그의 지평이 작용했다고 생각할 것이다.

② 〈보기〉에서 '제자'는 사물(진달래꽃)이 마음과 상관없이 존재한다고 말하고 있는데, 이는 의식(마음)과 대상(진달래꽃)이 서로 독립적이라는 의미이다. 이와 달리 (가)의 1문단에서 후설은 '우리의 의식은 대상과 독립적으로 존재하는 것이 아니라'고 했으므로, 후설은 '제자'와 달리 의식과 대상이 서로 독립적으로 존재하는 것은 아니라고 생각할 것이다.

⑤ 〈보기〉에서 '스승'은 꽃을 보기 전까지 꽃은 마음에 없었다고 말했다. (가)의 1문단에서 '후설은 우리의 의식은…어떤 대상을 구체적으로 지향하며, 이를 통해 대상과의 관계에서 어떤 의미를 형성하는 성질을 지니고 있다고 말한다.'라고 했고, (나)의 2문단에서는 '그(메를로퐁티)는 후설의 지향성 개념을 수용하여…우리 몸이 지향함으로써 지각되고 의미가 생긴다는 것이다.'라고 했다. 따라서 후설과 메를로퐁티는 '스승'과 마찬가지로 주체가 대상을 지향하지 않으면 대상의 의미가 형성되지 않는다고 생각할 것이다.

6~11 인문(주제 통합): 기술철학(손화철, 「호모 파베르*의 미래」)
2023학년도 11월 고2 전국연합학력평가

독해력을 길러 주는 지문 분석

(가)

1문단 문단 요약 고전적 기술철학은 포괄적인 기술 일반에 주목하여 현대 기술에 대해 비판적으로 고찰했는데, 대표적인 철학자로 엘륄과 마르쿠제가 있다.
　핵심어(구) 고전적 기술철학, 비판적, 대표적인 철학자
　중심 내용 고전적 기술철학의 관점과 대표적인 철학자

2문단 문단 요약 기술이 인간이 정한 목적 달성을 위한 수단이 된다는 도구적 기술론과 달리, 엘륄은 자율적 기술론의 관점에서 기술이 인간의 통제를 벗어나 자율적인 것이 되어 효율성이라는 기준에 의해서만 움직인다고 보았다. 인간과 기술의 관계가 역전되어 인간이 기술의 지배에 대한 비판력을 상실했으며, 이로써 사회가 인간 소외에 직면하게 된다는 것이다.
　핵심어(구) 엘륄, 자율적 기술론, 기술이 인간의 통제를 벗어나 자율적인 것이 되어, 기술의 지배
　중심 내용 기술철학에 대한 엘륄의 견해: 기술이 인간의 통제에서 벗어나 자율적인 것이 됨.(자율적 기술론)

3문단 문단 요약 마르쿠제는 기술이 고도화되고 산업 사회가 성장하면서 이전과 달리 기술이 개인을 통제하는 방향으로 사용되었고, 그 결과 내면의 자유를 박탈당한 인간이 비판적 사유를 하지 못하는 일차원적 인간, 일차원적 사회가 되었다고 비판하였다. 그리고 기술이 이미 사회를 지배하는 파괴적인 정치 도구가 되었기 때문에 새로운 기술을 확립하기 위해서는 정치적 변화가 필요하다고 지적하였다.
　핵심어(구) 마르쿠제, 기술이 개인을 통제하는 방향으로 사용, 일차원적 사회, 정치적 변화
　중심 내용 기술철학에 대한 마르쿠제의 견해 – 기술이 인간과 사회를 지배함.

주제 기술에 대한 고전적 기술철학자들의 견해

▼ 기술에 대한 엘륄과 마르쿠제의 견해

엘륄	마르쿠제
• 기술은 인간의 통제를 벗어나 자율적인 것이 됨.(자율적 기술론) • 인간이 기술의 지배에 대한 비판력을 상실하게 되어 사회가 인간 소외에 직면할 것임.	• 인간이 기술을 개발하여 노동에서 해방됨. → 기술이 인간을 통제하는 방향으로 사용되어 인간이 비판적 사유를 하지 못하는 일차원적 인간으로 전락함.

(나)

1문단 [문단요약] 실제 기술에 대한 경험적 연구를 수행해야 한다고 믿으며 '경험으로의 전환'을 시도한 철학자들은 기술이 초래한 문제들에 집착하는 고전적 기술철학자들을 비판하고, 개별 기술들의 내용과 발전 과정을 구체적으로 분석한 토대 위에서 철학적 사유를 진행해야 한다고 보았다.

[핵심어(구)] '경험으로의 전환'을 시도한 철학자들, 고전적 기술철학자들을 비판

[중심 내용] 고전적 기술철학자들에 대해 비판한, '경험으로의 전환'을 시도한 기술철학자들

2문단 [문단요약] 경험으로의 전환은 기술에 대한 서술적인 접근 방식과 규범적인 접근 방식으로 나뉜다. 서술적 접근 방식은 경험적 근거를 바탕으로 기술을 관찰하여 기술의 특징을 분석하는 방식이다. 돈 아이디는 일상에서 감지되는 기술의 역할에 주목하여, 인간이 세계를 인식하는 틀에 기술이 미치는 영향을 분석하고 인간과 기술의 관계를 탐구하였다.

[핵심어(구)] 기술에 대한 서술적인 접근 방식, 돈 아이디

[중심 내용] '경험으로의 전환' 중 기술에 대한 '서술적인 접근 방식'의 개념과 대표학자인 돈 아이디의 관점

3문단 [문단요약] 돈 아이디는 인간과 기술의 관계를 체현 관계, 해석 관계, 배경 관계로 설명한다.

- **체현 관계:** 기술이 인간의 신체 기능을 확장하는 관계 예) 안경
- **해석 관계:** 기술이 텍스트를 제공하고, 인간이 이를 해석하여 정보를 획득하는 관계 예) 전자 현미경(미시 입자를 보여 줌.)
- **배경 관계:** 기술이 삶의 환경을 구성하는 관계 예) 보일러

[핵심어(구)] 돈 아이디, 인간과 기술의 관계

[중심 내용] 인간과 기술의 관계에 대한 돈 아이디의 설명

4문단 [문단요약] 규범적 접근 방식은 고전적 기술철학자들과 달리 기술이 야기한 문제에 대한 대안을 모색하였다. 핀버그는 기술의 발달은 사회 집단의 상호 작용에 의해 여러 방향 중 하나가 무의식적, 우연적으로 선택되어 이루어진다는 사회구성주의의 이론을 토대로 인간이 기술의 발달 방향을 긍정적으로 바꿀 수 있다고 역설하였다.

[핵심어(구)] 규범적 접근 방식, 핀버그, 사회구성주의의 이론을 토대로, 기술의 발달 방향을 긍정적으로 바꿀 수 있다

[중심 내용] '경험으로의 전환' 중 기술에 대한 '규범적 접근 방식'의 개념과 대표학자인 핀버그의 관점

5문단 [문단요약] 사회구성주의자들이 기술의 발달 과정에 사회적 합의가 있다는 것을 발견하는 데 만족했다면, 핀버그는 기술에 대한 사회적 선택의 과정을 공론의 장으로 끌어내고 광범위한 집단이 선택권을 가져야 한다며 기술 사회의 바람직한 발전 방향을 제안하였다.

[핵심어(구)] 핀버그, 기술 사회의 바람직한 발전 방향을 제안

[중심 내용] 핀버그가 제안한 기술 사회의 바람직한 발전 방향

주제 기술철학의 '경험으로의 전환'을 시도한 철학자들의 접근 방식과 그 견해

▼ '경험으로의 전환'을 시도한 철학자들의 기술에 대한 접근 방식과 관점

서술적 접근 방식 - 돈 아이디	규범적 접근 방식 - 핀버그
· 서술적인 접근 방식: 경험적 근거를 바탕으로 기술을 관찰하여 기술의 특징을 분석함. · 돈 아이디: 일상에서 생생하게 감지되는 기술 그 자체에 주목하여, 인간이 세계를 인식하는 틀에 미치는 기술의 영향을 분석함.	· 규범적 접근 방식: 기술이 야기한 문제에 대한 대안을 모색함. · 핀버그: 사회구성주의자들의 이론을 토대로 인간이 기술의 발달 방향을 긍정적으로 바꿀 수 있다고 보고, 기술 사회의 바람직한 발전 방향을 제안함.

★ (가), (나): 유사한 화제에 대한 다양한 글
기술 ┌ (가) 고전적 기술철학자들의 견해
　　 └ (나) '경험으로의 전환'을 시도한 철학자들의 견해

* **기술철학**: 기술과 관련하여 사회와 인간에 대한 철학적 이해를 다루는 학문의 한 갈래.
* **호모 파베르(Homo Faber)**: 도구의 인간. 인간의 본질은 도구를 사용하고 만드는 데 있다고 보는 것.

06 내용 전개 방식의 공통점과 차이점 파악　　정답 ⑤

◉ **⑤가 정답인 이유** (가)와 (나)는 모두 다음과 같이 '기술철학이 주목하는 측면'을 제시하고 '대표적인 학자들의 견해'를 소개하고 있다.

구분	기술철학이 주목하는 측면	대표학자	대표학자들의 견해
(가)	포괄적 기술 일반 (고전적 기술철학)	엘륄	기술이 인간의 통제를 벗어나 자율적인 것이 됨.(자율적 기술론)
		마르쿠제	기술이 개인을 통제한 결과, 인간이 비판적 사유 능력을 상실한 일차원적 인간으로 전락함.
(나)	실제 기술에 대한 경험적 연구	돈 아이디	서술적 접근 방식: 인간이 세계를 인식하는 틀에 미치는 기술의 영향을 분석하여, 인간과 기술의 관계를 설명함.
		핀버그	규범적 접근 방식: 기술코드의 민주화라는 기술 사회의 바람직한 발전 방향을 제안함.

즉, (가)는 '포괄적인 기술 일반'에 주목했던 엘륄과 마르쿠제의 견해를, (나)는 '실제 기술에 대한 경험적 연구'에 주목했던 돈 아이디와 핀버그의 견해를 각각 소개하고 있다.

나머지 답지들이 적절하지 않다는 것은 빠르게 판단할 수 있었지만, 오답인 이유를 구체적으로 살펴보자.

① (가)는 자율적 기술론과 도구적 기술론으로(2문단), (나)는 서술적 접근 방식과 규범적 접근 방식으로 기술철학의 유형을 나누고 있으므로 '(가)와 달리'는 적절하지 않고, (가)와 (나) 모두 각각의 장단점을 평가하고 있지 않으므로 '(나)는~평가하고 있다'도 적절하지 않다.

② (가)와 (나)는 모두 특정 기술철학에 대한 상반된 평가를 소개하고 있지 않으며, 절충(p.125 참조)된 견해를 제시하고 있지도 않다.

③ (가)와 (나)는 모두 특정 기술철학자의 견해를 제시하고 있으나, 그 견해가 지닌 한계를 지적하고 있지는 않다.

④ (가)의 2문단에서 엘륄의 자율적 기술론이 도구적 기술론과 대비된다고 했고, (나)의 1문단에서는 고전적 기술철학자들에 대해 '경험으로의 전환'을 주장한 철학자의 비판을 제시하고 있을 뿐, 그들 간의 논쟁을 소개하며 그 결과를 분석하고 있지는 않다.

07 내용 추론 정답 ④

◎ ④가 정답인 이유 ④는 (가)의 3문단 '일차원적 사회란 인간의 비판 능력을 제거함으로써 자연스럽게 인간을 억압하여 존속*되는 사회를 의미한다.…그 결과 (일차원적 사회에서) 개별 주체는 내면의 자유를 박탈*당했다.'와 어긋나므로 적절하지 않다.

> * 존속(存續): 어떤 대상이나 현상이 그대로 존재하는 것이 계속됨.
> * 박탈(剝奪): 남의 재물이나 권리, 자격 등을 빼앗음(탈취, 수탈).

나머지 답지들이 오답인(적절한) 이유와 근거도 (가)에서 확인해 보자.

① 3문단 끝의 '그(마르쿠제)는 기술이 이미 사회를 지배하는 파괴적인 정치의 도구가 되었기 때문에 새로운 기술을 확립하기 위해서는 정치적 변화가 필요하다고 지적하였다.'

② 2문단의 '도구적 기술론에서 기술은 가치 중립적인 것으로, 인간이 정한 목적을 달성하기 위한 수단으로 취급된다.'

③ 2문단의 '이는(엘륄의 주장은) 자율적인 기술 앞에서 인간의 자율성은 존재하지 않게 되며 전통적 의미에서 주체와 객체의 관계였던 인간과 기술의 관계가 역전되었음을 의미한다.'

⑤ 2문단의 '엘륄은…인간이 기술의 지배에 대한 비판력을 상실하게 되어 사회가 인간 소외에 직면할 것임을 경고하였다.'와 3문단의 '마르쿠제는 일차원적 사회에 대한 비판을 중심으로 기술의 발달로 인해 발생한 인간과 사회의 위기 상황을 분석하였다.…기술의 창조자였던 인간이 비판적 사유를 하지 못하는 일차원적 인간으로 전락한 것이다.'

08 반응의 적절성 판단 정답 ②

◎ ②가 정답인 이유 (나)의 3문단에서 돈 아이디는 '해석 관계는 기술이 해석을 필요로 하는 텍스트를 인간에게 제공하는 관계'라고 하면서 '전자 현미경으로 미시* 입자*를 탐구하는 경우, 전자 현미경 속에 보이는 것은 세계에 관한 텍스트인 셈이며, 인간은 이를 해석하여 보이지 않는 세계에 대한 정보를 획득할 수 있다.'라고 했다. 그런데 〈보기〉에서 자전거 바퀴의 크기는 해석을 필요로 하는 텍스트라고 볼 수 없고, 인간이 이를 해석하여 보이지 않는 세계에 대한 정보를 획득할 수도 없으므로 ②의 반응은 적절하지 않다.

> * 미시(微視): 작게(미미하게) 보임(시각). ⑭ 거시(巨視)
> * 미시 입자: 아주 작은 크기의 입자로, 원자나 분자, 또는 그보다 작은 크기에 해당하는 입자들(전자, 중성자, 양전자 등)을 말함.

✕ ③이 오답인 이유 ③에 답한 학생들이 제법 많았는데, 〈보기〉에서 자전거는 '앞바퀴가 큰 자전거'와 '앞뒤 바퀴의 크기가 같은 자전거'가 사용되다가 '앞뒤 바퀴가 같은 크기로 고정되는 방식으로 발달하였다.'라고 했다. 이 점에 주목하여 사회구성주의자들에 대해 언급한 부분을 지문에서 찾으면, 5문단에서 사회구성주의자들은 '개별 기술(자전거 앞뒤 바퀴의 크기)의 발달 방식을 파악하는 데 주력*한다고 했으므로 적절한 반응이다.

> * 주력(注力): 어떤 일에 주목하여 온 힘(노력, 실력)을 기울임.

나머지 답지들이 (나)를 읽은 학생이 〈보기〉에 대해 보인 반응으로 적절한 이유도 살펴보자.

① 3문단에서 돈 아이디는 '체현 관계란 기술이 인간의 신체적 기능을 확장하는 역할을 하는 관계'로, 이는 '안경처럼 기술이 인간 몸의 일부와 같이 기능하는 것'이라고 했다. 〈보기〉에서 자전거는 스포츠용이나 장보기용으로 사용할 때 '안경처럼' 인간의 신체적 기능을 확장하는 역할을 하므로 적절한 반응이다.

④ 5문단에서 '핀버그는 기술코드를 민주적으로 바꾸어야 한다고 강조'했고 '기술코드란 기술이 정의되고 활용되는 방식으로, 디자인이나 그것이 수행하는 역할, 기술이 가지는 사회적 의미 등을 포괄하는 개념'이라고 하였다. 〈보기〉에서 자전거 앞뒤 바퀴의 크기는 '디자인이 수행하는 역할', 자전거의 용도는 '기술이 활용되는 방식'과 관련된 기술코드라 할 수 있으므로 적절한 반응이다.

⑤ 5문단에서 핀버그는 '기술에 대한 사회적 선택의 과정을 의식적 차원에서의 공론(공개적으로 의논함)의 장으로 끌어내'야 한다고 했다. 따라서 〈보기〉에서 사전서의 니사인을 선택하는 과정도 공론화되어야 한다고 볼 것이므로 적절한 반응이다.

09 관점들 간의 공통점과 차이점 이해 정답 ③

◎ ③이 정답인 이유 〈보기〉에서 ㄴ은 '인간의 일상생활을 용이하게 하고 인간을 빈곤, 위협 등에서 벗어나게 하는 것이 기술의 의의이다.'라고 했는데, 이것은 기술이 초래한 결과를 바탕으로 기술의 의의를 파악한 것이다. 그리고 (가)의 2문단에서 '엘륄은 기술에 대한 인간의 근거 없는 신뢰가 일반화되고 인간이 기술의 지배에 대한 비판력을 상실하게 되어 사회가 인간 소외에 직면할 것임을 경고하였다.'라고 했으므로, 엘륄 역시 기술이 초래한 결과를 바탕으로 기술의 의미를 파악하고 있다. 따라서 ③에서 '엘륄과 달리'라고 한 것은 적절하지 않다.

한편, (가)의 1문단에서 엘륄이 '고전적 기술철학의 대표적인 철학자'라고 한 것과, (나)의 1문단에서 '경험으로의 전환'을 강조한 철학자들은 '고전적 기술철학자들이 기술이 초래한 문제들에 집착했다고 비판한 것을 통해서도 엘륄은 기술이 초래한 결과를 바탕으로 기술의 의미를 파악했다는 것을 확인할 수 있다.

X **②가 오답인 이유** 〈보기〉의 ㄴ은 기술이 '인간의 일상생활을 용이하게' 한다고 했고, **(가)의 3문단**에서 마르쿠제는 '산업 혁명 초기에 인간은 기술을 개발하여 고통스러운 노동에서 스스로 해방되었다.'라고 했다. 따라서 ㄴ과 마르쿠제 모두 기술이 인간의 편의를 위해 활용될 수 있다고 본다는 것을 알 수 있다.

그런데 **(가)의 3문단**에서 '그러나 기술이 고도화되고 산업 사회가 성장하면서 기술은 오히려 개인을 통제하는 방향으로 사용되었고, 그 결과 개별 주체는 내면의 자유를 박탈당했다.'라고 한 것에 주목하여 ②는 '마르쿠제'에 대한 이해가 적절하지 않다고 본 학생들이 상당히 많았다. 그러나 이는 마르쿠제가 '산업 혁명 초기' 이후에 기술의 역할이 달라졌다고 본 것일 뿐이다.

나머지 답지들이 오답인(적절한) 이유도 살펴보자.

① 〈보기〉의 ㄱ에서 '기술이 인간 의식 내부에까지 변화를 일으킨다.'고 했고, **(나)의 2문단**에서는 '(돈 아이디는) 인간이 세계를 인식하는 틀에 미치는 기술의 영향을 분석'하였다고 했으므로, ㄱ과 돈 아이디 모두 기술이 인간의 의식에 영향을 미칠 수 있다고 본다는 것을 알 수 있다.

④ 〈보기〉의 ㄷ에서 '현대 기술 사회는 기술 통제를 스스로 포기한 '기술 표류'의 상태'이므로 '시민들의 정치적 참여로 기술 발전의 과정 자체를 규제할 필요가 있다.'고 했고, **(나)의 4문단**에서는 '규범적 접근 방식은 기술이 야기한 문제에 대한 대안을 모색하는 것을 의미한다.'고 했으며, **5문단**에서는 '(규범적 접근 방식을 따르는) 핀버그는 기술코드를 민주적으로 바꾸어야 한다고 강조하며 기술 사회의 바람직한 발전 방향을 제안하였다.'고 했으므로, ㄷ과 핀버그 모두 기술이 야기한 문제를 해결해야 할 과제로 인식한다는 것을 알 수 있다.

⑤ 〈보기〉의 ㄷ에서 '기술은 만든 이의 의도와 무관히 사회 구성원들의 삶을 특정한 방향으로 이끌어 가는 정치적 영향력을 갖'는다고 했지만, **(가)의 2문단**에서 '(엘륄은) 이러한(인간이 기술의 지배에 대한 비판력을 상실하게 되어 사회가 인간 소외에 직면한) 상황에서 인간이 취할 수 있는 태도는 자율성을 상실했다는 사실을 겸허하게 인정하는 것뿐'이라고 했으므로, ㄷ은 엘륄과 달리, 인간이 기술의 발전을 정치적으로 제어할 수 있다고 본다는 것을 알 수 있다.

10 비유적 의미의 이해 정답 ④

◎ **④가 정답인 이유** 문맥상 ㉠(암흑 상자)은 '경험으로의 전환'을 시도하는 철학자들이 '고전적 기술철학자들이 기술이 초래한 문제들에 집착한 채, 기술을 외부에서만 관찰이 가능'한 것으로 본 것을 빗대어 표현한 것임을 알 수 있다. 여기서 '외부에서만 관찰이 가능'하다는 것, '암흑'이라는 것은 내부가 보이지 않는다, 속을 알 수 없다는 뜻이다. 따라서 이런 내용을 잘 나타낸 ④가 정답이다.

| ㉠ 앞: 기술이 초래한 문제들에 집착한 채 기술은 외부에서만 관찰이 가능한 것 |
| ④: 기술 자체에 대해서 모르는 채 기술로 인해 생기는 상황에만 집착 |

①, ②, ③ ㉠은 기술을 대하는 '고전적 기술철학자들의 관점'을 나타낸 것이다. 그런데 ㉠ 앞뒤의 '기술 일반에 대해 추상적으로 고민할 것이 아니라 실제 기술에 대한 경험적 연구를 수행해야 한다고 믿은 철학자들은 자신들의 시도를 '경험으로의 전환'이라고 불렀다.'와 '('경험으로의 전환'을 시도하는 철학자들은) 개별 기술들의 내용과 발전 과정들을 구체적으로 분석하고 그 토대 위에서 철학적 사유가 진행되어야 한다고 보았다.'로 보아, ①~③은 '경험으로의 전환'을 시도하는 학자들의 입장에 가까우며, ㉠의 의미와도 거리가 멀다.

⑤ **(나)의 1문단**에서 고전적 기술철학자들은 '기술 일반에 대해 추상적으로 고민'했다고 했을 뿐 '기술의 변화에 대한 두려움'을 가졌다고 하지 않았고, ㉠의 의미와도 거리가 멀다.

11 바꿔 쓰기에 적절한 어휘 이해 정답 ③

◎ **③이 정답인 이유** '어휘 문제 3단계 풀이법'을 적용해 보자.
• 1·2단계: 핵심을 간추린 후 대입하기

| 기술을 세밀하게 관찰하다. → 기술을 빠르게 관찰하다. |

→ 얼핏 보면 문맥상 자연스럽지만, 3단계까지 적용해 보자.
• 3단계: '매3어휘 풀이' 떠올리기

| • 세밀하게: 세세하게, 자세하게, 꼼꼼하게, 빈틈없이 ⟨반⟩ 대강대강, 대충 ⟨예⟩ 세밀하게 묘사하다. |
| • 빠르게: 짧은 시간 안에, 신속하게 ⟨반⟩ 느리게 ⟨예⟩ 빠르게 행동하다. |

→ 3단계까지 오면 기술을 '세밀하게' 관찰하는 것은 '자세히' 관찰하는 것이고, '빠르게' 관찰하는 것은 '짧은 시간 동안' 관찰하는 것이므로 '빠르게'는 ⓒ(세밀하게)와 바꿔 쓰기에 적절하지 않다는 것을 알 수 있다.

나머지 답지들에 답한 학생들은 드물었는데, '어휘 문제 3단계 풀이법'을 적용해 보면 이 답지들은 바꿔 쓰기에 적절하다는 것을 알 수 있다.
① 목적을 달성하기(→ 이루기) 위한 수단: '달성하다'는 '이루다, 성취하다, 실현하다'의 의미를 나타내므로 적절하다.
② 인간의 비판 능력을 제거함으로써(→ 없앰으로써): '제거하다'는 '없애다, 빼다'의 의미를 나타내므로 적절하다.
④ 대안을 모색하는(→ 찾는) 것: '모색하다'는 '찾다, 찾아내다, 도모하다, 궁리하다'의 의미를 나타내므로 적절하다.
⑤ 기술의 발달 방식을 파악하는 데 주력하여(→ 힘써): '주력하다'는 '힘쓰다, 힘들이다, 온 힘을 기울이다, 노력하다'의 의미를 나타내므로 적절하다.

국어 고득점의 비결, 매3공부법

매3비 부록 「매3공부법」에서 확인하여
다른 과목을 공부할 때에도 적용하세요.

독해력을 길러 주는 지문 분석

(가) 박정자, 「시뮬라크르의 시대」

1문단 문단 요약 플라톤은 세계를 변하지 않는 본질인 에이도스를 지성만으로 알 수 있는 '가지적 세계'와 우리 눈으로 지각 가능한 현실 세계인 '가시적 세계'로 구분하였다. 그리고 가시적 세계는 가지적 세계를 모방하여 재현한 환영이자 이미지에 불과하며, 예술도 재현의 기술이기 때문에 무가치하다는 예술관을 드러냈다.

핵심어(구) 플라톤, 세계, 가지적 세계, 가시적 세계, 예술, 무가치, 예술관

중심 내용 플라톤의 세계관과 예술관 – '가지적 세계'를 모방한 '가시적 세계'와 예술을 비하함.

2문단 문단 요약 플라톤은 가시적 세계의 사물들을 '에이돌론'이라 부르며, 에이도스(실재)의 성질을 얼마나 반영했는지에 따라 에이돌론을 에이콘과 판타스마로 구분한다. 그리고 예술이 시뮬라크르에 해당하며, 본질에서 멀어진 무가치한 것이라고 주장한다.

▼ 세계와 사물에 대한 플라톤의 관점(1~2문단)

가지적 세계	• 우리의 지성으로만 알 수 있는 세계 • 변하지 않는 본질(=실재)인 '에이도스'가 있는 세계
가시적 세계	• 우리 눈으로 지각이 가능한 현실 세계 • 가지적 세계를 모방·재현한 환영, 이미지에 불과함. • '에이돌론'(가시적 세계의 사물들)이 있는 세계 • 에이돌론 { 에이콘: 에이도스를 정확히 재현한 이미지 / 판타스마: 에이도스의 성질이 없는 가짜, 시뮬라크르

핵심어(구) 플라톤, 에이돌론, 에이도스, 에이콘, 판타스마, 예술, 시뮬라크르

중심 내용 플라톤의 예술관 – 예술은 시뮬라크르로 본질에서 멀어진 무가치한 것이라고 주장함.

3문단 문단 요약 반플라톤주의 철학자 들뢰즈는 플라톤이 대상을 원본, 사본(진짜 유사), 시뮬라크르(가짜 유사)로 구분 짓고 시뮬라크르만을 무가치한 것으로 폐기한 것은 이성을 통해 대상의 가치를 판단하고 재단하는 폭력성이 내재해 있다고 비판한다.

핵심어(구) 반플라톤주의 철학자 들뢰즈, 원본, 사본, 시뮬라크르, 폭력성, 비판

중심 내용 들뢰즈의 플라톤 비판 – 플라톤의 철학은 이성 중심의 폭력성이 내재됨.

4문단 문단 요약 시뮬라크르가 모방을 거듭하면서 본질에서 멀어진 가짜라고 주장하는 플라톤과 달리 들뢰즈는 시뮬라크르가 반복해서 생성할 때 차이를 드러내 원본이나 사본의 우위를 부정하는 역동적 힘이 있다고 긍정하였다. 이에 따라, 들뢰즈는 예술가가 일상적인 반복에서도 서로 다른 의미를 지닌 예술 작품을 생성해 내며, 이로써 예술의 존재 가치를 보존한다고 보았다.

핵심어(구) 들뢰즈, 시뮬라크르, 반복, 차이, 예술, 존재 가치를 보존

중심 내용 들뢰즈의 예술관 – 시뮬라크르가 반복해서 생성할 때 차이를 드러내 예술의 존재 가치를 보존함.

주제 플라톤의 예술관과 그것에 대해 비판한 들뢰즈의 예술관

(나) 임영매, 「보드리야르: 현대 예술과 초미학」

1문단 문단 요약 철학자 장 보드리야르는 현대 사회는 미디어와 광고가 생산하는 복제 이미지들로 만들어진 세계라고 말한다. 보드리야르는 현대 사회에서 이미지는 단순한 복사물에 불과하던 과거와 달리 실재보다 더 실재적이고 우월한 '초과 실재'라 부르며, 이를 시뮬라크르라고 하였다.

핵심어(구) 장 보드리야르, 이미지, 초과 실재, 시뮬라크르

중심 내용 장 보드리야르의 현대 사회에 대한 이해 (1) – 현대 사회에서 이미지는 실재보다 더 실재적이고 우월한 것으로 봄.(초과 실재=시뮬라크르)

2문단 문단 요약 보드리야르는 시뮬라크르가 산출되는 과정인 '시뮬라시옹 현상'이 끊임없이 일어나는 현대 사회에서는 시뮬라크르를 더 실재이며 사물의 본질이라고 믿기 때문에 모든 실재가 내파하여 사라진다고 말한다. 쥐를 모델로 하는 만화 주인공인 미키마우스가 실제 쥐보다 더 실재적이고 우월한 초과 실재가 된 것이 그 사례이다.

> • 내파: 무한히 재생산된 시뮬라크르들이 실재를 지시하던 기능을 잃어, 실재와 시뮬라크르의 경계가 붕괴되는 것

핵심어(구) 시뮬라시옹 현상, 시뮬라크르, 실재, 사물의 본질

중심 내용 장 보드리야르의 현대 사회에 대한 이해 (2) – 현대 사회에서 시뮬라크르는 실재보다 더 실재이며 사물의 본질이라고 믿음.

3문단 문단 요약 보드리야르는 오늘날 예술 작품이 시뮬라시옹 현상에 의해 도처에서 증식하고, 일상적 사물이 예술에 가까워지면서 미적인 것이 내파되어 사라지면서 예술이 가지고 있던 미적 가치가 사라지고 있다고 비판하며, 예술 자체가 내파되어 사라진 상태를 '초미학'이라 불렀다.

핵심어(구) 예술이 가지고 있던 미적 가치가 사라지고 있다, 초미학

중심 내용 보드리야르의 시뮬라시옹 현상에 대한 비판 – 예술의 미적 가치가 소멸되고 있다고 봄.(초미학)

주제 장 보드리야르의 현대 사회에 대한 이해와 예술 비판

★ (가), (나): 유사한 화제에 대한 다양한 글
예술관 { (가) 플라톤의 예술관을 비판한 들뢰즈의 견해 / (나) 장 보드리야르의 현대 사회 이해와 예술 비판

---

12 내용 전개 방식의 파악
정답 ③

◎ ③이 정답인 이유 (가)는 1~2문단에서 플라톤의 철학적 세계관과 그에 따른 시뮬라크르에 대한 관점을 제시한 다음, 3~4문단에서 반플라톤주의 철학자 들뢰즈의 플라톤에 대한 비판과 시뮬라크르에 대한 관점을 소개하고 있고, (나)는 철학자 장 보드리야르의 세계관과 그에 따른 현대 시뮬라크르에 대한 관점을 소개하고 있다. 이를 정리하면 다음과 같다.

철학자	세계관	시뮬라크르에 대한 관점
플라톤	가지적 세계는 본질인 '에이도스'가 있고, 가시적 세계는 현실 세계로, 가지적 세계를 모방하여 재현한 환영이자 이미지에 불과함.	예술은 에이도스의 성질이 없는, 가짜 사이비인 '시뮬라크르로 본질에서 멀어진 무가치한 것임. → 부정적
들뢰즈	플라톤의 '원본, 사본, 시뮬라크르의 위계'와 '시뮬라크르의 폐기'를 비판함.	반복해서 생성할 때 드러나는 차이가 실재로서 지닌 의미임. → 긍정적
보드리야르	현대 사회는 복제 이미지들로 만들어진 세계임.	이미지가 실재보다 더 실재적이고 우월한 초과 실재(시뮬라크르)로, 예술의 한계가 무너져(초미학) 보잘것없는 것이 됨. → 부정적

① (가)와 (나) 모두 시뮬라크르가 지닌 오류를 증명하지도, 사고 실험을 제시하지도 않았다.
② (가)와 (나) 모두 시뮬라크르가 사라지는 현상이 나타난다고 하지 않았다. (나)에서 '시뮬라시옹 현상'은 시뮬라크르가 산출되는 과정이라고 했고(2문단), 이 현상으로 인해 시뮬라크르가 실재를 대신하면서 현대 사회의 모든 영역이 '내파'하여 사라진다고 하였다.
④ (나)에서만 현대 사회의 시뮬라크르가 지닌 문제점(실재와 시뮬라크르 사이의 경계가 붕괴되고, 시뮬라크르가 실재보다 더 실재적이고 우월한 초과 실재가 됨.)을 제시하고 있으나, (나)에서도 그 극복 방법은 제시하고 있지 않다.
⑤ (가)에서 들뢰즈는 시뮬라크르에 대한 플라톤의 예술관의 문제점(예술은 시뮬라크르에 해당하며 무가치하다고 봄.)을 지적하고 새로운 예술관을 모색하고 있다. 그런데 (나)에서 보드리야르는 현대 사회의 시뮬라크르에 대한 문제점을 지적하고 있으나, 새로운 예술관을 모색하고 있지는 않다.

13 핵심 개념에 대한 이해
정답 ⑤

◎ ⑤가 정답인 이유 (가)에서 다음 내용에 주목해 보자.

> • 플라톤에게 가지적 세계는 우리의 지성으로만 알 수 있는 세계이며, 결코 변하지 않는 본질, 즉 실재인 '에이도스'가 있는 세계이다.(1문단)
> • 플라톤은 가시적 세계의 사물들을 '에이돌론'이라 부르며~ (2문단)

이를 통해 가지적 세계에 있는 본질은 에이도스이고, 에이돌론은 가시적 세계에 있는 사물이라는 것을 알 수 있다. 따라서 '가지적 세계에 있는 본질'이 에이도스와 에이돌론으로 구분된다고 한 것은 적절하지 않다.

나머지 답지들에 답한 학생들은 드물었지만, 이들 답지들이 오답인(적절한) 근거도 찾아보자.
① 1문단의 '플라톤에게 가지적 세계는 우리의 지성으로만 알 수 있는 세계이며'
②, ④ 1문단의 '가시적 세계는 우리 눈으로 지각이 가능한 현실 세계로, 이 세계는 가지적 세계를 모방하여 재현한 환영이자 이미지에 불과하다.'

③ 2문단의 '플라톤은 가시적 세계의 사물들을 '에이돌론'이라 부르며, 에이돌론을 에이도스의 성질을 얼마나 반영했는지에 따라 '에이콘'과 '판타스마'로 구분한다.'

14 관점의 이해와 적용
정답 ④

◎ ④가 정답인 이유 먼저 〈보기〉의 [자료 1]과 [자료 2]의 내용을 정리해 보자.

> [자료 1] 캐릭터 제작자 A가 '실제 상품을 베낀 초안'(①)을 변형한 '첫 캐릭터'(②)를 그려 음료 회사에 제시함. → 음료 회사는 ②를 혹평함. → A는 ②를 의인화한 '최종 캐릭터'(③)를 다시 그림. → 음료 회사는 ③을 담은 광고를 반복 방영함. → ③은 실제 상품보다 사랑받는 인기 캐릭터가 됨.
> [자료 2] 가구 장인 B가 그린 '의자 1'(자신이 만든 실제 의자를 본떠 그린 것)은 예술성을 인정받아 미술관에 전시됨. → 화가 C는 '의자 1'을 보고 '의자 2'를 그린 후, 다시 이를 변형한 '의자 3'을 그려 전시함. → B는 '의자 1'의 모델인 실제 의자를 '의자 0'으로 전시함. → 평론가들은 '의자 0'을 진정한 원본이라고 극찬함. → 이후 예술가들이 깃발, 책상 등을 그대로 전시하고 예술을 논하는 현상이 각국 미술관에서 일어남.

이를 바탕으로 ㉣을 살피면, 〈보기〉의 [자료 2]에서 '의자 0'은 가구 장인 B가 만든 현실 세계의 의자라고 했는데, (가)의 2문단에서 '장인'이 만든 것은 에이콘, 즉 가시적 세계의 사물이라고 했고, 플라톤은 (가)의 1문단에서 '가시적 세계는 우리 눈으로 지각이 가능한 현실 세계로, 이 세계는 가지적 세계를 모방하여 재현한 환영이자 이미지에 불과하다.'고 했다. 이를 통해 플라톤은 '의자 0'이 실재보다 우월해졌다고 여기지 않을 것임을 알 수 있다.

한편 보드리야르는 (나)의 1문단에서 '플라톤 이래 원본과 이미지의 경계가 분명했던 서구 근대 사회에서는 복제 이미지가 단순한 복사물에 불과했지만, 현대 사회에서는 실재보다 더 실재적이고 우월한 것이 된다.'고 했으므로, 플라톤과 달리 '의자 0'이 실재보다 우월해졌다고 여길 것이다. → 보드리야르와 달리 플라톤은 ✕

① 〈보기〉의 [자료 1]에서 A가 그린 '첫 캐릭터'는 '실제 상품을 베낀 초안을 그린 후 이를 변형한' 것이라고 했다. 플라톤은 (가)의 2문단에서 '모방한 것을 다시 모방한' 것은 '에이도스의 성질이 없는 가짜, 사이비'인 '시뮬라크르'라고 했으므로 ㉠에서 플라톤에 대한 설명은 적절하다. 그리고 들뢰즈는 4문단에서 '시뮬라크르가 모방을 거듭하면서 본질에서 멀어진 가짜라고 주장하는 플라톤과 달리 들뢰즈는 사물 그 자체라고 주장한다.'라고 했으므로 ㉠에서의 '들뢰즈와 달리'도 적절하다.
② 〈보기〉의 [자료 1]에서 '초안'은 A가 실제 상품을 베낀 것이고, '첫 캐릭터'는 초안을 변형한 것, '최종 캐릭터'는 첫 캐릭터를 의인화한 것이라고 했다. 들뢰즈는 (가)의 4문단에서 '시뮬라크르를 반복해서 생성할 때 드러나는 모든 차이가 바로 시뮬라크르가 실재로서 지닌 의미 그 자체'라고 했으므로, ㉡에서 들뢰즈에 대한 설명은 적절하다. 그리고 플라톤은 2문단에서 '모방한 것을 다시 모방한' 것은 '에이도스의 성질이 없는 가짜, 사이비'인 '시뮬라크르'라고 했으므로 ㉡에서의 '플라톤과 달리'도 적절하다.

③ 〈보기〉의 [자료 1]에서 '최종 캐릭터'는 광고로 반복하여 방영된 후 '가장 영향력 있는 인물로 선정되는 등 실제 상품보다 사랑받는 인기 캐릭터'라고 했다. 보드리야르는 **(나)의 2문단**에서 '현대 사회에서 시뮬라크르(최종 캐릭터)는 그 자체로서 실재를 대신한다'고 했으므로 ⓒ에서 보드리야르에 대한 설명은 적절하다. 그리고 들뢰즈는 **(가)의 4문단**에서 시뮬라크르(최종 캐릭터)를 '사물 그 자체'라고 했으므로 ⓒ에서의 '들뢰즈와 달리'도 적절하다.

⑤ 〈보기〉의 [자료 2]에서 '의자 3'은 화가 C가 '의자 1'을 보고 자신만의 방식으로 그린 '의자 2'를 다시 변형한 것이라고 했다. 들뢰즈는 '시뮬라크르('의자 3')는…원본과 사본('의자 1')의 시뮬라크르('의자 3')에 대한 우위를 부정하는 역동적인 힘이 있다.'고 했으므로 ⑩에서 들뢰즈에 대한 설명은 적절하다. 그리고 플라톤은 **(가)의 4문단**에서 '시뮬라크르('의자 3')가 모방을 거듭하면서 본질에서 멀어진 가짜라고 주장'한다고 했으므로 ⑩에서의 '플라톤과 달리'도 적절하다.

15 반응의 적절성 판단
정답 ④

○ **④가 정답인 이유** 보드리야르가 말한 '초과 실재'는 **(나)의 1문단**에서 현대 사회에서 미디어와 광고가 생산하는 복제 이미지가 '실재보다 더 실재적이고 우월한 것'이 된 것이라고 하였다. 따라서 〈보기〉의 [자료 1]에서 인기 캐릭터가 된 최종 캐릭터는 실재보다 더 실재적이고 우월한 것이 된 초과 실재에 해당하는 것이 맞다.

그리고 '초미학'은 **(나)의 3문단**에서 '예술이 가지고 있던 미적 가치가 사라지고' '그 어떤 것도 더 이상 아름답거나 추하지 않게' 되어 '예술 그 자체가 내파되어 사라진 상태'라고 하였다. 그런데 〈보기〉의 [자료 2]에서 '의자 1'이 예술성을 인정받은 순간은 미적 가치가 사라진 것도, 예술 그 자체가 내파되어 사라진 것도 아니므로, '초미학 상태'가 아니다. 결국 ④는 앞부분은 적절하지만 뒷부분은 적절하지 않아 정답이 된 것이다.

가장 많이 질문한 오답은? ③, ①, ⑤ 순

✕ **③이 오답인 이유** **(가)의 3문단**에서 '들뢰즈는 플라톤이 원본의 성질을 재현한 정도에 따라 원본과 사본, 시뮬라크르로 위계적인 질서를 부여한다고 지적하며, 이러한 플라톤식 사유에는 주체가 이성을 통해 대상의 가치를 판단하고 재단하는 폭력성이 내재해 있다고 비판한다.'라고 하였다. 따라서 들뢰즈는, 〈보기〉의 [자료 1]에서 첫 캐릭터에 대해 음료 회사가 '상품의 특징이 드러나지 않는다'고 혹평하고 [자료 2]에서 '의자 0'에 대해 평론가들이 '진정한 원본'이라며 극찬한 것은 모두 대상의 가치를 재단하는 폭력성이 내재해 있다고 볼 것이다.

✕ **①이 오답인 이유** **(가)의 2문단**에서 플라톤은 가시적 세계의 사물들 중 '에이콘은 사물을 만드는 주체가 건축가나 장인처럼 에이도스에 대한 지식을 가지고 에이도스의 성질을 가능한 정확하게 재현한 좋은 이미지'인 반면 '판타스마는 에이도스에 대한 지식은 없이 눈에 보이는 현상만을 모방하여 재현한 나쁜 이미지'라고 하였다. 따라서 플라톤은 〈보기〉의 [자료 2]에서 가구 장인인 B가 만든 의자는 에이도스에 대한 지식을 가진 장인이 만든 좋은 이미지인 반면, 〈보기〉의 [자료 1]에서 실제 상품을 베껴 그린 초안은 에이도스에 대한 지식 없이 눈에 보이는 현상

만을 모방하여 재현한 나쁜 이미지라고 볼 것이다.

✕ **⑤가 오답인 이유** 보드리야르의 견해와 관련하여 **(나)의 2문단**에서 '내파란 무한히 증식하여 재생산된 시뮬라크르들이 원래 실재를 지시하던 기능과 가치를 잃어버려 실재와 시뮬라크르 사이의 경계가 붕괴되는 것을 의미한다.'라고 하면서 '실제 쥐와 미키마우스 사이의 경계'가 붕괴된 사례를 제시하고 있다. 따라서 보드리야르는 [자료 1]의 설문 조사에서 최종 캐릭터가 실제 상품보다 사랑받는다는 결과를 보고 실제 상품(음료)과 광고 속 캐릭터(최종 캐릭터) 간의 경계가 내파된 현상이 일어났다고 볼 것이다.

그리고 **(나)의 3문단**에서는 '보드리야르에 의하면 예술가가 전시장에 깃발, 청소기, 식탁 등과 같은 일상적 사물을 두고 예술을 논하는 등 모든 것이 미학적인 것이 될 때, 그 어떤 것도 더 이상 아름답거나 추하지 않게 되며~예술 그 자체가 내파되어 사라진 상태가 된다.'라고 하였다. 따라서 보드리야르는 [자료 2]의 각국 미술관에서 일상 사물을 전시하는 것에 대해 일상 사물과 예술 작품 간의 경계가 내파된 현상이 일어났다고 볼 것이다.

②에 답한 학생들도 많았는데, **(가)의 2문단**에서 플라톤은 '특히 회화는 화가가 실재에 대해 아무것도 모른 채 사람들이 실재라고 믿도록 기만하는 사이비 기술이며, 이러한 기술로 그려진 작품은 본질에서 멀어진 무가치한 것이라고 주장한다.'라고 하였다. 따라서 플라톤은 [자료 1]의 A가 그린 캐릭터들과 [자료 2]의 C가 그린 그림들(회화들)은 모두 사이비 기술로 그려진 것들이라고 볼 것이다.

16 의미의 추론
정답 ⑤

○ **⑤가 정답인 이유** ㉮는 들뢰즈의 말로, ㉮ 앞에서 들뢰즈는 '플라톤이 원본의 성질을 재현한 정도에 따라 원본과 사본, 시뮬라크르(모방한 것을 다시 모방한, 사본의 사본)로 위계적인* 질서를 부여한다고 지적(비판)'했고, '시뮬라크르는 주체의 판단과 상관없이 독립된 존재로서, 원본과 사본의 시뮬라크르에 대한 우위를 부정하는 역동적인 힘이 있고, '그 힘은 반복을 통해 실현'되고 '반복'을 통해 '존재 가치를 보존'한다고 했으므로, ㉮(예술은 모방이 아니라 반복할 뿐)에는 반복을 통해 위계적 질서에서 벗어난 예술에 대한 들뢰즈의 긍정적 태도가 담겨 있다.

그리고 ㉯는 보드리야르의 말로, ㉯ 앞에서 보드리야르는 예술 작품이 '도처에서 증식*하면서 예술이 가지고 있던 미적 가치가 사라지고 있다고 비판'했고 '모든 것이 미학적인 것이 될 때, 그 어떤 것도 더 이상 아름답거나 추하지 않게' 된다고 했으므로, ㉯(예술은 너무 많기 때문에 극도로 보잘것없는 것)에는 증식을 통해 그 어떤 것도 아름답거나 추하지 않게 된 예술에 대한 부정적 태도(보잘것없음)가 담겨 있다.→ ㉮ ○, ㉯ ○

> * 위계적인: 지위나 계층, 계급, 등급이 있는.
> * 증식: 늘어나서(증가) 많아짐(번식).

X ②가 오답인 이유 (가)의 2문단을 통해 예술 작품을 '사본의 사본'으로 평가하는 것은 플라톤이고, **3~4문단**을 통해 들뢰즈는 플라톤의 입장을 비판한다는 것을 알 수 있다. 따라서 '㉮에는 예술 작품을 사본의 사본으로 평가하는 입장에 대한 수용이 담겨 있다.'라고 한 것은 적절하지 않다. 그런데도 ②가 적절한 답지라고 본 많은 학생들은 '수용(이)'을 놓치고 '~입장에 대한 비판이 담겨 있다'고 잘못 읽은 경우가 많았다.

한편 ㉯ 앞의 '모든 것이 미학적인 것이 될 때, 그 어떤 것도 더 이상 아름답거나 추하지 않게 되며, 동시에 예술은 자신의 한계를 넘어서 그 자체를 부정하고 청산*한다.'로 보아, ㉯에는 모든 것이 미학적인 것이 되는 현상에 대한 비판이 담겨 있다.'라고 한 것은 적절하다. → ㉮ X, ㉯ O

> *청산(淸算): 빚이나 부정적 요소를 깨끗이(청결) 정리(계산)함.

나머지 답지들이 적절하지 않은 이유와 근거도 찾아보자.

	㉮	㉯
①	㉮ 앞의 '그것(반복을 통해 서로 다른 의미를 지닌 예술 작품을 생성해 내는 것)이 예술이 주체의 판단에 의해 가치 없는 것으로 폐기(버림)되지 않고 존재 가치를 보존하는 길이기 때문' → O	㉯ 앞의 '보드리야르는 오늘날 예술 작품이…도처에서 증식하면서 예술이 가지고 있던 미적 가치가 사라지고 있다고 비판한다.' → X
③	㉮의 앞 문장의 내용 및 2문단에서 플라톤(㉮의 들뢰즈 X)이 시뮬라크르(모방의 모방, 사본의 사본)에 해당하는 예술 작품을 '본질에서 멀어진 것'이라고 본 것 → X	㉯ 앞에서 보들리야르가 '예술이 일상적 사물에 가까워지고, 일상적 사물은 예술에 가까워지면서 미적인 것은 비미적인 것과의 변별성을 잃고 내파되어 사라지고 있'다고 본 것 → O
④	㉮ 앞의 '들뢰즈에 의하면 시뮬라크르(예술 작품)는 주체의 판단과 상관없이 독립된 존재'와 '그것(반복을 통해 예술 작품을 생성해 내는 것)이 예술이 주체의 판단에 의해 가치 없는 것으로 폐기되지 않고 존재 가치를 보존하는 길' → X	㉯ 앞의 '보드리야르에 의하면…예술은 자신의 한계를 넘어서 그 자체를 부정하고 청산한다.' → X

17 문맥적 의미의 유사성 판단   정답 ①

O ①이 정답인 이유 '어휘 문제 3단계 풀이법'을 적용해 보자.

- 1단계(핵심 간추리기): 앞뒤 문맥을 고려해 어휘(ⓐ)가 포함된 문장의 핵심을 간추린다.

> 보드리야르는 현대 사회는 ~만들어진 세계라고 <u>말한다</u>.

- 2단계('매3어휘 풀이' 떠올리기): 1단계에서 간추린 문장에 쓰인 '말한다'와 같은 의미를 지닌 말을 떠올려 본다.

> 보드리야르는 현대 사회는 ~만들어진 세계라고 <u>말한다</u>.
> 평가한다, 일컫는다.

- 3단계(대입하기): 2단계에서 떠올린 '평가한다, 일컫는다'를 답지의 밑줄 친 말에 대입해 보자.

> ① 사람들은 내 글을 관념적이라고 <u>평가한다/일컫는다</u>. O
> ② 청중들에게 자신의 감정을 <u>평가하는/일컫는</u> 일 X
> ③ 힘센 걸로 <u>평가하면/일컫으면</u> 아버지를 따라갈 사람이 없다. △
> ④ 아이가 오면 문을 열어 달라고 <u>평가해/일컬어</u> 두었다. X
> ⑤ 끼니를 거르지 말라고 <u>평가해도/일컬어도</u> 듣지를 않는다. X

→ ①에 쓰인 '말하다'가 ⓐ와 마찬가지로 '평가하다, 일컫다'의 의미로 사용되었다. '말하다' 앞에 '~(이)라고'가 공통적으로 쓰였다는 점에도 주목하면 좋다.

나머지 답지들에 쓰인 '말하다'의 문맥적 의미도 살펴보자.

② '(감정이나 생각 등을) 말로 나타내다'의 의미로 쓰였다.

③ '평가하다, 일컫다'와 바꿔 써도 자연스럽게 느껴질 수 있다. 그러나 '매3어휘 풀이'를 떠올려 보면 '(힘센 걸로) 치자면, 기준으로 삼으면'의 의미로 쓰였으므로, ⓐ의 문맥적 의미와는 다르다.

④ '부탁하다'의 의미로 쓰였다.

⑤ '(말리는 뜻으로) 타이르거나 꾸짖다'의 의미로 쓰였다.

✔ 매일 복습 확인 문제

1 다음 글과 부합하면 O, 그렇지 않으면 X로 표시하시오.

(1) 자전거 타기를 배우는 경우, 처음에는 자전거와 반응하며 현실적 몸의 층을 형성하게 되고, 자전거를 타는 연습이 반복되면 새로운 운동 습관을 익히며 몸틀을 재편하게 된다. → 몸은 시간이 ㅎ르더라도 변하지 않는다. …………………………………………… (   )

(2) 인간의 일상생활을 용이하게 하고 인간을 빈곤, 위협 등에서 벗어나게 하는 것이 기술의 의의이다. 기술은 동물처럼 자연에 속박되어 있는 상태로부터 인간을 해방시킨다. → 기술은 인간의 편의를 위해 활용될 수 있다. …………………………………………… (   )

(3) 플라톤은 가시적 세계의 사물들을 '에이돌론'이라 부르며, 에이돌론을 에이도스의 성질을 얼마나 반영했는지에 따라 '에이콘'과 '판타스마'로 구분한다. → 가시적 세계의 사물들은 에이도스와 에이돌론으로 구분된다. …………………………………………… (   )

2 왼쪽의 괄호 안에 들어갈 말로 적절한 것을 오른쪽에서 찾아 서로 줄로 이으시오.

(1) 목표를 (   ). ·   · ㉮ 지양하다
                · ㉯ 지향하다

(2) 약점 개선에 (   ). ·   · ㉰ 주력하다
                · ㉱ 주의하다

(3) 부정적 요소를 (   ). ·   · ㉲ 정산하다
                · ㉳ 청산하다

정답 **1.** (1) X (2) O (3) X **2.** (1) ㉯ (2) ㉰ (3) ㉳

* '난이도 순'의 번호는 제일 쉬운 지문이 1임.

8일째　　　　　　　　　　　　　　　　　　　　　　　　　　　　**2주차**

정답　01 ③　　02 ③　　03 ③　　04 ②　　05 ④
　　　06 ③　　07 ③　　08 ⑤　　09 ②　　10 ⑤
　　　11 ①

1~4 사회 : 지식 경영　　　　　　　　2016학년도 수능(B형)

독해력을 길러 주는 지문 분석

1문단 문단 요약 현대 사회에서 지식의 중요성이 커지면서 기업에서도 지식 경영을 강조하고 있는데, 지식 경영은 기업 경쟁력의 원천이 지적 역량에 있다고 보아 지식의 활용과 창조를 강조한다.
핵심어(구) 지식 경영, 지식의 활용과 창조를 강조
중심 내용 지식 경영의 등장 배경과 특징

2문단 문단 요약 지식 경영론 중에는 마이클 폴라니의 '암묵지' 개념을 활용하는 경우가 많은데, 폴라니는 명확하게 표현되지 않고 주체에게 체화된 암묵지 개념을 통해 모든 지식이 인간과 분리될 수 없다는 것을 강조했다.
핵심어(구) 마이클 폴라니의 '암묵지'
중심 내용 지식 경영론에서 활용하는 마이클 폴라니의 '암묵지'

3문단 문단 요약 노나카 이쿠지로는 폴라니의 탐구를 응용하여 주관적 지식인 '암묵지'와 객관적이고 논리적으로 형식화된 '명시지'로 구분하였다.
핵심어(구) 노나카 이쿠지로, 암묵지, 명시지
중심 내용 노나카 이쿠지로의 지식 경영론 (1)-'암묵지'와 '명시지'의 구분

4문단 문단 요약 노나카는 지식 변환 과정을 '공동회, 표출회, 연결화, 내면화'로 유형화하고, 이러한 변환 과정이 원활하게 일어나 기업의 지적 역량이 강화되도록 기업의 조직 구조도 혁신되어야 한다고 주장하였다.

- **공동화**: 암묵지가 타자의 암묵지로 변환되는 것
- **표출화**: 암묵지에서 명시지로 변환되는 것
- **연결화**: 명시지들을 결합하여 새로운 명시지를 형성하는 것
- **내면화**: 명시지가 암묵지로 전환되는 것

핵심어(구) 지식 변환 과정, 기업의 지적 역량이 강화
중심 내용 노나카의 지식 경영론 (2)-기업의 지적 역량 강화를 위한 방안

5문단 문단 요약 지식 경영의 성패는 구성원들이 지식 공유와 확산 과정에 자발적으로 참여하도록 하는 방안을 마련하는 것에 달려 있다고 할 수 있다.
핵심어(구) 지식 경영의 성패
중심 내용 지식 경영의 성패를 좌우하는 요건

주제 지식 경영론에 대한 이해

01 글의 내용 전개 방식 이해　　　　정답 ③

◎ **③이 정답인 이유** 이 글은 지식 경영의 등장 배경과 특징(1문단)에 대해 살핀 후, 지식에 대한 마이클 폴라니의 탐구(2문단)를 응용하여 지식 경영론을 펼친 노나카 이쿠지로의 지식 경영론을 소개(3, 4문단)하고, 지식 경영의 성패를 좌우하는 요건을 검토(5문단)하고 있으므로 ③은 적절하다.

① 지식의 성격이 변화된 원인 분석 X, 지식 경영론의 등장 배경 O(← 1문단의 '현대 사회에서 지식의 중요성이 커지면서 기업에서도 지식 경영을 강조하는 목소리가 높다.')
② 지식이 분리되어 가는 과정 X, 지식 변환의 단계 설명 X(4문단의 '공동화, 표출화, 연결화, 내면화'는 지식 변환 과정의 유형이지 '단계'가 아님), 지식 경영론의 문제점 X
④ 지식에 대한 견해 O, 지식에 대한 견해의 변화 과정을 순차적으로 살펴보고 X, 그에 대비되는 지식 경영론의 발전 과정을 소개 X
⑤ 지식에 대한 두 견해의 장단점을 비교 X, 지식 경영의 유용성 O(← 기업의 지적 역량 강화), 새로운 시각에서 조명* X

> *조명: 어떤 대상을 일정한 관점에서 비추어 살펴봄.

02 세부 내용 확인 및 추론   정답 ③

◉ **③이 정답인 이유** 3문단에서 노나카는 '명시지*'를 문서나 데이터베이스 등에 담긴 지식과 같이 객관적이고 논리적으로 형식화된 지식으로 파악하고, 이것(명시지)이 암묵지*에 비해 상대적으로 지식의 공유 가능성이 높다고 보았다고 했다. 따라서 ③은 '암묵지'와 '명시지'를 바꿔 서술한 것으로 적절하지 않다.

> *명시지: 분명하게 제시해 주는 지식.   ※명시적↔암묵적
> *암묵지: 밖으로 드러내지 않는(암시적, 침묵) 지식.

나머지 답지들에 답한 학생들은 드물었지만, 이들 답지들이 오답인(적절한) 이유도 살펴보자.
① 2문단의 '폴라니의 말은 모든 지식이 암묵지에 기초하고 있음을 강조한다.'에서 폴라니는 과학적 지식도 암묵지를 기초로 하여 형성된다고 본 것을 알 수 있다.
② 2문단의 '모든 지식이 지적 활동의 주체인 인간과 분리될 수 없다는 것을 강조했다.'에서 알 수 있다.
④ 4문단 끝의 '노나카는 이러한 변환 과정(지식 변환 과정)이 원활하게 일어나 기업의 지적 역량이 강화되도록 기업의 조직 구조도 혁신되어야 한다고 주장하였다.'에서 알 수 있다.
⑤ 2문단에서 폴라니는 '모든 지식에는 암묵적 요소들'이 전제되어 있다고 했고, 4문단에서 노나카는 '기업의 지적 역량이 강화되도록' 하는 '지식 변환 과정이 원활하게 일어나'야 한다고 했으므로 적절하다.

03 구체적 상황에의 적용   정답 ③

◉ **③이 정답인 이유** 4문단에서 설명한 노나카의 지식 변환 과정의 네 가지 유형부터 살펴보면 다음과 같다.

> (1) 공동화: 암묵지가 타자의 암묵지로 변환되는 것(대면 접촉을 통한 모방과 개인의 숙련 노력에 의해 이루어지는 것)
> (2) 표출화: 암묵지에서 명시지로 변환되는 것(암묵적 요소 중 일부가 형식화되어 객관화되는 것)
> (3) 연결화: 명시지들을 결합하여 새로운 명시지를 형성하는 것
> (4) 내면화: 명시지가 숙련 노력에 의해 암묵지로 전환되는 것

(1)~(4)를 바탕으로 ③에 제시된 사례를 살펴보자.

- C사의 직원이 본 경쟁 기업의 터치스크린 매뉴얼은 '명시지'에 해당한다. → 3문단에서 노나카는 '명시지'를 문서나 데이터베이스 등에 담긴 지식과 같이 객관적이고 논리적으로 형식화된 지식으로 파악함.
- 제품을 실제로 반복 사용한 것은 '숙련 노력'을 기울인 것이다. → 4문단의 '숙련 노력에 의해'
- (숙련 노력에 의해) 획득한 감각적 지식은 '암묵지'에 해당한다. → 3문단에서 노나카는 '암묵지'를 신체 감각, 상상 속 이미지, 지적 관심 등과 같이 객관적으로 표현하기 어려운 주관적 지식으로 파악함.

따라서 ③은 명시지가 암묵지로 전환된 '내면화'의 사례이다.
① • 동호회 회원들과 접촉 ⋯ 대면 접촉을 통한 것
　• 계속 접촉하여 ⋯ 개인의 숙련 노력에 의해 이루어짐.
　• 느낌을 포착해 낸 것 ⋯ 암묵지로 변환
　∴ '공동화'의 사례임. → 연결화 X
② • 자동차 부품 관련 특허 기술들 ⋯ 명시지
　• (특허 기술들을) 재분류하고 이를 결합하여 신기술을 개발한 것 ⋯ 새로운 명시지를 형성
　∴ '연결화'의 사례임. → 표출화 X
④ • 교재 ⋯ 명시지
　• (교재로) 항공기 조종 교육을 실시하고 직원들이 반복적인 시뮬레이션 학습을 통해 ⋯ 숙련 노력에 의해
　• 조종술에 능숙하게 된 것 ⋯ 암묵지로 전환
　∴ '내면화'의 사례임. → 연결화 X
⑤ • 동물 형상이 반영되었음을 감지 ⋯ 암묵지
　• 청소기 디자인을 완성한 것 ⋯ 명시지로 변환
　∴ '표출화'의 사례임. → 공동화 X

04 구체적 상황에의 적용   정답 ②

◉ **②가 정답인 이유** 〈보기〉에 나타난 F사는 지식의 산출을 독려하고 이를 체계적인 지식 데이터베이스에 축적하였지만, 무형의 지식(암묵지)에 대한 평가 및 보상 제도는 갖추지 않음으로써 다음과 같은 문제가 발생하였다.

> ㉮ 유용성이 낮은 제안서가 양산(양을 많이 생산해 냄.)됨.
> ㉯ 가시적인 지식(명시지)을 산출하지 못하는 직원들의 회사에 대한 애착과 헌신이 감소함.
> ㉰ 경험 많은 직원들이 퇴직할 때마다 해당 부서의 업무 공백이 발생함.

따라서 F사의 문제를 해결하기 위해서는 유용성이 높으면서(㉮ 문제의 해결 방안), 무형의 지식에 대한 평가 및 보상 제도가 갖추어져야 하고(㉯ 문제의 해결 방안), 경험 많은 직원들이 갖고 있는 암묵지에 대한 데이터베이스를 축적(㉰ 문제의 해결 방안)해야 한다.
②의 경우는 유용성 문제를 해결하지 못할 뿐더러, 논리적이고 형식화된 지식(보고서와 제안서 등의 가시적인 지식)의 산출에 대해서는 이미 보상했고, 데이터베이스에 축적도 하였으므로, F사의 문제를 해결하기 위해 제시할 만한 방안으로 적절하지 않다.
① 창의적인 아이디어(암묵지)는 문서 형태(명시지)로 표현되기 어려울 수 있으므로 다양한 의견 제안 방식을 마련하면 ㉯의 문제를 해결할 수 있다.

③ 숙련된 직원들의 노하우(암묵지)를 공유할 수 있도록 면대면* 훈련 프로그램을 도입하여 집단적 업무 역량을 키우면 ㉯의 문제를 해결할 수 있다.

> *면대면: 얼굴(안면)과 얼굴(안면)을 마주 대하는 것. 즉, 직접 만나서 하는 것.

④ 직원들의 체화*된 무형의 지식(암묵지)을 보상받을 수 있도록 평가 제도를 개선하면 ㉯의 문제를 해결할 수 있다.

> *체화: 생각, 사상, 이론 등이 몸(신체, 육체)에 배어서 자기 것으로 변화됨.

⑤ 직원들 각자가 지닌 업무 경험과 기능(암묵지)을 존중하고 유·무형의 노력과 능력(명시지와 암묵지)을 평가하기 위한 조직 문화와 동기 부여 시스템을 발전시키면 ㉮~㉯의 문제를 해결할 수 있다.

5~8 **사회: 기술의 발달과 인간의 삶** 2016학년도 9월 모의평가(B형)

독해력을 길러 주는 지문 분석

1문단 문단 요약 '사색적 삶'과 '활동적 삶'을 대비하여 사회 변화를 이해하는 방식은 기술의 발달에 따른 삶의 변화 방향에 대한 답을 구하는 데 도움이 된다.
핵심어(구) '사색적 삶'과 '활동적 삶'을 대비하여 사회 변화를 이해
중심 내용 '사색적 삶'과 '활동적 삶'의 대비를 통해 기술의 발달로 인한 삶의 변화를 이해하는 방식의 유용성

2문단 문단 요약 아리스토텔레스는 사색적 삶의 영역이 활동적 삶의 영역보다 상위에 있다고 보았는데, 이것이 근대 이전 사회 질서의 기본 원리였다.
핵심어(구) 사색적 삶의 영역, 상위에 있다, 근대 이전
중심 내용 사색적 삶이 활동적 삶보다 상위에 있다고 본 '근대 이전'

3문단 문단 요약 근대에 접어들어 과학 혁명과 청교도 윤리의 등장으로 활동적 삶과 사색적 삶이 대등한 위상을 갖게 되었다.
핵심어(구) 근대, 과학 혁명과 청교도 윤리, 대등한 위상
중심 내용 사색적 삶과 활동적 삶이 대등한 위상을 갖게 된 '근대'

4~5문단 문단 요약 18, 19세기 산업 혁명을 계기로 활동적 삶은 사색적 삶보다 중요성이 더 커지게 되었고, 이에 대한 반작용으로 사색적 삶의 중요성이 부각되기도 하였다.
핵심어(구) 18, 19세기 산업 혁명, 활동적 삶은 사색적 삶보다 중요성, 20세기 초
중심 내용 사색적 삶보다 활동적 삶이 중요해진 '18, 19세기~20세기 초'

6문단 문단 요약 20세기 말 정보화와 세계화를 계기로, 기술의 발달이 인간의 삶을 여유롭고 의미 있는 것으로 만들어 줄 것이라는 기대와 달리, 사색적 삶은 설 자리를 잃고 활동적인 삶이 폭주하게 되었다.
핵심어(구) 20세기 말 정보화와 세계화, 활동적인 삶이 폭주
중심 내용 사색적 삶은 사라지고 활동적인 삶을 추구하는 '20세기 말'

주제 기술의 발달이 가져온 인간의 삶에 대한 가치관의 변화(사색적 삶 → 활동적 삶)

05 세부 내용 확인 정답 ④

○ **④가 정답인 이유** **4문단**의 '시간이 관리의 대상으로 부각되면서 시간－동작 연구를 통해 가장 효율적인 작업 동선(動線)을 모색했던 테일러의 과학적 관리론은 20세기 초부터 생산 활동을 합리적으로 조직하는 중요한 원리로 자리 잡았다. 이로써 두뇌에 의한 노동과 근육에 의한 노동이 분리되어 인간의 육체노동이 기계화되는 결과가 초래되었다.'에서 확인할 수 있는 정보이다.

나머지 답지들이 오답인 이유와 근거를 찾아보자.

구분	오답인 이유	오답의 근거
①	아리스토텔레스는 사색적 삶을 중시함.	2문단의 '그(아리스토텔레스)는~사색적 삶의 영역이 생계를 위한 활동적 삶의 영역보다 상위에 있다고 보았다.'
②	과학 혁명의 시대에는 활동적 삶의 위상이 이전보다 높아졌지만, 사색적 삶의 위상보다 높아진 것은 아님.	3문단의 '16, 17세기 과학 혁명으로…사색적 삶의 영역에 속한 과학적 탐구와 활동적 삶의 영역에 속한 기술 사이의 거리가 좁혀졌다. …이로써 활동적 삶과 사색적 삶이 대등한 위상을 갖게 된 것이다.'
③	부정적인 인식을 불식* 시킴.(심화 ✕)	3문단의 '청교도 윤리는 생산 활동과 부의 축적에 대한 부정적 인식을 불식하는 계기가 되었다.'
⑤	과학을 기술에 활용하기 위해 출현함.	4문단의 '과학을 기술 개발에 활용하기 위한 시스템이 요구되어 공학, 경영학 등의 실용 학문과 산업체 연구소들이 출현하였다.'

> *불식(拂拭, 떨칠 불·닦을 식): 떨어 내고 닦아 냄. 떨어 없앰.

06 문맥을 통한 내용 추론 정답 ③

○ **③이 정답인 이유** 앞뒤 문맥으로 볼 때 '비판'의 대상은 '활동적 삶이 지나치게 강조된 것'으로, 비판의 목소리(㉠)를 내는 사람들은 '사색적 삶의 중요성'을 강조한다는 것을 알 수 있다. 따라서 ㉠에 가장 가까운 내용은 '사색적 삶의 중요성을 역설'하는 것이어야 하므로, '여유로운 삶의 의미를 되새기는 사유의 방법을 배워야 한다.'고 강조한 ③이 정답이 된다.

① '기계 기술'의 가치를 주장하므로, '활동적 삶'을 중시하는 진술이다.
② '일하기 위한 삶'을 우선시하므로, '활동적 삶'을 중시하는 진술이다.

> *질곡: 속박. 차꼬(형벌 도구)와 수갑을 아울러 이르는 말.

④ '노동함으로써 지치는 것보다' '나태함(게으름)'을 더 부정하고 있으므로, '사색적 삶'보다는 '활동적 삶'을 중시하는 진술이다.
⑤ '인간은 기계'라고 보고 있으며 인간의 사고와 감정까지도 외적인 자극과 영향으로부터 생겨난 것으로 보고 있으므로, '사색적 삶'을 중시하지 않는 진술이다.

07 자료를 통한 내용 이해

◎ **③이 정답인 이유** '정보화, 세계화에 따라 세계가 동시적 경험이 가능한 공간이 되'었다는 것은 **6문단**에서 확인할 수 있고, 이와 같은 사회는 '후근대 사회'이고 '성과 사회'라는 것을 〈보기〉에서 확인할 수 있다. 그리고 '성과 사회'에서의 '자본주의 시스템의 근본적인 요구'('더욱 생산적으로 되어야 한다.'는 것)는 〈보기〉에서 관철 방식만 달라졌을 뿐 근본적인 요구가 달라졌다고 하지는 않았으므로 ③이 정답이 된다.

가장 많이 질문한 오답은? ④

✕ **④가 오답인 이유** 많은 학생들이 정답에 답했지만, 오답지들 중에서는 ④에 답한 학생들이 제법 있었다. **6문단의 끝**에서 20세기 말에는 '기술의 발달이 인간의 삶을 여유롭고 의미 있는 것으로 만들어 줄 것이라는 기대와 달리~활동적인 삶이 폭주'하게 되었다고 했다. 이로 보아, '기술의 발달에 따라 삶이 더 여유롭고 의미 있는 것이 될 것이라는 견해'는 20세기 말과는 거리가 멀고, 20세기 말은 〈보기〉에서 '피로 사회'로 규정하고 있다는 점에서 ④는 적절한 진술이 된다.

① '근대 사회에서 기계의 속도에 기초하여 확립된 노동 규율'은 **4문단**에서 확인할 수 있는데, 〈보기〉로 보아 이때 확립된 노동 규율은 '타자 착취를 위한 규율 사회의 외적 강제로 볼 수 있'다.

② '자신의 능력을 극한으로 끌어올려야 한다는 현대인의 강박증'은 **6문단**에서 확인할 수 있는데, 〈보기〉로 보아 이는 '후근대 사회'인 '피로 사회'에서 일어나는 자기 착취의 한 단면으로 볼 수 있'다.

⑤ '다양해진 욕구와 성취 욕망을 충족하기 위해 자신을 소진하는 현대인의 행동'은 **6분단**에서 확인할 수 있는데, 〈보기〉로 보아 이는 '후근대 사회'인 성과 사회에서 '성공적인 인간이 되기 위한 내적 유혹에 기인한 것으로 볼 수 있'다.

08 사전적 의미 파악

◎ **⑤가 정답인 이유** 어휘 문제의 '3단계 풀이법'을 적용해 보자.

• 1단계: 핵심 간추리기

> 사색적 삶의 영역에 속했던 진리 탐구마저 활동적 삶의 영역에 속하는 생산 활동의 논리에 포섭되었음
> → 진리 탐구마저 생산 활동의 논리에 포섭됨.

• 2단계: 대입하기

> 진리 탐구마저 생산 활동의 논리를 너그럽게 감싸 주거나 받아들임

→ 진리 탐구마저 생산 활동의 논리를 너그럽게 감싸 주거나 받아들인다는 것은 글의 흐름에 맞지 않다.

• 3단계: '매3어휘 풀이' 떠올리기

> • 적을 포섭하다.　　　　• 우리 편으로 포섭하다.

→ '포섭'은 자기편으로 만드는 것, 끌어들이는 것으로 이해할 수 있는데, 여기에는 너그럽게 감싸 준다는 의미가 포함되어 있지 않다. '너그럽게 감싸 주다'라는 의미를 지닌 말은 '포섭'이 아니라 '포용'이다.

오답지들도 3단계 풀이법을 적용해 그 의미를 이해하자.

구분	핵심 간추리기	대입하기	'매3어휘 풀이' 떠올리기
ⓐ	진리, 즐거움, 고귀함을 추구하다.	진리, 즐거움, 고귀함을 (목적을) 이룰 때까지 뒤쫓아 구하다	• 추적하여 구함. • 좋음. • 행복을 추구함.
ⓑ	근면과 검약에 의한 개인의 성공	근면과 (돈이나 물건, 자원 따위를) 낭비하지 않고 아껴 씀에 의한 개인의 성공	• 검소하고 절약함. • 검소 • 검약한 생활 태도
ⓒ	생산 기술에 과학적 지식이 응용되다.	생산 기술에 과학적 지식이 (어떤 이론이나 지식을 다른 분야의 일에) 적용하여 이용되다.	• 대응하여 적용(이용)됨. • 적용, 이용, 활용 • 응용하는 능력(응용력)
ⓓ	가장 효율적인 작업 동선을 모색하다.	가장 효율적인 작업 동선을(일이나 사건 따위를 해결할 수 있는 방법이나 실마리를) 더듬어 찾다.	• 모의하고 탐색함. • 찾음. • 해결 방안을 모색함.

> **9~11 사회: 인센티브 계약**　　　2015학년도 6월 모의평가(A형)

독해력을 길러 주는 지문 분석

1문단 [문단 요약] 기업과 근로자 간의 이해가 상충되는 보상 문제를 완화하기 위해 근로자가 받는 보상에 근로자의 노력이 반영되도록 하는 약속이 인센티브 계약이다. 여기에는 명시적 계약과 암묵적 계약이 있다.

핵심어(구) 인센티브 계약

중심 내용 인센티브 계약의 소개 및 방식

2문단 [문단 요약] 근로자의 노력은 객관적으로 확인할 수 없기 때문에, 근로자의 노력의 결과인 성과에 기초하여 근로자에게 보상하는 약속이 명시적인 인센티브 계약이다. 이 계약은 근로자로 하여금 자신의 노력을 증가시키도록 하는 강력한 동기를 부여하고, 이에 따라 기업의 이윤도 늘어난다.

핵심어(구) 명시적인 인센티브 계약

중심 내용 인센티브 계약의 방식 (1) – 명시적인 인센티브 계약

3문단 [문단 요약] 명시적인 인센티브 계약은 두 가지 문제점으로 인해 α(인센티브 강도)가 커짐에 따라 기업의 이윤이 감소하기도 한다.

▼ 명시적인 인센티브 계약의 문제점과 그 결과

문제점(과 원인)	결과 – 기업 이윤 감소
근로자의 소득 불확실: 근로자의 성과는 우연적인 요인들(작업 상황, 여건, 운 등)에도 영향을 받기 때문	근로자에게 위험 프리미엄 성격의 추가적인 보상을 지불해야 함.
인센티브 왜곡 문제: 근로자들이 보상을 잘 받기 위한 노력에 치중하기 때문	중요하지만 성과 측정이 어려워 충분히 보상받지 못하는 업무를 근로자들이 등한시하게 됨.

핵심어(구) (명시적인 인센티브 계약의) 두 가지 문제점

중심 내용 명시적인 인센티브 계약의 문제점

4문단 [문단 요약] 암묵적인 인센티브 계약은 성과와 상관없이 근로자의 노력에 대한 주관적인 평가에 기초하여 보상(보너스, 복지 혜택, 승진 등)하는 것으로, 법이 보호할 수 있는 계약을 실제로 맺는 것이 아니다.

핵심어(구) 암묵적인 인센티브 계약

중심 내용 인센티브 계약의 방식 (2) – 암묵적인 인센티브 계약

09 개념 이해를 통한 정보 확인   정답 ②

◎ ②가 정답인 이유 ㉠ **바로 앞**에서 '암묵적인 인센티브 계약은 성과와 상관없이 근로자의 노력에 대한 <u>주관적인 평가</u>에 기초하여 보너스, 복지 혜택, 승진 등의 형태로 근로자에게 보상하는 것'이라고 했다. 따라서 ㉠은 '객관적으로' 확인할 수 있는 조건에 기초한 약속이 아님을 알 수 있다.

가장 많이 질문한 오답은? ④

✗ ④가 오답인 이유 ②가 정답이라는 근거를 쉽게 찾을 수 있었음에도 불구하고 ④에 답한 학생들이 제법 있었다. ④가 오답인 이유는 ㉠ **다음**에 이어지는 내용에서 확인할 수 있다. ㉠ 다음의 내용을 보면, 상대방의 신뢰를 잃게 되면 그때부터 상대방의 자발적인 협력을 기대할 수 없게 된다고 했다. 그런데 상대방의 신뢰를 잃음으로써 장기적 손실이 커지는 상황이라고 해 보자. 이와 같은 경우에서는 상대방과의 신뢰를 잘 지키려 할 것이라는 점에서 ④는 적절한 설명이다.

　나머지 답지들에 답한 학생들은 드물었지만, 이들 답지들의 근거도 모두 **4문단**에서 확인할 수 있다.
① '법이 보호할 수 있는 계약을 실제로 맺는 것이 아니다.'
③ '상대방과 협력 관계를 계속 유지하는 것이 장기적으로 <u>이익</u> <u>일 경우에 자발적으로 상대방의 기대에 부응하도록 행동하</u>는 것을 계약의 이행으로 본다.'
⑤ '상대방의 기대를 저버림으로써 얻게 되는 단기적 이익이 크다고 생각하여 협력 관계를 끊더라도…' → 단기적인 이익이 작다면 굳이 협력 관계를 끊지 않을 것이고, 이때 ㉠은 잘 지켜질 것이다.

10 내용 이해 및 추론   정답 ⑤

◎ ⑤가 정답인 이유 4문단의 '합당한 성과 측정 지표를 찾기 힘들고 인센티브 왜곡의 문제가 중요한 경우에는 암묵적*인 인센티브 계약이 더 효과적일 수 있다.'에서 성과를 측정하기 어려운 업무에 종사하는 근로자에 대한 보상에서는 '암묵적인 인센티브 계약'이 더 효과적이라는 것을 알 수 있다.

> *암묵적(暗黙的): 암시적(직접적✗)이고 묵시적(침묵)인 (것). 자기 의사를 밖으로 나타내지 않는 (것).

① 인센티브 계약은 '기업과 근로자 간의 이해가 상충되는 문제를 완화하기 위해 근로자가 받는 보상에 근로자의 노력이 반영되도록 하는 약속'이라고 한 **1문단**에서 확인할 수 있다.
② 법이 보호할 수 있는 인센티브 계약은 명시적 계약이다(**2문단**). 이 명시적 계약은 인센티브 왜곡 문제 등을 발생시키고, 이로 인해 기업의 이윤이 줄기도 한다고 설명한 **3문단**에서 확인할 수 있다.
③ 명시적 계약은 '객관적으로 확인할 수 있는 조건에 기초해야' 하는데, '근로자의 노력은 객관적으로 확인할 수 없기 때문에' 성과에 기초하여 근로자에게 보상하는 약속이라고 한 **2문단**에서 확인할 수 있다.

④ 합당한 성과 측정 지표를 찾기 힘든 경우, 성과와 상관없이 근로자의 노력에 대한 주관적인 평가에 기초하여 근로자에게 보상하는 암묵적인 인센티브 계약이 더 효과적일 수 있다고 한 **4문단**에서 확인할 수 있다.

11 전제 조건에 따른 결론 추론   정답 ①

◎ ①이 정답인 이유 ⓐ에 들어갈 내용부터 살펴보자. **2문단**에서,

> · 명시적인 인센티브 계약은 성과에 기초하여 근로자에게 보상하는 약속이라고 했고,
> · α(인센티브 강도)가 커질수록 근로자는 더 많은 몫을 갖게 되기 때문에 성과급에 따른 추가적인 노력을 더한다고 했다. 그리고
> · α를 늘리면 근로자의 노력 수준이 증가함에 따라 추가적인 성과가 더욱 늘어나, 추가적인 성과 가운데 많은 몫을 근로자에게 주더라도 기업의 이윤은 **늘어난다(증가한다)**고 했다.

따라서 ⓐ에는 '증가'가 들어가야 한다. → ④, ⑤ ✗
ⓑ에 들어갈 내용은 **3문단**에서 확인할 수 있다.

> · 근로자의 성과는 근로자의 노력뿐만 아니라 작업 상황이나 여건, 운 등과 같은 우연적인 요인들에 의해서도 영향을 받는다는 점에서,
> · 명시적인 인센티브 계약은 근로자의 소득을 불확실하게 만든다. 이때,
> · 소득이 불확실해지는 것을 근로자가 받아들이도록 하기 위해서 기업은 근로자에게 위험 프리미엄 성격의 추가적인 보상을 지불해야 하므로, α가 커지면 기업이 근로자에게 지불해야 하는 보상이 늘어나 기업의 이윤이 **줄기(감소하기)**도 한다고 했다.

따라서 ⓑ에는 '감소'가 들어가야 한다. → ② ✗
ⓒ에 들어갈 내용도 **3문단**에서 확인할 수 있다.

> · 인센티브 왜곡 문제는 근로자들이 보상을 잘 받기 위한 노력에 치중하도록 한 명시적인 인센티브 계약에서 발생한다고 했다. 이때,
> · α가 커지면 기업의 이윤이 **줄기(감소하기)**도 한다고 했다. 그 이유는 성과 측정이 어려워 충분히 보상받지 못하는 업무를 근로자들이 등한시하게 되고 이는 기업 전체의 성과에 해로운 결과를 초래하기 때문이다.

따라서 ⓒ에는 '감소'가 들어가야 한다. → ③ ✗

✔ 매일 복습 확인 문제

1 왼쪽에서 밑줄 친 어휘가 지닌 뜻을 잘 나타내 주는 말을 오른쪽에서 찾아 서로 줄로 이으시오.

(1) 유용성이 낮은 제안서가 ·　　　　· ㉮ 잘 생산되다
　　<u>양산</u>되다.　　　　　　　　· ㉯ 많이 생산되다
(2) 부정적 인식을 <u>불식</u>하는 ·　　　　· ㉰ 떨어 없애는
　　계기가 된다.　　　　　　　· ㉱ 잠깐 사라지는
(3) <u>암묵적</u>인 인센티브 계약 ·　　　　· ㉲ 명시적인
　　　　　　　　　　　　　　　　· ㉳ 묵시적인

　정답 1. (1) ㉯ (2) ㉰ (3) ㉳

정답   01 ③   02 ②   03 ③   04 ①   05 ③
       06 ④   07 ④   08 ⑤   09 ②   10 ①
       11 ④   12 ⑤

1~4 사회 : 현대의 개체화 현상   2016학년도 6월 모의평가(B형)

독해력을 길러 주는 지문 분석

1문단 [문단 요약] 울리히 벡과 지그문트 바우만은 개인이 공동체적 유대로부터 벗어나게 되는 현대의 개체화 현상을 사회적 위험 문제와 연관시켜 진단한 학자들이다.
핵심어(구) 벡, 바우만, 현대의 개체화 현상
중심 내용 현대의 개체화 현상을 사회적 위험 문제와 연관시켜 진단한 벡과 바우만

2문단 [문단 요약] 20세기 중반 이후 세계화를 계기로 개체화 현상이 가속화 추세를 보이는데, 벡과 바우만은 개체화의 가속화 추세에 대해서 인식의 차이를 보이지 않는다.

▼ 개체화 현상의 가속화 추세

- 교통과 통신 수단의 발달 → 국경을 넘나드는 자본과 노동의 이동 가속화, 개인에 대한 국가의 통제력 약화
- 노동 시장의 유연화 경향(노동자들이 정규직과 비정규직, 생산직과 사무직 등으로 분절화됨.) → 노동자들이 계급적 연대 속에서 이해관계를 공유하지 못함.
- 핵가족화 추세, 일인 가구의 증가 → 가족의 해체

핵심어(구) 가속화 추세, 인식의 차이를 보이지 않는다
중심 내용 개체화의 가속화 추세에 대한 벡과 바우만의 공통된 인식

3문단 [문단 요약] 현대의 위기와 관련해서 그들이 개체화를 바라보는 시선은 다르다. 벡은 현대 사회를 '위험 사회'로 규정하였는데, 현대인들이 개체화되어 있기 때문에 오히려 전 지구적 위험에 초계급적, 초국가적으로 연대할 가능성이 있다고 보고, 일상생활에서의 요구를 모아 정치적으로 표출하는 등 행동에 나서야 한다고 주장한다.
핵심어(구) 다르다, 벡, 위험 사회, 연대할 가능성이 있다
중심 내용 현대의 위기와 관련해 개체화로 인해 연대 가능성이 있다고 본 '벡'

4문단 [문단 요약] 바우만은 액체 시대라는 개념을 통해 전 지구적 위험 요인만이 아니라 삶의 조건을 불확실하게 만드는 개체화 현상 자체를 위험 요인으로 본다는 점에서 벡과 달랐다. 그는 일상생활에서의 정치적 요구를 담은 실천 행위도 현대의 위기에 대한 해결책이 될 수 없다고 판단하고 있다.
핵심어(구) 바우만, 액체 시대, 개체화 현상 자체를 위험 요인으로 본다
중심 내용 현대의 위기와 관련해 개체화 현상 자체를 위험 요인으로 보고 연대 가능성이 없다고 본 '바우만'

주제 현대의 개체화 현상에 대한 벡과 바우만의 견해

---

01 논지 전개 방식의 파악   정답 ③

◎ **③이 정답인 이유** 이 글은 다음과 같이 개체화 현상에 대한 벡과 바우만의 공통된 견해와 차이점을 설명하고 있다.

구분	벡의 견해	바우만의 견해
공통점	개체화 현상의 가속화 추세(2문단의 끝 문장)	
차이점	(3문단) • 현대의 위기는 개체화와는 별개로 진행된 것이다. • 위험에 의한 불안에 대응하기 위해 현대인들이 초계급적, 초국가적으로 연대할 가능성이 있다. • 현대인들이 일상생활에서의 요구를 모아 정치적으로 표출하는 행동에 나서야 한다.	(4문단) • 개체화 현상 자체가 위험 요인이다. • 협력의 고리를 찾지 못하게 된 현대인들이 개인 수준에서 위기에 대처해야 하는 상황에 빠졌다. • 일상생활에서의 정치적 요구를 담은 실천 행위도 현대의 위기에 대한 해결책이 될 수 없다.

나머지 답지들이 오답인 이유도 살펴보자.
① 개체화 현상의 다양한 양상들(국경을 넘나드는 자본과 노동의 이동, 개인에 대한 국가의 통제력 약화, 분절화된 노동자들, 핵가족화, 일인 가구 급증 등)은 제시(2문단)되어 있으나, 그것을 하나의 기준에 따라 분류한 것은 아니다.
② 개체화 현상의 양상이 과거와 달라지고 있다(2문단)고는 했으나, 개체화 현상에 대한 통념을 비판하고 있지 않을 뿐만 아니라, 그 개념을 새롭게 규정하고 있지도 않다.
④ 2문단의 '개체화는 자본주의적 산업화 이래로 지속된 현상이다.'에서 개체화 현상의 역사적 기원을 확인할 수 있지만, 이에 대한 다양한 가설들은 제시되어 있지 않다. 그리고 이 글은 두 학자의 견해를 소개하고 있을 뿐 개체화 현상의 역사적 기원에 대한 다양한 가설들의 한계와 의의를 평가하고 있지 않다.
⑤ 1문단의 첫 문장에서 개체화 현상에 대한 정의는 확인할 수 있으나, 이와 유사한 사회적 개념들을 비교하고 있지 않다.

02 핵심 개념에 대한 추론의 적절성 판단   정답 ②

◎ **②가 정답인 이유** 국가의 통제력이 강화되면, 개인의 자율성 약화를 초래하겠지만 '현대의 개체화 현상'은 나타나기 힘들다. 그 근거는 2문단에서 추론할 수 있다. '20세기 중반 이후부터는' '개체화 현상이 과거와는 질적으로 달라진 양상을 보여 주'고 있는데, 그 예로 '개인에 대한 국가의 통제력도 현저하게 약화되고 있다.'고 했다. 즉, '현대의 개체화 현상'은 국가의 통제력을 약화시키는 것으로 볼 수 있다.
① 2문단의 '노동자들이 이제는 계급적 연대 속에서 이해관계*를 공유하지 못하게 되었다.'에서 추론할 수 있다.

* 이해관계(利害關係): 서로 이해(利害, 이익과 손해)가 걸려 있는 관계.
※ 이해(利害): 이익과 손해. 유 득실(得失)
   이해(理解): 이치를 잘 해석함. 반 오해

③ 2문단의 '핵가족화 추세에 더하여 일인 가구가 급속도로 늘어나는 등 가족의 해체 현상도 많이 나타나고 있다.'에서 추론할 수 있다.

④ **3문단**의 '벡은 현대인들이 개체화되어 있다는 바로 그 조건 때문에 오히려 전 지구적 위험에 의한 불안에 대응하기 위해 초계급적, 초국가적으로 연대(連帶)할 가능성이 있다고 보았다.'에서 추론할 수 있다.

⑤ **4문단**의 '협력의 고리를 찾지 못하게 된 현대인들이 개인 수준에서 위기에 대처해야 하는 상황에 빠져 버렸다는 점이다.'에서 추론할 수 있다.

---

03 핵심 개념에 대한 이해
정답 ③

◉ ③이 정답인 이유 현대 사회를 '위험 사회(㉠)'로 규정한 벡은 현대인들이 '전 지구적 위험에 의한 불안에 대응하기 위해 초계급적, 초국가적으로 연대할 가능성이 있다고 보았다'고 했다. 따라서 ㉠은 인간관계의 유연한* 확장 가능성을 비관적*으로 보는 개념이 아니다. 반면, 현대 사회를 '액체 시대(㉡)'로 정의한 바우만은 '협력의 고리를 찾지 못하게 된 현대인들이 개인 수준에서 위기에 대처해야 하는 상황에 빠져 버렸다'고 했다. 이로 보아, ㉡은 인간관계의 유연한 확장 가능성을 비관적으로 보는 개념이라 할 수 있다.

> *유연한: 부드럽고(유순) 연한(연약). 융통성, 신축성, 탄력성이 있는. 逆 완강한, 경직된, 완고한   –「매3어휘」p.28에서
> *비관적: 슬프게(비애) 보는(관망) (것). 逆 절망적 逆 낙관적   –「매3어휘」p.79에서

① ㉠은 과거와 달리 '핵무기와 원전 누출 사고, 환경 재난 등'의 위험이 체계적이고 항시적으로 존재하게 된 '현대 사회'의 특성을 드러내기 위한 개념으로 볼 수 있다.

② ㉡은 '개체화된 개인들이 삶의 불확실성 속에서 생존을 모색하게 된 현대 (사회)'를, '형체는 가변적이고 흐르는 방향은 유동적인 액체'의 속성에서 유추하여 사회에 적용한 개념으로 볼 수 있다.

④ ㉠은 '위험이 체계적이고도 항시적으로 존재하게 된 현대 사회'를 규정하는 개념이고, 바우만은 ㉡을 통해 '핵 확산이나 환경 재앙 등 예측 불가능한 전 지구적 위험 요인의 항시적 존재'도 위험 요인으로 본다는 점에서 ④는 적절한 설명으로 볼 수 있다.

⑤ ㉠을 규정한 벡은 '현대의 위험은 과거와 달리 국가와 계급을 가리지 않고 파괴적으로 영향을 미친다'고 했고, ㉡을 정의한 바우만은 ㉡을 통해 '핵 확산이나 환경 재앙 등 예측 불가능한 전 지구적 위험 요인의 항시적 존재'도 위험 요인으로 본다고 했으므로 ⑤는 적절한 설명으로 볼 수 있다.

오답 노트, 다시 보는 게 중요!
매3 오답 노트 예시를 참고해 만들고, 꼭 다시 챙겨 보세요.

---

04 사전적 의미 파악
정답 ①

◉ ①이 정답인 이유 '어휘 문제 3단계 풀이법'을 적용하자.

• **1단계: 핵심 간추리기**

> 위험이 현실화될 가능성이 있는데도 (삶의 편의와 풍요를 위해) 이를 방치(放置)함으로써 위험이 (체계적이고도 항시적으로) 존재하게 된 현대 사회 → 위험을 방치함으로써 위험이 존재하게 되다.

• **2단계: 대입하기**

> 위험이 현실화될 가능성이 있는데도 (삶의 편의와 풍요를 위해) 이를 쫓아내거나 몰아냄으로써 위험이 (체계적이고도 항시적으로) 존재하게 된 현대 사회 → 위험을 쫓아내거나 몰아냄으로써 위험이 존재하게 되다.

→ '위험이 현실화될 가능성이 있'어 이를 '쫓아내거나 몰아' 내는 것은 의미가 통한다. 하지만 '위험이 현실화될 가능성이 있는데도'의 '-데도'에 집중하면 ⓐ에는 그럼에도 불구하고 '쫓아내지 않음'의 의미가 들어가야 한다는 것을 알 수 있다.

• **3단계: '매3어휘 풀이' 떠올리기**

> • 고장난 자전거를 방치해 두다.
> • 감기라고 방치했다가는 폐렴으로 이어질 수 있다.

→ 3단계까지 오면 '고장난 자전거를 쫓아내거나 몰아내다', '감기라고 쫓아내거나 몰아냈다가는 폐렴으로 이어질 수 있다'는 어색하다는 것을 더 확실하게 알 수 있다. '방치'는 '내버려 두다'의 의미이기 때문이다.

고장난 자전거를 내버려 두면 안 되고, 감기를 내버려 두면 폐렴으로 이어질 수 있고, 위험이 현실화될 가능성이 있는데도 내버려 두면 위험이 항시적으로 존재하게 된다.

한편, '쫓아내거나 몰아냄'의 의미를 지닌 말은 '축출, 추방' 등이다.

대부분의 학생들이 정답에 답했지만, 나머지 답지들이 오답인 이유도 '어휘 문제 3단계 풀이법'을 적용해 살펴보자.

구분	핵심 간추리기	대입하기	'매3어휘 풀이' 떠올리기
ⓑ	불안에 대응하기 위해 초국가적으로 연대(連帶)할 가능성이 있다	불안에 대응하기 위해 초국가적으로 여럿이 함께 무슨 일을 하거나 함께 책임을 질 가능성이 있다	• 띠(혁대)를 두른 것처럼 연결되어 함께 함. • 단결 • 다른 세력과 연대하다.
ⓒ	일상생활에서의 요구를 모아 정치적으로 표출(表出)하는	일상생활에서의 요구를 모아 정치적으로 겉으로 나타내는	• 겉(표면)으로 노출함. • 표현 • 감정의 표출
ⓓ	대다수의 사람들이 잉여 인간으로 전락(轉落)하고 있다	대다수의 사람들이 잉여 인간으로 나쁜 상태나 타락한 상태에 빠지고 있다	• 굴러(전도) 추락함. • 추락, 타락 • 식민지로 전락하다.
ⓔ	위험에 대한 공포가 내면화되면 사람들은~소극적 자기 방어 행동에 몰두(沒頭)하게 된다	위험에 대한 공포가 내면화되면 사람들은~소극적 자기 방어 행동에 온 정신을 다 기울여 열중하게 된다	• 몰입하고 염두에 둠. • 몰입, 골몰, 열중 • 국어 공부에 몰두하다.

독해력을 길러 주는 지문 분석

1문단 문단요약 누구에게나 보편적으로 받아들여질 수 있는 정의롭고 도덕적인 법으로 인식되는 자연법은 인간의 경험에 앞서 존재하는 본질적인 것으로, 인간의 본성에 깃든 이성은 자연법을 발견해 낼 수 있는 수단이 된다.
핵심어(구) 자연법
중심 내용 보편적이고 정의롭고 도덕적인 법인 자연법

2문단 문단요약 서구 중세의 신학에서는 자연법을 인간 이성에 새겨진 신의 법이라고 이해하여 종교적 권위를 중시하였다. 이후 근대의 자연법 사상의 기초를 다진 그로티우스는 이성을 통해 확인되고 인간 본성에 합치하는 법 규범인 자연법은 신도 변경할 수 없는 본질적인 것이고, 국가와 실정법을 초월하는 규범이라고 보았다.
핵심어(구) 중세, 근대의 자연법 사상, 그로티우스
중심 내용 근대의 자연법 사상의 기초를 다진 그로티우스의 관점

3문단 문단요약 종교 전쟁의 시대에 활약했던 그로티우스는 종교를 초월하여 모두가 받아들일 수 있는 규범을 세우기 위해 자연법을 바탕으로 국가 간의 관계를 규율하는 법 이론을 구성하여 국제법의 아버지로도 불린다.
핵심어(구) 그로티우스, 국제법
중심 내용 자연법을 바탕으로 국가 간의 관계를 규율하는 법 이론을 구성한 그로티우스

4문단 문단요약 자연법 사상은 인간의 권리를 중시하는 근대적 법체계를 세우는 데에 중요한 기반을 제공하였고, 특히 자유와 평등의 가치가 법과 긴밀한 관계를 맺도록 하는 데 이바지하였다.
핵심어(구) 자연법 사상, 이바지
중심 내용 자연법 사상의 의의

5문단 문단요약 19세기에는 현실적으로 자연법을 명확히 확정하기 어렵다는 비판 속에서 자연법 사상이 퇴조하고, 국가의 입법 기관에서 제정하여 효력을 갖는 실정법만이 법으로 인정될 수 있다는 '법률실증주의'가 등장했다. 하지만 현대에 와서 합법의 외관을 쓴 전체주의로 인해 세계 대전을 겪게 되자, 오늘날 자연법은 실정법이 지향해야 할 이상을 제시하는 역할에서 의의가 인정된다.
핵심어(구) 19세기, 실정법, 현대, 자연법, 의의
중심 내용 실정법의 등장에도 의의가 인정되는 자연법

주제 자연법 사상의 변화 과정과 그 의의

05 세부 내용 확인　　정답 ③

◎ **③이 정답인 이유** 4문단 끝에서, 서구(미국, 프랑스 등)의 근대적 법체계를 세우는 데 중요한 기반을 제공한 것이 자연법 사상이고, 이 자연법 사상은 자유와 평등의 가치가 법과 긴밀한 관계를 맺도록 하는 데 이바지하였다고 했다. ③은 이러한 내용을 잘 담고 있으므로 적절하다.

나머지 답지들이 오답인 이유도 살펴보자.

① 1문단의 '자연법은 인위적으로 제정되는 것이 아니라 인간의 경험에 앞서 존재하는 본질적인 것' → 실정법은 ✗

② 4문단의 '1776년 미국의 독립 선언에도 자연법의 영향이 나타난다.'와, 5문단의 '19세기에 들어서자…새롭게 등장한 이론이 이른바 '법률실증주의'이다.' → 법률실증주의가 ✗

④ 2문단의 '서구 중세의 신학에서는 자연법을 인간 이성에 새겨진 신의 법이라고 이해하여…' → 관련시키지 않았다. ✗

⑤ 4문단의 '프랑스 대혁명기의 인권 선언에서는 자유권, 소유권, 생존권, 저항권을 불가침의 자연법적 권리로 선포하였다.' → 인정되지 않았다. ✗

06 내용 추론　　정답 ④

◎ **④가 정답인 이유** 3문단에서 그로티우스가 국제법의 아버지라고 불리는 것은 '자연법'을 바탕으로 국가 간의 관계를 규율하는 법 이론을 구성했기 때문이라고 했다. 그로티우스는 '자연법은 국가와 실정법을 초월하는 규범'(2문단)이라고 보았고, '자연법에 기반을 두면 가톨릭, 개신교, 비기독교 할 것 없이 모두가 받아들일 수 있는 규범을 세울 수 있다'(3문단)고 생각했으며, '이렇게 이루어진 법 원칙으로써 각국의 이해를 조절하여 전쟁의 참화를 막고 인류의 평화와 번영을 실현할 수 있다고 믿었다'(3문단)고 했다. 이를 통해 볼 때 그로티우스의 국제법은 각국의 실정법이 아닌, 실정법을 초월하는 '자연법'에 기반을 두고 만들어졌다는 것을 추론할 수 있다.

가장 많이 질문한 오답은? ⑤

✗ **⑤가 오답인 이유** 그로티우스가 활약하던 종교 전쟁의 시대에서는 어떤 법도 존중받지 못했다. 그래서 그로티우스는 종교와 무관하게 모두가 받아들일 수 있는 규범은 '자연법'에 기반을 두어야 한다고 생각(3문단)했다. 그리고 자연법 사상에서는 신학의 의존으로부터 독립하여 자연법을 오직 이성으로써 확인할 수 있다(2문단)고 보았다. 이를 통해 볼 때, 그로티우스는 전통적인 신학 이론을 바탕으로 국제법을 구성하면 보편적으로 받아들여질 수 없고, 자연법에 기반을 두고 국제법을 구성하면 보편적으로 받아들여질 수 있다고 보았을 것임을 추론할 수 있다.

① 3문단의 '이 책(그로티우스의 『전쟁과 평화의 법』)에서는… 자연법 개념의 기초를 다지고, 그것을 바탕으로 국가 간의 관계를 규율하는 법 이론을 구성하였다.'

② 3문단의 '이 책에서는 개전[전쟁을 개시(시작)함. 반 종전]의 요건, 전쟁 중에 지켜져야 할 행위 등을 다루었으며'

③ 3문단의 '이렇게 이루어진 법 원칙으로써 각국의 이해를 조절하여 전쟁의 참화를 막고 인류의 평화와 번영을 실현할 수 있다고 믿었다. 이러한 그의 사상은 1625년 『전쟁과 평화의 법』이란 저서를 낳았다.'

07 핵심 정보의 이해 및 확인　　정답 ④

◎ **④가 정답인 이유** '시공(시간과 공간)을 초월하는 본질적인 법'은 1문단에서 '자연법'이라 부른다고 했다. '때와 장소에 관계없이(시공을 초월하여) 누구에게나 보편적으로 받아들여질 수 있는 정의롭고 도덕적인 법'이 '자연법'이고, 이 '자연법'은 인간의 경험에 앞서 존재하는 '본질적인 것'이라고 했다. 그리고 자연법을 발견해 내는(찾아내는) 수단은 인간의 이성이라고 한 것에서 ④는 자연법 사상에 대한 설명으로 적절하다는 것을 알 수 있다.

① **2문단 끝**에서, '자연법은 국가와 실정법을 초월하는 규범'이라고 했다. 따라서 국가의 권위가 자연법에 제한을 둘 수 있다는 설명은 적절하지 않다.

② **1문단**에서, 자연법은 '누구에게나 보편적으로 받아들여질 수 있는 정의롭고 <u>도덕적인 법</u>'이고, '자연법을 발견해 낼 수 있는 수단'은 '참과 거짓, 선과 악을 분별할 수 있는(윤리적인)' '인간의 본성에 깃든 이성'이라고 했다. 따라서 자연법도 윤리나 도덕과 관련이 있는 법 규범이라 할 수 있다.

③ **3문단**에서 자연법은 '인류의 평화와 번영을 실현할 수 있다'고 했지만, '인간 본성에 근원을 둔다.'고 한 **1문단**을 통해 볼 때 '자연법은 인간의 본성과 대립'한다는 설명은 적절하지 않다.

⑤ **5문단**에서, '오늘날 자연법은 실정법이 지향해야 할 이상을 제시하는 역할에서 여전히 의의가 인정된다.'고 했다. 따라서 자연법의 역할이 실정법에 없는 내용을 보충하는 데 머물러야 한다는 설명은 적절하지 않다.

08 내용 이해 및 추론 　　　　정답 ⑤

◎ ⑤가 정답인 이유 법을 왜 지켜야 하는지에 대한 법률실증주의의 답변은 **5문단**에서 확인할 수 있다.

> • 입법자가 합법적인 절차로 제정한 법률이다.
> • 국가 권위에 근거하여 이루어진 것이기에 국민은 이를 따라야 할 의무가 있다.

이를 통해 볼 때, 법을 지켜야 하는 이유에 대해 법률실증주의가 국가의 권위와 같은 형식적인 요소를 들어 답변한 것은 맞다. 하지만, '국민의 준수 의지라는 도덕적인 근거'를 들어 답변한 것은 아니므로 ⓔ는 이 글을 잘못 이해한 것이다.

ⓐ~ⓓ가 적절한 이해인 근거도 지문에서 찾아보자.

ⓐ **1문단**의 '정의롭고 도덕적인 법을 떠올리게 되는 것은 자연스러운 일'이고, '이런(정의롭고 도덕적인) 법을 자연법이라 부르며'

ⓑ, ⓓ **5문단**의 '이(법률실증주의)에 따르면 입법자가 합법적인 절차로 제정한 법률은 그 내용이 어떻든 절대적인 법이 되며'

ⓒ **5문단**의 '현실적으로 자연법을 명확히 확정하기 어렵다', '법률실증주의는… 실정법만이 법으로 인정될 수 있다는 입장'

09 바꿔 쓰기에 적절한 어휘 이해 　　　　정답 ②

◎ ②가 정답인 이유 '어휘 문제 3단계 풀이법'을 적용하자.

• 1·2단계: 핵심을 간추린 후 대입해 보자.

> 인류의 평화와 번영을 <u>실현</u>할 수 있다. → 가져올 수 있다.

→ '실현할' 대신 '가져올'로 바꿔 써도 어색하지 않아 보이지만 3단계까지 적용해 보자.

• 3단계: '매3어휘 풀이'를 떠올려 보자.

> • 실제로 <u>현</u>실화하다.　　• 꿈을 <u>실현</u>하다(이루다).

3단계까지 오면 '실현하다'는 '이루다'라는 의미를 지닌 말임을 알 수 있다. 그리고 '(평화와 번영을) 가져오다.'도 '이루다'의 의미를 나타내므로, ㉠ 대신 ②로 바꿔 써도 문맥상 적절하다.

오답지의 어휘들은 ㉠의 자리에 대입해 보면 문맥이 자연스럽지 않다. '가늠하고, 기다리고, 떠올리고, 헤아리는' 것은 실제로 '이루는' 것과는 거리가 멀기 때문이다.

10~12 **사회: 지방 자치 단체의 정책 결정** 2015학년도 9월 모의평가(B형)

독해력을 길러 주는 지문 분석

1문단 　**문단 요약** 　중앙 정부는 물론 지방 자치 단체에서도 정책 결정 과정의 능률성과 효과성을 위해 전문적인 행정 담당자 중심의 정책 결정이 빈번해지고 있는데, 지방 자치 단체의 정책 결정은 지역 주민의 의사에 보다 부합하는 방향으로 보완될 필요가 있다.

　핵심어(구) 지방 자치 단체의 정책 결정
　중심 내용 지방 자치 단체의 정책 결정 시 지역 주민의 의사를 고려한 보완의 필요성

2문단 　**문단 요약** 　행정 담당자 주도의 정책 결정의 문제점을 극복하기 위해 지방 자치 단체는 민간화와 경영화를 도입하였는데, 둘 다 한계가 있다.

구분	민간화	경영화
공통점	행정 담당자 주도의 정책 결정을 보완하기 위해 시장 경제의 원리를 부분적으로 받아들임.	
운영 방식	지방 자치 단체가 담당하는 특정 업무의 운영권을 민간 기업에 위탁할 때, 주민들의 요구를 반영함.	지방 자치 단체가 자체적으로 민간 기업의 운영 방식을 도입하여 주민들의 요구를 충족하고자 함.
문제점	전체 주민의 이익이 반영되지 못하는 경우가 많고, 민간 기업의 이익을 우선함.	기존 관행에 따라 업무를 처리하는 경향이 나타남.

　핵심어(구) 정책 결정의 문제점을 극복, 민간화, 경영화
　중심 내용 민간화와 경영화의 도입 배경 및 한계

3문단 　**문단 요약** 　지방 자치 단체의 정책 결정 과정에서 지역 주민 전체의 의견을 보다 적극적으로 반영하기 위해서는 주민 투표, 주민 소환, 주민 발안 등 주민 참여 제도의 활성화가 필요하다.

　핵심어(구) 주민 참여 제도의 활성화
　중심 내용 주민 참여 제도를 활성화해야 하는 이유와 방향

4문단 　**문단 요약** 　직접 민주주의 제도의 활성화를 통해 지역 주민들이 직접적으로 정책 결정에 참여하면 여러 효과를 거둘 수 있다.

▼ 직접 민주주의 제도의 활성화 효과

> • 정책 결정에 주민들의 참여가 지속적·안정적으로 이루어질 수 있음.
> • 지역 문제에 대한 개인들의 관심이 높아지고 공동체 의식이 고양됨.
> • 전체 주민의 의사가 가시적으로 잘 드러남.
> • 행정담당자들이 전체주민의 의사를 더 적극적으로 고려하게 됨.
> • 주민들이 정책 집행에 적극적으로 협조하게 됨.

　핵심어(구) 직접 민주주의 제도의 활성화, 효과
　중심 내용 직접 민주주의 제도의 활성화로 인한 효과

주제 　지방 자치 단체의 정책 결정에 필요한 주민 참여 제도의 활성화 방향 및 그 효과

10 글의 전개 방식 이해   정답 ①

◎ ①이 정답인 이유 이 글은 지방 자치 단체의 정책 결정에 대해 기술하고 있는데, 중앙 정부의 정책 결정 과정도 1문단에서 언급하고 있다. 하지만, 현대 사회가 다원화되고 복잡해지면서 정책 결정 과정에서 능률성과 효과성을 우선시하는 경향이 커졌다는 점에서 둘(지방 자치 단체의 정책 결정 과정과 중앙 정부의 정책 결정 과정)은 공통된다고 했을 뿐 '대비*'(✗)해서 기술하고 있지는 않다.

> * 대비(對比): 대조하여 비교함. '대조'와 마찬가지로 '차이'를 밝히기 위해 서로 맞대어 비교하는 것을 말함.

가장 많이 질문한 오답은? ⑤

✗ ⑤가 오답인 이유 지방 자치 단체가 자체적으로 도입하고 있는 정책 결정 방식의 개선 노력은 **2문단**에서 언급한 '민간화'와 '경영화'이다. 이 두 방식은 모두 행정 담당자 주도로 이루어지는 정책 결정의 문제점을 극복하기 위한 지방 자치 단체 자체의 개선 노력의 예라는 점에서 ⑤는 적절한 설명이다.

나머지 답지들에 답한 학생들은 드물었지만, 이들 답지들이 오답인(적절한) 이유도 살펴보자.

② 지방 자치 단체가 주민 참여 제도를 활성화해야 하는 이유는 '민간화'와 '경영화'의 한계를 해소하고 지방 자치 단체의 정책 결정 과정에서 지역 주민 전체의 의견을 보다 적극적으로 반영하기 위함이다. **(3문단 첫 문장)**

③ 간담회, 설명회 등이 지방 자치 단체가 채택하고 있는 주민 참여 제도의 종류이다. **(3문단)**

④ 지방 자치 단체가 직접 민주주의 제도를 활성화했을 때의 효과는 **4문단**에서 확인할 수 있다.**('독해력을 길러 주는 지문 분석' 참조)**

11 핵심 개념의 비교   정답 ④

◎ ④가 정답인 이유 **2문단**에서, ㉠(민간화)은 지방 자치 단체가 담당하는 특정 업무의 운영권을 민간 기업에 위탁하지만, ㉡(경영화)은 지방 자치 단체가 자체적으로 민간 기업의 운영 방식을 도입하는 것이라고 했다. 따라서 ㉠은 운영권(정책 결정권 △)을 위탁한 것이라는 점에서 정책 결정권을 외부에 위임했다고 볼 수도 있지만, ㉡은 민간 기업의 운영 방식을 '자체적으로' 도입하는 것이므로 외부에 정책 결정권을 위임했다고 볼 수 없다.

→ ㉠ △, ㉡ ✗

오답지들이 적절한 근거는 **2문단**에서 모두 찾을 수 있다.

① 민간 기업의 특성상 공익의 추구보다는 기업의 이익을 우선한다는 한계가 있다. **(㉠ 뒤의 문장)**

② 외부의 적극적인 견제가 없으면 행정 담당자들이 기존의 관행에 따라 업무를 처리하는 경향이 나타나기도 한다. **(끝 문장)**

③ 이 둘('민간화'와 '경영화')은 모두 행정 담당자 주도의 정책 결정을 보완하기 위해 시장 경제의 원리를 부분적으로 받아들였다는 점에서는 공통되지만, ~**(세 번째 문장)**

⑤ 지역 주민의 요구를 수용하기 위해 도입한 '민간화'와 '경영화'**(두 번째 문장)**

12 구체적 사례에의 적용   정답 ⑤

◎ ⑤가 정답인 이유 [A]에서는 지방 자치 단체가 직접 민주주의 제도를 활성화했을 때의 긍정적 효과를 말하고 있는 반면, 〈보기〉에서는 직접 민주주의 제도 중 하나인 '주민 투표' 실시 후 나타난 부작용에 대해 설명하고 있다. 즉 〈보기〉에 제시된, 투표 결과를 수용하지 않는 주민들의 사례는 주민의 직접 참여에 의한 정책 결정인 경우에도 주민들이 비협조적인 경우가 있다는 것을 확인해 주고 있으므로, ⑤는 [A]와 관련하여 〈보기〉를 이해한 내용으로 적절하다.

① '반대하는 주민들이 투표 결과에 불복*하여 주민 간에 반목*이 심해졌다.'고 했으므로 공동체 의식이 고양되었다고 볼 수 없다.

> * 불복: 복종하지 않음.   * 반목: 미워하고 대립하고 갈등함.

② '주민 간의 갈등이 심화되면서 해당 정책의 결정이 지연되어 행정에 대한 불신이 커졌'다고 했으므로 행정에 대한 주민들의 신뢰는 낮아진 것이다.

③ '상당수의 주민들'이 '다른 정책에 대해서도 협조를 하지 않는 현상'은 주민들의 참여가 불안정해졌다는 것을 보여 준다.

④ '다른 정책에 대한 주민 투표를 거부하는 일이 생기기도 했다'는 것은 정책에 대한 주민들의 지지를 이끌어 내기 어려워졌다는 것을 보여 준다.

✔ 매일 복습 확인 문제

1 다음 글과 부합하면 ○, 그렇지 않으면 ✕로 표시하시오.

(1) 20세기 중반 이후부터는 세계화를 계기로 개체화 현상이 과거와는 질적으로 달라진 양상을 보여 주고 있다. 교통과 통신 수단의 발달에 따라 국경을 넘나드는 자본과 노동의 이동이 가속화되었고, 개인에 대한 국가의 통제력도 현저하게 약화되고 있다. → 현대의 개체화 현상은 국가의 통제력 강화를 통해 개인의 자율성 약화를 초래한다. ……………………………………………………… (   )

(2) 그로티우스의 『전쟁과 평화의 법』에서는 개전의 요건, 전쟁 중에 지켜야 할 행위 등을 다루었다. → 국가 간에 전쟁을 할 때에도 마땅히 지켜야 할 법 규범이 있다. ……………………………………………………… (   )

(3) 경영화는 민간화와는 달리, 지방 자치 단체가 자체적으로 민간 기업의 운영 방식을 도입하는 것을 말한다. 주민들을 고객으로 대하며 주민들의 요구를 충족하고자 하는 것이다. → 경영화는 지방 자치 단체가 외부에 정책 결정권을 위임하는 방식이다. ……………… (   )

2 다음에서 밑줄 친 '관행'과 바꿔 쓸 수 있는 말로 가장 알맞은 것은?

> 행정 담당자들이 기존의 관행에 따라 업무를 처리하다.

① 관념   ② 관습   ③ 관점   ④ 관조   ⑤ 관찰

정답 1. (1) ✕ (2) ○ (3) ✕ 2. ②

정답 01 ⑤   02 ④   03 ④   04 ①   05 ④
      06 ④   07 ①   08 ④   09 ②   10 ②
      11 ③

1~3 사회: 저작물 공정 이용과 저작물 공유 캠페인

2014학년도 6월 모의평가(B형)

독해력을 길러 주는 지문 분석

1문단 문단요약 문화가 발전하려면 저작자의 권리 보호와 저작물의 공정 이용이 균형을 이루어야 하며, 우리나라도 저작권법에 저작권 제한 규정을 두고 있다.
핵심어(구) 저작물의 공정 이용
중심 내용 저작물 공정 이용의 필요성

2문단 문단요약 그런데 디지털 환경에서 저작물의 공정 이용은 여러 장애에 부딪혔다. 저작물을 원본과 동일하게 복제할 수 있고 용이하게 개작할 수 있어, 저작물의 이용 행위가 공정 이용의 범주에 드는 것인지 가늠하기가 더 어려워졌고 그에 따른 처벌 위험도 커진 것이다.
핵심어(구) 디지털 환경, 저작물의 공정 이용, 장애
중심 내용 디지털 환경에서의 저작물 공정 이용의 문제점

3문단 문단요약 이 문제를 해소하기 위해 '저작물의 공정한 이용' 규정이 저작권법에 별도로 신설되어, 저작권자의 동의가 없어도 이용할 수 있는 영역이 확장되었다. 그러나 공정 이용 여부에 대한 시비가 자율적으로 해소되지 않으면 법적인 절차를 밟아야 한다.
핵심어(구) '저작물의 공정한 이용' 규정
중심 내용 저작물 공정 이용 문제의 해소 방안

4문단 문단요약 저작권자들이 자신의 저작물에 일정한 이용 허락 조건을 표시해서 무료로 개방하는 '저작물의 공유' 캠페인이 주목을 받고 있다. 캠페인 참여자들은 자신과 타인의 저작권을 존중하면서 자유롭게 활용할 수 있는 저작물의 양과 범위를 확대하려고 노력한다. 그러나 허용된 범위를 벗어나 이용한 경우 법적 책임을 져야 한다.
핵심어(구) '저작물의 공유' 캠페인
중심 내용 주목받는 저작물 공유 캠페인

5문단 문단요약 한편 저작물의 공유 캠페인과 신설된 공정 이용 규정으로 인해 저작권자들의 정당한 권리가 침해받고 있으므로 이를 시정하는 것이 오히려 공익에 더 도움이 된다고 보는 사람들도 있다.
핵심어(구) 저작권자들의 정당한 권리가 침해
중심 내용 저작물의 공유 캠페인과 신설된 공정 이용 규정을 부정적으로 보는 사람들의 견해

주제 저작물 공정 이용과 저작물 공유 캠페인의 필요성과 폐해

01 세부 내용 확인 및 추론
정답 ⑤

◎ **⑤가 정답인 이유** 4문단에 정답의 근거가 있다. '저작물의 공유 캠페인'은 저작권자들이 자신의 저작물에 일정한 이용 허락 조건을 표시해서 이용자들에게 무료로 개방하는 것을 말하는데, 이 캠페인을 펼치는 사람들은, 저작권을 인정하지 않고 모두가 공동으로 소유하자고 주장하는 사람들과 달리, 자신과 타인의 저작권을 존중한다고 했다.

나머지 답지들이 오답인(적절한) 이유와 근거도 지문에서 찾아보자.

① 문화가 발전하려면 저작자의 권리 보호와 저작물의 공정 이용이 균형을 이루어야 한다. (1문단의 첫 문장)

② 우리나라의 저작권법에서는 오래전부터 공정 이용으로 볼 수 있는 저작권 제한 규정을 두었다. (1문단의 마지막 문장)

③ 저작물의 공정 이용이란 저작권자의 권리를 일부 제한하여 저작권자의 허락이 없어도 저작물을 자유롭게 이용하는 것을 말한다. (1문단의 둘째 문장)

④ 1문단의 둘째 문장에서 '저작물의 공정 이용이란 저작권자의 권리를 일부 제한하여 저작권자의 허락이 없어도 저작물을 자유롭게 이용하는 것'이라고 했다. 이것은 곧 공정 이용의 대상이 되는 저작물도 '저작권 제한 규정'의 적용을 받지 않는 범위(비영리적인 사적 복제가 아닌 경우) 내에서는 저작권이 인정된다는 의미이다.

02 주장에 대한 이해
정답 ④

◎ **④가 정답인 이유** ㉠은 저작물 공유 캠페인을 펼치는 사람들과 다른 시각을 가진 사람들이다. 저작물 공유 캠페인은 저작권자들이 자신의 저작물에 일정한 이용 허락 조건을 표시해 이용자들에게 무료로 개방하는 것(4문단)인데, ㉠은 이와 같은 저작물 공유 캠페인이 확산되면 저작물을 창조하려는 사람들의 동기가 크게 감소할 것이라고 우려한다(5문단). 즉, 저작물의 무료 개방은 저작권자로 하여금 창작 의욕을 저하시킨다는 것이므로 ④는 ㉠의 주장에 가깝다고 볼 수 있다.

대부분의 학생들이 정답에 답했지만, 나머지 답지들이 오답인 이유도 살펴보자.

① 이용 허락 조건을 저작물에 표시하는 것은 저작물 공유 캠페인의 활동(4문단)이고, 이와 같은 캠페인이 확산되면 저작물을 창조하려는 사람들의 동기가 크게 감소할 것을 우려하는 것(5문단)이 ㉠의 시각이므로 ①은 ㉠의 주장과 거리가 멀다.

② ㉠은 저작물의 공유 캠페인이 확산되는 것을 우려하는 사람들이다. (5문단)

③ ㉠은 저작권자들의 정당한 권리를 침해받는 것, 즉 저작물의 복제 허용이 확대되는 것을 우려하는 사람들이다. (5문단)

⑤ ㉠은 저작물을 자유롭게 이용하는 저작물의 공정한 이용 규정을 별도로 신설할 필요가 없으며, 저작물의 공정 이용 규정을 시정하는 것이 공익에 더 도움이 된다고 하였다. (5문단)

03 구체적 사례에의 적용

정답 ④

○ ④가 정답인 이유 〈보기〉의 '자료 1'과 4문단을 함께 보면 '자유 이용 허락' 조건 표시를 지키면 저작권자의 저작물을 무료로 사용해도 된다는 것을 알 수 있다. 이는 '자유 이용 허락' 조건 표시가 없는 경우 저작권자의 허락 없이는 '공정 이용' 범위를 벗어나 자유롭게 사용할 수 없다는 것을 말한다. 이와 같이 해석한 내용을 바탕으로 '자료 2'를 보자.

'자료 2'의 B는 '자유 이용 허락' 조건 표시를 지켰기 때문에 A의 미술 평론을 이용해도 저작권 사용료를 낼 필요가 없다는 것을 알 수 있다. 반면 B의 저작물에는 '자유 이용 허락' 조건 표시가 없었기 때문에, A는 B의 허락 없이는 B의 저작물을 자유롭게 이용할 수 없다. 그런데 A는 B의 허락 없이 B의 저작물을 사용했기 때문에 B가 A에게 저작권 사용료를 지불하라고 요구했다는 것이다.

④의 '공정 이용 규정이 없었다면'의 의미부터 이해해야 한다.

> • 공정 이용 = 저작권자의 허락이 없어도 저작물을 자유롭게 이용하는 것(1문단)
> • 공정 이용 규정이 없었다면 = 저작권자의 허락 없이는 저작물을 자유롭게 이용할 수 없다면

즉, '공정 이용 규정이 없었다면' A는 B의 저작물을 자유롭게 이용할 수 없다. 그런데 A는 B의 허락 없이 B의 저작물을 사용했다. 그러므로 B는 A에게 자신의 저작권 사용료 지불을 요구할 수 있다. → 없겠군. ✗

가장 많이 질문한 오답은? ⑤, ③ 순

✗ ⑤가 오답인 이유 ⑤에 답한 학생들은 '편집'해 올리는 것은 안 된다고 생각했다고 했다. '자료 2'를 다시 보자. A는 ⓘ 표시를 하여 블로그에 올렸고, B는 표시의 조건을 지키며 A의 미술 평론을 이용해 왔다고 했다. 그리고 '자료 1'에서 ⓘ는 출처를 표시하고 자유롭게 사용 가능한 저작물에 대해 표시한 것임을 알 수 있다. 즉, B는 표시의 조건을 지켰기 때문에 자유롭게(편집 가능) 사용해도 되는 것이므로 A의 동의를 별도로 받지 않아도 된다는 것을 알 수 있다.

✗ ③이 오답인 이유 ③에 답한 학생은 '공정 이용'에 대한 개념이 정리되지 않았기 때문이었다. **1문단**에서 '공정 이용은 저작권자의 허락이 없어도 저작물을 자유롭게 이용하는 것'이라고 했다. 따라서 A의 행위가 공정 이용에 해당한다면 A는 B에게 사용료를 지불하지 않아도 된다.

① **4문단**에서 '저작물의 공유' 캠페인은 저작물의 자유 이용을 허락하는 것이라고 했으므로 '자유 이용 허락' 조건 표시를 사용한 A는 저작물의 공유 캠페인에 참여하는 사람이 맞다.

---

② A는 자신의 미술 평론에 출처를 표시하고 자유롭게 사용하라는 ⓘ 표시를 했기 때문에 표시의 조건을 지키며 사용한 B에게 사용료 지불을 요구할 수 없다.

4~7 사회: 광고 규제   2015학년도 6월 모의평가(B형)

독해력을 길러 주는 지문 분석

1문단 | **문단 요약** 상업 광고는 기업과 상품의 인지도를 높이고 소비자에게 상품 정보를 제공하여 이익을 주지만, 광고에서 기업과 소비자의 이익이 상충되거나 사회에 폐해를 낳는 경우도 있어, 다양한 규제 방식이 모색되었다.
핵심어(구) 상업 광고, 다양한 규제 방식
중심 내용 상업 광고의 규제 필요성

2문단 | **문단 요약** 광고로 인한 피해를 책임질 당사자로 초기에는 소비자가 이성적으로 광고를 판단하여 구매할 수 있어야 한다는 전제를 바탕으로 '소비자 책임 부담 원칙'을 따랐다.
핵심어(구) 광고로 인한 피해를 책임질 당사자, 소비자 책임 부담 원칙
중심 내용 광고 피해의 책임 주체를 소비자로 본 초기의 '소비자 책임 부담 원칙'

3문단 | **문단 요약** 그러나 시장의 독과점 상황이 광범위해지고, 상품에 응용된 과학 기술이 복잡해지고 첨단화되고, 통념에 어긋나는 표현이나 장면이 광고에 자주 활용되면서, 기업이 광고에 대해 책임을 저야 한다는 '기업 책임 부담 원칙'이 부상하게 되었다.
핵심어(구) 기업 책임 부담 원칙
중심 내용 광고 피해의 책임 주체를 기업으로 보는 '기업 책임 부담 원칙'과 그 등장 배경

4문단 | **문단 요약** 오늘날 광고 규제는 법적 규제와 자율 규제로 나뉘는데, 법적 규제는 허위 광고나 기만 광고 등을 불공정 경쟁의 수단으로 간주하여 정부 기관이 구체적인 법 조항을 통해 규제하는 것이다.
핵심어(구) 법적 규제
중심 내용 상업 광고에 대한 법적 규제의 특징

5문단 | **문단 요약** 법적 규제에 대한 기업의 대응책으로 등장한 자율 규제는 광고주, 광고업계 등이 광고 집행 기준이나 윤리 강령 등을 정하고 이를 준수하고자 하는 것으로, 법적 규제를 보완하는 효과가 있다.
핵심어(구) 자율 규제
중심 내용 자율 규제의 등장 배경 및 효과

주제 광고 규제의 등장 배경과 유형

---

04 표제와 부제 파악

정답 ①

○ ①이 정답인 이유 '표제'는 글 전체를 통해 말하고자 하는 핵심 내용, 즉 글 전체를 아우르는 제목이므로, (1) 광고 규제가 등장한 배경과 (2) 광고 규제의 유형을 표제로 제시한 ①은 적절하다. 지문에 제시된 (1)과 (2)는 다음과 같다.

(1)	광고 규제가 등장한 배경	• 광고에서 기업과 소비자의 이익이 상충되는 경우도 있음. → 1문단 • 광고가 사회 전체에 폐해를 낳는 경우도 있음. → 1문단
(2)	광고 규제의 유형	• 법적 규제, 자율 규제 → 4, 5문단

한편, '부제'는 표제를 뒷받침해 주는 부차적인, 표제에 딸린 제목이다. 따라서 '(3) 피해 책임의 주체와 (4) 규제의 주체를 중심으로' 다루었다는 ①은 부제로 적절하다.

(3)	피해 책임의 주체	• 소비자 책임 부담 원칙 → 2문단 • 기업 책임 부담 원칙 → 3문단
(4)	규제의 주체	• 정부(법적 규제) → 4문단 • 기업(자율 규제) → 5문단

나머지 답지들에 답한 학생들은 드물었지만, 이들 답지들이 오답인 이유도 살펴보자.

② 광고 규제가 사회적으로 어떤 영향을 미쳤느냐가 아닌, 광고 규제가 등장하게 된 배경과 규제의 유형에 대해 다루었다.

③ 소비자의 역할만이 아니라 정부와 기업의 역할까지 다루었다.

④ 광고의 순기능과 역기능, 광고 규제의 순기능은 확인할 수 있으나 광고 규제의 역기능에 대해서는 다루지 않았다.

광고의 순기능	• 소비 생활에 필요한 상품의 정보를 얻을 수 있고, 기업과 상품의 인지도를 높일 수 있음.(1문단) • 사회의 가치와 문화에 영향을 끼침.(5문단)
광고의 역기능	• 광고로 인한 피해(2문단) • 사실에 반하는 광고나 소비자를 현혹하는 광고를 할 가능성(4문단)
광고 규제의 순기능	• 광고의 역기능에 따른 피해를 막을 수 있음.(5문단)

⑤ 광고 규제에 대한 대립적 시각(찬성과 반대의 입장 대립)은 다루지 않았다.

05 내용 추론
정답 ④

◎ **④가 정답인 이유** 3문단에서 '상품에 응용된 과학 기술이 복잡해지고 첨단화되면서 상품 정보에 대한 소비자의 정확한 이해도 기대하기 어려워졌다.'고 했다. 이를 통해 첨단 기술을 강조한 상품의 광고일수록 소비자는 광고 내용을 정확하게 이해하지 못한 채 상품을 구매할 가능성이 커진다는 것을 알 수 있다.

① 자율 규제는 법적 규제를 보완하는 효과가 있다(5문단)고 한 점에서, 광고 주체의 자율 규제가 잘 작동되면 법적 규제의 역할은 작아질 것임을 알 수 있다.

② 광고에서 기업과 소비자의 이익이 상충되는 경우가 있어 다양한 규제 방식이 모색되었다(1문단)고 한 점에서, 기업과 소비자의 이익이 상충되는 정도가 크면 법적 규제와 자율 규제의 필요성이 강화될 것임을 알 수 있다.

③ 기업 책임 부담 원칙이 부상*하게 된 배경 중 하나로 '시장의 독과점 상황이 광범위해지면서 소비자의 자유로운 선택이 어려워졌다(3문단)'는 것을 들었다는 점에서, 시장 독과점 상황이 심각해지면 기업 책임 부담 원칙이 더 강화될 것임을 알 수 있다.

> * 부상(浮上): 부각되고 상승하는 것. 사람들의 주목을 받거나 더 좋은 위치로 올라섬.

⑤ 광고의 기만성(남을 속이는 성질)을 입증할 책임을 소비자에게 돌리는 것은 광고 정보가 정직한 것인지와는 상관없이 소비자가 이성적으로 판단하여 구매할 수 있어야 한다는 전제가 있었기 때문(2문단)이라고 했다.

06 개념 간의 성격 비교
정답 ④

◎ **④가 정답인 이유** 광고로 인한 피해에 대해 ㉠은 소비자가, ㉡은 기업이 책임을 져야 한다는 원칙이다. 그리고 **4문단의 첫 문장**에서 광고 규제는 '이런 공감대', 즉 기업이 광고에 대해 책임을 져야 한다(㉡)는 공감대 속에서 나온 것이라고 했으며, **4문단의 끝 문장**에서 정부는 사실에 반하는 광고(허위 광고)나 소비자를 현혹하는 광고(기만 광고) 등에 법적 규제를 가한다고 했다. 이로 보아 정부는 ㉠보다 ㉡을 따를 때, 즉 광고의 피해에 대해 기업에 책임을 지우는 원칙을 따를 때 피해를 입증해야 할 책임이 더 크다고 볼 수 있다.

① 광고의 기만성에 대한 입증 책임도 소비자에게 있는 ㉠과 달리 ㉡은 기업이 광고에 대해 책임져야 한다는 것이므로, 소비자에게 더 유리한 것은 ㉡이 맞다.

② ㉡은 경제적, 사회·문화적 측면에서 광고로부터 소비자를 보호해야 한다는 당위를 바탕으로 기업이 광고에 대해 책임을 져야 한다는 것으로, 광고의 사회적 책임이 ㉠에 비해 더 중시된다고 할 수 있다.

③ ㉡은 기업이 광고에 대해 책임져야 하는 반면, ㉠은 광고 정보가 정직한 것인지와는 상관없이 소비자가 구매 행위에 대해 책임을 져야 한다고 보기 때문에 ㉡보다 ㉠을 따를 때 광고 표현에 대한 기업의 자율성이 확대된다고 볼 수 있다.

⑤ 광고로 인한 피해를 책임질 당사자가 소비자(㉠)이든 기업(㉡)이든, 둘은 모두 광고의 역기능(폐해)을 전제로 적용되는 것이다.

07 자료 해석 및 적용
정답 ①

◎ **①이 정답인 이유** 〈보기〉에서 '소비자 규제'는 소비자가 광고의 폐해에 직접 대응하는 것으로, 소비자가 불공정하거나 불건전한 광고의 직접적인 피해자라는 점에 근거한다고 했다. 이로 보아, '소비자 규제'는 소비자에게 광고 폐해의 책임을 지우는 '소비자 책임 부담 원칙'이 아닌, 기업이 광고에 대해 책임을 져야 한다는 '기업 책임 부담 원칙'을 지지할 것이다.

가장 많이 질문한 오답은? ③

❌ **③이 오답인 이유** 〈보기〉와 5문단을 통해 소비자 규제의 주체는 소비자이고, 자율 규제의 주체는 기업임을 알 수 있는데, 소비자 규제의 주체인 소비자는 광고의 폐해에 직접 대응하기 때문에 광고의 주체이자 자율 규제의 주체인 기업과 긴장하는 관계에 있게 된다. 따라서 ③은 〈보기〉의 내용을 잘 이해한 반응이다.

② 소비자 규제는 소비자가 법적 규제를 입안하거나 실행하는 주체가 아니기 때문에 법적 규제와 자율 규제를 강화하도록 압박하는 방식을 취한다고 한 데서 알 수 있다.

④ 광고 주체인 기업에 대해 정부가 규제하는 법적 규제와 소비자가 규제하는 소비자 규제는 둘 다 광고 주체들(기업)을 견제하는 기능을 한다는 점에서 공통적이라 할 수 있다.

⑤ 〈보기〉에서 소비자 규제는 발생한 피해뿐만 아니라 피해가 예상되는 그릇된 정보의 유통도 문제 삼는다고 한 데서 알 수 있다.

2015학년도 수능(A형)

독해력을 길러 주는 지문 분석

1문단 문단 요약 정부가 공공의 이익을 위해 공급하는 공공 서비스의 특성은 배제성과 경합성의 정도에 따라 결정된다.

- 배제성: 대가를 지불해야 사용이 가능한 성질
- 경합성: 한 사람이 서비스를 사용하면 다른 사람은 사용할 수 없는 성질
  - 예 국방이나 치안(배제성 ✕ 경합성 ✕), 공공 도서관(배제성 ✕ 경합성 ◯)

핵심어(구) 공공 서비스의 특성, 배제성, 경합성
중심 내용 공공 서비스의 개념과 특성

2문단 문단 요약 과거와 달리 복지와 같은 개인 단위 공공 서비스에 대한 사회적 요구가 증가함에 따라 정부의 관련 조직이 늘어나고 행정 업무의 전문성, 효율성이 떨어지는 문제점이 나타나기도 한다. 이를 해결하기 위해 정부는 민간 위탁 제도를 도입할 수 있다.

핵심어(구) 민간 위탁 제도를 도입
중심 내용 공공 서비스의 다양화와 양적 확대에 따른 민간 위탁 제도의 도입

3문단 문단 요약 민간 위탁은 주로 '경쟁 입찰 방식', '면허 발급 방식', '보조금 지급 방식'으로 운용되고 있다.

▼ 민간 위탁의 운용 방식

- 경쟁 입찰 방식: 경쟁 입찰을 거쳐 서비스 생산자를 선정, 계약하는 방식(서비스 생산 비용과 정부의 재정 부담 감소) 예 공공 시설물(공원) 관리 서비스
- 면허 발급 방식: 민간 업체에게 정부가 면허를 발급하는 방식(수요와 공급의 탄력적 조절 가능) 예 자동차 운전면허 시험, 산업 폐기물 처리 서비스
- 보조금 지급 방식: 공공 서비스 제공 기관에 보조금을 지원하는 방식 예 민간이 운영하는 종합 복지관

핵심어(구) 민간 위탁, 경쟁 입찰 방식, 면허 발급 방식, 보조금 지급 방식
중심 내용 민간 위탁의 운용 방식

4문단 문단 요약 민간 위탁 업체는 수익이 나지 않을 경우 기대 수준에 미치지 못하는 서비스를 제공할 수 있고, 평가와 개선이 지속적으로 이루어지지 않을 때에는 공익을 저해할 수 있으므로, 민간 위탁 제도의 도입을 결정할 때에는 신중하게 결정해야 한다.

핵심어(구) 신중하게 결정
중심 내용 민간 위탁 제도에 의한 공공 서비스 제공의 문제점과 민간 위탁 제도 도입 시 고려 사항

주제 공공 서비스의 민간 위탁 제도의 운용 방식과 그 효과 및 한계와 도입 시 고려 사항

08 개괄적 내용 확인

정답 ④

◎ **④가 정답인 이유** 공공 서비스의 수익 산정* 방식은 확인할 수 없다. 4문단에서 '수익'이 나지 않을 경우 민간 위탁 업체가 제공하는 공공 서비스가 기대 수준에 미치지 못할 수 있다고 말하고 있지만, 수익을 산정하는 방식에 대해서는 언급하지 않았다.

* 산정: 계산하여 정함.

나머지 답지들이 오답인 근거도 찾아보자.
① 공공 서비스의 제공 목적: 공공의 이익을 위해(**1문단**)
② 공공 서비스 공급의 주체: 정부(**1문단**)
③ 공공 서비스 범위의 확대 배경: 복지와 같은 개인 단위 공공 서비스에 대한 사회적 요구가 증가함(**2문단**).
⑤ 공공 서비스의 민간 위탁 방식: 경쟁 입찰 방식, 면허 발급 방식, 보조금 지급 방식(**3문단**)

09 서술 방식 이해

정답 ②

◎ **②가 정답인 이유** [A]에서는 대상(공공 서비스)의 특성인 배제성과 경합성의 개념을 설명한 후, 사례(국방이나 치안, 공공 도서관)를 들어 배제성과 경합성의 정도에 따라 결정되는 공공 서비스의 특성을 설명하고 있다.
① 변화되는 과정을 기술 ✕
③ 비유적으로 기술 ✕
④ 대상이 지닌 문제점 ✕, 문제점의 원인을 다각도로 살펴보고 ✕
⑤ 대상에 대한 인식의 변화 ✕, 시간 순서에 따라 서술 ✕

🖊 **다시 볼 내용** 메모하기

다시 봐야 할 내용을 메모해 둡니다. 메모해 둔 내용은 **재복습**하면서 **오답 노트**에 옮겨 정리하면 공부 효과를 높일 수 있습니다.

10 이유 찾기

정답 ②

◎ ②가 정답인 이유 ㉠에서 민간 위탁 제도의 도입을 결정할 때에 면밀히 검토하여 신중하게 결정해야 한다고 한 이유는 ㉠의 **바로 앞**에서 확인할 수 있는데, 다음 2가지로 압축된다.

> (1) 민간 위탁 업체가 제공하는 공공 서비스가 기대 수준에 미치지 못할 수 있기 때문
> (2) 민간 위탁 제도가 공익*을 저해할 수 있기 때문

이를 통해 볼 때 (2)를 설명한 ②는 ㉠의 이유로 적절하다.

> * 공익: 공공의 이익. ㉫ 사익

나머지 답지들에 답한 학생들은 드물었지만, 이들 답지들이 오답인 이유도 살펴보자.

① 민간 업체에 위탁하는 공공 서비스가 사회 기반 시설의 공급에 집중되어 있다는 내용은 찾아볼 수 없다. 2문단에서 '(공공 서비스가) 사회 기반 시설 공급을 중심으로 제공되었다.'고 했는데, 이것은 민간 위탁 제도 도입 이전에 이루어진 공공 서비스를 두고 한 말이다.

③ 민간 위탁 방식 중 면허 발급 방식이 대부분이라는 내용은 찾아볼 수 없다.

④ 정부의 보조금이 지원되는 민간 위탁 방식은 '보조금 지급 방식'이고, 그 외 '경쟁 입찰 방식'이나 '면허 발급 방식'의 경우 정부의 보조금이 필수적으로 요청된다고 하지 않았다.

⑤ 민간 위탁 방식은 단일화되어 있지 않고 세 가지나 있으며, 특히 면허 발급 방식은 공공 서비스의 수요와 공급이 탄력적으로 조절되는 효과를 얻을 수 있다고 하였다.

11 어휘의 의미와 쓰임 이해

정답 ③

◎ ③이 정답인 이유 '어휘 문제 3단계 풀이법'을 적용해 문맥 속에서 핵심이 되는 내용을 간추린 후, '매3어휘 풀이'를 떠올리되 (1) 어휘를 구성하는 음절이 들어가는 친숙한 어휘를 떠올려 보고, (2) 어휘의 의미를 살리는 다른 말도 떠올려 보자.

	핵심 간추리기	'매3어휘 풀이' 떠올리기
①	• 도서를 열람하다. • 서류를 열람하다.	(1) 검열하고 관람하다. (2) 훑어보다. → 도서를 훑어보다. ○ 서류를 훑어보다. ○
②	• 비용을 충당하다. • 자금을 충당하다.	(1) 보충하여 감당하다. (2) 메우다. → 비용을 보충하고 메우다. ○ 자금을 보충하고 메우다. ○
③	• 부담이 경감되다. • 손익이 경감되다.	(1) 가볍게 되고(經, 가벼울 경) 감소되다. (2) 줄어들게 되다. → 부담이 감소되다. ○ 손익이 감소되다. ✕
④	• 개선이 이루어지다. • 무역 수지 개선에 힘을 기울이다.	(1) 고쳐서(改, 고칠 개) 좋아지게 하다(善, 좋을 선). (2) 더 나아지다. → 더 나아짐이 이루어지다. ○ 무역 수지가 더 나아지다. ○
⑤	• 공익을 저해하다. • 사회 발전을 저해하다.	(1) 저지하여 방해하다. (2) 가로막다. → 공익을 방해하고 가로막다. ○ 사회 발전을 방해하고 가로막다. ○

위와 같이 '매3어휘 풀이'를 떠올려 적용해 보았는데, 모두 적절한(○) 것 같았다는 학생들이 많았다. ③의 '손익'을 '손해'로 생각해 '손해가 감소하는 것'은 맞다고 본 것인데, '손익'은 '손해'가 아니라 '손해와 이익'이다. '손해가 감소'한다거나 '이익이 감소'한다는 것은 말이 되지만, '손해와 이익이 (둘 다) 감소'한다는 것은 말이 안 되므로 ③이 정답이 된다. 그리고 '직원들의 노력에도 (불구하고)' 줄어드는 것은 '이익'이지 '손해'가 아니다.

가장 많이 질문한 오답은? ④

✕ ④가 오답인 이유 '개선'은 나아지는 것이다. '서비스를 개선하다', '관계를 개선하다' 등으로 쓰이는데, 이와 같이 '개선'이 들어가는 말을 떠올리면, '무역 수지*를 개선하기 위해 정부가 힘을 기울이고 있다.'는 표현은 적절하다는 것을 알 수 있다.

> * 무역 수지: 일정 기간 동안에 나라 간에 사고팔았던 상품의 총 수출액(수입)과 총 수입액(지출)의 차이.

✔ 매일 복습 확인 문제

1 다음 글과 부합하면 ○, 그렇지 않으면 ✕로 표시하시오.

(1) 저작물의 공정 이용이란 저작권자의 권리를 일부 제한하여 저작권자의 허락이 없어도 저작물을 자유롭게 이용하는 것을 말한다. → 공정 이용의 대상이 되는 저작물에도 저작권이 인정된다. ·························(　)

(2) 기업 책임 부담 원칙이 부상하게 된 배경 중 하나는 시장의 독과점 상황이 광범위해지면서 소비자의 자유로운 선택이 어려워진 것이다. → 시장 독과점 상황이 심각해지면서 소비자 책임 부담 원칙이 부각되었다. ···(　)

(3) 공공 서비스의 특성은 대가를 지불하여야 사용이 가능한 성질을 말하는 배제성과, 한 사람이 서비스를 사용하면 다른 사람은 사용할 수 없는 성질을 말하는 경합성의 정도에 따라 결정된다. → 국방이나 치안은 사용자가 비용을 직접 지불하지 않고 여러 사람이 한꺼번에 사용할 수 있으므로 배제성은 없지만 경합성이 있다. ···(　)

2 밑줄 친 '부상하게'와 바꿔 쓸 수 있는 말은?

> 책임 주체로 기업을 상정하여 '기업 책임 부담 원칙'이 부상하게 된 배경은 복합적이다.

① 드러나게　　② 떠오르게　　③ 세워지게
④ 이어지게　　⑤ 지켜지게

3 왼쪽에 제시된 밑줄 친 말의 의미를 지닌 단어를 오른쪽에서 찾아 서로 줄로 이으시오.

(1) 기만 광고　　•　　　　　• ㉮ 사기
　　　　　　　　　　　　　• ㉯ 교만
(2) 수익 산정 방식　•　　　　• ㉰ 계산
　　　　　　　　　　　　　• ㉱ 결정
(3) 공익을 저해하다.　•　　　• ㉲ 곡해
　　　　　　　　　　　　　• ㉳ 방해

정답 1. (1) ○ (2) ✕ (3) ✕　2. ②　3. (1) ㉮ (2) ㉰ (3) ㉳

정답	01 ③	02 ①	03 ⑤	04 ①	05 ⑤
	06 ⑤	07 ①	08 ②	09 ⑤	10 ②
	11 ①	12 ②			

1~4 사회 : 공적 연금 제도   2013학년도 수능

독해력을 길러 주는 지문 분석

1문단 **문단 요약** 나이가 많아 경제 활동을 못 하게 되었을 때 일정 소득을 보장하여 경제적 안정을 도모하는 연금 제도로 사적 연금, 공공 부조가 있는데도 국가가 공적 연금 제도를 실시하는 까닭은 무엇일까?

핵심어(구) 연금 제도, 공적 연금 제도를 실시하는 까닭

중심 내용 연금 제도의 목적 및 공적 연금 제도를 실시하는 까닭에 대한 궁금증

2문단 **문단 요약** 공적 연금 제도는 사적 연금의 역선택 현상, 공공 부조의 도덕적 해이 야기와 같은 부작용에 대응하기 위해 실시한다.

- 공적 연금 제도: 소득이 있는 국민들을 강제 가입시켜 보험료를 징수한 뒤 가입자가 은퇴한 후 연금으로 지급하는 제도
- 사적 연금의 역선택 현상: 안정된 노후를 기대하기 어려운 사람들이 가입하고 그렇지 않은 사람들은 기피하여, '납입 보험료 총액 < 지급할 연금 총액'이 되는 것
- 공공 부조의 도덕적 해이: 젊은 시절에 소득을 모두 써 버리고 노년에 무료로 받는 공공 부조에 의존하려는 것

핵심어(구) 역선택 현상, 도덕적 해이

중심 내용 국가가 공적 연금 제도를 실시하는 까닭-사적 연금의 역선택 현상, 공공 부조의 도덕적 해이

3문단 **문단 요약** 우리나라에서 공적 연금 제도를 운영하는 과정에는 계층 간, 세대 간 소득 재분배의 수단으로 이용해야 한다는 '사회적 연대를 중시하는 입장'과, 소득 재분배는 물가 상승을 반영하여 연금의 실질 가치를 보장할 수 있을 때만 허용되어야 한다는 '경제적 성과를 중시하는 입장'이 부딪치고 있다.

핵심어(구) 공적 연금 제도를 운영하는 과정, 사회적 연대를 중시하는 입장, 경제적 성과를 중시하는 입장

중심 내용 공적 연금 제도 운영 과정에 대한 대립된 입장

4문단 **문단 요약** 두 입장은 연금 기금의 투자 방향에 관해서도 대립하고 있다. 원래는 '경제적 성과를 중시하는 입장'에서 안정된 금융 시장을 통해 대기업에 투자함으로써 수익률을 극대화하고자 했으나, 최근에는 '사회적 연대를 중시하는 입장'에서 일자리 창출에 연계된 사회 경제적 분야에 투자해야 한다는 주장이 힘을 얻고 있다.

핵심어(구) 연금 기금의 투자 방향, 대립

중심 내용 연금 기금의 투자 방향에 대한 두 입장의 대립

주제 공적 연금 제도를 실시하는 까닭 및 제도 운영 과정과 연금 기금의 투자 방향에 대한 입장 차이

01 내용 추론   정답 ③

◎ **③이 정답인 이유** 공공 부조의 부작용 때문에 국가가 공적 연금 제도를 실시한다는 내용(2문단)은 있지만, 공공 부조를 폐지해야 한다는 내용은 지문에서 찾아볼 수 없다. 그뿐만 아니라, **1문단**에서 공적 연금 제도를 공공 부조와 함께 실시한다고 한 점에서 ③은 지문을 잘못 이해한 것이다.

가장 많이 질문한 오답은? ④

✗ **④가 오답인 이유** **2문단**에서 공공 부조는 무상으로 부조*가 이루어지므로, 젊은 시절에는 소득을 모두 써 버리고 노년에는 공공 부조에 의존하려는 도덕적 해이*를 야기*할 수 있다고 했다. 이와 같이 무상으로 이루어지는 공공 부조는 **1문단**에서 국가가 세금으로 운영한다고 했는데, 그렇다면 공공 부조가 낳는 도덕적 해이는 국민들이 내는 세금 부담을 증가시킬 수 있다.

> *무상(無償): 아무런 대가나 보상이 없음(무료).
> *부조(扶助): 남을 도와주는(부양, 원조) 일.
> *해이(解弛): 긴장이 해소되고 이완됨(느슨해짐). 빤 긴장
> *야기(惹起): 불러일으킴. 발생시킴(제기). 윤 유발

나머지 답지들이 오답인(적절한) 근거도 살펴보자.

① 사적 연금, 공공 부조, 공적 연금 제도 등이 연금 제도의 목적을 달성하는 수단이다. (**1문단**)

② 사적 연금과 공공 부조와 함께 공적 연금 제도를 실시한다고 했다. (**1문단**)

⑤ 소득이 적어 보험료를 적게 낸 사람에게 보험료를 많이 낸 사람과 비슷한 연금을 지급하는 운영 방식은 공적 연금 제도가 소득 재분배의 수단이 될 수 있음을 보여 준다. (**3문단**)

02 세부 내용 확인   정답 ①

◎ **①이 정답인 이유** 이 문제를 틀린 학생에게 시간을 넉넉히 주고 다시 풀라고 하면 절대 틀리지 않는다. 정답의 근거가 **4문단**(전자의 입장에서 연금 기금을 국민 전체가 사회 발전을 위해 조성한 투자 자금으로 보고~)에 그대로 제시되어 있기 때문이다.

나머지 답지들에 답한 학생들은 드물었지만, 이들 답지들이 오답인 이유도 살펴보자.

② **4문단**에서 후자의 입장, 즉 ⓒ의 입장이 대기업에 투자하려고 한다는 것을 알 수 있다.

③ **4문단**을 보면 ⊙은 관련 법률을 개정하여 연금 기금의 법적 성격을 바꾸는 데 찬성한다는 것을 알 수 있다.

④ **3문단**에서 ⓒ은 사회 내의 소득 격차가 커질수록 소득 재분배에 대해 강하게 비판할 수밖에 없다고 했다.

⑤ **4문단의 마지막 문장**에서 보험료를 낼 소득자 집단을 확충하는 데 연금 기금을 직접 활용하자고 주장한 것은 ⊙임을 알 수 있다.

실수를 줄이는 매3공부법으로 **시간 훈련**까지 하세요!

03 자료 해석 및 적용 정답 ⑤

◎ **⑤가 정답인 이유** 〈보기〉의 (가)와 (나)는 공적 연금 보험료 체납*의 사례로, 공적 연금 제도에서 소득이 있는 국민들을 강제 가입시키는 이유는 사적 연금에서와 같은 역선택을 막기 위해서이다. 그런데 ⑤에서처럼 '소득이 있는 국민들을 공적 연금에 강제 가입시키는 제도를 완화*'하면, 즉 공적 연금 가입을 강제하지 않으면 (나)의 '고소득자'와 같은 사람들은 공적 연금에 가입하기를 꺼려 결과적으로 역선택 문제가 발생하게 되고, 보험료를 낼 소득자 집단이 적어짐으로써 연금액도 줄어들게 되어 연금 제도의 목적을 달성하기 어렵다.

> *체납: 납부를 지체함. 세금 따위를 기한까지 내지 못하여 밀림.
> *완화: 늦추고 줄이고 부드럽게 함. ㉤ 누그러뜨림, 느슨하게 함
>   완만, 완충   온화

가장 많이 질문한 오답은? ③, ④ 순

✕ **③이 오답인 이유** 연금 제도의 목적은 나이가 많아 경제 활동을 못 하게 되었을 때 일정 소득을 보장하여 경제적 안정을 도모하는 것(1문단)인데, 보험 회사가 운영하는 사적 연금은 안정된 노후 생활을 기대하기 어려운 사람들이 주로 가입하고 그렇지 않은 사람들은 피하는 '역선택 현상'이 발생한다(2문단)고 했다. 이와 같이 역선택 현상이 발생하면, 납입되는 보험료 총액에 비해 지급해야 할 연금 총액이 커지게 된다고도 했다. (나)와 같이 고소득자가 공적 연금을 체납하게 되면 사적 연금의 역선택과 같은 현상이 발생할 수 있으므로 ③은 〈보기〉를 잘 분석한 것이다.

✕ **④가 오답인 이유** (가)와 (나)에서는 공적 연금 보험료 체납에 대해 말하고 있다. 보험료 체납은 적립될 공적 연금 기금의 고갈*로 이어질 것이기 때문에 이에 대비할 필요가 있다.

> *고갈: 어떤 일의 바탕이 되는 돈이나 물자, 소재, 인력 따위가 다하여 없어짐. ㉤ 자원 고갈 ㉤ 풍부

① 고용 불안정이 공적 연금 보험료를 체납하는 원인이라는 (가)의 설명을 보면, '일자리 창출에 연계된 사회 경제적 분야에 연금 기금을 투자해야 한다는 주장(4문단)'이 제기될 수 있다.

② 고소득자도 공적 연금 보험료를 체납한다는 (나)를 보면, '소득이 있는 국민들을 강제 가입시켜 보험료를 징수한 뒤 가입자가 은퇴한 후 연금으로 지급하는 공적 연금 제도 운영 방식(2문단)'의 취지를 살려 보험료 징수 업무를 철저히 집행해야 하는 것이 맞다.

04 사전적 의미 이해 정답 ①

◎ **①이 정답인 이유** '어휘 문제 3단계 풀이법'을 적용해 보자.

• 1·2단계: 핵심을 간추린 후 대입하기

> 경제적 안정을 도모하는 것 → 경제적 안정의 시기나 기회가 닥쳐 오는 것

→ '경제적 안정을 도모하는 것'은 '경제적 안정을 이루려는 것'으로, 시기나 기회가 닥쳐 오는 것이 아니다.

• 3단계: '매3어휘 풀이' 떠올리기

> 경제적 안정을 이루려고 하는/꾀하는 것

3단계 풀이법을 적용해 보니, '도모'의 사전적인 뜻(어떤 일을 이루기 위하여 대책과 방법을 세움.)을 몰라도 ①이 정답이라는 것을 확인할 수 있다. '어떤 시기나 기회가 닥쳐 옴.'의 뜻을 지닌 어휘는 '도래'이다.

나머지 오답지들도 사전적 의미로 제시된 답지의 내용을 ⓑ~ⓔ의 자리에 대입해 보자.

② '도덕적 해이를 일으킬 수 있다.'는 자연스럽다.
③ '공공 부조에 의존하려는 방향으로 기울어지는 현상이 생길 수 있다.'도 자연스럽다.
④ '연금 기금을 국민 전체가 사회 발전을 위해 만들어서 이룬 투자 자금으로 본다.'도 자연스럽다.
⑤ '보험료를 낼 집단을 늘리고 넓혀 충실하게 하는 데 이 막대한 돈을 직접 활용하자는 주장'도 자연스럽다.

5~8 사회: 간접 광고 2014학년도 수능(A·B형)

독해력을 길러 주는 지문 분석

1문단 **문단 요약** 방송 프로그램의 앞과 뒤에 붙는 직접 광고와 달리 PPL(product placement)이라고도 하는 간접 광고는 프로그램 내에 상품을 배치해 시청자가 자신도 모르게 광고에 노출된다.
핵심어(구) 간접 광고
중심 내용 간접 광고(PPL)의 개념 및 특징

2문단 **문단 요약** 간접 광고에서는 광고 효과를 거두기 위해 주류적 배치와 주변적 배치를 활용하는데, 이것이 프로그램의 맥락에 잘 부합하면 해당 상품에 대한 광고 효과가 커지는 맥락 효과가 나타난다.

> • 주류적 배치: 출연자가 상품을 사용·착용하거나 대사를 통해 상품을 언급하는 것. 주목 효과가 큼.
> • 주변적 배치: 화면 속 배경을 통해 상품을 노출하는 것

핵심어(구) 주류적 배치와 주변적 배치, 맥락 효과
중심 내용 간접 광고의 배치 방법과 그 효과

3문단 **문단 요약** 우리나라는 1990년대 중반부터 극히 제한된 형태의 간접 광고만을 허용하는 협찬 제도를 운영해 왔는데, 이 제도는 제작자가 협찬 업체로부터 경비, 물품, 인력, 장소 등을 제공받아 활용하고, 프로그램이 종료될 때 협찬 업체를 알리는 협찬 고지를 허용했으나 상호를 보여 주거나 출연자가 이를 언급하는 것은 금지했다.
핵심어(구) 협찬 제도
중심 내용 1990년대 중반부터 운영한 협찬 제도의 특징

4문단 **문단 요약** 2010년부터 시행하고 있는 간접 광고 제도에서는 프로그램 내에서 상품명, 상호를 보여 주는 것이 허용(언급하거나 구매와 이용 권유는 금지)되었는데, 객관성과 공정성이 요구되는 보도, 시사, 토론에서는 금지되었다. 간접 광고 제도를 비판하는 사람들은 광고 노출 시간이 길어지고 프로그램의 맥락과 동떨어진 상품 배치로 프로그램의 질이 떨어지고 있다고 주장한다.
핵심어(구) 간접 광고 제도, 비판
중심 내용 2010년부터 시행하고 있는 간접 광고 제도의 특징과 이에 대한 비판적 견해

5문단 **문단 요약** 시청자들에게 은연중 파고드는 간접 광고에 대응하기 위해서는 시청자들이 간접 광고를 분석하고 비판적으로 수용하는 **주체적 해석**이 요구되며, 이를 위한 미디어 교육도 필요하다.

핵심어(구) 주체적 해석

중심 내용 간접 광고에 대한 주체적 해석의 필요성

주제 간접 광고의 도입 취지 및 특징과 주체적 수용의 필요성

05 글의 전개 방식 이해 정답⑤

◎ **⑤가 정답인 이유** 간접 광고가 허용되어 온 과정에 대해서는 3~4문단을 통해 알 수 있고, 주류적 배치와 주변적 배치, 맥락 효과 등 간접 광고와 관련된 이론은 2문단에서 소개하고 있지만, 이와 같은 이론이 발전해 온 과정을 분석하고 있지는 않다.
① 간접 광고의 개념과 특성은 **1문단**에서 확인할 수 있다.

- 개념: 프로그램 내에 상품을 배치해 광고 효과를 거두려 하는 광고 형태
- 특성: 간접 광고는 직접 광고에 비해~시청자에게 노출될 확률이 더 높다.

② 협찬 제도의 내용을 설명한 **3문단**과 간접 광고 제도의 도입 취지 및 특성을 설명한 **4문단**에서 확인할 수 있다.
③ 주류적 배치와 주변적 배치에 대해 설명하고 있는 **2문단**에서 확인할 수 있다.
④ 간접 광고 제도를 비판하는 사람들의 주장을 소개한 **4문단의 끝 문장**에서 확인할 수 있다.

06 내용 이해 및 추론 정답⑤

◎ **⑤가 정답인 이유** 간접 광고가 광고인 것을 시청자가 알아차리지 못하는 동안에도 광고 효과는 발생할 수 있다는 근거를 지문에서 찾으면 다음과 같다.

- **1문단**: 요즘 시청자들은 자신도 모르는 사이에 간접 광고에 수시로 노출되어 광고와 더불어 살아가는 환경에 놓이게 됐다.
- **2문단**: 간접 광고를 통해 배치되는 상품이 자연스럽게 활용되어…해당 상품에 대한 광고 효과가 커진다.
- **5문단**: 시청자의 인식 속에 은연중 파고드는 간접 광고

이처럼 시청자들은 간접 광고가 광고인 줄도 모르고 광고에 주목하게 되어 상품에 대한 광고 효과가 높아지게 된다.
① **2문단**에서 시청자들은 주변적 배치보다 주류적 배치에 더 주목하게 된다고 했다.
② **1문단**에서 간접 광고는 직접 광고에 비해 시청자가 리모컨을 이용해 광고를 회피하기가 상대적으로 어렵다고 했다.
③ **5문단**에서 사람들은 외부의 정보를 주체적으로 해석할 수 있는 자기 나름의 프레임을 갖고 있어서 미디어의 콘텐츠를 수동적으로만 받아들이는 것은 아니라고 했다.
④ **1문단**에서 직접 광고는 방송 프로그램의 앞과 뒤에 붙어 방송되는 것이고, 간접 광고는 프로그램 내에 상품을 배치해 광고하는 형태라고 했다.

07 내용 추론 정답①

◎ **①이 정답인 이유** **3문단**에서 ㉠은 '프로그램의 내용이 전개될 때 상품명이나 상호를 보여 주거나 출연자가 이를 언급해 광고 효과를 주는 것은 법으로 금지했다.'고 했다. 이 말은 프로그램 내용이 전개될 때 상표를 노출할 수 없다는 것이므로 ①은 3문단의 내용을 잘못 이해한 것이다.

나머지 답지들이 오답인(적절한) 이유도 살펴보자.
② 프로그램이 종료될 때 협찬 업체를 알리는 협찬 고지를 허용했다(**3문단**)는 것에서 확인할 수 있다.
③ 간접 광고로 인해 프로그램의 맥락과 동떨어진 억지스러운 상품 배치가 빈번(**4문단의 끝 문장**)하다는 데서 확인할 수 있다.

> *작위적: 일부러 꾸며서(조작. 인위) 한 것이 두드러지게 눈에 띄는 (것). 억지스러운 (것). 자연스럽지 못한 (것).

④ **4문단**에서 간접 광고는 2010년부터 시행했지만 객관성과 공정성이 요구되는 보도, 시사, 토론 등의 프로그램에서는 간접 광고가 금지되었다고 했다.
⑤ **2문단**에서 맥락 효과는 간접 광고를 통해 얻을 수 있다고 했는데, ㉡은 말할 것도 없고 ㉠ 또한 극히 제한적(**3문단**)이긴 하지만 간접 광고에 해당하므로 적절한 추론이다.

08 구체적 상황에의 적용 정답②

◎ **②가 정답인 이유** **2문단**에서, '주류적 배치는 출연자가 상품을 사용·착용하거나 대사를 통해 상품을 언급하는 것이고, 주변적 배치는 화면 속의 배경을 통해 상품을 노출하는 것'이라고 했다. 〈보기〉에서 '여자(출연자)'는 의상을 입고(착용하고) 있다고 했으므로, ②에서 '여자가 입고 있는 의상을 제공한 의류 회사'는 간접 광고의 '주변적 배치'가 아닌 '주류적 배치'를 활용한 것으로 볼 수 있다.

한편, 〈보기〉의 '여자가 입고 있는 의상의 상표가 가려져서 시청자들은 상표를 알아볼 수 없다.', '의상을 제공한 업체의 이름은 이 프로그램이 종료될 때 고지되었다.'와 3문단의 '이 제도(협찬 제도)는 프로그램 제작자가 협찬 업체로부터 경비, 물품(의상), 인력, 장소 등을 제공받아 활용하고 프로그램이 종료될 때 협찬 업체를 알리는 협찬 고지를 허용했다.'로 보아, 이 의류 회사는 협찬 제도를 활용한 것으로 볼 수 있다.

오답의 근거도 체크해 보자.
① 출연자(남자)가 상품(휴대 전화)을 사용하고 있으므로 주류적 배치를 활용한 것이다. → **2문단**
③ 커피 전문점과 의상은 협찬 제도에 따른 광고가, 승용차와 휴대 전화는 간접 광고 제도에 따른 광고가 활용된 것이다.
　　　　　　　　　　　　　　　　　　　　　　→ **3문단과 4문단**
④ 2010년부터 시행한 간접 광고 제도에서는 시청권의 보호를 위해 상품명을 언급하는 것은 금지되었다고 했다. → **4문단**
⑤ 커피 전문점은 간접 광고를 통해 자연스럽게 배치된 것이고, 프로그램의 맥락에 부합해 광고 효과가 커진 예에 해당하므로 간접 광고의 맥락 효과가 발생한 것으로 볼 수 있다. → **2문단**

독해력을 길러 주는 지문 분석

1문단 **문단 요약** 고대 사회에서는 축제와 같은 특정 시기에 신이 만든 자연을 훼손한 것에 대한 속죄의 의미로 희생물을 신에게 바치는 제의를 올렸고, 이를 통해 고대인들은 같은 신에게 속해 있다는 연대감을 느끼면서 놀이를 즐겼다.

핵심어(구) 고대 사회, 놀이

중심 내용 고대 사회의 놀이의 성격

2문단 **문단 요약** 노동을 합리적으로 조직하여 생산을 극대화하고자 하는 자본주의 사회에 와서 놀이는 많은 변화를 겪어, 소진된 노동력을 보완하기 위해 활용하는 휴식 시간마저도 상품을 소비하는 과정이 되어 소비자의 놀이가 자본을 판매자의 손 안에 가져다준다.

핵심어(구) 자본주의 사회, 변화, 상품을 소비

중심 내용 자본주의 사회의 놀이의 형식 변화

3문단 **문단 요약** 놀이가 상품 소비의 형식을 띠면서 놀이를 즐기는 방식도 변화하여, 자본주의 사회의 놀이는 직접 참여가 아니라 구경이나 소비의 형태로 이루어지게 된다.

핵심어(구) 놀이를 즐기는 방식도 변화, 구경이나 소비

중심 내용 자본주의 사회의 놀이 방식의 변화

4문단 **문단 요약** 디지털 혁명으로 놀이에 자발적으로 직접 참여하는 사람들이 늘어나고 있는데, 젊은 세대일수록 이런 성향이 강하며, 쌍방향성의 특성을 갖는 인터넷 활동이 이런 욕구의 실현 가능성을 높여 준다.

핵심어(구) 디지털 혁명, 직접 참여

중심 내용 디지털 시대의 놀이 방식의 변화

주제 시대 변화에 따른 놀이의 성격 및 방식의 변화

★ 시대별 놀이의 성격 변화

09 글의 전개 방식 파악   정답 ⑤

◎ **⑤가 정답인 이유** 글의 전개 방식을 묻는 문제는 글 전체의 흐름을 이해해야 한다. 위 '독해력을 길러 주는 지문 분석'을 통해 볼 때 이 글은 중심 화제인 '놀이'가 고대 사회에서부터 자본주의 사회를 거쳐 디지털 시대에 이르기까지 어떻게 변화되어 왔는지에 대해 서술하고 있음을 알 수 있다. 고대 사회에서는 제의(제사의 의식)를 통해 이루어진 놀이가 자본주의 사회에서는 휴식의 시간이자 이익을 주는 도구로 변했으며, 디지털 시대에서는 놀이 참여자들의 자발적 참여 욕구로 인해 쌍방향적으로 바뀌고 있다는 것이다. 따라서 ⑤는 이 글의 전개 방식에 대한 설명으로 적절하다.

① 두 개념의 장단점 비교 ✕, 두 개념의 우열 비교 ✕

② 필자의 관점 명시(명확하게 제시) ✕, 다른 관점과 비교 ✕

③ 다양한 경험적 사례 ✕, 개념의 타당성을 따지고 있다 ✕

④ 서로 다른 두 이론을 통합 ✕, 새로운 이론을 도출 ✕

개념 ✛   **빈출 문제 유형 – 글의 전개 방식**

예시 37. 윗글의 내용 전개 방식으로 가장 적절한 것은?
① 특정한 국제적 기준의 내용과 그 변화 양상을 서술하며 국제 사회에 작용하는 규범성을 설명하고 있다. – 2020학년도 수능

위에서 볼 수 있듯이 비문학(독서)에서는 '전개 방식(논지 전개 방식, 내용 전개 방식)'이나 '설명 방식', '글쓰기 전략' 등 서술상의 특징을 묻는 문제가 자주 출제된다. 이 문제 유형은 글쓴이가 글의 내용을 효과적으로 제시하기 위해 어떤 방식을 사용했는지를 파악하라는 것이다. 이때 문제가 긍정 발문('~적절한 것은?')이면 글 전체를 꿰뚫는 방식을 고르면 되고, 부정 발문('~적절하지 않은 것은?')이면 글 전체뿐만 아니라 어느 한 부분에도 쓰이지 않은 것을 고르면 된다.

---

❶ 특정 이론에 대한 상반된 주장을 제시하여 절충 방안을 모색하고 있다. – 2018학년도 수능

➜ 특정한 이론을 소개하고, 이 이론과 반대되는 주장을 제시한 다음, 그 두 주장을 모두 적절히 반영한 절충(절반씩 받아들여 잘 어울리게 함) 방안을 언급해야 한다.

---

❷ 주제를 제시한 후, 동일한 사례를 다른 관점에서 분석하는 과정을 통해 주제를 초점화하고 있다. – 2015학년도 수능(B형)

➜ 먼저 주제를 제시한 다음에, 하나의 동일한 사례를 서로 다른 관점에서 분석하면서 앞서 제시한 주제를 초점화해야 한다. 여기서 주의할 것은 '동일한 사례'인지의 여부인데, 사례의 주제가 같다고 하더라도(예: 시민 사회) 구체적인 사례가 다르다면(프러시아 시민 사회, 프랑스 시민 사회) '동일한 사례'라고 할 수 없다는 점이다. 그리고 이 답지는 글에 제시한 순서까지 언급하고 있는데, 답지에서 언급한 것을 모두 다루면서 제시 순서(주제 제시하기 → 동일한 사례를 다른 관점에서 분석하면서 주제를 초점화하기)까지 맞아야 적절한 답지가 된다.

---

❸ 통념에 대한 의문을 제기하고 근거를 들어가며 주장을 펼치고 있다. – 2011학년도 6월 모의평가(문제편 p.157의 6번)

➜ 일반적으로 널리 퍼져 있는 생각인 통념(통용되는 관념)을 언급하고, 이 통념에 대해 의문을 제기한 다음, 근거를 들어 자신의 주장을 제시해야 한다.

---

❹ 현상의 원인을 분석하여 다양한 해결책을 제시하고 있다. – 2011학년도 6월 모의평가(문제편 p.157의 6번)

➜ 문제가 되는 현상(현재의 상태)이 발생한 원인을 분석한 다음, 그 문제를 해결할 수 있는 둘 이상의(=다양한) 방안을 제시해야 한다.

---

❺ 대상에 대한 기존의 관점과 새로운 관점을 대조하여 진술한다. – 2010학년도 수능

➜ 글에서 언급하고 있는 대상에 대한 기존의 관점(시각, 입장)을 제시하고, 그 기존의 관점과 반대(대조)되는 새로운 관점을 진술해야 한다.

---

❻ 두 견해가 서로 인과 관계에 있음을 논증하고 있다. – 2013학년도 6월 모의평가(문제편 p.74의 1번)

➜ 두 견해가 서로 원인과 결과의 관계에 있음을 논리적으로 증명하고 있어야 한다.

10 세부 내용 확인 정답②

◎ ②가 정답인 이유 1문단에서 신이 만든 자연을 인간에게 유용하게 만드는 속된 과정이 노동이라고 했고, 이는 자연의 모습을 훼손하는 것이기에 신에게 죄를 짓는 것이고, 이러한 죄를 씻기 위해 유용하게 만든 사물을 다시 원래의 상태로 되돌리는 집단적 놀이가 '제의'라고 했다. 즉, 고대 사회에서의 희생 제의는 자연을 유용하게 만들려고 한 행위가 아니라 자연을 유용하게 만든 것을 다시 원래의 상태로 되돌리는 것이므로 ②는 1문단의 내용과 일치하지 않는다.

가장 많이 질문한 오답은? ①

✕ ①이 오답인 이유 대부분의 학생들이 ②에 답했으나 ①에 답한 학생들이 제법 있었다. ①이 오답인 근거는 **1문단**의 '이러한 죄를 씻기 위해 유용하게 만든 사물을 다시 원래의 상태로 되돌리는 집단적 놀이가 바로 제의였다.'에서 확인할 수 있다.

③ **2문단**의 '휴식 시간마저도 대부분 상품을 소비하는 과정으로 이루어진다.'

④ **3문단**의 '놀이가 상품 소비의 형식을 띠면서 놀이를 즐기는 방식도 변화한다. 과거의 놀이가 주로 직접 참여하는 형식으로 이루어졌다면, 자본주의 사회의 놀이는 대개 참여가 아니라 구경이나 소비의 형태로 이루어진다.'

⑤ **4문단**의 '젊은 세대는 놀이의 주체가 되려는 욕구가 크다. 인터넷은 그런 욕구의 실현 가능성을 높여 준다. 인터넷의 주요 특성은 쌍방향성이다.'

11 구체적 사례에의 적용 정답①

◎ ①이 정답인 이유 '쌍방향적 놀이 활동'은 **4문단**을 통해 볼 때 '구경꾼이면서 참여자이며 수신자이자 송신자로 활동'하는 것을 말한다. 그러나 컴퓨터에 저장해 놓은 축구 경기 동영상을 보는 것은, **4문단**에서 언급한 '대다수의 사람들을 구경꾼'으로 만든 '텔레비전과 같은 대중 매체'를 즐기는 것으로 보아야 한다.

② **2문단**의 '이를 위해 노동의 강도를 높이고 시간을 늘렸지만, 오히려 노동력이 소진되어 생산성이 떨어지는 문제점이 발생하였다. 그래서 노동 시간을 축소하고 휴식 시간을 늘릴 필요가 있었다.'

③ **4문단**의 '놀이에 자발적으로 직접 참여하여 즐기고자 하는 사람들이 늘어나고 있다.'

④ **3문단**의 '과거의 놀이가 주로 직접 참여하는 형식으로 이루어졌다면, 자본주의 사회의 놀이는 대개 참여가 아니라 구경이나 소비의 형태로 이루어진다.'

⑤ **4문단**의 '쌍방향적 활동 중에 참여자들 사이에 연대감이 형성된다.'

12 문맥적 의미 이해 정답②

◎ ②가 정답인 이유 '어휘 문제 3단계 풀이법'을 적용해 보자.

• 1·2단계: 앞뒤 문맥을 고려해 어휘(ⓐ)가 포함된 문장의 핵심을 간추린 후, 밑줄 친 '바로'와 같은 의미를 지닌 말을 떠올려 본다.

> 집단적 놀이가 바로 제의였다.
> 다름이(다른 것이) 아니라 곧

• 3단계: 2단계에서 떠올린 말을 답지의 '바로'에 대입해 보자.

답지	대입하기
①	집에 도착하거든 다름이(다른 것이) 아니라 곧 전화해 주십시오. → ✕
②	청소년의 미래는 다름이(다른 것이) 아니라 곧 나라의 미래이다. → ○
③	마음을 다름이(다른 것이) 아니라 곧 쓰다 → ✕
④	국기를 다름이(다른 것이) 아니라 곧 다는 방법 → ✕
⑤	모자를 다름이(다른 것이) 아니라 곧 쓰다 → ✕

이로 보아, ⓐ의 '바로'와 가장 가까운 의미로 쓰인 것은 ②이다. 나머지 답지들에 쓰인 '바로'의 의미도 챙겨 보자.
① '시간적 간격을 두지 않고 즉시' 전화해 달라는 뜻
③ '도리에 어긋나지 않게' 마음을 써야 복을 받는다는 뜻
④ 국기를 '규정에 맞게(어긋나지 않게)' 단다는 뜻
⑤ 모자를 '비뚤어지지 않게(곧게, 굽지 않게)' 쓴다는 뜻

✔ 매일 복습 확인 문제

1 다음 글과 부합하면 ○, 그렇지 않으면 ✕로 표시하시오.

(1) 국가가 세금으로 운영하는 공공 부조는 도덕적 해이를 야기할 수 있다. 무상으로 부조가 이루어지므로, 젊은 시절에는 소득을 모두 써 버리고 노년에는 공공 부조에 의존하려는 경향이 생길 수 있기 때문이다. → 공공 부조가 낳는 도덕적 해이는 국민들의 납세 부담을 증가시킨다. ··· ( )

(2) 시청자의 인식 속에 은연중 파고드는 간접 광고에 적절히 대응하기 위해서는 시청자들에게 간접 광고에 대한 주체적 해석이 요구된다. → 간접 광고가 광고인 것을 시청자가 알아차리지 못하는 동안에도 광고 효과는 발생할 수 있다. ··· ( )

(3) 노동은 신이 만든 자연을 인간이 자신에게 유용하게 만드는 속된 과정이다. 이는 원래 자연의 모습을 훼손하는 것이기에 신에게 죄를 짓는 것이다. 이러한 죄를 씻기 위해 유용하게 만든 사물을 다시 원래의 상태로 되돌리는 집단적 놀이가 바로 제의였다. 고대 사회에서는 가장 유용한 사물을 희생물로 바치는 제의가 광범하게 나타났다. → 고대 사회에서는 희생 제의를 통해 자연을 유용하게 만들려고 하였다. ····························· ( )

2 '작위적'과 의미가 가까운 것은?

① 간접적 ② 수동적 ③ 인위적 ④ 일시적 ⑤ 허구적

3 다음 어휘와 반대의 의미를 지닌 말은?

(1) 완화   [㉮ 긴장 ㉯ 이완]
(2) 고갈   [㉰ 소진 ㉱ 풍부]

정답 1. (1) ○ (2) ○ (3) ✕ 2. ③ 3. (1) ㉮ (2) ㉱

정답　01 ①　　02 ⑤　　03 ④　　04 ①　　05 ①
　　　06 ②　　07 ④　　08 ②　　09 ④　　10 ④
　　　11 ③

1~4 사회: 입법안에 대한 국가의 의사 결정 방식

2013학년도 6월 모의평가

독해력을 길러 주는 지문 분석

1문단　**문단 요약**　민주주의 국가에서 국민과 (국민이 뽑은) 대표자 사이의 관계와 관련하여 딜레마가 내포되어 있다. 입법안에 대해 국회의원과 지역구 주민들의 생각이 다르면 누구의 의사를 우선해야 하는지에 대한 것이다.

　　　핵심어(구)　국민과 대표자 사이의 관계, 딜레마
　　　중심 내용　국민과 대표자 사이의 관계와 관련된 딜레마

2문단　**문단 요약**　모든 권력은 국민으로부터 나온다고 규정한 우리 헌법 규정에 기초하여 대표자가 자신의 권한을 국민의 뜻에 따라 행사해야 한다는 것을 명령적 위임 방식이라 한다. 이 방식은 민주주의의 의미에는 충실하나, 국민의 뜻이 국가 이익과 배치될 경우 바람직하지 않은 결과가 초래될 수 있다.

　　　핵심어(구)　명령적 위임 방식
　　　중심 내용　명령적 위임 방식의 특징과 장단점

3문단　**문단 요약**　입법권이 국회에 속한다는 헌법 규정에 기초하여 입법은 국회의원의 생각에 따라야 한다고 보아, 대표자가 소신에 따라 자유롭게 결정할 수 있도록 한 것을 자유 위임 방식이라 한다. 이 방식은 국가 의사 결정은 대표자에게 맡기고, 국민은 대표자 선출권을 통해 간접적으로 대표자를 통제한다.

　　　핵심어(구)　자유 위임 방식
　　　중심 내용　자유 위임 방식의 특징과 장점

4문단　**문단 요약**　대표자가 사적 이익을 추구하는 데 권한을 남용하더라도 국민이 제재할 수단이 없는 자유 위임 방식의 문제점을 보완하기 위해, 국가에 따라서는 국가의 의사 결정에 국민이 직접 참여하거나 대표자를 직접 통제할 수 있는 직접 민주주의적 제도를 부분적으로 도입하기도 한다.

　　　핵심어(구)　자유 위임 방식, 문제점을 보완, 직접 민주주의적 제도를 부분적으로 도입
　　　중심 내용　자유 위임 방식의 문제점 및 보완책

　주제　입법안에 대한 의사 결정 방식의 종류와 장단점

01 글의 전개 방식 이해

정답 ①

〇 **①이 정답인 이유** 1문단에서는 민주주의 국가에서 입법안에 대해 소속 지역구 주민들과 국회의원의 생각이 다를 때 누구의 의사를 우선하는 것이 옳은지에 대해 문제 제기를 하고 있고, 2~4문단에서는 명령적 위임 방식과 자유 위임 방식에 대해 설명하고 있다. 이 두 방식 모두 장점과 단점을 가지고 있으며, 자유 위임 방식의 보완책으로 직접 민주주의적 제도를 부분적으로 도입하기도 한다는 것이 이 글의 논지이다.

나머지 답지들에 답한 학생들은 드물었지만, 이들 답지들이 오답인 이유를 살펴보자.

② 시간적 순서를 고려한 서술은 찾을 수 없다.

③ 두 가지 방식이 서로 원인과 결과의 관계에 있다고 언급된 부분은 없다.

④ 두 견해의 특징과 장단점에 대한 언급은 있지만 공통점에 대해 서술하지는 않았고, 더군다나 공통점을 부각하여 논지를 강화하고 있다고 하여 '내가 오답이오.' 하고 깃발 들고 서 있는 답지가 되어 버렸다.

⑤ 두 견해의 장단점을 아울러 언급하고 있으므로 한 견해의 관점에서 일관되게 다른 견해를 비판하고 있다는 설명은 옳지 않다.

02 구체적 상황에의 적용

정답 ⑤

〇 **⑤가 정답인 이유** 〈보기〉의 상황을 보면 의회 의원인 A의 소속 지역구 주민들이 법안 X에 반대할 것을 A에게 요구하고 있다. ⑤는 ㉡을 적용한다고 했으므로 ㉡의 특징부터 살펴보자.

> • 국민의 뜻보다는 국가 이익을 고려(3문단)
> • 소속 정당의 지시에도 반드시 따를 필요는 없다.(3문단)
> • 소신에 따라 자유롭게 결정(3문단)

위와 같이 정리할 때 ㉡의 방식을 취할 A는 국민, 즉 지역구 주민들의 뜻보다는 국가의 이익을 고려할 것이고, 자신의 소신에 따라 자유롭게 결정할 것이므로 지역구 주민이 반대한다 해도 X에 찬성할 수 있다.

이 말을 '반드시 찬성한다.'로 생각해 틀린 학생이 있었는데, '찬성할 수 있다.'는 표현은 찬성할 가능성이 있다는 것이다.

가장 많이 질문한 오답은? ②

✕ **②가 오답인 이유** 이 시험에서 1개 틀려 97점을 받은 학생이 이 문제를 ②에 답해 틀렸다고 따지면서 질문했다. 이 학생은 "A는 자신의 소신과 지역구 주민의 의사가 달랐기 때문에 기권했다고 했잖아요. 이것은 자신의 소신에 따르지 않고 지역구 주민의 의사에 따른 거잖아요."라고 했다. 그러나 명령적 위임 방식을 적용했다면 A가 지역구 주민의 뜻에 따라 법안 X에 대해 반대했어야 한다. 〈보기〉에서 지역구 주민들은 법안 X에 반대하도록 요구하고 있고, 2문단에서 명령적 위임 방식은 지역구 주민의 뜻에 따라 권한을 행사해야 한다고 했기 때문이다.

나머지 답지들이 오답인 이유도 살펴보자.

① 2문단에서 명령적 위임 방식은 국민의 뜻에 따라 자신의 권한을 행사한다고 했으므로 국가 이익에 도움이 된다고 해도 주민들이 반대하기 때문에 A는 X에 반대할 것이다.

③ 3문단에서 설명한 자유 위임 방식에 따르면 A는 선거 공약에 따라 결정하기보다는 국가의 이익을 고려하여 소신에 따라 결정할 것이다.

④ 3문단에서 자유 위임 방식은 소속 정당의 지시에도 반드시 따를 필요가 없다고 했다.

Q 저는 ③도 맞다고 생각했습니다. 3문단의 2번째 줄에서 "~입법은 국회의원의 생각에 따라야 한다는 뜻이다."라고 했기 때문인데, ③에서 'A는 반대하기로 선거 공약을 했다'는 말을 'A의 생각은 X에 반대하는 입장이다'라는 말로 받아들일 수는 없나요?

A A가 '선거 공약'에서 반대하기로 했다고 해서 의회 의원이 된 시점에서도 반대 입장이라고 단정지을 수는 없으나, 설령 의회 의원이 된 시점에서도 반대 입장이라고 해도 ③에서는 ㉡의 방식을 적용한다는 것이 중요합니다. ㉡에서는 '국회의원의 생각에 따라야 한다'고는 했지만, 더 중요한 것은 '국회의원은 국가 이익을 우선하여 양심에 따라 직무를 행한다.'고 했기 때문에 ㉡을 적용할 때 A는 자신의 선거 공약이나 주역 주민의 뜻(법안 X에 반대)에 따라 결정하기보다는 '국가의 이익'을 고려하여 소신에 따라 결정할 것이기 때문입니다.

03 내용 추론

정답 ④

◎ ④가 정답인 이유 일정 연령에 도달한 국민에게 차별 없이 대표자 선출권을 부여하는 제도는 **1문단**에서 밝힌 대로 대부분의 민주주의 국가에서 시행하고 있는, 국민이 자신의 대표자를 뽑아 국정의 운영을 맡기는 제도이다. 이 제도에는 국가 의사 결정 시 국민이 선출한 대표자가 국민의 뜻에 따라 의사를 결정해야 한다는 '명령적 위임 방식'과 대표자가 소신에 따라 자유롭게 의사를 결정하는 '자유 위임 방식'이 있는데, 자유 위임 방식의 경우 국민이 구체적인 사안에서 대표자를 직접적으로 통제하지 못하는 문제점을 안고 있다.

㉮는 자유 위임 방식의 이 같은 문제점을 보완하기 위해 만든 것으로, 국민에게 대표자를 선출하는 권한을 부여하는 제도가 아니라, 국가의 의사 결정에 국민이 직접 참여하거나 대표자를 직접 통제할 수 있는 제도라는 점에서 ④는 ㉮에 대한 설명으로 적절하지 않다.

가장 많이 질문한 오답은? ③

✗ ③이 오답인 이유 명령적 위임 방식에서 나타나는 문제점은 **2문단**에 제시되어 있다. 국민의 뜻이 국가 전체의 이익과 다를 경우 바람직하지 않은 결과가 초래될 수 있다는 것이다. 이것은 ㉮를 도입했을 때도 나타날 수 있다. ㉮는 국가의 의사 결정에 국민이 직접 참여하거나 대표자를 직접 통제할 수 있다고 했다. 따라서 ㉮에서 국민의 뜻이 국가 전체의 이익과 다르다면 국가 전체의 이익에 앞서 국민의 뜻에 따라 국가의 의사가 결정될 수 있기 때문이다.

나머지 답지들에 답한 학생들은 드물었지만, 이들 답지들이 오답인(적절한) 이유도 살펴보자.

① **4문단**에서 '이런(자유 위임 방식) 문제점을 보완하기 위해 국가에 따라서는…㉮를 부분적으로 도입하기도 한다.'고 했다.

② ㉮에서는 국민이 직접 국가의 의사 결정에 참여한다고 했다.(**4문단**)

⑤ **4문단**에서 자유 위임 방식은 국민과 대표자 사이의 신뢰 관계가 약화되어 민주주의의 원래 의미가 퇴색될 우려가 있고, 이와 같은 문제점을 보완하기 위해 ㉮를 도입하기도 한다고 했다.

04 문맥적 의미 이해

정답 ①

◎ ①이 정답인 이유 '무엇'을 찾는 것인지가 중요하다. 문장의 핵심을 간추리면 ⓐ는 '근거'를 찾는 것임을 알 수 있다.

다음으로, 답지의 문장을 간추려 무엇을 찾는 것인지를 살핀다.

① (해결의) 실마리를 찾다.
② 생기를 찾다.
③ (잃어버린) 권리를 찾다.
④ (적성에 맞는) 직업을 찾다.
⑤ (자신의) 안일과 이익을 찾다.

이렇게 문장의 핵심을 간추린 다음, '근거'를 '찾는' 것과 유사한 의미를 지닌 말을 떠올려 본다. 근거는 찾아내야 하는 것, 알아내야 하는 것, 밝혀내야 하는 것 등이다. 답지에서 '근거'처럼 '찾아내고, 알아내고, 밝혀내야 하는 대상'이 있는지를 따져 보자.

'해결의 실마리'는 찾아내고, 알아내고, 밝혀내야 하는 것이지만, '생기'와 '잃어버린 권리'는 알아내야 하는 것이 아니고, '적성에 맞는 직업'은 밝혀내야 하는 것이 아니고, '자신의 안일과 이익'도 알아내는 것과는 거리가 멀다.

가장 많이 질문한 오답은? ③

✗ ③이 오답인 이유 ③에 답한 학생들에게 위 '①이 정답인 이유'처럼 설명하면 '권리'도 찾아내야 하는 것으로 봤다고 한다. 그렇다면 '해결의 실마리'도 찾아내야 하는 것 아니냐고 하면, "그래서 헷갈렸어요." 한다. '알아내야 하는' 대상이라는 말을 떠올리지 못했다고 하자. 그래서 ①과 ③ 둘 중 하나가 정답이라는 데까지 압축했다고 하자. '권리'를 가지고도 말을 만들어 본다. 잃어버린 권리를 찾는 것은 '되찾다'의 의미를 갖고 있는데 '근거'는 빼앗긴 것을 '되찾는' 것이 아니다.

이처럼 어휘 문제는 최종적으로 하나의 답지가 남을 때까지 비슷한 뜻을 지닌 말을 계속 떠올려 보는 것이 핵심이다.

✎ **다시 볼 내용** 메모하기

다시 봐야 할 내용을 메모해 둡니다. 메모해 둔 내용은 **재복습**하면서 **오답 노트**에 옮겨 정리하면 공부 효과를 높일 수 있습니다.

독해력을 길러 주는 지문 분석

1문단 [문단 요약] A회사의 온라인 취업 사이트에 제공한 개인 정보가 허술한 관리로 유출되자 갑 등 사이트 가입자 100여 명은 공동 소송을 하여 사이트 운영의 중지와 피해의 배상을 청구하였다.

핵심어(구) 공동 소송

중심 내용 (개인 정보를 유출한 온라인 사이트에) 공동 소송을 한 사례의 소개

2문단 [문단 요약] 공동 소송은 소송 당사자가 여럿인 소송으로, 한꺼번에 진행할 수 있어 경제적이고 효율적인 장점이 있지만, 당사자의 수가 지나치게 많으면 번거로워 공동으로 변호사를 선임하거나 선정 당사자 제도를 이용할 수도 있다.

핵심어(구) 공동 소송, 장점, 번거로워

중심 내용 공동 소송의 특징(개념과 장단점)

3문단 [문단 요약] 위 사건에서는 배상받을 금액이 적어 소송 참여자가 적었다. 이처럼 피해 구제도 미흡하고 기업에 시스템 개선 동기를 부여하지 못하는 문제를 해결할 방안으로 집단 소송과 단체 소송 제도의 도입이 논의되어 왔다.

핵심어(구) 해결할 방안, 집단 소송과 단체 소송 제도의 도입

중심 내용 공동 소송의 문제점 해결을 위한 집단 소송과 단체 소송 제도의 도입 논의

4문단 [문단 요약] 집단 소송은 피해자들의 일부가 대표 당사자가 되어, 기업을 상대로 손해 배상 청구 등의 소를 제기할 수 있는 방식으로, 승소하면 전체 피해자들이 배상을 받는다. 그러나 대표 당사자는 초기에 고액의 소송 비용을 부담해야 해서 소송의 개시가 쉽지 않다.

핵심어(구) 집단 소송

중심 내용 집단 소송의 특징(개념과 장단점)

5문단 [문단 요약] 단체 소송은 법률이 정한, 전문성과 경험을 갖춘 단체가 기업을 상대로 침해 행위의 중지를 청구하는 소를 제기할 수 있는 제도로, 공익적 이유에서 인정되는 것이어서 개인 피해자들의 손해 배상 청구는 불가능하다.

핵심어(구) 단체 소송

중심 내용 단체 소송의 특징(개념과 장단점)

6문단 [문단 요약] 최근 우리나라도 집단 소송과 단체 소송을 제한적으로 도입하여, 기업의 회계 부정으로 인한 주식 투자 피해 시 집단 소송을, 소비자 분쟁과 개인 정보 피해에 한해 단체 소송을 할 수 있게 되었다.

핵심어(구) 집단 소송과 단체 소송을 제한적으로 도입

중심 내용 최근 우리나라에 도입된 집단 소송과 단체 소송

주제 공동 소송·집단 소송·단체 소송의 특징

05 내용 전개 방식 이해   정답 ①

◎ **①이 정답인 이유** 이 글은 가입자의 개인 정보를 유출한 A회사를 상대로 갑이 공동 소송을 하는 구체적인 사례를 제시(1문단)한 후, 이 사례와 관련하여 다수가 피해를 입은 사건을 해결하는 방안으로 공동 소송(2~3문단), 집단 소송(4문단), 단체 소송(5문단)을 차례로 소개하면서 각 소송 제도의 특징과 한계를 설명하고 있다. 따라서 ①은 이 글의 내용 전개 방식으로 적절하다.

② 대립하는 원칙들 사이에 발생하는 문제에 대한 대안 제시는 없다.

③ 하나의 이론 아래 통합한 내용은 없다.

④ 가설을 설정한 부분은 없다.

⑤ 근본 원인을 분석한 내용도 없거니와 일관된 해결책을 정립한 것도 아니다.

06 세부 내용의 이해 및 추론   정답 ②

◎ **②가 정답인 이유** 다수의 피해자를 대신하여 대표 당사자가 소송을 수행하는 것은 집단 소송임을 4문단에서 알 수 있고, 공익적 성격을 지니는 것은 단체 소송임을 5문단에서 확인할 수 있다.

가장 많이 질문한 오답은? ⑤

✕ **⑤가 오답인 이유** 4문단에서 '집단 소송'은 피해자들의 일부가 전체 피해자들의 이익을 대변하는 대표 당사자가 되어 소송을 제기하는 방식이라고 했다. 그리고 이들 대표 당사자가 집단 소송을 통해 이루어 낸 판결은 원칙적으로 소송에 참가하지 않은 사람에게도 그 효력이 미친다고 하였으므로 ⑤는 이 글을 제대로 이해한 것이다. 그럼에도 불구하고 ⑤를 정답으로 생각한 학생들이 많았는데, '평가원 타당성 심사 결과 답변'을 확인하자.

나머지 답지들이 적절한 근거는 다음에서 확인할 수 있다.

① 2문단에서 소송 당사자의 수가 지나치게 많으면 한꺼번에 소송을 진행하기에 번거로우므로 선정 당사자 제도를 이용할 수도 있다고 했다.

③ 5문단에서 단체 소송은 법률이 정한, 전문성과 경험을 갖춘 단체가 기업을 상대로 침해 행위의 중지를 청구하는 소를 제기할 수 있도록 하는 제도라고 했다.

④ 2문단에서 소송 당사자의 수가 여럿이 되는 공동 소송은 저마다 개별적으로 수행할 수 있는 소송들을 하나의 절차에서 한꺼번에 심리하고 진행할 수 있도록 배려하는 것이라고 했다.

┌─────────────────────────────────┐

이의 신청 문항 – 평가원 타당성 심사 결과 답변

이 문항은 지문에서 설명하고 있는 여러 소송 제도들에 대하여 적절히 이해하고 있는지를 묻고 있습니다.

이의 제기의 주된 내용은 정답은 ②번이 아니라 ⑤번이라는 것입니다. 그러나 '공동 소송'은 지문의 넷째 단락에서 알 수 있듯이 '피해자들이 승소한다면 이들만 배상을 받게' 되는 반면, '집단 소송'은 '일부의 피해자가 대표 당사자로서 소송하여 승소하게 되면, 소송에 참가하지 않은 이들까지도 배상을 받게' 된다고 하였으므로 ⑤번은 적절한 진술입니다.

그리고 넷째 단락에서 설명한 바와 같이 '대표 당사자가 소송을 수행'하는 것은 공동 소송이 아니라 집단 소송이므로 ②번은 적절하지 않은 진술입니다.

그러므로 이 문항의 정답에는 이상이 없습니다.

└─────────────────────────────────┘

07 내용 이해

정답 ④

○ ④가 정답인 이유 발문은 '갑은 왜 A회사를 상대로 공동 소송을 하였는가?'로 압축할 수 있다. 그 이유는 ㉠의 앞에서 확인할 수 있다. A회사의 시스템 관리가 허술하여 갑을 비롯한 수많은 사람들의 개인 정보가 유출되었고, 이것을 알게 된 갑이 A회사에 사이트 운영 중지와 배상을 요구했지만 받아들여지지 않았기 때문이다. 즉, A회사의 잘못은 온라인 시스템 관리 소홀과 시정 요구 거부이다. 개인 정보를 판매했다는 내용은 지문에서 찾아볼 수 없다.

가장 많이 질문한 오답은? ⑤

✗ ⑤가 오답인 이유 대부분의 학생들이 정답에 답했지만, ⑤에 답한 학생들이 제법 있었다. ⑤에 답한 학생들은 ①, ②, ③은 ㉠의 앞(A회사의 시스템 관리 허술, 많은 이들이 가입자들의 정보를 자유롭게 열람)에서 오답인 근거를 쉽게 찾을 수 있었는데, ⑤는 ㉠에서 요구하는 사이트 운영 중지와 피해 배상 청구와는 거리가 있다고 생각했다고 했다. ㉠의 '공동 소송'을 놓친 것이다. 갑이 '공동 소송'을 한 목적이 무엇인지도 따졌다면, '받게 될 배상액에 비해 들어갈 비용이 적지 않다'(1문단)와 연결하여 ⑤도 ㉠의 목적에 해당한다는 것을 알 수 있었을 것이다.

08 개념 이해를 바탕으로 한 결과 추론

정답 ②

○ ②가 정답인 이유 ㉡에 이어지는 문장을 보면, 집단 소송의 제한적 도입으로 인해 증권 관련 집단소송법이 제정되었다고 했다. 그 결과, 기업이 회계 내용을 허위로 공시하거나 조작하는 등의 사유로 주식 투자에서 피해를 입은 사람들은 집단 소송을 할 수 있게 되었다고 했는데, 여기서 ②는 ㉡의 결과임을 알 수 있다.

가장 많이 질문한 오답은? ⑤

✗ ⑤가 오답인 이유 ⑤에 답한 학생들이 의외로 많았다. 그런데 5문단을 보면 전문성을 갖춘 단체가 기업을 상대로 침해 행위의 중지를 청구하는 소를 제기할 수 있도록 하는 제도는 단체 소송인데, 단체 소송은 개인 피해자들을 위한 손해 배상 청구는 하지 못한다고 했다. 이 점에서, ⑤는 ㉡(단체 소송의 제한적 도입)의 결과로 볼 수 없다.

나머지 답지들에 답한 학생들은 드물었지만, 이들 답지들이 오답인 이유도 살펴보자.

① 단체 소송은 전문성과 경험을 갖춘 단체가 기업을 상대로 소를 제기할 수 있도록 하는 제도로, 개인 정보 유출로 피해를 입은 가입자(개인)들이 소를 제기할 수 있는 제도가 아니다. (5문단)

③ 증권 관련 피해를 입은 사람들은 집단 소송을 제기할 수 있는데(6문단), 집단 소송은 중립적인 단체를 대표 당사자로 내세우는 것이 아니라 피해자들의 일부가 전체 피해자들의 이익을 대변하는 대표 당사자가 되어 기업을 상대로 소를 제기하는 방식(4문단)이다.

④ 대기업이 출시한 제품의 결함으로 소비자들이 피해를 입은 경우는 소비자 분쟁에 해당하는데, 이것은 집단 소송이 아니라 단체 소송을 할 수 있다. (6문단)

Q&A ▶'안인숙 매3국어클리닉' 카페에서

Q ④번 해설에서 '대기업이~입은'이 소비자 분쟁에 해당하여 집단 소송이 아닌 단체 소송을 할 수 있다고 나와 있는데,

[1] 단체 소송에선 소비자들이 아닌 단체가 소를 제기할 수 있는 것 아닌가요?

[2] '대기업이~입은'을 소비자 분쟁으로 구분한 것이 궁금합니다.

A [1] 단체 소송에서는 소비자들이 아닌 단체가 소를 제기할 수 있는 것이 맞습니다. '대기업이 출시한 제품이 지닌 결함 때문에 피해를 입은 소비자들이 소를 제기'하는 경우는 개인 소송 또는 공동 소송을 할 수 있습니다. 그런데 개인 소송은 '받게 될 배상액에 비해 들어갈 비용이 적지 않다는 생각에 망설'이게 되고(1문단), 공동 소송은 '당사자의 수가 지나치게 많으면 한꺼번에 소송을 진행하기에 번거'로워(2문단), 이를 해결할 방안으로 '우리나라도 집단 소송과 단체 소송을 제한적으로 도입(㉡)하였다'고 했습니다. 그리고 집단 소송은 '~주식 투자에서 피해를 입은 사람들'이 할 수 있고, 단체 소송은 '소비자 분쟁과 개인 정보 피해에 한하여' 할 수 있다고 했으므로, 소비자 분쟁에 해당하는 ④는 집단 소송이 아닌 단체 소송을 할 수 있는 것입니다.

[2] 기업에서 생산한 제품의 결함이나 소비자의 권리와 관련하여 소비자와 기업 간에 일어나는 분쟁이 소비자 분쟁으로, 6문단의 '소비자 분쟁과 개인 정보 피해에 한하여~'에서 '대기업이 출시한 제품이 지닌 결함 때문에 피해를 입은 소비자들'은 소비자 분쟁과 관련된다는 것을 알 수 있습니다.

9~11 사회: 혁신의 확산   2012학년도 6월 모의평가

독해력을 길러 주는 지문 분석

1문단 **문단 요약** 혁신의 확산은 특정 지역이나 사회 집단의 문화나 기술, 아이디어가 다른 지역 또는 사회 집단으로 전파되는 과정으로, 시간에 따른 공간 확산 과정은 발생기, 확산기, 심화·포화기의 3단계로 이루어진다.

▼ 시간에 따른 혁신의 공간 확산 과정

- 발생기(1단계): 혁신 발생원과 가까운 지역의 혁신
- 확산기(2단계): 혁신 발생원에서 먼 지역까지의 혁신
- 심화·포화기(3단계): 전 지역의 혁신 확산. 혁신의 수용률에서 지역 간의 격차가 사라짐.

핵심어(구) 혁신의 확산, 시간에 따른 공간 확산 과정
중심 내용 혁신의 확산에 대한 개념 및 시간에 따른 공간 확산 과정의 3단계

2문단 **문단 요약** 혁신의 공간적 확산은 발생원과 수용자 간 가까울수록 빨리 퍼지는 인접 효과에 의해 나타나는 전염 확산, 도시 규모가 클수록 혁신 확산이 잘 되는 계층 효과에 의해 나타나는 계층 확산으로 설명된다.

핵심어(구) 혁신의 공간적 확산, 전염 확산, 계층 확산
중심 내용 혁신의 공간적 확산의 유형 - 전염 확산과 계층 확산

3문단 **문단 요약** 혁신의 수용자 수는 시간에 따라 '완만한 증가 → 급격한 증가 → 포화 상태'가 되며, 혁신 수용자는 시간적 순서에 따라 '소수의 혁신자 → 다수의 전기 수용자 → 다수의 후기 수용자 → 소수의 지각자'의 네 집단으로 나뉜다.

핵심어(구) 혁신의 수용자 수, 집단
중심 내용 시간에 따라 변화하는 혁신 수용자의 수와 집단
주제 혁신의 확산에 대한 개념 및 유형별 특징과 혁신 수용자의 유형

09 핵심 개념에 대한 이해 　　　정답 ④

◎ ④가 정답인 이유 3문단에서 '혁신의 수용자 수는 시간에 따라 변화를 보인다. 초기에는 혁신 수용자의 수가 완만하게(급하지 않고 느릿느릿하게) 증가하다가 어느 시점에서 급격하게 증가하기 시작하여 결국에는 포화 상태를 이루게 된다.'고 했다. 이를 통해 '수용자 수는 시간의 경과에 따라 일정하게 증가한다.(④)'는 지문에서 설명하고 있는 '혁신의 확산'을 잘못 이해한 것임을 알 수 있다.

① 3문단의 '혁신 수용자는 혁신을 수용하는 시간적 순서에 따라 네 집단으로 나뉜다.'에서 수용자의 수용 시기에는 차이가 있음을 알 수 있다.
② 2문단의 '도시 규모가 클수록 혁신 확산이 잘 이루어진다'에서 확인할 수 있다.
③ 3문단의 '다른 사람들이 혁신을 수용하는 것을 보고 수용하는 다수의 후기 수용자, 새로운 것을 시도하기를 꺼려서 한참 지나서야 혁신을 수용하는 소수의 지각자'에서 다수의 후기 수용자와 소수의 지각자는 소극적인 수용자에 해당한다는 것을 알 수 있다.
⑤ 1문단의 '심화·포화기에는 최초 발생원과의 거리에 관계없이 전 지역에서 혁신의 확산이 이루어지고 수용률에서 지역 간의 격차가 점차 사라진다.'에서 확인할 수 있다.

10 구체적 사례에의 적용 　　　정답 ④

◎ ④가 정답인 이유 ④에서 새로운 여행 상품의 예약이 폭주하는 이유는 텔레비전 광고의 결과라고 했다. 텔레비전 광고를 통해 여행 상품을 알리는 일은 대중 매체에 의한 확산이므로 ㉠의 사례로는 부적절하다.
나머지 답지들이 ㉠에 해당하는 사례로 적절한 이유도 살펴보자.
① '텔레비전 프로그램〈 미용사들의 지역 모임'을 통해 최신 미용 기법이 전파
② '경제 뉴스〈 직장 동료들의 추천'에 의해 새로 출시된 금융 상품의 가입자가 증가
③ '신문 광고〈 직거래 구매자들의 입 소문'에 의해 신개발 농산품의 구매자 수가 증가
⑤ '라디오 광고〈 손님들의 호평' 덕택으로 식당 분점이 급속히 퍼짐.
이상에서 살펴본 바와 같이 ①, ②, ③, ⑤는 대중 매체보다는 개인 간의 의사소통에 의해 확산이 이루어진 예이므로 ㉠의 사례로 적절하다.

11 구체적 사례의 적절성 판단 　　　정답 ③

◎ ③이 정답인 이유 ㄱ~ㄹ의 타당성 여부를 확인해 보자.
ㄱ. 1문단에서 혁신의 확산은 특정 지역이나 사회 집단의 문화나 기술, 아이디어가 시간의 경과에 따라 다른 지역 또는 사회 집단으로 전파되는 과정을 말한다고 했다. 이에 비추어 볼 때 '한 미술관에서 매년 같은 내용의 기획 전시를 하는 것'은 혁신 확산의 예로 볼 수 없다.
ㄴ. 2문단에서 규모가 큰 도시로부터 그보다 규모가 작은 도시로 혁신이 전파되는 것은 계층 확산에 의해서라고 했다. 여기에서 '규모가 큰 도시'는 ㄴ의 '거대 도시'와, '그보다 규모가 작은 도시'는 ㄴ의 '대도시'와 연결된다. 따라서 ㄴ은 이 내용에 비추어 볼 때 타당한 진술이다.
ㄷ. 1문단에서 '심화·포화기에는 최초 발생원과의 거리에 관계없이 전 지역에서 혁신의 확산이 이루어지고 수용률에서 지역 간의 격차가 점차 사라진다.'고 했다. ㄷ은 이 내용에 비추어 볼 때 타당한 진술이다.
ㄹ. 3문단에서 '전기 수용자'는 일정 기간 심사숙고하여 혁신을 수용하는 사람이라고 했다. 따라서 노트북 컴퓨터가 처음 시장에 나오자마자 이를 구입한 사람은 '전기 수용자'가 아니라 혁신을 가장 먼저 받아들이는 '소수의 혁신자'로 볼 수 있다.
따라서 2문단과 1문단의 내용에서 그 근거를 확인할 수 있는 ㄴ과 ㄷ을 묶은 ③이 정답이 된다.

✔ 매일 복습 확인 문제

1 다음 글과 부합하면 ○, 그렇지 않으면 ×로 표시하시오.
(1) 자유 위임 방식에서는 국민과 대표자 사이의 신뢰 관계가 약화되어 민주주의의 원래 의미가 퇴색될 우려가 있다. 이런 문제점을 보완하기 위해 국가에 따라서는 국가의 의사 결정에 국민이 직접 참여하거나 대표자를 직접 통제할 수 있는 직접 민주주의적 제도를 부분적으로 도입하기도 한다. →자유 위임 방식을 채택한 국가에서 직접 민주주의적 제도의 도입은 필수적이다. ……(　　)
(2) 단체 소송은 전문성을 갖춘 단체가 기업을 상대로 침해 행위의 중지를 청구하는 소를 제기할 수 있는데, 개인 피해자들을 위한 손해 배상 청구는 하지 못한다. →소비자들이 기업에 손해 배상 청구의 소를 제기하였을 때 전문성 있는 협회가 대신 소송을 수행할 수 있다. ….(　　)
(3) 혁신의 수용자 수는 시간에 따라 변화를 보인다. 초기에는 혁신 수용자의 수가 완만하게 증가하다가 어느 시점에서 급격하게 증가하기 시작하여 결국에는 포화 상태를 이루게 된다. → 혁신의 수용자 수는 시간의 경과에 따라 일정하게 증가한다. ………………………(　　)

2 '완만하다'와 반대의 의미를 지닌 말은?
① 난만하다　　② 산만하다　　③ 신속하다
④ 완벽하다　　⑤ 완연하다

정답 **1.** (1) × (2) × (3) × **2.** ③

61

1~6 사회(주제 통합) : 헌법 2021학년도 9월 고2 전국연합학력평가

독해력을 길러 주는 지문 분석

(가) 홍성방, 「헌법학」

1문단 **문단 요약** 헌법은 국민의 기본권과 국가의 통치 조직을 규정한 최고의 기본법으로서 '최고 규범성'을 지닌다. 그 하위에 있는 법 규범들은 헌법으로부터 효력을 부여받으며 존속을 보장받으므로, 법률은 헌법에 합치되어야 하며 헌법을 위반하면 무효가 된다.
핵심어(구) 헌법, 최고 규범성, 법률은 헌법에 합치되어야
중심 내용 헌법의 특징 (1) – 최고 규범성

2문단 **문단 요약** 헌법은 국가 권력이 그 효력을 부정하거나 침해할 수 없도록 헌법재판제도와 같은 장치를 스스로 마련하고 있다는 점에서 '자기 보장성'이라는 특징을 갖는다. 그러나 헌법재판소의 결정은 국가 기관이 그 재판 결과를 따르지 않아도 강제할 수단이 없어, 국가 권력을 포함한 헌법의 적용을 받는 모든 대상들이 이를 존중하는 조건하에 실현된다.
핵심어(구) 자기 보장성, 헌법재판소의 결정, 모든 대상들이 이를 존중하는 조건하에 실현
중심 내용 헌법의 특징 (2)(– 자기 보장성)와 헌법재판소 결정의 실현 조건

3문단 **문단 요약** 헌법은 국가 내에서 공통의 가치를 최대한 실현할 수 있도록 갈등을 해결하고, 국가 작용을 체계화하기 위해 담당 기관과 절차를 규정한다. 나아가, 헌법은 국가 작용을 담당하는 기관이 그 권한을 악용하거나 남용하여 국가 공통의 가치를 위험에 빠뜨리지 않도록 하는 '권력 제한성'을 가지고 있다.
핵심어(구) 갈등을 해결, 담당 기관과 절차를 규정, 권력 제한성
중심 내용 헌법의 특징 (3) – 권력 제한성

주제 헌법의 특징

(나) 허영, 「한국헌법론」

1문단 **문단 요약** 헌법 해석학에 커다란 영향을 미친 헌법관으로는 법실증주의적 헌법관, 결단주의적 헌법관, 통합론적 헌법관이 있다.
핵심어(구) 헌법 해석학에 커다란 영향을 미친 헌법관
중심 내용 헌법 해석학에 영향을 미친 헌법관들

2문단 **문단 요약** 법실증주의적 헌법관은 헌법을 국가의 조직과 작용에 관한 근본 규범으로 보는 관점으로, 권력자의 자의적 통치를 배제하고 법규범에 의한 통치를 지향하며 등장하였다. 법실증주의는 법학의 정확성과 엄격성, 법적 안정성 확보에 기여했으나, 사회 변화에 따라 변화된 헌법을 이론적으로 설명하기 어려웠고, 실정법 만능주의라는 비판을 받았다.

핵심어(구) 법실증주의적 헌법관, 법학의 정확성과 엄격성, 법적 안정성 확보에 기여, 실정법 만능주의라는 비판
중심 내용 헌법 해석학에 영향을 미친 헌법관 (1) – 법실증주의적 헌법관(의 관점과 긍정적, 부정적 측면)

3문단 **문단 요약** 결단주의적 헌법관은 헌법을 헌법 제정 권력의 근본적 결단으로 보는 관점으로, 주권자인 헌법 제정 권력자의 의지를 강조하였다. 이 헌법관은 정치 결단적 요소를 인정하며 헌법의 현실적 배경을 설득력 있게 정리했으나, 헌법의 규범성을 경시하여 국가를 권력 투쟁의 장이 되게 하고, 권위주의적 독재 국가의 등장에 이론적 근거를 제공하였다는 비판을 받았다.
핵심어(구) 결단주의적 헌법관, 헌법의 현실적 배경을 설득력 있게 정리, 권위주의적 독재 국가의 등장에 이론적 근거를 제공하였다는 비판
중심 내용 헌법 해석학에 영향을 미친 헌법관 (2) – 결단주의적 헌법관(의 관점과 긍정적, 부정적 측면)

4문단 **문단 요약** 통합론적 헌법관은 헌법을 국가 통합을 위한 법질서로 보는 관점이다. 국가를 지속적인 갱신의 과정으로 보고, 헌법을 하나의 과정으로 바라보며 오늘날의 민주주의적 상황과 다원적 산업 사회의 현실을 효과적으로 설명했으나, 헌법의 규범성을 소홀히 하고, 통합 과정을 너무 조화롭게만 보아 갈등의 요소를 경시했다는 비판을 받았다.
핵심어(구) 통합론적 헌법관, 오늘날의 민주주의적 상황과 다원적 산업 사회의 현실을 효과적으로 설명, 헌법의 규범성을 소홀히, 갈등의 요소를 경시했다는 비판
중심 내용 헌법 해석학에 영향을 미친 헌법관 (3) – 통합론적 헌법관(의 관점과 긍정적, 부정적 측면)

5문단 **문단 요약** 헌법의 본질을 설명하기 위해서는 복합적인 요소들을 종합적으로 고찰해야 하므로, 헌법의 효력이나 해석이 문제되는 경우에는 세 가지 헌법관을 함께 생각하는 자세가 필요하다.
핵심어(구) 헌법의 본질을 설명, 세 가지 헌법관을 함께 생각하는 자세가 필요
중심 내용 헌법의 본질을 설명하기 위한 바람직한 자세

주제 헌법 해석학에 영향을 미친 헌법관들의 종류와 관점 및 긍정적, 부정적 측면

★ (가), (나): 유사한 화제에 대한 다양한 글
　　헌법 　　　　　(가) 헌법의 특징
　　　　　　　　　(나) 헌법 해석학에 영향을 미친 헌법관들

01 내용 전개 방식의 파악   정답 ③

◯ **③이 정답인 이유** (가)는 헌법의 특성(특징, 특질)인 '최고 규범성'(1문단), '자기 보장성'(2문단), '권력 제한성'(3문단)에 대해, (나)는 헌법 해석학에 큰 영향을 미친 헌법관들인 '법실증주의적 헌법관'(2문단), '결단주의적 헌법관'(3문단), '통합론적 헌법관'(4문단)의 관점에 대해 병렬적으로 제시하고 있다. 그리고 이를 통해 헌법의 다양한 특성이 드러나므로, ⓐ는 (가)와 (나)의 공통점으로 적절하다. → ④, ⑤ ✕

그리고 (가)는 헌법의 특징 세 가지에 대해 제시하고 있을 뿐 종합적인 절충안을 제시하고 있지 않고, (나)는 서로 다른 견해를 제시하고 있지만 종합적인 절충안을 도출하고 있지는 않으므로, ⓑ는 부적절하다. → ① ✕

또 (가)와 달리, (나)는 2~4문단에서 각 헌법관들이 헌법을 바라보는 관점을 제시한 다음 각 입장의 긍정적 측면과 부정적 측면을 함께 밝히고 있으므로 ⓒ는 적절하다. → ② ✕

따라서 ⓐ~ⓒ에 대한 평가를 바르게 짝지은 것은 ③이다.

나머지 답지들에 답한 학생들도 제법 있었는데, 위 '③이 정답인 이유'를 참조하여 오답인 이유를 확인하고 넘어가자.

02 세부 내용 파악
정답 ③

◎ **③이 정답인 이유** (가)의 2문단에서 헌법의 '자기 보장성'과 관련하여 설명한 내용들을 확인해 보자.

> • 헌법은 다른 법 규범들과 달리 스스로를 보장해야 함.(헌법은 그보다 상위의 법이 없고 '국가 권력이라는 절대적인 강제 수단'을 동원하여 그 효력을 보장할 수 없음.)
> • 헌법은 국가 권력이 그 효력을 부정하거나 침해할 수 없도록 '헌법재판제도와 같은 장치를 스스로 마련하여 지니고 있는'데, 이러한 특징이 헌법의 '자기 보장성'임.

따라서 '자기 보장성'은 헌법이 '효력을 보장하기 위한 장치(헌법재판제도)를 헌법 내에 마련한' 것을 뜻한다고 이해할 수 있다.

가장 많이 질문한 오답은? ⑤

✕ **⑤가 오답인 이유** 정답 ③의 근거를 지문에서 쉽게 찾을 수 있음에도 불구하고 ⑤에 답한 학생들이 많았다. 그 이유는 **(가)의 3문단**에서 '헌법은 처음부터 조직적인 측면에서 권력의 악용*과 남용*의 가능성을 배제하고 있다.'고 한 것과 ⑤의 내용이 일치하기 때문이다. 하지만 이 문제는 '윗글의 내용과 일치하는 것'을 질문한 것이 아니라 '자기 보장성'에 대한 이해를 질문했고, ⑤는 '자기 보장성'이 아니라 '권력 제한성'에 대한 설명이므로 적절하지 않다.

> * 악용(惡用): 나쁜(악한) 일에 사용함.
> * 남용(濫用): 일정한 기준이나 한도, 범위를 넘어서(범람) 함부로 사용함.

나머지 답지들이 적절하지 않은 이유도 살펴보자.

① **(가)의 2문단**에서 '헌법재판은 일반 소송과 달리 국가 기관이 그 재판 결과를 따르지 않아도 이를 강제적으로 따르게 할 수 없는 한계가 있다.'고 했는데, ①은 이 내용과 일치하지 않는다.

② **(가)의 1문단**에서 '헌법이 국민적 합의에 의해 제정되었기 때문에 인정된다.'고 했지만, 이는 '자기 보장성'이 아니라 '최고 규범성'이다.

④ **(가)의 2문단**에서 '헌법의 최고 규범성에도 불구하고 헌법은 규범 체계상 하위에 있는 법 규범들과는 달리 스스로를 보장하지 않으면 안 된다.'고 했는데, ④는 이 내용과 일치하지 않는다.

03 세부 내용 파악
정답 ②

◎ **②가 정답인 이유** 발문(문두)에서 '통합론적 헌법학자'의 관점에서 '법실증주의 헌법학자'를 비판한 내용을 질문했으므로, 먼저 (나)에서 '법실증주의 헌법학자' 관점의 부정적 측면을 찾은 다음, 이와 관련된 '통합론적 헌법학자'의 긍정적 관점을 찾아보자.

> ① 법실증주의 헌법학자 관점의 부정적 측면: (1)산업화, 다원화에 따라 변화하는 사회와 그에 따라 변화된 헌법을 이론적으로 설명하기 어려웠음. (2)정해진 법 규범을 지나치게 강조하여 실정법 만능주의라는 비판을 받음. ·········· **2문단의 끝 문장**
> ② 통합론적 헌법학자의 관점의 긍정적 측면(① 관련): 헌법을 완성물이 아닌 하나의 과정으로 바라보며 오늘날의 민주주의적 상황과 다원적 산업 사회의 현실을 효과적으로 설명함. ······ **4문단**

이것으로 보아, '정해진 법 규범을 지나치게 강조하는 것으로는 지속적으로 변화하는 사회와 헌법을 설명할 수 없다.'(②)는 '통합론적 헌법학자'의 관점에서 '법실증주의 헌법학자'를 비판한 내용으로 적절하다.

나머지 답지들이 비판 내용으로 적절하지 않은 근거도 (나)에서 찾아보자.

① 법실증주의적 헌법관은 '권력자의 자의적(p.8 참조) 통치를 배제하고 법 규범에 의한 통치를 지향'(**2문단**)한다고 했다. 그런데 통합론적 헌법관은 '헌법의 규범성을 소홀히'(**4문단**)한다고 했으므로, 통합론적 헌법학자가 규범성 문제를 비판한다는 것은 적절하지 않다.

③ 통합론적 헌법학자는 '다원적 산업 사회의 현실을 효과적으로 설명'(**4문단**)하였지만, 법실증주의 헌법학자는 '존재적 요소(도덕·자연법)를 배제하고 당위를 헌법학의 연구 대상으로 규정하였다'(**2문단**)고 했으므로, '존재적 요소를 헌법학의 연구 대상으로 규정하는 것'은 법실증주의 헌법학자의 관점과 어긋난다.

④ 법실증주의 헌법학자는 '국민은 법질서에 복종하는 존재'(**2문단**)라고 인식했다. 그런데 '헌법 제정 권력자로서의 국민의 의지를 강조'(**3문단**)한 것은 결단주의적 헌법학자이므로 적절하지 않다.

⑤ '국가를 권력 투쟁의 장'(**3문단**)이 되게 한 것은 법실증주의 헌법학자가 아닌 결단주의적 헌법학자이며, 또한 통합론적 헌법학자는 '국가를 완전한 통일체로 보지 않'(**4문단**)았다고 했으므로 적절하지 않다.

04 내용의 추론
정답 ⑤

◎ **⑤가 정답인 이유** ㉮가 포함된 문장이 '헌법의 최고 규범으로서의 효력은 (㉮)에 좌우된다'임에 주목하여, ㉮의 앞에서 설명한 내용들을 살펴보자.

> (1) 헌법재판은 일반 소송과 달리 국가 기관이 그 재판 결과를 따르지 않아도 이를 강제적으로 따르게 할 수 없다.
> (2) 헌법재판소의 결정은 국가 권력을 포함한 헌법의 적용을 받는 모든 대상들이 이를 존중하는 조건하에 실현된다.

↓

(3) 예를 들면, 대여금 지급 소송에서 돈을 빌려준 사람이 이기는 경우 그 사람은 법원의 도움을 얻어 돈을 빌린 사람이 가지고 있는 재산을 강제로 팔아 빌려준 돈을 받을 수 있다.

(4) 그러나 헌법재판의 경우, 헌법에 합치하지 아니하다며 입법자에게 개선 입법을 촉구하여도 입법부가 이를 따르지 않으면 입법부로 하여금 강제로 지키게 할 수 있는 수단이 없다.

↓

(5) 헌법의 최고 규범으로서의 효력은 (㉮)에 좌우된다.

(1)에서 헌법의 '자기 보장성'과 관련하여 헌법재판의 한계를 밝힌 다음, (2)에서는 헌법재판의 결정이 실현되는 조건(헌법의 적용을 받는 모든 대상들이 헌법재판의 결정을 존중해야 함.)을 말하고 있다. 그리고 (3)~(4)에서는 (1)~(2)와 관련하여 규범 체계상 하위에 있는 법 규범이 실현되는 사례와, 이와는 다른 상위의 법규범인 헌법의 사례를 각각 제시했고, 이를 통해 (5)의 결론을 얻고 있다. 따라서 (5)는 (3)~(4)의 사례를 종합하면서 (2)의 내용을 재강조한, 헌법의 효력은 '헌법의 적용을 받는 대상들이 헌법의 내용을 존중하는 것'에 좌우된다는 것이므로, 이 내용을 가장 잘 정리한 ⑤가 ㉮에 들어갈 내용으로 적절하다.

가장 많이 질문한 오답은? ②

X **②가 오답인 이유** ㉮의 앞 문장에서 '어떤 법률 조항에 대해 헌법에 합치하지 않으므로 개선하라고 해도 입법부가 이를 따르지 않을 경우 강제로 지키게 할 수 있는 수단이 없다.'고 했으므로, 입법부의 독자성을 보장해 주면 헌법의 효력은 오히려 감소할 것이다. 따라서 '입법부의 독자성 보장'이 아니라 '입법부의 헌법에 대한 존중', 나아가 '헌법의 적용을 받는 모든 대상들의 헌법에 대한 존중'이 ㉮에 들어갈 내용으로 적절하다.

① ㉮의 앞 문장에서 헌법재판소의 결정을 강제로 지키게 할 수 있는 수단이 없다고 한 것과 어긋난다.

> *이행(履行): 실제로 행함. ㉨ 수행, 실천 ㉫ 불이행

③ ㉮의 앞 문장에서 헌법은 최고 규범이라고 했고(최고 규범성), 헌법재판소는 국가 권력이 헌법의 효력을 부정하거나 침해할 수 없도록 한 장치라고 했을 뿐, 헌법재판소가 최고 규범을 판단하는 기관이라고 하지는 않았다.

④ ㉮의 앞에서 '국가 기관이 그 재판 결과를 따르지 않아도 이를 강제적으로 따르게 할 수 없다'고 한 것과 어긋난다.

05 구체적 사례에의 적용
정답 ③

O **③이 정답인 이유** 〈보기〉에서 ⓐ와 ⓑ의 '심판 대상 조항*부터 살펴보자.

> ⓐ 구청장·군수·시장 등이 대형 마트의 영업 시간 제한 및 의무 휴업일 지정을 할 수 있게 한 규정(유통산업발전법 제12조의2): 헌법에 위배되지 않음.
> 국가는 경제 주체 간의 조화를 통한 경제의 민주화를 위하여 경제에 관한 규제와 조정을 할 수 있다는 '헌법 제119조 제2항'
> ⓑ 해고 예고 제도*에서 월급 근로자 중 6개월이 되지 못한 자를 적용 예외로 한 규정(근로기준법 제35조 제3호): 헌법에 위배됨.
> 근로 조건의 기준은 인간의 존엄성을 보장하도록 법률로 정하여야 한다는 '헌법 제32조 제3항'

③에서 언급한 '법실증주의적 헌법관'은 **(나)**의 2문단에서 '권력자의 자의적 통치를 배제(배척, 제외)'한다고 했다. 그런데 ③에서는 '헌법에 위배되지 아니한' ⓐ에 ('경제에 관한 규제와 조정'이라는) '권력자의 통치 이념이 반영된 것'으로 본다고 했으므로 적절하지 않다.

> * 판례(判例): 동일하거나 비슷한 소송 사건에 대한 재판의 사례[선례(先例)].
> * 위헌 소원: 헌법 정신에 위배된 법률에 의해 기본권의 침해를 받은 사람이 헌법재판소에 구제를 청구하는 일(하소연하고 탄원함.)
> * 심판 대상 조항: 심판(심리와 재판)의 대상이 되는 법률의 조항.
> * 해고 예고 제도: 사용자가 근로자를 해고(고용 계약을 해약함.)하고자 할 때에는 예고하도록(미리 알리도록) 한 제도.

가장 많이 질문한 오답은? ④

X **④가 오답인 이유** '결단주의적 헌법관'은 **(나)**의 3문단에서 '헌법은 내용적으로 올바르기 때문에 효력을 가지는 것이 아니라, 정치적 의지의 힘을 가진 자, 곧 헌법 제정 권력자의 의사에 의하여 정립되었기 때문에 정당성을 가진다고 보았다.'라고 하였다. 그리고 〈보기〉에서 '헌법 제32조 제3항에 따르면 근로 조건의 기준은 인간의 존엄성을 보장하도록 법률로 정하여야 한다.'라고 했는데, ⓑ는 '헌법(헌법 제32조 제3항)에 위배된다'고 했으므로 ⓑ에는 '인간의 존엄성을 보장'하여야 한다는 주권자의 의사가 반영되지 못했다고 볼 수 있다.

그런데 ⓑ가 '헌법에 위배된다'고 한 것을 놓쳐, 적절하지 않다고 잘못 판단한 경우가 많았다. 〈보기〉에서 ⓑ가 '헌법에 위배된다'고 한 것은 '해고 예고 제도에서 월급 근로자 중 6개월이 되지 못한 자를 적용 예외로 규정'해서는 안 된다는 것이다.

나머지 답지들이 오답인(적절한) 이유도 살펴보자.

① 헌법의 '최고 규범성'과 관련해서는 **(가)**의 1문단에서 '법률은 헌법에 모순되어서는 안 될 뿐만 아니라 적극적으로 헌법적 가치를 실현하여야 한다.'라고 했고, 〈보기〉에서 ⓐ는 '경제 주체 간의 조화'와 관련된 헌법(헌법 제119조 제2항)에 '위배되지 아니한다.'라고 했다. 따라서 ⓐ는 '경제 주체 간의 조화'라는 헌법적 가치를 실현하기 위한 것으로 볼 수 있다.

② 헌법의 '권력 제한성'은 **(가)**의 3문단에서 '국가 작용을 담당하는 기관이 그 권한을 남용하여 오히려 국가가 추구하는 목적인 공통의 가치를 위험에 빠뜨리지 않도록' 하는 것이라고 했고, 〈보기〉에서 '제도(해고 예고 제도)의 적용 대상 범위 등을 정하는 것은 입법자의 권한이나, 이 역시 헌법(헌법 제32조 제3항)에 어긋나서는 안 된다.'라고 했다. 따라서 ⓑ와 관련된 '입법자의 권한'은 국가 공통의 가치를 실현하는 범위 내로 한정되어야 한다고 볼 수 있다.

⑤ '통합론적 헌법관'은 **(나)**의 4문단에서 헌법을 '공감대적인 가치를 바탕으로 국가의 통합을 실현하고 촉진하기 위한 것'이라고 본다고 했고, 〈보기〉에서 ⓐ는 '경제의 민주화'를 위한 헌법(헌법 제119조 제2항)에 '위배되지 아니한다.'라고 했다. 따라서 ⓐ에는 '경제의 민주화'라는 가치를 바탕으로 국가의 통합을 실현하려는 노력이 반영된 것으로 볼 수 있다.

'발문을 꼼꼼히' 읽는 훈련을 하자!

◯ ①이 정답인 이유 '어휘 문제 3단계 풀이법'을 적용해 보자.

- 1 · 2단계: 핵심을 간추린 후 '매3어휘 풀이' 떠올리기

> 재판 결과를 <u>따르다</u>. → 재판 결과를 <u>그대로 실행하다</u>.

- 3단계: 대입하기

  ① 우리는 명령을 <u>따르며/그대로 실행하며</u> 움직였다. → ◯
  ② 어머니를 <u>따라/그대로 실행하여</u> 시장 구경을 갔다. → ✕
  ③ 아버지의 솜씨를 <u>따를/그대로 실행할</u> 수 없다. → ✕
  ④ 개발에 <u>따른/그대로 실행한</u> 공해 문제 → ✕
  ⑤ 의장을 <u>따라/그대로 실행해</u> 자리에서 일어섰다. → ✕

  → 2단계에서 떠올린 '그대로 실행하다'를 답지에 대입해 보니, ①의 '따르다'가 ㉠과 가장 가까운 의미로 쓰였다.

  나머지 답지들에 쓰인 '따르다'의 문맥적 의미는 다음과 같다.

  ② 다른 사람의 <u>뒤에서</u>, 그가 가는 대로 같이 가다.
  ③ 앞선 것을 좇아 같은 수준에 이르다.
  ④ 어떤 일이 다른 일과 더불어 일어나다.
  ⑤ 남이 하는 대로 같이 하다.

7~12 사회(주제 통합): 독점 기업의 이윤 추구 과정과 공정거래법

2023학년도 6월 고2 전국연합학력평가

독해력을 길러 주는 지문 분석

(가)

1문단 **문단 요약** '완전 경쟁 시장'은 시장에 진입 장벽이 없어 누구나 들어와 경쟁할 수 있는 시장 구조인 데 반해, '독점 시장'은 대체재가 없는 재화를 한 기업이 독점적으로 공급하는, 진입 장벽이 존재하는 시장 구조를 말한다.
핵심어(구) 완전 경쟁 시장, 독점 시장
중심 내용 완전 경쟁 시장과 독점 시장의 차이점 (1) – 시장 진입 장벽의 유무

2문단 **문단 요약** 완전 경쟁 시장에서는 개별 공급자와 수요자가 가격에 영향을 미치기 어렵고, 가격과 거래량은 수요와 공급이 일치하는 지점에서 결정된다. 반면에 독점 시장에서 기업은 '가격 결정자'로서 시장 가격을 조정할 힘을 가짐으로써 이윤을 극대화할 수 있다.
핵심어(구) 시장 가격을 조정할 힘
중심 내용 완전 경쟁 시장과 독점 시장의 차이점 (2) – 시장 가격 조정력(시장 지배력)의 유무

▼ 완전 경쟁 시장과 독점 시장의 차이점(1 · 2문단)

구 분	완전 경쟁 시장	독점 시장
시장 진입 장벽	없음.	있음.
시장 가격 조정력 (시장 지배력)	개별 공급자와 수요자 모두 못 가짐.	기업이 가짐.

3문단 **문단 요약** 독점 기업은 이윤 극대화를 위해 한계 수입과 한계 비용이 일치하는 지점에서 최적 생산량을 결정하고, 최적 생산량에서 수요자가 최대로 지불할 수 있는 금액을 최종 시장 가격으로 결정한다. 이처럼 독점 시장에서 기업은 시장 가격의 상승과 시장의 비효율성을 유발할 수 있다.

- 한계 수입 : 제품을 한 단위 더 판매함으로써 추가로 얻게 되는 수입
- 한계 비용 : 제품을 한 단위 더 생산할 때 추가로 드는 비용
※ 독점 기업은, 한계 수입 > 한계 비용 : 생산량을 증가시킴. 한계 수입 < 한계 비용 : 생산량을 감소시킴.

핵심어(구) 독점 기업, 최적 생산량, 최종 시장 가격
중심 내용 독점 기업이 이윤 극대화를 위해 가격과 생산량을 결정하는 방법과 독점 시장의 문제점

주제 완전 경쟁 시장과 독점 시장의 차이점 및 독점 기업의 가격과 생산량 결정 방법과 문제점

(나)

1문단 **문단 요약** 공정거래법에서는 사업자의 독과점을 금지하고 있지는 않으나 시장 지배적 지위 남용과 부당한 공동 행위 등 경쟁 제한 행위로 인하여 일정한 폐해가 초래되는 경우에는 이를 규제하는 '폐해 규제주의'를 취하고 있다.
핵심어(구) 공정거래법, 경쟁 제한 행위, 폐해 규제주의
중심 내용 공정거래법이 규제하는 독과점의 경쟁 제한 행위

2문단 **문단 요약** 시장 지배적 지위 남용은 거래 상대방으로부터 독점적 이익을 과도하게 얻어내는 '착취 남용'과, 경쟁 사업자의 사업 활동을 방해하거나 배제하는 '방해 남용'이 있다. 또, 방해 남용에는 가격을 부당하게 설정하여 경쟁 사업자를 배제하는 '약탈적 가격 설정'과, 다른 경쟁 사업자와 거래하지 않는 조건으로 거래하는 '배타 조건부 거래'가 있다.
핵심어(구) 시장 지배적 지위 남용, 착취 남용, 방해 남용, 약탈적 가격 설정, 배타 조건부 거래
중심 내용 독과점의 경쟁 제한 행위 (1) – 시장 지배적 지위 남용(착취 남용, 방해 남용)

3문단 **문단 요약** '카르텔'이라고 불리는 부당한 공동 행위는 동일 업종의 복수 사업자가 경쟁의 제한을 목적으로 가격, 생산량, 거래 조건, 입찰 내용 등을 합의하여 형성하는 독과점 형태로, 경쟁 제한적인 합의만 있다면 그것이 실행되지 않아도 부당한 공동 행위가 성립한 것으로 본다.
핵심어(구) 카르텔, 부당한 공동 행위
중심 내용 독과점의 경쟁 제한 행위 (2) – 부당한 공동 행위(카르텔)

▼ 공정거래법이 규제하는 경쟁 제한 행위(1~3문단)

4문단 **문단 요약** '공정거래법을 위반하면 공정거래위원회는 해당 사업자에게 시정 조치를 명하거나, 과징금을 부과하여 국민 경제의 균형 있는 발전을 도모한다.
핵심어(구) 공정거래법을 위반, 시정 조치, 과징금을 부과
중심 내용 공정거래법 위반 시 제재의 내용과 그 의의

주제 독과점의 경쟁 제한 행위와 그것에 대한 공정거래법의 규제

★ (가), (나): 유사한 화제에 대한 다양한 글
독점 시장　　(가) 독점 기업의 문제점
　　　　　　　(나) 독점 행위의 규제

＊독과점: 하나의(단독) 기업이 시장을 점유하고 있는 상태인 '독점'과 몇몇(寡, 적을 과) 기업이 시장을 지배하고(점유) 있는 '과점'을 아울러 이르는 말.

07 글의 전개 방식 이해　　　　　정답 ④

◎ ④가 정답인 이유 (가)는 1문단과 2문단에서 완전 경쟁 시장과 독점 시장의 차이점을 설명한 후, **3문단**에서 독점 기업이 이윤을 극대화하기 위해 가격과 생산량을 결정하는 방법을 설명하고 있고, (나)는 1문단에서 공정거래법에서 규제하는 독과점의 경쟁 제한 행위(시장 지배적 지위 남용, 부당한 공동 행위)를 제시한 후, **2문단**과 **3문단**에서 공정한 거래를 저해하는 독과점의 경쟁 제한 행위들(착취 남용, 방해 남용, 약탈적 가격 설정, 배타 조건부 거래 등)을 유형별로 제시하고 있다.

✕ ⑤가 오답인 이유 (가)는 3문단의 '독점 시장에서 기업은 시장 가격의 상승을 유발하여 수요자에게 부정적 영향을 끼치고, 시장의 비효율성을 유발할 수 있다.'에서 독점이 시장에 끼치는 부정적 영향을 언급하고 있다. 그래서 ⑤에 답한 학생들이 제법 많았다. 그런데 (나)는 독점 행위를 규제하는 제도(공정거래법)를 언급하고 있지만 그것의 문제점을 서술하고 있지는 않다.

→ (가) ○, (나) ✕

① (가)는 시장 구조(완전 경쟁 시장, 독점 시장)를 바라보는 다양한 관점을 제시하고 있지 않고, (나)는 공정거래법이 규제하는 독과점의 행위를 다루고 있으나 공정거래법에 대한 상반된 관점을 제시하고 있지는 않다. → (가) ✕, (나) ✕

② (가)는 시장에서 독점이 필요한 이유를 밝히고 있지 않고, (나)는 4문단에서 부당한 독점 행위를 해결하기 위한 공정거래법의 구체적 내용(시정 조치 명령, 과징금 부과)을 설명하고 있지만 부당한 독점 행위를 해결하기 위한 사례를 서술하고 있지는 않다. → (가) ✕, (나) ✕

③ (가)는 균등한 소득 분배를 위한 대책을 제안하고 있지 않다. (나)는 1문단에서 공정거래법이 '사업자의 독과점 자체를 금지하지는 않지만 경쟁을 제한하는 행위를 규제(경쟁을 제한하기 위한 대책을 제시✕)하는 '폐해 규제주의'를 취하고 있다고 했다. → (가) ✕, (나) ✕

08 세부 정보의 이해　　　　　정답 ⑤

◎ ⑤가 정답인 이유 1문단의 '③'완전 경쟁 시장'은 많은 수의 수요자와 공급자 사이에 동질적인 상품이 거래되는 시장으로~'로 보아, ⑤의 앞부분 '③에는 많은 수의 공급자와 수요자가 존재하므로'는 적절한 이해이다. 하지만 **2문단**에서 '완전 경쟁 시장에서는 경쟁자가 다수이기 때문에 개별 공급자와 수요자가 가격에 영향을 미치기 어렵'고, '이때 기업은 '가격 수용자'로서 시장에서 결정된 가격을 그대로 받아들일 수밖에 없'는 '반면에 독점 시장(ⓛ)에서 기업은 '가격 결정자'로서 시장 가격을 조정할 힘을 가진다고 했다. 이를 통해 기업이 시장을 지배하는 힘은 ③보다 ⓛ이 크다는 것을 알 수 있다. → ③이 ⓛ보다 ✕

✕ ③이 오답인 이유 정답에 답한 학생들이 많았지만, 오답지들 중에서는 ③에 답한 학생들이 많았다. 그런데 1문단에서 ⓛ은 '비슷한 대체재가 없는 재화를 한 기업이 독점적으로 공급하는 극단적인 시장'이라고 했고, **3문단**에서 '시장의 유일한 공급자인 독점 기업이 생산량을 줄이면 시장 가격이 상승하고, ~생산량을 한 단위 더 늘려 두 단위를 판매한다면 가격을 이전보다 낮춰야 다 팔 수 있다.'고 했다. 이를 통해 'ⓛ에서 독점 기업은 시장의 유일한 공급자'인 것과, '(ⓛ에서) 독점 기업이 판매량을 늘리려면 가격을 낮춰야 한다.'는 것을 알 수 있다.

나머지 답지들이 오답인(적절한) 근거도 (가)에서 찾아보자.

① 2문단의 '(③에서) 기업은 '가격 수용자'로서 시장에서 결정된 가격을 그대로 받아들일 수밖에 없고, 시장 가격으로 원하는 물량을 얼마든지 판매할 수 있다.'에서 확인할 수 있다.

② 3문단의 '독점 기업이 생산량을 늘리면 종전 판매 가격도 함께 낮춰야 하기 때문에, 독점 기업의 한계 수입은 가격보다 항상 낮다.'에서 확인할 수 있다.

④ 1문단에서 ③은 '다른 기업의 시장 진입을 막는 진입 장벽이 없어 누구나 들어와 경쟁할 수 있는 시장 구조'이고, ⓛ은 '진입 장벽이 존재하는 시장 구조'라고 한 것에서 확인할 수 있다.

09 생략된 내용의 추론　　　　　정답 ①

◎ ①이 정답인 이유 답지를 통해 Ⓐ에는 '높게' 또는 '낮게'가, Ⓑ에는 '소비 증가' 또는 '소비 감소'가 들어간다는 것을 염두에 두고 Ⓐ와 Ⓑ에 들어갈 말부터 살펴보자. Ⓑ에 이어지는 '거래의 기회가 줄어들게 된다'에 주목하면, Ⓑ에는 '소비 감소'가 들어간다는 것을 알 수 있다. 이를 바탕으로 Ⓐ에 들어갈 말을 살펴보면, '한계 비용보다 지불 용의가 낮은 수요자들의 소비 감소가 일어'났다고 했으므로 Ⓐ에는 '높게'가 들어가는 것이 적절하다. 제품의 가격이 높다면 수요자들은 소비를 줄일 것이기 때문이다.

> 독점 기업이 제품의 가격을 한계 비용보다 (Ⓐ 높게) 설정하면, 한계 비용보다 지불 용의가 낮은 수요자들의 (Ⓑ 소비 감소)가 일어나 결과적으로 상호 이득이 될 수 있었던 거래의 기회가 줄어들게 된다.

다음으로, Ⓒ에 들어갈 말을 살펴보자. Ⓒ 앞의 '공정거래법에서는 시장 진입 제한을 막고'나 Ⓒ 뒤의 '독점으로 인한 경제적 손실을 해소하고자 한다.'에 주목하면, 이는 (가)의 1문단의 첫 문장을 통해 '진입 장벽이 없이 누구나 들어와 경쟁할 수 있'게 한다는 것이다. '경쟁할 수 있게 한다'는 것은 경쟁을 촉진한다는 것이므로 Ⓒ에는 '촉진'이 들어가는 것이 적절하다.

> 이에 공정거래법에서는 시장 진입 제한을 막고, 기업 간 경쟁을 (Ⓒ 촉진)하여 독점으로 인한 경제적 손실을 해소하고자 한다.

✕ ②가 오답인 이유 ②에 답한 학생들이 아주 많았는데, 이들은 Ⓒ에는 '억제'가 들어간다고 본 것이다. 그런데 (나)에서 '공정거래법'에서는 '경쟁 제한 행위로 인하여 일정한 폐해가 초래되는 경우'(1문단)와 '동일 업종의 복수 사업자가 경쟁의 제한을 목적으로'(3문단) 하는 행위를 규제한다고 했다. 따라서 '공정거래법'에서는 기업 간 경쟁을 촉진(억제 ✕)한다는 것을 알 수 있다.

10 구체적 사례에의 적용

정답 ②

O ②가 정답인 이유 [A]를 바탕으로 〈보기〉의 그래프를 이해해 보자. 이때 가로축은 생산량(Q)이고, 세로축은 가격(P)이라는 것부터 확인한다.

> **1** 한계 수입: 생산량이 증가할수록 줄어듦.
> **2** 한계 비용: P_1(일정함.)
> **3** 최적 생산량: Q_1(한계 수입 = 한계 비용)
> **4** 수요자들의 최대 지불 용의(= 수요 곡선): 생산량이 증가할수록 줄어듦.

이를 바탕으로 ②를 살펴보면, 독점 기업 '갑'이 생산량을 Q_1에서 Q_2로 늘리면서 제품의 가격을 P_2에서 P_1으로 낮춰 공급하면 P_1은 '제품을 한 단위 더 생산할 때 추가로 드는 한계 비용'과 같아지므로 이윤은 0이 될(유지될 X) 것이다.

가장 많이 질문한 오답은? ④, ③, ⑤ 순

X ④가 오답인 이유 〈보기〉에서 독점 기업 '갑'이 생산하는 제품의 한계 비용(제품을 한 단위 더 생산할 때 추가로 드는 비용)은 P_1임을 알 수 있다. 이를 바탕으로 ④를 살펴보면, '갑'의 생산량이 Q_1이고 공급할 제품의 가격이 P_2라면(Q_1을 생산하여 P_2에 팔면), '갑'은 한계 비용(P_1)보다 더 높은 가격(P_2)에 판매하는 것이고, 이때 '갑'이 얻게 되는 이윤은 단위당 판매 가격(P_2)에서 단위당 비용(P_1)을 뺀 P_2-P_1이 될 것이다.

X ③이 오답인 이유 〈보기〉에서 '갑'의 생산량이 Q_1보다 적으면 한계 수입 곡선이 한계 비용 곡선보다 높은 것을 확인할 수 있다. 그리고 [A]에서 '독점 기업은 이윤 극대화를 위해~한계 수입이 한계 비용보다 높으면 생산량을 증가'시킨다고 했다. 이로 보아, '갑'의 생산량이 Q_1보다 적은 상황에서 '갑'이 이윤을 높이려면, '갑'은 최적 생산량인 Q_1 수준까지 생산량을 증가시켜야 할 것이다.

X ⑤가 오답인 이유 [A]에서 '독점 기업은 이윤 극대화를 위해 수요자들의 최대 지불 용의를 고려하여 최적 생산량(Q_1)을 판매할 수 있는 최고 가격을 찾아낸다.'고 했고, 최종 시장 가격은 '해당 생산량에서 수요자가 최대로 지불할 수 있는 금액'으로 결정한다고 했다. 그리고 〈보기〉에서 '수요 곡선은 제품에 대한 수요자의 최대 지불 용의를 나타낸다.'고 한 점을 고려하면, '갑'은 제품의 최종 시장 가격을 P_1(한계 수입, 한계 비용)이 아닌 P_2(수요자의 최대 지불 용의)로 결정할 것이다.

①에 답한 학생들은 드물었는데, [A]에서 '최적 생산량'은 '한계 수입과 한계 비용이 일치하는 지점'에서 결정한다고 했고, 〈보기〉에서 한계 수입과 한계 비용이 만나는 지점은 Q_1임을 나타내고 있기 때문이다.

11 구체적 사례에의 적용

정답 ④

O ④가 정답인 이유 (나)의 3문단에서 '둘 이상의 사업자 간에 경쟁 제한적인 합의만 있다면, 비록 그것이 실행되지 않았다 하더라도 부당한 공동 행위가 성립한 것으로 본다.'라고 했다. 따라서 〈보기〉의 [사례 2]에서 C사와 D사가 입찰 담합*을 약속하고 실제 입찰 과정에서 이를 실행하지 않았다고 해도 부당한 공동 행위가 있었던(없었던 X) 것으로 본다.

*담합: 경쟁 입찰에서, 입찰 참가자들이 서로 짜고(밀담, 합의) 입찰 가격이나 낙찰자를 정하여 실질적인 경쟁을 제한함.

정답에 답한 학생들이 많았지만, 오답들 중에서는 ②와 ③에 답한 학생들도 많았다. 이들 답지를 포함하여 오답지들이 오답인(적절한) 이유를 살펴보자.

①, ② **(나)의 2문단**에서 '시장 지배적 지위 남용' 중 '방해 남용'은 '경쟁 관계에 있는 다른 사업자의 사업 활동을 부당하게 방해하거나, 신규 경쟁 사업자의 시장 진입을 배제하여 경쟁 제한의 폐해를 초래하는 것'이라고 했고, '방해 남용'에 해당하는 '배타 조건부 거래'는 '다른 경쟁 사업자와 거래하지 않는 조건으로 거래 상대방과 거래하는 행위'라고 했다. 이를 통해 [사례 1]에서 A사는 '시장 지배적 지위 남용' 중 '방해 남용'인 '배타 조건부 거래'를 한 것임을 알 수 있다. 따라서 공정거래위원회는 A사가 시장 지배적 지위 남용을 통해 경쟁 사업자인 B사의 사업 활동을 부당하게 배제하였다고 보았을 것이고, 방해 남용인 배타 조건부 거래가 발생했다고 판단했을 것이다.

③ **(나)의 3문단**에서 '명시적 합의뿐만 아니라 묵시적 합의 모두를 포함'하여 '사업자 간에 경쟁 제한적인 합의만 있다면,~부당한 공동 행위가 성립한 것으로 본다.'고 했다. 따라서 [사례 2]에서 C사와 D사의 합의가 묵시적인 형태로 이루어졌다고 할지라도 경쟁 제한 행위의 위법성은 인정될 수 있다.

⑤ **(나)의 1문단**에서 '공정거래법'에서는 '사업자의 독과점 자체를 금지하지는 않으나, 시장 지배적 지위 남용과 부당한 공동 행위 등 경쟁 제한 행위로 인하여 일정한 폐해가 초래되는 경우에는 이를 규제'한다고 했다. 따라서 공정거래위원회로부터 과징금이 부여된 [사례 1]에서의 A사의, 시정 조치를 받은 [사례 2]에서의 C사의 행위는 경쟁 제한의 폐해를 초래했기 때문에 규제 대상이 되었다는 것을 알 수 있다.

12 단어의 문맥적 의미 파악

정답 ①

O ①이 정답인 이유 '어휘 문제 3단계 풀이법'을 적용해 보자.

• **1단계: 핵심 간추리기**

@ - 지문	'○○ 법률'에서는 '폐해 규제주의'를 취하고 있다.
① - 답지	강경한 태도를 취하다.

• **2단계: '매3어휘 풀이' 떠올리기**

> '○○ 법률'에서는 '폐해 규제주의'를 취하고 있다.
> (~의 입장을) 보이다, 나타내다

• **3단계: 대입하기**

> 강경한 태도를 취하다(보이다/나타내다).

→ 2단계에서 떠올린 '보이다, 나타내다'를 ①의 밑줄 친 부분에 대입해 보니 어색하지 않다. 이때 쓰인 '취하다'는 '어떤 특정한 태도를 보이거나 나타내다, 어떤 일에 대한 방책으로 어떤 행동을 하거나 일정한 태도를 보이거나 나타내다.'의 뜻으로 쓰였기 때문이다.

X **④가 오답인 이유** ④에 답한 학생들이 아주 많았다. 그런데 문장의 핵심을 간추린 후 '매3어휘 풀이'를 떠올리면, ⓐ와 ④의 '부르다'는 서로 다른 뜻으로 쓰인 것을 확인할 수 있다.

> • '카르텔'이라고 불리는 공동 행위 → 가리켜 말해지다, 이름이 붙여지다
> • 아이들의 이름이 하나하나 불렸다. → 소리 내어 읽히며 대상이 확인되다

나머지 오답지들도 3단계 풀이법을 적용해 보자.

구분	핵심 간추리기	'매3어휘 풀이' 떠올리기
②	• 시장 지배적 지위 남용은 '착취 남용'과 '방해 남용'으로 나눌 수 있다.	• 구분하다, 분류하다
	• 슬픔을 나누는 사이	• 함께하다, 같이하다
③	• 착취 남용은~경우를 말한다.	• 나타낸다, 가리킨다
	• 그를 나쁘게 말하는 사람	• 평가하다
⑤	• 담합은 은밀하게 이루어지는 경향이 많아	• 행해지다, 실행되다
	• 교향악단은 연주자들로 이루어졌다.	• 구성되다, 짜여지다

13~18 **사회(주제 통합) : 언론 매체** 2023학년도 9월 고2 전국연합학력평가

독해력을 길러 주는 지문 분석

(가) 김현귀, 「액세스권의 기본권적 의의」

1문단 문단요약 미국의 헌법학자 제롬 배런은 1967년, 국민이 자신의 의견을 표명하기 위해 언론 매체에 자유로이 접근하여 이용할 수 있는 언론 매체 접근·이용권을 최초로 주장하였다.

핵심어(구) 제롬 배런, 언론 매체 접근·이용권

중심 내용 제롬 배런이 주장한 언론 매체 접근·이용권

2문단 문단요약 배런은 매스미디어의 거대화, 독점화에 따라 언론의 자유가 매체를 소유하거나 지배하는 소수의 계층이나 집단의 것으로 전락하였기 때문에 시민들의 언론의 자유를 보장하기 위해 언론 매체 접근·이용권을 인정해야 함을 주장한 것이다.

핵심어(구) 매스미디어의 거대화, 독점화, 시민들의 언론의 자유를 보장

중심 내용 언론 매체 접근·이용권 주장의 등장 배경

3문단 문단요약 언론 매체 접근·이용권의 대표적인 형태는 언론 매체에 의하여 명예 훼손 등의 피해를 입은 국민이 관련 보도에 대해 정정 및 반론 보도, 추후 보도 등을 청구할 수 있는 권리인 반론권이다. 또한 방송법에 언론 매체가 사회의 다양성을 해치거나 특정 의견을 차별하지 못하게 하고, 시청자 참여 프로그램을 편성하도록 하는 조항 등을 두고 있다.

핵심어(구) 반론권, 방송법

중심 내용 언론 매체 접근·이용권의 실현 양상–반론권과 방송법

4문단 문단요약 언론 매체 접근·이용권은 언론 매체의 표현 내용을 결정하는 권리인 편집권과 부딪칠 수도 있다. 이에 언론 매체에 일정한 기준의 재량권을 부여하고, 해당 재량권을 일탈하거나 남용할 때에는 구제 수단을 활용하여 국민의 언론 매체 접근·이용권을 보호하고 있다.

핵심어(구) 편집권, 재량권, 구제 수단을 활용

중심 내용 편집권과 충돌 시 언론 매체 접근·이용권의 보호 방법

주제 언론 매체 접근·이용권의 등장 배경과 실현 양상 및 보호 방법

(나) 심석태, 「사례와 쟁점으로 본 언론법의 이해」

1문단 문단요약 언론 보도에 의해 명예나 권리를 침해받은 때에는 명예 훼손죄로 고소할 수도 있지만 시간이 오래 걸리기 때문에, 언론중재법에는 신속하고 대등한 방어 수단으로 정정 보도 청구권과 반론 보도 청구권이 규정되어 있다.

핵심어(구) 언론 보도에 의해 명예나 권리를 침해받은 때, 언론중재법, 방어 수단, 정정 보도 청구권, 반론 보도 청구권

중심 내용 언론 보도에 의한 명예나 권리 침해 시 방어 수단들

2문단 문단요약 언론 보도 등으로 피해를 입었을 경우, 정정 보도 청구권과 반론 보도 청구권을 요구할 수 있다.

▼ 정정 보도 청구권과 반론 보도 청구권의 차이

정정 보도 청구권	반론 보도 청구권
• 보도 내용의 잘못을 바로잡는 정정 보도를 요구할 수 있는 권리	• 보도 내용에 관한 반론을 보도해 줄 것을 요구할 수 있는 권리
• 피해자는 원 보도가 허위임을 입증해야 함.	• 원 보도의 진위 여부와 상관없이 청구 가능

핵심어(구) 정정 보도 청구권, 반론 보도 청구권

중심 내용 정정 보도 청구권과 반론 보도 청구권의 내용과 차이점

3문단 문단요약 언론중재법의 정정 보도 청구권과 반론 보도 청구권의 주체는 보도로 인해 피해를 입은 자이며 단순 의견이나 논평, 광고가 아닌 '사실적 주장'이 청구의 대상이 된다. 청구는 관련 보도 후 3개월 이내에 해당 언론사 대표자에게 서면으로 해야 하며, 언론사가 청구를 수용하면 청구일로부터 7일 이내에 정정 또는 반론 보도문을 내게 된다.

핵심어(구) 청구권의 주체, 청구의 대상, 청구(의 기한)

중심 내용 정정 보도 청구권과 반론 보도 청구권의 성립 요건(주체와 청구 대상, 청구 기한)

4문단 문단요약 언론중재법상 정정 보도 청구 기간이 지났다면 민법에 의거하여 정정 보도를 청구할 수 있는데, 민법상 정정 보도 청구권은 언론중재법상 정정 보도 청구권보다 엄격한 성립 요건(언론사의 고의 또는 과실이 있다는 것과 위법성 입증)을 필요로 한다.

핵심어(구) 민법상 정정 보도 청구권, 엄격한 성립 요건

중심 내용 민법상 정정 보도 청구권의 성립 요건

5문단 문단요약 정정 보도 청구권 및 반론 보도 청구권은 개인의 피해 회복을 돕고 우리 사회가 진실을 발견하고 올바른 여론을 형성하는 데 일조한다.

핵심어(구) 개인의 피해 회복, 올바른 여론을 형성

중심 내용 정정 보도 청구권과 반론 보도 청구권의 의의

주제 정정 보도 청구권과 반론 보도 청구권의 내용과 의의

★ (가), (나): 유사한 화제에 대한 다양한 글
언론 매체 　(가) 언론 매체 접근·이용권
　　　　　　(나) 정정 보도 청구권, 반론 보도 청구권

13 글의 전개 방식 파악

정답 ③

◎ **③이 정답인 이유** (가)는 권리(언론 매체 접근·이용권)의 등장 배경(2문단)을 설명한 뒤에 그 실현 양상(3~4문단)을 설명하였고, (나)는 정정 보도 청구권 및 반론 보도 청구권과 관련하여 언론중재법상의 성립 요건(3문단)을 설명한 뒤에 민법상의 성립 요건(4문단)을 설명하면서 언론중재법상의 성립 요건과의 차이를 비교하였다.

(가)	• 언론 매체 접근·이용권의 등장 배경: (1) 당시 미국과 영국 내 언론의 독과점 → 국민 의견의 표출 통로가 점점 사라짐. (2) 상업적 이익만을 추구하는 언론사가 사람들이 불편하게 여기는 주장이나 의견을 전달하지 않음. → 다양하고 공정한 여론 형성 X … **2문단** • 언론 매체 접근·이용권의 실현 양상: (1) 반론권 (2) 방송법의 조항 등 … **3~4문단**
(나)	• 언론중재법상 정정 보도 청구권 및 반론 보도 청구권의 성립 요건: (1) 주체 – 언론 보도로 피해를 입은 자 (2) 청구 대상 – 사실적 주장 (3) 객체 – 언론사의 대표자 (4) 청구 기한 – 해당 언론 보도 등이 있음을 안 날로부터 3개월 이내 … **3문단** • 민법상 정정 보도 청구권의 성립 요건: (1) 청구 기한 – 언론 보도가 있음을 안 날로부터 3년 이내 (2) 객체 – 언론사의 대표자, 기자, 편집자 (3) 기타 – 언론사의 고의 또는 과실 및 위법성 입증 필요 … **4문단**

① (가)는 3문단에서 권리(언론 매체 접근·이용권)의 유형을 구분(반론권, 방송법)하고 있으나, (나)는 권리(정정 보도 청구권과 반론 보도 청구권)의 주체를 '보도로 인해 피해를 입은 자'라고 했을 뿐 법률의 내용에 따라 분류하고 있지 않다.

② (가)는 권리의 발전 과정을 소개하지 않았고, (나)도 권리의 실행 과정에 나타나는 한계를 지적하지 않았다. 권리의 청구 기한(3~4문단)이나 엄격한 성립 요건(4문단)은 '한계'라고 할 수 없다.

④ (나)는 2문단에서 정정 보도 청구권과 반론 보도 청구권을 대비하며 각 특성을 분석하였다. 그러나 (가)는 시대에 따라 권리가 변화한다고 하지 않았고, 권리의 의의(국민의 언론의 자유 보장, 민주주의 실현에 이바지)는 서술하고 있으나 의의를 평가하고 있지는 않다.

⑤ (가)는 4문단에서 권리(언론 매체의 재량권)가 올바르게 실행되기 위한 조건(재량권의 일탈* X, 남용 X)을 제시하였으나, (나)는 권리(정정 보도 청구권, 반론 보도 청구권)의 실행으로 인해 변화된 양상을 서술하지 않았다.

> * 일탈(逸脫): (1) 정해진 영역이나 목적에서 벗어남(이탈, 탈선). (2) 사회적인 규범에서 벗어남.

14 세부 정보의 확인

정답 ⑤

◎ **⑤가 정답인 이유** (가)의 2문단에서 배런은 '매스미디어의 거대화, 독점화에 따라 언론의 자유가 매체를 소유하거나 지배하는 소수의 계층이나 집단의 것으로 전락*하였다고 했다. 이를 통해 ⑤의 뒷부분, 즉 '(배런은) 언론의 자유가 소수의 것으로 전락했다고 보았다.'는 것은 (가)의 내용과 일치하는 것으로 볼 수 있다. 그래서 ⑤를 오답으로 생각한 학생들이 많았다. 하지만 배런이 '언론의 자유가 소수의 것으로 전락했다고' 본 것은 '시민에게 매체를 소유할 수 있는 권리가 주어지지 않아'서가 아니라 '매스미디어의 거대화, 독점화' 때문으로 본 것이므로 ⑤는 (가)의 내용과 일치하지 않는다.

> * 전락(轉落): (1) 아래로 굴러떨어짐(전환, 추락). (2) 나쁜 상태나 타락한 상태에 빠짐. 여기서는 (2)의 뜻으로 쓰임.

가장 많이 질문한 오답은? ④, ②, ③ 순

✘ **④가 오답인 이유** ⑤가 (가)의 내용과 일치한다고 본 학생들 중 ④에 답한 학생들이 아주 많았다. 그런데 (나)의 1문단에서 '언론중재법에는 언론 매체에 의해 피해를 받은 개인에게 신속하고 대등한 방어 수단을 제공하기 위해 정정 보도 청구권과 반론 보도 청구권이 규정되어 있다.'고 했고, **3문단**에서는 '정정 보도 청구권과 반론 보도 청구권의 주체는 보도 내용과 개별적 연관성이 있으며 그 (언론) 보도로 인해 피해를 입은 자'라고 했다. 이를 통해 ④는 (나)와 일치한다는 것을 알 수 있다.

✘ **②가 오답인 이유** (나)의 4문단에서 '민법상 정정 보도 청구권이 성립하려면 언론중재법과 달리 언론사의 고의 또는 과실이 있다는 것과, 해당 보도에 위법성이 있음이 입증되어야 한다.'라고 하면서 '언론 보도가 타인의 명예를 훼손했다 하더라도 해당 보도가 공공의 이익을 위한 것일 때는 위법이 아니라고 인정된다.'고 했다. 이를 통해 ②는 (나)와 일치한다는 것을 알 수 있다.

✘ **③이 오답인 이유** (나)의 3문단에서 언론중재법상 정정 보도는 '해당 언론 보도 등이 있음을 안 날로부터 3개월 이내에' 청구할 수 있는데 '해당 언론 보도 등이 있은 후 6개월이 지났을 때에는 이를 청구할 수 없다.'라고 했고, 4문단에서는 민법상 정정 보도는 '해당 언론 보도가 있은 후 10년이 지났을 때에는' 청구할 수 없다고 했다. 이를 통해 ③은 (나)와 일치한다는 것을 알 수 있다.

①에 답한 학생들도 제법 있었지만, **(가)**의 4문단에서 '언론 매체가 일정한 재량권을 일탈하거나 남용할 때는 구제 수단을 활용하여 국민의 언론 매체 접근·이용권을 보호하고 있다.'라고 한 것에서 ①은 (가)와 일치한다는 것을 알 수 있다.

15 구체적 사례에의 적용

정답 ②

◎ **②가 정답인 이유** ㄱ의 방송법 조항은 의견이 서로 다른 집단 간, 또는 정치적 이해가 서로 다른 당사자 간의 '균등한 기회, 균형성'을 강조한 것으로, (가)의 3문단에서 '방송법에 언론 매체가 사회의 다양성을 해치거나 임의로 특정 의견을 차별하지 못하게 하는 조항을 마련하고 있다'고 한 것과 연결된다. 그런데 '언론 매체에 의하여 비판을 당한 국민이 반론의 기회를 요구할 수 있는 권리'는 '반론권'으로, ㄱ은 반론권과 관련이 없다.

그럼에도 불구하고 ②를 정답으로 생각하지 않은 학생들이 많았던 것은 '반론권'과 '방송법'을 구분해서 설명한 (가)의 3문단의 내용을 꼼꼼하게 읽지 않았기 때문이다.

가장 많이 질문한 오답은? ④

✘ **④가 오답인 이유** ㄷ의 '언론중재법'은 (나)에서 다루고 있어 (가)와 관련이 없고, 그래서 적절하지 않은 '정답'이라고 본 학생들이 아주 많았다. 그러나 3문단의 '법적으로 보장받는 언론 매체 접근·이용권의 대표적인 형태는 반론권이다.…반론권은 언론 매체에 정정 및 반론 보도, 추후 보도 등을 청구할 수 있는 권리로 구체화되어 있다.'로 보아, ㄷ과 같이 '추후 보도의 게재를 청구할 수' 있게 한 것은 언론 매체 접근·이용권의 한 형태라는 것을 알 수 있다.

그리고 **2문단 끝**에서 '(배런은) 매스미디어의 거대화, 독점화에 따라 언론의 자유가 매체를 소유하거나 지배하는 소수의 계층이나 집단의 것으로 전락하였기 때문에 시민들의 언론의 자유를 보장하기 위해 언론 매체 접근·이용권을 인정해야 함을 주장한 것이다.'로 보아, ㄷ과 같이 '추후 보도의 게재를 청구할 수' 있게 한 것은 '매스미디어를 소유하지 않아도 언론의 자유를 보장받을 수 있도록' 한 것으로 이해할 수 있다.

나머지 답지들에 답한 학생들은 드물었지만, 이들 답지들이 오답인(적절한) 이유도 **(가)**를 바탕으로 살펴보자.

① ㄱ은 **(가)의 2문단**에서 '언론 매체가 공론장의 역할을 하지 못해 국민의 다양하고 공정한 여론을 형성하는 기능을 수행하지 못함을 지적한 것'과 관련하여 언론 매체의 역할이 반영된 것으로 적절하다.

③ ㄴ은 **(가)의 3문단**에서 방송법에는 '언론 매체가 사회의 다양성을 해치거나 임의로 특정 의견을 차별하지 못하게 하는 조항을 마련하고 있다'는 내용이 반영된 것으로 적절하다.

⑤ ㄷ은 **(가)의 3문단**에서 방송법에는 '(언론 매체에 의하여 명예 훼손·비판·공격 등으로 피해를 입은) 국민이 언론 매체를 이용하여 자신의 의사를 표명할 수 있도록 하고 있다.'는 내용이 반영된 것으로 적절하다.

16 내용 추론
정답 ①

◎ **①이 정답인 이유** ㉠의 '이때의 보도'는 '(언론중재법의) 정정 또는 반론 보도'를 말하는데, **(나)의 1문단**에서 언론중재법에 규정된 '정정 보도 청구권과 반론 보도 청구권'은 '언론 매체에 의해 피해를 받은 개인에게 신속하고 대등한 방어 수단을 제공하기 위한 것'이라고 했다. 따라서 ㉠과 같이 정정 또는 반론 보도가 '원 보도와 동일한 채널, 지면에서 이루어져야 하며, 방송 진행자가 보도문을 읽을 때 통상적인* 속도로 읽어야' 하는 이유는 '원 보도와 동일한 효과를 낼 수 있는 대등한 방어 수단을 제공하기 위해서'라고 추론할 수 있다. 정정 또는 반론 보도가 원 보도와 다른 채널이나 지면에서 이루어지거나, 방송 진행자가 빠른 속도로 보도문을 읽는다면, 이는 원 보도와 동일한 효과를 낼 수 없어 '대등한 방어 수단을 제공'한 것으로 볼 수 없다.

> *통상적인: 특별하지 않고(보통이고) 예사인(일상적인, 상식적인).

가장 많이 질문한 오답은? ⑤

㉠이 포함된 3문단에서 근거를 찾지 못해 오답에 답한 학생들이 많았다. ㉠은 3문단에 있지만, ㉠에서 말한 '보도'는 '정정 보도, 반론 보도'라는 점에 주목하여 **(나)** 전체를 대상으로 '정정 보도 청구권과 반론 보도 청구권'의 취지 또는 효과를 설명한 부분에서 근거를 찾아야 한다는 것을 놓치지 않아야 한다.

☒ **⑤가 오답인 이유** 특히 ⑤에 답한 학생들이 아주 많았는데, '양측(언론사와 피해자)의 주장을 같은 방식으로 제공'하면 옳고 그름에 대한 판단을 시청자 또는 독자가 내릴 수 있다는 점에서 언뜻 적절한 내용으로 보인다. 그런데 ㉠은 '언론사가 정정 또는 반론 보도 청구를 수용할 경우'의 보도 방법인데, **(나)의 2문단**에서 '정정 보도 청구권은 진실하지 않은 언론 보도 등으로 인해 피해를 입었을 경우 보도 내용의 잘못을 바로잡는 정정 보도를

요구할 수 있는 권리'라고 했다. 이를 통해 언론사가 '정정 보도'를 낸다는 것은 이미 원 보도가 잘못되었음을 인정한 것이므로 '옳고 그름에 대한 판단을 시청자 또는 독자가 내리도록 하기 위해서'라는 것은 ㉠의 이유로 적절하지 않다.

나머지 답지들에 답한 학생들도 제법 많았는데, 이들 답지들이 ㉠의 이유로 적절하지 않은 근거도 살펴보자.

② **(나)의 2문단**에서 '정정 보도 청구권'은 '진실하지 않은 언론 보도 등으로 인해 피해를 입었을 경우 보도 내용의 잘못을 바로잡는 정정 보도를 요구할 수 있는 권리'이고 '반론 보도 청구권'은 '언론 보도 등으로 인해 피해를 입었을 경우 그 보도 내용에 관한 반론을 보도(원 보도를 진실에 맞게 수정 ✗)해 줄 것을 요구할 수 있는 권리'라고 했다. 따라서 ②는 정정 보도 청구권의 내용일 뿐 반론 보도 청구권과는 관련이 없으며, ㉠의 이유와도 관련이 없다.

③ **(나)의 1문단**에서 정정 보도와 반론 보도가 '언론 매체에 의해 피해를 받은 개인에게 신속하고 대등한 방어 수단을 제공'하기 위한 것이라고는 했다. ㉠은 정정 보도와 반론 보도가 원 보도와 '대등한' 효과를 내도록 한 것으로, '원 보도에 비해' '신속한' 전달 수단을 제공하는 것이 아니며, ㉠의 이유와도 관련이 없다.

④ ㉠은 원 보도와 차별을 두지 않기 위함이라는 것은 추론할 수 있으나, '언론 매체가 대중적인 주장과 사람들이 불편하게 여기는 주장을 차별적으로 보도하지 않도록 하기' 위한 것은 ㉠의 이유와는 관련이 없다. 한편 '언론 매체가 대중적인 주장과 사람들이 불편하게 여기는 주장을 차별적으로 보도'하는 것에 대한 내용은 (가)의 2문단 '그(배런)는 상업적 이익만을 추구하는 언론사가~사람들이 불편하게 여기는 주장이나 의견보다는 대중적인 주장이나 의견만을 전달하고 있다고 비판하였다.'고 한 것으로 보아, ④는 언론 매체 접근·이용권의 등장 배경과 관련된 것이다.

17 바꿔 쓰기에 적절한 어휘
정답 ⑤

◎ **⑤가 정답인 이유** 어휘 문제의 '3단계 풀이법'을 적용해 보자.

• 1·2단계(핵심을 간추린 후 대입하기): ⓔ가 포함된 문장의 핵심만 간추린 후 답지의 '증진하고'를 대입한다.

> 개인의 피해 회복을 돕다 → 개인의 피해 회복을 증진하다

• 3단계('매3어휘 풀이' 떠올리기): '증진하다'의 의미를 살리는 말을 떠올려 본다.

> • '증진하다'가 들어가는 말: 체력을 증진하다, 기억력을 증진하다, …
> • '증진하다'와 바꿔 쓸 수 있는 말: 증대하다, 늘리다, …

→ '피로 회복을 돕다'에서의 '돕다'는 '(일이 잘되도록) 힘을 보태는 것'인데 '증진하다'는 '(기운이나 세력 등을) 늘려 가는 것'이므로 '피해 회복을 늘려 가다'고 하면 어색하다. 한편 '돕다'가 '증대하다'의 의미로 쓰인 경우도 있는데, '입맛을 돕다, 수면을 돕다'에서의 '돕다'는 '증진하다'와 바꿔 쓸 수 있다.

다음과 같이 ⓐ~ⓓ가 포함된 문장도 핵심을 간추린 후 '매3 어휘 풀이'를 떠올려 보면, 나머지 답지들은 모두 바꾸어 쓰기에 적절하다는 것을 알 수 있다.

구분	핵심 간추리기 → 대입하기	'매30어휘 풀이' 떠올리기
ⓐ	• 매스미디어에 견주면 (→ 비하면) 전달 범위가 제한적이다.	• 비하면, 비교하면, 견주어 말하면
ⓑ	• 민주주의 실현에 이바지하다 (→ 기여하다)	• 도움이 되게 하다, 공헌하다
ⓒ	• 언론 매체 접근·이용권은 편집 권과 맞부딪칠 (→ 충돌할) 수도 있다.	• (서로 세게) 부딪치다.
ⓓ	• 반론 보도문을 방송하거나 싣다 (→ 게재하다).	• 수록하다, 게시하다, 등재하다

18 구체적 사례에의 적용   정답 ④

◎ ④가 정답인 이유 'B의 기사 중 입원한 반려견에게 먹이를 주지 않았다는 내용'은 A가 요청한 정정 및 반론 보도에서 'CCTV 영상을 확인한 결과' 사실이 아닌 것으로 확인된다. 그래서 B의 기사는 '사실적 주장'에 해당하지 않는다고 생각해 ④를 정답에서 제외한 학생들이 아주 많았다.

하지만 '사실적 주장'은 (나)의 3문단에서 '증거에 의해서 그 존재 여부를 판단할 수 있는 사실 관계에 관한 주장을 의미한다.'고 한 것에 주목해야 한다. 이를 바탕으로 할 때, 'B의 기사 중 입원한 반려견에게 먹이를 주지 않았다는 내용'은 'CCTV 영상(증거)을 확인한 결과' 잘못된 것임을 판단할 수 있는 사실 관계에 관한 주장으로 볼 수 있다.

그리고 (나)의 3문단에서 '청구권의 주체(피해를 입은 자)는 언론 보도의 '사실적 주장'에 대해 정정 보도와 반론 보도를 청구할 수 있다'고 한 점에 주목하면, 청구권의 주체인 A가 정정 및 반론 보도를 요청하고자 한 것은 B 기사의 '사실적 주장'에 대한 것임을 알 수 있다.

가장 많이 질문한 오답은? ①, ③ 순

✗ ①이 오답인 이유 ①에 답한 학생들이 아주 많았는데, 〈보기〉에서 'A는 △△ 신문의 기자 B가 제보 내용에 대한 별도의 취재 없이 보도한 기사로 인해 매출이 줄어드는 피해를 입었다.'고 했다. 이를 통해 B는 별도의 취재를 하지 않은 것을 알 수 있는데, 이와 같은 상황에서 A가 B에게 정정 보도를 청구하려면 법원에 소를 제기해야 한다는 것을, 다음 (나)의 4문단의 내용을 통해 알 수 있다.

> 민법상 정정 보도 청구권에 따르면 언론 보도 등으로 명예를 훼손당한 사람(A)은 언론 보도가 있음을 안 날로부터 3년 이내에 법원에 소를 제기할 수 있는데, 해당 언론 보도가 있은 후 10년이 지났을 때에는 불가하다. 민법상 정정 보도를 청구할 때는 언론사 등의 대표자뿐만이 아니라, 잘못된 언론 보도로 손해를 가한 기자(B), 편집자 등에 대해서도 공동으로 청구할 수 있다.

✗ ③이 오답인 이유 〈보기〉에서 △△ 신문의 보도는 2022년 9월 1일에 있었다고 했다. 그런데 A가 △△ 신문의 보도가 있음을 안 날이 2023년 9월 1일이라면 A는 보도 후 1년이 지나서야 보도 내용을 알게 되었다는 것이다. 이 경우 언론중재법상 정정 보도를 청구할 수 있는 기간(언론 보도가 있은 후 6개월 이내)은 지났으므로 민법 제764조에 의거하여 권리를 행사해야 한다는 것을, 다음 (나)의 4문단의 내용을 통해 알 수 있다.

> 만약 언론중재법상 정정 보도를 청구할 수 있는 기간이 지났다면 민법 제764조에 의거하여 정정 보도를 청구할 수도 있다. 민법상 정정 보도 청구권에 따르면 언론 보도 등으로 명예를 훼손당한 사람은 언론 보도가 있음을 안 날로부터 3년 이내에 법원에 소를 제기할 수 있는데, 해당 언론 보도가 있은 후 10년이 지났을 때에는 불가하다.

②와 ⑤가 오답인(적절한) 이유도 살펴보자.

② (나)의 2문단에서 '정정 보도 청구권'은 보도 내용의 잘못을 바로잡는 것이고, '반론 보도 청구권'은 보도 내용에 대해 반론을 하는 것이라고 했다. 〈보기〉에서 '먹이 제공'과 관련된 보도 내용은 사실(진실)과 다르다고 했으므로 정정 보도를 청구하려는 것이고, '처방전 미발급'과 관련된 보도 내용은 사실이지만 관련 법에 근거하여 처방전을 발급하지 않을 수 있다고 했으므로 반론 보도를 청구하려는 것임을 알 수 있다.

⑤ (나)의 3문단에서 '정정 또는 반론 보도 청구는 언론사 등의 대표자(C)에게 서면으로 하여야 하며, 언론사가 청구를 수용한다면 청구를 받은 날부터 7일 이내에 정정 또는 반론 보도문을 방송하거나 싣게 된다.'고 한 것에서 적절하다는 것을 알 수 있다.

✔ 매일 복습 확인 문제

1 다음 글 A의 중심 내용을 B와 같이 정리할 때, □□ 안에 들어갈 말로 알맞은 것은?

> A. 정정 보도 청구권 및 반론 보도 청구권은 피해를 입은 개인의 입장을 제공하게 하여 개인의 피해 회복을 돕고 우리 사회가 진실을 발견하고 올바른 여론을 형성하는 데 일조한다.
>
> B. 정정 보도 청구권과 반론 보도 청구권의 □□

① 의의   ② 청구 내용   ③ 성립 요건
④ 차이   ⑤ 청구 대상

2 문맥상, 밑줄 친 단어와 바꿔 쓰기에 적절한 것은?

① 재판 결과를 따르다. → 동반하다
② 개인의 피해 회복을 돕다. → 증진하다
③ 그를 나쁘게 말하는 사람은 별로 없다. → 지칭하는
④ 민주주의 실현에 이바지하는 중요한 권리 → 공헌하는
⑤ 담합은 은밀하게 이루어지는 경향이 많다. → 구성되는

정답 **1.** ① **2.** ④

* '난이도 순'의 번호는 제일 쉬운 지문이 1임.

15일째　　　　　　　　　　　　　　　　　　　　　　　3주차

정답　**01** ⑤　**02** ③　**03** ④　**04** ①　**05** ③
　　　06 ③　**07** ⑤　**08** ③

1~3 과학: 분광 분석법　　　　　　　2014학년도 수능(A형)

독해력을 길러 주는 지문 분석

1문단 [문단 요약] 19세기 중반 화학자 분젠이 물질 고유의 불꽃 색 연구에 어려움을 겪자 물리학자 키르히호프는 프리즘을 통한 분석을 제안했고, 둘은 협력하여 불꽃의 색을 분리시키는 분광 분석법을 창안했다.
핵심어(구) 분광 분석법
중심 내용 분광 분석법의 창안 배경

2문단 [문단 요약] 그들은 불꽃 반응에서 나오는 빛을 프리즘에 통과시켜 띠 모양으로 분산시켜 들여다보는 실험을 했고, 이로써 전통적인 분석 화학의 방법에 의존하지 않고도 정확하게 화합물의 원소를 판별해 내는 분광 분석법이 탄생하였다.
핵심어(구) 정확하게 화합물의 원소를 판별
중심 내용 분광 분석법의 유용성

3문단 [문단 요약] 1859년 키르히호프는 분광 분석법을 천문학 분야로까지 확장하였다. 그는 불꽃 반응 실험에서 관찰한 나트륨 스펙트럼의 두 선이 태양빛 스펙트럼의 D선과 겹쳐지는 것을 확인하고, D선은 태양 대기 중의 나트륨 때문에 생긴다고 해석했다.
핵심어(구) 천문학 분야로까지 확장

중심 내용 분광 분석법의 천문학 분야로의 확장

4문단 [문단 요약] 이후 이러한 원리의 적용으로 다른 원소들도 태양 대기 중에 존재함이 밝혀졌으며, 다른 항성을 연구하는 데도 같은 원리가 적용되었다. 천체 대기의 화학적 조성을 밝혀냄으로써 분광 분석법은 우주의 모든 곳에 존재하는 자연의 원리를 인식하는 데 공헌했다는 평가를 받았다.
핵심어(구) 천체 대기의 화학적 조성을 밝혀냄, 공헌
중심 내용 분광 분석법의 과학적 성과

주제 분광 분석법의 창안 과정과 의의 및 과학적 성과

---

01 세부 내용 이해 및 추론　　　　　　정답 ⑤

○ **⑤가 정답인 이유** 키르히호프는 분젠과 협력하여 분광 분석법을 창안(**1문단**)했고, 이를 천문학 분야로까지 확장(**3문단**)했다. 키르히호프의 분광 분석법은 나트륨, 철, 헬륨 같은 원소들이 태양 대기 중에 존재함을 밝혔는데(**4문단**), 이를 두고 동료 과학자들은 천체 대기의 화학적 조성을 밝혀냄으로써 우주의 통일성을 드러내었고, 우주의 모든 곳에 존재하는 자연의 원리를 인식하게 하는 데 공헌했다고 평가했다. 따라서 ⑤에서 설명하고 있는 다음 내용을 키르히호프의 업적으로 볼 수 있다.

- (분광 분석법은) 천체(태양)에 가지 않고도,
- 그(태양) 대기에 존재하는
- 원소(나트륨, 철, 헬륨 등)에 관한 정보를 얻을 수 있는 길을 열었다.

X ④가 오답인 이유 ④에 답한 학생들이 많았는데, **3문단**에서 이미 1810년대 프라운호퍼가 프리즘을 이용하여 태양빛의 스펙트럼을 얻었다고 했으므로 ④는 키르히호프의 업적이 아니다.

나머지 답지들에 답한 학생들은 드물었지만, 이들 답지들이 오답인 이유도 살펴보자.

① 화학 반응을 이용하는 전통적인 분석 화학의 방법에 의존하지 않고도 정확하게 화합물의 원소를 판별해 내는 분광 분석법이 탄생(**2문단**)

② 1810년대 프라운호퍼가 프리즘을 이용하여 태양빛의 스펙트럼에서 발견한 검은 선들(**3문단**)

③ 분젠은 불꽃 반응에서 나타나는 물질 고유의 불꽃색에 대한 연구를 진행하고 있었다. (**1문단**)

02 세부 내용 확인 및 추론

정답 ③

◎ ③이 정답인 이유 분젠과 키르히호프는 불꽃 반응에서 나오는 빛을 프리즘에 통과시켜 띠 모양으로 분산시킨 후 망원경을 통해 이를 들여다보는 방식으로 실험을 진행하였다. 이 과정에서 그들은 특정한 금속의 스펙트럼에서 띄엄띄엄 떨어진 밝은 선의 위치는 그 금속이 홀원소로 존재하든 다른 원소와 결합하여 존재하든 불꽃의 온도에 상관없이 항상 같다는 결론에 도달하였다고 **2문단**에서 설명하고 있다.

① 새로운 금속 원소인 세슘과 루비듐의 발견으로 분광 분석법의 유효성이 입증되었다고 했다. (**2문단의 끝 문장**)

② 빛이 띠 모양으로 분산되는 것은 빛이 파장이 짧을수록 굴절하는 길이 커지기 때문이라고 했다. (**2문단**)

④ 키르히호프는 프라운호퍼의 D선이 태양 대기 중에 존재하는 나트륨 때문에 생긴다고 해석했다(**3문단**)고 했다. **4문단**에서는 이후 이러한 원리의 적용을 통해 철과 헬륨 같은 다른 원소들도 태양 대기 중에 존재함이 밝혀졌다고 했으므로 철이 태양 대기에 존재한다는 사실은 나트륨이 태양 대기에 존재한다는 사실보다 나중에 밝혀졌다는 것을 알 수 있다.

⑤ 분젠은 버너 불꽃의 색을 제거한 개선된 버너를 고안하였지만, 두 종류 이상의 금속이 섞인 물질의 불꽃은 색깔이 겹쳐서 분간이 어려웠다고 했다. (**1문단**)

03 자료의 해석

정답 ④

◎ ④가 정답인 이유 〈보기〉의 내용부터 보자. 어떤 항성 α와 β의 별빛 스펙트럼에서 볼 수 있는 검은 선을 나트륨, 리튬의 스펙트럼의 밝은 선들과 비교했다고 했다. 그 결과는 아래 표와 같이 정리할 수 있다.

비교 체크	나트륨의 밝은 선	리튬의 밝은 선
항성 α의 검은 선	겹치지 않음.	겹침.
항성 β의 검은 선	겹침.	겹치지 않음.

위 표에서 정리한 것을 보면 ④에서 설명하는 항성 β의 별빛 스펙트럼의 검은 선은 나트륨의 밝은 선과 겹친다는 것을 알 수 있다. 그리고 지문의 **3문단**에서는 나트륨의 밝은 선들과 D선이 같은 파장에서 겹쳐진다고 했고, 이것은 나트륨 때문에 D선이 생긴 것이라고 했다. 이를 통해 볼 때 항성 β의 별빛 스펙트럼에는 D선과 일치하는 검은 선들이 있을 것임을 알 수 있다.

① **3문단**에서 태양 대기 중에는 나트륨이 존재한다고 했는데, 〈보기〉에서 항성 α의 검은 선은 나트륨의 밝은 선과 겹쳐지지 않았다고 했으므로 항성 α는 태양이 아니라는 것을 짐작할 수 있다.

② 〈보기〉에서 리튬 스펙트럼의 밝은 선들은 항성 α의 검은 선들과 겹쳐졌다고 했다.

③ 〈보기〉에서 리튬 스펙트럼의 밝은 선들은 항성 β의 검은 선들과는 겹쳐지지 않았다고 했다.

⑤ 〈보기〉에서 '항성 β의 별빛 스펙트럼을 살펴보니 많은 검은 선들을 볼 수 있었다.'고 했다. **3문단**의 '태양빛의 스펙트럼을 보면 D선 이외에도 차가운 태양 대기 중의 특정 원소에 의해 흡수된 빛의 파장 위치에 검은 선들이 나타난다.'로 보아, 항성 β의 별빛 스펙트럼에 나타난 '검은 선'은 특정한 파장의 빛이 흡수되어 생긴 것으로 해석할 수 있다.

✏ 다시 볼 내용 메모하기

다시 봐야 할 내용을 메모해 둡니다. 메모해 둔 내용은 **재복습**하면서 **오답 노트**에 옮겨 정리하면 공부 효과를 높일 수 있습니다.

독해력을 길러 주는 지문 분석

1문단 　문단 요약　 동물은 다양한 방식으로 중요한 장소의 위치를 기억하여 길을 찾을 수 있다. 동물의 길찾기 방법 중 '장소기억'은 장소의 표지를 영상 정보로 기억해 두었다가 그 영상과의 일치 여부를 확인하며 길을 찾는 방법으로, 곤충과 포유류 등 많은 동물이 활용한다.

　핵심어(구)　 동물의 길찾기 방법, 장소기억

　중심 내용　 동물의 길찾기 방법 (1) – 장소기억

2문단 　문단 요약　 동물의 길찾기 방법 중 '재정위'는 장소의 기하학적 정보를 활용하여 방향을 다시 찾는 방법이다.

　핵심어(구)　 재정위

　중심 내용　 동물의 길찾기 방법 (2) – 재정위

3문단 　문단 요약　 '경로적분'은 곤충과 새의 가장 기본적인 길찾기 방법으로, 사막개미는 사막에서 집을 출발하여 먹이를 찾아 이동하면서 매 위치에서의 집 방향을 파악하는 경로적분을 활용하여 집을 향해 일직선으로 돌아온다.

　핵심어(구)　 경로적분

　중심 내용　 동물의 길찾기 방법 (3) – 경로적분

4문단 　문단 요약　 사막개미는 이동 경로상의 매 지점에서 방향을 결정하기 위한 기준으로 태양의 위치를 이용하는데, 태양이 높이 떠 있거나 구름에 가려 보이지 않을 때에는 산란된 햇빛 정보를 이용한다.

　핵심어(구)　 기준, 태양의 위치, 산란된 햇빛

　중심 내용　 '경로적분'에서의 방향 결정 기준 – 태양의 위치, 산란된 햇빛

　주제　 동물의 길찾기 방법

04 세부 내용 확인 및 추론　　　　정답 ④

◎ ④가 정답인 이유 2문단의 마지막 문장에서 원숭이는 재정위 과정에서 벽 색깔과 같은 장소기억 정보도 함께 활용한다고 했는데, 이는 재정위 과정에서 장소기억 관련 정보를 무시하는 흰쥐와 대비해 설명한 것이다. 이를 통해 원숭이는 벽 색깔과 같은 장소기억 정보도 활용하고, 장소의 기하학적 특징도 활용하여 방향을 찾는다는 것을 알 수 있다.

가장 많이 질문한 오답은? ⑤

✖ ⑤가 오답인 이유 대부분의 학생들이 정답 ④에 답했지만, ④는 지문에서 그대로 확인할 수 있는 정보가 아니라 미루어 짐작해야 하는 것이어서 정답을 놓치는 바람에 ⑤에 답한 학생들이 꽤 있었다. 그런데 1문단을 보면, 꿀벌은 특정 장소를 여러 각도에서 바라본 영상을 기억하여 길을 찾는 것이 아니라 특정 장소를 특정 각도에서 본 영상으로 기억해 두었다가 자신이 보는 영상과 기억된 영상이 일치하도록 비행하여 길을 찾는다는 것을 알 수 있다.

① 3문단 첫 문장에서 '경로적분'은 곤충과 새의 가장 기본적인 길찾기 방법이라고 했다.

② 3문단 첫 문장에서 새는 길찾기 과정에서 '장소기억'이 아니라 '경로적분'을 기본적으로 사용한다는 것을 알 수 있다.

③ 흰쥐는 재정위 과정에서 공간적 정보만을 활용하여 먹이를 찾는다고 했다(2문단). 산란된 햇빛 정보는 경로적분에서 사막개미가 활용하는 것이다(4문단).

05 정보 추론　　　　정답 ③

◎ ③이 정답인 이유 3문단의 ⊙ 다음에 이어지는 문장에서, 사막개미는 장소기억 능력이 있지만 사막에서는 눈에 띄는 지형지물이 거의 없어 장소기억을 사용할 수 없기 때문에 경로적분을 활용한다고 했다. 이 정보를 통해 볼 때 사막개미는 사막이 아닌, 지형지물이 많은 곳에서는 장소기억을 활용할 것임을 추론할 수 있다.

가장 많이 질문한 오답은? ⑤

✖ ⑤가 오답인 이유 정답의 근거가 지문에 명확하게 제시되어 있는데도 불구하고 ⑤에 답한 학생들이 많았다. 그 이유는 ⑤에서 설명하고 있는 내용과 지문의 해당 부분을 꼼꼼하게 대조하지 않았기 때문이다. ⑤와 관련된 정보는 다음 3문단에서 확인할 수 있다.

> (1) 사막개미의 집찾기는 집을 출발하여 먹이를 찾아 이동하면서 자신의 위치에서 집 방향을 계속하여 다시 계산함으로써 가능하다.
> (2) 이동 방향과 거리에 근거하여 새로운 집 방향을 계산한다.
> (3) 이러한 과정을 반복하여 매 위치에서의 집 방향을 파악한다.

(1)~(3)의 밑줄 친 부분을 통해 볼 때, 사막개미가 집을 출발해 먹이를 찾아 이동하면서 계산하는 것은 '집까지의 직선 거리'가 아니라 '집 방향'이라는 것을 추론할 수 있다.

① 4문단에서 사막개미는 방향을 결정하는 기준으로 태양의 위치와 산란된 햇빛을 함께 이용한다고 했다. 따라서 태양도 없고 햇빛도 없는 암흑 속에서는 집 방향을 계산할 수 없을 것으로 추론할 수 있다.

② 3문단 첫 문장에서 경로적분을 활용하는 능력은 학습을 통해 얻어진 것이 아니라 타고나는 것임을 알 수 있다.

④ 3문단에서 사막개미는 먹이를 찾으면 집을 향해 거의 일직선으로 돌아온다고 했다. 지문의 그림을 통해 볼 때 왔던 경로를 따라 집으로 되돌아간다면 일직선이 아니라는 것을 알 수 있다.

06 그림에의 적용　　　　정답 ③

◎ ③이 정답인 이유 〈보기〉에서 병아리가 먹이를 찾는 과정은 2문단에서 흰쥐가 먹이를 찾는 과정과 연결할 수 있다.

구분	〈보기〉의 병아리	2문단의 흰쥐
길찾기 방법	재정위 과정에서 기하학적 특징만을 활용한다고 가정함.	방향 기억이 헝클어진 상황에서도 장소의 기하학적 특징을 활용하여 방향을 다시 찾는 재정위 과정에서 장소기억 관련 정보를 무시함.
동물의 위치	직사각형 모양의 상자 중앙에 있음.	직사각형 방에 갇힘.
먹이의 위치	A에만 먹이가 있음.	특정 장소에만 먹이를 둠.
먹이 찾는 방법	★	긴 벽이 오른쪽에 있었는지와 같은 공간적 정보만을 활용하여 먹이를 찾음.

위 표에서와 같이 〈보기〉와 2문단의 내용을 비교한 것을 토대로 ★에 들어갈 내용을 추론하면, 〈보기〉의 병아리는 먹이 왼쪽에 긴 벽이 있었다는 정보를 활용하여 먹이를 찾을 것이라는 것을 알 수 있다. 그렇다면 병아리는 A∼D 중 A나 C에 먹이가 있다고 생각해 B, D보다 A, C를 높은 빈도로 탐색할 것이라고 추론할 수 있다.

가장 많이 질문한 오답은? ①

❌ **①이 오답인 이유** ①에 답한 학생들은 A에만 먹이가 있다는 정보를 통해 병아리가 A를 높은 빈도로 탐색했을 것이라고 판단했다고 했다. 그런데 〈보기〉의 첫 문장을 보면, 병아리는 재정위 과정에서 기하학적 특징만을 활용한다고 가정했다. 이때, 기하학적 특징만을 활용한다는 의미는 2문단의 '긴 벽이 오른쪽에 있었는지와 같은 공간적 정보만을 활용하여 먹이를 찾는다'에서 추론할 수 있다. 즉, 병아리는 직사각형 모양의 상자(공간적 정보)에 있으므로 먹이 왼쪽의 벽은 길었고 먹이 오른쪽의 벽은 짧았다는 정보를 바탕으로 A와 C를 높은 빈도로 탐색할 것임을 추론할 수 있다. 주어진 정보에서 A와 C의 공간적 정보는 먹이가 위치한 벽의 왼쪽은 길고 오른쪽은 짧다는 것 외에 차별화되는 요인이 없으므로 A와 C의 탐색 빈도는 비슷할 것임을 짐작할 수 있다.

다음의 'Q&A'도 참고하자.

Q&A ▶'안인숙 매3국어클리닉' 카페에서

Q 먹이가 A에 있고, 2문단에서 긴 벽이 오른쪽에 있었는지와 같은 공간적 정보만을 활용한다고 했으니까, 같은 오른쪽에 있는 A와 B를 비슷한 정도의 높은 빈도로 탐색하는 것 아닌가요?

A 지문의 근거는 잘 찾았는데, 문제를 푸는 사람이 아니라 병아리의 위치를 고려해야 합니다. 또, 지문에서 '긴 벽이 오른쪽에 있'다고 한 것은 사례일 뿐이므로 이것을 〈보기〉에 그대로 대입해서는 안 되고, 〈보기〉의 상자에서 먹이가 있는 A는 긴 벽이 왼쪽에, 짧은 벽이 오른쪽에 있다는 것을 체크해야 합니다. 그림에서 '긴 벽'에 해당하는 부분은 A와 D, 그리고 B와 C를 잇는 벽면이고, 실제 먹이는 A에 있으므로, 이 병아리는 '먹이의 왼쪽에 긴 벽이 있다.' 또는 '먹이의 오른쪽에 짧은 벽이 있다.'는 정보를 통해 먹이를 탐색하게 됩니다. 그러면,

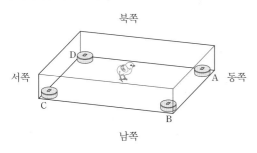

- 병아리가 현재 위치에 있어 동쪽을 바라볼 때에는: A에 먹이가 있는지를 확인
- 병아리가 현재와 반대 위치에 있어 서쪽을 바라볼 때에는: C에 먹이가 있는지를 확인
- 병아리가 북쪽(위쪽)을 바라볼 때에는: A에 먹이가 있는지를 확인
- 병아리가 남쪽(아래쪽)을 바라볼 때에는: C에 먹이가 있는지를 확인
  그래서 정답이 ③인 것입니다.

독해력을 길러 주는 지문 분석

1문단 문단요약 별의 거리, 크기, 온도 등을 연구하는 데 중요한 정보를 제공하는 별의 밝기는 등급으로 나타내며, 지구에서 관측되는 별의 밝기를 '겉보기 등급'이라고 한다.
핵심어(구) 별의 밝기, 겉보기 등급
중심 내용 별의 밝기 정보의 유용성 및 '겉보기 등급'의 개념

2문단 문단요약 별의 겉보기 밝기는 지구에 도달하는 별빛의 양, 즉 '복사 플럭스'에 의해 결정되는데, 겉보기 밝기는 거리에 따라 다르게 관측되기 때문에 별의 실제 밝기는 절대 등급으로 나타낸다.

• 복사 플럭스: 단위 시간 동안 단위 면적에 입사하는 빛 에너지의 총량. 별의 복사 플럭스 값은 빛이 도달되는 거리의 제곱에 반비례하며, 이 값이 클수록 별이 더 밝게 관측됨.

핵심어(구) 절대 등급
중심 내용 별의 실제 밝기를 나타내는 절대 등급

3문단 문단요약 절대 등급은 별이 지구로부터 10파섹(약 32.6광년)의 거리에 있다고 가정했을 때 그 별의 겉보기 등급으로 정의하며, 별의 실제 밝기는 별의 표면적이 클수록, 표면 온도가 높을수록 밝다.
핵심어(구) 별의 실제 밝기, 표면적, 표면 온도
중심 내용 절대 등급의 정의 및 별의 실제 밝기에 영향을 미치는 요소들

4문단 문단요약 과학자들은 거리 지수(겉보기 등급 − 절대 등급)를 이용하여 별까지의 거리를 판단하며, 이 값이 큰 별일수록 지구에서 별까지의 거리가 멀다.
핵심어(구) 거리 지수, 별까지의 거리
중심 내용 지구에서 별까지의 거리를 알려 주는 거리 지수

주제 별의 거리, 크기, 온도 등의 연구에 중요한 별의 밝기

07 내용 추론 정답 ⑤

⭕ **⑤가 정답인 이유** 1문단에서 한 등급 간 별의 밝기는 2.5배 차이가 난다고 했다. 겉보기 등급이 −1인 별과 1인 별은 2등급 차이가 나므로, 그 두 별의 밝기는 2.5배가 아니라 2.5배×2.5배, 즉 6.25배 차이가 난다.

나머지 답지들에 답한 학생들은 드물었지만, 이들 답지들이 오답인(적절한) 이유도 살펴보자.

① 2문단에서 '별의 복사 플럭스 값은 빛이 도달되는 거리의 제곱에 반비례'한다고 했다. 이로 보아, '별빛이 도달되는 거리가 3배가 되면 복사 플럭스 값'은 3^2인 9에 반비례하므로 $\frac{1}{9}$배가 될 것임을 알 수 있다.

② 1문단에서 히파르코스는 맨눈으로 보이는 별의 밝기에 따라 1등급부터 6등급으로 구분하였는데, 망원경으로 관측한 별의 밝기는 1∼6등급의 범위를 벗어나 그 값이 확장되었다고 한 데서 알 수 있다.

③ **4문단**에서 '과학자들은 별의 겉보기 등급에서 절대 등급을 뺀 값인 거리 지수를 이용하여 별까지의 거리를 판단'하며 '어떤 별의 거리 지수가 0이면 지구와 그 별 사이의 거리가 10파섹임을 나타'낸다고 했다. 이를 통해 볼 때 '겉보기 등급과 절대 등급이 같은 별'은 거리 지수가 0으로 지구와의 거리가 10파섹이므로, 주석을 참고하면 지구에서 약 32.6광년 떨어져 있다는 것을 알 수 있다.

④ **4문단**에서 '(어떤 별의 거리 지수가) 0보다 크면 (지구와 그 별 사이의 거리가) 10파섹보다 멀다'고 했다. 따라서 '어떤 별과 지구 사이의 거리가 10파섹 미만이라면 그 별의 거리 지수는 0보다 작'을 것임을 알 수 있다.

08 자료에의 적용

정답 ③

◎ ③이 정답인 이유 ③에서 언급한 '별의 실제 밝기'는 절대 등급으로 나타낸다(**2문단**)고 했고, ⟨**보기**⟩**의 표**에서 별 A와 별 B의 절대 등급은 각각 −1과 −6이다. −1등급과 −6등급의 밝기 비교는 **1문단**에 제시된 다음 정보를 통해 확인할 수 있다.

(1) 1등급보다 더 밝은 별은 1보다 더 작은 수로 나타내었다.
(2) 1등급의 별이 6등급의 별보다 약 100배 밝고, 한 등급 간에는 밝기가 약 2.5배 차이가 나는 것을 알아내었다.

(1)을 통해 '별 B가 별 A보다 밝다.'는 것을, (2)를 통해 '별 B가 별 A보다 약 100배 더 밝다.'는 것을 알 수 있다.

가장 많이 질문한 오답은? ⑤

✗ ⑤가 오답인 이유 ⑤에 답한 학생들이 의외로 많았는데, 지구에서 보는 별의 밝기 비교는 **1문단**의 다음 내용을 통해 확인할 수 있다.

• 지구에서 관측되는 별의 밝기를 '겉보기 등급'이라고 한다.
• 1등급의 별이 6등급의 별보다 약 100배 밝다.

이 내용을 바탕으로 할 때 '지구에서 볼 때 별의 밝기'는 겉보기 등급을 통해 확인해야 한다. ⟨**보기**⟩에서 별 B의 겉보기 등급은 1등급이라 했고, **4문단**에서 북극성의 겉보기 등급은 2.0 정도라고 했으므로, 별 B가 북극성보다 지구에서 더 밝게 보인다는 것을 알 수 있다.

① **3문단**의 '별의 실제 밝기는 별이 매초 방출하는 에너지의 총량인 광도가 클수록 밝아지게 된다.'로 보아, '별의 실제 밝기', 즉 절대 등급을 비교하면 광도 값을 비교할 수 있다. ⟨**보기**⟩에서 절대 등급은 별 A가 '−1', 별 B가 '−6'이라고 했고, **1문단**에서 '가장 밝은 1등급부터 가장 어두운 6등급까지 6개의 등급으로 구분하였다.'라고 한 것으로 보아, 별 A보다 낮은 등급인 별 B가 더 밝고, 따라서 별 A는 별 B보다 광도 값이 더 작다는 것을 알 수 있다.

② 실제 밝기는 절대 등급으로 나타낸다(**2문단**)고 했고, 별의 밝기는 등급이 더 작을 때 밝다(**1문단**)고 했다. '리겔'의 절대 등급은 −6.8 정도(**2문단**)이고, 별 A의 절대 등급은 −1(⟨**보기**⟩)이라고 했으므로, 별 A는 '리겔'보다 실제 밝기가 더 어두운 별이라는 것을 알 수 있다.

④ **4문단**에서, 겉보기 등급에서 절대 등급을 뺀 값인 거리 지수가 클수록 지구에서 별까지의 거리가 멀고, 거리 지수가 5.6인 북극성은 실제로 지구에서 133파섹 떨어져 있다고 했다. 별 B의 거리 지수는 ⟨**보기**⟩를 통해 7(1−(−6)=7)이라는 것을 알 수 있는데, 이 값은 북극성의 거리 지수(5.6)보다 더 크므로 별 B는 지구에서 133파섹보다 더 먼 거리에 있다는 것을 알 수 있다.

✔ 매일 복습 확인 문제

1 다음 글과 부합하면 ○, 그렇지 않으면 ✕로 표시하시오.

(1) 그들은 특정한 금속의 스펙트럼에서 띄엄띄엄 떨어진 밝은 선의 위치는 그 금속이 홑원소로 존재하든 다른 원소와 결합하여 존재하든 불꽃의 온도에 상관없이 항상 같다는 결론에 도달하였다. → 금속 원소 스펙트럼의 밝은 선의 위치는 불꽃의 온도를 높여도 변하지 않는다. ……………( )

(2) 분광 분석법의 유효성은 새로운 금속 원소인 세슘과 루비듐을 발견함으로써 입증되었다. → 루비듐의 존재는 분광 분석법이 출현하기 전에 확인되었다. ……………( )

(3) '장소기억'은 장소의 몇몇 표지만을 영상 정보로 기억해 두었다가 그 영상과의 일치 여부를 확인하며 길을 찾는 방법이다. 이 방법을 활용하는 꿀벌은 특정 장소를 특정 각도에서 본 영상으로 기억해 두었다가 다시 그곳으로 갈 때는 자신이 보는 영상과 기억된 영상이 일치하도록 비행한다. → 꿀벌은 특정 장소를 특정 각도에서 바라본 영상을 기억하여 길을 찾는다. ……………( )

(4) '경로적분'은 곤충과 새의 가장 기본적인 길찾기 방법으로 이를 활용하는 능력은 타고나는 것으로 알려졌다. → 사막 개미의 경로적분 능력은 학습을 통해 얻어진다. ……( )

(5) 별의 복사 플럭스 값은 빛이 도달되는 거리의 제곱에 반비례하기 때문에 별과의 거리가 멀수록 그 별은 더 어둡게 보인다. → 별빛이 도달되는 거리가 3배가 되면 복사 플럭스 값은 1/3배가 된다. ……………( )

2 왼쪽에 제시된 밑줄 친 단어의 의미와 가까운 말을 오른쪽에서 찾아 서로 줄로 이으시오.

(1) 분광 분석법을 <u>창안</u>하다. •　　　• ㉮ 강조
　　　　　　　　　　　　　　• ㉯ 발명
(2) 높은 <u>빈도</u>로 탐색하다. •　　　• ㉰ 찾기
　　　　　　　　　　　　　　• ㉱ 세기

정답 **1.** (1) ○ (2) ✕ (3) ○ (4) ✕ (5) ✕ **2.** (1) ㉯ (2) ㉱

정답 01 ④   02 ③   03 ④   04 ①   05 ③
      06 ③   07 ③   08 ③   09 ②

1~3 과학: 기체의 속력 분포 이론   2013학년도 9월 모의평가

독해력을 길러 주는 지문 분석

1문단 문단요약 상온의 대기압 상태에 있는 공기 안에는 질소, 산소 등 수많은 기체 분자들이 있는데, 분자 간 충돌로 분자의 운동 방향과 속도가 변할 수 있어 정확한 운동 궤적을 알 수 없고, 분자들의 속력 분포(일정 구간의 속력을 가진 분자 수 비율)를 알 수 있을 뿐이다.

핵심어(구) 분자들의 속력 분포

중심 내용 기체 분자의 특징 – 정확한 운동 궤적을 아는 것은 불가능하고 속력 분포만 알 수 있음.

2문단 문단요약 분자들 간 평균 거리가 충분히 먼 경우에 인력은 무시할 수 있고 분자의 운동 에너지만 고려하면 되는데, 이때 분자들이 충돌하면 각 분자의 운동 에너지는 변할 수 있지만 기체 전체의 운동 에너지는 변하지 않는다.

핵심어(구) 분자의 운동 에너지만 고려

중심 내용 분자들의 속력 분포 계산 시 고려할 점 – 분자의 운동 에너지

3문단 문단요약 기체 분자들의 속력 분포는 맥스웰의 이론으로 계산할 수 있는데, 가로축을 속력, 세로축을 분자 수 비율로 하는 종 모양의 그래프로 그려진다. 기체 분자들의 속력은 온도와 기체 분자의 질량에 의해서 결정된다.

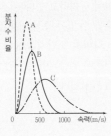

- 온도가 증가할 경우: 기체의 평균 운동 에너지 증가, 그래프의 꼭짓점이 속력이 빠른 쪽으로 이동, 그래프의 모양이 납작해지고 넓어짐(C).
- 분자의 질량이 큰 경우: 평균 속력이 느려짐, 그래프의 꼭짓점이 속력이 느린 쪽으로 이동, 그래프의 모양이 뾰족해지고 좁아짐(A).

핵심어(구) 기체 분자들의 속력 분포, 맥스웰의 이론

중심 내용 기체 분자들의 속력 분포를 계산할 수 있는 맥스웰의 이론

4~5문단 문단요약 그림은 맥스웰 속력 분포를 파악하기 위해 밀러와 쿠슈가

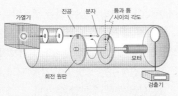

사용했던 실험 장치를 나타낸 것이다. 가열기에서 첫 번째 회전 원판의 틈을 통과한 기체 분자들 중에서 특정 속력 구간을 가진 분자들만이 두 번째 원판의 틈을 통과하는데, 첫 번째와 두 번째 틈 사이의 각도를 더 크게 하면 속력이 더 느린 분자들이 검출되고, 각도를 고정하고 회전 원판의 회전 속력을 바꾸면 다른 속력을 가진 분자들을 검출할 수 있다. 이 실험 장치를 이용하여

어떤 온도에서 특정한 기체의 속력 분포를 알아보았더니, 그 결과는 맥스웰의 이론에 부합하였다.

핵심어(구) 맥스웰 속력 분포, 밀러와 쿠슈가 사용했던 실험 장치, 맥스웰의 이론에 부합

중심 내용 맥스웰의 이론을 입증한 밀러와 쿠슈의 실험

주제 기체의 속력 분포에 대한 맥스웰의 이론

01 세부 내용 확인   정답 ④

◎ **④가 정답인 이유** 2문단의 '분자들이 충돌을 하게 되면 각 분자의 운동 에너지는 변할 수 있지만, 분자들이 에너지를 서로 주고받기 때문에 기체 전체의 운동 에너지는 변하지 않게 된다.'와 일치하지 않는 진술이다.

① 1문단의 '이들 중 어떤 산소 분자 하나는 짧은 시간에도 다른 분자들과 매우 많은 충돌을 하며, 충돌을 할 때마다 이 분자의 운동 방향과 속력이 변할 수 있기 때문에'에서 확인할 수 있다.

② 1문단의 '어떤 분자 하나의 정확한 운동 궤적을 아는 것은 불가능하다.'에서 알 수 있다.

③ 2문단의 '분자들 사이의 평균 거리가 충분히 먼 경우에, 우리는 분자들 사이의 인력을 무시할 수 있고'에서 확인할 수 있다.

⑤ 3문단의 '기체 분자들의 속력 분포는 맥스웰의 이론으로 계산할 수 있는데, … 이 속력 분포가 의미하는 것은 기체 분자들이 0에서 무한대까지 모든 속력을 가질 수 있지만 꼭짓점 부근에 해당하는 속력을 가진 분자들의 수가 가장 많다는 것이다.'에서 확인할 수 있다.

02 그래프에의 적용   정답 ③

◎ **③이 정답인 이유** 발문(문두)에서 〈보기〉의 A, B, C는 맥스웰 속력 분포를 나타내는 그래프라고 했다. 그래프를 해석하는 문제는 그래프의 가로축과 세로축이 무엇을 나타내는지부터 확인한다. 그런 다음, 지문에서 맥스웰 속력 분포를 설명한 3문단에 제시된 정보를 〈보기〉와 연결한다. **3문단**에 제시된 정보를 압축하면,

> (1) 온도가 올라가면 그래프의 꼭짓점이 속력이 빠른 쪽으로 이동한다.
> (2) 온도가 올라가면 그래프의 모양이 납작해지고 넓어진다.
> (3) 분자의 질량이 크면 그래프의 꼭짓점이 속력이 느린 쪽으로 이동하며, 그래프의 모양이 뾰족해지고 좁아진다.

온도와 그래프의 관계를 설명한 위 (1), (2)와 〈보기〉의 두 번째 정보를 연결하면, 온도가 가장 높은 727℃의 아르곤은 C라는 것을 알 수 있다. C는 그래프의 꼭짓점이 속력이 빠른 쪽으로 이동해 있고, 그래프의 모양 또한 납작하고 넓기 때문이다. 여기서 정답은 ②와 ③으로 압축된다. 위 (3)은 〈보기〉의 첫 번째 정보와 연결할 수 있다. 분자의 질량이 큰 크립톤은 아르곤에 비해 그래프의 꼭짓점이 속력이 느린 쪽으로 이동할 것이므로 A가 크립톤이라는 것을 알 수 있다.

03 그림 해석 내용 이해   정답 ④

○ **④가 정답인 이유** ④는 5문단의 '첫 번째와 두 번째 틈 사이의 각도를 더 크게 만들면, 같은 회전 속력에서도 더 속력이 느린 분자들이 검출될 것이다.'와 어긋나는 진술이다.

나머지 답지들에 답한 학생들은 드물었지만, 이들 답지들이 오답인(적절한) 이유도 살펴보자.

① '그림은 맥스웰 속력 분포를 알아보기 위해서 밀러와 쿠슈가 사용했던 실험 장치를 나타낸 것(**4문단**)'과 '이 실험 장치를 이용하여 어떤 온도에서 특정한 기체의 속력 분포를 알아보았더니, 그 결과는 맥스웰의 이론에 부합하였다.(**5문단**)'를 통해 확인할 수 있다.

② '가열기에서 나와 첫 번째 회전 원판의 가는 틈으로 입사한 기체 분자들 중 조건을 만족하는 분자들만 두 번째 회전 원판의 가는 틈을 지나 검출기에 도달할 수 있다.(**5문단**)'에서 확인할 수 있다.

③ '첫 번째 원판의 틈을 통과하는 분자들의 속력은 다양하지만 (**5문단**)'에서 확인할 수 있다.

⑤ '특정한 속력 구간보다 더 빠른 분자들은 두 번째 틈이 꼭대기에 오기 전에 원판과 부딪치며, 느린 분자들은 (두 번째 틈이 꼭대기를) 지나간 후에 부딪친다.(**5문단**)'로 보아, 틈과 틈 사이의 각도를 고정하고 원판의 회전 속력을 느리게 하면 더 느린 분자들이 두 번째 회전 원판의 틈을 통과한다는 것을 알 수 있다.

4~6 과학 : 산란 현상   2014학년도 6월 모의평가(A형)

독해력을 길러 주는 지문 분석

1문단 **문단 요약** 파장에 따라 붉은빛부터 보랏빛까지 분해되는 태양빛은 대기층에 입사하여 공기 입자, 먼지 미립자, 에어로졸 등과 부딪치면 여러 방향으로 흩어지는 산란 현상이 나타난다. 이 산란은 입자의 직경과 빛의 파장에 따라 '레일리 산란'과 '미 산란'으로 구분된다.

    핵심어(구) 산란, 레일리 산란, 미 산란

    중심 내용 산란의 개념과 종류

2문단 **문단 요약** 레일리 산란은 입자의 직경이 파장(390~780nm)의 1/10보다 작을 경우에 일어나는데, 맑은 날에는 주로 공기 입자(직경 0.1~1nm 정도)에 의한 레일리 산란이 일어나서 보랏빛이나 파란빛이 강하게 산란되므로 하늘이 파랗게 보인다.

    핵심어(구) 레일리 산란

    중심 내용 레일리 산란의 발생 조건 및 특징

3문단 **문단 요약** 미 산란은 입자의 직경이 파장의 1/10보다 큰 에어로졸이나 구름 입자 등에 의해 일어나는데, 이때에는 모든 파장의 빛이 고루 산란되어 하얗게 보인다.

    핵심어(구) 미 산란

    중심 내용 미 산란의 발생 조건 및 특징

주제 산란의 종류(유형)와 그 특징

---

04 중심 내용 이해   정답 ①

○ **①이 정답인 이유** 중심 내용은 문단마다 핵심이 되는 내용을 연결해 글 전체를 포괄할 수 있는 것이어야 한다. 지문을 끝까지 읽고 답지를 보면 중심 내용을 찾을 수 있지만, 이 글은 글의 성격상 다음과 같이 간단하게 메모하면서 읽으면 좋다. 1문단에서는 아래와 같이 비교되는 내용을 핵심어 옆에 체크해 둔다.

구분	가시광선의 파장	빛의 진동수
붉은빛	↑(가장 길다)	↓(가장 작다)
보랏빛	↓(가장 짧다)	↑(가장 크다)

1문단의 마지막에서 산란은 입자의 직경과 빛의 파장에 따라 '레일리 산란'과 '미 산란'으로 구분된다고 했고, 2문단과 3문단에서는 이 두 산란을 비교해 설명하고 있으므로 이것에 대해서도 아래와 같이 체크하며 읽도록 한다.

구분	레일리 산란	미 산란
발생 조건	• 입자의 직경 < 파장의 1/10	• 입자의 직경 > 파장의 1/10
산란의 세기	• 파장이 짧을수록 강함.	• 파장이나 입자 크기에 따라 차이 없음.
기타	• 공기 입자 • 하늘이 파랗게 보이는 것	• 에어로졸, 구름 입자 • 구름이 흰색으로 보이는 것

이와 같이 체크하는 과정에서 **1문단**은 산란의 개념과 종류에 대해, **2문단과 3문단**은 '레일리 산란'과 '미 산란'의 특징을 비교하여 설명하고 있다는 것을 알 수 있다. 따라서 이 글 전체를 아우를 수 있는 중심 내용은 ①(산란의 원리와 유형)이다.

나머지 오답지들에 답한 학생들은 드물었는데, ②~⑤ 모두 지문에 언급되어 있지만, 글 전체를 아우르는 중심 내용이 아니기 때문이다.

---

05 내용 추론   정답 ③

○ **③이 정답인 이유** 레일리 산란의 세기는 **2문단**에 있는 다음 (1), (2)를 통해 확인할 수 있다.

> (1) 파장이 짧을수록 산란의 세기가 강하다.
> (2) 산란되는 세기로는 보랏빛이 가장 강하겠지만 우리 눈은 보랏빛보다 파란빛을 더 잘 감지하기 때문에 하늘은 파랗게 보이는 것이다.

(2)를 통해 볼 때 레일리 산란의 세기가 가장 큰 것은 파란빛이 아니라 보랏빛이라는 것을 추론할 수 있다.

나머지 답지들에 답한 학생들은 드물었지만, 이들 답지들이 오답인(적절한) 이유와 근거도 찾아보자.

① 빛의 진동수는 보랏빛이 가장 크고 붉은빛이 가장 작다고 한 **1문단**을 통해 추론할 수 있다.

② 태양빛은 흰색으로 보이지만, 프리즘을 통과시키면 흰색의 가시광선은 파장에 따라 무지갯빛으로 분해된다(**1문단**)고 했으므로 이것을 다시 모으면 흰색이 된다는 것을 추론할 수 있다. 미 산란에서 모든 파장의 빛이 고루 산란되었을 때, 이 산란된 빛이 동시에 우리 눈에 들어오면 모든 무지갯빛이 혼합되어 하얗게 보인다(**3문단**)고 한 것도 이를 뒷받침한다.

④ 빛의 진동수는 파장과 반비례(**1문단**)하고, 레일리 산란의 세기는 파장의 네제곱에 반비례(**2문단**)한다는 것에서 추론할 수 있다.

> • 빛의 진동수＝2배, 파장＝$\frac{1}{2}$배
> • 레일리 산란의 세기＝$\left(\left(\frac{1}{2}\right)^4=\frac{1}{16}\right)$에 반비례＝16배

⑤ **3문단**에서 '대기가 없는 달과 달리 지구는 산란 효과에 의해 파란 하늘과 흰 구름을 볼 수 있다'고 한 것에서 추론할 수 있다.

06 구체적 상황에의 적용

정답 ③

⊙ ③이 정답인 이유 먼저 〈보기〉의 (가)의 산란 현상을 지문과 연결해 보자.

〈보기〉의 (가)	지문에서 추론
(1) A 도시에서 많은 비가 내린 후 하늘이 더 파랗게 보였다.	• 맑은 날에는~우리 눈은 보랏빛보다 파란빛을 더 잘 감지하기 때문에 하늘은 파랗게 보이는 것이다. → 레일리 산란(**2문단**)
(2) 비가 오기 전: 직경 10~20nm의 먼지 미립자들이 균질하게 분포	• 직경이 파장(390~780nm)의 1/10보다 작음.(**2문단**) → 레일리 산란
(3) 비가 온 후: 먼지 미립자들이 관측되지 않음.	• 맑은 날에는 주로 공기 입자에 의한 레일리 산란이 일어나서~ → 레일리 산란(**2문단**)

위 표를 통해 볼 때 (가)는 비가 오기 전과 후 모두 레일리 산란이 일어났다는 것을 알 수 있다.

이번에는 (나)를 지문과 연결해 보자.

〈보기〉의 (나)	지문에서 추론
(4) B 도시 지표 근처의 낮은 하늘은 뿌연 안개처럼 흰색으로 보이고 흰 구름이 낮게 떠 있었다.	• 구름이 흰색으로 보이는 것은 미 산란으로 설명된다.(**3문단**) → 미 산란
(5) 초고층 건물의 대기: 하늘이 파랗게 보였다.	• 하늘이 파랗게 보이는 것은 레일리 산란으로 설명된다.(**2문단**) → 레일리 산란
(6) 지표 근처의 대기: 직경이 10,000nm 정도의 에어로졸이 균질하게 분포하는 것이 관측	• 직경이 파장(390~780nm)의 1/10보다 큼.(**3문단**) → 미 산란

위 표를 통해 볼 때 (나)의 B 도시에서 낮은 하늘이 흰색으로 보인 것은 미 산란 때문이라는 것을 알 수 있고, 여기에서 ③이 정답이라는 것을 알 수 있다.

가장 많이 질문한 오답은? ②

✕ ②가 오답인 이유 위 '③이 정답인 이유'에서 표의 (2)와 (3)을 보면 ②는 (가)의 산란 현상을 잘못 탐구한 것임을 알 수 있다. A 도시에서는 비가 오기 전과 후 모두 레일리 산란이 일어나 하늘이 파랗게 보인 것이다.

①, ④, ⑤가 오답인 이유도 따져 보자.

① [근거] 위 표의 (1) → A 도시에서 하늘이 더 파랗게 보인 것은 레일리 산란이 일어났기 때문이다.

④ [근거] 위 표의 (4)와 (5) → B 도시에서 구름이 희게 보인 것은 '지표 근처'로, 이것은 미 산란과 관련이 있다.

⑤ [근거] 위 표의 (3)과 (4) → A 도시의 비가 온 후의 하늘은 '더 파랗게' 보였으므로 레일리 산란이 일어난 것이다.

독해력을 길러 주는 지문 분석

1문단 　문단 요약　 후각은 우리 몸에 해로운 물질을 탐지하는 문지기 역할을 하는 중요한 감각으로, '취기재(냄새를 일으키는 물질)'의 분자가 코의 내벽에 있는 후각 수용기를 자극할 때 우리는 냄새를 탐지할 수 있다.
　핵심어(구)　 후각, 취기재
　중심 내용　 후각의 냄새 탐지 기능과 냄새를 일으키는 물질인 취기재

2문단 　문단 요약　 인간은 취기재의 분자 하나에도 민감하게 반응하는 후각 수용기를 갖고 있으나, 동물만큼 후각이 예민하지는 않다.
　핵심어(구)　 인간, 동물, 후각
　중심 내용　 인간과 동물의 후각 비교

3문단 　문단 요약　 냄새를 탐지할 수 있는 최저 농도를 '탐지 역치'라 하는데, 탐지 역치는 취기재에 따라 차이가 있다.
　핵심어(구)　 탐지 역치
　중심 내용　 냄새 탐지 가능 최저 농도인 '탐지 역치'

4문단 　문단 요약　 취기재의 농도가 탐지 역치 정도의 수준에서는 냄새의 존재 유무만 탐지할 수 있고, 취기재의 정체를 인식하려면 탐지 역치보다 3배가량 높아야 하고, 같은 취기재들 사이에서는 농도가 11% 정도 차이가 나야 냄새의 세기 차이를 구별할 수 있다.
　핵심어(구)　 취기재의 농도, 취기재의 정체를 인식
　중심 내용　 취기재의 정체를 인식할 수 있는 농도

5문단 　문단 요약　 인간이 구별할 수 있는 냄새의 가짓수는 10만 개가 넘지만, 그 취기재가 무엇인지 다 인식해 내지는 못한다.
　핵심어(구)　 취기재, 인식
　중심 내용　 취기재의 정체 인식의 어려움

6문단 　문단 요약　 특정한 냄새의 정체를 파악하기 어려운 이유는 우리가 모든 냄새에 대응되는 명명 체계를 갖고 있지 못하고, 또 특정한 냄새와 그것에 해당하는 이름을 연결하는 능력이 부족하기 때문이다.
　핵심어(구)　 냄새의 정체를 파악하기 어려운 이유
　중심 내용　 인간의 후각이 취기재의 정체를 인식하기 어려운 이유

주제 　인간 후각의 냄새 탐지 원리

시간 부족 문제,

매일 3개씩 비문학 지문으로
제대로 채점법과 복습법을 지키며 공부하면
해결할 수 있습니다.

07 세부 내용 확인   정답 ③

◎ ③이 정답인 이유 3문단에서, '메탄올의 탐지 역치가 박하향에 비해 약 3,500배가량 높다'(메탄올 > 박하향)고 했다. 그런데 ③에서는 박하향의 탐지 역지가 메탄올의 탐지 역치보다 높다(박하향 > 메탄올)고 했다.

나머지 답지들에 답한 학생들은 드물었지만, 이들 답지들이 오답인(일치하는) 근거를 지문에서 확인해 보자.

① 1문단의 '우리가 어떤 냄새가 난다고 탐지할 수 있는 것은 취기재의 분자가 코의 내벽에 있는 후각 수용기를 자극하기 때문이다.'

② 1문단의 '후각은 우리 몸에 해로운 물질을 탐지하는 문지기 역할을 하는 중요한 감각이다.'

④ 2문단의 '개[犬]가 10억 개에 이르는 후각 수용기를 갖고 있는 것에 비해 인간의 후각 수용기는 1천만 개에 불과'

⑤ 2문단의 '인간도 다른 동물과 마찬가지로 취기재의 분자 하나에도 민감하게 반응하는 후각 수용기를 갖고 있다.'

08 정보 추론   정답 ③

◎ ③이 정답인 이유 5문단에서 취기재의 이름을 미리 알려 준 다음, 냄새를 맡게 하고 그 종류를 맞히지 못하면 그때마다 정정해 준 결과 취기재의 이름을 알아맞히는 능력이 두 배로 향상되었다고 했다. 하지만, 취기재의 이름을 알아맞히는 능력이 향상되면 그 취기재의 탐지 역치를 낮출 수 있다는 정보는 확인할 수 없다.

그리고 6문단에서는 특정한 냄새의 정체를 파악하기 어려운 이유는 그 냄새와 그것에 해당하는 이름을 연결하는 능력이 부족하기 때문이지 냄새를 느끼는 능력이 부족하기 때문이 아니라고 했는데, 여기서도 ③은 잘못된 추론임을 알 수 있다.

가장 많이 질문한 오답은? ④

X ④가 오답인 이유 ④는 인간이 구별할 수 있는 냄새의 가짓수는 10만 개가 넘지만, 그 취기재(냄새를 일으키는 물질)가 무엇인지 다 인식해 내지는 못한다고 한 5문단의 내용을 통해 적절한 설명이라는 것을 알 수 있다.

나머지 답지들에 답한 학생들은 드물었는데, 그 이유는 ①은 **6문단의 마지막 문장**에서, ②는 5문단의 실험 내용과 그 결과에서, ⑤는 **4문단의 마지막 문장**에서 알 수 있기 때문이다.

09 구체적 사례에의 적용   정답 ②

◎ ②가 정답인 이유 ㉠의 경우에 해당하려면,

> (1) 냄새의 존재 유무를 탐지할 수는 있어야 하고,
> (2) 냄새를 풍기는 취기재의 정체를 인식하지 못하는 상태여야 한다.

(1)과 관련된 정보는 **3문단**에서 확인할 수 있는데, 냄새를 탐지할 수 있는 최저 농도가 '탐지 역치'라고 했으므로, (1)을 충족하려면 취기재의 농도가 탐지 역치보다는 높아야 한다. 따라서 ①과 ④는 정답에서 제외된다.

(2)와 관련된 정보는 ㉠ **뒤에 이어지는 문장**에서 확인할 수 있는데, '취기재의 정체를 인식하려면 취기재의 농도가 탐지 역치보다 3배가량은 높아야 한다.'고 했다. 이를 통해 볼 때, (2)를 충족하려면 취기재의 농도가 탐지 역치의 3배가 되지 않아야 한다. 따라서 취기재의 농도가 탐지 역치의 3배 이상이 되는 ③과 ⑤는 정답에서 제외된다.

②는 취기재의 농도(15)가 탐지 역치(10)보다 높아 냄새의 존재 유무를 탐지할 수 있다. 또한 취기재의 농도(15)가 탐지 역치(10)의 3배에 못 미치기 때문에 취기재의 정체를 인식하지 못하는 상태이다. 따라서 ㉠의 경우에 해당하는 것은 ②이다.

✔ 매일 복습 확인 문제

1 다음 글을 바탕으로 ( ) 안에 들어갈 말을 쓰시오.

> 레일리 산란은 입자의 직경이 파장의 1/10보다 작을 경우에 일어나는 산란을 말하는데 맑은 날에는 주로 공기 입자에 의한 레일리 산란이 일어나서 하늘이 파랗게 보인다. 태양빛이 공기 입자보다 큰 입자에 의해 레일리 산란이 일어나면 공기 입자보다 긴 파장의 빛까지 산란되어 하늘의 파란빛은 상대적으로 엷어진다.
> 미 산란은 입자의 직경이 파장의 1/10보다 큰 경우에 일어나는 산란을 말한다. 구름 입자처럼 입자의 직경이 가시광선의 파장보다 매우 큰 경우에는 모든 파장의 빛이 고루 산란되어 구름이 하얗게 보인다.

(1) A 도시에서 흰 구름이 낮게 떠 있는 것은 ( ) 산란이 일어났기 때문이다.

(2) B 도시에서는 비가 내린 후 하늘이 더 파랗게 보였는데, 이것은 ( ) 산란이 더 많이 일어났기 때문이다.

2 다음 글과 부합하면 ○, 그렇지 않으면 ×로 표시하시오.

(1) 분자들이 충돌을 하게 되면 각 분자의 운동 에너지는 변할 수 있지만, 분자들이 에너지를 서로 주고받기 때문에 기체 전체의 운동 에너지는 변하지 않게 된다. → 분자의 충돌에 의해 기체 전체의 운동 에너지가 증가한다. ……( )

(2) 빛의 진동수는 파장과 반비례하고, 레일리 산란의 세기는 파장의 네제곱에 반비례한다. → 빛의 진동수가 2배가 되면 레일리 산란의 세기는 8배가 된다. ……………( )

(3) 우리가 메탄올보다 박하 냄새를 더 쉽게 알아챌 수 있는 까닭은 메탄올의 탐지 역치가 박하향에 비해 약 3,500배가량 높기 때문이다. → 박하향의 탐지 역치는 메탄올의 탐지 역치보다 낮다. ……………………( )

정답 1. (1) 미 (2) 레일리 2. (1) × (2) × (3) ○

정답	01 ③	02 ④	03 ②	04 ⑤	05 ⑤
	06 ②	07 ④	08 ①		

1~3 과학: 식물에서의 물 이동 원리   2013학년도 6월 모의평가

독해력을 길러 주는 지문 분석

1문단 [문단 요약] 대기 중에서 만들어질 수 있는 물기둥의 최대 높이가 10m 정도인데, 어떻게 (일부) 나무는 뿌리에서 흡수된 물이 110m 이상 되는 나무 꼭대기에까지 전달될 수 있는 것일까?

핵심어(구) 뿌리에서 흡수된 물, 나무 꼭대기에까지 전달

중심 내용 나무에서 물이 이동하는 원리에 대한 궁금증

2문단 [문단 요약] 나무의 뿌리에서 잎까지 물이 올라가는 것은 '증산-장력-응집력' 메커니즘이 작용하기 때문이다.

- 증산 작용: 수분 농도가 높은 잎의 표피에 있는 기공에서 수분 농도가 낮은 대기 중으로 물이 확산되는 것
- 장력: 끌어당기는 힘. 기공으로 물이 빠져나가면 물의 통로가 되는 물관부 내부에 생겨 물을 끌어올리는 힘
- 응집력: 물이 뿌리에서 잎까지 끊어지지 않고 올라갈 수 있게 해 주는 힘

핵심어(구) '증산-장력-응집력' 메커니즘

중심 내용 나무에서 물이 이동하는 원리에 대한 설명 (1) – '증산-장력-응집력' 메커니즘

3문단 [문단 요약] 물은 수분 퍼텐셜(물이 이동할 수 있는 능력)이 높은 쪽에서 낮은 쪽으로 이동하게 되어 있으며, 이에 따라 수분 퍼텐셜이 낮아지는 '토양 → 뿌리 → 줄기 → 잎'의 순서로 물이 이동하여 기공을 통해 대기 중으로 확산된다.

핵심어(구) 수분 퍼텐셜

중심 내용 나무에서 물이 이동하는 원리에 대한 설명 (2) – 수분 퍼텐셜

4문단 [문단 요약] 잎 표면의 공변세포에 의해 기공의 개폐가 이루어지는데, 광합성에 필요한 햇빛이 있는 낮에는 기공을 열고 밤에는 기공을 닫아서 이산화탄소의 흡수와 물의 배출을 조절하게 된다.

핵심어(구) 기공의 개폐, 이산화탄소의 흡수와 물의 배출을 조절

중심 내용 나무에서 물의 배출을 조절하는 시스템

주제 뿌리에서 흡수된 물이 나무 꼭대기에까지 전달되는 원리

01 세부 내용 확인   정답 ③

[O] ③이 정답인 이유 4문단에서 기공은 이산화탄소를 흡수하기 위해 여는 것이고, 기공을 열면 손실되는 것은 물이라고 했다.

나머지 답지들이 오답인(일치하는) 근거도 찾아보자.

① 4문단의 '기공의 개폐*는 잎 표면에 있는 한 쌍의 공변세포에 의해 이루어진다. 빛의 작용으로 공변세포 내부의 이온 농도가 높아지면 수분 퍼텐셜이 낮아지고, 그에 따라 물이 공변세포로 들어와 기공이 열린다.'

*개폐: 열고(개방) 닫음(폐쇄).

② 4문단의 '식물은 대기 중의 이산화탄소를 흡수하여 광합성을 통해 포도당을 생산할 수 있다.'

④ 2문단의 '(증산 작용으로) 기공을 통해 물이 빠져나가면 물의 통로가 되는 조직인 물관부 내부에 물을 끌어올리는 장력이 생기며'

⑤ 2문단의 '물기둥이 끊어지지 않고 끌려 올라갈 수 있는 것은 물의 강한 응집력 때문이다.'

02 내용 추론   정답 ④

[O] ④가 정답인 이유 〈보기〉의 ⓐ~ⓓ가 옳은지 그른지를 판단하기 위해서는 지문에서 그 근거를 찾아야 한다. 각각의 근거를 찾으면 다음과 같다.

> (1) 대기 중의 수분 농도는 잎의 수분 농도보다 낮기 때문에 물이 잎의 표피에 있는 기공을 통하여 대기 중으로 확산되는데, 이를 증산 작용이라고 한다.(2문단)
>
> (2) 물기둥이 뿌리에서부터 잎까지 끊어지지 않고 마치 끈처럼 연결되어 올라가는 것(2문단)
>
> (3) 물은 수분 퍼텐셜이 높은 쪽에서 낮은 쪽으로 별도의 에너지 소모 없이 이동한다.(3문단)
>
> (4) 일반적으로 토양에서 뿌리, 줄기, 잎으로 갈수록 수분 퍼텐셜이 낮아지고, 그에 따라 물은 뿌리에서 줄기를 거쳐 잎에 도달한 후 기공을 통해 대기 중으로 확산된다.(3문단)

ⓐ 뿌리의 수분 퍼텐셜이 토양의 수분 퍼텐셜보다 낮다는 것은 (4)에서 알 수 있고, 물이 토양에서 뿌리로 이동한다는 것은 (3)에서 확인할 수 있다.

ⓑ (3)에서 물은 수분 퍼텐셜이 높은 쪽에서 낮은 쪽으로 이동한다고 했고, 잎보다 수분 퍼텐셜이 높은 줄기에서 잎으로 물이 이동하면 줄기의 수분 퍼텐셜이 낮아지기 때문에 줄기보다 수분 퍼텐셜이 높은 뿌리의 물이 줄기로 이동한다는 것은 (3), (4)를 통해 알 수 있다.

ⓒ 증산 작용으로 잎의 수분이 공기 중으로 빠져나가는 것은 (1)에서, 수분 퍼텐셜이 낮아진 잎은 줄기로부터 물을 공급받는다는 것은 (4)에서 확인할 수 있다.

한편, 광합성이 일어나는 동안에는 기공이 열리고, 기공이 열리면 물이 손실된다는 것은 4문단에서 알 수 있는데, 잎의 수분이 기공을 통해 대기 중으로 확산된다는 3문단의 설명과 (3)의 내용을 종합하면 광합성이 일어나는 동안에 잎의 수분 퍼텐셜은 대기의 수분 퍼텐셜보다 높다는 것을 알 수 있다.

어휘력 + 독서력 + 국어력
세 마리 토끼를 한번에 잡는 매3력

03 그래프에의 적용

◎ ②가 정답인 이유 발문(문두)에서 '잎'의 수분 퍼텐셜을 물었다. 그리고 답지의 그래프에는 '토양'의 수분 퍼텐셜의 높이가 제시되어 있다.

3문단에서 수분 퍼텐셜은 토양에서 뿌리, 줄기, 잎으로 갈수록 낮아진다고 했다. 그렇다면 '잎'의 수분 퍼텐셜을 나타낸 그래프는 토양의 수분 퍼텐셜을 표시한 선보다는 낮아야 한다. 일출 때든 일몰 때든 잎은 토양보다 수분 퍼텐셜이 낮아야 한다. 그렇다면 정답은 ②밖에 없다.

가장 많이 질문한 오답은? ③

✗ ③이 오답인 이유 ③에 답한 학생들이 많았는데, 그 이유는 '일출부터 일몰까지의 수분 퍼텐셜'을 열심히 따졌기 때문이라고 했다. 일출과 일몰 때의 수분 퍼텐셜은 4문단에서 확인할 수 있는데, 광합성에 필요한 햇빛이 있는 낮에는 식물이 기공을 연다고 했고, 기공을 열면 물이 손실된다고 했다. 따라서 일출부터 햇빛이 있는 낮에는 수분 퍼텐셜이 점점 낮아지고 기공을 닫는 밤에는 물의 손실을 막게 되니까 일출보다 일몰 때가 더 수분이 많고, 그것을 표현한 것은 ③밖에 없다고 본 것이다.

일출부터 수분 퍼텐셜이 점점 낮아지는 것은 맞다. 그리고 일몰 즈음부터는 수분 퍼텐셜이 높아지는 것도 맞다. 그런데 그것을 표현한 것은 ①~⑤ 모두 맞다. 자세히 보면 ①~⑤의 차이는 토양의 수분 퍼텐셜을 기준으로 일출이 시작되는 지점과 일몰 즈음의 수분 퍼텐셜이 다르다는 것이다. 그리고 질문은 잎의 수분 퍼텐셜이므로 잎과 토양의 수분 퍼텐셜의 비교가 이 문제의 핵심인데, 이것을 놓친 학생들이 많았다.

또 한 가지 ③이 정답이 될 수 없는 이유는 일몰 때 잎의 수분 퍼텐셜을 0이라고 표현한 것이다. **3문단**에서 순수한 물의 수분 퍼텐셜은 0이라고 한 점과 잎은 토양보다 수분 퍼텐셜이 낮다고 한 점을 감안하면 ③은 지문을 잘못 이해한 것이다.

나머지 답지들이 오답인 근거도 지문에서 찾아보자.

①, ④ 일출 지점에서 잎의 수분 퍼텐셜이 토양의 수분 퍼텐셜보다 높을 수는 없다.

⑤ 일출 순간에 잎과 토양의 수분 퍼텐셜이 같다고 본 것이 잘못되었다.

이의 신청 문항 – 평가원 타당성 심사 결과 답변

이 문항의 출제 의도는 지문을 이해하고 지문의 내용과 일치하는 그래프를 찾는 데 있습니다. 이의 제기의 주된 내용은 일출과 일몰 때의 수분 퍼텐셜의 위치라고 요약할 수 있습니다.

지문에서 용질이 첨가되면 수분 퍼텐셜이 낮아진다고 설명하고 있습니다. 낮 동안에는 잎에서 빛에 의해 광합성이 진행되므로 광합성 작용에 의해 수분 퍼텐셜이 낮아진다는 것을 알 수 있습니다. 그러므로 광합성이 일어나기 전인 일출보다 빛에 의해 광합성 작용이 일어난 후인 일몰에서 잎의 수분 퍼텐셜이 더 낮음을 알 수 있습니다.

또한 지문에서 순수한 물의 수분 퍼텐셜은 0이고, 잎의 수분 퍼텐셜은 토양보다 낮다고 명시되어 있습니다. 따라서 일출과 일몰 때 잎의 수분 퍼텐셜은 토양보다 낮은 수분 퍼텐셜에 위치합니다. 그러므로 잎의 수분 퍼텐셜이 0이 되거나 잎의 수분 퍼텐셜과 토양의 수분 퍼텐셜이 같을 수 없습니다.

따라서 이 문항의 정답에는 이상이 없습니다.

독해력을 길러 주는 지문 분석

1문단 **문단 요약** 기체의 상태에 영향을 미치는 요소는 압력(P), 온도(T), 부피(V)이며, 이것들의 상관관계를 1몰의 기체에 대해 표현한 이상 기체 상태 방정식은 $P=\dfrac{RT}{V}$(R: 기체 상수)가 된다. 이상 기체란 분자 자체의 부피와 분자 간 상호 작용이 없다고 가정한 기체이다.

핵심어(구) 이상 기체 상태 방정식, 이상 기체

중심 내용 이상 기체 상태 방정식과 이상 기체의 개념

2문단 **문단 요약** 실제 기체에는 분자 자체의 부피와 분자 간 상호 작용 때문에 이상 기체 상태 방정식이 잘 맞지 않는다. 분자 간 상호 작용은 인력과 반발력에 의해 발생하는데, 인력은 온도를 높이거나 분자 간 거리가 멀어지면 감소하고, 반발력은 분자들이 맞닿을 정도가 되면 급증한다.

핵심어(구) 실제 기체, 잘 맞지 않는다

중심 내용 이상 기체 상태 방정식이 실제 기체에 잘 맞지 않는 이유

3문단 **문단 요약** 부피가 V인 용기 안에 있는 1몰의 실제 기체에서 기체 분자가 운동할 수 있는 자유 이동 부피는 이상 기체에 비해 b(분자의 자체 부피)만큼 줄어든 V−b가 되고, 압력은 분자 사이의 인력에 의한 상호 작용으로 분자들이 서로 끌어당기므로 이상 기체보다 $\dfrac{a}{V^2}$(a: 비례 상수)만큼 낮아진다.

핵심어(구) (실제 기체의) 자유 이동 부피, 압력

중심 내용 실제 기체와 이상 기체의 차이점

4문단 **문단 요약** 실제 기체의 분자 자체 부피와 분자 사이의 인력에 의한 압력 변화를 고려함으로써 이상 기체 상태 방정식을 보정한 반데르발스 상태 방정식($P=\dfrac{RT}{V-b}-\dfrac{a}{V^2}$)은 실제 기체의 압력, 온도, 부피의 상관관계를 이상 기체 상태 방정식보다 잘 표현할 수 있게 해 주었다. 이처럼 자연현상을 정확하게 표현하기 위해 단순한 모형을 정교한 모형으로 수정해 나가는 것은 과학 연구에서 매우 중요한 절차 중의 하나이다.

핵심어(구) 반데르발스 상태 방정식

중심 내용 이상 기체 상태 방정식을 보정한 반데르발스 상태 방정식

주제 이상 기체 상태 방정식을 보정한 반데르발스 상태 방정식과 그 의의

---

04 세부 내용 확인

◎ ⑤가 정답인 이유 2문단에서 실제 기체의 분자 간 상호 작용은 인력과 반발력에 의해 발생하고, 인력은 분자 사이의 거리가 멀어지면 감소한다고 했다. 이 부분을 통해 볼 때 ⑤는 2문단의 내용과 일치하지 않는 진술이다.

① 1문단의 둘째 문장과 압력과 온도, 부피의 상관관계를 표현한 이상 기체 상태 방정식에서 확인할 수 있다.

② 이상 기체의 개념을 설명한 **1문단의 넷째 문장**에 그대로 제시되어 있는 정보이다.

> * 가상(假想): 가짜로(또는 가정하여) 상상한 것. 사실이 아니거나 사실 여부가 분명하지 않은 것을 사실이라고 가정하여 생각함.
> * 가정(假定): 가짜로(또는 임시로) 정한 것. 결론에 앞서 논리의 근거로 어떤 조건이나 전제를 내세움. 또는 그 조건이나 전제.

③ **3문단의 셋째 문장**에서 확인할 수 있다.

④ **2문단의 넷째 문장**에서 확인할 수 있다.

05 세부 정보의 확인   정답 ⑤

◎ **⑤가 정답인 이유** **3문단**에서 '부피가 V인 용기 안에 들어 있는 1몰의 실제 기체에서, 분자의 자체 부피를 b라 하면 기체 분자가 운동할 수 있는 자유 이동 부피는 이상 기체에 비해 b만큼 줄어든 V−b가 된다.'고 했다. 이상 기체보다 줄어든다는 것은 ㉠보다 ㉡이 작다는 것이므로 ㉠에서 기체 분자가 운동할 수 있는 자유 이동 부피는 ㉡에서보다 '크다'고 해야 맞다.

대부분의 학생들이 정답에 답했지만 나머지 답지들이 오답인 근거도 지문에서 찾아보자.

① **1문단의 셋째 문장과 4문단의 셋째 문장**에서 확인할 수 있다.

② **3문단**에서 '기체의 부피가 줄면 분자 간 거리도 줄어 인력이 커진다'고 했고, **4문단**에서는 이와 같은 변화를 고려하여 ㉠을 보정한 것이 ㉡이라고 했다.

③ **4문단의 마지막 문장**에서 확인할 수 있다.

④ **4문단**에서 ㉡$\left(P=\dfrac{RT}{V-b}-\dfrac{a}{V^2}\right)$은 실제 기체의 분자 자체 부피(b)와 분자 사이의 인력에 의한 압력 변화$\left(\dfrac{a}{V^2}\right)$를 고려하여 ㉠$\left(P=\dfrac{RT}{V}\,(\text{R: 기체 상수})\right)$을 보정한 것이라고 한 데서 확인할 수 있다.

06 그래프에의 적용   정답 ②

◎ **②가 정답인 이유** 그래프가 있을 때는 그래프를 설명한 내용과 그래프의 세로축과 가로축이 무엇을 가리키는지부터 파악한다. 〈보기〉에서 A, B는 실제 기체이고, C는 이상 기체라고 했으며, 〈보기〉의 그래프는 같은 온도에서의 부피와 압력 사이의 관계를 나타낸 것이라고 했는데, 그래프 A, B, C는 모두 압력이 높으면 부피가 줄어드는, 압력과 부피가 반비례 관계에 있음을 보여 준다.

〈보기〉의 내용과 그래프를 위와 같이 이해한 다음에는 답지의 옳고 그름을 판단해 나가는데, 이때 중요한 것은 〈보기〉의 그래프 해석과 지문의 내용을 연결해 판단해야 한다는 것이다.

> • 〈보기〉의 그래프에서 알 수 있는 사실: 압력이 P_1과 P_2 사이일 때 A와 B 모두 C보다 부피가 작고, A가 B보다 부피가 더 작다.
> • 지문에서 확인할 수 있는 내용
> (1) 실제 기체에서의 부피는 분자 간의 인력(잡아당기는 힘)과 반발력(되받아 튕기는 힘)에 의해 영향을 받는다. (**2문단**)
> (2) 기체의 부피가 줄면 인력이 커진다. (**3문단**)
> (3) (1)과 (2)를 통해 인력이 반발력보다 크면 부피가 줄어들고, 반발력이 인력보다 크면 부피가 늘어난다는 것을 알 수 있다.

따라서 A와 B는 C보다 부피가 작으므로 A, B 모두 인력이 반발력보다 크다는 것을 알 수 있고, A와 B를 비교해 보면 A가 B보다 인력의 영향을 더 크게 받는다는 것을 알 수 있으므로 ②의 해석은 적절하다.

가장 많이 질문한 오답은? ④, ③, ① 순

✗ **④가 오답인 이유** 이 문제는 정답을 포함해서 반발력과 인력의 관계를 언급한 ②, ③, ④에 답한 학생들이 많았다. 반발력과 인력의 관계는 '②가 정답인 이유'에서 이해할 수 있다.

그래프에서 압력이 P_3보다 높을 때를 보면 A와 B 모두 C보다 부피가 크므로 A, B 모두 인력보다 반발력이 크다는 것을 알 수 있다. 그리고 A와 B를 비교해 보면 B의 부피가 A보다 더 큰데, 이것은 B가 A보다 반발력의 영향을 더 크게 받은 것이므로, A가 B보다 반발력의 영향을 더 크게 받는다고 한 것은 적절하지 않다.

 다시 볼 내용 메모하기

✗ ③이 오답인 이유 오답률이 가장 높았던 답지는 ④였지만, 평가원에 이의 제기가 많았던 답지는 ③이었다. 반발력과 인력의 관계는 알 수 없는 것 아니냐는 질문이 많았는데, 사실, 그래프만 보더라도 A와 B의 인력과 반발력은 다른 조건이라는 것을 알 수 있다. 왜냐하면 압력이 P₂와 P₃ 사이일 때, C(이상 기체)보다 A의 부피가 작게 나타나 있기 때문에 A는 인력이 반발력보다 크다는 것을 알 수 있고, B는 C보다 부피가 크게 나타나 있기 때문에 인력보다 반발력이 크다는 것을 알 수 있다. 따라서 A, B 모두 동일하게 반발력보다 인력의 영향을 더 크게 받는다고 한 것은 잘못된 판단이다. 아래에서 '평가원 타당성 심사 결과 답변'을 참조하자.

✗ ①이 오답인 이유 2문단에서 분자 간의 상호 작용은 인력과 반발력에 의해 발생한다고 했다. 그래프를 보면 압력이 P₁에서 0에 가까워지면 A, B 모두 부피가 증가하고 있다. 2문단에서 부피가 늘어나면 분자 간 거리가 멀어지고, 분자 간 거리가 멀어지면 인력은 감소하게 된다고 한 점으로 미루어 볼 때 인력 감소는 분자 간 상호 작용의 감소로 이어지므로 ①은 그래프와 지문의 내용을 잘못 분석한 것이다.

⑤에 답한 학생들은 거의 없었는데, 2문단 끝의 '반발력 때문에 실제 기체의 부피는 압력을 아무리 높이더라도 이상 기체에서 기대했던 것만큼 줄지 않는다.'에서 그 근거를 바로 찾을 수 있었기 때문이다.

이의 신청 문항 – 평가원 타당성 심사 결과 답변

이 문항은 지문에 설명된 이상 기체와 실제 기체 간의 차이에 대한 이해를 바탕으로 〈보기〉의 그래프를 정확하게 해석할 수 있는지를 묻고 있습니다. 이의 제기의 주된 내용은 실제 기체에서 반발력과 인력의 작용 양상을 알기 어려운바, 오답지 ③도 적절할 수 있다는 것입니다.

그러나 지문 둘째 문단의 "하지만 분자들이~줄지 않는다."와 셋째 문단의 "한편 실제 기체는~압력이 낮아진다." 등에서 설명되어 있듯이, 같은 압력에서 실제 기체의 부피는 반발력이 인력보다 클 때는 이상 기체에 비해 더 크고, 인력이 반발력보다 클 때는 이상 기체에 비해 더 작습니다. 그래프의 P₂−P₃ 구간에서 이상 기체보다 A는 부피가 작고 B는 부피가 크므로, A는 반발력보다 인력이 더 크고 B는 인력보다 반발력이 더 크다는 것을 알 수 있습니다. 따라서 답지 ③은 적절하지 않습니다.

그러므로 이 문항의 정답에는 이상이 없습니다.

〈국어 개념어〉정복

기출 예시를 통해 익히기
개념별로 오답 노트 만들기
➜ 복습할 때 예시를 덧붙여 메모하고,
➜ 내가 메모한 오답 노트 다시 보기

- 내가 공부한 내용에서 예시를 통해 정확한 의미를 익힙니다.
- [매3어휘]를 처음부터 끝까지 한 번 읽은 후 수시로 들춰 봅니다.

7~8 과학: 단안 단서를 통한 입체 지각 2014학년도 6월 모의평가(B형)

독해력을 길러 주는 지문 분석

1문단 <u>문단 요약</u> <u>세계를 3차원으로 파악하는 입체 지각은 양안 단서는 물론 단안 단서를 통해서도 이루어진다.</u>

> • 양안 단서: 양쪽 눈이 함께 작용하여 얻어지는 단서
> • 단안 단서: 한쪽 눈으로 얻을 수 있는 단서

핵심어(구) 입체 지각, 단안 단서
중심 내용 단안 단서를 활용한 사람의 입체 지각

2문단 <u>문단 요약</u> <u>단안 단서에는 물체의 상대적 크기, 직선 원근, 결 기울기 등이 있다.</u>

> • 물체의 상대적 크기: 동일한 물체라도 큰 것이 더 가까이에 있다고 인식함.
> • 직선 원근: 앞으로 뻗은 길이나 레일에서 평행선의 폭이 넓은 쪽이 좁은 쪽보다 가까이에 있다고 인식함.
> • 결 기울기: 같은 대상이 집단적으로 분포할 때 앞쪽은 크고 뒤쪽으로 가면서 작아지는 것으로 인식함.

핵심어(구) 단안 단서, 물체의 상대적 크기, 직선 원근, 결 기울기
중심 내용 단안 단서의 종류 (1) – 물체의 상대적 크기, 직선 원근, 결 기울기

3문단 <u>문단 요약</u> <u>단안 단서의 하나인 '운동 시차'는 관찰자가 운동할 때 정지한 물체들(나무)이 얼마나 빠르게 움직이는 것처럼 보이는지를 통해 물체들까지의 상대적 거리에 대한 실마리를 얻는 것이다.</u>
핵심어(구) 운동 시차
중심 내용 단안 단서의 종류 (2) – 운동 시차(관찰자가 운동할 때 활용)

4문단 <u>문단 요약</u> <u>머리의 좌우 측면에 눈이 있어 양안 단서를 활용하지 못하는 동물들도 단안 단서를 활용하여 입체 지각을 한다.</u>
핵심어(구) 동물들도 단안 단서를 활용하여 입체 지각
중심 내용 단안 단서를 활용한 동물들의 입체 지각

주제 단안 단서를 활용해 이루어지는 입체 지각

---

07 내용 추론
정답 ④

○ ④가 정답인 이유 '직선 원근'은 단안 단서의 예이다(2문단). 단안 단서는 한쪽 눈으로 얻을 수 있는 것이고, 양쪽 눈이 함께 작용하여 얻어지는 것은 양안 단서(1문단)이다.

나머지 답지들의 근거도 찾아보자.

① 4문단의 '머리의 좌우 측면에 눈이 있는 동물들은 양쪽 눈의 시야가 겹치는 부분이 거의 없어 양안 단서를 활용하지 못한다.'에서 미루어 알 수 있다.

② 1문단의 '단안 단서는 한쪽 눈으로 얻을 수 있는 것인데, 사람은 단안 단서만으로도 이전의 경험으로부터 추론에 의하여 세계를 3차원으로 인식할 수 있다.'에서 미루어 알 수 있다. ②가 오답인 이유를 질문한 내용과 답변(Q&A)도 챙겨 보자.

③ 1문단의 '양쪽 눈에서 보내오는, 시차(視差)가 있는 유사한 상'에서 미루어 알 수 있다.

⑤ **4문단**의 '어떤 새들은 머리를 좌우로 움직였을 때 정지된 물체가 움직여 보이는 정도에 따라 물체까지의 거리를 파악한다.'와, **3문단**에서 운동으로부터 단안 단서를 얻을 수 있다는 설명에서 '기차를 타고 가다 창밖을 보면 가까이에 있는 나무는 빨리 지나가고 멀리 있는 산은 거의 정지해 있는 것처럼 보인다.'라고 한 것에서 미루어 알 수 있다.

Q&A

Q 지문에서 '사람은 단안 단서만으로도 이전의 경험으로부터 추론에 의하여 세계를 3차원으로 인식할 수 있다.'라고 했는데, ②에서 '원래 눈이 하나'라면 이전에 경험한 것이 없다는 말 아닌가요? 왜 ②가 옳은 것인지 모르겠어요!

A ②에 대한 해설에서 설명했듯이 1문단의 '사람은 단안 단서만으로도 이전의 경험으로부터 추론에 의하여 세계를 3차원으로 인식할 수 있다. 망막에 맺히는 상은 2차원이지만…다양한 실마리들을 통해 입체 지각이 이루어진다.'에서 ②가 적절한 진술이라는 것을 알 수 있습니다. 인용한 문장에서 '이전의 경험'은 단안 단서를 통해 입체 지각을 했던 경험을, '다양한 실마리들'은 '물체의 상대적 크기, 직선 원근, 결 기울기, 운동 시차'를 말합니다.

4문단에서 예로 든 '머리의 좌우 측면에 눈이 있는 동물들'에 대한 설명도 ②가 적절한 진술이라는 것을 뒷받침해 줍니다. 이런 동물들은 양안 단서를 활용하지 못하고 단안 단서를 통해 입체 지각을 한다고 했는데, '머리의 좌우 측면에 눈이 있는 것'은 원래부터 그런 것으로, '원래 눈이 하나'인 것과 비슷합니다.

08 구체적 사례에의 적용
정답 ①

O **①이 정답인 이유** (가)는 잠자는 여우를 본 다람쥐가 도망갈 궁리를 하는 상황이다. 이때 다람쥐는 자신과 여우를 연결하는 선에 대하여 직각 방향으로 움직였다고 했는데, 이것은 운동 시차를 이용한 것이다. 운동 시차를 이용했다는 것을 알 수 있는 근거는 **3문단**에 있는데, 이를 〈보기〉의 (가)와 연결하면 다음과 같다.

3문단	〈보기〉의 (가)
관찰자가 운동할 때	다람쥐가 움직일 때
정지한 물체	잠자는 여우
물체들까지의 상대적 거리	(여우와의 거리)

즉, 다람쥐가 한 행동이 입체 지각을 얻기 위한 것이라면 다람쥐는 '운동 시차'를 이용하여 여우와의 거리를 파악한 것으로 볼 수 있다.

가장 많이 질문한 오답은? ④

X **④가 오답인 이유** (나)에서 축구공이 빠르게 작아지는 것은 축구공이 멀어지는 것이고, 빠르게 커지는 것은 가까워지는 것이다. 이것을 2문단의 '결 기울기'에서 예로 든, 들판에 만발한 꽃의 원근감과 연결한 학생들이 많았다. 하지만, (나)는 '들판에 만발한 꽃', 즉 꽃이 집단적으로 분포하는 예와는 거리가 멀다. 축구공은 여러 개가 아니기 때문이다. (나)의 사례를 지문과 연결해 보자.

〈보기〉의 (나)	지문 – 2문단
축구공	동일한 물체
빠르게 작아지기도 하고, 빠르게 커지기도 하는 축구공	크기가 다르게 시야에 들어옴.
빠르게 커지는 축구공이 자기에게 다가온다고 인식해 놀라서 도망감.	더 큰 시각을 가진 쪽이 더 가까이 있다고 인식

위 표와 같이 (나)와 지문을 연결해 보면, (나)는 '결 기울기'가 아닌, 단안 단서의 첫 번째 사례인 '물체의 상대적 크기'에 해당한다는 것을 알 수 있다.

나머지 답지들에 답한 학생들은 드물었지만, 이들 답지들이 오답인 이유도 살펴보자.

② 4문단에서 '머리의 좌우 측면에 눈이 있는 동물들은 양쪽 눈의 시야가 겹치는 부분이 거의 없어 양안 단서를 활용하지 못한다.'고 했다.

③ 3문단에서 '기차를 타고 가다 창밖을 보면 가까이에 있는 나무는 빨리 지나가고 멀리 있는 산은 거의 정지해 있는 것처럼 보인다.'고 했다.

⑤ '④가 오답인 이유'를 참고하면 (나)는 동일한 물체가 크기가 다르게 시야에 들어오는 경우이고, 이는 단안 단서에 해당한다. 따라서 강아지는 한쪽 눈을 가려도 물체의 상대적 크기를 인식할 수 있어 놀라는 행동을 보일 것이다.

✔ 매일 복습 확인 문제

1 다음 글과 부합하면 ○, 그렇지 않으면 ×로 표시하시오.

(1) 물은 수분 퍼텐셜이 높은 쪽에서 낮은 쪽으로 별도의 에너지 소모 없이 이동한다. 일반적으로 토양에서 뿌리, 줄기, 잎으로 갈수록 수분 퍼텐셜이 낮아지고, 그에 따라 물은 뿌리에서 줄기를 거쳐 잎에 도달한 후 기공을 통해 대기 중으로 확산된다. → 뿌리의 수분 퍼텐셜이 토양의 수분 퍼텐셜보다 높아 물이 토양에서 뿌리로 이동한다. ………………………………………… (   )

(2) 실제 기체는 분자 사이의 인력에 의한 상호 작용으로 분자들이 서로 끌어당기므로 이상 기체보다 압력이 낮아진다. 이때 줄어드는 압력은 기체 부피의 제곱에 반비례한다. → 실제 기체에서 분자 간 상호 작용은 기체 압력에 영향을 준다. ………………………………………… (   )

(3) 양안 단서는 양쪽 눈이 함께 작용하여 얻어지는 것으로, 양쪽 눈에서 보내오는, 시차(視差)가 있는 유사한 상이 대표적이다. → 사람의 경우에 양쪽 눈의 망막에 맺히는 상은 비슷해 보이지만 차이가 있다. …………… (   )

2 다음은 밑줄 친 어휘의 뜻을 '매3어휘 풀이'를 적용하여 제시한 것이다. {   }에서 적절한 말을 골라 ○로 표시하시오.

(1) 기공의 개폐: 열고{개방 / 개설} 닫음{폐쇄}.

(2) 가상의 기체: {추가 / 가정}하여 상상한 것.

정답 1. (1) × (2) ○ (3) ○ 2. 1. (1) 개방 (2) 가정

정답	01 ⑤	02 ①	03 ⑤	04 ①	05 ⑤
	06 ③	07 ②	08 ④	09 ③	10 ④
	11 ③				

1~4 │ 과학 : 양자 역학의 불확정성 원리   2012학년도 수능

독해력을 길러 주는 지문 분석

1문단 │ 문단 요약 │ 양자 역학의 불확정성 원리는 우리가 물체를 '본다'는 것의 의미를 재고하게 하는데, 무엇을 본다는 것은 대상에서 튕겨 나오는 광양자를 지각하는 것이다.
핵심어(구) 양자 역학의 불확정성 원리, '본다'는 것의 의미, 광양자를 지각하는 것
중심 내용 양자 역학의 불확정성 원리와 '본다'는 것의 의미

2문단 │ 문단 요약 │ 광양자가 대상에 부딪쳐 튕겨 나올 때 대상에 충격을 주게 되는데, 책이나 야구공에 광양자가 충돌할 때 교란(충격)이 생기지만 작기 때문에 아무 변화가 없어 보이는 것이다.
핵심어(구) 책이나 야구공에 광양자가 충돌, 교란, 아무 변화가 없어 보이는 것
중심 내용 책이나 야구공에 광양자가 충돌할 때 생기는 교란은 무시할 수 있음.

3문단 │ 문단 요약 │ 과학자들은 대상의 교란을 줄여 나가면 물리량 측정의 정밀도를 높이는 데 한계가 없다고 생각했지만, 소립자의 세계를 다루면서 이러한 생각이 잘못임을 깨달았다.
핵심어(구) 측정의 정밀도를 높이는 데 한계, 소립자의 세계
중심 내용 측정의 정밀도를 높이는 데 한계가 있는 소립자의 세계

4문단 │ 문단 요약 │ 전자의 운동 상태를 알려면, 전자에 교란을 적게 일으키면서 동시에 운동량과 위치를 측정해야 하는데, 이때 운동량은 '물체의 질량×속도'이다.
핵심어(구) 교란을 적게, 운동량과 위치
중심 내용 전자의 운동 상태를 알기 위한 조건

5문단 │ 문단 요약 │ 전자를 '보기' 위해 빛을 쏘아 전자와 충돌시킨 후 튕겨 나오는 광양자를 관측할 때, 운동량이 작은 광양자를 충돌시키면 전자의 위치 측정이 부정확해지고, 운동량이 큰 광양자를 충돌시키면 운동량 측정의 부정확성이 커진다. 이처럼 전자의 운동량의 불확실성과 위치의 불확실성은 반비례 관계에 있어, 이 둘을 동시에 줄일 수 없는데, 이것이 불확정성 원리이다.
핵심어(구) 불확정성 원리
중심 내용 불확정성 원리 – 전자의 운동량의 불확실성과 위치의 불확실성을 동시에 줄일 수 없음.

주제   양자 역학의 불확정성 원리

* 광양자 : 빛의 입자. 곧 빛을 입자의 모임이라고 볼 때의 입자.
* 소립자 : 현대 물리학에서, 물질 또는 장(場)을 구성하는 데 가장 기본적인 단위로 설정된 작은 입자를 통틀어 이르는 말. 광양자, 전자, 양성자, 중성자, 중간자, 중성 미자, 양전자 따위.
* 전자 : 음전하를 가지고 원자핵의 주위를 도는 소립자의 하나.

---

01 내용 추론 및 이해   정답 ⑤

○ ⑤가 정답인 이유 ⑤는 5문단의 '광양자의 운동량이 큰 빛을 쓰면 광양자와 충돌한 전자의 속도가 큰 폭으로 변하게 되어 운동량 측정의 부정확성이 오히려 커지게 된다.'에 어긋나는 진술이다. 나머지 답지들이 오답인(적절한) 이유도 살펴보자.

① 5문단의 '운동량이 작은 광양자를 충돌시키면 전자의 운동량을 적게 교란시켜 운동량을 상당히 정확하게 측정할 수 있다.'에서 알 수 있다.

② 3문단에서 물리학자들은 '측정의 정밀도를 높이는 데 한계가 없다고 생각'했고, 또 그것이 잘못임을 깨달았다고 한 것에서 알 수 있다.

③ 4문단의 '운동량은 물체의 질량과 속도의 곱으로 정의되는 양이다.'에서 알 수 있다.

④ 2문단에서 '날아가는 야구공에 플래시를 터뜨'리는 것을 '야구공에 광양자가 충돌'하는 것으로 표현한 것에서 알 수 있다.

---

02 세부 내용 확인   정답 ①

○ ①이 정답인 이유 '무엇을 본다는 것은 대상에서 방출되거나 튕겨 나오는 광양자를 지각하는 것'인데(1문단), '광양자는 대상에 부딪쳐 튕겨 나올 때 대상에 충격을 주게' 된다(2문단)고 했다. 그리고 '책이나 야구공에 광양자가 충돌할 때에도 교란이 생기지만 그 효과는 무시할 만'(2문단)하지만, 전자를 '보기' 위해 운동량이 작은 광양자를 충돌시키면 관측 순간의 전자의 위치 측정이 부정확해지고 광양자의 운동량이 큰 빛을 쓰면 광양자와 충돌한 전자의 속도가 큰 폭으로 변하게 된다(5문단)고 했다. '전자'를 보기 위해 전자에 광양자가 충돌할 때에는 교란이 크게 생긴다는 것이다. 따라서 ①은 ⓒ과 구별되는 ⊙의 특성으로 적절하다.

가장 많이 질문한 오답은? ③

✕ ③이 오답인 이유 책에 비해 전자는 너무 작아 감지하기 어렵긴 하다. 하지만, 광양자를 이용하면 감지할 수 있다. 5문단에서 그 근거를 확인할 수 있다. → 불가능하다 ✕

---

03 사례 적용의 적절성 판단   정답 ⑤

○ ⑤가 정답인 이유 5문단에서 광양자의 운동량과 빛의 파장의 길이에 따른 전자의 위치 측정에 대한 정확성을 다음과 같이 언급했다.

> (1) 운동량이 작은 빛-긴 파장-전자의 위치 측정이 부정확해짐.
> (2) 운동량이 큰 빛-짧은 파장-운동량 측정의 부정확성이 커짐.

답지 ⑤를 (1)과 연결해 보면, 긴 파장의 빛을 사용하면 전자 위치의 측정 오차 범위는 ⓒ보다 더 커질 것이므로 ⑤는 5문단의 내용에 어긋나는 진술이다.

X **③이 오답인 이유** 〈보기〉에서 일정한 파장의 빛을 쏘아서 측정한 전자의 운동량은 ⓐ였고, 그 측정 오차 범위는 ⓑ보다 줄일 수 없었다고 했다. 그렇다면 오차 범위는 ⓑ가 최솟값이 되므로 실험의 정밀도에 따라 운동량의 측정 오차는 최솟값 ⓑ보다 커질 수밖에 없다는 것을 알 수 있다.

나머지 답지들이 오답인(옳은) 근거를 찾아보자.

① **5문단**의 '운동량이 작은 광양자를 충돌시키면 전자의 운동량을 적게 교란시켜 운동량을 상당히 정확하게 측정할 수 있다.'

② **4문단**의 '운동량은 물체의 질량과 속도의 곱으로 정의되는 양이다.'

④ **5문단**의 '광양자의 운동량이 큰 빛을 쓰면 광양자와 충돌한 전자의 속도가 큰 폭으로 변하게 되어 운동량 측정의 부정확성이 오히려 커지게 된다.'

04 어휘의 의미 이해   정답 ①

O **①이 정답인 이유** '어휘 문제 3단계 풀이법'을 적용해 보자.

• 1·2단계: 핵심을 간추린 후 '매3어휘 풀이' 떠올리기

> 물리량을 측정할 때 오차를 줄여 정밀도를 높이다
> *계산하다, 재다, 헤아리다, 셈하다, …*

→ 측정하는 대상이 '물리량'이다.

• 3단계: 답지에 제시된 어휘 대입하기

> 물리량을 측정하다 → 잡아 보다, 대중해 보다(어림짐작해 보다), 재어 보다, 가늠해 보다, 어림하여 보다.

→ '잡아 보다'만 어색하다. '단위를 10개로 잡는다'고 할 때의 '잡다'는 '측정하다'가 아니라 '기준으로 삼다'의 뜻이기 때문이다.

5~8 **과학: 운동생리학적 원리**   2012학년도 6월 모의평가

독해력을 길러 주는 지문 분석

1문단 **문단 요약** 운동을 수행할 때 작용하는 운동생리학적 원리는 운동 강도에 비례하여 다리 근육에서 발현되는 근수축력이 증가한다는 것이다.
핵심어(구) 운동생리학적 원리
중심 내용 운동생리학적 원리 – 운동 강도에 비례하여 근수축력이 증가함.

2문단 **문단 요약** 다리 근육을 포함한 골격근은 근섬유들로 이루어져 있고, 운동 신경의 지배를 받는 근섬유는 지근섬유와 속근섬유로 구분된다. 하나의 운동 신경에 연결되는 근섬유가 많을수록 근육의 수축력은 증가하므로, 속근섬유로 구성된 운동 단위가 더 강한 수축력을 발생시킨다.

지근섬유(=적근섬유)	속근섬유(=백근섬유)
• 미오글로빈*의 함량이 높음. • 붉은색 • 하나의 운동 신경에 10~180개가 연결됨.	• 미오글로빈의 함량이 적음. • 흰색 • 하나의 운동 신경에 300~800개가 연결됨.

* 미오글로빈: 근육 내 산소 저장과 운반에 관여함.

핵심어(구) 근섬유, 지근섬유, 속근섬유
중심 내용 근섬유의 종류

3문단 **문단 요약** 근섬유의 종류에 따라 수축력, 수축 속도, 피로에 대한 저항력이 다르다. 이에 따라 사람마다 어떤 근섬유 비율이 높은지에 따라 적합한 운동이 다르다.

구분	수축력	수축 속도	피로 저항력	적합한 운동
지근섬유	낮음	느림	높음	장거리 운동
b형 속근섬유	높음	빠름	낮음	단거리 운동
a형 속근섬유	중간	중간	중간	

핵심어(구) 수축력, 수축 속도, 피로에 대한 저항력
중심 내용 근섬유들의 종류에 따른 특징 및 그에 적합한 운동

4문단 **문단 요약** 운동 강도가 점진적으로 증가할 때 근육의 수축력도 이에 비례하여 높아진다. 여기에 적용되는 크기의 원리에 따르면, 운동 강도가 점차 높아질 때 운동 단위는 크기에 따라 '지근 섬유 → a형 속근섬유 → b형 속근섬유'가 순차적으로 동원(추가)된다.
핵심어(구) 운동 강도, 크기의 원리, 운동 단위
중심 내용 운동 강도에 따라 동원되는 운동 단위

주제 운동할 때 작용하는 운동생리학적 원리와 특징

05 세부 정보 확인   정답 ⑤

O **⑤가 정답인 이유** 2문단의 '지근섬유는 하나의 운동 신경에 10~180개 정도가 연결되고, 속근섬유는 300~800개 정도가 연결된다.'를 보면 지근섬유보다 속근섬유의 수가 더 많다는 것을 알 수 있다. 이 문제는 답지의 근거가 모두 **2문단**에 제시되어 있어 비교적 쉽게 정답에 답했다고 한다.

나머지 답지들이 오답인(일치하는) 근거는 다음과 같다.

① '이때 하나의 운동 신경과 이에 의해 지배되는 근섬유들을 '운동 단위'라고 부른다.' (**2문단**)

② '미오글로빈의 함량이 적어 흰색을 띠는 속근섬유는 백근섬유라고 한다.' (**2문단**)

③ '다리 근육을 포함한 골격근은 수많은 근섬유들로 이루어져 있다. 이러한 근섬유들은 운동 신경의 자극에 의해 수축되는데,~' (**2문단**)

④ '하나의 운동 신경에 연결되는 근섬유가 많을수록 근육의 수축력은 증가한다.' (**2문단**)

06 그래프에의 적용   정답 ③

O **③이 정답인 이유** 4문단에서 설명하고 있는 크기의 원리(㉠)를 이해하되, 이와 같은 문제는 그래프의 가로축과 세로축부터 확인한 다음, 그래프를 구분한 범례(답지 ⑤ 옆에 있는 설명)를 체크한다. 그래프의 가로축과 세로축부터 보면 운동 강도와 근섬유 사용 비율의 관계를 따져야 하는 문제임을 알 수 있고, 범례를 보면 운동 강도에 따라 지근섬유와 a형 속근섬유, b형 속근섬유가 어떻게 동원되는지를 확인하면 된다는 것을 알 수 있다. 따라서 4문단의 내용과 답지의 그래프를 연결하면 쉽게 정답을 찾을 수 있다.

4문단의 내용과 그래프를 비교·대조해 보자. **4문단**에서 저강도 운동을 할 때는 지근섬유가 동원되고, 중강도의 '달리기'에서는 지근섬유에 a형 속근섬유가 추가적으로 동원되고, 고강도의 '전력 질주'에서는 지근섬유와 a형 속근섬유에 b형 속근섬유가 추가적으로 활성화된다고 했다. 이 내용을 그래프로 가장 잘 표현한 것은, 운동 강도가 높아질수록 '지근섬유-a형 속근섬유-b형 속근섬유'의 순서로 근섬유들이 <u>추가적으로 동원되는</u> 것을 잘 드러낸 ③이다.

07 구체적 사례에의 적용

정답 ②

◎ **②가 정답인 이유** 〈보기〉에는 속근섬유의 비율이 서로 다른 세 명의 운동선수가 제시되어 있다. 〈보기〉와 답지를 통해 볼 때 [가]에서 확인해야 하는 정보는 속근섬유의 비율에 따른 근육의 피로 저항력(①)과 근육의 수축 속도(②), 수축력(③), 적합한 운동의 종류(④, ⑤)라는 것을 알 수 있다. 이것을 [가]에 제시된 정보를 통해 정리하면 다음과 같다.

구분	근섬유 종류의 특징	근거
수축 속도	지근섬유에 비해 속근섬유가 수축 속도가 빠름.	• 지근섬유는 상대적으로 낮은 수축력과 느린 수축 속도, 높은 피로 저항력을 지니고 있다.
수축력	지근섬유에 비해 속근섬유가 수축력이 높음.	
피로 저항력	지근섬유에 비해 속근섬유가 피로 저항력이 낮음.(피로 저항력이 낮다는 것은 빨리 피로해진다는 것임.)	• 지근섬유는 상대적으로 낮은 수축력과 느린 수축 속도, 높은 피로 저항력을 지니고 있다. • b형 속근섬유는 지근섬유에 비해 빨리 피로해지는 속성을 가지고 있으나 신속하고 폭발적인 수축력을 발생시킨다. 반면에 a형 속근섬유는 지근섬유와 b형 속근섬유의 중간 속성을 가지고 있어~
적합한 운동	지근섬유 비율이 높은 사람은 마라톤에, 속근섬유 비율이 높은 사람은 100m 달리기에 적합	• 근육의 지근섬유 비율이 높은 사람은 지구력이 강해 마라톤과 같은 장거리 운동에 적합하다. • 속근섬유 비율이 높은 사람은 100m 달리기와 같은 단거리 운동에 적합하다.

위 표를 통해 볼 때 속근섬유의 비율이 C보다 낮은 B는 장딴지 근육의 수축 속도가 느리다는 것을 알 수 있다.

가장 많이 질문한 오답은? ①

✕ **①이 오답인 이유** '속근섬유는 지근섬유에 비해 빨리 피로해지는 속성을 가지고 있다'고 했다. 빨리 피로해진다는 것은 피로 저항력이 낮다는 것이다. 여기서 피로 저항력은 속근섬유의 비율이 높을수록 낮다는 것을 알 수 있고, A는 B보다 속근섬유 비율이 낮으므로 피로 저항력은 높을 것임을 알 수 있다.

③ 낮다 ✕ → 높다

④ B ✕ → C

⑤ C ✕ → A

08 어휘의 문맥적 의미 이해

정답 ④

◎ **④가 정답인 이유** ⓐ에서 '가볍다'는 것은 걷기 운동이 빠르게 뛰기 운동보다 가볍다는 것이다. 답지에 쓰인 '가볍다'는 무엇이 가볍다는 것인지를 체크한다. ①은 가벼운 이불(이불의 무게가 적게 나감.), ②는 가벼운 주머니(쓸 돈이 적음, 줄어듦.), ③은 가벼운 입(비밀을 못 지킴.), ④는 가벼운 활동(움직임에 부담이 적음.), ⑤는 (사태를) 가볍게 봄.(가볍게 여김. 대수롭지 않게 여김.)…과 같이 무엇이 가벼운지를 추려 보면 '가볍게 걷기'는 '가벼운 활동'과 유사하다는 것을 알 수 있다.

9~11 과학: 데카르트 좌표계   2012학년도 9월 모의평가

독해력을 길러 주는 지문 분석

1문단 [문단 요약] 데카르트는 '좌표'의 개념을 제시하여 수학 분야에서도 불후의 업적을 남겼는데, 이 개념은 해석 기하학의 토대를 놓았고 파급 효과가 엄청났다. 수학자 라그랑주는 '좌표'의 발명으로 기하학과 대수학이 빠르게 발전할 수 있다고 묘사했다.
  핵심어(구) 데카르트, 좌표
  중심 내용 데카르트 좌표의 성과

2문단 [문단 요약] 데카르트 좌표계는 직교하는 직선들이 만드는 좌표계이다. 데카르트는 방 안에 날아다니는 파리의 순간적인 위치를 나타낼 방법을 찾다가 좌표 개념을 생각해 냈다고 하는데, 서로 직교하는 세 평면 각각에서 파리가 있는 곳까지의 거리를 알면 파리의 위치가 정확하게 결정된다.
  핵심어(구) 데카르트 좌표계
  중심 내용 데카르트 좌표계의 유용성

3문단 [문단 요약] 데카르트의 발견은 좌표를 이용하여 모든 기하학적 형태를 수의 집합으로 나타낼 수 있다는 것을 의미하는데, 대수학의 방정식으로 평면 위의 도형을 정확하게 나타낼 수 있다.
  핵심어(구) 데카르트의 발견, 의미
  중심 내용 데카르트의 발견의 의미

4문단 [문단 요약] 고대 그리스 이래 기하학은 연역적 방법으로 새로운 정리들을 발견해 왔는데, 이 방법으로 도형을 다루는 것은 까다로웠다. 그런데 데카르트의 좌표 개념이 도입되면서 직선, 원, 타원 등 여러 가지 도형을 대수학의 방정식으로 표현할 수 있게 되었고 기하학과 대수학이 연결되어 근대 수학 발전의 토대인 해석 기하학이 탄생했다.
  핵심어(구) 기하학과 대수학이 연결, 해석 기하학 탄생
  중심 내용 데카르트 좌표계의 의의

주제 데카르트 좌표계의 유용성과 의의

09 내용 추론 정답 ③

◎ **③이 정답인 이유** 4문단에서 '고대 그리스 이래 기하학은 … 연역적 방법을 사용'해 왔는데 '이러한 방법으로 도형을 다루는 것은 매우 까다로웠'고, '이 상황에서 데카르트가 좌표 개념을 도입하자 직선, 원, 타원 등 여러 가지 도형을 대수학의 방정식으로 표현할 수 있게 되었다.'고 했다. 이를 통해 볼 때 좌표 개념은 고대 그리스의 기하학에서 찾을 수 없다(있다 ✕).

나머지 답지들의 근거는 다음과 같다.

① 2문단의 '서로 직교하는 세 평면 각각에서 파리가 있는 곳까지의 거리를 알면 파리의 위치가 정확하게 결정되는 것이다.'

② 3문단의 '대수학의 방정식으로 평면 위의 도형을 정확하게 나타낼 수 있다.'

④ 3문단의 '피타고라스의 정리를 이용하면 이 원 위에 있는 점 (x, y)는 원의 방정식 $x^2+y^2=5^2$을 만족시킨다는 것을 쉽게 증명할 수 있다.'

⑤ 2문단의 '누군가가 목표 지점까지 가는 방법을 알려 달라고 했을 때, "동쪽으로 세 블록, 북쪽으로 두 블록 가시오."라고 대답했다면 당신은 데카르트 좌표계를 사용하고 있는 셈이다.'

10 근거 추론 정답 ④

◎ **④가 정답인 이유** 데카르트가 수학 분야에서도 불후의 업적을 남겼다고 평가하는 근거는 1문단과 4문단에서 찾을 수 있다.

• **1문단**: 데카르트는 일견 단순해 보이는 '좌표'라는 개념을 제시했는데, 이 개념으로 그는 해석(解析) 기하학의 토대를 놓았고 그 파급 효과는 엄청났다.

• **4문단**: 데카르트가 좌표 개념을 도입하자 직선, 원, 타원 등 여러 가지 도형(→ 기하학적 문제)을 대수학의 방정식으로 표현할 수 있게 되었다.

11 자료에의 적용 및 이해 정답 ③

◎ **③이 정답인 이유** 〈보기〉에서 사무실의 호수는 각 사무실의 8개의 꼭짓점 중 원점에서 가장 먼 꼭짓점의 좌표를 세 자리의 수로 정하되, 위쪽(k축), 북쪽(l축), 서쪽(m축) 순서로 정한다고 했다. 그렇다면 사무실의 호수는 원점으로부터 사무실까지의 거리가 아니라 세 방향의 좌표를 감안한 것이다.

가장 많이 질문한 오답은? ⑤

✕ **⑤가 오답인 이유** 사무실의 호수는 위쪽, 북쪽, 서쪽 순서로 매겨진다고 한 것을 바탕으로, 111호 사무실을 기준으로 벽면이 맞닿아 있는 사무실에 호수를 매겨 본다. 111호 사무실에서 서쪽으로 벽면이 맞닿아 있는 사무실 호수는 112호, 북쪽으로 벽면이 맞닿아 있는 사무실 호수는 121호, 위쪽으로 벽면이 맞닿아 있는 사무실 호수는 211호이다. 111과 비교할 때 112는 일의 자릿수만, 121은 십의 자릿수만, 211은 백의 자릿수만 다르므로, 세 개의 수 중 두 개가 같다는 것을 확인할 수 있다.

① 2문단에서 데카르트 좌표계는 직교하는 직선들이 만드는 좌표계라고 했다. 모든 사무실이 같은 크기의 정육면체라는 것은 직교하는 세 평면에 좌표를 만든 것과 같으므로 데카르트의 좌표계를 활용한 것으로 볼 수 있다.

② 〈보기〉에서 사무실의 호수는 원점에서 가장 먼 꼭짓점의 좌표 (k, l, m)을 세 자리의 수 'klm'으로 정한다고 했다. 따라서 건물의 위쪽(층)인 k가 백의 자릿수가 된다.

④ 꼭짓점의 좌표는 (k, l, m), 즉 위쪽(k축), 북쪽(l축), 서쪽(m축) 순서로 정해진다고 했다. 〈보기〉의 그림에서 A 사무실의 꼭짓점 중 원점에서 가장 먼 꼭짓점은 위쪽 5, 북쪽 3, 서쪽 3의 위치에 있으므로 좌표는 (5, 3, 3)이 맞다.

이의 신청 문항 – 평가원 타당성 심사 결과 답변

이 문항은 지문에서 논의한 데카르트 좌표계를 실제 상황에 적용한 〈보기〉의 사례에 대해 지문에 근거하여 이해한 내용이 옳은가를 묻고 있습니다.

이 문항의 답지 ①에 대한 이의 제기는 사무실이 정육면체인 것에 착안하여 데카르트 좌표계를 활용하였다는 것을 지문에 근거하여 찾을 수 없다는 것입니다. 하지만 지문의 둘째 문단에서 x, y, z 세 축이 직교하는 좌표계를 데카르트 좌표계라고 설명하였습니다. 그리고 〈보기〉에서는 모든 사무실이 같은 크기의 정육면체임을 주목한다고 하였습니다. 정육면체는 한 점에서 만나는 세 모서리가 직교하고 그 세 모서리의 길이가 같은 입체 도형입니다. 이러한 성질을 이용하면 같은 크기의 정육면체로 구성된 건물에 대해 세 개의 직교하는 축을 상정하고, 각 사무실에 좌표를 하나씩 대응시킬 수 있습니다.

그리고 답지 ③에 대한 이의 제기는 사무실까지의 거리에 따라 사무실의 호수가 정해진다고 볼 수 있다는 것입니다. 하지만 파리의 위치에 대한 지문 둘째 문단의 설명과 원의 방정식에 대한 셋째 문단의 설명으로 볼 때, 이 문항에서 '거리'는 '직선 거리'를 의미합니다. 따라서 "원점으로부터 사무실까지의 거리"가 같은 사무실은 여럿 있을 수 있습니다. 예컨대 〈보기〉에서 321호와 231호는 원점으로부터의 거리가 같지만 두 사무실의 호수는 다릅니다. 따라서 원점에서 사무실까지의 거리에 따라 사무실의 호수가 정해지는 것은 아닙니다. 그러므로 이 문항의 정답에는 이상이 없습니다.

✔ 매일 복습 확인 문제

1 다음 글과 부합하면 ○, 그렇지 않으면 ✕로 표시하시오.

(1) 운동량이 작은 광양자를 충돌시키면 전자의 운동량을 적게 교란시켜 운동량을 상당히 정확하게 측정할 수 있다. → 광양자가 전자와 충돌하면 전자의 운동량이 변한다. ....( )

(2) 근섬유들은 운동 신경의 자극에 의해 수축되는데, 이때 하나의 운동 신경과 이에 의해 지배되는 근섬유들을 '운동 단위'라고 부른다. → 운동 단위는 운동 신경과 근섬유로 구성된다. ....( )

2 밑줄 친 말이 '측정'의 의미를 포함하고 있지 않은 것은?

① 관객이 어림잡아 80명 정도 된다.
② 바지 길이를 대충 재어 보고 샀다.
③ 거리를 대중해 보니 십 리도 넘겠다.
④ 상인들은 고기의 무게를 달아서 값을 매겼다.
⑤ 남자의 수를 100으로 잡을 때 여자의 수는 106이다.

정답 1. (1) ○ (2) ○ 2. ⑤

정답　01 ③　02 ②　03 ①　04 ②　05 ③
　　　06 ③　07 ④　08 ⑤　09 ⑤

1~4 기술: 디지털 피아노　2012학년도 9월 모의평가

독해력을 길러 주는 지문 분석

1문단　[문단 요약] 디지털 피아노는 내장 컴퓨터에 디지털 데이터 형태로 저장된 건반 소리를 건반의 움직임에 따라 재생하는 악기이다.

핵심어(구) 디지털 피아노

중심 내용 디지털 피아노의 정의 및 소리의 저장 형태

2문단　[문단 요약] 건반의 움직임을 감지하는 3개의 센서 중 첫 번째 작동 센서는 건반의 눌림 동작을 감지하고, 나머지 2개의 센서는 건반을 누르는 세기를 감지한다. 첫 센서가 건반의 움직임을 감지하면 내장 컴퓨터의 중앙 처리 장치(CPU)가 해당 건반에 대응하는 소리 데이터를 저장 장치에서 읽어 온다.

핵심어(구) 건반의 움직임, 해당 건반에 대응하는 소리 데이터

중심 내용 디지털 피아노의 작동 원리 (1) – 제1 센서가 건반의 움직임을 감지하여 해당 건반에 대응하는 소리 데이터를 저장 장치로부터 읽어 옴.

3문단　[문단 요약] 건반을 누르는 세기가 강하면 나머지 두 센서의 작동 시간 간격이 줄어들며, 줄어드는 만큼 음의 크기가 커지도록 CPU가 데이터를 처리한다. 이후 소리 데이터는 디지털-아날로그 신호 변환 장치(DAC)를 거쳐 앰프와 스피커를 통해 피아노 소리로 재현된다.

핵심어(구) 음의 크기

중심 내용 디지털 피아노의 작동 원리 (2) – 제2, 3 센서가 건반을 누르는 세기를 감지하여 음의 크기를 조정함.

4문단　[문단 요약] 컴퓨터 저장 장치에 저장되어 있는 건반의 소리는 샘플링과 양자화 과정을 거쳐 디지털 데이터의 형태로 녹음된다. 샘플링은 소리 파동을 일정 시간 간격으로 나누고 구간별 파동의 크기를 수치화한 샘플을 얻는 것으로, 샘플링 주기가 짧아지면 음질은 좋아지지만 데이터가 많아진다.

핵심어(구) 샘플링

중심 내용 디지털 피아노의 건반 소리 저장 과정 (1) – 샘플링

5문단　[문단 요약] 양자화는 샘플링으로 얻은 측정값을 양자화 표를 이용하여 디지털 부호로 바꾸는 것으로, 피아노 소리의 최대 변화 폭을 일정 수의 구간으로 나눈 다음 이진수의 부호로 표현한다.

핵심어(구) 양자화

중심 내용 디지털 피아노의 건반 소리 저장 과정 (2) – 양자화

주제　디지털 피아노의 작동 원리 및 소리 저장 과정

---

01 세부 내용의 확인　　　　　　　　　　정답 ③

◎ ③이 정답인 이유 2문단의 '건반의 움직임은 일반적으로 각 건반마다 설치된 3개의 센서가 감지한다. 각 센서는 정해진 순서대로 작동하는데, 가장 먼저 작동하는 센서는 건반의 눌림 동작을 감지하고, 나머지 둘은 건반을 누르는 세기를 감지한다.'에서 밑줄 친 부분으로 보아, 건반의 눌림 동작과 세기는 순서대로(동시에 X) 작동한다는 것을 알 수 있다.

나머지 답지들이 오답인(일치하는) 근거도 찾아보자.

① 1문단의 '각 건반의 소리는 디지털 데이터 형태로 녹음되어 내장 컴퓨터의 저장 장치에 저장되어 있다.'

② 2문단의 '건반의 움직임은 일반적으로 각 건반마다 설치된 3개의 센서가 감지한다.'

④ 4문단의 '샘플링은 시간에 따라 지속적으로 변하는 소리 파동의 모양에 대한 정보를 얻기 위해 파동을 일정한 시간 간격으로 나누고, 매 구간마다 파동의 크기를 측정하여 수치화한 샘플을 얻는 것이다.'

⑤ 5문단의 '양자화 표는 일반 피아노가 낼 수 있는 소리의 최대 변화 폭을 일정한 수의 구간으로 나눈 다음, 각 구간에 이진수로 표현되는 부호를 일대일로 대응시켜 할당한 표이다. 양자화 구간의 개수는 부호에 사용되는 이진수의 자릿수에 의해 결정된다. 가령, 하나의 부호를 3자리의 이진수로 나타낸다면 양자화 구간의 개수는 000~111까지의 부호가 할당된 8개가 된다. 즉 가장 작은 소리부터 가장 큰 소리까지 8단계로 구분하여 나타낼 수 있다.'

---

02 도식화 자료에의 적용　　　　　　　　정답 ②

◎ ②가 정답인 이유 〈보기〉에서 도식화한 부분의 내용은 다음과 같이 2문단과 3문단에서 확인할 수 있다.

ⓐ 2문단의 '가장 먼저 작동하는 센서는 건반의 눌림 동작을 감지하고, 나머지 둘은 건반을 누르는 세기를 감지한다.'와 3문단의 '건반을 누르는 세기에 따라 음의 크기가 달라지도록 해 주어야 하는데, 이를 위해서는 나머지 두 센서를 이용한다. 강하게 누르면 건반이 움직이는 속도가 빨라져 두 번째와 세 번째 센서가 작동하는 시간 간격이 줄어든다. CPU는 두 센서가 작동하는 시간의 차이가 줄어드는 만큼 음의 크기가 커지도록 소리 데이터를 처리한다.'

ⓑ, ⓒ 2문단의 '첫 센서에 의해 건반의 움직임이 감지되면 내장 컴퓨터의 중앙 처리 장치(CPU)가 해당 건반에 대응하는 소리 데이터를 저장 장치로부터 읽어 온다.'

ⓓ 3문단의 'CPU는 두 센서가 작동하는 시간의 차이가 줄어드는 만큼 음의 크기가 커지도록 소리 데이터를 처리한다. 이렇게 처리가 끝난 소리 데이터는 디지털-아날로그 신호 변환 장치(DAC)를 거쳐~'

ⓔ 3문단의 '이렇게 처리가 끝난 소리 데이터는 디지털-아날로그 신호 변환 장치(DAC)를 거쳐 아날로그 신호로 바꾸고 앰프와 스피커를 통해 피아노 소리로 재현된다.'

이와 같이 〈보기〉의 도표 내용과 지문 내용을 비교한 결과, ⓑ는 '샘플링된 소리의 측정값'이 아니라 '센서에 의해 감지된 건반의 움직임'이라는 것을 알 수 있다.

가장 많이 질문한 오답은? ①

X **①이 오답인 이유** ①에 답한 학생들은 "ⓐ에 해당하는 내용은 2문단에 있는데, '건반의 눌림'만 언급되어 있고, '움직이는 속도'는 없지 않나요?" 했다. **3문단**을 보면 첫째~셋째 문장의 내용이 ⓓ의 앞부분에 대한 설명이고, 여기서 '움직이는 속도'도 ⓐ에 해당한다는 것을 알 수 있다. 즉, 각 건반에 있는 3개의 센서는 건반의 눌림 동작과 건반을 누르는 세기를 감지하는데, 건반을 누르는 세기는 건반이 움직이는 속도를 이용하여 감지한다.

03 정보 확인

정답 ①

O **①이 정답인 이유** **4문단**에서 시간에 따라 지속적으로 변하는 소리 파동의 모양에 대한 정보를 얻기 위해 파동을 일정한 시간 간격으로 나눈다고 했고, 이때의 시간 간격을 샘플링 주기라고 하는데, 샘플링 주기가 짧아지면 단위 시간당 생성되는 데이터도 많아진다고 했다. 이로 보아, 데이터의 개수(양)를 결정짓는 것은 소리 파동의 모양이 아니라 샘플링의 주기라는 것을 알 수 있다.

가장 많이 질문한 오답은? ③

X **③이 오답인 이유** ③에 답한 학생들이 아주 많았는데, **5문단**에서 '양자화 구간의 개수는 부호에 사용되는 이진수의 자릿수(=부호의 자릿수)에 의해 결정된다.'에서 알 수 있는 옳은 설명이다.

② **5문단**의 '자릿수가 늘어나면 양자화 구간의 간격이 좁아져 <u>소리를 세밀하게 표현할 수 있지만~</u>'에서 확인할 수 있다.

④ **5문단**의 '<u>양자화는 샘플링을 통해 얻어진 측정값을 양자화 표를 이용해 디지털 부호로 바꾸는 것이다.</u>'에서 확인할 수 있다.

⑤ **4문단**의 '이때의 시간 간격을 샘플링 주기라고 하는데, 이 주<u>기를 짧게 설정할수록 음질이 좋아진다.</u>'에서 확인할 수 있다.

04 단어 간의 의미 관계 파악

정답 ②

O **②가 정답인 이유** 건반(⑭)은 피아노(㉮)의 구성 요소이고, 피아노(㉮)는 악기(⑭)의 종류 중 하나이지만, 이렇게 표현하는 것 자체가 쉽지 않으므로 두 단어를 조합해 말을 만들어 본다. '피아노에 있는 건반', '피아노는 악기 중 하나'와 같이.

그런 다음, 답지의 예도 이와 같이 말을 만들어 본다.

구분	A	체크	B	체크
①	동물에 있는 개	X	나라는 국민 중 하나	X
②	비행기에 있는 날개	O	복숭아는 과일 중 하나	O
③	버스에 있는 택시	X	구두는 신발 중 하나	O
④	고양이에 있는 꼬리	O	사람은 인간 중 하나	X
⑤	아들에 있는 딸	X	옷장은 가구 중 하나	O

이와 같이 두 단어의 관계를 파악할 수 있도록 말을 만들어 보면 '피아노 : 건반'은 '비행기 : 날개'와, '피아노 : 악기'는 '복숭아 : 과일'과 동일한 의미 관계를 이룬다는 것을 알 수 있다.

5~7 기술 : 음성 인식 기술

독해력을 길러 주는 지문 분석

1문단 **문단 요약** 음성 인식 기술은 컴퓨터가 사람이 말하는 소리를 인식하여 해당 문자열로 바꾸는 기술이다. 컴퓨터는 각 단어의 음소들의 배열을 '기준 패턴'으로 미리 저장해 두고, 이를 입력된 음성에서 추출한 '입력 패턴'과 비교하여 단어를 인식한다.
핵심어(구) 음성 인식 기술, 기준 패턴, 입력 패턴
중심 내용 음성 인식 기술의 개념과 원리

2문단 **문단 요약** 음성을 인식하기 위해, 먼저 입력된 신호에서 잡음을 제거한 후 음성 신호만 추출하여 하나의 음소로 판단되는 구간인 '음소 추정 구간'들의 배열로 바꾼다.
핵심어(구) 음성 신호만 추출, '음소 추정 구간'들의 배열
중심 내용 음성 인식의 과정 (1) – 음성 신호를 추출하여 '음소 추정 구간'들의 배열로 교체

3문단 **문단 요약** 음성의 비교는 음소 단위로 이루어지는데 음소 추정 구간에 해당하는 음소를 알아내기 위해서 각 구간에서 1개의 '특징 벡터'를 추출한다.

> • 특징 벡터 : 음소의 특징을 잘 나타내는 정보를 수치로 나타낸 것으로, 사람마다 다른 특성을 보이는 정보는 사용하지 않음.

핵심어(구) '특징 벡터'를 추출
중심 내용 음성 인식의 과정 (2) – 특징 벡터의 추출

4문단 **문단 요약** 다음으로, 음소 추정 구간이 비교하려는 기준 패턴의 음소 개수와 동일한 개수가 되도록 단위 구간을 조합하고, 각 음소 추정 구간에서 추출된 특징 벡터를 순서대로 배열하여 입력 패턴을 생성하여, 입력 패턴의 특징 벡터와 기준 패턴의 특징 벡터를 비교한다.
핵심어(구) 입력 패턴의 특징 벡터와 기준 패턴의 특징 벡터를 비교
중심 내용 음성 인식의 과정 (3) – 특징 벡터 간의 비교

5문단 **문단 요약** 기준 패턴의 음소가 3개라면 3개의 음소 추정 구간 배열을 설정하여 입력 패턴을 생성하고, 이를 기준 패턴의 음소와 일대일 대응시켜 특징 벡터의 차이를 구한 뒤 모두 합하여 '패턴 거리'를 구한다. 1개의 기준 패턴에 대해 여러 개의 입력 패턴이 만들어지는 경우에는 생성 가능한 입력 패턴과 기준 패턴 사이의 패턴 거리를 모두 구하고, 그중의 최솟값을 그 기준 패턴에 대한 패턴 거리로 정한다.
핵심어(구) 패턴 거리
중심 내용 음성 인식의 과정 (4) – 패턴 거리의 산정

6문단 **문단 요약** 단위 구간의 시간 간격을 짧게 하여 그 개수를 늘리면 음소 추정 구간 설정의 오류를 줄일 수 있지만, 연산량이 많아져 처리 시간은 길어진다.
핵심어(구) 오류, 처리 시간
중심 내용 음성 인식 기술에서 고려할 사항

7문단 **문단 요약** 이런 방법으로 모든 기준 패턴에 대해 패턴 거리를 구하고 그중 최솟값이 되는 기준 패턴을 선정하여, 이 기준 패턴에 해당하는 문자열을 입력된 음성 신호에 대해 인식된 단어로 출력한다.
핵심어(구) 기준 패턴을 선정, 단어로 출력
중심 내용 음성 인식의 과정 (5) – 기준 패턴의 선정 및 해당 단어의 출력

주제 음성 인식 기술의 음성 인식 과정

05 세부 내용 확인 정답③

O **③이 정답인 이유** **3문단**에서 음성의 비교는 음소* 단위로 이루어진다고 했고, 음소를 알아내기 위해 '특징 벡터'를 추출한다고 했다. 이 '특징 벡터'는 음소의 특성을 잘 나타내는 정보들을 이용하지만 사람마다 다른 특성을 보이는 정보는 사용하지 않는다고 했는데, 여기서 '사람마다 다른 특성을 보이는 정보'가 곧 ③의 '개인의 독특한 목소리'라 할 수 있다. 따라서 '개인의 독특한 목소리'는 특징 벡터로 사용하기에 부적절하다는 것을 알 수 있다.

> *음소(音素): 자음(ㄱ, ㄴ, ㄷ, …)과 모음(ㅏ, ㅓ, ㅗ, …). 뜻을 구별하게 하는 소리의 단위. 하나 이상의 음소가 모여서 음절을 이룸.

나머지 답지들에 답한 학생들은 드물었지만, 이들 답지들이 오답인(일치하는) 근거를 찾아보자.
① **1문단**의 '사람의 말은 음소들의 시간적 배열로 볼 수 있다.'
② **2문단**의 '음성을 인식하기 위해서 먼저 입력된 신호에서 잡음을 제거한 후 음성 신호만 추출한다.'
④ **4문단**의 '각 음소 추정 구간에서 추출된 특징 벡터를 구간 순서대로 배열하여 입력 패턴을 생성한다.'
⑤ 맨 마지막 **7문단**에서 확인할 수 있다.

06 내용 추론 정답③

O **③이 정답인 이유** **4문단**의 '음소 추정 구간이 비교하려는 기준 패턴의 음소 개수와 동일한 개수가 되도록 단위 구간을 조합한다.'와 **5문단**의 '기준 패턴의 음소가 2개라면 3개의 단위 구간을 조합하여 [S₁, S₂~S₃], [S₁~S₂, S₃]로 2개의 음소 추정 구간 배열을 설정하고, 이로부터 입력 패턴을 생성한다.'를 통해 기준 패턴의 음소 개수가 2개이면 조합되는 음소 추정 구간 배열은 2개라는 것을 알 수 있다.

가장 많이 질문한 오답은? ②

X **②가 오답인 이유** 이 문제의 전제는 '음성을 인식하려면 ㉠ 입력 패턴의 특징 벡터와 기준 패턴의 특징 벡터를 비교해야 한다.'는 것이다. 이 전제를 염두에 두고 ㉠을 ㉡에 적용할 때 ②가 옳은 설명인지를 판단해 보자. **5문단**에서는 기준 패턴의 음소 수가 몇 개이냐에 따라 음성 인식을 위한 절차가 달라진다는 것을 설명하고 있는데, 먼저 기준 패턴의 음소가 3개일 경우를 살펴보자.

> (1) (컴퓨터 안에 이미 저장되어 있는) 기준 패턴의 음소가 3개라면 (음성 신호에서 추출되는) 3개의 음소 추정 구간 배열 [S₁, S₂, S₃]를 설정하고, 이로부터 입력 패턴을 생성한다.
> (2) 그런 다음 이것을 순서대로 기준 패턴의 음소(3개)와 입력 패턴의 '음소' 추정 구간(S₁, S₂, S₃) 3개를 일대일 대응시키고 각각의 특징 벡터의 차이를 구한다.
> → 각 음소 추정 구간에서 추출하는 특징 벡터는 1개(3문단)이므로 3개의 특징 벡터의 차이가 도출됨.
> (3) 그런 다음, 이것들(3개의 특징 벡터의 차이)을 모두 합하여 '패턴 거리'를 구한다.
> → 패턴 거리는 1개임.

위 (1)~(3)은 패턴 거리를 구하는 방법에 대한 설명한 것이다.

이렇게 구한 패턴 거리를 바탕으로 컴퓨터 안의 기준 패턴에 해당하는 문자로 표현하게 되는 것이다.

한편 실제 사람의 음성에서 나오는 음소(추정 구간)는 3개이지만 컴퓨터 안에 이미 저장되어 있는 기준 패턴의 음소가 2개인 경우에는,

> (1)′ (음성 신호에서 추출한) 3개의 단위 구간('음소' 추정 구간)을 2개가 되도록 조합해야 하기 때문에 실제 음성 신호에서 추출한 '음소' 추정 구간 S₁, S₂, S₃를 [S₁, S₂~S₃], 또는 [S₁~S₂, S₃]로 2개의 음소 추정 구간 배열을 설정하고, 이로부터 입력 패턴을 생성한다.
> → 4문단에서 '㉠을 위해서 음소 추정 구간이 비교하려는 기준 패턴의 음소 개수와 동일한 개수가 되도록 단위 구간을 조합한다.'라고 했으므로 2개의 음소 추정 구간 배열을 설정한 것임.
> (2)′ 이와 같이 1개의 기준 패턴에 대해 여러 개(위의 경우 2개)의 입력 패턴이 만들어질 경우에는,
> (3)′ 생성 가능한 입력 패턴과 기준 패턴 사이의 패턴 거리를 모두 구하고,
> → 기준 패턴의 음소가 2개인 경우, 패턴 거리는 2개가 됨.
> (4)′ 그중(2개의 패턴 거리 중)의 최솟값을 그 기준 패턴에 대한 패턴 거리로 정한다.
> → '그중의 최솟값'을 패턴 거리로 정한다는 것은 어떤 경우에도 패턴 거리는 1개로 설정한다는 것을 추정하게 함.

나머지 오답지들의 근거도 지문에서 찾아보면, ①은 다음 (1), (2)의 밑줄 친 부분에서, ④는 다음 (3)의 밑줄 친 부분에서, ⑤는 (4)에서 확인할 수 있다.

> (1) **3문단**: 특징 벡터는 음소를 구별하는 데 필요한 정보를 수치로 나타낸 것으로, 음소 추정 구간의 길이에 상관없이 1개로만 추출된다.
> (2) **5문단**: 기준 패턴의 음소가 3개라면 3개의 음소 추정 구간으로부터 입력 패턴이 구성되어야 하므로~
> (3) **5문단**: 기준 패턴의 음소가 2개라면 3개의 단위 구간을 조합하여 [S₁, S₂~S₃], [S₁~S₂, S₃]로 2개의 음소 추정 구간 배열을 설정하고, 이로부터 입력 패턴을 생성한다.
> (4) **5문단**: 기준 패턴의 음소가 3개보다 크면 두 패턴을 일대일로 대응시킬 수 없으므로 비교가 불가능하다.

07 이유 추론 정답④

O **④가 정답인 이유** '처리 시간'에 대해 언급한 부분은 3문단과 6문단이다.

> • **3문단**: 사용하는 정보의 가짓수가 많을수록 음소를 더 정확하게 인식할 수 있지만 그만큼 필요한 연산량이 많아져 처리 시간은 길어진다.
> • **6문단**: 단위 구간의 시간 간격을 짧게 하여 그 개수를 늘리면 음소 추정 구간을 잘못 설정하여 발생하는 오류를 줄일 수 있다. 하지만 연산량이 많아져 처리 시간은 길어진다.

위의 밑줄 친 부분에서 ⓐ의 처리 시간을 증가시키는 요인은 정보 가짓수 증가와 단위 구간의 시간 간격의 감소라는 것을 알 수 있다. 따라서 정답은 ④이다.

독해력을 길러 주는 지문 분석

1문단　**문단 요약** 조명 기구는 발광 효율을 높이고 수명을 늘리는 방향으로 개선되어 왔다.

・발광 효율: 소비 전력이 빛(가시광선)으로 변환되는 비율

핵심어(구) 조명 기구, 발광 효율, 수명, 개선

중심 내용 조명 기구의 개선 방향

2문단　**문단 요약** 백열전구는 둥근 유리구 안에 필라멘트를 넣고 불활성 기체를 넣은 단순한 구조로, 전구에 투입되는 전력의 대부분이 열로 방출되므로 발광 효율이 낮고, 필라멘트가 가열되면서 끊어지기 쉬워 수명이 짧다.

핵심어(구) 백열전구, 구조, 발광 효율, 수명

중심 내용 백열전구의 구조와 발광 원리, 발광 효율, 수명

3문단　**문단 요약** 형광등은 원통형 유리관 내에 수은과 불활성 기체가 들어 있고 양 끝에 필라멘트가 붙어 있는 구조로, 백열전구에 비해 3% 정도의 전력 소비로 같은 밝기의 빛을 낼 수 있고, 수명도 5~6배 정도 길다.

핵심어(구) 형광등, 구조, 수명

중심 내용 형광등의 구조와 발광 원리, 발광 효율, 수명

4문단　**문단 요약** 발광 다이오드(LED)는 p형, n형 반도체를 접합하여 만드는데, 두 반도체 사이의 전자는 전압차만큼의 에너지를 빛으로 방출한다. 접합된 두 반도체의 구성 화합물에 따라 전압과 방출되는 에너지의 크기가 다르고, 에너지의 크기에 따라 빛은 하나의 색을 띠게 된다.

핵심어(구) 발광 다이오드(LED)

중심 내용 발광 다이오드(LED)의 구조와 발광 원리

5문단　**문단 요약** (조명용) 발광 다이오드는 필라멘트와 같은 가열체가 없으므로 형광등에 비해 수명이 길고 에너지 손실이 작다.

핵심어(구) 발광 다이오드, 수명

중심 내용 조명용 발광 다이오드의 발광 효율과 수명

주제 조명 기구의 종류와 그 성능(발광 효율, 수명)

08 내용 추론　　정답 ⑤

◎ ⑤가 정답인 이유 3문단에서, 형광등의 수은 입자는 원통형 유리관 내에 들어 있고, 필라멘트는 유리관 양 끝에 붙어 있는데, 이 필라멘트에서 방출된 열전자가 수은 입자에 충돌하면 자외선이 발생하고, 이 자외선이 형광등 안쪽에 발라진 형광 물질에 닿으면 빛으로 바뀐다고 했다. 즉, 필라멘트에서 방출된 것은 수은 입자가 아니고 열전자이고, 형광 물질을 자극하여 빛을 만든 것은 수은 입자가 아니라 필라멘트에서 방출된 열전자가 수은 입자에 충돌해 생긴 자외선이다.

① 2문단에서, 백열전구 안의 필라멘트에서 일부 에너지가 전자기파의 형태로 방출되는데, 이 전자기파는 빛이 10%이고 나머지는 적외선이라고 했다.

② 2문단과 3문단의 첫 문장을 통해 형광등이 백열전구에 비해 구조가 복잡하다는 것을, 3문단의 마지막 문장을 통해 형광등의 수명이 백열전구에 비해 길다는 것을 확인할 수 있다.

③ 3문단에서, 자외선이 형광등 안쪽에 발라진 형광 물질에 닿으면 빛으로 바뀌는데, 이때 형광 물질의 종류에 따라 빛의 색이 달라진다고 했다.

④ 4문단에서, 발광 다이오드에서는 두 반도체 사이를 움직이는 전자가 전압차만큼의 에너지를 빛으로 방출하고, 방출되는 에너지의 크기에 따라 빛의 파장이 정해지면서 하나의 색을 띠게 된다고 했다.

09 세부 내용 확인 및 추론　　정답 ⑤

◎ ⑤가 정답인 이유 1문단에서 발광 효율(㉠)은 소비 전력이 빛으로 변환되는 비율이라고 했다. 따라서 발광 효율이 낮은 경우는 전력 소비에 비해 빛으로 변환되는 비율이 낮거나 같은 양의 빛으로 변환되는 데 전력 소비가 큰 경우일 것이다.

4문단에서 발광 다이오드는 p형, n형 반도체 사이의 전압차만큼의 에너지를 빛으로 방출한다고 했고, 5문단에서 발광 다이오드를 조명용 발광 소자로 사용하기 위해서 단색 빛을 내는 발광체에 형광 물질을 입혀 형광등처럼 빛이 방출되도록 만든다고 했다. 따라서 조명용 발광 다이오드는 '형광 물질을 통해 빛을 생산'하는 것이 아니라 'p형과 n형 반도체의 전압차를 통해 빛을 생산'한다고 볼 수 있다.

또 5문단에서 조명용 발광 다이오드는 필라멘트와 같은 가열체가 없으므로 형광등에 비해 수명이 길고 에너지 손실이 작다고 했다. 빛을 생산하는 데 에너지 손실이 작다는 것은 발광 효율(㉠)이 높다는 것이므로 조명용 발광 다이오드는 형광등보다 발광 효율이 높다. → 형광 물질을 통해 빛을 생산 ✕, 형광등보다 발광 효율이 낮겠군. ✕

한편, 지문에서 예로 든 조명 기구 중 발광 효율이 가장 높은 것은 조명용 발광 다이오드이고, 가장 낮은 것은 백열전구이다.(근거: 3문단과 5문단)

나머지 답지들이 오답인(적절한) 이유도 알아보자.

① 백열전구가 형광등보다 적외선 방출이 많다는 것은 3문단 마지막 문장에서, 발광 효율이 낮다는 것은 위 '⑤가 정답인 이유'에서 확인할 수 있다.

② 2문단의 마지막 문장에서, 필라멘트의 온도를 높이면 빛의 비율(발광 효율)은 높아지지만 수명은 짧아진다고 했다. 이를 통해 (백열전구의) 수명을 늘리기 위해 필라멘트의 온도를 낮추면 발광 효율이 낮아진다는 것을 알 수 있다.

③ 형광 물질의 종류에 따라 자외선을 빛으로 바꾸는 변환 효율이 다르므로 형광등의 발광 효율에도 영향을 준다고 한 3문단에서 확인할 수 있다.

④ 발광 효율은 소비 전력이 빛으로 변환되는 비율(1문단)을 말하므로, 같은 양의 빛 에너지가 나온다면 소비 전력이 작은 쪽이 발광 효율이 높은 것이다.

 19일째 매일 복습 확인 문제는 20일째(p.97)에 포함하였습니다.
20일째를 공부한 후 꼭 챙겨 보세요.

정답	01 ④	02 ③	03 ②	04 ①	05 ④
	06 ④	07 ①	08 ⑤	09 ①	

1~3 기술 : 포토리소그래피의 공정 과정   2013학년도 9월 모의평가

독해력을 길러 주는 지문 분석

1문단 **문단 요약** 컴퓨터, 스마트폰 등에는 반도체 소자가 핵심 부품으로 사용되는데, 패턴의 크기를 줄여 <u>반도체 소자의 집적도를 높이는 것</u>이 중요하다. 여기에 핵심적인 역할을 하는 것이 포토리소그래피이다.

핵심어(구) 반도체 소자의 집적도, 포토리소그래피

중심 내용 반도체 소자의 집적도 향상에 핵심 역할을 하는 포토리소그래피

2문단 **문단 요약** 포토리소그래피는 반도체 기판 위에 패턴을 형성하는 기술로, 원판으로 다량의 판화를 만들듯이 레이저를 이용하여 마스크라는 하나의 원판을 제작한 후, 빛을 사용하여 같은 모양의 패턴을 기판 위에 반복 복사하여 패턴을 대량으로 만든다.

핵심어(구) 포토리소그래피

중심 내용 판화를 만드는 과정과 유사한 포토리소그래피

3~4문단 **문단 요약** 포토리소그래피는 <u>그림과 같이</u> 진행된다.

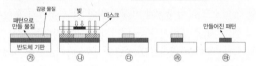

⑦ 패턴으로 만들 물질이 코팅된 반도체 기판 위에 감광 물질 바르기

⑭ 패턴이 새겨진 마스크 위에서 빛을 쏘기(→ 빛은 패턴을 제외한 부분만 통과해 감광 물질에 닿음.)

⑮ 빛을 받은 부분의 감광 물질(양성 감광 물질)만 현상액으로 제거하기

⑯ 감광 물질이 없는 부분만을 제거하기

⑰ 감광 물질 제거하기(→마스크와 동일 패턴 생성)

핵심어(구) 그림과 같이 진행

중심 내용 포토리소그래피의 공정 과정

5문단 **문단 요약** 반도체 기판 위에 새기는 패턴의 크기를 줄이기 위해 짧은 파장의 광원과 이에 반응하는 새로운 감광 물질, 정교하고 미세하게 패턴을 만드는 <u>기술의 개발</u>이 진행되고 있다.

핵심어(구) 패턴의 크기를 줄이기 위해, 기술의 개발

중심 내용 반도체 패턴의 크기를 줄이기 위한 기술의 개발

주제 포토리소그래피의 공정 과정과 기술 개발을 위한 노력

01 세부 내용 확인   정답 ④

O **④가 정답인 이유** 3문단의 그림만 봐도 마스크에 새겨진 패턴의 크기(⑭)와 반도체 기판 위에 만들어지는 패턴의 크기(⑰)가 같다는 것을 알 수 있다. 이것은 **4문단**의 설명에서도 확인할 수 있는데, '~감광 물질을 제거하면 반도체 기판에는 ⑰와 같이 마스크에 있던 것과 동일한 패턴이 만들어진다.'고 했다.

가장 많이 질문한 오답은? ⑤

X **⑤가 오답인 이유** ⑤에 답한 학생들은 ①~④의 답지가 모두 맞는 말이라고 생각한 데다 ⑤가 오답인 근거가 제시된 **마지막 문단**의 '짧은 파장의 광원에 반응하는 새로운 감광 물질을 개발하려는 연구가 진행되고 있다.'를 놓쳤기 때문이었다.

① **1문단**의 '반도체 소자는 수십에서 수백 나노미터 크기의 패턴으로 이루어져 있다.'

② **2문단**의 '포토리소그래피의 경우 마스크라는 하나의 원판을 제작한 후, 빛을 사용하여 같은 모양의 패턴을 기판 위에 반복 복사하여 패턴을 대량으로 만든다.'

③ **2문단**의 '판화의 원판은 조각칼을 이용하여 만드는 데 비해, 포토리소그래피의 경우 마스크 패턴의 크기가 매우 작기 때문에 레이저를 이용하여 만든다.'

02 그림에의 적용   정답 ③

O **③이 정답인 이유** 발문(문두)의 '〈보기〉의 모든 공정을 수행했을 때~'를 염두에 두고 〈보기〉의 공정을 따라해 보자. 먼저 '양성 감광 물질'을 패턴으로 만들 물질 위에 바른다고 했다. **4문단**에서 '양성 감광 물질'은 빛을 받은 부분만을 현상액으로 제거할 때 사용하는 감광 물질이라고 했고, 빛은 마스크의 패턴을 제외한 부분만을 통과할 수 있다고 했다. 이를 통해 볼 때 패턴 위에 양성 감광 물질을 바르고 마스크 A를 이용해 포토리소그래피 공정을 수행하면 빛을 받는 부분만 세서되고, 빛을 받지 못하는 마스크 A의 패턴 부분만 남게 되므로 ②와 같이 된다.

〈보기〉에서는 ②와 같은 패턴을 얻은 후에 '음성 감광 물질'을 바르고 마스크 B를 이용해 포토리소그래피 공정을 수행했다고 했다. **4문단**에서 '음성 감광 물질'은 빛을 받지 않은 부분만을 현상액으로 제거한다고 했으므로, 마스크 B에서 빛을 받지 않은 부분인 검은색 패턴 부분이 제거되고, 검은색 패턴의 양쪽에 있는 빛을 받은 부분은 남게 된다. 이것을 그림으로 표현하면 ③이 된다.

⑤에 답한 학생들이 제법 있었는데, 이들 학생들은 '음성 감광 물질'에 대한 이해가 부족했기 때문이었다.

03 이유 추론   정답 ②

O **②가 정답인 이유** ㉠의 이유는 ㉠ **바로 앞부분**에 제시되어 있다. '반도체 기판 위에 새길 수 있는 패턴의 크기는 빛의 파장이 짧을수록 작게 만들 수 있기 때문에 짧은 파장의 광원을 포토리소그래피에 이용하려는 노력'을 한다고 했다. 그렇다면 '패턴의 크기는 왜 작게 만들어야 하는가?' 이에 대한 답은 **1문단**에서 찾을 수 있다. '반도체 소자의 크기는 패턴의 크기에 달려 있기 때문에 패턴의 크기를 줄여 반도체 소자의 집적도를 높이는 것이 <u>반도체 생산 공정에서는 매우 중요</u>'하기 때문이다.

독해력을 길러 주는 지문 분석

1문단 문단 요약 2극 진공관은 진공관 내부의 필라멘트가 고온으로 가열되어 방출한 전자를 금속판의 전압 조정으로 전류를 한 방향으로만 흐르게 한 것이다. 3극 진공관은 필라멘트와 금속판 사이에 '그리드'를 추가하여 필라멘트와 금속판 사이의 전류를 크게 증폭시킬 수 있게 한 것이다.
핵심어(구) 2극 진공관, 3극 진공관
중심 내용 2극 진공관과 3극 진공관의 구조 및 원리

2문단 문단 요약 라디오, 텔레비전, 컴퓨터의 발전에 기여한 진공관은 큰 부피, 깨지기 쉬운 유리관, 필라멘트의 문제(예열 필요, 끊어지기 쉬움) 등 단점이 있었으나 문제 해결의 계기가 마련되었는데, 규소(최외각 전자 4개)에 비소(최외각 전자 5개)를 첨가하면 잉여 전자가 전류가 잘 흐르게 해 주는 n형 반도체를 만들 수 있다.
핵심어(구) 진공관, 문제 해결의 계기가 마련, n형 반도체
중심 내용 진공관의 긍정적 역할과 문제점 및 문제를 해결한 n형 반도체

3문단 문단 요약 규소(최외각 전자 4개)에 붕소(최외각 전자 3개)를 첨가하면 정공(+)이 생겨 전류를 잘 흐르게 해 주는 p형 반도체를 만들 수 있다.
핵심어(구) p형 반도체
중심 내용 진공관의 문제를 해결한 p형 반도체

4문단 문단 요약 p형과 n형 반도체를 하나씩 접합하여 pn 접합 소자를 만들면 정류 기능을 할 수 있고, n형이나 p형을 3개 접합하여 트랜지스터라 불리는 pnp, npn 접합 소자를 만들면 증폭 기능을 한다. 이러한 반도체 소자는 진공관의 기능을 대체하고 소형화도 이룰 수 있어 전자 공학 기술의 비약적 발전이 가능해졌다.
핵심어(구) 트랜지스터, 전자 공학 기술의 비약적 발전
중심 내용 전자 공학 기술의 발전을 가능하게 한 트랜지스터의 구조 및 원리

주제 진공관의 문제를 해결한 반도체 소자의 원리

★ 지문 내용의 도식화 – 진공관의 문제를 해결한 n형·p형 반도체
● 기존 진공관의 문제 부피가 컸으며, 유리관은 깨지기 쉬웠고, 필라멘트는 예열이 필요하고 끊어지기도 쉬웠음.

● 해결 방안

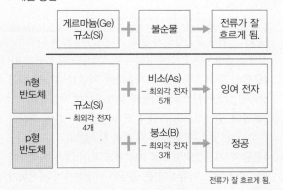

전류가 잘 흐르게 됨.

---

04 세부 내용 확인   정답 ①

○ ①이 정답인 이유 4문단의 'n형이나 p형을 3개 접합하면 트랜지스터라 불리는 pnp 혹은 npn 접합 소자를 만들 수 있다. 이때 가운데 위치한 반도체(n형, p형)가 진공관의 그리드와 같은 역할을 하여 트랜지스터는 증폭 기능을 한다.'로 보아, pnp 접합 소자는 그리드를 사용하는 것이 아니라 가운데 위치한 n형 반도체가 그리드와 같은 증폭 기능을 하는 것이다.

나머지 답지들에 답한 학생들은 드물었지만, 이들 답지들이 오답인(일치하는) 근거도 살펴보자.

② 2문단의 '진공관의 개발은 라디오, 텔레비전, 컴퓨터의 출현 및 발전에 지대한 역할을 하였으나 진공관 자체는 문제가 많았다.'에서 확인할 수 있다.

③ 1문단의 '이후 개발된 3극 진공관은 2극 진공관의 필라멘트와 금속판 사이에 '그리드'라는 전극을 추가한 것'에서 확인할 수 있다.

④ 1문단의 '2극 진공관은…금속판에 (+)전압을 걸어 주면 전류가 흐르고…이렇게 전류를 한 방향으로만 흐르게 하는 작용을 정류라 한다.'와 4문단의 'p형과 n형 반도체를 각각 하나씩 접합하여 pn 접합 소자를 만들면 이 소자는 정류 기능을 할 수 있다.'에서 확인할 수 있다.

⑤ 1문단의 '진공관 내부의 필라멘트는 고온으로 가열되면 표면에서 전자(−)가 방출된다.'에서 확인할 수 있다.

05 그림을 활용한 내용 이해   정답 ④

○ ④가 정답인 이유 2, 3문단에서 설명하고 있는 내용을 바탕으로 할 때 그림 (가)는 n형 반도체이고, 그림 (나)는 p형 반도체임을 알 수 있다. (가), (나), (가)를 차례로 접합하면 npn 접합 소자가 된다. 4문단에서 npn 접합 소자의 경우 '가운데 위치한 반도체가 진공관의 그리드와 같은 역할을 하여 트랜지스터는 증폭 기능을 한다.'고 했으므로 ④는 그림 (가), (나)에 대한 설명으로 적절하다.

나머지 답지들이 오답인 이유도 살펴보자.

① 2문단의 '그림 (가)와 같이 최외각 전자가 5개인 비소(As)를 규소에 소량 첨가하면 결합에 참여하지 않는 1개의 잉여 전자가 전류를 더 잘 흐르게 해 준다.'에서 잉여 전자는 원자 간 결합에는 참여하지 않으면서 전류를 더 잘 흐르게 해 주는 역할을 한다고 했다.

② 2문단의 '순수한 규소는 원자의 결합에 관여하는 전자인 최외각 전자가 4개이며 최외각 전자들은 원자에 속박되어 있어 전류가 흐르기 힘들다.'에서 순수한 규소는 전류가 흐르기 힘들다고 했고, 3문단에서 그림 (나)는 정공으로 인해 전류가 더 잘 흐른다고 했다.

③ 2문단에서 그림 (가)는 n형 반도체라고 했다.

⑤ 4문단에서 p형인 (나)에 (+)전압을, n형인 (가)에 (−)전압을 걸어 주면 전류가 흐른다고 했다.

매3과 함께 여러분의 꿈을 응원합니다.

06 구체적 사례에의 적용 정답 ④

○ ④가 정답인 이유 발문(문두)에서 '반도체 소자를 적용한 보청기'에 대해 물었다. **4문단**에서 '반도체 소자는 진공을 만들거나 필라멘트를 가열하지 않고도 진공관의 기능을 대체했을 뿐 아니라 소형화도 이룰 수 있었다.'고 했다. 따라서 반도체 소자를 적용한 보청기 내부를 진공으로 만들었다는 ④는 지문의 내용을 잘못 이해한 것이다.

나머지 답지들이 오답인(적절한) 근거도 지문에서 찾아보자.

① **2문단**의 '진공관 자체는 문제가 많았다. … 필라멘트는 예열이 필요하고'와 **4문단**의 '반도체 소자는 진공을 만들거나 필라멘트를 가열하지 않고도 진공관의 기능을 대체했을 뿐 아니라~'를 통해 적절한 반응임을 알 수 있다.

② **2문단**의 '진공관은 부피가 컸으며~'와 **4문단**의 '반도체 소자는 … 소형화도 이룰 수 있었다.'를 통해 알 수 있다.

③ **4문단**의 'n형이나 p형을 3개 접합하면 트랜지스터라 불리는 pnp 혹은 npn 접합 소자를 만들 수 있다. 이때 가운데 위치한 반도체가 진공관의 그리드와 같은 역할을 하여 트랜지스터는 증폭 기능을 한다.'에서 알 수 있다.

⑤ **2문단**의 '게르마늄(Ge)과 규소(Si)에 불순물을 첨가하면 전류가 잘 흐르게 된다는 사실을~'에서 미루어 짐작할 수 있다.

07 바꿔 쓰기에 적절한 어휘 이해 정답 ①

○ ①이 정답인 이유 '어휘 문제 3단계 풀이법'을 적용해 보자.

· 1단계(핵심 간추리기): ㉠이 포함된 문장에서 ㉠의 의미를 이해할 수 있는 어구만 간추린다.

> 에디슨이 우연히 발견한 현상이 2극 진공관을 발명하는 **토대**가 되었다.

· 2단계(대입하기): 답지에 제시된 말을 ㉠의 자리에 대입해 본다.

> ~2극 진공관을 발명하는 토대가 되었다.
> *기준* △, *기초* ○, *기틀* ○, *바탕* ○, *발판* ○

→ '토대'는 원래 '모든 건조물 따위의 가장 아랫도리가 되는 밑바탕'을 이르는 말로, '어떤 사물이나 사업의 밑바탕이 되는 기초와 밑천을 비유적으로 이르는 말'이다. 이와 같은 사전적 의미를 외우고 있어야 풀 수 있는 문제는 아니다. '토대가 되었다'는 것은 '밑바탕이 되었다'는 것이다. 그러면 '기초, 기틀, 바탕, 발판'은 '토대'의 자리에 들어가도 자연스럽다는 것을 알 수 있다.

· 3단계('매3어휘 풀이' 떠올리기): 2단계에서 정답을 찾았다고 해도 ㉠의 '토대' 대신에 다른 말을 떠올려 보자.

> 에디슨이 우연히 발견한 현상이 2극 진공관을 발명하는 **토대**(계기/조건)가 되었다.

→ '토대'가 되고, '계기'가 되고, '조건'이 된다는 의미는 '기초'가 되고, '기틀'이 되고, '바탕'이 되고, '발판'이 된다는 의미와 통한다. 그러나 '기준'이 되었다는 것은 '기본이 되는 표준'이 되었다는 것으로, 나머지 넷과는 다른 의미를 내포하고 있어 ㉠과 바꿔 쓰기에 적절하지 않다.

독해력을 길러 주는 지문 분석

1문단 [문단 요약] 원유를 가공하지 않고 그대로 유통하면 유해 미생물이 증식할 위험이 있기 때문에, 우리가 마시는 우유는 원유를 열처리하여 미생물을 제거한 것이다.
핵심어(구) 우유, 원유를 열처리
중심 내용 원유를 열처리하는 이유

2문단 [문단 요약] 미생물의 종류에 따라 미생물을 제거하는 데 필요한 시간과 온도가 다르기 때문에 적절한 열처리 조건을 알아야 하는데, 이때 D값과 Z값을 이용한다.

> · D값: 어떤 미생물을 특정 온도에서 열처리할 때 그 개체 수를 1/10로 줄이는 데 걸리는 시간(같은 온도에서 개체 수를 1/100로 줄일 때는 D값의 2배의 시간으로 처리)
> · Z값: 특정 D값의 1/10 만의 시간에 개체 수를 1/10로 줄이는 데 추가적으로 높여야 하는 온도

핵심어(구) 열처리 조건, D값, Z값
중심 내용 미생물 제거를 위한 열처리 조건에 이용되는 D값과 Z값

3문단 [문단 요약] D값과 Z값의 원리에 기초하여 원유를 열처리하는 '저온살균법'과 '저온순간살균법'이 개발되었다.

> · 저온살균법: 원유를 63℃에서 30분간 열처리하는 방법
> · 저온순간살균법: 원유를 75℃에서 15초간 열처리하는 방법

핵심어(구) 원유를 열처리, 저온살균법, 저온순간살균법
중심 내용 원유를 열처리하는 방법들

4문단 [문단 요약] 저온살균법이나 저온순간살균법으로 처리한 우유의 유통 기간은 냉장 상태에서 5일 정도인데, 134℃에서 2~3초간 열처리하는 '초고온처리법'을 사용하면 상온에서 1개월 이상의 장기 유통이 가능하다.
핵심어(구) 우유의 유통 기간, 초고온처리법
중심 내용 우유의 유통 기간을 연장하는 초고온처리법

주제 원유를 열처리하는 이유와 방법

08 내용 확인 및 추론 정답 ⑤

○ ⑤가 정답인 이유 '저온순간살균법'은 원유를 75℃에서 15초간 열처리하는 방법(**3문단**)이고, '초고온처리법'은 저온살균법이나 저온순간살균법으로 처리해도 죽지 않는 미생물까지 제거하기 위해 134℃에서 2~3초간 열처리하는 방법(**4문단**)이라고 했다. 따라서 '초고온처리법을 사용하면 저온순간살균법을 사용할 때보다 제거되지 않고 남는 미생물의 개체 수가 적다.'고 해야 맞는 진술이다.

나머지 답지들이 오답인 근거도 찾아보자.

① **1문단**의 '원유를 가공하지 않고 그대로 유통하게 되면 부패나 질병을 유발하는 유해 미생물이 빠르게 증식할 위험이 있다.'

② **4문단**의 '초고온처리법'을 사용하여 '처리된 우유를 멸균 포장하면 상온에서 1개월 이상의 장기 유통이 가능하다.'

③ **2문단**의 '일반적으로 가열 온도가 높을수록 가열 시간이 길수록 그(미생물 개체) 수는 더 많이 감소한다.'

④ **4문단**의 '저온살균법'으로 처리해도 죽지 않는 미생물이 있고, '열에 대한 저항성이 큰 종류의 미생물까지 제거하기 위해서는~'초고온처리법'을 사용한다.'

09 구체적인 상황에의 적용

정답 ①

3주차

○ ①이 정답인 이유 2문단을 통해 D값과 Z값의 개념부터 이해한다.

D값	어떤 미생물을 특정 온도에서 열처리할 때 그 개체 수를 1/10로 줄이는 데 걸리는 시간
Z값	특정 D값의 1/10 만의 시간에 개체 수를 1/10로 줄이는 데 추가적으로 높여야 하는 온도

다음으로, 〈보기〉에 제시된 미생물 A, B, C의 D값과 Z값, 그리고 2문단 내용을 참고해 각 미생물의 열처리 온도와 시간에 따른 개체 수를 확인해 보자.

미생물	온도	시간	개체 수
A (1,000개)	60℃	**50초**	100개
	60℃	D값 2배(100초)	10개
	Z값 10℃(70℃)	5초	100개
B (1,000개)	60℃	50초	100개
	60℃	D값 2배(100초)	10개
	Z값 5℃(65℃)	5초	100개
C (1,000개)	65℃	**50초**	100개
	65℃	D값 2배(100초)	10개
	Z값 5℃(70℃)	5초	100개

①에서는 'A, B가 들어 있는 원유를 60℃에서 100초 동안 열처리하면'이라고 가정했다. 이는 D값의 2배 시간으로 처리한다고 가정한 것이다. 2문단을 통해 볼 때 같은 온도에서 D값의 2배 시간(100초)으로 처리하면 개체 수를 1/100로 줄일 수 있다고 했으므로 A와 B의 남은 개체 수는 각각 1,000개의 1/100인 10개씩 된다는 것을 안 수 있다.

가장 많이 질문한 오답은? ③, ②, ④, ⑤ 순

✗ ③이 오답인 이유 Z값이 A는 10℃이고, B는 5℃이다. 즉, A가 들어 있는 원유는 70℃에서, B가 들어 있는 원유는 65℃에서 5초 동안 열처리할 때 개체 수가 각각 100개씩으로 줄어들게 된다. 그런데 B가 들어 있는 원유를 5℃ 더 높여 70℃에서 열처리하면, 가열 온도가 높을수록 미생물의 개체 수가 더 많이 감소한다(2문단)고 한 점으로 보아 미생물은 높아진 온도를 견디지 못하고 더 줄어들게 될 것임을 알 수 있다. 따라서 더 오랜 시간 견딜 수 있는 것은 A이다.

✗ ②가 오답인 이유 B가 들어 있는 원유를 65℃에서 5초간 열처리하면 B는 100개가 남을 것이지만, A가 들어 있는 원유를 65℃에서 5초간 열처리하면 Z값보다 5℃ 더 낮은 온도에서 열처리하는 것이므로 A는 100개보다 더 많이 남아 있을 것이다.

✗ ④가 오답인 이유 A, C가 들어 있는 원유를 70℃에서 5초 동안 열처리한다는 것은 각각 D값의 1/10 만의 시간(5초)에 Z값의 온도로 높인 것이므로 A, C 모두 개체 수가 1/10로 줄어든 100개가 될 것이다. (위 '①이 정답인 이유'에서의 표 참조)

✗ ⑤가 오답인 이유 B가 들어 있는 원유를 65℃에서 5초 동안 열처리한다는 것과 C가 들어 있는 원유를 70℃에서 5초 동안 열처리한다는 것은 각각 Z값 5℃를 높이고, D값의 1/10 만의 시간(5초) 동안 열처리한다는 것을 의미한다. 2문단에서 이와 같은 조건에서는 개체 수가 1/10로 줄어든다고 했으므로 B와 C의 남은 개체 수는 각각 100개씩이라는 것을 알 수 있다. (위 '①이 정답인 이유'에서의 표 참조)

✔ 매일 복습 확인 문제

1 다음 글과 부합하면 ○, 그렇지 않으면 ×로 표시하시오.

(1) 샘플링은 시간에 따라 지속적으로 변하는 소리 파동의 모양에 대한 정보를 얻기 위해 파동을 일정한 시간 간격으로 나누고, 매 구간마다 파동의 크기를 측정하여 수치화한 샘플을 얻는 것이다. 이때의 시간 간격을 샘플링 주기라고 하는데, 각 주기마다 데이터가 하나씩 생성되기 때문에 샘플링 주기가 짧아지면 단위 시간당 생성되는 데이터도 많아진다. → 샘플링 주기는 생성되는 데이터의 개수를 결정한다. ·····························( )

(2) 음성 인식 기술에서 특징 벡터는 음소의 특성을 잘 나타내는 정보들을 이용하지만 사람마다 다른 특성을 보이는 정보는 사용하지 않는다. → 개인의 독특한 목소리는 음성 인식을 위한 특징 벡터로 사용하기에 적당하다. ·····························( )

(3) 발광 효율은 소비 전력이 빛으로 변환되는 비율을 말한다. → 두 조명 기구에서 같은 양의 빛 에너지가 나온다면 소비 전력이 큰 쪽이 발광 효율이 높다. ······( )

(4) 짧은 파장의 광원을 포토리소그래피에 이용하려는 노력과 짧은 파장의 광원에 반응하는 새로운 감광 물질을 개발하려는 연구가 진행되고 있다. → 사용하는 빛의 파장에 따라 쓰이는 감광 물질이 달라진다. ········( )

2 다음 글의 ㉠과 바꿔 쓰기에 적절하지 않은 것은?

> 진공에서 전류가 흐르는 현상을 발견한 것은 플레밍이 2극 진공관을 발명하는 ㉠토대가 되었다.

① 기반 ② 기본 ③ 기준 ④ 기초 ⑤ 기틀

정답 1. (1) ○ (2) × (3) × (4) ○ 2. ③

몇 번을 봤다보다
제대로 공부했다가 중요!

국어 공부하다 궁금한 점은 언제든지 질문하세요.
http://cafe.daum.net/anin95

공부한 날	문항 번호	문항 수		제재	내용	난이도 순	출처	문제편
22일째	1~4	4	11	예술	김정희의 묵란화	1	2015학년도 9월 모의평가(A·B형)	p.130
	5~8	4		인문	공자가 강조한 군자의 덕목	6	2013학년도 9월 모의평가	p.132
	9~11	3		기술	플래시 메모리	15	2014학년도 6월 모의평가(A형)	p.134
23일째	1~4	4	9	예술	작가주의 비평 이론	7	2015학년도 6월 모의평가(A·B형)	p.136
	5~7	3		사회	자원의 효율적 배분	11	2012학년도 9월 모의평가	p.138
	8~9	2		기술	컴퓨터의 자료 관리를 위한 구조들	18	2011학년도 수능	p.140
24일째	1~3	3	9	예술	베토벤의 교향곡	4	2014학년도 수능(B형)	p.142
	4~6	3		독서 이론	독서 방식의 변화	8	2011학년도 9월 모의평가	p.144
	7~9	3		기술	자동차 연비	17	2011학년도 6월 모의평가	p.146
25일째	1~4	4	10	사회	환율	12	2011학년도 9월 모의평가	p.148
	5~8	4		예술	영화와 만화 이미지	2	2013학년도 수능	p.150
	9~10	2		인문	추론의 유형과 개념	16	2011학년도 6월 모의평가	p.152
26일째	1~4	4	11	인문	정나라 자산이 추진한 개혁	9	2011학년도 수능	p.154
	5~8	4		사회	유명인의 광고 중복 출연	5	2011학년도 6월 모의평가	p.156
	9~11	3		과학	미생물의 종 구분	3	2010학년도 수능	p.158
27일째	1~3	3	9	과학	생물기원퇴적물 연니	13	2010학년도 9월 모의평가	p.160
	4~7	4		인문	공리주의자들	10	2011학년도 9월 모의평가	p.162
	8~9	2		사회	경제 성장의 요인	14	2010학년도 9월 모의평가	p.164

* '난이도 순'의 번호는 제일 쉬운 지문이 1임.

22일째   4주차

정답	01 ①	02 ⑤	03 ④	04 ⑤	05 ⑤
	06 ④	07 ⑤	08 ④	09 ①	10 ②
	11 ③				

1~4 예술: 김정희의 묵란화   2015학년도 9월 모의평가(A·B형)

독해력을 길러 주는 지문 분석

1문단 **문단 요약** 먹으로 난초를 그린 묵란화는 사군자의 하나인 난초에 관념을 투영하여 형상화한 그림으로, 군자가 마땅히 지녀야 할 품성을 담고 있으며, 문인들이 인문적 교양과 감성을 드러내는 수단이었다.
핵심어(구) 묵란화
중심 내용 묵란화의 개념과 성격

2문단 **문단 요약** 추사 김정희가 25세 때 그린 〈석란〉은 전형적인 양식을 따른 묵란화로, 단아한 품격과 고상한 품위, 돈후한 인품을 느낄 수 있으며 당시 문인들의 공통적 이상이 드러난다.
핵심어(구) 추사 김정희, 〈석란〉
중심 내용 묵란화의 전형적인 양식을 따른 추사 김정희의 〈석란〉

3문단 **문단 요약** 김정희의 예술 세계는 49세부터 장기간의 유배 생활을 거치면서 큰 변화를 보인다. 글씨는 자유분방한 추사체로, 그림은 쓸쓸하고 처연한 느낌을 주는 화풍으로 바뀌어 갔다.
핵심어(구) 김정희의 예술 세계, 큰 변화

중심 내용 김정희의 예술 세계의 변화

4문단 **문단 요약** 김정희가 69세 때 그렸다고 추정되는 〈부작란도〉는 이러한 변화를 잘 보여 주는데, 자신의 경험에서 느낀 세계와 묵란화의 표현 방법을 일치시켜, 관습적인 표현을 넘어 자신만의 감정을 충실히 드러낸 세계를 창출했다.
핵심어(구) 〈부작란도〉
중심 내용 김정희의 변화된 예술 세계를 잘 보여 주는 〈부작란도〉

5문단 **문단 요약** 묵란화에는 심정을 적어 두기도 했는데, 김정희의 〈부작란도〉에 적힌 심정은 자신이 처한 모습을 오랜 기간 훈련된 감성으로 표출된 것이라 할 수 있다.
핵심어(구) 심정을 적어 두기
중심 내용 작자의 심정이 표출된 〈부작란도〉

주제 김정희의 묵란화에 나타난 예술 세계

01 글의 내용 전개 방식 이해   정답 ①

◎ **①이 정답인 이유** 이 글은 김정희의 묵란화인 〈석란〉과 〈부작란도〉를 사례로 제시하며 (1) 김정희의 삶과 (2) 작품 세계를 설명하고 있는데, 그 근거는 아래 표에서 확인할 수 있다.

(1) 김정희의 삶	• 평탄했던 젊은 시절과 달리 49세부터 장기간의 유배 생활을 함. (3문단)
	• 세파에 시달려 쓸쓸하고 황량해짐. (4문단)

(2) 김정희의 작품 세계	• 맑고 단아한 서풍에서 추사체로 알려진 자유분방한 서체로 바뀜.(3문단) • 부드럽고 우아한 화풍에서 쓸쓸하고 처연한* 느낌을 주는 화풍으로 바뀜.(3문단) • 문인 공통의 이상을 표출하는 관습적인 표현을 넘어 자신만 의 감정을 충실히 드러낸 세계를 창출했음.(4문단)

* 처연한: 애달프고 구슬픈. 처량한. 쓸쓸한.

② 후대 작가의 작품에 대한 내용은 없다.

③ 역사적 논란을 소개한 부분은 없다.

④ 작품에 대한 다양한 해석도 없거니와 통념적인 이해를 비판하는 부분도 없다.

⑤ 예술의 대중화 과정을 분석한 부분은 없다.

02 세부 내용 확인

정답 ⑤

◎ ⑤가 정답인 이유 김정희가 말년에 그린 〈부작란도〉에 서예의 필법을 쓰지 않았다는 내용은 찾아볼 수 없고, 다음 (1), (2)로 보아 〈부작란도〉에서도 서예의 필법이 쓰였다고 볼 수 있다.

(1) '여기(〈부작란도〉)에서 김정희가 자신의 경험에서 느낀 세계와 묵란화의 표현 방법을 일치시켜'(4문단)

(2) '이런(시, 서예, 그림은 나눌 수 없는 하나) 인식은 묵란화에도 이어져 난초를 칠 때는 글씨의 획을 그을 때와 같은 붓놀림을 구사했다.'(1문단)

나머지가 오답인(일치하는) 근거도 찾아보자.

① 1문단의 '묵란화는…여느 사군자화와 마찬가지로 군자가 마땅히 지녀야 할 품성을 담고 있다.'와 '묵란화는 문인들이 인문적 교양과 감성을 드러내는 수단이 되었다.'

② 1문단의 '묵란화는 사군자의 하나인 난초에 관념을 투영하여 형상화한 그림'

③ 3문단의 '김정희의 예술 세계는…유배 생활을 거치면서 큰 변화를 보인다. 글씨는…자유분방한 서체로 바뀌었고, 그림도…쓸쓸하고 처연한 느낌을 주는 화풍으로 바뀌어 갔다.'

④ 1문단의 '묵란화는 중국 북송 시대에 그려지기 시작하여 우리나라를 포함한 동북아시아 문인들에게 널리 퍼졌다.'

03 핵심 소재에 대한 이해

정답 ④

◎ ④가 정답인 이유 ④가 ㉡을 제대로 이해한 것인지는 ④와 지문의 내용을 연결해 보면 알 수 있다.

④	지문 – 4문단
• 홀로 위로 솟구쳐 꺾인 잎	• 유독 하나만 위로 솟구쳐 올라 허공을 가르지만, 그 잎 역시 부는 바람에 속절없이 꺾여 있다. → 세파에 시달려 쓸쓸하고 황량해진 그의 처지
• 김정희 자신의 의지가 표현	• 바람에 꺾이고, 맞서는 난초 꽃대와 꽃송이에서 세파에 시달려 쓸쓸하고 황량해진 그의 처지와 그것(세파)에 맞서는 강한 의지를 느낄 수 있다.

위 표와 같이 ④와 지문(4문단)을 연결해 보면, 〈부작란도〉에 김정희의 의지가 표현된 것은 맞다. 그러나 지식을 추구했던 과거의 삶과 단절하겠다는 의지가 아닌, 세파(모질고 거센 세상의 어려움)에 맞서는 강한 의지가 담겨 있다는 것을 알 수 있다.

가장 많이 질문한 오답은? ⑤

✗ ⑤가 오답인 이유 ⑤에 답한 학생들이 제법 있었다. ⑤가 ㉠, ㉡에 대한 이해로 적절하다는 근거는 지문에서 확인할 수 있다.

• **1문단**: 묵란화는 문인들이 인문적 교양과 감성을 드러내는 수단이 되었다.

• **2문단**: (〈석란〉에는) 당시 문인들의 공통적 이상이 드러난다.

• **4문단**: (〈부작란도〉에서는) 문인 공통의 이상을 표출하는 관습적인 표현을 넘어 자신만의 감정을 충실히 드러낸 세계를 창출했음을 알 수 있다.

① '잎새들은 가지런하면서도 완만한 곡선(2문단)'의 ㉠은 김정희가 '25세 되던 해(2문단)'에 그린 것으로, '평탄했던 젊은 시절(3문단)'에 추구하던 '단아한 품격(2문단)'을 표현한 것으로 볼 수 있다.

② ㉠에서 꽃이 '소담하고 정갈하게 피어(2문단)' 있는 모습에서 '고상한 품위(2문단)'를 느낄 수 있으며 '당시 문인들의 공통적 이상(2문단)'이 드러난다고 했는데, 이것은 곧 김정희의 이상을 표상한 것으로 볼 수 있다.

③ 4문단에서 ㉡의 잎은 '부는 바람에 속절없이 꺾여 있다'고 했고, 여기에서 '세파에 시달려 쓸쓸하고 황량해진 그의 처지'를 느낄 수 있다고 한 데서 알 수 있다.

04 자료를 활용한 내용 이해

정답 ⑤

◎ ⑤가 정답인 이유 4문단의 끝에서, 김정희는 〈부작란도〉에서 '자신만의 감정을 충실히 드러낸 세계를 창출'했다고 했고, 〈보기〉에서는 '예술 창작이란 아무것도 없는 것에서 어떤 사물을 창조하는 것이 아니라, 문화적 축적 속에서 새롭게 의미를 찾아 형식화하는 것'이라고 했다. 이를 통해 볼 때 김정희가 〈부작란도〉에서 창출한 세계는 '축적된 문화로부터 멀어지려 한 것'이 아닌, 축적된 문화에서 새롭게 의미를 찾아 형식화한 것으로 볼 수 있으므로 ⑤는 김정희의 예술 세계를 잘못 이해한 것이다.

그런데 시험 직후 ②가 오답인 근거를 지문에서 찾기 어렵다는 이의 제기가 있었고, 이에 대해 출제 기관은 타당성 심사 결과 답변을 제시하였다. 아래에서 확인하고 넘어가자.

이의 신청 문항 – 평가원 타당성 심사 결과 답변

이 문항은 〈보기〉의 관점에서 지문 내용을 이해할 수 있는지를 묻고 있습니다.

이의 제기의 주된 내용은, 오답지 ②의 판단 근거를 지문과 〈보기〉에서 찾기 어려우므로 ② 역시 적절하지 않다는 것입니다.

그러나 〈보기〉에서 "예술 창작이란 ~ 문화적 축적 속에서 새롭게 의미를 찾아 형식화하는 것"이라 하였습니다. 또한 지문 첫째 단락의 "문인들에게 시, 서예, 그림은 나눌 수 없는 하나였다."라는 진술, 셋째 단락의 "글씨는 맑고 ~ 바뀌어 갔다."라는 진술, 넷째 단락의 "우리는 여기에서 김정희가 ~ 창출했음을 알 수 있다."라는 진술 등을 고려하면, 〈부작란도〉처럼 '추사체' 역시 김정희가 서체상의 전통을 계승하고 혁신함으로써 새롭게 창안한 필법이란 점을 알 수 있습니다.

따라서 이 문항의 정답에는 이상이 없습니다.

한편, 이 시험이 끝난 직후 위에서 설명한 내용과 다른 관점에서 질문한 내용이 있었다. 다음 Q&A를 참고하도록 하자.

Q 모든 해설 강의를 다 뒤져도 나오지 않아 질문드릴게요ㅠㅠ 2번 선지에 대한 질문인데요, 지문에는 추사체로 알려진 자유분방한 서체로 바뀌었다는 말만 나와 있을 뿐 추사체를 누가 창안했는지는 나와 있지 않거든요. 김정희가 추사체를 새롭게 창안했다는 것을 어디서 찾을 수 있을까요?

A 글의 표면에 명시적으로 드러나 있지는 않으므로 단서를 통해 추리해야 합니다. 2문단의 처음에서 '추사 김정희가…'라고 했는데요, 여기서 '추사'는 '김정희'를 일컫는 말임을 짐작할 수 있습니다. '추사'는 김정희의 호인데요, 서체에 김정희의 호를 따서 '추사체'로 명명했다면, 이 '추사체'는 '추사 김정희'가 창안한 것으로 볼 수 있습니다. 즉, '추사'는 김정희를 일컫는 말(호)이고, '추사체'는 김정희가 완성한 서체를 일컫는 말이라는 점에서 추사체는 김정희가 창안한 것이라고 볼 수 있는 것이지요.

5~8 인문: 공자가 강조한 군자의 덕목   2013학년도 9월 모의평가

독해력을 길러 주는 지문 분석

1문단 **문단 요약** 공자는 제후국들이 주도권을 놓고 치열하게 전쟁을 벌이는 춘추 시대의 사회적 혼란을 극복하기 위해 인간의 도덕적 본성을 사회에 맞게 규범화한 예(禮)를 제안하였다.

핵심어(구) 공자, 예(禮)

중심 내용 사회적 혼란 극복 방안으로 공자가 제안한 예

2문단 **문단 요약** 공자는 예에 기반한 정치는 정명에서 시작한다고 하였으며, 정명을 실현할 주체로서 군자를 제시하였다.

- 정명(正名): '이름을 바로잡는다'라는 뜻. 다양한 사회적 관계 속에서 자신이 마땅히 해야 할 도리를 행하는 것을 의미함. 군주는 군주답게, 신하·부모 자식도 신하·부모 자식답게

핵심어(구) 정명을 실현할 주체로서 군자

중심 내용 예에 기반을 둔 정명(正名)을 실현할 주체로 공자가 제시한 군자

3문단 **문단 요약** 공자가 제시한 군자는 도덕적 인격을 완성하기 위해 애쓰는 사람이기도 하면서 자신의 도덕적 수양을 통해 예를 실현하는 사람으로, 이익을 따지기보다는 무엇이 옳고 그른지를 먼저 판단해야 한다고 하였다.

핵심어(구) 군자, 예를 실현하는 사람

중심 내용 공자가 제시한 군자의 개념

4문단 **문단 요약** 공자는 정치적 지도자로서 군주가 가져야 할 덕목으로 도덕적 수양과 실천을 강조하였으며, 소인도 군자가 될 수 있다고 강조하여 사회 전반에 걸쳐 정명을 통한 예의 실천을 구현하고자 하였다.

핵심어(구) 도덕적 수양과 실천을 강조

중심 내용 공자가 강조한 도덕적 수양과 실천

5문단 **문단 요약** 공자는 군자가 되기 위해서는 도덕적 수양을 해야 하고, 다양한 학문적 소양을 갖추어야 하며, 어떤 상황에서든 그에 맞는 제 역할을 다하는 사람이 되라고 하였다.

핵심어(구) 군자가 되기 위해서는

중심 내용 군자가 되기 위한 방법

6문단 **문단 요약** 공자는 일상생활에서의 도덕적 수양을 통해 인간의 도덕적 본성을 완성한 인격자인 성인의 경지에 도달할 것을 군자의 목표로 삼아야 한다고 하였으며, 정치 지도자 및 일반 서민의 도덕적 수양을 통해 혼란스러운 당시 세상을 이상적인 사회로 이끌고자 하였다.

핵심어(구) 성인의 경지에 도달

중심 내용 군자의 목표 – 성인의 경지에 도달

주제 공자가 강조한 예와 군자의 개념 및 덕목

---

05 세부 내용 확인   정답 ⑤

◎ **⑤가 정답인 이유** 지문에서 '법과 형벌'에 대해 언급한 부분을 보자. **2문단**에서 '군주가 예에 의하지 아니하고 법과 형벌에 기대어 정치를 한다면, 백성들은 형벌을 면하기 위해 법을 지킬 뿐, 무엇이 옳고 그른지 스스로 판단하려 하지 않는 문제가 생길 것이라고 공자는 보았다.'고 했다. 이 부분을 통해 볼 때 공자는 법과 형벌보다 예의 중요성을 강조했음을 알 수 있다.

① **1문단의 첫 문장** '공자가 살았던 춘추 시대는 주나라 봉건제가 무너지고 제후국들이 주도권을 놓고 치열하게 전쟁을 일삼던 시기였다.'에서 확인할 수 있다.

> * 패권: 패자(세상을 제패한 자)의 권력. 국제 정치에서, 어떤 국가가 경제력이나 무력으로 다른 나라를 압박하여 자기의 세력을 넓히려는 권력. 예 패권을 차지하다.

② **3문단**의 '공자는 이러한(소인과 대비되는 군자의) 개념을 확장하여 ~'와 **4문단**의 '인간의 도덕적 본성에 근거한 정치를 시행해야 한다는 유학적 정치 이념을 제시한 것'에서 확인할 수 있다.

③ **2문단의 첫 문장** '공자는 예에 기반을 둔 정치는 정명(正名)에서 시작한다고 하며, 정명을 실현할 주체로서 군자를 제시하였다.'에서 확인할 수 있다.

④ **5문단**의 '공자는 군자가 되기 위해서는…도덕적 수양을 할 뿐만 아니라 옛 성현의 책을 읽고 육예(六藝)를 고루 익혀 다양한 학문적 소양을 갖춰야 한다고 하였다.'에서 확인할 수 있다.

06 핵심 개념에 대한 이해   정답 ④

◎ **④가 정답인 이유** 1문단에서 '예'란 단순히 신분적 차이를 드러내는 장치는 아니라고 했다. 이는 신분적 차이를 드러내기는 한다는 말이다. 또, **2문단**에서는 '군주는 군주다운 덕성을 갖추고 그에 맞는 예를 실천해야 하며, 군주뿐만 아니라 신하, 부모 자식도 그러해야 한다.'라고 했다. 군주는 군주답게, 신하는 신하답게, 부모 자식은 부모 자식답게 그에 맞는 예를 실천해야 한다는 말은 각각의 신분에 맞게 예를 실천해야 한다는 것이다. 이를 통해 '예'는 신분적 평등 관계를 추구하는 규범이 아니라 신분적 차이를 인정하고, 자신의 신분에 맞게 실천해야 할 규범임을 알 수 있다.

나머지 답지들이 오답인(적절한) 근거도 찾아보자.

① **1문단**의 '예는…인간관계를 올바르게 형성하는 사회적 장치였다.'

② **1문단**의 '(공자가 살았던 춘추 시대의) 사회적 혼란을 극복하기 위한 방법으로 공자는 예(禮)를 제안하였다.'

③ 1문단의 '예란 인간의 도덕적 본성을 그 사회에 맞게 규범화한 것으로~'

⑤ 1문단의 '예란 인간의 도덕적 본성을 그 사회에 맞게 규범화한 것'과 4문단의 '공자는 소인도 군자가 될 수 있다고 강조하여 사회 전반에 걸쳐 정명을 통한 예의 실천을 구현하고자 하였다.'

07 세부 내용 확인
정답 ⑤

◎ ⑤가 정답인 이유 〈보기〉의 ㄱ~ㄹ이 지문의 내용에 부합하는지 비교하며 따져 보자.

> ㄱ. 소인에 대한 언급은 3·4문단에 있다. 3문단에서는 소인의 개념을 언급했고, 4문단에서는 소인도 군자가 될 수 있다고 했다. 그런데 지문에서 소인이 군자가 되면 인간의 도리를 벗어나는 법이 없다고 한 말은 찾을 수 없다. 인간의 도리를 벗어나는 일을 하지 않는 존재는 6문단에서 성인이라고 했다. → ✗ (부합하지 않음.)
>
> ㄴ. 완전한 인격체이며 유학에서 목표로 삼는 대상은 '군자'가 아니라 '성인'임을 6문단에서 확인할 수 있다. → ✗
>
> ㄷ. 4문단에서 '공자는 소인도 군자가 될 수 있다고 강조'했고, 5문단에서 공자는 군자가 되기 위해 도덕적 수양을 하고 학문적 소양을 갖춰야 한다고 했다. → ○ (부합함.)
>
> ㄹ. 6문단에서 성인은 인간의 도덕적 본성을 완성한 인격자라고 했고, 군자는 도덕적 수양을 통해 성인의 경지에 도달할 것을 목표로 삼아야 한다고 했다. → ○

위와 같이 ㄷ과 ㄹ이 지문 내용과 부합하므로 ⑤가 정답이다.

08 바꿔 쓰기에 적절한 어휘 이해
정답 ④

◎ ④가 정답인 이유 '어휘 문제 3단계 풀이법'을 적용해 보자.
- 1단계(핵심 간추리기): '사로잡힌' 대상부터 파악해야 한다. '사리사욕(사사로운 이익과 욕심)'이다. '사리사욕에 사로잡혀'가 핵심이다.
- 2단계('매3어휘 풀이' 떠올리기): 사리사욕에 '사로잡혀, 얽매여, 눈멀어, 어두워, …' 등으로 말을 만들 수 있다면, '사로잡혀'의 의미(생각이나 마음이 온통 한곳으로 쏠리다)가 확실히 다가올 것이다.
- 3단계(대입하기): 밑줄 친 어휘(사리사욕에 사로잡혀) 대신 답지의 말을 대입(사리사욕에 매수되어)해 본다. '매수'는 2가지 의미로 쓰인다. 물건을 사는 경우와 돈이나 그 밖의 다른 구체적 형체를 지닌 수단을 동원해 남의 마음을 사는 경우가 그것이다. 3단계까지 짚어 볼 때 '사리사욕'은 '매수'의 수단이 되는 물건이나 사람, 돈과 같은 구체적 대상이 아니라는 점에서 '사로잡혀'는 '매수되어'로 바꿀 수 없다.

가장 많이 질문한 오답은? ②

✗ ②가 오답인 이유 '기대다'와 '의거하다'를 다른 뜻으로 본 학생들이 많았는데, 그렇지 않다. '의거하다'의 뜻을 알아야 풀 수 있는 문제는 아니다. '어휘 문제 3단계 풀이법'에서 강조한, 앞뒤 문맥에서 핵심을 간추리고 '매3어휘 풀이'를 떠올려 보자.

'법과 형벌에 기대어'에서 '기대어'는 '(법과 형벌에) 의거하여, 의지하여, 따라…'의 의미이다. '기대어' 대신 '의거하여'를 대입해 보면 자연스럽다는 것을 알 수 있다. '사실에 의거하다, 기준에 의거하다, 관습에 의거하다, …'와 같이 쓰이는 '의거하다'는 '의지하다, 의존하다, 근거하다, 따르다' 등으로 바꾸어 쓸 수 있다.

나머지 답지들도 '어휘 문제 3단계 풀이법'을 적용해 보면 바꿔 쓰기에 적절하다는 것을 알 수 있다.

구분	핵심 간추리기	'매3어휘 풀이' 떠올리기	대입하기
①	ⓐ 군주의 덕성에 맞는 예를 실천해야	꼭 알맞은 걸맞은 적합한	군주의 덕성에 합당한 (어떤 기준, 조건, 용도, 도리 따위에 꼭 알맞은) 예를 실천해야
③	ⓒ 군자는 정치적 지배 계층을 가리키는 말	일컫는 지시하는	군자는 정치적 지배 계층을 지칭하는(어떤 대상을 가리켜 이르는) 말 *지칭(指稱): 손가락질할 지, 일컬을 칭
⑤	ⓔ 자신의 내면을 살피라고	들여다보라고 (바라)보라고 성찰하라고	자신의 내면을 성찰하라고(자기의 마음을 반성하고 관찰하라고)

9~11 기술: 플래시 메모리
2014학년도 6월 모의평가(A형)

독해력을 길러 주는 지문 분석

1문단 문단요약 디지털 카메라에서 사진 정보는 플래시 메모리(0 또는 1을 저장하는 수많은 스위치들로 구성)에 저장된다. 1비트의 정보를 기억하는 스위치가 셀(트랜지스터 1개로 구성)이며, 이 트랜지스터의 플로팅 게이트에 전자가 있으면 1, 없으면 0이라고 정의한다.

핵심어(구) 플래시 메모리

중심 내용 플래시 메모리의 구조

2문단 문단요약 플래시 메모리에서 데이터를 읽을 때는 그림의 반도체 D에 전압을 가했을 때 S와 D

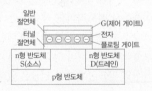

사이에 전류가 흐르는지 여부로 셀의 값이 1인지 0인지를 판단한다.

플로팅 게이트에 전자가 없으면	플로팅 게이트에 전자가 있으면
• 전류가 흐르기 쉬움. • 셀의 값은 '0'	• 전류가 흐르기 힘듦. • 셀의 값은 '1'

핵심어(구) 데이터를 읽을 때

중심 내용 플래시 메모리에서 데이터를 읽는 방법

3문단 문단요약 플래시 메모리에 데이터 저장을 위해서는 먼저 데이터를 지우는 과정이 필요하므로, 블록에 포함된 모든 셀마다 G에 0V, p형 반도체에 약 20V의 양의 전압을 가하게 된다.

플로팅 게이트에 전자가 없으면	플로팅 게이트에 전자가 있으면
플로팅 게이트에 변화가 없음.	전자가 터널 절연체를 넘어 p형 반도체로 이동함.

핵심어(구) 데이터, 저장, 데이터를 지우는 과정

중심 내용 플래시 메모리의 데이터 저장 과정 – 1단계: 데이터 지우기

4문단 문단 요약 데이터 쓰기는 데이터를 지우는 과정을 거친 후에야 가능한데, 1을 쓰려는 셀의 G에 약 20V, p형 반도체에는 0V의 전압을 가하면 p형 반도체에 있던 전자들이 터널 절연체를 넘어 플로팅 게이트로 들어가 데이터가 저장된다.

핵심어(구) 데이터 쓰기

중심 내용 플래시 메모리의 데이터 저장 과정 – 2단계: 데이터 쓰기

5문단 문단 요약 플래시 메모리는 EPROM과 EEPROM의 장점을 취하여 만들었고, 전원을 꺼도 데이터가 지워지지 않는 비휘발성 메모리라는 장점 때문에 휴대용 디지털 장치에 이용된다.

구분	장점	단점
EPROM	한 개의 트랜지스터로 셀을 구성해 셀 면적이 작음.	데이터를 지울 때 칩을 떼어 내어 자외선으로 소거해야 함.
EEPROM	전기를 이용하여 간편하게 데이터를 지울 수 있음.	셀 하나당 두 개의 트랜지스터가 필요함.

핵심어(구) 장점

중심 내용 플래시 메모리의 장점

주제 플래시 메모리의 구조와 작동 원리 및 장점

09 글의 전개 방식 이해 정답①

◎ **①이 정답인 이유** '대상'은 '플래시 메모리'이다. 플래시 메모리의 '구조'는 1문단의 '그림과 같은 구조'와 2문단의 '그림'에서 확인할 수 있고, '작동 원리'는 2~4문단에서 확인할 수 있다.
② 플래시 메모리의 장점은 마지막 문단에서 설명하고 있는데, 장점을 설명한 뒤 사용 방법을 알려 주고 있는 부분은 없다.
③ 데이터를 저장하는 플래시 메모리의 기능은 3문단 이후에 나와 있지만, 크기를 기준으로 설명하고 있는 것은 아니다.
④ 플래시 메모리의 구성 요소는 1문단에서 확인할 수 있지만, 그것을 만드는 제작 원리에 대한 설명은 없다.
⑤ 플래시 메모리의 장점은 5문단에 있지만, 단점과 새로운 방식의 필요성에 대한 언급은 없다.

10 세부 정보의 확인 및 추론 정답②

◎ **②가 정답인 이유** 플래시 메모리에서는 두 가지 과정(데이터 지우기와 쓰기)을 거쳐 데이터가 저장되고, 데이터를 지우고 쓰려면 '전자'가 '터널 절연체'를 넘어 이동해야 한다는 것을 3·4 문단을 통해 확인할 수 있다. 그런데 **3문단 마지막 문장**을 보면, 일반 절연체는 터널 절연체와 달리 전류 흐름을 항상 차단한다고 했다. 따라서 항상 전류를 차단하는 일반 절연체를 사용하면 데이터를 반복해서 지우고 쓸 수 없게 되므로 ②가 정답이 된다.
① 플로팅 게이트에 전자가 들어 있을 때는 전자가 흐르기 힘들고, 전자가 없는 경우에는 전자가 흐르기 쉽다고 했을 뿐 전자가 사라진다고 하지는 않았다. (**2문단**)
③ 데이터를 지울 때 칩을 떼어 내어 자외선으로 소거해야 하는 단점이 있는 것은 EPROM이다. 플래시 메모리는 EEPROM의 장점을 취하여 '전기적으로 데이터를 쓰고 지울 수 있'게 만든 메모리이다. (**5문단**)

④ 셀 면적이 작은 것은 EPROM의 장점이다. (**5문단**)
⑤ 플래시 메모리는 전원을 꺼도 '1이나 0의 상태가 유지된다 (**5문단**)고 했으므로 전력을 계속 공급해 주지 않아도 된다.

11 그림에의 적용 정답③

◎ **③이 정답인 이유** 플로팅 게이트에 전자가 들어 있는 상태를 1, 들어 있지 않은 상태를 0이라고 한 **1문단**과 〈보기〉의 **그림 아래 설명**을 통해 〈보기〉의 현재 그림은 왼쪽 셀이 1, 오른쪽 셀이 0인 상태임을 알 수 있다. 그리고 발문(문두)에서 플래시 메모리의 데이터 〈1 0〉을 〈0 1〉로 수정하려고 할 때 단계별로 전압이 가해질 위치를 묻고 있다는 것도 체크한다.

3문단에서 플래시 메모리에서는 두 가지 과정을 거쳐 데이터가 저장되는데, 일단 데이터를 지우는 과정이 필요하다고 했고, **4문단**에서는 이와 같은 과정을 거친 후에 데이터 쓰기가 가능하다고 했다. 이를 통해 볼 때 1단계는 데이터 지우기 과정이고, 2단계는 데이터 쓰기 과정이라는 것을 알 수 있다.

3문단과 4문단의 내용을 통해 데이터 지우기 과정과 쓰기 과정에서 전압이 가해질 위치를 확인해 보면 다음과 같다.

1단계: 데이터 지우기 과정	2단계: 데이터 쓰기 과정
• **3문단**: 블록에 포함된 모든 셀마다 G에 0V, p형 반도체에 약 20V의 양의 전압을 가하면, …해당 블록의 모든 셀은 0의 상태가 된다. → 전압이 가해질 위치는 ㉠, ㉡	• **4문단**: 1을 쓰려는 셀의 G에 약 20V, p형 반도체에는 0V의 전압을 가한다. → 전압이 가해질 위치는 ㉣

가장 많이 질문한 오답은? ①

✗ **①이 오답인 이유** ①에 답한 학생들이 정답 ③에 답한 학생들만큼 많았는데, 그 이유는 **3문단**의 '블록에 포함된 <u>모든</u> 셀마다'를 놓쳤기 때문이었다. '블록'과 '셀'의 개념은 〈보기〉의 그림 아래 설명(두 개의 셀이 하나의 블록을 이룬다.)에서 확인할 수 있다.

✔ 매일 복습 확인 문제

1 다음 글과 부합하면 ○, 그렇지 않으면 ✕로 표시하시오.
　(1) 김정희의 〈부작란도〉에서 바람에 꺾이고, 맞서는 난초 꽃대와 꽃송이에서 세파에 시달려 쓸쓸하고 황량해진 그의 처지와 그것에 맞서는 강한 의지를 느낄 수 있다. → 〈부작란도〉에서 꺾인 잎은 과거의 삶과 단절하겠다는 김정희 자신의 의지가 표현된 것이다. ………(　)
　(2) 성인은 '인간의 도덕적 본성'을 완성한 인격자를 가리키는데, 군자는 일상생활에서의 도덕적 수양을 통해 성인의 경지에 도달할 것을 목표로 삼아야 한다고 하였다. → 군자와 성인을 구별하는 기준으로 도덕적 본성의 완성 여부를 들 수 있다. …………………(　)
　(3) 플래시 메모리는 플로팅 게이트가 절연체로 둘러싸여 있기 때문에 전원을 꺼도 1이나 0의 상태가 유지되므로 비휘발성 메모리이다. → 플래시 메모리는 전력을 계속 공급해 주지 않아도 데이터를 유지할 수 있다. (　)

정답 **1.** (1) ✕ (2) ○ (3) ○

정답	01 ④	02 ①	03 ④	04 ⑤	05 ⑤
	06 ⑤	07 ③	08 ③	09 ①	

1~4 예술 : 작가주의 비평 이론 2015학년도 6월 모의평가 (A·B형)

독해력을 길러 주는 지문 분석

1문단 문단요약 1950년대 프랑스의 영화 비평계에는 감독을 '작가'로 간주하고, 작품과 감독을 동일시하는 **작가주의 비평 이론이 등장**했다.

핵심어(구) 작가주의 비평 이론이 등장

중심 내용 작가주의 비평 이론의 등장 및 그 배경

2문단 문단요약 작가주의는 상투적인 영화가 아닌 **감독 개인의 영화적 세계와 독창적인 스타일을 일관되게 투영하는 작품들을 옹호**한다.

핵심어(구) 감독 개인의 영화적 세계와 독창적인 스타일

중심 내용 작가주의의 관점

3문단 문단요약 작가주의적 비평은 영화 비평계에 중요한 영향을 끼쳤는데, 그중에서도 주목할 점은 **할리우드 영화를 재발견**한 것이다.

핵심어(구) 영화 비평계에 중요한 영향, 할리우드 영화를 재발견

중심 내용 작가주의적 비평이 영화 비평계에 미친 영향

4문단 문단요약 작가주의적 비평가들은 할리우드라는 가장 산업화된 조건에서 생산된 상업적인 영화에서도 감독 고유의 표지를 찾아낼 수 있다고 보았다.

핵심어(구) 할리우드 (영화)

중심 내용 작가주의적 비평가들에 의해 재발견된 할리우드 영화

5문단 문단요약 작가주의적 비평가들에 의해 복권된 대표적인 할리우드 감독인 히치콕은, 제작 시스템과 장르의 제약 속에서도 일관된 주제 의식과 스타일을 관철한 감독으로 평가받았다.

▼ 히치콕 영화의 주제 의식과 스타일

- 관객을 오인에 빠뜨린 뒤 충격적인 반전을 이끌어 냄.
- 특정 소품을 확실한 단서처럼 보이게 한 다음 일순간 허망한 것으로 만듦. → '맥거핀' 기법

핵심어(구) 복권된 대표적인 할리우드 감독, 히치콕

중심 내용 작가주의적 비평가들에 의해 복권된 할리우드 감독 히치콕과 그의 영화에 적용된 기법

6문단 문단요약 작가주의의 영향력은 오늘날까지도 이어져, '좋은' 영화, '위대한' 감독들이 선정되어 영화 교육 현장에서 활용되고 있다.

핵심어(구) 작가주의의 영향력

중심 내용 오늘날까지 이어지는 작가주의의 영향력

주제 작가주의 비평 이론의 관점과 영화계에 미친 영향력

---

01 글의 설명 방식 이해 정답 ④

◎ **④가 정답인 이유** 이 글은 작가주의의 개념(1문단의 '작가주의란~말한다.')을 설명한 뒤, 작가주의적 비평가들에 의해 재발견된 할리우드 영화와 히치콕 감독(구체적인 사례)을 예로 들어 작가주의가 영화계에 미친 영향력(의의)을 소개하고 있다.

대부분의 학생들이 정답에 답했지만, 나머지 답지들이 오답인 이유도 체크하고 넘어가자.

① 작가주의에서 쟁점(논쟁의 중심이 되는 내용)이 되는 부분에 대해서는 다루지 않았다.

② 작가주의의 문제점을 제시하지 않았고, 따라서 그것이 해결되는 과정을 설명하고 있지도 않다.

③ 당시 프랑스 영화의 색채에 대한 반발로 작가주의가 주창(주장)되긴 했지만, 작가주의와 대립하는 비평 이론은 다루지 않았고, 따라서 두 이론을 서로 비교하고 있는 것도 아니다.

⑤ 작가주의가 영화 비평계에 미친 영향력은 설명하고 있으나, 그것을 넘어서는 새로운 관점을 소개하고 있지는 않다.

---

02 세부 내용 확인 정답 ①

◎ **①이 정답인 이유** 5문단에서 맥거핀은,

> (1) 관객의 오인*을 부추기는 기법이고,
> (2) 자신만의 이야기 법칙을 만들어 가는 데 활용된 하나의 극적 장치이고,
> (3) 특정 소품을 확실한 단서처럼 보이게 한 다음 일순간 허망한 것으로 만들어 관객을 당혹스럽게 하는 기법

이라고 했다. 이를 통해 볼 때, 맥거핀은 '사건의 배경을 극적으로 제시해 주는 촬영 기법'이 아닌, 감독이 자신만의 이야기 법칙을 만들어 가는 데 활용된 장치라는 것을 알 수 있다.

*오인(誤認): 인식의 오해. 잘못 보거나 잘못 생각함.

가장 많이 질문한 오답은? ④, ⑤ 순

대부분의 학생들이 ①에 답했지만, 오답지 중에서는 ④와 ⑤에 답한 학생들이 많았다. 그 이유는 ②는 **마지막 6문단**에, ③은 **1문단**에 언급된 내용을 확인하는 수준이지만, ④와 ⑤는 **3문단**에 있는 내용을 통해 미루어 짐작해야 하는 것이기 때문이었다.

④와 ⑤의 근거는 다음과 같다.

	답지의 내용	근거 - 3문단
④	제작자의 권한을 강화한 것	제작자가 감독의 작업 과정에도 관여하게 되었고…
	흥행의 안정성을 고려했기 때문	흥행의 불안정성을 최소화하면서 일정한 품질의 영화를 생산하기 위함이었다.
⑤	제작의 효율성을 위해	제작 인력들의 능률을 높일 수 있는
	제작 인력들 간의 역할과 임무를 구분	표준화·분업화한 방식으로 영화를 제작했다.

03 세부 내용 확인 정답 ④

O ④가 정답인 이유 '작가주의적 비평가들(ⓑ)은 할리우드라는 가장 산업화된 조건에서 생산된 상업적인 영화(ⓐ)에서도 감독 고유의 표지를 찾아낼 수 있다고 보았다.'고 한 **4문단의 첫 문장**으로 보아 ④는 적절한 설명이다.

① 3문단에서, '관객의 변덕스런 기호(p.21 참조) 등의 변수는 흥행의 불안정성을 야기(가져옴)'한다고 했다.

② 2문단에서 ⓑ는 '상투적인 영화가 아닌 감독 개인의 영화적 세계와 독창적인 스타일을 일관되게 투영하는 작품들을 옹호한다.'고 하였고, **4문단**에서 ⓑ는 제한적인 제작 여건이 감독의 창의성(상투적 ✕)을 끌어낸 사례들에 주목했다고 했다.

③ 히치콕이 ⓑ에 의해 복권(권세가 회복)된 것은 알 수 있다(5문단). 하지만 ⓑ가 히치콕의 작품들에 숨어 있는 흥행의 공식을 영화 제작에 활용했다는 정보는 찾을 수 없다.

⑤ **4문단**에서, ⓑ(작가주의적 비평가들)로 인해 B급 영화와 그 감독들마저 수혜자(혜택을 받는 사람)가 되기도 했다고 하였다.

04 두 입장의 비교 추론 정답 ⑤

O ⑤가 정답인 이유 ㉠은 감독을 단순한 연출자가 아닌 '작가'로 간주하고 작품과 감독을 동일시하는 관점(1문단)이고, ㉡은 감독을 영화의 일부분으로 보는 관점이다. 따라서 ㉠은 ㉡에 비해 감독의 역량을 중시하는 입장으로, ⑤는 ㉠과 ㉡의 입장을 뒤바꾸어 잘못 파악한 것이다.

나머지 답지들이 적절한 근거는 다음과 같다.

①, ② 2문단의 '감독의 창의성과 개성은 작품 세계를 관통하는 감독의 세계관 혹은 주제 의식, ~고집스럽게 되풀이되는 특정한 상황이나 배경 혹은 표현 기법 같은 일관된 문체상의 특징으로 나타난다는 것이다.'

③ 1문단의 '작가주의란 감독을 단순한 연출자가 아닌 '작가'로 간주하고, 작품과 감독을 동일시하는 관점'과 <보기>의 '감독은 영화의 일부분일 뿐'

④ <보기>의 '예산 같은 제작 여건(경제적 여건)을 고려'와 '영화의 표현 가능성을 확장시킨 기술의 발달(기술적 조건) 등도 간과할 수 없는 요인'

5~7 사회: 자원의 효율적 배분 2012학년도 9월 모의평가

독해력을 길러 주는 지문 분석

1문단 문단요약 경제학에서는 '가격=한계 비용'일 때가 가장 이상적인 상태로 보는데, 이때 자원이 효율적으로 배분되며 사회 전체의 만족도가 가장 크다. '가격>한계 비용'이면 수요량과 생산량이 감소하여 자원이 효율적으로 배분되지 못하며 사회 전체의 만족도가 떨어진다.

　• 한계 비용: 재화의 생산량을 한 단위 증가시킬 때 추가되는 비용

핵심어(구) 가격, 한계 비용

중심 내용 일반 재화의 가격 결정 방법

2문단 문단요약 공익 서비스(수도, 전기, 철도 등)도 자원 배분의 효율성을 생각하면 한계 비용 수준으로 가격(=공공요금)을 결정하는 것이 바람직하지만, 초기 시설 투자 비용은 막대한 반면 한계 비용은 매우 적기 때문에 한계 비용으로 공공요금을 결정하면 공익 서비스를 제공하는 기업은 손실을 볼 수 있다.

핵심어(구) 공익 서비스

중심 내용 공익 서비스의 가격 결정 방법과 그 문제점

3문단 문단요약 예컨대 상수도 서비스의 경우, 수돗물 생산량을 늘릴수록 평균 비용이 계속 줄어들지만 한계 비용 아래로는 결코 내려가지 않는다. 따라서 한계 비용으로 수도 요금을 결정하면 '총비용>총수입'이 되어 수도 사업자는 손실을 보게 된다.

핵심어(구) 예컨대

중심 내용 한계 비용으로 공익 서비스의 가격을 결정할 때의 문제 사례

4문단 문단요약 기업의 손실을 해결하는 방법 중 하나는 정부가 공익 서비스 제공 기업에 손실분만큼 보조금을 주는 것인데, 이 경우 다른 부문에 들어갈 재원이 줄어든다. 공공요금을 평균 비용 수준으로 정하는 방법도 있는데, 이 경우 '요금>한계 비용'이기 때문에 사회 전체의 관점에서 자원이 효율적으로 배분되지 않는 문제가 생긴다.

핵심어(구) 해결하는 방법, 문제

중심 내용 공익 서비스를 제공하는 기업의 손실을 해결하는 방법과 그 문제점

주제 일반 재화와 다른 공익 서비스의 가격 결정 방법

05 세부 정보 확인 정답 ⑤

O ⑤가 정답인 이유 4문단의 '공공요금을 평균 비용 수준으로 정하는…경우에는 총수입과 총비용이 같아져 기업이 손실을 보지는 않는다. 그러나 요금이 한계 비용보다 높기 때문에 사회 전체의 관점에서 자원의 효율적 배분에 문제가 생긴다.'를 통해 볼 때 공공요금을 평균 비용 수준에서 결정하면 자원의 효율적 배분에 문제가 생긴다. 그런데 ⑤에서는 자원의 낭비를 방지할 수 있다고 했으므로 4문단의 내용과 일치하지 않는다.

가장 많이 질문한 오답은? ③

✕ ③이 오답인 이유 2문단의 '일반 재화와 마찬가지로 수도, 전기, 철도와 같은 공익 서비스도 자원 배분의 효율성을 생각하면 한계 비용 수준으로 가격(=공공요금)을 결정하는 것이 바람직하다.'에서 ③을 미루어 짐작할 수 있다.

그런데도 ③에 답한 학생들이 의외로 많았던 것은 오답인 ①, ②, ④는 지문에서 일치 여부를 바로 확인할 수 있었던 데 비해 ③은 미루어 짐작해야 하는 내용이었기 때문이기도 했다. 이 문제를 통해 볼 때 내용 일치 여부를 묻는 문제에서도 미루어 짐작할 수 있는 답지가 제시된다. 그렇기 때문에 이와 같은 문제는 일치하는 것에는 ◯, 옳은 것으로 미루어 짐작할 수 있는 것에는 △, 일치하지 않는 것과 잘못된 것으로 미루어 짐작할 수 있는 것에는 ✕ 표시를 하며 문제를 풀어야 한다.

① 1문단의 '한계 비용 곡선과 수요 곡선이 만나는 점에서 가격이 정해지면 재화의 생산 과정에 들어가는 자원이 낭비 없이 효율적으로 배분되며, 이때 사회 전체의 만족도가 가장 커진다.'에서 확인할 수 있다.

② **1문단**의 '가격이 한계 비용보다 높아지면 상대적으로 높은 가격으로 인해 수요량이 줄면서 거래량이 따라 줄고, 결과적으로 생산량도 감소한다.'에서 확인할 수 있다.

④ **3문단**에서 '한계 비용으로 수도 요금을 결정하면 총비용보다 총수입이 적으므로 수도 사업자는 손실을 보게 된다.'라고 한 것과, **4문단**에서 '이를 해결하는 방법에는 크게 두 가지가 있다. 하나는 정부가 공익 서비스 제공 기업에 손실분만큼 보조금을 주는 것'이라고 한 것에서 확인할 수 있다.

06 그래프에의 적용 정답 ⑤

◎ **⑤가 정답인 이유** **1문단**의 '한계 비용 곡선과 수요 곡선이 만나는 점(ⓐ)에서 가격이 정해지면 재화의 생산 과정에 들어가는 자원이 낭비 없이 효율적으로 배분되며, 이때 사회 전체의 만족도가 가장 커진다.'를 통해 볼 때 ⓐ에서 가격이 정해지면 사회 전체의 만족도는 가장 커진다는 것을 알 수 있고, **4문단**의 '평균 비용 곡선과 수요 곡선이 교차하는 점(ⓑ)에서 요금을 정하는 후자의 경우에는 총수입과 총비용이 같아져 기업이 손실을 보지는 않는다. 그러나 요금이 한계 비용보다 높기 때문에 사회 전체의 관점에서 자원의 효율적 배분에 문제가 생긴다.'를 통해 볼 때 ⓑ에서 가격이 정해지면 자원의 효율적 배분에 문제가 생긴다고 할 수 있다. 그렇다면 요금이 ⓐ에서 ⓑ로 이동하면 사회 전체의 만족도는 떨어진다고 볼 수 있으므로 ⑤는 [A]와 〈보기〉의 그래프를 잘못 이해한 것이다.

나머지 답지들이 오답인(옳은) 이유도 살펴보자.

① **[A]의 마지막 문장**에서 '한계 비용(ⓐ)으로 수도 요금을 결정하면 총비용보다 총수입이 적으므로 수도 사업자는 손실을 보게 된다.'라고 한 데서 확인할 수 있다.

② ⓐ는 한계 비용인데, **[A]의 첫 문장**에서 '톤당 1달러의 한계 비용으로 수돗물을 생산하는 상수도 서비스'라고 한 데서 맞는 진술임을 확인할 수 있다.

③ **4문단**의 '평균 비용 곡선과 수요 곡선이 교차하는 점(ⓑ)에서 요금을 정하는 후자의 경우에는 총수입과 총비용이 같아져 기업이 손실을 보지는 않는다.'에서 확인할 수 있다.

④ 수돗물 생산량이 증가한다는 것은 **그래프**에서 가로축의 오른쪽으로 간다는 것이다. 이때의 평균 비용과 한계 비용은 그 격차가 점차 줄어들고 있음을 확인할 수 있다.

07 바꿔 쓰기에 적절한 어휘 이해 정답 ③

◎ **③이 정답인 이유** 밑줄 친 말을 포함하여 앞뒤 내용을 간추린 다음, 답지의 말을 대입해 보자.

구분	핵심 간추리기	대입하기
㉠	재화의 생산 과정에 들어가는 자원	재화의 생산 과정에 투입되는 자원
㉡	사회 전체의 만족도가 떨어지는 결과를 낳는다.	사회 전체의 만족도가 떨어지는 결과를 초래한다.
㉢	자원 배분의 효율성을 생각하면	자원 배분의 효율성을 추정하면
㉣	손실분만큼 보조금을 주는 것	손실분만큼 보조금을 지급하는 것
㉤	다른 부문에 들어갈 재원이 줄어드는 문제	다른 부문에 들어갈 재원이 감소하는 문제

이와 같이 밑줄 친 말을 포함하여 앞뒤 내용을 간추린 다음, 답지의 말을 대입해 보면 ③이 어색하다는 것을 알 수 있다. ㉢의 앞뒤 내용을 읽어 보면 '생각하면'은 '고려하면' 또는 '감안하면' 정도로는 읽히지만, '추정'(미루어 짐작하거나 추측함)의 의미는 없다는 것을 알 수 있다.

어휘력 향상을 위해 답지에 제시된 어휘의 뜻을 '매3어휘 풀이'의 핵심인 친숙한 말 또는 다른 말을 떠올려 익히고 넘어가자.

① 투입(投入): 던져(투하, 투척) 넣음(삽입).
② 초래(招來): 불러옴. 가져옴. 이끌어 냄.
③ 추정(推定): 추측하여 확정함.
④ 지급(支給): 지불하고 내줌(공급).
⑤ 감소(減少): 덜다. 줄다(축소). ㈜ 감축 ㈝ 증가

8~9 기술 : 컴퓨터의 자료 관리를 위한 구조들 2011학년도 수능

독해력을 길러 주는 지문 분석

1문단 문단 요약 소프트웨어 개발에서 자료 관리를 위한 구조로 '배열'과 '연결 리스트'가 사용되는데, 이 구조를 가진 저장소가 컴퓨터 메모리에 구현된 위치를 '포인터'라고 한다.
핵심어(구) 소프트웨어 개발에서 자료 관리를 위한 구조
중심 내용 소프트웨어의 자료 관리 구조인 '배열'과 '연결 리스트'

2문단 문단 요약 배열에서는 자료의 논리적 순서와 실제 저장 순서가 일치하도록 자료가 저장된다. 이때 원하는 자료의 논리적인 순서만 알면 해당 포인터 값을 계산할 수 있으므로 바로 읽기와 쓰기를 할 수 있지만, 자료의 삽입과 삭제 시 자료의 순번이 빠를수록 나머지 자료의 재정렬 시간이 늘어난다.
핵심어(구) 배열
중심 내용 '배열'의 자료 관리 구조와 장단점

3문단 문단 요약 연결 리스트는 저장될 자료와 다음에 올 자료의 포인터인 '다음 포인터'를 한 저장소에 함께 저장한다. '다음 포인터'로 인해 물리적 저장 위치에 상관없이 자료의 논리적 순서를 유지할 수 있고, 자료의 삽입과 삭제는 '다음 포인터'의 내용 변경으로 간단하게 할 수 있지만, 특정 자료를 읽을 때 자료의 논리적 순서에 따라 접근 시간에 차이가 있다.
핵심어(구) 연결 리스트
중심 내용 '연결 리스트'의 자료 관리 구조와 장단점

4문단 문단 요약 '다음 포인터' 외에 논리순으로 앞에 연결된 저장소의 포인터를 하나 더 저장하는 '이중 연결 리스트'는 현재 포인터에서부터 앞뒤 어느 방향으로도 자료에 접근할 수 있어 연결 리스트보다 자료 접근이 용이하다.
핵심어(구) 이중 연결 리스트
중심 내용 '이중 연결 리스트'의 자료 관리 구조와 장점

주제 소프트웨어 개발에서 자료 관리를 위한 구조들의 종류와 그 장단점

08 내용 추론 정답 ③

◎ **③이 정답인 이유** '자료의 논리적 순서에 따라 (자료) 접근 시간에 차이가 있는 것은 '배열'이 아니라 '연결 리스트'라는 것을 **3문단**에서 확인할 수 있다.

그럼에도 불구하고 ③에 답하지 않은 학생들은 2문단 마지막 문장에서, 배열은 '삽입하거나 삭제하는 자료의 순번이 빠를수록 나머지 자료의 재정렬 시간이 늘어난다.'고 한 데서 맞는 진술이라고 생각했다고 한다. '시간이 늘어난다'에 낚인 것이다. 이는 자료를 삽입하거나 삭제할 때 시간이 늘어난다는 것이지, 자료 접근 시간이 늘어난다는 것이 아니기 때문에 ③은 적절하지 않다.

가장 많이 질문한 오답은? ④, ⑤ 순

✗ **④가 오답인 이유** 3문단에서 '연결 리스트'는 자료의 삽입과 삭제가 간단하다고 했다. 이로 보아 연결 리스트는 저장되는 전체 자료의 개수가 자주 변할 때(삽입하거나 삭제할 때) 편리하다고 할 수 있다.

✗ **⑤가 오답인 이유** 3문단에서 '연결 리스트'는 저장될 자료와 다음에 올 자료의 포인터인 '다음 포인터'를 한 저장소에 함께 저장한다고 했다. 4문단에서 '이중 연결 리스트'는 '다음 포인터'뿐만 아니라 논리순으로 앞에 연결된 저장소의 포인터를 하나 더 저장한다고 했으므로 ⑤는 맞는 진술이다.

① 1문단의 '저장소가 실제 컴퓨터 메모리에 구현된 위치를 '포인터'라고 한다.'에서 알 수 있다.

② 2문단에서 '배열'은 '자료의 논리적 순서와 실제 저장 순서가 일치하도록 자료가 저장된다. 이때 원하는 자료의 논리적인 순서만 알면 … 바로 접근하여 읽기와 쓰기를 할 수 있다.'고 했고, **3문단**에서 '연결 리스트'는 '특정 자료를 읽으려면 접근을 시작하는 포인터부터 그 자료까지 저장소들을 차례로 읽어야 하므로 자료의 논리적 순서에 따라 접근 시간에 차이가 있다.'고 한 점에서 '배열' 구조인지 '연결 리스트' 구조인지에 따라 자료 접근 과정이 달라진다는 것을 알 수 있다.

09 구체적 상황에의 적용 정답 ①

◎ **①이 정답인 이유** 〈보기〉의 실험 결과에 대한 답지의 옳고 그름을 판단하기 위해 지문에서 얻을 수 있는 정보는 다음과 같다.

> (1) '배열'은 삽입하거나 삭제하는 자료의 순번이 빠를수록 나머지 자료의 재정렬 시간이 늘어난다. (2문단) → 배열은 삽입하거나 삭제할 때 시간이 많이 소요됨.
>
> (2) '연결 리스트' 구조에서는 '다음 포인터'의 정보를 담을 공간이 더 필요하지만~(3문단) → 연결 리스트는 배열에 비해 저장 공간이 더 필요함.
>
> (3) '연결 리스트'에서 자료의 삽입과 삭제는 '다음 포인터'의 내용 변경으로 가능하므로 상대적으로 간단하다. (3문단) → 연결 리스트는 삽입과 삭제 시간이 배열에 비해 적게 듦.
>
> (4) '이중 연결 리스트'는 '다음 포인터'뿐만 아니라 논리순으로 앞에 연결된 저장소의 포인터를 하나 더 저장한다. (4문단) → 이중 연결 리스트는 연결 리스트에 비해 저장 공간이 더 필요함.

(1)과 (3)으로 보아, 삭제 실험에 걸리는 총시간은 ㉠(배열)이 ㉡(연결 리스트)에 비해 길 것으로 추론할 수 있다.

가장 많이 질문한 오답은? ③

✗ **③이 오답인 이유** 오답에 답한 학생들 중에는 ③에 답한 경우가 ②, ④, ⑤에 비해 많았다. (1)과 (3)으로 보아, 삽입 실험에 걸리는 총시간은 ㉠(배열)이 ㉡(연결 리스트)에 비해 길 것으로 추론할 수 있다.

② (2)와 (4)로 보아, 메모리 사용량은 ㉢이 ㉠에 비해 더 많을 것으로 추론할 수 있다.

④ (2)와 (4)로 보아, 저장 실험의 메모리 사용량은 ㉢이 ㉡에 비해 많을 것으로 추론할 수 있다.

⑤ ㉢은 '현재 포인터에서부터 앞뒤 어느 방향으로도 연결된 자료에 접근할 수 있어 연결 리스트보다 자료 접근이 용이(**4문단**)'하지만, ㉡은 '특정 자료를 읽으려면 접근을 시작하는 포인터부터 그 자료까지 저장소들을 차례로 읽어야(**3문단**)' 한다고 한 데서, 읽기 실험에 걸리는 총시간은 ㉡이 ㉢에 비해 길 것으로 추론할 수 있다.

[안인숙 매3국어] [검색]

✔ **매일 복습** 확인 문제

1 다음 글과 부합하면 ○, 그렇지 않으면 ×로 표시하시오.

(1) 히치콕은 관객의 오인을 부추기는 '맥거핀' 기법을 자신만의 이야기 법칙을 만들어 가는 데 하나의 극적 장치로 종종 활용하였다. 즉 특정 소품을 맥거핀으로 활용하여 확실한 단서처럼 보이게 한 다음 일순간 허망한 것으로 만들어 관객을 당혹스럽게 한 것이다. → 맥거핀은 관객에게 사건의 배경을 극적으로 제시해 주는 촬영 기법을 말한다. …………………………………… (   )

(2) 일반 재화와 마찬가지로 수도, 전기, 철도와 같은 공익 서비스도 자원 배분의 효율성을 생각하면 한계 비용 수준으로 가격을 결정하는 것이 바람직하다. → 공익 서비스와 일반 재화의 생산 과정에서 자원을 효율적으로 배분하기 위한 조건은 서로 다르다. …………… (   )

(3) 연결 리스트에서 자료의 삽입과 삭제는 '다음 포인터'의 내용 변경으로 가능하므로 상대적으로 간단하다. → '연결 리스트'는 저장되는 전체 자료의 개수가 자주 변할 때 편리하다. …………………………………… (   )

2 문맥상, 밑줄 친 단어와 바꿔 쓰기에 적절하지 않은 것은?

① 만족도가 떨어지는 결과를 낳는다. : 초래(招來)한다

② 자원 배분의 효율성을 생각해야 한다. : 추정(推定)해야

③ 정부가 손실분만큼 보조금을 주는 방법: 지급(支給)하는

④ 작가주의에서는 감독을 '작가'로 여긴다. : 간주(看做)한다

⑤ 관객의 변덕스런 기호가 영화 흥행의 불안정성을 가져올 수 있다. : 야기(惹起)할

정답 1. (1) × (2) × (3) ○ 2. ②

정답	01 ⑤	02 ④	03 ①	04 ②	05 ②
	06 ①	07 ②	08 ②	09 ①	

1~3 예술 : 베토벤의 교향곡   2014학년도 수능(B형)

독해력을 길러 주는 지문 분석

1문단 [문단 요약] 베토벤의 교향곡은 음악 소재를 개발하여 다채롭게 처리하는 창작 기법의 탁월함으로 서양 음악사에 한 획을 그은 걸작으로 평가된다.

핵심어(구) 베토벤의 교향곡, 창작 기법의 탁월함

중심 내용 베토벤 교향곡이 주목받게 된 작품 내적 요인 – 창작 기법의 탁월함

2문단 [문단 요약] 베토벤 신화를 이해하기 위해서는 작품의 내적인 원리 이외에 19세기 초 음악사의 중심에 서고자 했던 독일 민족의 암묵적 염원과 그것이 반영된 빈(Wien)의 청중의 달라진 음악관, 음악에 대한 독일 비평가들의 새로운 관점, 당시 유행한 천재성 담론을 들여다봐야 한다.

핵심어(구) 독일 민족의 암묵적 염원

중심 내용 베토벤 신화 이해를 위해 살펴볼 필요가 있는 작품 외적 요인

3문단 [문단 요약] 빈의 새로운 청중의 귀는 악기에서 나오는 소리를 중시하는 순수 기악을 향해 열려 있어, 제목이나 가사 등의 음악 외적 단서를 원치 않았다.

핵심어(구) 빈의 새로운 청중, 순수 기악

중심 내용 작품 외적 요인 (1) – 빈의 청중의 달라진 음악관(순수 기악을 옹호함.)

4문단 [문단 요약] 당시 음악 비평가들(슐레겔, 호프만 등)은 음악을 정서의 촉발자로 본 이전 시대와 달리 감상자가 능동적으로 이해해야 할 대상으로 인식하기 시작했다.

핵심어(구) 당시 음악 비평가들, 감상자가 능동적으로 이해

중심 내용 작품 외적 요인 (2) – 음악에 대한 독일 비평가들의 새로운 관점(음악을 감상자가 능동적으로 이해해야 할 대상으로 인식함.)

5문단 [문단 요약] 당시 독일에서는 천재성 담론이 유행했는데, 베토벤은 타고난 재능으로 기존의 관습에서 벗어나 새로운 전통을 창조하는 천재로 인식되면서 그의 교향곡은 더욱 주목받았다.

핵심어(구) 천재성 담론

중심 내용 작품 외적 요인 (3) – 당시 유행한 천재성 담론

주제 베토벤의 교향곡이 걸작으로 평가되는 내적, 외적 요인들

01 세부 내용 확인   정답 ⑤

◎ **⑤가 정답인 이유** 5문단에서 '베토벤은 이전의 교향곡의 전통을 수용하면서도 자신만의 독창적인 색채를 더하여 교향곡의 새로운 지평을 열었다고 여겨졌다.'고 했다. 이로 보아, 베토벤이 기존의 음악적 관습을 부정하고(✗) 교향곡이라는 새로운 장르를 창시했다고 본 ⑤는 5문단의 내용과 일치하지 않는다.

나머지 답지들이 글의 내용과 일치하는 근거는 다음과 같다.

① 2문단에서, 베토벤의 신화를 이해하기 위해서는 독일 민족의 암묵적 염원을 들여다볼 필요가 있다고 했다. 여기에서 말하는 독일 민족의 암묵적 염원은 3문단과 4문단에서 설명한, 빈의 청중과 독일의 음악 비평가들이 원하는 음악에서 찾아볼 수 있다.

② 1문단에서, 연주 시간이 한 시간 가까이 되는 제3번 교향곡을 예로 들어 유례없이 늘어난 교향곡의 길이는 후대 작곡가들이 넘어서야 할 산이었다고 했다.

③ 1문단에서, 베토벤 교향곡의 복잡성은 단순한 소재에서 착상하여 다양한 방식으로 가공함으로써 성취해 낸 것이라고 했다.

④ 1문단에서, 교향곡 '영웅'에서 베토벤은 다양한 변주와 변형 기법을 통해 통일성을 유지하면서도 가락을 다채롭게 들리게 했다고 했다.

02 관점의 이해   정답 ④

◎ **④가 정답인 이유** ㉠ 다음에 이어지는 내용에서 ㉠의 음악관을 이해할 수 있다. ㉠은 언어가 순수 기악이 주는 의미를 담기에 부족하다고 생각했으며, 그래서 제목이나 가사 등의 음악 외적 단서를 원치 않았다고 했다. 이는 언어가 표현할 수 없는 것이 있다는 말이다. 또한 ㉠은 말(언어)로 형용할 수 없는, 무한을 향해 열려 있는 '음악 그 자체'를 원했다고 했다. 여기에서 ㉠은 '음악은 언어를 초월하는 예술'이라고 본다는 것을 알 수 있다.

나머지 답지들이 오답인 이유도 살펴보자.

① ㉠의 관점을 설명한 3문단에서 확인할 수 없는 내용이다. 4문단에서 음악을 정서의 촉발자로 본 것은 이전 시대라고 한 것을 통해서도 ①은 ㉠의 관점이 아니라는 것을 알 수 있다.

②, ③ ㉠은 언어가 순수 기악이 주는 의미를 담기에 부족하다고 생각해 제목이나 가사 등의 언어적 요소를 원치 않았다고 했다. 따라서 ㉠은 음악 자체를 언어라고 생각하지 않을 뿐더러 언어를 음악의 본질적 요소라고 생각하지 않는다.

⑤ ㉠은 음악 외적 단서를 원치 않았다(3문단)고 했다.

03 자료를 활용한 이해   정답 ①

◎ **①이 정답인 이유** 4문단에서 슐레겔은 베토벤의 교향곡이 음악의 독립적 가치를 극대화한 음악이자 독일 민족의 보편적 가치를 실현해 주는 순수 기악의 정수라 여겼다는 것을 알 수 있다. 즉, 슐레겔은 음악의 독립적 가치와 순수 기악을 중시하는 음악 비평가이다. 따라서 슐레겔은 순수 기악이 아닌 오페라 작곡가였던 로시니를 베토벤만큼 높이 평가하지 않았을 것임을 알 수 있다.

② 호프만은 순수 기악을 중시한 독일의 음악 비평가이다(4문단). 따라서 순수 기악이 우세했던 빈과는 달리 여전히 오페라가 음악의 중심에 있었던 이탈리아와 프랑스에서 유행하던 음악을 '새로운 전통'(5문단)이라고 보지는 않았을 것이다.

③ 4문단에서 음악을 '앎의 방식'으로 보는 관점을 가진 사람들은 독일의 음악 비평가들임을 알 수 있다. 이들은 베토벤 교향곡을 순수 기악의 정수라고 여기므로, 오페라보다 교향곡을 우월한 장르로 평가했을 것임을 알 수 있다.

④ 〈보기〉를 통해 스탕달은 빈의 현학적*인 음악가들과는 달리 유려한* 가락에 능한 로시니를 최고의 작곡가로 평가하였다는 것을 알 수 있다. 즉 스탕달은 빈의 음악가를 현학적이라고 평가한 사람으로서, 로시니가 베토벤이 세운 '창작 방식의 전형'(1문단)을 따랐다고 본 것은 스탕달을 잘못 이해한 것이다.

> * 현학적: 학식을 자랑하는(것).   * 유려한: 유창하고 화려한.

⑤ 음악을 '정서의 촉발자'가 아닌 '능동적 이해의 대상'으로 본 것은 독일의 음악 비평가들이다(4문단). 그런데 오페라는 순수 기악이 우세했던 빈과는 달리 이탈리아와 프랑스에서 중심에 있었던 음악이다.

---

04 핵심 내용 확인   정답 ②

○ **②가 정답인 이유** 독서 방식의 변화에 대해 서술한 이 글을 문단별로 요약하여 도식화하면 다음과 같다.

문단	시기	독서 방식	읽기 방법의 예
1문단	20세기 후반	검색형 독서	정보 처리적 읽기 비판적 읽기
2문단	고대(초기)	음독	낭독, 낭독 – 듣기
3문단	12세기	묵독	분석적 읽기
4문단	18세기 중반	다독 분산형 독서	선택적 읽기

이와 같이 문단의 내용을 정리해 놓고 보면 시간의 흐름에 따라 독서 방식이 변화된 것이 한눈에 보인다. 이를 시기별로 재정리하면 2문단 → 3문단 → 4문단 → 1문단의 순이 되는데, ㉠~㉢에 들어갈 말은 위 표에서 바로 확인할 수 있다.

---

05 세부 내용 확인 및 내용 추론   정답 ②

○ **②가 정답인 이유** 3문단의 '두루마리 책을 완전히 대체하게 된 책자형 책은 주석을 참조하거나 앞부분을 다시 읽는 것을 가능하게 하여 묵독을 도왔다.'에서 ②는 이 글의 내용을 잘못 이해한 것임을 알 수 있다. '낭독의 확산'을 도운 것이 아니라, '묵독'을 도왔기 때문이다.

①과 ⑤는 4문단에서, ③은 3문단에서, ④는 2문단과 3문단에서 미루어 짐작할 수 있다. 답지에 쓰인 다음 어휘도 챙겨 보자.

> * 주석(②): 낱말이나 문장의 뜻을 쉽게 풀어 놓은 것. 주를 달아 해석한 것.
> * 재독(②): 거듭(재차) 읽음(독서).
> * 가독성(④): 읽기(낭독, 묵독)가 쉬운(가능한) 성질. 인쇄물이 쉽게 읽히면 가독성이 있다고 하고, 쉽게 읽히지 않으면 가독성이 떨어진다고 함.

아래 '이의 신청 문항 – 평가원 타당성 심사 결과 답변'을 참조하여 ⑤에 답한 다른 학생들의 사고 과정도 엿보도록 하자.

> ### 이의 신청 문항 – 평가원 타당성 심사 결과 답변
>
> 이의 제기의 핵심은 답지 ⑤도 적절하지 않다는 것입니다. 하지만 답지 ⑤의 내용은 네 번째 문단에서 추론이 가능합니다. 즉, "금속 활자와 인쇄술의 보급으로, …… 이전에 책을 접하지 못했던 여성들이 대거 독자로 유입되었고, …… 자신이 읽고 싶은 것을 골라 읽는 자유로운 선택적 읽기"가 가능해졌다는 부분에서, '인쇄술의 보급은 출판문화의 발달을 낳았을 것이고, 새로운 소비층인 독자들이 원하는 다양한 장르의 책이 출판되는 사회적 분위기가 형성되었을 것'이라는 점을 자연스럽게 추론할 수 있습니다. 여기에서 독자들의 요구가 확실히 있었는지의 여부가 지문에 명시적으로 드러나지 않았다 하더라도, 어떤 제도나 문화 현상은 필요에 의해 생겨난다는 점에서 독자들의 요구가 있었음을 미루어 알 수 있습니다. 또한 독서 기관의 증가를 통해 다양한 독자들의 요구가 있었고 다양한 책의 출판이 이루어졌다고 추론할 수 있습니다.

쉽게 정답에 답했어도 복습할 때 오답지까지 꼼꼼히 챙겨 보는 습관이 중요하다는 것, 이어지는 'Q&A'를 통해 한 번 더 새기도록 하자!

4~6 독서 이론 : 독서 방식의 변화   2011학년도 9월 모의평가

독해력을 길러 주는 지문 분석

1문단 **문단 요약** 20세기 후반부터 급격히 보급된 인터넷 기술 덕택에 검색형 독서라는 새로운 독서 방식이 등장했고, 이에 따라 정보 처리적 읽기나 비판적 읽기가 중요해졌다.
핵심어(구) 20세기 후반, 검색형 독서, 정보 처리적 읽기나 비판적 읽기
중심 내용 20세기 후반의 독서 방식과 읽기 방법

2문단 **문단 요약** 초기(고대)의 독서는 소리 내어 읽는 음독 중심이었고, 남이 낭독하는 것을 들음으로써 간접적으로 책을 읽는 낭독 – 듣기가 보편적이었다.
핵심어(구) 초기의 독서, 음독 중심, 낭독 – 듣기
중심 내용 초기의 독서 방식과 읽기 방법

3문단 **문단 요약** 12세기 무렵 유럽 수도원의 필경사들 사이에서 소리를 내지 않고 읽는 묵독이 시작되었고, 묵독으로 인해 꼼꼼히 읽는 분석적 읽기가 가능해졌다.
핵심어(구) 12세기 무렵, 묵독, 분석적 읽기
중심 내용 12세기 무렵의 독서 방식과 읽기 방법

4문단 **문단 요약** 18세기 중반, 책 생산이 늘고 다양한 장르의 책들이 출판되면서 다독이 등장했다. 여성들이 독자로 대거 유입되었고, 독서 기관이 급증했으며, 고전을 여러 번 정독하는 집중형 독서 대신 분산형 독서, 자유로운 선택적 읽기가 행해졌다.
핵심어(구) 18세기 중반, 다독, 분산형 독서, 선택적 읽기
중심 내용 18세기 중반의 독서 방식과 읽기 방법

5문단 **문단 요약** 오늘날의 다양한 독서 방식들은 시간의 흐름 속에서 하나씩 등장했으며, 당대의 지식사를 이끌었던 흔적들이 남아 있다.
핵심어(구) 당대의 지식사를 이끌었던 흔적들
중심 내용 독서 방식 변천의 의의

주제 다양한 독서 방식들의 등장 배경과 그에 따른 읽기 방법의 변화 및 그 의의

Q 답지 ③번에서 '이전에는 공개적으로 낭독할 수 없었던 반체제, 에로티시즘, 신앙심'에서 공개적으로 낭독할 수 없었다는 말은 어디에서 찾을 수 있나요ㅜㅜ

A 다음 두 부분에 주목해 보세요!

• 2문단의 '초기의 독서는 소리 내어 읽는 음독 중심이었다. …흡사 종교 의식을 치르듯 성서나 경전을 진지하게 암송하는 낭독이나, 필자나 전문 낭독가가 낭독하는 것을 들음으로써 간접적으로 책을 읽는 낭독―듣기가 보편적이었다.'

• 3문단의 '묵독이 시작되자…반체제, 에로티시즘, 신앙심 등 개인적 체험을 기록한 책도 점차 등장했다.'

묵독 이전의 시대(12세기 전)에는 성서나 경전을 낭독하거나 남이 읽는(낭독하는) 것을 듣는 독서가 이루어졌는데, 이러한 '낭독(음독)―듣기'는 '묵독'에 비해 '공개적인 읽기―듣기'라고 할 수 있습니다. 책을 소리 내어 읽으면, 바로 앞에 듣는 사람(청자)이 있지 않더라도 누군가가 들을 수 있으니까요. 따라서 이런 독서 환경에서는 반체제나 에로티시즘 등에 관한 책을 읽기(= 낭독)가 어려웠던 것입니다. 그러다가 묵독이 시작되자 '반체제, 에로티시즘, 신앙심 등 개인적 체험을 기록한 책도 등장'했고, 이를 혼자 조용히 (묵독으로) 읽을 수 있게 된 것입니다.

06 반응의 적절성 판단 정답 ①

O ①이 정답인 이유 [A]의 독서 방식은 인터넷 기술 덕택에 등장한 검색형 독서이다. ①에서 언급한 이모티콘, 구어체*의 축약 표기, 동영상 텍스트는 인터넷의 특징과 관련된 것이므로 '묵독 시대로 회귀*하는 현상'으로 이해하는 것은 잘못이다.

3문단에서 묵독 시대에는 책자형 책이 묵독을 도왔고, 꼼꼼히 읽는 분석적 읽기가 가능했다고 했는데, 이모티콘이나 구어체의 축약 표기, 동영상 텍스트는 이와 거리가 멀다.

* 구어체: 일상적인 대화에서 쓰는 말(구어)을 그대로 사용한 문체.
　　　　　　　　　　　　　　　　　　－『매3어휘』 p.58에서
* 회귀: 한 바퀴 돌아(회전, 선회) 본래의 자리로 돌아오거나 돌아감(귀환, 복귀).

가장 많이 질문한 오답은? ③

X ③이 오답인 이유 [A]에서는 검색형 독서의 특징 중 하나로, 필요한 부분만 골라 읽을 수 있을 뿐만 아니라 다른 텍스트를 추가할 수도 있다고 했다. 원저자의 허락 없이 함부로 텍스트를 복사하고 추가하면 표절한 것이 되고 저작권법에도 저촉되기 때문에 ③은 독자의 반응으로 적절하다.

특허받은 어휘 공부법

매3력 후 매3어휘로 다집니다.

Q 답지 ②번의 '텍스트를 잘라 붙이는 행위를 통해 원전의 개념이 모호해지고 읽기와 쓰기의 경계는 점차 허물어진다고 할 수 있겠군.'에서 '읽기와 쓰기의 경계가 허물어진다'는 게 무슨 뜻인가요?

A [A]에서 '텍스트의 일부를 잘라 내거나 읽던 텍스트에 다른 텍스트를 추가할 수도 있다'고 했는데, 텍스트를 읽는 것은 '읽기'이고, 텍스트를 추가하는 것은 '쓰기'라고 할 수 있습니다. 그래서 읽기와 쓰기가 구분되던 예전 독서 방식과 달라졌다는 것입니다.

또 한 가지, 예전에는 '작가는 쓰고, 독자는 읽고'였는데, 인터넷 보급 이후에는 작가가 쓴 글에 독자가 댓글을 달고, 독자가 쓴 댓글을 작가가 또 읽고 합니다. 이런 경우도 읽기와 쓰기의 경계가 허물어졌다고 할 수 있습니다.

7~9 **기술 : 자동차 연비** 2011학년도 6월 모의평가

독해력을 길러 주는 지문 분석

1문단 문단 요약 자동차의 에너지 효율은 연비(연료량 대비 운행 거리의 비율)로 나타낸다. 자동차 성능 평가의 잣대인 연비는 엔진 동력의 발생 조건에 따라 차이를 보인다.
핵심어(구) 자동차, 연비
중심 내용 엔진 동력의 발생 조건에 따라 큰 차이를 보이는 자동차 연비

2문단 문단 요약 엔진의 동력은 흡기, 압축, 폭발, 배기의 4행정을 순차적으로 거쳐 생산된다.

• **흡기 행정**: 흡기 밸브를 열고 피스톤을 상사점에서 하사점으로 이동시켜 흡입되는 공기에 연료를 분사하여 섞음.
• **압축 행정**: 실린더를 밀폐시키고 피스톤을 상사점으로 밀어 '공기＋연료'의 혼합 기체를 압축함.
• **폭발 행정**: 점화 플러그에 불꽃을 일으켜 압축된 혼합 기체를 연소시키면 피스톤이 하사점으로 밀리면서 동력이 발생함.
• **배기 행정**: 배기 밸브가 열리고 피스톤이 다시 상사점으로 움직이면 연소 가스가 모두 배출됨.

핵심어(구) 엔진의 동력, 흡기, 압축, 폭발, 배기
중심 내용 자동차 엔진의 동력 생산 과정

3문단 문단 요약 엔진의 동력 발생 주기에서 흡입되는 공기와 분사되는 연료의 혼합비가 적정하면 연비가 높지만, 그렇지 않으면 출력이 떨어지면서 유해 가스(일산화탄소, 탄화수소, 질소산화물)의 배출량이 늘어난다.
핵심어(구) 흡입되는 공기와 분사되는 연료의 혼합비
중심 내용 자동차 연비를 결정하는 요소 － 공기와 연료의 혼합비

4문단 문단 요약 실제 환경에서는 대기압 등에 의해 흡입되는 공기의 질량이 변하기 때문에 적정 혼합비가 조금씩 달라진다. 따라서 자동차의 연비를 향상시키려면 엔진의 운행 상태를 실시간으로 감지하여 혼합비를 제어해야 한다.
핵심어(구) 자동차의 연비를 향상
중심 내용 연비 향상 방법

주제 자동차의 연비를 결정하는 요소와 연비 향상 방법

07 세부 내용 확인

정답②

O **②가 정답인 이유** 2문단의 '폭발 행정에서는…동력이 발생한다.'에서 자동차 엔진이 '동력을 얻는 단계'는 폭발 행정임을 알 수 있다. 그런데 '가스가 외부로 배출되는 단계'는, 2문단의 '배기 행정에서는…연소 가스가 외부로 급격히 빠져나간다.'로 보아, 폭발 행정이 아닌 배기 행정이므로 ②가 정답이 된다.

가장 많이 질문한 오답은? ①, ④ 순

X **①이 오답인 이유** 2문단을 보면 흡기 행정에서는 피스톤을 상사점에서 하사점으로 이동시키고, 압축 행정에서는 피스톤을 다시 상사점으로 밀고, 폭발 행정에서는 피스톤이 하사점으로 밀리면서 동력이 발생하며, 배기 행정에서는 피스톤이 다시 상사점으로 움직인다고 했다. 따라서 4행정의 동력 발생 주기를 완료하면 피스톤은 실린더를 2회 왕복한 것이 된다.

X **④가 오답인 이유** 2문단에서 혼합 기체는 실린더 내부 압력이 대기압보다 낮아져 유입되고, 연소 가스는 대기압보다 내부 압력이 높아지므로 배출된다고 했다.

③ 4문단의 마지막 문장에서 확인할 수 있다.

⑤ 4문단의 첫째 문장과 둘째 문장에서 확인할 수 있다.

08 그래프에의 적용

정답②

O **②가 정답인 이유** ㉠은 압축 행정에 해당하고, 그래프는 실린더의 내부 압력과 피스톤의 위치 및 이동 방향을 나타낸 것이다. ㉠의 '피스톤을 다시 상사점으로 밀어'에 부합되는 그래프의 구간은 화살표 방향이 상사점으로 이동하는 ㉯와 ㉰이다. ㉯와 ㉰는 그래프 좌측(세로축)의 '실린더 내부의 압력'이 다른데, 실린더 내부의 압력은 ㉯에서는 크게 증가하고 ㉰에서는 살짝 감소한다. 이를 염두에 두고 ㉠을 다시 보면 실린더를 밀폐시키고 혼합 기체를 압축한다고 했는데, 이럴 경우 실린더 내부의 압력은 증가하므로 ㉯가 ㉠에 해당한다.

가장 많이 질문한 오답은? ⑤

X **⑤가 오답인 이유** 피스톤이 상사점으로 이동한다는 측면에서는 ⑤도 부합된다. 하지만, ㉰는 내부 압력이 살짝 감소함으로써 잔류 가스가 모두 배출되는 '배기 행정'에 해당하므로 ㉠에 해당하는 구간(압축 행정 구간)이 아니다.

Q&A
▶ '안인숙 매3국어클리닉' 카페에서

Q 2문단 맨 끝을 보면 '대기압보다 내부 압력이 높아지므로'가 있으니까 배기 행정이 ㉯가 되어야 하는 것 아닌가요?

A 2문단과 그래프의 방향을 하나하나 따져 보면 ㉰가 배기 행정이라는 것을 알 수 있는데, '엔진의 동력은 흡기, 압축, 폭발, 배기의 4행정을 순차적으로 거쳐 생산된다.(2문단 첫 문장)'에서 '순차적으로'가 근거가 됩니다. 학생은 ㉯를 배기 행정이라고 봤는데요, 배기 행정에서 피스톤이 상사점으로 이동하고 실린더의 내부 압력이 대기압보다 높은 것은 맞지만, 그래프에서 화살표의 순서를 보면, 흡기 행정인 ㉮ 다음에 ㉯로 이동하고 있고, 흡기 행정 다음은 압축 행정이라 했으므로, '순차적으로'란 설명에서 ㉯는 배기 행정이 될 수 없습니다. 또 배기 행정은 '피스톤이 다시 상사점으로 움직여야 하고(㉯와 ㉰), '흡기 때와는 반대로~대기압보다 내부 압력이 높아지므로(㉰)'라고 한 것을 통해 볼 때, 대기압보다 내부 압력이 높아지는 ㉰가 배기 행정에 해당합니다.

09 구체적 사례에의 적용

정답①

O **①이 정답인 이유** 대기압과 공기의 밀도가 해수면 인접 지역에 비해 절반 정도로 줄어드는 고원 지역에서 연료량을 고정시킨 자동차를 운행할 경우 나타나는 여러 가지 현상을 질문하였다. 달리 말하면 이 상황은 대기압과 공기의 밀도에 비해 연료량이 많다는 것인데, **3문단 뒷부분**을 보면 '연료의 비율이 높아지면 산소가 부족하여 일산화탄소, 탄화수소가 증가한다.'고 했다. 따라서 ①은 지문의 내용을 〈보기〉에 잘 적용해 얻은 결론이라 할 수 있다.

가장 많이 질문한 오답은? ④

X **④가 오답인 이유** 배기가스에서 잔류 산소가 검출되는 경우는 연료의 비율이 낮을 경우로, 연료량을 고정시킨 자동차를 고원 지역에서 운행하는 〈보기〉의 조건을 잘못 해석한 것이다. 고원 지역에서는 대기압과 공기의 밀도가 절반으로 줄어드는데 연료량을 줄이지 않고 고정시킨 자동차를 운행하는 것은 연료의 비율이 낮아진 것이 아니기 때문이다.

✔ 매일 복습 확인 문제

1 다음 글과 부합하면 ○, 그렇지 않으면 ×로 표시하시오.

(1) 베토벤은 이전의 교향곡의 전통을 수용하면서도 자신만의 독창적인 색채를 더하여 교향곡의 새로운 지평을 열었다고 여겨졌다. → 베토벤은 기존의 음악적 관습을 부정하고 교향곡이라는 새로운 장르를 창시했다. ……………………………………( )

(2) 18세기 중반에 금속 활자와 인쇄술의 보급으로 다양한 장르의 책들이 출판되었다. 이전에 책을 접하지 못했던 여성들이 대거 독자로 유입되었고, 자신이 읽고 싶은 것을 골라 읽는 자유로운 선택적 읽기가 이루어졌다. → 인쇄술의 보급으로 출판문화가 발달하면서 새로운 소비층으로 등장한 독자들의 요구로 다양한 장르의 책이 출판되었다. ……………………( )

(3) 자동차 엔진의 흡기 행정에서는 실린더 내부 압력이 대기압보다 낮아져 공기가 유입되는데, 흡입되는 공기에 연료를 분사하여 공기와 함께 연료를 섞어 넣는다. → 혼합 기체의 흡입은 실린더 내부와 외부의 압력 차에 의해 발생한다. ……………………( )

2 왼쪽에 제시된 밑줄 친 말의 의미와 가까운 단어를 오른쪽에서 찾아 서로 줄로 이으시오.

(1) 다양한 변주와 변형 기법 •
(2) 빈의 현학적인 음악가들 •
(3) 묵독 시대로 회귀하는 현상 •

• ㉮ 범주
• ㉯ 변화
• ㉰ 올곧음
• ㉱ 자랑함
• ㉲ 회복
• ㉳ 복귀

정답 1. (1) × (2) ○ (3) ○ 2. (1) ㉯ (2) ㉱ (3) ㉳

정답 01 ②   02 ②   03 ③   04 ①   05 ①
      06 ④   07 ③   08 ③   09 ①   10 ①

1~4 사회 : 환율   2011학년도 9월 모의평가

독해력을 길러 주는 지문 분석

1문단 문단 요약 일반적으로 환율의 상승은 경상 수지를 개선하지만, 반드시 그런 것은 아니다.

> • 일반적인 경우의 환율 상승: 수출 상품의 외화 표시 가격이 하락하여 수출량이 늘어 수출액이 증가하고, 수입 상품의 원화 표시 가격은 상승하여 덜 소비하므로 수입액이 감소함. → 경상 수지 개선

핵심어(구) 환율의 상승, 반드시 그런 것은 아니다
중심 내용 환율 상승이 경상 수지를 개선하지 못하는 현상

2문단 문단 요약 환율이 올라도 단기적으로는 경상 수지가 오히려 악화되었다가 점차 개선되는 현상이 있는데, 이를 'J커브 현상'이라 한다. 이때 경상 수지가 악화되는 원인으로는, (1) 환율이 오른 만큼 수입 상품의 가격이 바로 오르지 않는 것, (2) 소비자들이 수입 상품 소비를 줄이기까지 상당 기간이 소요되는 것, (3) 수출 상품의 가격이 낮아진 것을 외국 소비자가 인식하고 소비를 늘리기까지 시간이 걸리는 것 등이 있다.

핵심어(구) J커브 현상, 경상 수지가 악화되는 원인
중심 내용 환율 상승이 경상 수지를 개선하지 못하는 경우 (1) – J커브 현상(단기적)

3문단 문단 요약 환율 상승 후에 얼마의 기간이 지나더라도 경상 수지의 개선을 이루지 못하는 경우도 있다. 상품의 가격 조정이 일어나도 국내외의 상품 수요가 가격에 민감하게 반응하지 않거나, 수출 기업이 환율 상승에만 의존하여 품질 개선이나 원가 절감 등의 노력을 하지 않는 경우가 그것이다.

핵심어(구) 경상 수지의 개선을 이루지 못하는 경우
중심 내용 환율 상승이 경상 수지를 개선하지 못하는 경우 (2) – 상품 수요가 가격에 민감하지 않은 경우, 기업이 품질 개선이나 원가 절감 노력을 하지 않은 경우

4문단 문단 요약 경상 수지가 적자라면 일반적으로 고환율 정책이 선호되지만, 환율과 경상 수지 간의 복잡한 관계를 고려하여 환율 정책은 신중하게 검토되어야 한다.

핵심어(구) 환율 정책은 신중하게 검토
중심 내용 신중한 환율 정책 수립의 필요성

주제 환율과 경상 수지 간의 복잡한 관계와 신중한 환율 정책 수립의 필요성

문제 옆에 있는 **분석쌤 강의**
복습할 때 꼭 챙겨 보자!

01 세부 내용 확인   정답 ②

◎ **②가 정답인 이유** 4문단의 '경상 수지가 적자 상태라면 일반적으로 고환율 정책이 선호된다.'로 보아, '경상 수지 개선을 위해 고환율 정책이 필요하다' 정도는 맞는 말이다. 그래서 ②를 정답에서 제외한 학생들이 많았는데, 필연성*이 있는 것은 아니다. 왜냐하면 **4문단 마지막 문장**의 '그러나~'에서 볼 수 있듯이 환율 정책은 신중하게 검토되어야 할 대상이지 필연적으로 고환율 정책을 써야하는 것은 아니기 때문이다.

> *필연성: 반드시(필히) 그렇게 될 수밖에 없는 성질.

가장 많이 질문한 오답은? ③

✗ **③이 오답인 이유** ②는 지문에서 다룬 내용 같아서 ③에 답한 학생들이 제법 많았다. 그런데 ③은 **2문단**의 '국내 기업이 수출 상품의 외화 표시 가격을 낮추더라도 외국 소비자가 이를 인식하고 소비를 늘리기까지는 다소 시간이 걸린다.'에서 다룬 내용이다.
나머지 답지들이 오답인 근거도 지문에서 찾아보자.
① **1문단**의 '환율이 상승한 경우에는…수입 상품의 원화 표시 가격은 상승하여~'
④ **3문단**의 '상품의 가격 조정이 일어나도 국내외의 상품 수요가 가격에 어떻게 반응하는가 하는 수요 구조에 따라 경상 수지는 개선되지 못하기도 한다.'
⑤ **1문단**의 '일반적으로 환율의 상승은 경상 수지를 개선하는 것으로 알려져 있다.'

02 그래프 해석의 적절성 평가   정답 ②

◎ **②가 정답인 이유** 환율 상승과 경상 수지와의 관계를 그래프로 나타낸 〈보기〉의 J커브 그래프는 환율이 올라도 단기적으로는 경상 수지가 오히려 악화되었다가 점차 개선되는 모습을 보여 주고 있다. 이를 2문단에서 J커브 현상이라고 했다. 그래프를 해석한 ㄱ~ㄹ의 옳고 그름을 지문 내용을 통해 따져 보자.

> • ㄱ: ⓐ의 골이 얕아진다는 것은 경상 수지의 악화가 심하지 않다는 것이다. 수입 상품의 가격 상승 비율이 환율 상승 비율에 가까워지면 소비자들은 수입 상품 구매를 꺼려할 것이므로 ⓐ의 골은 얕아질 것이다. 따라서 ㄱ은 맞는 진술이다. (**2문단**에서 근거 확인)
> • ㄴ: ⓐ 구간이 넓어진다는 것은 경상 수지 개선이 더뎌진다는 것이다. 3문단에서 환율이 상승하더라도 수출 기업이 환율 상승에만 의존하여 품질 개선이나 원가 절감 등의 노력을 하지 않는다면 경상 수지를 악화시킬 수 있다고 한 데 주목해 보자. 이 말은 품질 및 원가 경쟁력이 강화되면 경상 수지가 개선된다는 것이므로, ⓐ 구간은 오히려 좁아질 것임을 알 수 있다.
> • ㄷ: 2문단의 J커브 현상에 대한 설명으로 볼 때 환율 상승 기점은 ⓐ가 시작되는 지점이고, ⓑ는 경상 수지가 개선되는 시점이므로 ㄷ은 잘못된 해석이다.
> • ㄹ: **2문단 마지막 문장**은 ⓒ 구간을 설명해 주고 있으므로 ㄹ은 맞는 설명이다.

따라서 J커브 그래프를 바르게 해석한 것은 ㄱ, ㄹ이다.

✕ **④가 오답인 이유** ㄴ에서 '@ 구간이 넓어진다'라는 말의 의미를 이해하지 못한 경우가 많았다. 위 '②가 정답인 이유'에서 설명한 ㄴ을 다시 보자.

✕ **⑤가 오답인 이유** ⑤에 답한 학생들은 '@의 골이 얇아진다'는 ㄱ의 말을 잘못 이해함으로써 ㄱ이 포함되지 않은 답지를 골랐다고 했다. 위 '②가 정답인 이유'에서 설명한 ㄱ ~ ㄹ을 다시 보자.

03 이유 찾기 　　　　　　　　정답③

◎ **③이 정답인 이유** ㉠은 환율이 상승하고, 또 얼마의 기간이 지나더라도 경상 수지가 개선되지 않거나 오히려 악화될 수도 있다는 것인데, 그 이유인 정답의 근거는 ㉠ **바로 앞 문장**(상품의 가격 조정이 일어나도 국내외의 상품 수요가 가격에 어떻게 반응하는가 하는 수요 구조에 따라 경상 수지는 개선되지 못하기도 한다.)에서 찾을 수 있다. 즉, 수출량이 증가하고 수입량이 감소하더라도 국내외에서의 수요가 가격에 민감하게 반응하지 않을 경우에는 경상 수지가 개선되지 않을 수 있기 때문이다. 국외 수요자가 우리 상품을 많이 사고, 국내 수요자는 수입 상품을 적게 사야 경상 수지가 개선되는데, 수요자의 반응이 가격 변화에 민감하지 않을 경우 경상 수지가 오히려 악화될 수도 있다는 말이다.

04 상황에 어울리는 속담 이해 　　　　정답①

◎ **①이 정답인 이유** 1문단 첫 문장에서 '환율의 상승은 경상 수지를 개선하는 것으로 알려져 있다.'고 했다. 이 문제는 수출 기업이 이러한 통념만 믿고 경쟁력 제고를 위한 방책을 강구하지 않는 상황을 일컫는 속담을 찾으라는 것이다. 노력도 하지 않고 이익만 챙기려는 기업에 어울리는 말은 ①이다. 홍시를 얻기 위해서는 나무에 올라가 감을 따야 하는데, 그런 노력은 하지 않고 나무 아래 가만히 누워 홍시가 떨어져 주기만을 바라는 것과 ㉡은 유사하기 때문이다.

오답지에 제시된 속담의 뜻도 알아 두자.
② 의지할 곳이 있어야 무슨 일이든 할 수가 있다는 말
③ 임금의 힘으로도 가난을 구제하기는 어렵다는 말
④ 재주가 뛰어난 사람도 실수할 때가 있다는 말
⑤ 말을 타면 종도 두고 싶다는, 사람의 욕심은 끝이 없다는 말

> *경마: 남이 탄 말의 고삐를 잡고 말을 모는 일. 또는 그 고삐.

5~8 **예술: 영화와 만화 이미지**　　　　2013학년도 수능

독해력을 길러 주는 지문 분석

1문단　문단요약 영화적 재현과 만화적 재현의 큰 차이점 중 하나는 움직임의 유무일 것이다. 사물의 운동, 즉 시간을 재현한 예술인 영화와 달리 만화는 움직임이 없는 공간의 재현이다.
　　　　핵심어(구) 영화적 재현과 만화적 재현의 큰 차이점, 움직임의 유무
　　　　중심 내용 영화와 만화의 차이점 (1) - 움직임의 유무

2문단　문단요약 만화는 물리적 시간의 부재를 공간의 유연함으로 극복하는데, 만화의 칸은 그 크기와 모양이 다양하고, 한 칸 내부에 그림뿐 아니라 말풍선과 인물의 심리나 작중 상황을 드러내는 언어적·비언어적 정보를 담을 수 있어 독자의 읽기 시간에 변화를 주게 된다. 반면, 영화는 동일한 크기의 프레임을 활용하며 감상의 속도가 강제된다.
　　　　핵심어(구) 만화, 공간의 유연함, 독자의 읽기 시간에 변화, 영화, 감상의 속도가 강제
　　　　중심 내용 영화와 만화의 차이점 (2) - 감상의 속도

3문단　문단요약 영화와 만화는 그 이미지의 성격에서도 대조적이다. 영화는 이미지 생산 과정이 자동화되어 있어 이미지 내에서 감독의 체취를 발견하기 어려우나, 만화는 수작업으로 이미지를 만들기 때문에 그 과정에서 작가의 개인적인 해석을 드러낸다.
　　　　핵심어(구) 이미지의 성격에서도 대조적
　　　　중심 내용 영화와 만화의 차이점 (3) - 이미지의 성격

4문단　문단요약 (영화의) 촬영된 이미지와 (만화의) 수작업에 따른 이미지는 영화와 만화가 현실과 맺는 관계를 다르게 규정한다. 영화는 사물에 대한 사실적인 기록이 되므로 촬영장의 상황이나 여건 등에 제약을 받으나, 최근에는 디지털 특수 효과를 통해 실재하는 않는 대상이나 장소도 만들어 낼 수 있게 되었다.
　　　　핵심어(구) 현실과 맺는 관계, 영화, 사물에 대한 사실적인 기록
　　　　중심 내용 영화와 만화의 차이점 (4) - 현실과 맺는 관계의 차이: ① 영화

5문단　문단요약 만화는 구상을 실행으로 옮기는 단계가 현실을 매개하지 않기 때문에 만화 이미지에 만화적 상상력이 작용할 수 있다.
　　　　핵심어(구) 만화, 만화적 상상력
　　　　중심 내용 영화와 만화의 차이점 (4) - 현실과 맺는 관계의 차이: ② 만화

주제　영화와 만화의 차이점을 통해 본 각각의 특징

05 세부 내용 확인 　　　　　　　　정답①

◎ **①이 정답인 이유** '영화와 만화의 가장 큰 차이점은 움직임의 유무에 있다'고 한 **1문단의 첫 문장**과 '영화는 만화와 달리 사물의 운동(움직임)을 재현한 예술'이라고 한 **1문단의 둘째 문장**에서 ①이 정답이라는 근거를 찾을 수 있다.

오답에 답한 학생들이 거의 없을 정도로 쉽게 정답에 답한 문제였지만, 오답들의 근거도 지문에서 찾아보자.
② **2문단 첫 문장**에서 '만화는 물리적 시간의 부재를 공간의 유연함으로 극복한다.'고 했다.
③ **2문단의 마지막 문장**에서 '영화에서는 이미지를 영사하는 속도가 일정하여 감상의 속도가 강제된다.'고 했다.
④ **3문단**에서 사진적 원리에 따라 만들어진 것은 영화의 이미지이고, 만화 이미지는 '서명된 이미지'라고 했다.
⑤ 이 답지의 근거를 지문에서 찾을 땐 '사실적'을 찾는다. **4문단**에 '사실적인 기록'이란 말이 나온다. 앞뒤 문맥을 통해 보면 '사실적인 기록'은 만화가 아니라 영화의 특징에 해당한다.

06 반응의 적절성 평가

◉ **④가 정답인 이유** 실제 대상과 이미지 간의 인과 관계에 대해 언급한 **4문단의 둘째 문장**을 보면, 실제 대상과 이미지가 인과 관계로 맺어져 있으면 사물에 대한 사실적인 기록이 된다고 했다. 그런데 디지털 특수 효과의 도움을 받으면 실재하지 않는 대상이나 장소도 만들어 낼 수 있게 된다고 했고, 이것은 사실적인 것과 멀어지는 것이 되므로 ㉠은 인과 관계가 약해지는 것이 맞다.

① ㉠을 통해 만화에서와 마찬가지로 실재하지 않는 대상이나 장소도 만들어 낼 수 있게 되었다고 했다. 이는 **3문단**에서 언급한 작가의 개인적인 해석을 드러내는 만화 이미지의 특징과 연결할 수 있으므로, ㉠은 제작 주체의 의도대로 이미지를 만들기가 더 쉬워진다는 것을 알 수 있다.

② 물리적 환경이 미치는 영향이 더 커진다는 것은 촬영장의 상황이나 촬영 여건과 같은 제약이 크다는 것인데, 이는 기존 영화에 해당하는 설명이라는 것을 **4문단**의 '그러나' 이전에서 알 수 있다.

③ ㉠의 **바로 앞부분**을 보면, ㉠은 촬영된 이미지들을 컴퓨터상에서 합성하거나 그래픽 이미지를 활용하는 것이므로 촬영된 이미지에만 의존하는 제작 방식과는 거리가 멀다.

⑤ ㉠의 **뒤**에 이어지는 내용(만화에서와 마찬가지로 실재하지 않는 대상이나 장소도 만들어 낼 수 있게 되었다.)으로 볼 때, ㉠으로 인해 영화에 만화적 상상력을 도입하기가 더 쉬워질 것임을 알 수 있다.

07 그림 해석의 적절성

◉ **③이 정답인 이유** 칸 4에서 효과선은 인물의 움직임을 더 실감 나게 보여 주는 역할을 한다. 그러나 이것을 지우더라도 인물의 손과 발, 표정 등에서, 또 '다다다'라는 글자와 그 글자가 점점 커지고 있는 것에서 인물이 움직이고 있다는 것을 감지할 수 있으므로 효과선을 지운다고 해서 인물의 움직임을 상상하게 하는 요소가 모두 사라지는 것은 아니다. → 모두 ✗

① **2문단**에서 만화에는 한 칸 내부에 그림뿐 아니라, 언어적·비언어적 정보*를 모두 담을 수 있는 자유로움이 있어 독자의 읽기 시간에 변화를 준다고 했다. 감상의 속도가 강제되는 영화와는 달리 감상의 속도에 제약이 없는 만화에서는 각 칸에 독자의 시선이 머무는 시간이 유동적이라고 할 수 있다.

> *비언어적 정보: 언어가 아닌 몸짓, 눈짓, 표정 등으로 생각이나 행동을 드러내는 것.

② '꽈당'이라는 언어적 정보와 넘어진 인물의 모습을 그림으로 나타낸 비언어적 정보를 통해 인물이 심하게 넘어진 상황을 부각하고 있다.

④ '서명된 이미지'는 **3문단**에서 언급하고 있다. 〈보기〉의 만화는 촬영된 이미지가 아니라 수작업으로 만들어진 이미지이고, 작가의 해석이 담겨 있다는 점에서 '서명된 이미지'라는 것을 알 수 있다.

⑤ 칸 1~6은 '다양한 크기와 모양'으로 되어 있는데, **2문단**에서 이것은 '영화 화면의 테두리인 프레임'과 차별화되는 것으로, 만화가 물리적 시간의 부재를 공간의 '유연함'으로 극복한 것이라고 하였다.

08 합성어에 대한 이해

◉ **③이 정답인 이유** '말풍선(ⓐ)'은 서로 담고 담길 수 없는 것들이 한데 묶인 단어라고 했다. '꾀주머니' 또한 서로 담고 담길 수 없는 것들이 한데 묶인 단어에 해당된다. '풍선'에는 공기만 담길 수 있고 '말'은 담길 수 없듯이, '주머니'에는 물건이나 소지품 등 실체가 있는 것은 담길 수 있으나 '꾀'처럼 보이지 않는 것은 담길 수 없기 때문이다.

나머지 답지들에 답한 학생들은 드물었다. '그릇'에는 '국'이 담길 수 있고, '통'에는 '기름'이 담길 수 있으며, '병'에는 '물'이, '가마니'에는 '쌀'이 담길 수 있으므로, 이들은 ⓐ와 같은 방식으로 이루어진 합성어가 아니라는 것을 쉽게 파악할 수 있었기 때문이다.

✎ **다시 볼 내용** 메모하기

다시 봐야 할 내용을 메모해 둡니다. 메모해 둔 내용은 **재복습**하면서 **오답 노트**에 옮겨 정리하면 공부 효과를 높일 수 있습니다.

독해력을 길러 주는 지문 분석

1문단　**문단 요약** 추론은 이미 제시된 명제인 전제를 토대로, 다른 새로운 명제인 결론을 도출하는 사고 과정이다. 논리학에서는 어떤 추론의 전제가 참일 때 결론이 거짓일 가능성이 없으면 그 추론은 '타당하다'고 말한다.

> - **[추론1]** "서울은 강원도에 있다. 따라서 당신이 서울에 가면 강원도에 간 것이다.": 전제가 참이라고 할 때 결론이 거짓일 가능성이 없음. →타당한 추론(&건전하지 않은 추론)
> - **[추론2]** "비가 오면 길이 젖는다. 길이 젖어 있다. 따라서 비가 왔다.": 전제들이 참이라고 해도 결론이 반드시 참이 되지는 않음(다른 이유로 길이 젖을 수 있기 때문). → 타당하지 않은 추론

핵심어(구) 추론, 타당하다
중심 내용 추론의 개념 및 타당한 추론의 조건

2문단　**문단 요약** '추론 2'와 같이 비록 타당하지 않지만 결론이 참일 가능성이 꽤 높은 추론은 '개연성이 높다'고 말한다. 추론이 타당하면서 전제가 모두 실제로 참이기까지 하면 그 추론은 '건전하다'고 정의한다.

핵심어(구) 개연성이 높다, 건전하다
중심 내용 개연성이 높은 추론과 건전한 추론의 조건

3문단　**문단 요약** '추론 1'은 건전하지 못하지만, 논리학이 타당한 추론에 관심을 갖는 까닭은 실제 추론에서 전제가 참인지 거짓인지를 모르는 경우가 많기 때문이다.

핵심어(구) 논리학이 타당한 추론에 관심을 갖는 까닭
중심 내용 논리학이 타당한 추론에 관심을 갖는 까닭

주제　추론의 개념과 유형 및 논리학이 타당한 추론에 관심을 깄는 이유

09 핵심 내용의 도식화　　　　　정답 ①

◉ ①이 정답인 이유 지문 속 내용을 바탕으로 추론의 유형을 정리하면 다음과 같다.

> - 타당한 추론: 전제가 참일 때 결론이 거짓일 가능성이 없는 경우(1문단)
> - 개연성*이 높은 추론: 전제가 참이어도 결론이 반드시 참이 되는 것은 아니고, 참일 가능성이 높은 경우(2문단)
> - 건전한 추론: 추론이 타당하면서 전제가 모두 실제로 참이기까지 한 경우(2문단)

이를 바탕으로 ㉠~㉢에 들어갈 추론의 유형을 구분해 보자.

구분	추론의 개념	추론의 유형
㉠	전제가 참, 결론이 거짓일 가능성이 없음.	타당한 추론
㉡	전제가 참, 결론이 참일 가능성이 높음.	개연성이 높은 추론
㉢	전제가 참, 결론이 거짓일 가능성이 없음. 전제가 실제로 참	건전한 추론

*개연성 : 대개 자연스럽게 여기는 성질. 확실하지는 않으나 아마 그럴 것이라고 생각되는 성질. 逛 필연성　－『매3어휘』 p.21에서

10 구체적 사례에의 적용　　　　　정답 ①

◉ ①이 정답인 이유 〈보기〉의 남자의 추론은 전제(우유를 많이 마시면 키가 큰다.)가 참이라고 해도 결론(농구 선수들이 다들 키가 큰 것은 우유를 많이 마셨기 때문이다.)이 반드시 참이 되지 않을 수 있는 추론(타당하지 않은 추론)이다. '추론1'은 결론이 거짓이 되는 경우를 전혀 생각할 수 없는데, 남자의 추론은 그렇지 않으므로 전제가 실제로 참이라고 해도 건전한 추론이 될 수 없다.

가장 많이 질문한 오답은? ②, ③ 순

✕ ②가 오답인 이유 〈보기〉에서 여자의 마지막 말을 사실(우유를 안 마시고도 키 큰 사람이 훨씬 더 많다.)이라고 한다면, 농구 선수들이 우유를 많이 마셔 키가 크다는 남자의 추론은 참일 가능성이 낮으므로 '추론 2'와 달리 개연성이 낮다고 볼 수 있다.

✕ ③이 오답인 이유 "너의 추론은 타당하지 않아."라는 여자의 마지막 말을 근거로 ③을 정답으로 생각한 학생이 많았다. 하지만 이 말 다음에 이어지는 "우유를 많이 마셔서 키가 큰 사람보다 우유를 안 마시고도 키 큰 사람이 훨씬 더 많아."에서 여자는 우유를 마셔서 키가 큰 사람이 있을 수 있다는 것을 부정하지는 않았다는 점에서 ③은 옳은 판단이다. 또 여자는 우유를 많이 마시면 키가 큰다는 남자의 말에 대해 자신도 그렇게 생각하고, 그래서 우유를 많이 마신다고 했는데, 이 점에서도 ③은 옳은 판단이다.

✓ 매일 복습 확인 문제

1 다음 글과 부합하면 ○, 그렇지 않으면 ×로 표시하시오.

　(1) J커브 현상에서 경상 수지가 악화되는 원인으로 환율이 오른 비율만큼 수입 상품의 가격이 오르지 않는 것을 꼽을 수 있다. 또한 소비자들의 수입 상품 소비가 가격 변화에 따라 줄어들기까지는 상당 기간이 소요된다. →수입 상품 가격의 상승 비율이 환율 상승 비율에 가까우면 경상 수지가 개선된다. ‥‥‥‥‥‥‥‥‥ (　　)

　(2) 만화는 물리적 시간의 부재를 공간의 유연함으로 극복한다. 영화 화면의 테두리인 프레임과 달리, 만화의 칸은 그 크기와 모양이 다양하다. →만화는 물리적 시간 재현이 영화보다 충실하다. ‥‥‥‥‥‥‥‥‥ (　　)

　(3) 논리학에서는 어떤 추론의 전제가 참일 때 결론이 거짓일 가능성이 없으면 그 추론은 '타당하다'고 말한다. → "비가 오면 길이 젖는다. 길이 젖어 있다. 따라서 비가 왔다."는 타당한 추론이다. ‥‥‥‥‥‥‥ (　　)

2 다음 의미를 나타내는 말을 오른쪽에서 찾아 줄로 이으시오.

　(1) 반드시 그렇게 될 수밖에 • 　　　• ㉮ 개연성
　　　없는 성질

　(2) 아마 그럴 것이라고 생각 • 　　　• ㉯ 필연성
　　　되는 성질

정답 **1.** (1) ○ (2) × (3) × **2.** (1) ㉯ (2) ㉮

정답	01 ⑤	02 ⑤	03 ①	04 ②	05 ⑤
	06 ⑤	07 ③	08 ①	09 ①	10 ③
	11 ⑤				

1~4 인문 : 정나라 자산이 추진한 개혁   2011학년도 수능

독해력을 길러 주는 지문 분석

1문단 문단요약 정나라의 재상 자산은, 인간에게 일어나는 일은 하늘의 뜻이 아니고 자연 변화 또한 인간의 화복(禍福)과는 거리가 멀다는 생각에 기초하여 인간의 문제 해결 범위를 확대했고, 정나라의 현실 문제를 극복하고자 하였다.

　핵심어(구) 자산, 현실 문제를 극복

　중심 내용 스스로 정나라의 문제를 극복하고자 한 자산

2문단 문단요약 다른 나라의 침략과 귀족 간의 정치 투쟁과 정변이 이어지는 정나라에서 귀족 정치의 위기를 수습하고 부국강병을 통해 강대국의 지배를 받지 않도록 해야 하는 과제를 부여받고 집권한 자산은 귀족의 정치적, 경제적 특권을 약화시키는 개혁을 추진하였다.

　핵심어(구) 과제

　중심 내용 정나라와 자산의 과제 – 귀족 정치의 위기 수습과 부국강병

3문단 문단요약 자산은 귀족이 독점하던 토지를 백성들도 소유할 수 있게 하고 세금을 부과함으로써 민부(民富)를 국부(國富)로 연결시켰다. 아울러 중간 계급도 정치 득실을 논할 수 있게 하고 성문법 도입으로 귀족의 임의적인 법 제정과 집행을 막음으로써 귀족의 지배력을 약화시켰다.

　핵심어(구) 토지를 백성들도 소유, 세금을 부과, 중간 계급도 정치 득실을 논할 수 있게, 성문법 도입

　중심 내용 자산의 개혁 추진 내용

4문단 문단요약 자산은 귀족의 반대를 무릅쓰고 개혁 조치를 펼쳐 부국강병을 이루었고, 성문법 도입으로 백성들도 교육을 받는 등 백성의 위상을 높였다. 그러나 힘에만 의존하는 개혁 때문에 엄한 형벌과 과중한 세금 수취의 폐단을 낳기도 하였다.

　핵심어(구) 부국강병, 백성의 위상을 높였다, 폐단

　중심 내용 자산의 개혁 조치의 성과와 폐단

주제 정나라 자산이 추진한 개혁의 내용과 그 영향

01 개괄적 정보의 확인   정답 ⑤

◎ ⑤가 정답인 이유 자산이 추진한 개혁의 내용과 성과, 그리고 폐단은 확인할 수 있지만, 자산이 단행한 개혁이 후대에 어떻게 계승되었는지에 대한 언급은 찾아볼 수 없다.

　오답의 근거가 곧 정답의 근거가 되므로 오답지들의 근거를 찾아보자.

① **1문단**에서 확인 가능: '인간에게 일어나는 일은 더 이상 하늘의 뜻이 아니었고'와 '인간사는 인간 스스로 해결할 문제라 생각한 것'

② **2문단**에서 확인 가능: '그가 살았던 정나라는 요충지에 위치한 작은 나라였기 때문에 춘추 초기부터 제후국의 쟁탈 대상이었고'와 '춘추 중기에는 귀족 간의 정치 투쟁이 벌어져 자산이 집정(執政)하기 직전까지도 정변이 이어졌다.'

③ **3문단**에서 확인 가능: 귀족 독점 토지를 백성들도 소유할 수 있게 함, 귀족들의 정치 기반을 약화시킴, 형법을 성문화함 등

④ **4문단**에서 확인 가능: 긍정적 영향으로는 부국강병*을 이룬 것과 백성의 위상을 높인 것을, 부정적 영향으로는 역치*의 가능성이 농후한 것과 국가의 엄한 형벌과 과중한 세금 수취로 이어진 것을 들었다.

　* 부국강병(富國強兵): 국가를 부유하게 만들고 군대(병력)를 강하게 함.
　* 역치(力治): 힘(무력)으로 통치함.

02 반응의 적절성 평가   정답 ⑤

◎ ⑤가 정답인 이유 **3문단**에서 자산은 '중간 계급도 정치 득실을 논할 수 있도록 하여 귀족들의 정치 기반을 약화시키는 한편, 중국 역사상 처음으로 형법을 성문화'하였다고 했고, 이와 같은 '성문법 도입은 귀족의 임의적인 법 제정과 집행을 막아 그들의 지배력을 약화시키는 조치였으므로 당시 귀족들은 이 개혁 조치에 반발하였다.'고 했다. 이 부분을 통해 볼 때, 귀족은 법치 체계를 세우는 것에 반발하는 입장을 취했지, 법치 전통을 세워야겠다는 반응을 보이지 않았다는 것을 알 수 있다.

　나머지 답지들이 오답인 이유도 살펴보자.

① **3문단** 끝의 '성문법 도입은 귀족의 임의적*인 법 제정과 집행을 막아 그들의 지배력을 약화시키는 조치'에서 알 수 있다.

　* 임의적: 일정한 기준이나 원칙 없이 마음대로 하는 (것).

② **4문단**의 '법을 알려면 글을 알아야 하기 때문에, 성문법 도입은 백성들도 교육을 받을 수 있는 계기가 되는 등'에서 알 수 있다.

③ **3문단**의 '귀족이 독점하던 토지를 백성들도 소유할 수 있게 하였고'와 '백성들은 개간을 통해 경작지를 늘려 생산을 증대하였고'에서 확인할 수 있다.

④ **2문단** 끝의 '그는 집권과 동시에 귀족에게 집중됐던 정치적, 경제적 특권을 약화시키는 데 초점을 맞춰 개혁을 추진하였다.'와 **3문단**의 '귀족이 독점하던 토지를 백성들도 소유할 수 있게 하였고'에서 미루어 짐작할 수 있다.

03 관점의 차이에 따른 평가   정답 ①

◎ ①이 정답인 이유 노자의 입장부터 파악하면 다음과 같다.

- 인간도 자연의 원리에 따라 삶을 영위해야 한다.
　→ 통치자의 무위 강조　　　* 무위: 인위를 가하지 않음.
- 사회의 도덕, 법률, 제도 등은 허위이므로 해체해야 한다.

이러한 노자가 자산을 어떻게 평가할지를 묻고 있다. **1문단**에서 '인간의 문제를 스스로 해결하겠다'는 자산의 시도에 대해, 또 **3문단**에서 형법을 성문화하고 법치의 체계를 세운 자산에 대해 노자는 부정적으로 볼 것이다. 왜냐하면 노자는 제도와 법률을 인간의 삶을 인위적으로 규정하는 허위라고 보기 때문이다. 따라서 ①은 자산에 대한 노자의 평가로 적절하다.

가장 많이 질문한 오답은? ②

③, ④, ⑤에 답한 학생들은 거의 없었다. 반면에 ②에 답한 학생들은 아주 많았는데, 답지 ②의 앞부분이 맞는 설명이어서, 뒷부분은 맞지 않는 설명인데도 그것을 놓쳤기 때문이었다.

☒ **②가 오답인 이유** '자연이 인간의 화복을 주관하지 않는다는 생각'은 **1문단**에서 언급한 자산의 생각과 일치한다. 그러나 이러한 자산의 생각에 대해 노자가 '자연의 의지에 반하는 것'이라고 평가할 것이라는 판단은 옳지 않다. 왜냐하면 〈보기〉에 따르면 노자는 '만물의 생성과 변화는 자연스럽고 <u>무의지적</u>'이라고 보기 때문이다. 아래 'Q&A'도 참고하자.

Q&A
▶ '안인숙 매3국어클리닉' 카페에서

Q ②가 왜 틀린지 잘 이해가 안 돼요. ㅜㅜㅜㅜ

A 발문(문두)에서 '〈보기〉의 입장에서 자산을 평가하라'고 했는데, 〈보기〉의 노자는 '만물(=자연)의 생성과 변화는 자연스럽고 무의지적'이라고 보았고, 이에 따라 '통치자의 무위(無爲)를 강조'하였습니다. 여기서 '무의지적'이란 의지가 없다는 뜻이고, '무위'란 아무것도 하지 않는 것을 뜻합니다. 즉, 〈보기〉의 노자는 만물(자연)은 의지가 없으며, 따라서 인간의 삶에서도 통치자는 아무것도 하지 않아야 한다고 강조한 것입니다. 그런데 노자의 입장을 설명한 ②의 뒷부분, 즉 '~은 자연의 의지에 반하는 것이다.'는 자연에는 의지가 있고, '~은 이러한 자연의 의지에 역행하는 것이다.'라는 의미인데, '자연에는 의지가 있다'는 것은 '자연은 무의지적'이라는 노자의 생각과 어긋나므로 ②는 오답인 것입니다.

04 사전적 의미 이해
정답 ②

◉ **②가 정답인 이유** '어휘 문제 3단계 풀이법'을 적용해 보자.

• 1단계(핵심 간추리기): ⓛ의 의미를 살리는 내용만 간추려 보자.

> 자산이 집정(執政)하기 직전

• 2단계(대입하기): 답지의 사전적 뜻풀이를 대입해 보자.

> 군주가 직접 통치할 수 없을 때에 군주를 대신하여 (자산이) 나라를 다스리기 직전

→ 이렇게 놓고 보면, 이 부분이 맞는지 틀리는지 가늠할 수 없다. 글 전체의 문맥 속에서 의미를 파악해야 풀리는 문제인 것이다. 이 글에서 자산이 군주 대신에, 그것도 군주가 직접 통치할 수 없어 그 대신에 나라를 다스렸다는 정보는 찾을 수 없다. 또한 ⓛ이 포함된 **2문단**의 마지막 문장을 보면 '그래서 그는 집권과 동시에…개혁을 추진하였다.'고 했다. 이로 볼 때 자산은 군주를 대신하여 나라를 다스린 것이 아니라 정권을 잡아(執, 잡을 집) 나라를 다스렸다는 것을 알 수 있다. '집권(권세나 정권을 잡음.)'은 ⓛ의 '집정(정권을 잡음.)'과 유사한 의미이므로 ②의 풀이는 적절하지 않다.

• 3단계('매3어휘 풀이' 떠올리기): '집정'이 '집권'과 유사한 의미를 지닌다는 것은 '집권'과 '집정'의 '권'과 '정'이 '정권'의 의미를 담고 있기 때문이라는 것을 '매3어휘 풀이'를 떠올리면 알 수 있다.

참고로 '군주가 직접 통치할 수 없을 때에 군주를 대신하여 나라를 다스림.'의 뜻을 지닌 어휘는 '섭정'이라는 것, 국어 영역은 철저하게 지문에서 정답을 이끌어 내야 한다는 것, 어휘 문제는 3단계 풀이법을 적용해 풀어야 한다는 것을 새기도록 한다.

가장 많이 질문한 오답은? ⑤

☒ **⑤가 오답인 이유** ⑤에 답한 학생들이 의외로 많았다. ①~④가 모두 맞는 풀이라고 생각했기 때문이라고 했다. 그러면 ⑤는 어색하냐고 물어봤다. 대답을 못 하는 학생들이 많았다. '가능성이 뚜렷하다'는 문맥이 전혀 어색하지 않기 때문이다. '농후(濃厚, 짙을 농·두터울 후)'는 말 그대로 짙고 두터운 것으로, 자산의 개혁 조치는 역치(힘에 의존하여 통치함.)의 가능성이 매우 짙고 두터워 결국 폐단을 낳기도 한 것이다.

5~8 사회 : 유명인의 광고 중복 출연   2011학년도 6월 모의평가

독해력을 길러 주는 지문 분석

1문단 [문단 요약] 일부 유명인들은 여러 상품의 <u>광고에 중복하여 출연</u>하고 있는데, 이것이 높은 광고 효과를 보장할 수 있을지 점검해 볼 필요가 있다.
핵심어(구) 유명인, 광고에 중복하여 출연, 광고 효과
중심 내용 유명인이 중복 출연하는 광고의 효과 점검의 필요성

2문단 [문단 요약] 유명인이 여러 유형의 상품 광고에 출연하면 <u>모델의 이미지와 상품의 특성이 어울리지 않는 경우</u>가 많아 광고 효과가 나타나지 않을 수 있다.
핵심어(구) 모델의 이미지와 상품의 특성이 어울리지 않는 경우
중심 내용 유명인의 광고 중복 출연의 부정적 영향 (1) – 모델의 이미지와 상품의 특성이 어울리지 않음.

3문단 [문단 요약] 유명인의 중복 출연으로 유명인의 이미지가 여러 상품으로 분산되면 <u>광고 모델과 상품 간의 결합력이 약해져</u> 광고 효과를 기대하기 어렵다.
핵심어(구) 광고 모델과 상품 간의 결합력이 약해
중심 내용 유명인의 광고 중복 출연의 부정적 영향 (2) – 광고 모델과 상품 간의 결합력이 약해짐.

4문단 [문단 요약] 유명인 광고 모델이 여러 광고에 중복하여 출연하면, 그 모델이 경제적인 이익만을 추구한다는 이미지가 소비자에게 각인되어, <u>광고 메시지에 대한 신뢰를 얻기 힘들다</u>.
핵심어(구) 광고 메시지에 대한 신뢰를 얻기 힘들다
중심 내용 유명인의 광고 중복 출연의 부정적 영향 (3) – 광고 메시지에 대한 신뢰 확보의 어려움.

5문단 [문단 요약] <u>유명인 모델의 광고 효과를 높이기 위해서는</u> 유명인이 자신과 잘 어울리는 한 상품의 광고에만 지속적으로 나오는 것이 좋다. 그래야 상품의 인지도가 높아지고, 상품을 기억하기 쉬워지며, 광고 메시지에 대한 신뢰도가 제고된다.
핵심어(구) 유명인 모델의 광고 효과를 높이기 위해서

중심 내용 유명인 모델의 광고 효과를 높이기 위한 방안 – 한 상품의 광고에만 출연

6문단 문단 요약 유명인 모델의 중복 출연으로 광고 효과가 적으면 광고비가 과다 지출되어 광고주와 소비자의 <u>경제적인 부담</u>으로 이어진다. <u>광고 모델의 적절한 선정이 요구되는 이유</u>가 여기에 있다.

핵심어(구) 경제적인 부담, 광고 모델의 적절한 선정이 요구되는 이유

중심 내용 적절한 광고 모델 선정의 필요성

주제 유명인의 광고 중복 출연의 부정적 영향 및 적절한 광고 모델 선정의 필요성

05 핵심 주장에 대한 반론의 근거 정답 ⑤

◎ ⑤가 정답인 이유 이 글의 핵심 주장과 이에 대한 반론을 정리하면 다음과 같다.

- 이 글의 핵심 주장: 유명인이 광고에 중복 출연하는 것은 부정적인 영향을 미치므로 유명인 모델의 광고 효과를 높이기 위해서는 유명인 자신과 잘 어울리는 한 상품의 광고에만 지속적으로 나오는 것이 좋다.
- 이에 대한 반론: 유명인이 광고에 중복 출연한다고 해서 광고에 부정적이지 않다.

위에서 정리한 이 글의 핵심 주장과 이에 대한 반론을 토대로 할 때 정답은 유명인의 광고 중복 출연을 긍정적으로 보는 것이어야 하므로 ⑤가 적절하다.

06 논지 전개 방식 이해 정답 ⑤

◎ ⑤가 정답인 이유 1문단에서 '일부 유명인들은 여러 상품의 광고에 중복하여 출연하고 있는데, 이는 광고계에서 관행*으로 되어 있고, 소비자들도 이를 당연하게 여기고 있다.'고 했으므로, 이것은 우리 사회의 통념(p.126 참조)이라고 할 수 있다. 그런데 글쓴이는 '일부 유명인들은 여러 상품의 광고에 중복하여 출연해도 된다.'는 통념에 대해 '유명인의 중복 출연은 과연 높은 광고 효과를 보장할 수 있을까?'라며 의문을 제기한다.

그런 다음, 2~4문단에서는 유명인이 광고에 중복 출연하는 것이 부정적인 영향을 미친다는 다양한 근거를 들어가며(모델의 이미지와 상품의 특성이 어울리지 않아 광고 효과가 나타나지 않음, 소비자가 모델을 상품과 연결시켜 기억하기 어려움, 광고 메시지에 대한 신뢰를 얻기 힘듦.) 유명인이 광고에 중복 출연하는 것은 효과적이지 않다는 주장을 펼치고 있다. 따라서 ⑤는 이 글의 논지 전개 방식으로 적절하다.

> *관행: 관례에 따라 시행함. ㈜관습

07 그래프에의 적용 정답 ③

◎ ③이 정답인 이유 모델 A는 전문성과 신뢰성이 높고, 모델 B는 전문성이나 신뢰성보다는 친근성과 매력성이 높은 사람이라는 것을 〈보기〉의 그래프에서 말해 주고 있다.

한편 2문단에서 치약 상품은 전문성과 신뢰성을 갖춘 모델이 적합하다고 했고, 여행 상품은 매력성과 친근성을 갖춘 모델이 어울린다고 했다. 〈보기〉와 2문단의 내용으로 볼 때 ③에서 모델 B가 치약 광고와 여행 광고 모두에서 긍정적인 광고 효과를 기대할 수 있다고 한 것은 적절하지 않다.

08 문맥적 의미 이해 정답 ①

◎ ①이 정답인 이유 ㉠의 앞뒤 문맥을 통해 '나오다'의 의미를 살리는 핵심 어구를 간추린다. 그런 다음, '나오다'와 바꿔 쓸 수 있는 다른 말을 떠올린 후, 그 말을 답지의 '나오다'에 대입해 보자.

구분	핵심 간추리기	다른 말을 떠올려 대입하기
㉠	모델이 광고에 <u>나오다</u>.	모델이 광고에 실리다.
①	기사가 신문에 <u>나오다</u>.	기사가 신문에 실리다. ○
②	사진이 잘 <u>나오다</u>.	사진이 잘 실리다. △
③	지갑이 세탁물에서 <u>나오다</u>.	지갑이 세탁물에서 실리다. ✕
④	녹물이 수도에서 <u>나오다</u>.	녹물이 수도에서 실리다. ✕
⑤	싹이 <u>나오다</u>.	싹이 실리다. ✕

'나오다' 대신 '실리다'를 대입해 본 결과, ①의 '기사가 신문에 실리다'가 가장 자연스럽다. ②가 △인 이유는 다음을 참고하자.

가장 많이 질문한 오답은? ②

✕ ②가 오답인 이유 '사진이 잘 나오다'에서 '나오다'를 '실리다'로 바꾸면 '(기사에) 사진이 게재되다'의 의미가 된다. 그런데 ②의 문맥에 쓰인 '나오다'는 '현상되다(노출된 필름이나 인화지가 약품으로 처리되어 상이 나타나다.)'의 의미로, ②의 '나오다'를 '실리다'로 바꿔 쓰면 의미가 달라진다.

9~11 과학 : 미생물의 종 구분 2010학년도 수능

독해력을 길러 주는 지문 분석

(가) 문단 요약 동식물에서 종(種)은 '같은 개체끼리 교배하여 자손을 남길 수 있는' 또는 '외양으로 구분이 가능한' 집단을 뜻하는데, 한 개체가 둘로 분열하여 번식하며, 외양의 특징도 많지 않은 세균과 같은 미생물에서는 종을 어떤 기준으로 구분할까?

핵심어(구) 미생물에서는 종을 어떤 기준으로 구분할까?

중심 내용 미생물의 종 구분 기준에 대한 궁금점

(나) 문단 요약 미생물의 종 구분은 외양과 생리적 특성을 이용하기도 했지만, 오늘날에는 유전적 특성을 이용한 방법이 주로 사용되고 있다. 미생물의 유전체를 구성하는 DNA 유전자를 비교하여 미생물들의 유전 거리가 가까울수록 같은 종으로 구분하는 것이다.

핵심어(구) 미생물의 종 구분, 유전적 특성, 유전 거리

중심 내용 '유전 거리'를 통한 미생물의 종 구분 방법

(다) 문단 요약 하지만 특정 유전자가 해당 미생물의 전체적인 유전적 특성을 대변하지는 못하기 때문에 유전 거리만으로는 미생물의 종을 명확히 판별하기 어렵다.

핵심어(구) 유전 거리만으로는, 판별하기 어렵다

중심 내용 '유전 거리'를 통한 미생물 종 구분의 한계

(라) **문단 요약** 이러한 문제를 보완하기 위해 미생물들 간의 유전체 유사도를 측정하여, '서로 <u>유전 거리</u>가 가까우며 70% 이상의 유전체 유사도를 보이는 미생물 집단'(그림에서의 Ⅳ 영역)을 미생물 종으로 정의한다.

핵심어(구) 유전 거리, 유전체 유사도

중심 내용 유전 거리와 유전체 유사도를 이용한 미생물 종의 정의

(마) **문단 요약** <u>유전적 특성을 이용한 미생물의 종 구분</u>은 학술적 연구와 의학, 미생물 산업 분야에서 중요하게 활용되고 있으며, 향후 유전체 분석 기술의 발전에 따라 미생물 종은 보다 정밀하게 구분할 수 있을 것이다.

핵심어(구) 유전적 특성을 이용한 미생물의 종 구분, 중요하게 활용, 향후, 보다 정밀하게 구분할 수 있을 것

중심 내용 유전적 특성을 이용한 미생물의 종 구분의 의의 및 전망

주제 유전적 특성을 이용한 미생물의 종 구분

09 글의 전개 과정 이해
정답 ①

◎ **①이 정답인 이유** 〈보기〉에서 정리한 (가)~(마)의 전개 과정을 참고해 (나)~(라)의 내용과 답지를 대응시켜 보자.

구분	중심 내용	글의 전개 과정	근거(지문)
(가)	미생물의 종 구분 기준에 대한 의문	문제 제시	그렇다면~구분할까?
(나)	'유전 거리'를 통한 미생물 종의 구분	해결 방법	이런 문제를 극복하기 위해~유전적 특성을 이용하고 있다.
(다)	'유전 거리'를 통한 종 구분의 어려움	해결 방법의 한계	하지만~명확히 판별하기 어렵다.
(라)	'유전체 유사도'를 통한 문제점 보완	보완 방법	이러한 문제를 보완하기 위한 것이~방법이다.
(마)	유전적 특성을 이용한 미생물 종 구분의 의의 및 전망	논의 정리	전체 문장

결국 이 문제는 각 문단의 중심 내용을 파악하는 문제로, 정답의 근거는 〈보기〉와 지문에서 찾을 수 있다.

10 내용 추론
정답 ③

◎ **③이 정답인 이유** (나)의 '미생물의 종 구분에는 외양과 생리적 특성을 이용한 방법이 사용되기도 한다. 하지만 … 오늘날 미생물 종의 구분에는 주로 유전적 특성을 이용하고 있다.'를 통해 ③이 옳은 진술임을 알 수 있다.

① (나)에서 '종의 구분에는 서로 간의 차이를 잘 나타내 주는 유전자를 이용한다.'고 했다. → 무작위로 ✕

② (나)에서 미생물의 생리적 특성은 '미생물이 어떻게 배양되는지에 따라 변할 수 있'다고 했다. → 영향을 받지 않는다 ✕

④ (가)에서 '동식물에서 종(種)이란 '같은 개체끼리 교배하여 자손을 남길 수 있는' 또는 '외양으로 구분이 가능한' 집단을 뜻한다.'고 했다. → 서로 다른 종끼리 ✕

⑤ (나)에서 '미생물의 유전체는 DNA로 이루어진 많은 유전자로 구성'된다고 했다. → 하나의 ✕

11 그림 해석
정답 ⑤

◎ **⑤가 정답인 이유** 그림의 오른쪽에 그림을 설명한 내용이 있다. 그중 '그림을 보면, 두 미생물의 <u>유전 거리가 가깝</u>다고 해서 유전체 유사도가 반드시 높은 것은 아님을 알 수 있다.'에서 ⑤는 그림에 대해 잘못 이해한 것임을 확인할 수 있다.

이 문제를 틀렸다면 꼼꼼하지 않은 학생이다. 과학 지문이어서 건너뛰고 풀었는데 시간이 모자랐다면 억울한 문제이다.

① 그림 오른쪽 설명에서, 미생물 종은 '서로 유전 거리가 가까우며 70% 이상의 유전체 유사도를 보이는 미생물 집단'이라고 했다. 따라서 유전 거리가 L 이상이고 유전체 유사도가 70% 미만인 Ⅰ 영역은 같은 종이 아님을 나타낸다.

② 그림에서 Ⅱ 영역은 두 미생물 간 유전체 유사도가 70% 이상이고 유전 거리는 L 이상을 나타낸다. 따라서 이 영역에 점이 없는 것은 두 미생물 간 유전체 유사도가 70% 이상인 경우 L 미만의 유전 거리를 보이기 때문이라 할 수 있다.

③ 그림 오른쪽에서 설명한 미생물 종의 정의로 볼 때, Ⅲ 영역은 유전 거리가 L 미만으로 가깝지만, 유전체 유사도가 70% 미만이므로 유전 거리만으로는 종의 경계 구분이 어렵다는 것을 나타낸다.

④ 그림 오른쪽에서 설명한 미생물 종의 정의로 볼 때, 두 미생물 간 유전체 유사도가 70% 이상이면서 유전 거리도 L 미만인 Ⅳ 영역은 같은 종으로 구분될 수 있다.

✔ **매일 복습 확인 문제**

1 다음 글과 부합하면 ○, 그렇지 않으면 ✕로 표시하시오.

(1) 자산은 중간 계급도 정치 득실을 논할 수 있도록 하여 귀족들의 정치 기반을 약화시키는 한편, 형법을 성문화하여 모든 백성이 법을 알고 법에 따라 처신하게 하는 법치의 체계를 세웠다. → 귀족은 중간 계급의 정치력 강화에 맞서 법치 전통을 세웠다. ....( )

(2) 유명인 모델의 광고 효과를 높이기 위해서는 유명인이 자신과 잘 어울리는 한 상품의 광고에만 지속적으로 나오는 것이 좋다. 이렇게 할 경우 상품의 인지도가 높아지고, 상품을 기억하기 쉬워진다. → 광고를 많이 하는 특정 상품에 대해 유명인 모델이 등장하는 광고와 일반인 모델이 등장하는 광고를 동시에 할 경우 광고의 효과가 크다. ....( )

(3) 미생물의 유전체는 DNA로 이루어진 많은 유전자로 구성되는데, 특정 유전자를 비교함으로써 미생물들 간의 유전적 관계를 알 수 있다. 종의 구분에는 서로 간의 차이를 잘 나타내 주는 유전자를 이용한다. → 종 구분에 사용되는 유전자는 무작위로 선택한다. ....( )

정답 1. (1) ✕ (2) ✕ (3) ✕

정답 01 ⑤   02 ④   03 ⑤   04 ②   05 ③
      06 ⑤   07 ⑤   08 ③   09 ②

1~3 과학 : 생물기원퇴적물 연니   2010학년도 9월 모의평가

독해력을 길러 주는 지문 분석

1문단 **문단 요약** 심해저에서 생물의 골격과 그 파편 등에 의해 생성된 퇴적물을 생물기원퇴적물이라 하는데, 가장 흔한 생물기원퇴적물은 연니이다. 연니는 주로 죽은 부유생물의 껍질, 골격 등과 바람이나 유수에 의해 육지로부터 멀리 운반된 점토류가 섞여 형성되는데, 1,000년 동안 약 1~6 cm가 퇴적된다.
핵심어(구) 생물기원퇴적물, 연니
중심 내용 생물기원퇴적물 연니의 개념과 특징

2문단 **문단 요약** '석회질연니'는 탄산염으로 구성된 석회질의 생물체 잔해가 30% 이상 포함된 퇴적물이고, '규질연니'는 규질 성분으로 이루어진 생물체의 잔해를 30% 이상 포함한 퇴적물이다.
핵심어(구) 석회질연니, 규질연니
중심 내용 연니의 유형 – 석회질연니와 규질연니

3문단 **문단 요약** 심해저 표면의 약 48%를 덮고 있는 석회질연니는 비교적 따뜻하고 얕은 곳인 대서양 중앙 부분과 동태평양 등에 집중적으로 분포한다.
핵심어(구) 석회질연니, 분포
중심 내용 석회질연니의 분포 지역

4문단 **문단 요약** 심해저 표면의 약 14%를 차지하는 규질연니는 탄산염이 녹는 수심보다 깊은 곳에서도 발견된다. 특히 용승 현상으로 영양분이 풍부하여 규질연니를 구성하는 부유생물이 많이 서식하는 남극 부근, 규질 생명체 중 하나인 방산충이 많이 서식하는 태평양의 적도 부근에 많이 분포한다.
핵심어(구) 규질연니, 분포
중심 내용 규질연니의 분포 지역

5문단 **문단 요약** 연니의 형성과 분포, 구성물의 내용 등을 분석하면 과거의 해양 환경을 연구할 수 있다.
핵심어(구) 과거의 해양 환경을 연구
중심 내용 연니 연구의 의의

주제 생물기원퇴적물인 연니의 유형과 분포 지역 및 연구의 의의

01 세부 내용 확인   정답 ⑤

◉ **⑤가 정답인 이유** 1문단에서 점토류는 1,000년에 걸쳐 2mm 정도가 퇴적되는 데 비해, 연니는 1,000년 동안 약 1~6cm가 퇴적된다고 하였다. 이로 보아 연니의 퇴적 속도가 점토류의 퇴적 속도보다 느리다는 ⑤는 잘못된 진술이다.

나머지 답지들이 오답인 근거를 찾아보자.
① **1문단**의 '이(연니)는 주로 죽은 부유생물의 껍질, 골격 등과 … 점토류가 섞여 형성된다.'

② **2문단**의 '유공충과 같이 탄산염으로 구성된 석회질의 생물체 잔해가 적어도 30% 이상 포함된 퇴적물을 '석회질연니'라고 하고~'

③ **1문단**의 '연니는 표층수에 사는 부유생물의 양이 많을수록, ~많이 퇴적된다.'

④ **4문단**의 '규질연니는 탄산염이 녹는 수심보다 깊은 곳에서도 발견된다.'

02 개괄적 내용 확인   정답 ④

◉ **④가 정답인 이유** 〈보기〉의 ㄱ~ㅁ을 지문에서 확인해 보자.

> ㄱ. 연니의 생성 시기는 제시되어 있지 않다. → ✕
> ㄴ. 연니의 유형은 2문단에 제시되어 있다(석회질연니, 규질연니). → ◯
> ㄷ. 연니의 지리적 분포는 3문단(석회질연니의 분포 지역)과 4문단(규질연니의 분포 지역)에 제시되어 있다. → ◯
> ㄹ. 연니의 시추 방법은 제시되어 있지 않다. → ✕
> ㅁ. 연니 연구의 효용성*은 5문단(해양 환경을 연구하는 데 열쇠 구실을 한다.)에 제시되어 있다. → ◯

따라서 ㄴ, ㄷ, ㅁ을 묶은 ④가 정답이 된다.

한편, 학생들 중에는 '시추'의 뜻을 몰라 틀렸다고 하는 학생도 있었다. 사전을 찾아 뜻(지하자원을 탐사하거나 지층의 구조나 상태를 조사하기 위하여 땅속 깊이 구멍을 파는 일)을 확인한 다음, "시추의 뜻만 알았다면 절대 ㄹ이 포함된 답지는 고르지 않았을 텐데… 구멍 파는 건 본문에 없으니까…"라고 하는 학생들이 있었다. 하지만 '시추'의 뜻을 몰라도 이 문제는 맞혀야 한다. 왜냐하면 ㄴ, ㄷ, ㅁ이 지문 속에 분명하게 제시되어 있기 때문이다.   *효용성 : 효과가 있고 쓰임새(용도)가 있는 성질.

03 도표 · 그래프 · 그림에의 적용   정답 ⑤

◉ **⑤가 정답인 이유** 〈보기〉의 내용을 지문 속 정보와 연결한다. (가) 지점의 수심이 약 5,000m라고 하였는데, 이것은 탄산염 보상수심 4,500m보다 더 깊은 곳이다. 여기서는 석회질연니는 분포하지 않는다(3문단). **4문단**을 보면 규질연니는 탄산염이 녹는 수심보다 깊은 곳에서도 발견된다고 했고, 차가운 해류가 흐르는 남극 부근의 심해저에서 규질연니가 흔하게 나타난다고 했으므로 (가) 지점은 규질연니가 분포하는 남극 부근(C)이다.

여기서 잠깐! (가) 지점이 C라는 걸 알았다면 ④, ⑤ 중 하나가 정답이어야 하는데 왜 ①에 답한 학생들이 많았을까? 학생들은 〈보기〉에 제시된 내용에서 (가) 지점보다는 (나) 지점에 대한 내용이 B에 해당한다는 것을 명확하게 찾았기 때문이라고 한다. 그럼 〈보기〉의 (나) 지점의 내용을 보자.

〈보기〉에서 (나) 지점은 탄산염 성분의 퇴적물로 구성된다고 했고, **3문단**을 통해 볼 때 이곳은 석회질연니가 분포하는 곳이라는 걸 알 수 있다. 또 석회질연니는 대서양 중앙 부분과 동태평양 등에 집중적으로 분포한다고 했으므로 (나) 지점은 B 또는 A에 해당된다.

마지막으로 (다) 지점을 보자. (다)는 표층수에 방산충이 많이 분포한다고 했다. **4문단**에서 태평양의 적도 부근에 길게 분포하는 용승 지역에 규질연니가 많이 형성된 것은 방산충이 많이 서식하기 때문이라고 했으므로, (다) 지점은 A라는 것을 알 수 있다.

가장 많이 질문한 오답은? ①

X **①이 오답인 이유** 위 '⑤가 정답인 이유'에서 ①이 오답인 이유를 충분히 설명하였다. ①에 답한 학생들은 (나) 지점이 B라고 확신했고, ①과 ⑤ 둘 중 하나를 놓고 고민하다 ①에 답한 경우가 대부분이었다. 4문단과 〈보기〉의 내용을 꼼꼼히 비교·대조하면 쉽게 정답을 고를 수 있었는데, 그렇지 못했던 것이다.

4~7 인문 : 공리주의자들　　　　2011학년도 9월 모의평가

독해력을 길러 주는 지문 분석

1문단 **문단 요약** 전통적 공리주의는 (1) 행동의 윤리적 가치가 행동의 결과에 의존하고(결과주의), (2) 평가 기준은 행동의 결과가 산출할 '행복의 양'이며, (3) 개개인의 행복을 모두 동일하게 중요한 것으로 간주한다(공평주의)는 세 가지 요소에 기초하여 성립하는 윤리 이론이다.
　　핵심어(구) 전통적 공리주의
　　중심 내용 전통적 공리주의의 특징

2문단 **문단 요약** 공리주의에 대해 반공리주의자가 제기하는 가장 심각한 문제는 공리주의가 때때로 정의의 개념을 배제하는 결과를 초래한다는 것이다. 예를 들어 집단 간의 충돌을 막기 위해 거짓 증언을 함으로써 무고한 한 사람을 희생시킬 수 있다는 것이다.
　　핵심어(구) 문제, 정의의 개념을 배제하는 결과
　　중심 내용 공리주의에 대한 반공리주의자의 문제 제기

3문단 **문단 요약** 전통적 공리주의의 정의 배제 상황에 대해 규칙 공리주의자는 진실을 증언하는 사회가 그렇지 않은 사회보다 더 많은 행복을 산출한다는 결론에 따라 진실을 증언하고 정의를 바로 세우는 규칙을 만들고 그에 따라 행동하도록 개인의 행동을 제약하면 공리주의 또한 정의의 개념을 포함할 수 있다고 대응한다.
　　핵심어(구) 규칙 공리주의자, 대응
　　중심 내용 규칙 공리주의자의 대응

주제 전통적 공리주의에 대한 반공리주의자의 문제 제기와 이에 대한 규칙 공리주의자의 대응

---

04 관점의 적용　　　　정답 ②

O **②가 정답인 이유** 전통적 공리주의의 관점(시각, 입장)부터 파악해야 한다. **1문단**에서 설명한 전통적 공리주의의 관점은 다음과 같다.

> (1) 결과에 의해 선하거나 악한 것으로 판단하는 결과주의이다.
> (2) 행복의 양을 많이 산출할수록 선한 행동이 된다.
> (3) 개개인의 행복을 모두 동일하게 중요한 것으로 간주한다.

이 관점에서 '갑'의 행동을 선하다고 평가했다면 그 이유는 무엇일까? 각각의 판단에 적용해 보자.
① (2)의 관점을 충족한다.
② (1)~(3)의 관점 어디에도 해당되지 않는다.
③ (3)의 관점에 의한 판단이다.
④ (2)의 관점에 의한 판단이다.
⑤ (1)의 관점과 연결된다.
　따라서 정답은 ②이다.

---

05 입장의 추론　　　　정답 ③

O **③이 정답인 이유** **2문단 첫 문장**에서 '반공리주의자'는 '전통적 공리주의자'가 정의의 개념을 배제하는 결과를 초래한다는 문제 제기를 했다. 이렇게 볼 때 '반공리주의자'는 전통적 공리주의자인 민우가 정의를 배제하는 행동을 할 것이라고 생각할 것이다.
　2문단에서 민우가 처한 상황부터 짚어 보자.

> [사건] 집단 A의 한 사람이 집단 B의 한 사람을 폭행하는 장면을 민우가 목격함.
> [민우의 행동과 그 결과]
> 　(1) 민우가 진실을 증언함. → 두 집단의 갈등이 악화됨.
> 　(2) 민우가 집단 B의 무고*한 한 사람을 지목하여 거짓 증언을 함. → 두 집단 간의 충돌을 막을 수 있음.
> 　(3) 민우가 증언하지 않음. → 더 위험해짐.

이와 같은 상황에서 반공리주의자는 전통적 공리주의자인 민우가 정의의 개념을 배제한 채 결과론적으로 선한 것과 행복의 양을 고려할 것이므로 집단 B의 무고한 한 사람을 범인으로 지목할 것[위의 (2)를 선택]이라고 예상할 것이다.

> *무고(無辜): 잘못(辜, 허물 고)이 없음(전무). ㉤ 무죄
> ※ 거짓으로 꾸며 고발하는 '무고(誣告)'와 구별해서 알아 두자.

2차 채점 후,
'분석쌤 강의'와 **'가장 많이 질문한 오답'**에 대한 해설까지 챙겨 본 다음,
다시 봐야 할 내용은 **메모**해 두고 복습합니다.

❌ **⑤가 오답인 이유** 2문단 첫 문장에서 반공리주의자는 전통적 공리주의자가 정의의 개념을 배제하는 결과를 초래한다고 문제를 제기한다. 민우가 ⑤와 같이 가해자에 관한 진실을 증언한다면 이는 정의가 배제된 것이 아니므로 반공리주의자는 ⑤와 같이 예상하지 않을 것이다. 민우 또한 가해자에 관한 진실을 증언하게 되면 두 집단의 갈등이 악화될 것이므로 ⑤와 같은 선택을 하지 않을 것이다. 왜냐하면 민우는 행복의 양을 많이 산출하는 행동을 중시하는 전통적 공리주의자이기 때문이다.

❌ **②가 오답인 이유** 민우가 묵비권을 행사하게 되면 더 위험하다고 했다. 전통적 공리주의자는 최대 다수의 최대 행복을 산출하는 결과를 중시하므로 더 위험에 빠지는 일은 선택하지 않을 것이다.

06 관점이 다른 두 이론가의 생각   정답 ⑤

⭕ **⑤가 정답인 이유** [A]의 규칙 공리주의자와 〈보기〉의 의무론자의 생각부터 짚어 보자.

> • 규칙 공리주의자: 공리주의도 정의의 개념을 포함할 수 있다.
> • 의무론자: 어떤 경우에도 거짓말을 하지 않아야 한다.

의무론자는 거짓말을 하지 않는 것(정의)은 조건 없이(결과와 무관하게) 따라야 한다고 했고, 규칙 공리주의자는 결과적으로 더 많은 행복을 산출하는 진실을 증언함으로써 정의를 바로 세우는 규칙을 만들고 그에 따라 행동하도록 개인의 행동을 제약한다고 했다. 따라서 ⑤는 맞는 설명이다.

①~④도 적절하지 않지만, ⑤도 적절하지 않다고 생각한 학생이 있었다. 의무론자는 그저 자신들의 원칙인 'always(결과에 상관없이) no 거짓말'이기 때문에 의무론자가 정의를 강조했다는 말도 틀린다고 생각했다는 것이다. 〈보기〉에서 의무론자들의 원칙은 어떤 경우에도 항상 거짓말을 하지 않는 것이라고 했다. '항상 거짓말을 하지 않는 것'은 '항상 진실만 말하는 것'이고, '항상 진실만 말하는 것'은 '항상 정의로운 것을 선택'하는 것이라고 볼 수 있다. 따라서 의무론자는 결과와 무관하게 정의를 강조했다는 것은 맞는 말이다.

① [A]에서 '무조건적으로' 규칙을 따라야 한다고는 하지 않았다.
② 결과와 무관하게 거짓말을 하지 않아야 한다고 했다.
③ 결과를 중시하는 것은 규칙 공리주의자이다.
④ 규칙 공리주의자는 정의의 개념을 포함할 수 있다고 했다.

07 문맥적 의미 이해   정답 ⑤

⭕ **⑤가 정답인 이유** '어휘 문제 3단계 풀이법'을 적용해 보자.

• 1단계: 핵심 간추리기

> 이에 따르면
> *앞에서 언급한 내용, 둘째 기준*

• 2단계: '매3어휘 풀이' 떠올리기

> 이에 근거하면 / 이를 바탕으로 하면 / 이를 그대로 받아들이면

• 3단계: 대입하기

> ① 어머니 말씀을 따르면 항상 좋은 일이 생긴다.
>   (에)근거하면 ❌, 바탕으로 하면 ❌, 그대로 받아들이면 ❌
> ② 누구라도 나를 잘 따르면 귀여워할 수밖에 없다.
>   근거하면 ❌, 바탕으로 하면 ❌, 그대로 받아들이면 ❌
> ③ 누구나 남들이 하는 대로 따르면 비슷한 결과가 나온다.
>   근거하면 ❌, 바탕으로 하면 ❌, 그대로 받아들이면 ❌
> ④ 네가 어머니의 음식 솜씨를 따르면 좋은 요리사가 될 거다.
>   (에)근거하면 ❌, 바탕으로 하면 ❌, 그대로 받아들이면 ❌
> ⑤ 이러한 원칙에 따르면 그 사람에게는 상을 주는 것이 맞다.
>   근거하면 ⭕, (을)바탕으로 하면 ⭕, (을)그대로 받아들이면 ⭕

→ 이로 보아, ⓐ와 가장 가까운 뜻으로 쓰인 것은 ⑤이다.

한편 ①~⑤에 쓰인 '따르다'의 문맥적 의미를 살피면 ①은 '그대로 실행하다', ②는 '좋아하여 좇다', ③은 '남이 하는 대로 같이 하다', ④는 '같은 수준에 이르다', ⑤는 '기준에 의거하다'이다.

8~9 사회 : 경제 성장의 요인   2010학년도 9월 모의평가

독해력을 길러 주는 지문 분석

(가) **문단 요약** 제도의 발달이 경제 성장의 중요한 원인이라고 많은 경제학자들이 생각해 왔지만, 이를 입증하기는 쉽지 않다. 제도와 경제 성장은 상호 간 영향을 줄 수 있기 때문이다.
핵심어(구) 제도의 발달, 경제 성장의 중요한 원인, 입증하기는 쉽지 않다
중심 내용 제도 결정론의 주장(경제 성장의 요인을 '제도의 발달'로 봄.)과 그 한계

(나) **문단 요약** 최근에는 제도와 달리 소득 수준의 영향을 받지 않는 지리적 조건이 경제 성장에 영향을 끼친다는 해석이 설득력을 얻게 되었다.
핵심어(구) 지리적 조건, 경제 성장에 영향
중심 내용 지리 결정론의 주장 – 지리적 조건이 경제 성장에 영향을 끼친다고 봄.

(다) **문단 요약** 제도를 중시하는 경제학자들은 제도가 경제 성장의 직접적인 원인이고 지리적 조건은 제도의 발달 방향에 영향을 주는 간접적인 경로를 통해 경제 성장과 관계를 맺는 것으로 보아야 한다고 주장한다.
핵심어(구) 제도가 경제 성장의 직접적인 원인, 지리적 조건, 간접적인 경로
중심 내용 수정된 제도 결정론 – 제도가 경제 성장의 직접적인 원인이고 지리적 조건은 간접적인 원인임.

(라) **문단 요약** 지리적 조건의 직접적인 영향을 강조하는 학자들도 간접적인 경로의 존재를 인정하게 되었으나, 직접적인 경로가 경제 성장에서 더욱 중요하다는 입장에는 변함이 없다.
핵심어(구) 간접적인 경로의 존재를 인정, 직접적인 경로가 경제 성장에서 더욱 중요
중심 내용 수정된 지리 결정론 – 지리적 조건의 간접적인 경로를 인정하지만, 직접적인 경로가 더 중요하고 지속적임.

주제 경제 성장의 요인에 대한 학자들의 주장

08 글의 전개 방식 이해

정답 ③

◎ **③이 정답인 이유** (가)~(라)의 중심 내용을 〈보기〉에 정리된 것을 바탕으로 압축해 보면 다음과 같다.

중심 화제	중심 내용(지문 근거 찾기)	전개 방식
(가) 제도 결정론 A	제도의 발달이 경제 성장의 중요한 원인이다.	A의 주장
	이를 입증하기는 쉽지 않다.	A의 한계
(나) 지리 결정론 B	각국의 소득 수준이 지리적 조건과 밀접한 상관관계를 가진다는 통계적 증거들이 제시되었다.	ㄱ (B의 증거)
	지리적 조건이 경제 성장에 영향을 끼친다는 해석이 설득력을 얻게 되었다.	ㄴ (B의 주장 - 'B의 한계'는 될 수 없음.)
(다) 수정된 제도 결정론 A′	제도 중시 경제학자들은 지리적 조건이 경제 성장의 직접적 원인이 아닌 사례에 주목하였다.	ㄷ (B에 대한 반증)
	제도가 경제 성장의 직접적인 원인이고 지리적 조건은 제도의 발달 방향에 영향을 주는 간접적인 경로이다.	ㄹ (A′의 주장)
(라) 수정된 지리 결정론 B′	지리 결정론자들도 지리적 조건의 간접적인 경로의 존재를 인정하게 되었다.	A′에 대한 부분 인정
	지리적 조건의 직접적인 경로가 경제 성장에서 더욱 중요하고 지속적인 영향을 끼친다.	B′의 주장

실제 문제를 풀 때는 ㄱ에서 ⑤를 제외하고, ㄴ에서 ①, ②를 제외하고, ㄷ에서 ④를 제외하는 방식으로 풀면 문제 풀이 시간을 단축할 수 있고, 또 정확하게 풀 수 있다.

> *반증 : 반대되는 근거를 들어 증명함. 또는 반대되는 증거.
> ※ 방증 : 간접적으로 증명함. 방조(옆에서 도움)하여 증명함.
> 예 원점수 기준 1등급 컷 점수가 낮은 것은 시험의 난이도가 어려웠음을 방증하는 것이다. — 『매3어휘』 p.22에서

09 주장을 뒷받침하는 사례 적용

정답 ②

◎ **②가 정답인 이유** 〈보기〉의 ㄱ~ㄷ이 (가)~(다) 중 어떤 주장을 뒷받침하는 사례인지 살펴보자.

> ㄱ. '기온이 높은 나라일수록' '생산성도 낮다'고 했으므로 '기후가 생산성에 영향을 미친다.'며 '지리적 조건'을 강조하는 (나)의 주장에 부합되는 사례이다.
> ㄴ. '재산권 제도가 발달'한 '영국의 제도가 이식된 북미 국가들'이 그렇지 못한 '스페인의 제도가 이식된 중남미 국가들'보다 소득 수준이 높다고 했으므로 '제도'를 강조한 (가)의 주장에 부합되는 사례이다.
> ㄷ. '지리적 조건'이 '불평등한 제도'에 영향을 미쳐 '바람직한 제도가 잘 발달하지 못하고 있다.'고 했으므로 '제도가 경제 성장의 직접적인 원인'이라는 (다)의 주장에 부합되는 사례이다.

따라서 (가)와 ㄴ을, (나)와 ㄱ을, (다)와 ㄷ을 짝지은 ②가 정답이 된다.

> 책을 덮기 전, 틀린 문제와 '**매3 오답 노트**'에 체크하고 메모해 둔 내용은 **꼭 다시** 한 번 더 챙겨 보세요.

✔ 매일 복습 확인 문제

1 다음 글과 부합하면 ○, 그렇지 않으면 ×로 표시하시오.

(1) 심해저의 가장 흔한 퇴적물인 연니는 표층수에 사는 부유생물의 양이 많을수록, 해저에서 형성된 후의 용해 속도가 느릴수록 많이 퇴적된다. → 표층수에 서식하는 생물체의 양과 연니의 양은 반비례한다. ·····················( )

(2) 제도를 중시하는 경제학자들은 '지리적 조건과 소득 수준 사이의 상관관계'와 함께 이러한 '소득 수준의 역전 현상'을 동시에 설명하려면, 제도가 경제 성장의 직접적인 원인이고 지리적 조건은 제도의 발달 방향에 영향을 주는 간접적인 경로를 통해 경제 성장과 관계를 맺는 것으로 보아야 한다고 주장한다. → 제도를 중시하는 경제학자들은 지리적 조건이 경제 성장의 직접적인 원인이 아니라고 본다. ( )

(3) 공리주의는 개개인의 행복을 모두 동일하게 중요한 것으로 간주하므로 어느 누구의 행복도 다른 누구의 행복보다 더 중요하지는 않다. → 공리주의자는 친한 사람이라고 해서 그 사람의 행복이 더 가치 있다고 판단하지 않는다. ·····················( )

2 다음에서 밑줄 친 '무고'의 의미를 담고 있는 말은?

> 무고한 한 사람을 지목하여 거짓 증언을 하다.

① 무관 ② 무시 ③ 결백 ④ 신고 ⑤ 경고

3 밑줄 친 부분이 ⓐ와 가장 가까운 뜻으로 쓰인 것은?

> 공리주의의 평가 기준에 ⓐ따르면 가장 선한 행동은 최대 다수의 최대 행복을 산출하는 것이다.

① 어머니를 따라 시장 구경을 갔다.
② 우리는 해안을 따라 계속 걸어갔다.
③ 개발에 따른 공해 문제가 심각하다.
④ 우리 집 개는 나를 유난히 잘 따른다.
⑤ 식순에 따라 다음은 애국가 제창이 있겠습니다.

> **정답** 1. (1) × (2) ○ (3) ○ 2. ③ 3. ⑤

복습을 위한 **어휘 노트**

※ 처음부터 끝까지 챙겨 본 후 '매3어휘 풀이'를 중심으로
한 번 더 해당 어휘의 의미를 익히도록 한다.

01 가시적 可視的

라이트 매3비 예문 직접 민주주의 제도를 통해 전체 주민의 의사가 가시적으로 잘 드러날 뿐만 아니라, 이에 따라 행정 담당자들도 정책 결정에서 전체 주민의 의사를 더 적극적으로 고려하게 된다. ☞ 문제편 p.60

매3어휘 풀이 전체 주민의 의사가 가시적으로 잘 드러나다.

➡ 눈(시각)으로 보는 것이 가능한 (것).

사전적 의미 눈으로 볼 수 있는 것.

02 개간 開墾

라이트 매3비 예문 백성들은 개간(開墾)을 통해 경작지를 늘려 생산을 증대하였다. ☞ 문제편 p.154

매3어휘 풀이 개간(開墾)을 통해 경작지를 늘리다.

➡ 땅을 개척하여 쓸모 있게 만듦.

사전적 의미 거친 땅이나 버려 둔 땅을 일구어 논밭이나 쓸모 있는 땅으로 만듦.

03 개폐 開閉

라이트 매3비 예문 기공의 개폐는 잎 표면에 있는 한 쌍의 공변세포에 의해 이루어진다. ☞ 문제편 p.104

매3어휘 풀이 기공의 개폐 ➡ 개방하고 폐쇄함.

사전적 의미 열고 닫음.

04 경도 傾倒

라이트 매3비 예문 묵적(墨翟)의 사상에 경도되어 유학의 영향력이 약화되고 있다고 판단한 맹자(孟子) ☞ 문제편 p.16

매3어휘 풀이 사상에 경도되다.

➡ 경향에 압도됨. (어떤 일에) 마음이 기울어 열중함.
경사

사전적 의미 온 마음을 기울여 사모하거나 열중함.

05 고갈 枯渴

라이트 매3비 예문 공적 연금 기금이 고갈되는 경우에 대비할 필요가 있겠군. ☞ 문제편 p.69

매3어휘 풀이 기금이 고갈되다. ➡ 없어짐. 예 자원 고갈 반 풍부

사전적 의미 어떤 일의 바탕이 되는 돈이나 물자, 소재, 인력 등이 다하여 없어짐.

06 관행 慣行

라이트 매3비 예문 일부 유명인들은 여러 상품의 광고에 중복하여 출연하고 있는데, 이는 광고계에서 관행으로 되어 있다. ☞ 문제편 p.156

매3어휘 풀이 광고계의 관행 ➡ 관례에 따라 시행함. 유 관습, 버릇

사전적 의미 오래전부터 해 오는 대로 함.

07 권위 權威

라이트 매3비 예문 이제는 분산형 독서가 행해졌다. 이것은 필독서인 고전의 권위에 대항하여 자신이 읽고 싶은 것을 골라 읽는 자유로운 선택적 읽기를 뜻한다. ☞ 문제편 p.144

매3어휘 풀이 고전의 권위 ➡ 권력과 위엄. 예 가장의 권위

권위	권위적
권한이 있고 위신이 있음. 예 권위 있는 학자	권력과 위엄(지위)을 내세우는 (것). 예 권위적인 태도

※ 권위 있는 것은 긍정적으로 평가하고, 권위적이고 권위주의적인 것은 대개 부정적 의미를 담고 있다.

사전적 의미 (1) 남을 지휘하거나 통솔하여 따르게 하는 힘. (2) 일정한 분야에서 사회적으로 인정을 받고 영향력을 끼칠 수 있는 위신. '라이트 매3비 예문'에서는 (2)의 뜻으로 쓰임.

08 기저 基底

라이트 매3비 예문 미국 정책 수립의 기저에 깔린 것은 이념이 아니라는 것이다. ☞ 문제편 p.36

매3어휘 풀이 정책 수립의 기저에 깔린 것 ➡ 기반이 되는 밑바탕.
기초, 기본 저변

사전적 의미 어떤 것의 바닥이 되는 부분.

09 남용 濫用

라이트 매3비 예문 극단적으로는 대표자가 사적 이익을 추구하는 데 권한을 남용하더라도 제재할 수단이 없게 된다. ☞ 문제편 p.74

매3어휘 풀이 사적 이익을 추구하는 데 권한을 남용하다.

➡ 함부로 사용함.
濫 넘칠 람(남)

남용(濫用)	오용(誤用)
함부로(남발) 사용함. 예 외국어 남용 유 과용(지나치게(과도) 사용함.)	잘못(과오) 사용함. 예 우리말 오용

사전적 의미 (1) 일정한 기준이나 한도를 넘어서 함부로 씀. (2) 권리나 권한 따위를 본래의 목적이나 범위를 벗어나 함부로 행사함. '라이트 매3비 예문'에서는 (2)의 뜻으로 쓰임.

10 농후하다 濃厚-

라이트 매3비 예문 그의 개혁은 힘에만 의존하여 다스리는 역치(力治)*의 가능성이 농후(濃厚)하였다. ☞ 문제편 p.154

> * 역치(力治): 힘(무력)으로 다스림(정치).

매3어휘 풀이 가능성이 농후(濃厚)하다.

➡ 농도가 진하거나 짙다. → 가능성이 크다.
厚, 두터울 후

사전적 의미 어떤 경향이나 기색 따위가 뚜렷하다.

11 득실 得失

라이트 매3비 예문 그는 중간 계급도 정치 득실을 논할 수 있도록 하여 귀족들의 정치 기반을 약화시켰다. ☞ 문제편 p.154

매3어휘 풀이 정치 득실을 논하다. ➡ 이득과 손실. 얻음과 잃음.
획득 상실

사전적 의미 (1) 얻음과 잃음. (2) 이익과 손해를 아울러 이르는 말.

12 모색 摸索

라이트 매3비 예문 규범적 접근 방식은 기술이 야기한 문제에 대한 대안을 모색하는 것을 의미한다. ☞ 문제편 p.41

매3어휘 풀이 대안을 모색하다. ➡ 탐색함.
찾음

사전적 의미 일이나 사건 따위를 해결할 수 있는 방법이나 실마리를 더듬어 찾음.

13 무고하다 無辜-

라이트 매3비 예문 민우가 집단 B의 무고한 한 사람을 지목하여 거짓 증언을 하면 집단 간의 충돌을 막을 수 있다. ☞ 문제편 p.162

매3어휘 풀이 무고한 사람 ➡ 잘못이 없다. ㈜ 결백하다
無, 없을 무

무고(無辜)하다	무고(誣告)하다
잘못(辜, 허물 고)이 없다(無, 없을 무). ㉠ 무고한 백성을 괴롭히다.	거짓으로 꾸며(誣, 속일 무) 고발하다. ㉠ 그는 친구를 무고한 죄로 처벌을 받았다.

사전적 의미 아무런 잘못이나 허물이 없다.

14 부상 浮上

라이트 매3비 예문 '기업 책임 부담 원칙'이 부상하게 된 배경은 복합적이다. ☞ 문제편 p.64

매3어휘 풀이 원칙이 부상하게 된 배경
➡ 부각하고 상승하는 것. ㈜ 떠오름.

사전적 의미 (1) 물 위로 떠오름. (2) 어떤 현상이 관심의 대상이 되거나 어떤 사람이 훨씬 좋은 위치로 올라섬.
'라이트 매3비 예문'에서는 (2)의 뜻으로 쓰임.

15 부조 扶助

라이트 매3비 예문 공공 부조*는 도덕적 해이를 야기할 수 있다. 무상으로 부조가 이루어지므로, 젊은 시절에는 소득을 모두 써 버리고 노년에는 공공 부조에 의존하려는 경향이 생길 수 있기 때문이다. ☞ 문제편 p.68

> *공공 부조: 생활 능력이 없는 국민에게 사회적 최저 수준의 생활이 가능하도록 국가가 현금 또는 물품을 지원하거나 무료 혜택을 주는 제도.

매3어휘 풀이 공공 부조, 무상으로 부조가 이루어지다.
➡ 남을 도와주는 일.
부양, 원조

사전적 의미 (1) 잔칫집이나 상가(喪家) 따위에 돈이나 물건을 보내어 도와줌. 또는 돈이나 물건. (2) 남을 거들어서 도와주는 일.
'라이트 매3비 예문'에서는 (2)의 뜻으로 쓰임.

16 야기 惹起

라이트 매3비 예문 관객의 변덕스런 기호 등의 변수로 야기될 수 있는 흥행의 불안정성을 최소화하기 위해서였다. ☞ 문제편 p.136

매3어휘 풀이 관객의 변덕스런 기호 등의 변수로 야기되다.
➡ 불러일으킴. 발생시킴(제기). ㈜ 유발

사전적 의미 일이나 사건 따위를 끌어 일으킴.

17 어원 語源

라이트 매3비 예문 헤로도토스는 페르시아 전쟁에 대한 책을 쓰면서 『역사(Historiai)』라는 제목을 붙였다. 이 제목의 어원이 되는 'histor'는 원래 '목격자', '증인'이라는 뜻의 법정 용어였다. ☞ 문제편 p.26

매3어휘 풀이 제목의 어원 ➡ 어휘(단어)가 생겨난 기원(근원, 연원).

사전적 의미 어떤 단어의 근원적인 형태. 또는 어떤 말이 생겨난 근원.

18 유연하다 柔軟-

라이트 매3비 예문 만화는 물리적 시간의 부재를 공간의 유연함으로 극복한다. ☞ 문제편 p.150

매3어휘 풀이 공간의 유연함으로 극복하다.
연약. 軟, 연할 연
➡ 부드럽고 연하다. 융통성·신축성·탄력성이 있다.
유순. 柔, 부드러울 유
㈘ 완강하다, 경직되다, 완고하다

사전적 의미 부드럽고 연하다.

19 응전 應戰

라이트 매3비 예문 세계관에 대한 도전과 응전의 반복은 그 자체로 인간 지성이 상호 소통하면서 발전해 가는 과정을 보여 준다. ☞ 문제편 p.24

매3어휘 풀이 세계관에 대한 도전과 응전의 반복
➡ 상대의 도전에 맞섬.
대응

사전적 의미 상대편의 공격에 맞서서 싸움.

20 이해 利害

라이트 매3비 예문 기업과 근로자 간의 이해가 상충되는 문제를 완화하기 위해 근로자가 받는 보상에 근로자의 노력이 반영되도록 하는 약속이 인센티브 계약이다. ☞ 문제편 p.54

매3어휘 풀이 이해가 상충되다. ➡ 이익과 손해. ㉠ 이해타산

이해(利害)	이해(理解)
이익과 손해. ㉠ 이해를 따지다.	이치를 잘 해석함. ㈘ 오해 ㉠ 윗글에 대한 이해로 적절한 것은?

사전적 의미 이익과 손해를 아울러 이르는 말.

21 인습 因襲

라이트 매3비 예문 이 사회(문명을 발생시키지 못한 원시 사회)는 <u>인습</u>이 지배하게 되고 발전적 변화가 나타나지 않는다.

☞ 문제편 p.30

매3어휘 풀이 인습이 지배하다.

➡ 답습함. 과거의 풍습, 습관을 그대로 따름.

※ 인습이 지배하게 되는 사회는 발전적 변화가 나타나지 않는다는 '라이트 매3비 예문'으로 보아 '인습'은 부정적 의미로 쓰인다는 것을 알 수 있다.

사전적 의미 예전의 풍습, 습관, 예절 따위를 그대로 따름.

22 임의적 任意的

라이트 매3비 예문 성문법 도입은 귀족의 <u>임의적</u>인 법 제정과 집행을 막아 그들의 지배력을 약화시키는 조치였으므로 당시 귀족들은 이 개혁 조치에 반발하였다.

☞ 문제편 p.154

매3어휘 풀이 임의적인 법 제정

➡ 제 의견대로 맘대로(자유방임) 하는 (것). ㈜ 자의적

사전적 의미 일정한 기준이나 원칙 없이 하고 싶은 대로 하는. 또는 그런 것.

23 작위적 作爲的

라이트 매3비 예문 프로그램 내용이 전개될 때 <u>작위적</u>으로 상품을 노출시키는 장면이 많아졌겠군.

☞ 문제편 p.71

매3어휘 풀이 작위적으로 상품을 노출시키다.

➡ 자연스럽지 못한, 인위적인, 일부러 꾸며서(조작) 하는 (것).

사전적 의미 꾸며서 하는 것이 두드러지게 눈에 띄는. 또는 그런 것.

24 전제 前提

라이트 매3비 예문 1 ㉠의 <u>전제</u>로 가장 적절한 것은? ☞ 문제편 p.33

2 추론은 이미 제시된 명제인 <u>전제</u>를 토대로, 다른 새로운 명제인 결론을 도출하는 사고 과정이다.

☞ 문제편 p.152

매3어휘 풀이 1 ㉠의 <u>전제</u> 2 이미 제시된 명제인 <u>전제</u>

➡ 앞서 제시한 것. ㈎ 전제 조건
이전

※ 전제를 찾는 문제는 이유나 까닭을 묻는 문제로 생각하고 풀면 쉽게 정답을 찾을 수 있다. -『매3어휘』 p.23에서

사전적 의미 어떤 결론을 내기 위해 먼저 내세우는 것. 추리를 할 때, 결론의 기초가 되는 판단.

25 절충 折衷

라이트 매3비 예문 다양한 관점들을 소개하면서 이를 변증법적으로 <u>절충</u>하고 있다. ☞ 문제편 p.32

매3어휘 풀이 변증법적으로 절충하다. ➡ 알맞게 조절함.

사전적 의미 서로 다른 사물이나 의견, 관점 따위를 알맞게 조절하여 서로 잘 어울리게 함.

26 제재 制裁

라이트 매3비 예문 (자유 위임 방식에서는) 극단적으로는 대표자가 사적 이익을 추구하는 데 권한을 남용하더라도 <u>제재</u>할 수단이 없게 된다. ☞ 문제편 p.74

매3어휘 풀이 권한을 남용하더라도 제재할 수단이 없다.

➡ 제한(통제)하거나 금지하거나 처벌함.

제재(制裁)	제재(題材)
제한하거나 금지하거나 처벌함. ㈎ 제재를 가하다(받다).	문학이나 예술 작품에서 선택되는 이야기의 재료. ㈎ 수능 비문학 제재

사전적 의미 일정한 규칙이나 관습의 위반에 대하여 제한하거나 금지함. 또는 그런 조치.

27 지연 遲延

라이트 매3비 예문 주민 간의 갈등이 심화되면서 해당 정책의 결정이 <u>지연</u>되어 행정에 대한 불신이 커졌다. ☞ 문제편 p.61

매3어휘 풀이 정책의 결정이 지연되다. ➡ 더디게 하고 시간을 끎(늦춤).
지체 연기

지연(遲延)	지연(地緣)
시간을 늦추고(연기) 끎(지체). ㈎ 도착 시간이 <u>지연</u>되다.	출신 지역에 따라 연결된 인연. ㈎ 혈연, 지연, 학연

사전적 의미 무슨 일을 더디게 끌어 시간을 늦춤.

28 지향 志向

라이트 매3비 예문 오늘날 자연법은 실정법*이 <u>지향</u>해야 할 이상을 제시하는 역할에서 여전히 의의가 인정된다. ☞ 문제편 p.58

* 실정법(實定法): 경험적·역사적 사실에 의해 성립되고, 현실적인 제도로서 시행되고 있는 법.

매3어휘 풀이 실정법이 지향해야 할 이상

➡ 의지(뜻)가 어떤 목표로 향함.

지향(志向)	지양(止揚)
의지(뜻)가 어떤 목표로 향함. → 하려고 노력하는 것. ㈎ 평화를 <u>지향</u>하다.	고양(높이 올림)하기 위해 중지함. → 그만두고 삼가는 것. ㈎ 상업주의를 <u>지양</u>하다.

사전적 의미 어떤 목표로 뜻이 쏠리어 향함. 또는 그 방향이나 그쪽으로 쏠리는 의지.

29 체납 滯納

라이트 매3비 예문 공적 연금 보험료를 <u>체납</u>하는 사람들이 날로 늘어나고 있다. ☞ 문제편 p.69

매3어휘 풀이 보험료를 체납하다.

➡ 납부하는 것을 지체함. ㈎ 전화 요금 체납

사전적 의미 세금 따위를 기한까지 내지 못하여 밀림.

어휘력 + 독서력 + 국어력 세 마리 토끼를 한번에 잡는 매3력

30 추구 追求

라이트 매3비 예문 유명인 광고 모델이 여러 광고에 중복하여 출연하면, 그 모델이 경제적인 이익만을 추구한다는 이미지가 소비자에게 강하게 각인*된다. ☞ 문제편 p.156

> *각인(刻印): (1) 도장(인장)을 새김(조각). 또는 그 도장. (2) 머릿속에 새겨 넣듯이(조각) 깊이 기억됨.

매3어휘 풀이 경제적인 이익만을 추구하다.
➡ 목적을 이룰 때까지 뒤좇아 구함.
　　　　　　　　　추적

추구(追求)	추구(追究)
목적을 이룰 때까지 뒤좇아(추적) 구함.	뒤쫓아(추적) 연구함.
⑩ 이윤 추구, 행복의 추구	⑩ 그는 문학 이론 추구에 평생을 바쳤다.

사전적 의미 어떤 목적을 달성할 때까지 좇아 구함.

31 취지 趣旨

라이트 매3비 예문 간접 광고 제도가 도입된 취지는 프로그램 내에서 광고를 하는 행위에 대해 법적인 규제를 완화하여 방송 광고 산업을 활성화하겠다는 것이었다. ☞ 문제편 p.70

매3어휘 풀이 간접 광고 제도가 도입된 취지
➡ 의도. 목적. 뜻. 요지. ⑩ 설립 취지

사전적 의미 어떤 일의 근본이 되는 목적이나 긴요한 뜻.

32 타성 惰性

라이트 매3비 예문 논증의 성패를 떠나 반실재론자는 타성에 젖은 실재론적 세계관의 토대에 대해 성찰할 기회를 제공한다. ☞ 문제편 p.24

매3어휘 풀이 타성에 젖다.
➡ 나태해진 습성. 오래 되어 굳어진 습성.
　　惰, 나태할 타

사전적 의미 오래되어 굳어진 좋지 않은 버릇. 또는 오랫동안 변화나 새로움을 꾀하지 않아 나태하게 굳어진 습성.

33 통념 通念

라이트 매3비 예문 다른 상품 광고와의 차별화를 위해 통념에 어긋나는 표현이나 장면도 자주 활용되었다. ☞ 문제편 p.64

매3어휘 풀이 통념에 어긋나는 표현
➡ 일반적으로 널리 통하는 생각.
　　　　　　　　　　개념. 상념

사전적 의미 일반 사회에 널리 퍼져 있는 생각.

34 통설 通說

라이트 매3비 예문 당시의 지질학자들은 대륙은 이동하지 않는다는 통설을 근거로 그의 주장이 틀렸다는 판단을 내렸다. ☞ 문제편 p.33

매3어휘 풀이 대륙은 이동하지 않는다는 통설
➡ 일반적으로 통하는 설명(학설).

사전적 의미 세상에 널리 알려지거나 일반적으로 인정되고 있는 설.

35 패권 霸權

라이트 매3비 예문 공자가 살았던 시기는 제후국의 패권 경쟁이 심하던 시대였다. ☞ 문제편 p.132

매3어휘 풀이 패권 경쟁이 심하던 시대
➡ 패자(세상을 제패한 자)의 권력.

사전적 의미 (1) 어떤 분야에서 우두머리나 으뜸의 자리를 차지하여 누리는 공인된 권리와 힘. (2) 국제 정치에서, 어떤 국가가 경제력이나 무력으로 다른 나라를 압박하여 자기의 세력을 넓히려는 권력.
'라이트 매3비 예문'에서는 (2)의 뜻으로 쓰임.

36 폐해 弊害

라이트 매3비 예문 광고 규제 중에는 소비자가 광고의 폐해에 직접 대응하는 소비자 규제가 있다. ☞ 문제편 p.65

매3어휘 풀이 광고의 폐해
➡ 폐단과 해악. 폐가 되고 해가 되는 일.

사전적 의미 폐단으로 생기는 해.

37 해이 解弛

라이트 매3비 예문 공공 부조는 도덕적 해이를 야기할 수 있다. ☞ 문제편 p.68

매3어휘 풀이 도덕적 해이 ➡ 긴장이 해소되고 이완됨. ⑪ 긴장

사전적 의미 긴장이나 규율 따위가 풀려 마음이 느슨함.

38 현학적 衒學的

라이트 매3비 예문 스탕달은 로시니가 빈의 현학적인 음악가들과는 달리 유려한 가락에 능하다는 이유를 들어 그를 최고의 작곡가로 평가하였다. ☞ 문제편 p.143

매3어휘 풀이 현학적인 음악가들
➡ 학식을 뽐내는 (것). ⑩ 현학적인 태도

사전적 의미 학식이 있음을 자랑하는. 또는 그런 것.

39 화복 禍福

라이트 매3비 예문 자연 변화는 인간의 화복과는 거리가 멀었다.
☞ 문제편 p.154

매3어휘 풀이 인간의 화복 ➡ 재앙(화)과 복.

사전적 의미 재화(災禍)와 복록(福祿)을 아울러 이르는 말.

40 회귀 回歸

라이트 매3비 예문 표정이나 몸짓 등 비언어적 메시지를 표시하는 이모티콘, 구어체의 축약 표기, 동영상 텍스트의 출현은 묵독 시대로 회귀하는 현상으로 이해돼. ☞ 문제편 p.145

매3어휘 풀이 묵독 시대로 회귀하다. ➡ 돌아감(선회. 복귀).

사전적 의미 본래의 자리로 돌아오거나 돌아감.

자율 학습 체크리스트

'열심히' 하는 것도 중요하지만,
자신의 취약점을 체크하면서 공부 방향을
정해 가야 학습 효과를 높일 수 있습니다.

- 3차 복습(책을 끝낸 후 복습) 때 활용합니다. (1차 복습: 매일 복습, 2차 복습: 일주일마다 복습)
- 총 문항 수, 틀린 문항 수, △·✕ 문항 수, 초과 시간은 복습 후 '채점표'를 보고 적습니다.
- 1차와 2차 복습 때 메모해 둔 내용과 오답 노트, 그리고 틀린 문제, 실수한 것, 몰랐던 것, 이해가 어려웠던 지문을 다시 챙겨 봅니다.
- 취약한 제재 또는 잘 틀리는 문제 유형은 따로 챙겨 봅니다.
- 3차 복습 내용을 반영하여 이후 공부 계획을 세웁니다.

	공부한 내용	공부한 날	총 문항 수	틀린 문항 수	△ 문항 수	✕ 문항 수	초과 시간	취약점 및 새길 내용과 이후 공부 계획에 반영할 내용
1 주차	첫날							☑ 7일째 복습
	2일째							
	3일째							
	4일째							
	5일째							
	6일째							
2 주차	8일째							☑ 14일째 복습
	9일째							
	10일째							
	11일째							
	12일째							
	13일째							
3 주차	15일째							☑ 21일째 복습
	16일째							
	17일째							
	18일째							
	19일째							
	20일째							
4 주차	22일째							☑ 28일째 복습
	23일째							
	24일째							
	25일째							
	26일째							
	27일째							

정답 한눈에 보기

책을 덮기 전, 다시 보기 위해 체크하고 메모해 둔 내용은 꼭 한 번 더 챙겨 보세요.

1주차

첫날
01 ③   02 ①   03 ④
04 ④   05 ①   06 ③
07 ⑤

2일째
01 ②   02 ②   03 ③
04 ④   05 ①   06 ⑤
07 ④   08 ②   09 ①
10 ⑤   11 ③   12 ②

3일째
01 ④   02 ①   03 ④
04 ⑤   05 ④   06 ①
07 ⑤   08 ③   09 ③
10 ①

4일째
01 ②   02 ①   03 ⑤
04 ⑤   05 ③   06 ④
07 ⑤   08 ④   09 ①
10 ③

5일째
01 ①   02 ②   03 ①
04 ④   05 ④   06 ④
07 ⑤   08 ①   09 ③
10 ④

6일째
01 ④   02 ③   03 ⑤
04 ②   05 ④   06 ⑤
07 ④   08 ②   09 ④
10 ④   11 ②   12 ③
13 ⑤   14 ④   15 ④
16 ⑤   17 ①

2주차

8일째
01 ③   02 ③   03 ③
04 ②   05 ④   06 ③
07 ③   08 ⑤   09 ②
10 ⑤   11 ①

9일째
01 ③   02 ②   03 ③
04 ①   05 ③   06 ④
07 ④   08 ⑤   09 ②
10 ①   11 ④   12 ⑤

10일째
01 ⑤   02 ④   03 ④
04 ①   05 ④   06 ④
07 ①   08 ④   09 ②
10 ②   11 ③

11일째
01 ③   02 ①   03 ⑤
04 ①   05 ⑤   06 ⑤
07 ①   08 ②   09 ⑤
10 ②   11 ①   12 ②

12일째
01 ①   02 ⑤   03 ④
04 ①   05 ①   06 ②
07 ④   08 ②   09 ④
10 ④   11 ③

13일째
01 ③   02 ②   03 ②
04 ⑤   05 ④   06 ①
07 ④   08 ⑤   09 ①
10 ②   11 ④   12 ①
13 ③   14 ⑤   15 ②
16 ①   17 ⑤   18 ④

3주차

15일째
01 ⑤   02 ③   03 ④
04 ④   05 ③   06 ③
07 ⑤   08 ③

16일째
01 ④   02 ③   03 ④
04 ①   05 ③   06 ③
07 ③   08 ③   09 ②

17일째
01 ③   02 ④   03 ②
04 ⑤   05 ④   06 ②
07 ④   08 ①

18일째
01 ⑤   02 ①   03 ⑤
04 ①   05 ⑤   06 ③
07 ②   08 ④   09 ③
10 ④   11 ③

19일째
01 ③   02 ②   03 ①
04 ②   05 ③   06 ③
07 ④   08 ⑤   09 ⑤

20일째
01 ④   02 ③   03 ②
04 ①   05 ④   06 ④
07 ①   08 ⑤   09 ①

4주차

22일째
01 ①   02 ⑤   03 ④
04 ⑤   05 ⑤   06 ④
07 ⑤   08 ④   09 ①
10 ②   11 ③

23일째
01 ④   02 ①   03 ④
04 ⑤   05 ④   06 ⑤
07 ④   08 ③   09 ①

24일째
01 ⑤   02 ④   03 ①
04 ②   05 ②   06 ①
07 ②   08 ②   09 ①

25일째
01 ①   02 ②   03 ③
04 ①   05 ①   06 ④
07 ③   08 ③   09 ①
10 ①

26일째
01 ⑤   02 ⑤   03 ①
04 ②   05 ⑤   06 ⑤
07 ③   08 ①   09 ①
10 ③   11 ⑤

27일째
01 ①   02 ①   03 ⑤
04 ②   05 ③   06 ⑤
07 ⑤   08 ③   09 ②